薪酬管理

邓靖松 ◎ 主编

清华大学出版社
北京

内 容 简 介

本书结合薪酬管理的基础理论和最新研究成果，旨在介绍薪酬管理的知识体系。全书分为上、中、下三篇，逐层呈现薪酬管理的知识体系及其实践操作：薪酬战略篇概述战略性薪酬和薪酬激励策略，介绍薪酬管理的基本概念、体系、模型以及薪酬策略和企业战略的匹配；薪酬体系篇围绕薪酬设计的四叶模型分别介绍五种薪酬体系的设计：职位薪酬体系、技能薪酬体系、能力薪酬体系和绩效薪酬体系以及基于市场行情的薪酬体系；薪酬管理篇关注薪酬管理过程中的预算、控制和管理，并分别用各种薪酬体系的典型案例让读者深入理解薪酬体系的设计和制度实施。

本书的写作按照理论联系实际的思路进行，力求逻辑清晰、结构紧凑。在写作风格上，笔者注重薪酬设计、薪酬管理的实践操作，对各种薪酬要素的设计方法和步骤进行了详细叙述。在内容安排上，本书注重问题导向，通过大量实践案例来引导学生自己思考和解决问题，并重点介绍各种激励理论和薪酬模型的实践应用。

本书作为工商管理专业教材，无论是工商管理专业的本科生，还是 MBA 学生或者实践中的企业管理者，都可以从本书的知识体系和案例分析中获益。

本书封面贴有清华大学出版社防伪标签，无标签者不得销售。
版权所有，侵权必究。举报：010-62782989，beiqinquan@tup.tsinghua.edu.cn。

图书在版编目（CIP）数据

薪酬管理/邓靖松主编. —北京: 清华大学出版社, 2024.1
ISBN 978-7-302-55102-7

Ⅰ. ①薪… Ⅱ. ①邓… Ⅲ. ①企业管理－工资管理 Ⅳ. ①F272.923

中国版本图书馆 CIP 数据核字(2020)第 046759 号

责任编辑：	杜　星
封面设计：	汉风唐韵
责任校对：	王荣静
责任印制：	刘海龙

出版发行：清华大学出版社
网　　址：https://www.tup.com.cn，https://www.wqxuetang.com
地　　址：北京清华大学学研大厦 A 座　　邮　编：100084
社 总 机：010-83470000　　邮　购：010-62786544
投稿与读者服务：010-62776969，c-service@tup.tsinghua.edu.cn
质 量 反 馈：010-62772015，zhiliang@tup.tsinghua.edu.cn
课 件 下 载：https://www.tup.com.cn，010-83470332

印 装 者：北京同文印刷有限责任公司
经　　销：全国新华书店
开　　本：185mm×260mm　　印　张：26　　字　数：600 千字
版　　次：2024 年 1 月第 1 版　　印　次：2024 年 1 月第 1 次印刷
定　　价：79.00 元

产品编号：086362-01

本书的编写以党的二十大报告精神中的立德树人为目标，并力求落实《习近平新时代中国特色社会主义思想进课程教材指南》。笔者期望本教材既能帮助学生掌握系统的薪酬设计知识和薪酬管理方法，又能帮助学生形成正确的劳动价值观和薪酬激励观。薪酬激励的复杂性表现在它不仅涉及薪酬支付的成本有效性，而且涉及所支付的薪酬对员工所产生的心理激励作用。纵观现有的薪酬管理教材，大多关注薪酬支付方法和形式的设计，很少探讨激励理论的应用。然而薪酬激励更多涉及员工的公平感、成就感、归属感等心理感受的心理学理论，因此，薪酬管理亟待结合心理学理论加强对薪酬激励的设计。本书希望从激励理论出发，结合前沿的薪酬理论研究，阐述薪酬管理制度设计背后的理论基础，从而让学生在薪酬管理的学习中进一步加深对管理学、组织行为学和心理学相关理论的理解与应用。本书拟突出三个特点。

（1）关注理论前沿。由于薪酬激励研究的理论体系还在不断完善之中，新的研究和理论不断出现，本书将关注薪酬研究的最新进展和发展趋势，较多地引用近年来的相关成果，并引用笔者在该领域的国家自然科学基金资助项目（NSFC：71772189）的部分研究成果，对相关研究的局限和未来研究方向也进行评述，希望引起学生进一步的思考和探索。

（2）突出研究性学习。本书知识体系都是基于系统的科学研究结论，笔者期望学生通过自己在学习过程中探索和思考，扎实掌握并深刻领悟薪酬激励的基本原理和设计理念。因此，笔者在编写过程中也重视介绍理论知识背后的规范研究过程，系统探讨各类企业和员工面临的关键薪酬激励问题及其管理应对措施。

（3）理论联系实际。本书在注重理论性的同时，也非常注重理论联系实际。首先，本书的研究问题多数来源于现实中的薪酬管理问题，所引用的观点、研究结论也都是基于对这些现实问题的思考和探索。其次，本书也重视研究结论在实践中的应用，通过对薪酬管理实践案例的研究和丰富的事例强调理论的应用，使学生能够把相关的薪酬管理策略和方法运用到企业管理实践当中。

全书共18章，内容体系如下：第一章至第三章概述薪酬基本概念、功能以及薪酬管理的相关理论模型，介绍战略性薪酬管理体系及其理论基础、薪酬结构的原理及其相关指标的设计。第四章至第十章根据薪酬四叶模型分别介绍职位薪酬体系、技能薪酬体系、绩效薪酬体系以及基于市场行情的薪酬体系四种薪酬体系的设计，同时关注在技能薪酬体系基础上扩展出的能力薪酬体系的设计，并专门介绍一项用于实现企业长期激励目标的有效薪酬管理工具——股权激励。第十一章和第十二章关注两种特殊然而常用的薪酬制度设计，分别为团队薪酬制度设计、国际化薪酬制度设计。第十三章、第十四章介绍工资之外的两种关键薪酬要素：奖金制度和福利制度的设计。第十五章、第十六章关注薪酬管理过程中的预算、控制和管理。第十七章关注各类员工的薪酬制度。第十八章分别用各种薪酬体系的典型案例让读者深入理解薪酬体系的设计和制度实施。

习近平总书记在党的二十大报告中指出："加强教材建设和管理，完善学校管理和教育评价体系，健全学校家庭社会育人机制。加强师德师风建设，培养高素质教师队伍，弘扬尊师重教社会风尚。推进教育数字化，建设全民终身学习的学习型社会、学习型大国。"在本书的编写中，我们紧密结合薪酬管理的理论知识及其最新进展，系统介绍薪酬管理的理论体系，并运用二维码数字技术丰富书中的案例分析参考和课后练习模块。为了让读者明确各章的知识结构和重点内容，每章的开头都列出了本章学习目标和引言，每章的结尾都附上本章提要、思考题及案例与讨论。

在撰写本书的过程中，中山大学管理学院的吴捷、蔡梓文、袁媛等同学做了大量的编写工作，吴少波、杨恺童、陈子立等同学参与了整理和校对工作。在此表示感谢。

邓靖松
2023年5月于中山大学

上篇　薪酬战略篇

第一章　薪酬与薪酬管理 ··· 3
　　第一节　薪酬的基本概念及功能 ··· 4
　　第二节　薪酬管理的相关理论模型 ··· 6
　　第三节　人力资源管理体系中的薪酬管理 ··· 11
　　本章提要 ··· 13
　　思考题 ··· 14
　　案例与讨论 ··· 14

第二章　战略性薪酬管理 ··· 16
　　第一节　战略导向的薪酬管理 ··· 17
　　第二节　薪酬战略与企业战略的匹配 ··· 22
　　第三节　组织文化与薪酬管理 ··· 27
　　第四节　战略性薪酬理论基础与相关研究 ··· 29
　　本章提要 ··· 30
　　思考题 ··· 31
　　案例与讨论 ··· 31

第三章　薪酬结构与薪酬制度的设计 ··· 34
　　第一节　薪酬结构的原理 ··· 34
　　第二节　薪酬结构相关指标的设计 ··· 36
　　第三节　宽带薪酬的设计 ··· 43
　　本章提要 ··· 52
　　思考题 ··· 52
　　案例与讨论 ··· 53

中篇 薪酬体系篇

第四章 职位薪酬基础：职位分析与职位评价 … 59
- 第一节 职位分析概述 … 59
- 第二节 职位评价概述 … 62
- 第三节 职位评价的主要方法 … 63
- 本章提要 … 68
- 思考题 … 68
- 案例与讨论 … 68

第五章 职位薪酬体系 … 73
- 第一节 职位薪酬体系概述 … 73
- 第二节 职位薪酬等级结构的设计 … 76
- 本章提要 … 83
- 思考题 … 83
- 案例与讨论 … 84

第六章 技能薪酬体系 … 88
- 第一节 技能薪酬体系概述 … 88
- 第二节 组织中的技能与工作设计 … 93
- 第三节 技能薪酬体系的设计流程 … 97
- 本章提要 … 108
- 思考题 … 108
- 案例与讨论 … 108

第七章 能力薪酬体系 … 113
- 第一节 能力与能力模型 … 113
- 第二节 能力薪酬体系设计 … 118
- 本章提要 … 123
- 思考题 … 123
- 案例与讨论 … 124

第八章 绩效薪酬体系 … 125
- 第一节 绩效薪酬概述 … 126

第二节　绩效薪酬的类型……131
　　第三节　绩效薪酬的设计与实施……162
　　本章提要……164
　　思考题……165
　　案例与讨论……165

第九章　股权激励……168
　　第一节　股权激励的基本原理……168
　　第二节　股权激励的类型……172
　　第三节　股权激励方案的设计与实施……179
　　本章提要……186
　　思考题……186
　　案例与讨论……186

第十章　基于市场行情的薪酬体系……189
　　第一节　薪酬水平及其外部竞争性决策……190
　　第二节　薪酬水平决策的主要影响因素……193
　　第三节　市场薪酬调查……200
　　本章提要……209
　　思考题……209
　　案例与讨论……210

第十一章　团队薪酬制度设计……212
　　第一节　团队薪酬制度概述……212
　　第二节　团队薪酬激励的相关理论……220
　　第三节　团队薪酬制度设计……222
　　第四节　团队薪酬制度管理……227
　　本章提要……230
　　思考题……230
　　案例与讨论……231
　　延伸阅读……232

第十二章　国际化薪酬制度设计……234
　　第一节　国际化对薪酬管理的影响……234

第二节　外派人员的薪酬管理 …………………………………………… 242

第三节　国际化与我国的薪酬管理 ……………………………………… 244

本章提要 …………………………………………………………………… 246

思考题 ……………………………………………………………………… 247

案例与讨论 ………………………………………………………………… 247

第十三章　奖金制度设计与管理 …………………………………………… 249

第一节　奖金概述 ………………………………………………………… 249

第二节　奖金的类型 ……………………………………………………… 252

第三节　奖金的设计与管理 ……………………………………………… 257

本章提要 …………………………………………………………………… 261

思考题 ……………………………………………………………………… 261

案例与讨论 ………………………………………………………………… 261

第十四章　员工福利管理 ……………………………………………………… 264

第一节　福利概述 ………………………………………………………… 264

第二节　员工福利的类型 ………………………………………………… 272

第三节　员工福利的规划与管理 ………………………………………… 281

第四节　弹性福利计划 …………………………………………………… 286

本章提要 …………………………………………………………………… 288

思考题 ……………………………………………………………………… 288

案例与讨论 ………………………………………………………………… 289

下篇　薪酬管理篇

第十五章　薪酬预算与控制 …………………………………………………… 293

第一节　薪酬预算 ………………………………………………………… 293

第二节　薪酬控制 ………………………………………………………… 298

本章提要 …………………………………………………………………… 302

思考题 ……………………………………………………………………… 303

案例与讨论 ………………………………………………………………… 303

第十六章　企业薪酬制度的管理 …………………………………………… 306

第一节　薪酬制度的实施与调整 ………………………………………… 306

第二节　薪酬沟通的意义与沟通原则 ·········· 307

　　第三节　薪酬沟通的实施 ·········· 310

　　本章提要 ·········· 316

　　思考题 ·········· 317

　　案例与讨论 ·········· 317

第十七章　各类员工群体薪酬管理 ·········· 320

　　第一节　销售人员的薪酬管理 ·········· 321

　　第二节　专业技术人员的薪酬管理 ·········· 337

　　第三节　管理人员的薪酬管理 ·········· 343

　　本章提要 ·········· 354

　　思考题 ·········· 355

　　案例与讨论 ·········· 355

第十八章　各种薪酬体系的实践 ·········· 361

　　案例一　亚马逊涨薪背后的人才争夺战 ·········· 362

　　案例二　中建一局的薪酬体系再设计 ·········· 364

　　案例三　建行ZJ分行的绩效薪酬 ·········· 371

　　案例四　德迈仕公司的薪酬优化方案 ·········· 379

　　案例五　华为的薪酬管理 ·········· 391

　　思考题 ·········· 399

　　案例与讨论 ·········· 400

参考文献 ·········· 405

上篇

薪酬战略篇

第一章 薪酬与薪酬管理

◆ **本章学习目标**

通过本章的学习，希望你能够：
- 熟悉薪酬的概念、构成与功能
- 熟悉薪酬管理的几个理论模型
- 了解薪酬管理在人力资源管理中的定位

◆ **引言**

为什么要重视薪酬管理

对于企业，薪酬首先意味着成本。薪酬是企业人工成本的主要组成部分，一些企业的薪酬成本占企业总成本的30%或更多。薪酬还具有向下刚性的特征，所以，如何提高效率、用更低的人工成本使员工创造出更大价值是企业人力资源部门精益管理永恒的课题。反过来，薪酬的效率和效果往往也是企业衡量薪酬体系设计、运行好坏的重要指标。其次，薪酬通过吸引人才帮助企业获得竞争优势从而达成战略目标；薪酬的长期工具（如股权激励）对稳定、保留人才起着积极作用；薪酬中软性、灵活的部分通过满足员工不同层次的需求达到激励员工的效果。最后，薪酬制度是企业价值观与企业文化的重要载体，它能够引导员工做出企业期望的行为。

同时，薪酬管理又是人力资源管理中的难点，原因有两个方面。

从企业角度，既需要激励员工提升效率，又需要节约薪酬成本。而且企业的薪酬体系永远没有统一的模式，因为不同时期、不同环境、不同战略目标下的薪酬体系是完全不同的。

从员工角度，如何准确衡量员工贡献？如何实现公平和满意？员工永远会高度关注薪酬待遇，因为薪酬直接关系到他们的生活质量；员工永远不会完全满意薪酬待遇，因为永远不会有绝对公平、合理的薪酬标准。

薪酬分配是初次分配中的重要内容，劳动者薪酬和收入分配问题长期受到社会各界的关注，也是党和政府着力解决的工作重点。党的十七大提出，合理的收入分配制度是社会公平的重要体现。党的十八大重申初次分配和再分配都要兼顾效率和公平，再分配更加注重公平，着力解决收入分配差距较大的问题。党的十九大强调"促进收入分配更合理、更有序""缩小收入分配差距"。党的二十大进一步指出："分配制度是促进共同富裕的基础性制度。""提高劳动报酬在初次分配中的比重。""坚持多劳多得，鼓励勤劳致富，促进机会公平，增加低收入者收入，扩大中等收入群体。"

第一节　薪酬的基本概念及功能

一、薪酬的基本概念

不同的国家对薪酬概念的认识往往不同，股东、雇员和管理者等不同利益群体对薪酬概念的界定也往往存在较大的差异。股东的观点是，管理人员的薪酬关系到大家的利益；雇员的观点是，薪酬是自己所提供服务的交换或者是对圆满完成工作的回报；管理者的观点是，薪酬是管理过程中的一项费用，同时还可作为影响雇员工作态度、工作方式以及该组织业绩的因素。所以薪酬管理专家乔治·米尔科维奇（George Milkovich）将薪酬界定为：雇员作为雇佣关系中的一方所得到的各种货币收入，以及各种具体的服务和福利之和。从这个定义可以看出，米尔科维奇主要把薪酬看作雇主和雇员之间的一种价值交换。

薪酬管理专家约瑟夫·J. 马尔托奇奥（Joseph J. Martocchio）在他所著的《战略薪酬》一书中，将薪酬界定为：雇员因完成工作而得到的内在和外在的奖励，并将薪酬划分为内在薪酬和外在薪酬。内在薪酬是雇员由于完成工作而形成的心理契约，外在薪酬则包括货币奖励和非货币奖励。他对薪酬的这种定义，更多的是将薪酬作为企业奖励员工，从而提高对员工的吸引、保留和激励的一种手段及工具来看待。

在本书中，我们将薪酬定义为：薪酬是组织对它的员工为组织所做的工作或贡献，包括他们实现的绩效，付出的努力、时间、学识、技能、经验与创造，所付给的相应回报。其实质是一种公平的交易或交换关系，是员工在向所在组织让渡其劳动或劳务使用权后获得的报偿。

二、薪酬的功能

（一）企业角度

1. 资本增值

薪酬在本质上是一种人力资源价格，作为生产过程的投入，薪酬即人力成本。企业或投资者支付薪酬的目的是带来预期收益，即获得比人力成本价值更大的价值。从资本运动的角度看，薪酬是可变资本的运动形式，在其运动过程中不仅保值，而且实现增值，这正是薪酬对于企业或投资者的意义所在。在人力资源的作用日益重要的今天，薪酬也越来越成为企业进行人力资本投资的一种重要形式。

2. 人员配置

企业内部各类人员、各级职位的薪酬水平是一个重要的导向因素，对于企业内部人员的流动意愿、流动方向产生重要影响。正因如此，薪酬管理需要与其他管理相配合，以内部薪酬水平的合理差距，吸引优秀人才到重要岗位，鼓励一般员工到艰苦岗位，以达到人力资源的有效配置。

3. 改善绩效

薪酬不仅决定了企业可以招聘到的员工的数量和质量，而且决定了现有员工受到激励的状况，对他们的工作态度、工作行为以及工作业绩产生直接的影响，从而必然影响到企业的生产效率和经营绩效。因此，如何利用薪酬这一利器来改善企业经营绩效，是企业薪酬管理的一个重大课题。

4. 战略导向

通过薪酬机制和薪酬政策，可以将企业目标和管理者的意图传递给员工，营造出一种与企业变革路径和企业文化内涵相适应的内外部氛围，促进员工个人行为与企业目标的融合。由于不同的人力资源管理会与企业的价值观和员工行为产生不同的互动效应，因此，有效的薪酬政策应力求促进员工的态度和行为与企业价值观等文化内涵相一致。例如，追求个体绩效的企业倾向于扩大员工之间的薪酬差异，实行适度的政策倾斜，而那些倡导团队合作的企业则尽量避免导致个人间恶性竞争的薪酬分配。

（二）员工角度

1. 补偿和保障

员工及家庭的生活消费是维持劳动力再生产的必要前提。企业只有将足够的薪酬支付给员工，才能补偿劳动消耗，保障员工基本生活，使其不断投入新的劳动。在现代社会中，员工必须持续地接受教育培训，以增强对技术变革和结构变化的适应性，员工生活消费的内容还应随着经济的发展而不断扩展。因此，补偿人力资本投资的费用，保障新产生的生活消费费用，也是实现薪酬的功能应该考虑的。

2. 心理激励

在我国当前所处的市场经济发展阶段，对员工的激励除了精神激励外，物质激励仍是重要的激励手段。薪酬作为一种经济性报酬，便于满足员工多方面的需要，也容易衡量和比较，它在企业的报酬体系中确实处于一种比较重要的地位。从心理学的角度看，薪酬也反映了劳动者个人与企业之间的一种心理契约，这种契约通过员工对于薪酬状况的感知而影响其工作态度、工作行为和工作效率。正因如此，对于员工为组织作出的劳动贡献，以工资、奖金、股权等薪酬形式加以承认和肯定，满足员工在薪酬问题上的心理期望，就能发挥激励功能。相反，在其他条件相同的情况下，不能满足员工合理薪酬期望的企业，很容易出现员工满意度低和流动率高的现象。

3. 价值导向

薪酬除了具有经济功能外，其水平高低往往还代表了员工在组织中所处的地位和层次，从而在一定程度上体现出员工的个人价值。作为实现个人价值的一个重要方面，员工往往十分关注企业薪酬系统反映出的一些重要信号。例如，如果管理方对于为企业带来收益的创新行为加大奖励力度，则会鼓励员工的创新行为；如果在基本薪酬和福利待遇中体现服务时间长短的差异，则可以培养员工对企业的忠诚度。出于对个人价值最大化的追求，员工还常常进行企业薪酬水平与外部市场薪酬水平的比较，对此的感知会影响到员工的去留选择和工作状况。

（三）社会角度

薪酬作为劳动力价格信号，也是一种非常灵敏的社会信号，它调节社会劳动力的供求和流向，可以促进社会劳动力的合理流动和配置，这一功能又可以称为薪酬的调节功能。

在现代社会中，客观上存在着地区之间、部门之间、产业之间、企业之间、职业之间在工作环境、劳动轻重、劳动难易以及收入多少上的差别，也存在着劳动力稀缺程度的差别。人们总是在物质利益的驱动下愿意到薪酬高、环境好的地方（地区、部门、企业）就业。根据劳动经济学理论，那些社会供小于求、对国民经济发展有重要作用的专业（工种等）薪酬水平会较高，可以引导劳动者学习这方面的知识和技能；而那些供大于求的专业（工种等）薪酬水平会较低，可以引导劳动者学习社会需要的知识和技能（包括转岗培训），从而使得社会劳动力素质结构合理化，甚至选择退出该领域，引导劳动力资源合理流动。具体而言，薪酬的调节功能体现在三个方面：一是劳动力流向的合理调节，二是劳动力素质结构的合理调整，三是劳动力价值取向的有效调节。

第二节　薪酬管理的相关理论模型

一、薪酬管理的相关激励理论

激励理论在薪酬管理中有着直接的应用，科学有效的激励机制能够让员工发挥出最佳的潜能，为企业创造更大的价值。

（一）X-Y 理论

X 理论和 Y 理论（Theory X and Theory Y），是管理学中关于人们工作原动力的理论，由美国心理学家道格拉斯·麦格雷戈（Douglas McGregor）1960 年在其所著《企业中人的方面》一书中提出。他认为管理的根本问题在于对人性的认识，不同的人性假设必然导致不同的管理理论、策略以及行为，会产生不同的管理效果。他对古典管理理论中对人性的看法进行分析后，提出了 X 理论，对行为科学中对人的看法进行分析后提出了 Y 理论。这是一对基于两种完全相反假设的理论，X 理论认为人们有消极的工作原动力，而 Y 理论则认为人们有积极的工作原动力。

X 理论是麦格雷戈对将人的工作动机视为获得经济报酬的"实利人"的人性假设理论的命名。其主要观点包括以下几个。

（1）人类本性懒惰，厌恶工作，尽可能逃避。

（2）绝大多数人没有雄心壮志，怕负责任，宁可被领导骂。

（3）多数人必须用强制办法乃至惩罚、威胁，使他们为达到组织目标而努力。

（4）激励只在生理和安全需要层次上起作用。

（5）绝大多数人只有极少的创造力。

因此企业管理的唯一激励办法，就是以经济报酬来激励生产，只要增加金钱奖励，便能取得更高的产量。这种理论特别重视满足员工生理及安全的需要，同时也很重视惩罚，认为惩罚是最有效的管理工具。麦格雷戈是以批评的态度对待 X 理论的，他指出：传统的管理理论脱离现代化的政治、社会与经济来看人，是极为片面的。这种软硬兼施的管理办法，其后果是员工的敌视与反抗。

麦格雷戈针对 X 理论的错误假设，提出了相反的 Y 理论。Y 理论指将个人目标与组织目标融合的观点。Y 理论的主要观点包括以下几个。

（1）一般人本性不是厌恶工作，如果给予适当机会，人们喜欢工作，并渴望发挥其才能。

（2）多数人愿意对工作负责，寻求发挥能力的机会。

（3）能力的限制和惩罚不是使人去为组织目标而努力的唯一办法。

（4）激励在需要的各个层次上都起作用。

（5）想象力和创造力是人类广泛具有的。

因此，人是"自动人"。激励的办法有：扩大工作范围；尽可能把员工的工作安排得富有意义，并具挑战性；工作之后引起自豪，满足其自尊和自我实现的需要，使员工达到自己激励。只要启发内因，实行自我控制和自我指导，在条件适合的情况下，就能达到组织目标与个人需要统一起来的最理想状态。

尽管人性假设的 Y 理论在实际管理活动中存在的广泛性不大，但它给我们提供了一个最重要的管理原则——"融合原则"，即员工个人目标与组织目标的融合，这是建立全面薪酬管理体系的理论平台，它使薪酬体系能更好地与员工达成共识，构建沟通渠道。

（二）需要层次理论

亚伯拉罕·马斯洛（Abraham Maslow）的需要层次理论认为，人的行为是受到人的内在需要激励的。人的需要是由从最基本的衣食住行需要到高等级的自我实现需要所构成的有序等级链。人的需要包括生理需要、安全需要、社会需要、尊重需要以及自我实现需要五大层次。在一个人的低级需要得到满足的情况下，高级需要就会变得富有激励性。而当人的需要得不到满足时，他们就会产生挫折感。

马斯洛的需要层次理论对于薪酬管理的启示是：其一，企业所支付的基本薪酬必须确定在足够高的水平上，以确保员工获得满足基本生活需要所必需的经济来源。其二，奖励性薪酬尤其是成功分享计划（success-sharing plan）对员工具有一定的激励作用，因为它是与成就、认可、称赞等联系在一起的，在某种意义上能够帮助员工实现高层次的需要。但如果绩效奖励计划由于风险过高或者设计不合理而损害了员工满足日常生活需要的能力，则不会产生激励作用。其三，不同类型员工的需要层次可能是不同的，在可能的情况下，企业可以考虑采用多种不同形式的薪酬计划，以满足不同类型员工的需求。其四，纯粹的货币激励对于员工的激励作用可能存在一种边际效用递减的趋势。企业需要探讨将货币激励与非货币激励相结合的激励方法，通过满足员工的高层次需要来达到提供更大激励的目的。

（三）双因素理论

双因素理论又称"保健因素—激励因素理论"，它是由美国心理学家弗雷德里克·赫兹伯格（Frederick Herzberg）提出的。20 世纪 50 年代后期，赫兹伯格和同事对 11 家工业企业的多名工程师和会计人员进行了访问调查，向调查对象询问他们在工作中愉快或不愉快的因素。分析结果表明，使受访问者不满意的因素多与他们的工作环境有关，而使他们满意的因素通常是由工作本身产生的。

赫兹伯格认为可以对员工产生影响的主要有两种因素：激励和保健。激励因素是指促使员工产生满足感的因素，它往往与工作内容本身相联系，包括工作的成就感、工作本身的挑战性、个人晋升机会等。保健因素则是指会使员工产生不满足感的因素，这类因素通常与工作环境或条件相联系，包括公司政策和管理监督方式、人际关系、薪金、工作条件等。赫兹伯格还提出激励因素和保健因素相互独立，对人的作用方式完全不同，当人们缺乏保健因素时，会产生极大的不满足感，但具备它也不会产生很大的激励作用。相反，当具备激励因素时，人们能产生巨大的激励作用，但缺乏它时也不会感到非常不满足。

双因素理论对薪酬管理实践具有重要的借鉴意义，作为一名管理者，要想有效地激励下属，首先应明确哪些属于保健因素、哪些属于激励因素，以此为基础来制定激励措施和薪酬制度。

（四）综合激励模型

综合激励模型（图1-1）展示了个人绩效实现的过程。其中，努力程度受效价和期望影响，工作绩效受努力程度、能力、自我认识水平及外部因素影响，对激励的满足感受外在激励、内在激励及个人公平感影响。模型同时展示，激励可以是外在激励或内在激励，外在激励指工资、职位等，内在激励指个人由于工作成绩良好而给予自己的报酬，如自我存在意义、自我能力的肯定等。外在激励对应较低层次的需要满足，内在激励对应较高层次的需要满足。无论是外在激励还是内在激励，对个人都能起到类似的激励作用。

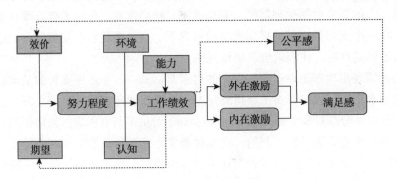

图1-1　综合激励模型

通过综合激励模型可知，激励影响到员工满意感，并影响到下次工作时员工效价评定，如果激励不能使员工满意，员工对业绩激励的期望势必降低，从而不会再像以前那样积极工作。而员工是否满意，主要受激励的公平性而不仅仅是激励的大小影响。激励影响员工的公平性认同，绩效评价结果也会影响员工的公平性认同，由于激励是对绩效结果的总结，所以激励的公平性可以在一定程度上弥补绩效结果引起员工的不公平感。

激励的方法很多，但是薪酬可以说是一种最重要、最易使用的方法。它是企业对员工给企业所做的贡献（包括他们实现的绩效、付出的努力、时间、学识、技能、经验和创造）付给的相应回报和答谢。在员工的心目中，薪酬不仅仅是自己的劳动所得，它在一定程度上代表员工自身的价值、代表企业对员工工作的认同，甚至还代表员工个人能力和发展前景。尽管薪酬不是激励员工的唯一手段，也不是最好的办法，但却是一个非常重要、最易被人运用的方法。薪酬总额相同，支付方式不同，会取得不同的效果。所以，如何实现薪酬效能最大化，是一门值得探讨的艺术。

二、薪酬四叶模型

薪酬四叶模型说明了企业在设计薪酬时必须考虑的价值因素，进而通过评估确定相应因素的薪酬支付标准，如图1-2所示。

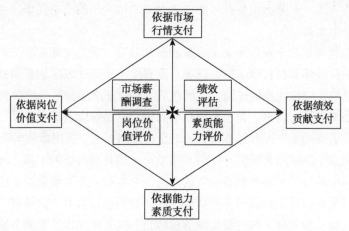

图1-2　薪酬四叶模型

（一）市场因素

市场因素即薪酬支付需要参考市场薪酬水平、薪酬结构和薪酬组合等因素。企业在设计薪酬时离不开对人才市场的分析和判断，市场人才需求大于市场供给时，企业所需的人才在设计薪酬时必须给付较高的薪酬水平；市场人才供给大于市场需求时，企业所需的人才在设计薪酬时可以给付较低的薪酬水平。

（二）岗位因素

岗位因素即薪酬支付对象所在岗位责任的相对重要性。通过岗位评价制定相应的岗位薪酬标准，从而实现公司内岗位价值的相对公平。

（三）能力因素

能力因素即薪酬支付对象身上所承载的企业发展所需的知识、能力和经验的多少和相对重要性，并通过能力评估来制定相应的能力薪酬标准。例如，考虑到公司的历史和员工的可接受程度，通过设立年功工资体现员工在企业工作时间和经验的价值，通过学历职称工资体现个人的知识、能力水平。

（四）绩效因素

绩效因素即薪酬支付对象为企业创造业绩的多少和相对重要性，主要通过奖金来实现。绩效奖金通过与岗位评估价值挂钩的方式确定，并通过绩效考核确定相应的实际发放绩效薪酬。年度奖金、特殊奖金的发放根据为企业创造业绩的多少和相对重要性进行。

三、全面薪酬模型

20世纪90年代，面对剧烈的工作场所变化、严峻的竞争环境、急速的科技变革、转瞬即逝的商业机遇，企业越来越认识到战略性的设计和管理薪酬体系将有助于企业快速抓住机遇，赢得竞争优势。然而，随着人才竞争的加剧、人才流动性的增大，仅依靠有效的战略性薪酬设计已经不足以在人才争夺战中处于恒久的有利位置，企业需要用一个更为开阔的眼界来看待人才，充分运用各种可能的要素来赢得自己的战略优势，在这种环境下，全面薪酬理论浮出水面。

根据新的经营环境和企业战略制定的新的薪酬战略，就是全面薪酬战略。全面薪酬战略摒弃了原有的科层体系和官僚结构，以客户满意度为中心，鼓励创新精神和持久的绩效改进，并对娴熟的专业技能提供奖励，从而在员工和企业之间营造一种双赢的工作环境。

自全面薪酬概念提出以来，关于全面薪酬的理论模型就层出不穷。

其中最具代表性的是美国和加拿大提出的全面薪酬模型。美国薪酬学会（WAW）提出的全面薪酬是指雇主能够用来吸引、保留和激励员工的各种可能的工具，包括员工认为他们从雇佣关系当中能够得到的各种有价值东西。它是雇主为了换取员工的时间、才智、努力以及工作结果而向员工提供的各种货币性和非货币性的收益，能够有效吸引、激励以及留住人才，从而实现五种关键性要素的有机结合。这五种关键性要素分别为：薪酬，福利，工作和生活的平衡，绩效管理与赏识和认可，成长和职业发展的机会。全面薪酬战略就是将这五种关键要素有机地结合起来，形成一种定制的激励系统，从而实现对员工的最优激励。

全面薪酬体系根植于组织文化、经营战略和人力资源之中，该模型的一个重要维度是雇主和员工之间的"交换关系"，即高生产率员工为雇主创造价值，雇主则应当向员工提供各种有形和无形的价值来丰富他们的生活。只有这样，企业才能有效地吸引、保留和激励员工，提升员工的满意度和敬业度，最终提高组织的绩效水平。满意度说明了员工对一个组织中的各种事情的喜好程度；敬业度则反映了员工将会在多大程度上去做一些事情来改善企业的经营成果。全面薪酬模型如图1-3所示。

全面薪酬作为一种全新的报酬机制，是组织吸引、保留和激励员工的一种战略性工具，它不仅有利于节约组织的经营成本、帮助组织用最小的投入最大限度地调动员工工作积极性、提升员工敬业度的人才管理目标，而且有利于促进组织和员工之间从单纯的雇佣关系转变为相互依存、相互承诺的合作伙伴式的"双赢"关系。组织在实施全面薪酬时，必须注意以下两点。

（一）全面薪酬的设计必须坚持内外兼顾的原则

外在薪酬与内在薪酬具有各自不同的激励功能。它们相互联系、互为补充，构成完整的全面薪酬体系。因此全面薪酬的设计必须注重员工的外在薪酬与内在薪酬的完美结合，偏重任何一方都是不平衡的。为此，在外在薪酬的设计上要注意保持薪酬水平的市场竞争力。组织要确保自身薪酬足以吸引和留住员工，因为较高的薪酬一般会带来更高的满意度。

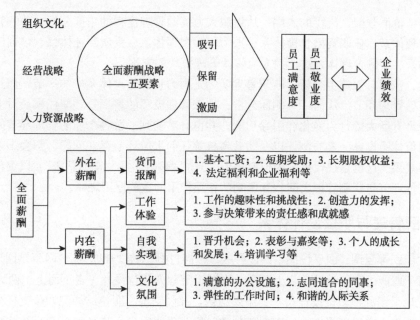

图1-3 全面薪酬模型

如果员工发现他们的薪酬水平低于业内同行，就有可能会跳槽离开。因此组织要定期监测市场薪酬变化趋势，并根据市场趋势及时作出相应调整，从而保持自身经营与管理理论研究幸福感、归属感和信任感，提升员工对企业的忠诚度。

（二）加大经理人的"违约"风险

主观性是心理账户的基本属性。经理人心理账户具有得与失敏感性递减规律，且人们对失去的感受比获得的感受更强烈。因此我们在激励机制的设计中，既要注重薪酬的边际效应，提高激励的效率和效果；又要加强对经理人的制约，增加经理人的违约风险和机会成本。一是进行合理的职业生涯规划和激励机制设计，为经理人提供广阔的个人发展和薪酬增长的空间。二是建立科学的考核竞争制度，谨慎但果断地使用负向激励手段，扩大惩罚效应，例如对经理人不称职行为的一次处罚可能比对经理人称职行为的若干次表扬更具有警示作用。三是组合使用以年薪制为基础的长期激励机制、福利"软手铐"、股票期权"金手铐"等措施，加大经理人的"违约"风险。四是促使政府完善经理人市场，增加经理人违约的机会成本。

第三节 人力资源管理体系中的薪酬管理

薪酬管理是人力资源管理体系中最激动人心的环节，也是最敏感、最系统、矛盾最集中、技术要求最高的环节。随着全球化市场经济与知识经济的不断发展，人力资源对获取企业竞争优势的作用日益突显。薪酬作为人力资源管理的重要环节和工具，如何发挥其对人力资源的有效激励则意义深远。

从个体人力资源管理流程的角度分析，薪酬管理处在"人力资源规划、招聘/调配、培训、晋升、价值分配"流程的末端；从组织人力资源管理流程的角度分析，薪酬管理又处在职位管理体系、任职资格管理体系、人力资源规划体系、素质测评体系、培训体系、绩效管理体系、薪酬管理体系这七大人力资源管理模块的末端。

因此，从运行轨迹上分析，薪酬管理实际是人力资源管理体系中的一节，而且在性质上属于事后管理环节。从另一个侧面分析，处于管理流程的薪酬管理职能模块对上游各个管理模块具有巨大的行为强化和引导功能，其也必然受到上游各个职能管理环节的影响，即只要职位体系设计、素质测评以及绩效考核等任何上游环节存在问题，都会影响薪酬管理的最终效果。这也是现代组织为何要提倡"360度薪酬"或"全面薪酬"，以突出人力资源管理其他环节与薪酬管理之间相互影响、相互作用的重要原因之一。

一、薪酬管理与职位设计体系

现代组织都强调"因事设岗、因岗择人、按岗付酬"的管理原则。"因事设岗"的技术又包括基于职能的职位设计（自上而下）和基于流程的职位设计（自下而上）两大类型。

但无论采用哪种职位设计技术，组织结构、部门结构、职位结构和职位责任分解与设置的科学性都会直接影响组织的职位薪酬或职位薪酬的结构、等级和水平的科学性。

一般而言，职位承担的责任越重，涉及的业务环节越多或工作的环境越差，该职位在整个薪酬结构中的等级和层次会越高，水平也会越高。

基于职位的薪酬体系对组织在工作分析、工作评价过程中的科学性、客观性等方面要求比较高，容易出现按级别付酬、按资历付酬等种种制度变异。更为重要的是，随着科学技术的不断发展，组织经营的技术含量越来越高，组织经营过程中面临的不确定性也越来越大。组织中知识型员工的作用越来越突显，原有的强调"命令—控制导向"和"职位导向"的薪酬管理哲学正在被灵活的、强调团队合作和较少层级与控制的新的薪酬管理哲学所代替，以最大限度地降低职位体系设计不合理，以及过度关注为人为设定的"工作"付酬等问题带来的效率损失。

二、薪酬管理与员工招聘体系

薪酬对员工招聘体系的影响体现在以下两个方面。

第一，高的薪酬水平定位会为组织带来大量的高素质的应聘者，提高招聘成功的概率和效率，并可作为一道"过滤网"或信号传递机制，使那些不合格或不符合组织需求的人力资源自动望而却步，减少组织进行后续面试和素质测评的成本。这是因为，在外部应聘者没有进入组织之前，薪酬是其唯一可以获取和信赖的信号，应聘者往往会从薪酬信号本身来推断组织的工作环境、文化氛围、人际关系和发展前景等。如果组织提供的薪酬水平低于同行业或同区域同类职位的薪酬水平，应聘者往往会认为组织的发展潜力、文化氛围等其他方面也低于市场平均水平，前来应聘者的数量和质量都会大幅度降低。

第二，薪酬与组织的任职资格以及招聘过程中的素质测评体系息息相关。如果组织的任职资格等级和职位责任不匹配，或者招聘过程中素质测评本身的效度和信度存在问题，导致最后出现"能力过度高于职位要求"或"能力过度低于职位要求"的现象,就会影响薪酬管理的最终效果。如果某个员工"能力过度高于职位要求",在"按岗付酬"的管理原则下,员工个体会对薪酬体系不满意;如果某个员工"能力过度低于职位要求",在"按岗付酬"的原则下,所有员工都会因为薪酬的横向不公平而对薪酬体系产生抱怨。

三、薪酬管理与人力资源规划体系

人力资源规划从属人力资源战略和组织发展战略,而参与式战略、诱引式战略、培训式战略等不同的人力资源战略会对组织的薪酬水平和形式产生重大影响。诱引式战略下的薪酬总体水平会远远高于参与式战略、培训式战略下的薪酬水平。同时,人力资源规划本身也会影响组织的薪酬水平。人力资源规划大致包括数量规划、质量规划和结构规划三个方面,而这三种规划对薪酬水平、结构和形式的要求存在很大差异。例如,如果组织在某个战略规划期内重视数量规划,则组织的基本工资会大幅度上升;如果重视质量规划,则组织的技能工资、学历或职称工资的等级和总额都会有所增加。

四、薪酬管理与员工培训、职业生涯开发体系

员工培训、职业生涯开发以及加薪都属于组织有效的激励手段,是组织调动员工积极性和活力的源泉,但三者在互相促进、相互影响的同时,也存在一定的矛盾。首先,员工培训结业以后,其个人技能或职称通常都会有所改变。这一方面可能会促进个人绩效和组织绩效的提高,但另一方面也会给薪酬管理带来巨大的挑战。其原因就在于,员工技能提高后一般都有要求加薪的倾向。那么,组织必须在"是否同意加薪",以及同意加薪后组织"如何对其能力进行认定和考核""如何设计加薪的方式和幅度"才能不打破整个薪酬体系、薪酬总额的均衡等问题上进行全面的分析和权衡。

五、薪酬管理与绩效管理体系

在人力资源管理的诸多环节中,薪酬管理与绩效考核的联系最为直接,是对绩效考核结果的直接运用和强化,但也最容易在对接方面出现问题。

如果组织考核体系中的考核指标、考核主体、考核权重、指标标准、考核过程等方面不尽公平或流于形式,出现考核结果"失真"的情况,那么即使薪酬体系、薪酬结构再完善,薪酬水平再高,员工对绩效考核结果的不满意也会延伸到对薪酬的不满意上。

本章提要

薪酬是企业与员工之间一种公平的交易或交换关系,包括货币上的报酬以及获得的各种非货币形式的满足。对于企业来说,薪酬是企业人工成本的主要组成部分,但也能有效衡量企业薪酬体系设计以及运行好坏;同时,薪酬对员工能够提供补偿、保障和激励,对社会有着调节功能。

而薪酬管理是在组织发展战略指导下对薪酬各方面进行确定、分配和调整的动态管理过程。目前学者们在薪酬管理方面已有相关理论的研究成果，其中全面薪酬模型作为一种全新的报酬机制，能够充分结合企业战略来应对严峻的经营环境，有效吸引、保留和激励员工。

薪酬管理也是企业整体人力资源管理体系的重要组成部分，与人力资源管理其他环节之间紧密联系，两者之间相互影响、相互作用。薪酬管理对这些环节有着巨大的行为强化和引导功能；同时，人力资源管理其他环节的管理效果好坏也会影响薪酬管理的最终效果。

思考题

1. 什么是薪酬和薪酬管理？
2. 薪酬的功能是什么？
3. 薪酬对于员工和组织的意义何在？
4. 如何理解薪酬及薪酬管理在组织管理中的重要作用？

案例与讨论

是什么因素在激励微软的员工

巨型公司中（例如微软公司）软件开发工作的实际状况是，工作中必定包括的一部分内容是：整天是枯燥乏味的工作，偶尔还会有沉闷的几个小时。你基本上把时间耗费在孤立的办公室中编写程序，或者以会议的方式寻找或评价程序中成千上万个缺陷或潜在的缺陷。但是，微软公司在发现并留住软件程序员方面毫无困难。程序员的工作时间之长令人恐怖，而且为了实现产品的目标而达到近乎痴迷的地步。

微软的新员工从上班的第一天开始，就知道自己很特殊，而且他们的雇主也很特殊。新雇员有一个共同特点——他们都是绝顶聪明之人。公司以此为自豪，它对所有应聘者进行极度令人疲惫的"连环面试"，在此过程中，应聘者要面对未来同事提出的各种脑筋急转弯问题，以考查他们的思维水平。只有那些最优秀和最聪明的幸存者才有资格成为雇员。公司之所以这样做，是因为它真的相信微软公司是特殊的。例如，它能够高度宽容不合规范的行为。你会相信一个软件测试员每天穿着维多利亚时代的奢华裙子来上班吗？但是，有一种更深层的信念把每个微软人联系在一起：天降大任于这个公司来改变世界！每个程序员所作出的最不重要的决策，也极具重要性，因为它会影响到 5 000 万人所使用的新版本。

微软员工的工作时间长是出了名的。一位程序经理说："在我的第一个 5 年工作时间里，我的形象就是人们对于微软的刻板形象。维持我生存的是咖啡因、自动售卖机里的汉堡包、免费啤酒和每天 20 个小时的工作……我没有其他生活……我把这幢大楼以外的所有东西都视为邪恶。"现在，情况有了一些变化，虽然在这里依然有很多人每周工作 80 小时，但更普遍的情况是工作 60～70 小时，甚至有些人仅仅工作 40 小时。

如果不提公司为员工提供的十分赚钱的员工优先认股方案，对于微软员工生活的讨论就不够全面。微软比美国历史上任何一家公司都更快地制造出数以万计的百万富翁员工——20世纪90年代末已超过10 000人。尽管公司显然不仅是一个获得财富的地方，不过经营人员还是看到了金钱的作用。一位前任经理声称，人力资源部实际上就是靠公司的股票价格来维持员工满意度的运行趋势的。"当股票升值时，人力资源就可以高枕无忧，而且每个人都会说自己很快乐。但股票下跌时，我们会给员工安排，而他们会告诉我们这样的安抚太残酷了。"在歌舞升平的20世纪90年代，微软股票每几个月就会翻一番，而且每年都会如大家所愿进行配股。员工不仅参与到微软改变世界的大任当中，他们还会在这一过程中致富。但是2002年春季，伴随着整个世界范围内的经济危机，微软的股票价值也一落千丈，微软产品的成长速度减缓，推动员工继续为这个软件业霸主服务的动机也不那么清晰了。

资料来源：熊敏鹏，余顺坤，袁家海. 公司薪酬设计与管理[M]. 北京：机械工业出版社，2006.

案例思考题：

1. 如果你是一名程序员，你是否愿意在微软工作？说说你的理由。

2. 这一案例中的哪些活动可以与具体的激励理论联系起来？请列出这些活动以及相应的激励理论，并谈谈如何应用激励理论来说明它们。

3. 微软依旧在不断壮大，但它的增长势头已经减弱了，你认为它的管理层会在激励活动方面作出一些调整吗？请具体说明。

战略性薪酬管理

本章学习目标

通过本章的学习，希望你能够：
- 熟悉战略性薪酬管理的内涵和设计步骤
- 熟悉薪酬管理与几种不同的企业经营战略及竞争战略间的匹配关系

引言

战略性薪酬管理问题的提出

薪酬以及有效的薪酬管理对于一个组织具有诸多方面的影响：激励个人、团队从而实现组织总体绩效的改善；强化企业的核心价值观和组织文化；推动和方便组织变革的实现；有效降低企业的管理成本；消除员工对薪酬制度的不满，减少矛盾和冲突等。正是因为薪酬以及薪酬管理对于企业具有如此举足轻重的地位，所以几乎所有的企业都在这些方面投入大量的精力。然而，在很多时候，企业往往因为过于关注细节问题而使得薪酬管理活动流于技术层面，最终把对技术本身的检验和评价当成了薪酬管理的目的。

在现实中，这种情况的主要表现是，在涉及有关薪酬的问题时，很少有企业会真正去考虑这样一些问题："这项薪酬管理技术可以使我们达到什么样的目的？""它是否有助于我们战略目标的实现？""它是否会支持我们的组织文化？"在这种情况下，企业就很容易混淆薪酬管理的目的和手段，错把手段当成目的。其结果是，许多企业发现，自己在薪酬方面花费了大量的人力和金钱，但是对企业的经营目标的实现却没有起到太大的作用，甚至还会出现占用组织的不少资源却费力不讨好的结局。

事实上，在我国国有企业改革的进程当中，企业内部的收入分配制度即薪酬制度改革是一个不变的主题。从1979年恢复奖金制度，到后来的承包制和租赁制，再到后来的岗位技能工资制、岗位工资制、谈判工资制，包括前些年讨论得非常激烈的员工持股等，我国国有企业改革的进程总是离不开企业薪酬制度的改革。然而，虽然企业如此重视薪酬设计与薪酬制度改革，但许多企业的薪酬制度改来改去仍然是麻烦一大堆，员工对薪酬制度的满意度总是高不起来，常常是老的问题还没有解决，新的问题又产生了。这其中的一个重要原因就是，我们的许多企业在进行制度的改革与设计时，都没有从企业的总体战略和人力资源战略出发，关注什么样的薪酬制度会有利于企业战略和人力资源战略的实现，而是就薪酬论薪酬，把公平、合理地分配薪酬本身当成了一种目的。正是由于我们的许多企业在薪酬管理方面缺乏战略眼光,所以导致它们在薪酬管理方面花的心思不少,但是收效甚微。

第一节 战略导向的薪酬管理

一、战略性薪酬管理的内涵

战略性薪酬管理实际上是看待薪酬管理职能的一整套崭新的理念,它的核心是作出一系列战略性薪酬决策。通常情况下,企业需要首先作出一系列根本性决策,即确定企业的战略:我们应该进入并停留在什么行业?我们靠什么赢得并保持在本行业或相关产品市场上的竞争优势?企业的整体人力资源政策应该如何设计?一旦企业的战略确定下来,企业需要回答的一个问题是:我们如何才能依靠薪酬决策来帮助企业立于不败之地?这些关于如何帮助组织赢得并保持竞争优势的薪酬决策就是我们所说的战略性薪酬决策。

它主要需要回答以下几个方面的问题。

第一,薪酬管理的目标是什么?即薪酬如何支持企业的经营战略?当企业面临经营和文化压力时,应该如何调整自己的薪酬战略?

第二,如何实现薪酬的内部一致性?即在企业内部,如何对不同的职位和不同的技能或能力支付不同的薪酬?

第三,如何实现外部竞争性?即相对于企业的竞争对手,企业在劳动力市场上的薪酬水平应该如何定位?

第四,如何认可员工的贡献?即基本薪酬调整的依据是什么?是个人或团队的绩效,还是个人的知识、经验增长以及技能的提高,抑或仅仅是生活成本的变化?是否需要根据员工的不同表现及其业绩状况制订不同的绩效奖励计划?

第五,如何管理薪酬体系?对于所有的员工而言,薪酬决策的公开和透明度应该是怎样的?应该由谁来设计和管理薪酬体系?

第六,如何提高薪酬成本的有效性?即如何有效控制薪酬成本?

关于薪酬战略与企业经营战略、人力资源战略、员工态度与行为表现、企业竞争优势等要素之间的关系,我们可以用图2-1描述。

在当今这种变革激烈的经营环境中,薪酬管理早已不再只是人力资源管理体系中的一个末端环节或者仅仅充当一种保健因素。它的作用和影响已经超越了人力资源管理乃至企业管理框架的局限,直接影响到企业的经营战略本身。几乎所有的人力资源教材或咨询报告都在以浓重的笔墨阐述如何用薪酬体系来支持组织战略的问题。在实践中,越来越多的企业在探讨如何通过加强薪酬战略与组织的战略目标之间的联系,让企业的经营变得更为有效。

以微软公司为例。作为一家在计算机软件领域占据绝对优势的高科技公司,它的经营战略和组织文化都十分强调员工的绩效表现、创新能力以及组织承诺。因此,在薪酬方面,

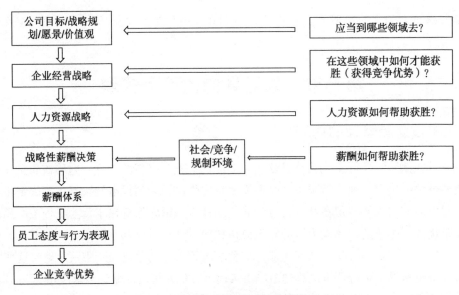

图 2-1　战略性薪酬管理与企业竞争力

微软在劳动力市场上采取了基本薪酬滞后而浮动薪酬和股权所占比例较大的高弹性薪酬战略：在进入公司的初期，员工需要接受低于市场平均水平的基本薪酬。作为一种补偿，他们有可能在以后得到丰厚的可变薪酬（variable pay）、绩效加薪、收益分享以及股票期权等。当然，这些收益都是以他们杰出的绩效表现和对组织的高度承诺为前提的。

综上所述，企业必须从战略的层面来看待薪酬以及薪酬管理，必须清醒地认识到，虽然薪酬与薪酬管理对员工以及企业都具有重大的影响作用，但是薪酬本身并不能领导企业的变革过程，不能界定应当进行何种变革，也不能决定应当建立何种价值观，更不能取代有效的领导。因此，在大多数情况下，薪酬制度和薪酬政策应当是服从于而不是领导企业的总体经营战略以及与之相关的其他人力资源管理政策。作为企业赢得竞争优势的一个重要源泉，薪酬以及薪酬管理必须能够支持企业的经营战略，与企业的文化相匹配，并且具有对外界压力作出快速反应的能力。

二、战略性薪酬体系设计的基本步骤

薪酬管理并不是一个独立的系统，在薪酬管理系统中，我们有很多可供选择的工具和方法，但选择薪酬工具和方法的主要依据是企业的总体战略以及相应的分阶段战略目标。由于企业的战略可能会在不同时期和应不同经营环境的要求而不断调整，因此，企业的薪酬管理实践也必然需要灵活变通，以适应企业战略以及经营环境的要求。并不存在所谓的最优薪酬战略以及薪酬管理实践，一切都要视企业的具体情况而定。规范、灵活并且能够因时而变，从而帮助企业达到既定目标的薪酬以及薪酬管理系统才是企业希望得到的。

要想建立这样一种战略性薪酬体系，就需要遵循不断循环的以下四个步骤（图 2-2）。

图 2-2　战略性薪酬体系设计的四个基本步骤

（一）评价薪酬的影响因素：全面评价组织所面临的内部环境和外部环境及其对薪酬的影响

如前所述，企业的薪酬管理是以企业的战略和经营目标为导向的，而无论是企业的战略和经营目标还是薪酬本身都会受到诸多因素的影响。其中包括：企业所处的社会、政治和经济背景，全球竞争压力，企业的文化和价值观，员工的需要，工会的压力，等等。因此，企业首先必须全面、准确地了解自己所处的环境，然后才能确定为了在特定的环境中取得竞争优势所需要采纳的薪酬方案。

（二）制定与战略相匹配的薪酬决策

薪酬决策的内容包括薪酬体系决策、薪酬水平决策、薪酬结构决策、薪酬管理过程决策等诸多方面的问题。薪酬决策的核心是使企业的薪酬系统有助于企业战略目标的实现，具备外部竞争性以及内部一致性，合理认可员工的贡献以及提高薪酬管理过程的有效性。由于不同类型的薪酬决策支持不同的企业战略，因此企业必须根据组织的经营环境和既定战略来作出合理的薪酬决策。

（三）执行薪酬战略：将薪酬战略转化为薪酬实践

薪酬战略实际上是企业在做薪酬设计时所坚持的一种导向或基本原则，因此企业所要做的是将这些原则用一定的薪酬体系或薪酬组合体现出来，或者运用一定的技术来实现企业的战略导向要求。这一步骤实际上是从理念和原则到操作层面的跳跃，一种好的薪酬战略能否不折不扣地贯彻执行，薪酬技术的选择、薪酬系统的设计及其执行过程是至关重要的。

（四）对薪酬系统的匹配性进行再评价

薪酬系统的设计和实施并不是一件一劳永逸的事情。管理者必须不断地对其进行重新评价并适时调整，以使之与变化的经营环境和企业战略相适应。为了确保这一点，阶段性地对企业薪酬系统的匹配性和适应性重新评价就显得十分必要。

三、战略性薪酬管理对人力资源管理职能的新要求

与事务性和管理型的传统薪酬管理实践相比，在实行战略性薪酬管理的企业中，人力资源管理部门以及薪酬管理人员的角色也要发生相应的转变。具体来说，他们应当达到以下几个方面的要求。

（一）使薪酬战略和薪酬体系与企业的使命、战略以及价值观紧密联系在一起

企业的竞争实力在很大程度上取决于其是否制定了适应市场环境的战略，是否具备实施这种战略的能力以及所有的员工是否认同这一战略。而当薪酬战略与企业的战略相适应时，它就能有效地实现对员工的激励，增强他们对组织目标的承诺，促使他们帮助组织成功地实现这种经营战略。因此，战略性薪酬管理的第一要义就是要在薪酬战略和组织的战略目标之间建立起一种紧密的联系。

"蓝色巨人"IBM（国际商业机器公司）的变革过程就很好地体现了企业薪酬战略与组织战略调整之间的匹配关系。在20世纪80年代末之前的很多年里，IBM在大型计算机主机市场上近乎居于垄断地位，它的薪酬体系所强调的是内部一致性、职位等级细分、薪酬等级分明，员工按照严格的等级次序在薪酬等级中循序渐进地攀升，绩效奖励或风险性薪酬的比重很小。但是到了20世纪80年代末和90年代初期，当计算机行业发生巨大变化的时候，IBM几乎是转瞬间就丧失了它原来的竞争优势。面对外部市场的变化，IBM重新调整了自己的战略和竞争策略。与此同时，公司的薪酬体系也相应地开始强调成本控制、风险分担以及以客户和市场为导向的报酬哲学，最终企业从举步维艰的境地中重新走上正轨。进入21世纪以来，"蓝色巨人"又进一步在全面薪酬体系建设的道路上迈出了新的步伐。

（二）确保组织的薪酬体系和薪酬管理策略简单实用

对于当今企业中的薪酬管理人员而言，有一点特别需要注意，这就是，能够确保组织独特的战略或目标得以实现的薪酬管理体系不一定是非常复杂的。在薪酬体系管理的战略上，应当是力求简单、明了，向员工传递非常明确的战略导向或行为和价值观信号。而我国的一些企业界人士，尤其是一部分薪酬管理专业人员，往往认为薪酬体系越复杂、越难以理解，薪酬体系就越科学、越合理，尤其是越能够显示出自身的专业水平。我们的管理人员在很多时候会犯这种可笑的错误。

此外，人力资源管理以及薪酬管理人员还必须清醒地认识到，企业的薪酬制度本身并没有先进和落后之分，只有适合和不适合之分。企业一定要根据自己的环境、使命、战略、价值观、业务要求等来制定个性化的薪酬制度，而不要盲目追求所谓的国际先进经验。有些看似"落后"的东西，在某些特定的时间或特定的场合能够帮助企业解决员工的吸引、保留、激励等方面的问题，有助于企业经营目标的实现，我们就没有理由紧追那些薪酬"时尚"。我国一些企业目前连基于职位的薪酬管理都没有做到位，在这种情况下，如果将职位评价技术弃置不用，而是急于追随所谓的能力薪酬模式，或者大搞薪酬宽带，其结果是可想而知的。事实上，因地制宜、实事求是地思考并创新出适合本企业的薪酬模式，然后再

随着本企业的发展阶段和面临的问题不断调整自己的薪酬模式，这种做法不仅是最理智的，同时也是最有效的。中国企业是这样，外国企业也同样如此。

（三）降低事务性活动在薪酬管理中的比重，实现日常薪酬管理活动的自动化

从薪酬管理的活动内容及其性质来看，薪酬管理活动可以划分为常规管理活动、服务与沟通活动以及战略规划活动三种类型。在那些传统组织中，薪酬管理人员往往把他们2/3以上的时间消耗在一些常规管理活动上，如更新职位说明书，分析劳动力市场供求状况，分发、填写以及汇总绩效评价表格，收集、分析、汇报薪酬数据等。在这种情况下，他们能够用来向员工提供个性化服务、就薪酬体系进行沟通以及制订薪酬战略规划的时间可谓少之又少。而在战略性薪酬管理的思路下，薪酬管理人员的时间将会重新进行分配。常规管理活动所占的时间比重下降，而在服务与沟通活动以及战略规划活动方面所花费的时间则有所上升。在传统组织中，常规管理活动、服务与沟通活动以及战略规划活动三者所花费的时间比重分别大约是70%、20%和10%。而在实行战略性薪酬管理的组织中，三者的时间比重则分别转变成20%、50%和30%左右。

在战略性薪酬管理理念下，高效率的组织往往把有关职位、能力、角色、员工以及市场的数据整合到同一个计算机系统当中去，在相当大的程度上实现自动化管理。事实上，常规性薪酬管理活动的自动化和系统化，是确保人力资源管理部门以及人力资源专业人员减少在日常管理活动中的时间耗费的一个主要途径。

以编制职位说明书和完成职位评价这项工作为例。传统上，职位说明书通常首先由直线管理人员负责完成，他们先把初稿送至主管职位分析的人力资源管理专业人员处征求意见，再由后者将其呈报到职位评价委员会，由该委员会集中对职位的价值进行审查与评价。几个星期甚至几个月之后，经过审定的职位说明书终稿以及职位的相应薪酬等级才会返回到直线管理者那里。在自动化管理的情境下，管理者只需要把相关数据输入并保存在电脑当中或者直接通过在线的专业人力资源管理软件，就可以很轻松地得到严格合乎规范、经过专家认可的职位说明书。而职位评价的任务也可以通过在线操作来实现，经过大量的统计分析，得出最终结果。

不仅如此，许多薪酬福利管理软件的功能早已超出了对职位进行对比、编写职位说明书、记录薪酬福利数据的范围。一些先进的薪酬福利管理软件还可以建立组织的薪酬模型，对不同员工和职位进行薪酬比较，从而协助管理者作出最优的薪酬决策。

（四）积极承担人力资源管理的新角色

在传统组织中，薪酬管理者包括其他人力资源管理者在企业中所能发挥的作用并不是很大，尤其是许多业务部门的人将人力资源管理部门看成一个专业狭窄、跟不上变革、功能失常的破落机构，认为其中的管理人员大都是一些知识面极窄而又目光短浅的人。造成这种状况主要有以下两个方面的原因。

（1）企业中的人力资源管理者，包括薪酬管理者不能迅速地感知组织内外环境和经营策略发生的变化，不了解企业的经营和业务流程，而无法提出能够对企业的战略实现产生支撑和推动作用的建议，结果只能是从本职工作出发而不是从企业的战略出发来做人力资

源管理工作，包括薪酬管理工作。

（2）他们由于承担了很多本来应该由直线管理者承担的事务性工作，消耗了大量的精力和时间，因而难以超越事务性的工作去进行战略性的思考，与处于业务一线的其他管理人员格格不入。

而在战略性薪酬管理这一全新管理理念下，对薪酬的管理与组织的其他所有管理职能都实现了整合，薪酬管理并不仅仅是那些所谓薪酬专家的专利，直线管理者甚至普通员工都要参与其中。企业让薪酬管理者能够及时和准确地获知组织中所发生的所有变化（而不仅仅是薪酬方面的变化），同时使他们从繁杂的管理事务中解脱出来，使他们由官僚体制的捍卫者转变为真正可以提供建议和支持的、具有全局眼光的专业领域专家。

第二节　薪酬战略与企业战略的匹配

很多学者认为，薪酬研究领域正在经历一场变革，从重视工具和技术的微观导向、官僚基础、应用训练转向更加宽广的领域，关注支付体系和其他组织职能、业务单元的战略和公司总体战略之间的"一致""适合"和"结合"等。也就是说，薪酬战略成为薪酬领域的重要问题，越来越引起人们的关注。企业薪酬战略管理的目的在于使企业利用自身资源表彰和引导所期望的态度与行为，薪酬战略的确定要建立在对客户、商业目标、公司的核心能力或关键成功要素的理解上。

一、薪酬战略

薪酬战略是企业关于薪酬管理的长期、整体的设想和行动方案。现代薪酬管理战略超越了一般意义的人力配置目的，把人力资源作为企业特殊的、最有竞争力的资源，从战略的高度，对人力资源的获取、配置、开发和激励进行全局性、长远性和预见性的规划与筹措。

从性质上讲，企业薪酬战略是一种管理战略。所谓企业薪酬战略管理，就是建立与企业战略一致的薪酬管理过程，在管理过程中，通过薪酬管理行为最终实现企业的战略；或者说，企业薪酬战略管理的最终目标就是通过对企业员工的薪酬管理行为来实现企业的战略目标。企业薪酬战略说明了为整个企业设计薪酬体制所需遵循的基本原理或基本参数。

（一）人力资源管理战略与企业经营战略体系

战略是企业前进的路径地图，是企业经营的蓝图。企业制定战略是为了满足两个迫切的要求：一是企业必须预先积极地规划出未来经营之路，获取客户的忠诚度，赢得相对于竞争对手的持续竞争优势；二是企业必须将各部门、管理人员、员工作出的决策和采取的行动塑造成一种协调的、涉及全公司范围的策略规划。

在企业战略管理过程中，要作出三项基础性的决策：其一，企业必须决定它要进入何种行业以及在多少行业中展开经营。这是企业战略决策。其二，在企业决定进入何种产品市场之后，它还必须决定如何在每个产品市场中展开竞争、赚取利润。这是经营战略决策。其三，虽然企业和经营战略决策主要与战略形成有关，除非战略计划得以成功实施或执行，否则一项好的战略同样不会带来增值,这一任务就落在成功的职能战略上。因此,企业战略是企业思考—反应的一体化机制,根据企业的结构层次划分,形成三个层面上的战略:企业战略、经营战略和职能战略。在战略的形成、执行和反馈过程中,要依赖企业整体的智慧和力量,有效发挥各个职能作用。

(二)薪酬战略的制定

薪酬战略是一种行动计划,企业可以引导和投入资源来塑造其期望的行为。薪酬战略为企业提供了一个固定的框架,这个框架决定了怎样以及在哪里投入这些资源,反映企业在人力资源方面的投资策略。制定一套合适的薪酬战略并不容易,必须有根有据,能够取得各利益相关者的广泛赞同和认可。薪酬战略是商业沟通中一项重要工具,传达了与股东价值、财务成果、客户、市场份额、成长、产品或服务的革新、速度和成本管理等目标相关的商业价值,是赢得员工理解、认可和承诺的一种方式。

形成一个薪酬战略需要以下四个简单的步骤。

(1)评价文化价值、全球化竞争、员工需求和组织战略对薪酬的影响。

(2)使薪酬决策与组织战略和环境相适应。

(3)设计一个把薪酬战略具体化的薪酬体系。

(4)重新衡量薪酬战略与组织战略和环境之间的适应性。

这些步骤是简单的,但实施起来却是复杂的。在薪酬战略制定的过程中,利用如下的一套成熟的思考框架对于薪酬战略的成功十分必要。

(1)什么是企业成功的关键因素?例如,为了成功地完成任务或在市场上取得期望的地位,企业必须做什么?什么是企业战略?什么是业务成功的关键因素?什么是成功因素中表明进步的基本指标?什么是企业实现目标所遇到的基本问题或障碍?

(2)什么是成功执行这种竞争战略所必需的行为?例如,为取得成果,人们开始时需要做什么?多做还是少做或者停止不做?什么是全体员工都要做的?什么是特定小组成员要做的?人们对如何去做的了解要达到什么程度?人们对做这些事的重要性的了解要达到什么程度?

(3)对每个特殊的目标小组应该采用什么样的计划来表彰这些行为?表彰期望行为中的每一个计划的目的是什么?例如,基本工资计划、绩效工资计划、可变或激励工资计划、基于股权的可变工资计划、业绩管理项目、特殊认可或主要贡献者项目、其他项目等。

(4)为了成功实现目标,每个计划都需要满足哪些要求?例如,它是基于个人的还是基于团队的?它在市场上的竞争性如何?它应是高回报的还是高安全性的?它应是支持变革还是领导变革的力量?它是应用于每一个人还是按照每个团队加以制订?它应保持独立还是和其他薪酬项目相结合?

(5)现行的薪酬计划是否适应这些要求?例如,每项计划在什么地方达到或超过了需求?这些计划在什么地方存在不足?为什么?变革过程应该从哪里开始?企业准备为获得期望的变革投入时间、精力和资源吗?这些变革对经营中所面临的战略和现行的问题是不是至关重要的?

思考上述问题有助于企业建立薪酬战略。在定义每个策略的目标和基本需要时，薪酬战略将支持和推动符合新的管理理念的改革进程，强调的不再是按照市场预先确定的水平支付薪酬，而是注重成功执行公司战略所必需的工作。薪酬战略的总体框架将强调怎样进行薪酬投资，而不是强调支付多少或者如何与市场水平保持一致。

二、薪酬战略与企业战略之间的匹配

在不考虑具体的职能战略的情况下，企业战略通常可以划分为两个层次：一是企业的发展战略或公司战略，二是企业的经营战略或竞争战略。前者所要解决的是企业是扩张、稳定还是收缩的问题，后者所要解决的则是企业如何在既定的领域中通过一定的战略选择来战胜竞争对手的问题。公司战略通常包括成长战略、稳定战略和收缩战略三种，而竞争战略则可以划分为创新战略、成本领袖战略和客户中心战略三种。企业所采取的战略不同，其薪酬水平和薪酬结构也必然会存在差异。

（一）公司战略与薪酬战略

1. 公司成长战略下的薪酬战略

成长战略是一种关注市场开发、产品开发、创新以及合并等内容的战略，它又可以划分为内部成长战略和外部成长战略两种类型。其中，前者是通过整合和利用组织所拥有的所有资源来强化组织优势的一种战略，它注重的是自身力量的增强和自我扩张；而后者则试图通过纵向一体化、横向一体化或者多元化来实现一体化战略，这种战略往往是通过兼并、联合、收购等方式来扩展企业的资源或者强化其市场地位。

对于追求成长战略的企业来说，它们所强调的重要内容是创新、风险承担以及新市场的开发等。与此相联系的薪酬战略往往是：企业通过与员工共同分担风险，同时分享企业未来的成功，来帮助企业实现自己的目标，同时使员工有机会在将来获得较高的收入。这样，企业需要采用的薪酬方案就应当是：在短期内提供水平相对较低的固定薪酬，但是同时实行奖金或股票期权等计划，从而使员工在长期中得到比较丰厚的回报。例如，IT（互联网技术）行业中的许多企业都采取这种报酬策略。此外，成长型企业在很大程度上需要具有灵活性，因此它们在薪酬管理方面往往会比较注意分权，赋予直线管理人员较大的薪酬决定权。同时，由于公司的扩张导致员工所从事的工作岗位本身在不断变化，因此，薪酬系统对员工的技能比对他们所从事的具体职位更为关注。

当然，内部成长战略与外部成长战略之间的差异决定了两者在薪酬管理方面也存在一定的不同。其中，采用内部成长战略的企业可以将薪酬管理的重心放在目标激励上，而采用外部成长战略的企业却必须注意企业内部薪酬管理的规范化和标准化。

2. 公司稳定战略下的薪酬战略

稳定战略是一种强调市场份额或者运营成本的战略。这种战略要求企业在自己已经占领的市场中选择出自己能够做得最好的部分，然后把它做得更好。采取稳定战略的企业往往处于较为稳定的环境之中，企业的增长率较低，企业维持竞争力的关键在于能否维持自己已经拥有的技能。从人力资源管理的角度来说，主要是以稳定已经掌握相关工作技能的劳动力队伍为出发点，这种企业对于薪酬的内部一致性、薪酬管理的连续性以及标准化都有比较高的要求。因此在薪酬管理方面，薪酬决策的集中度比较高，薪酬的确定基础主要是员工所从事的工作本身。从薪酬的构成来看，采取稳定战略的企业往往不强调企业与员工之间的风险分担，因而较为稳定的基本薪酬和福利所占的比例较大。就薪酬水平来说，这种企业一般追求与市场持平或者略高于市场水平的薪酬，但是从长期来看，由于增长速度不快，这种企业的薪酬水平不会有太大的增长。

3. 公司收缩战略下的薪酬战略

收缩战略通常会被那些由于面临严重的经济困难因而想要缩减一部分经营业务的企业所采用。这种战略往往是与裁员、剥离以及清算等联系在一起的。根据采用收缩战略的企业本身的特征，我们不难发现，这种企业对于将员工的收入与企业的经营业绩挂钩的愿望是非常强烈的。除了在薪酬中稳定薪酬部分所占的比重之外，许多企业往往还力图实行员工股份所有权计划，以鼓励员工与企业共担风险。此外，像我们在后面将要讨论的斯坎伦计划（Scanlon plan）那样的收益分享计划（gain sharing plan），也是在那些面临财务困难的企业中率先开始实行的。

（二）竞争战略与薪酬战略

1. 创新战略与薪酬战略

创新战略是以产品的创新以及产品生命周期的缩短为导向的一种竞争战略。采取这种战略的企业往往强调风险承担和新产品的不断推出，并把缩短产品由设计到投放市场的时间看成自身的一个重要目标。这种企业的一个重要经营目标在于充当产品市场上的领袖，并且在管理过程中常常会特别强调客户的满意度和客户的个性化需要，而对于企业内部的职位等级结构以及相对稳定的职位评价等不是很重视。

这种企业的薪酬体系往往特别注重对产品创新和新的生产方法及技术的创新给予足够的报酬或奖励，其基本薪酬通常会以劳动力市场上的通行水平为基准并且会高于市场水平，以帮助企业获得勇于创新、敢于承担风险的人。同时，这种企业会在工作描述方面保持相当的灵活性，从而要求员工适应不同环境的工作需要。

2. 成本领袖战略与薪酬战略

所谓成本领袖战略，实际上就是低成本战略，即企业在产品本身的质量大体相同的情况下，以低于竞争对手的价格向客户提供产品这样一种竞争战略。因此，追求成本领袖战略的企业是非常重视效率的，对操作水平的要求尤其高。它们的目标则是用较低的成本去做较多的事情。因此，对于任何事情，它们首先会问："这种做法的成本有效性如何？"为了提高生产率、降低成本，这种企业通常会比较详细地对员工所从事的工作进行描述，强调员工工作岗位的稳定性。在薪酬水平方面，这种企业会密切关注竞争对手所支付的薪酬状况，本企业的薪酬水平既不能低于竞争对手，最好也不要高于竞争对手，宗旨是在尽可能的范围内控制薪酬成本的支出。在薪酬构成方面，这种企业通常会采取一定的措施来提高浮动薪酬或奖金在薪酬构成中的比重。这一方面是为了控制总体的成本支出，不至于由于薪酬成本失控而导致产品成本上升；另一方面也是为了鼓励员工降低成本、提高生产率。

3. 客户中心战略与薪酬战略

客户中心战略是一种通过提高客户服务质量、服务效率、服务速度等来赢得竞争优势的战略。采取这种战略的企业所关注的是如何取悦客户，它希望自己以及自己的员工不仅能够很好地满足客户的需要，而且能够帮助客户发现一些他们自己尚未明晰的潜在需要，并且设法帮助客户去满足这些潜在需要。客户满意度是这种企业最为关心的一个绩效指标。为了鼓励员工持续发掘服务于客户的不同途径，以及提高对客户需要作出反应的速度，这类企业的薪酬体系往往会根据员工向客户所提供服务的数量和质量来支付薪酬，或者根据客户对员工或员工群体所提供服务的评价来支付奖金。例如，在一些服务行业，通常是根据员工所服务的客户数量按照一定的单价来实行计件工资制，但是当客户主动寻求某一位员工的服务时，企业就会将计件单价上浮一定的百分比。这样实际上就起到了鼓励员工积极满足客户需要、吸引客户的作用。

三、基于企业战略的薪酬管理

按照战略薪酬管理的要求，薪酬系统的设计并非一项单纯的技术层面的工作，而是持久地促进企业向战略目标方向发展的一项系统工程。该工程的设计和实施必须从三个层面进行：从公司战略层面来思考薪酬分配与战略目标的内在关系；从整体薪酬分配框架结构来考虑各项分配制度的独特作用和相互关系；从技术层面来有效设计各项分配制度，使制度能有效运用。换言之，战略、制度和技术是一个不可分割的有机整体，基于战略的薪酬系统设计必须在这三个层面上得到体现。

一个企业的竞争实力在很大程度上取决于其是否制定了适应市场环境的发展战略，是否具备统一员工思想的核心价值观。人力资源管理和薪酬管理的战略任务就是要不断促使企业的经营层、管理层和员工适应变革与主动变革，认同企业的长期战略，在企业内形成统一的价值观，使组织资源和人的行为产生一股巨大的合力，也就是战略执行能力。当薪酬战略与企业的战略相适应时，它就能有效地实现对员工的激励，增强他们对组织目标的承诺，促使他们通过自己的努力不断为企业创造价值，成功实现企业的经营战略。

制度是实施战略的载体。在战略指引下，制度设计的方向更明确，制度的存在有了意义。许多企业的薪酬制度都是在企业发展过程中逐步形成的。如果在设计这些制度时不能认真地考虑各项制度的关联性，不能对薪酬制度进行系统的结构化设计，就可能会造成各种制度都强调一种导向，而不是发挥各项制度的个性化作用。因此，在薪酬制度设计时，要避免孤立地考虑单个制度。各项分配制度的设计要个性化，但薪酬系统的组合要发挥整体效能，其最终目标是：实现企业的战略目标，提升企业的外部竞争力，促进内部组织的均衡发展。

第三节　组织文化与薪酬管理

一、组织文化与薪酬管理

组织文化是组织内部形成的，对组织成员的行为起指导作用的一整套共享的价值观、信仰及行为。

一个组织的报酬系统通过确定谁能得到报酬，以及为什么得到报酬，明确地指出了一个组织的价值观和信仰。对组织报酬系统的了解与分析，可以为高管人员进行组织长期文化变革提供重要基础。而企业的组织文化也会影响薪酬设计和薪酬管理。

一个组织的薪酬体系向员工传递出一些清晰的信号：企业看重的是资历、职位、绩效还是知识、技能、能力？企业鼓励创新还是强调成本和质量管理？企业目前的战略是成长战略还是稳定战略？希望开拓新市场还是维持现有市场？薪酬体系对员工的行为及其绩效产生的刺激作用很大，薪酬体系给员工传递的感受才是组织真正的文化。例如国企或者事业单位中，更多看重的是资历与行政级别，以资历和行政级别来支付薪酬，那么其中的组织文化必定是充满竞争的、以获得工龄为目的的。再如为了形成良好的创新文化，企业就会对员工的创新性行为予以激励，并提供足够的薪酬。

薪酬体系会对组织文化产生影响，而组织文化反过来也会影响薪酬体系的设计，因而两者应当保持高度一致。

二、组织文化的经典模型

吉姆·喀麦隆（Kim Cameron）和罗伯特·奎恩（Robert Quinn）建立了一个竞争性价值观模型，以两个维度——关注组织内部或外部，重视组织流程和结构的控制性或灵活性，将组织文化划分为官僚文化、部落文化、市场文化和活力文化四大类，如图2-3所示。

图 2-3　四种不同的组织文化及其特征

（一）官僚文化

官僚文化重视组织内部及组织控制性，依靠正式的结构、政策和程序来进行管理，这类组织要求高效、快速地运营。其薪酬重点是严格按官僚层级设计不同层级的薪酬，构建一个可预测的和安全的环境，保障员工的薪酬稳定性与安全性，要求个人需求服从组织目标。

（二）部落文化

部落文化重视组织内部及组织灵活性，强调通过团队合作、共同参与以及达成一致来管理组织环境。其薪酬重点是尊重组织传统、人际关系，并关注员工需要。

（三）市场文化

市场文化重视组织外部及组织控制性，重视客户，关注生产率、结果及利润。组织薪酬更强调个人绩效，组织和员工之间接近"契约型"关系，要求员工对个人的绩效和福利负责。

（四）活力文化

活力文化重视组织外部及组织灵活性，希望员工在动态的环境中自由创新并承担风险。其薪酬重点在于吸引、激励和留住具有高度创造力的员工，满足组织的创新需要。

三、组织文化与薪酬管理的匹配

（一）官僚文化与薪酬管理

这类组织需要一个理性的系统来确保组织的稳定性和控制性，以职位为基础实施外部薪酬调查有助于组织保持薪酬外部竞争力，并维持员工的薪酬满意度。同时由于组织具有高度结构化的正式绩效管理制度，员工明确自己的绩效期望，绩效考核中应当包括员工服从行为的指标。这类组织还会提供慷慨的福利，以保障员工的工作安全性，长期留住员工。

（二）部落文化与薪酬管理

这类组织强调人际关系的同时重视组织内部薪酬，通常会确保员工的薪酬水平等于或超过竞争对手，通常比较重视团队绩效，绩效考察的重点在于员工的胜任力及共同价值观；通常会提供有竞争力的福利，关爱每一位员工，同时比较强调工作家庭的平衡，会提供诸多员工援助计划。

（三）市场文化与薪酬管理

此类组织关注薪酬的市场竞争力，强调个人绩效，多采用绩效加薪作为激励手段。组织的薪酬与公司的盈利水平挂钩，具有严格的"能者上，庸者下"的考核体系，重视竞争，重视结果。通常会使用股票期权和员工持股的激励措施，以鼓励员工将个人利益与公司利益相结合。同时为了强调适者生存的原则，公司往往不会提供丰厚的福利。

（四）活力文化与薪酬管理

活力文化型组织特别重视创造与创新能力，组织中技能薪酬很普遍。富有创造力的员工可以获得更好的薪酬。组织鼓励创新性想法和技术进步，会对技术创新的团队和个人提供资金支持以及奖金。为了满足这些创新性员工的需求，组织提供弹性工作时间，以帮助员工恢复创造力。

第四节 战略性薪酬理论基础与相关研究

一直以来，企业薪酬决策中存在种种问题：如薪酬决策往往由企业领导人独断决定；经营者视薪酬为成本消耗；领导人不重视人力资本投资，却重视技改项目的投入；简单模仿其他企业的市场化薪酬或者岗位绩效薪酬制度等。薪酬决策过程中为什么会存在这些问题？很重要的一个原因就是没有以战略的高度来制定适应企业自身的薪酬决策。战略性薪酬决策是一种发展战略导向的决策，而不是对具体薪酬实施问题所进行的决策，其结果对公司薪酬管理具有指导性的作用。在前人总结的基础上，刘昕（2007）通过研究指出企业在薪酬管理过程中作出一些重要的选择或决策是必需的，并认为这一系列的战略性薪酬决策是战略性薪酬管理的核心。

一、战略性薪酬的相关研究

战略性薪酬的概念是在20世纪80年代才发展起来的。在这之前，薪酬管理更多的是行政事务性的工作，很少参与到企业战略决策中。然而随着第三次科技革命的到来，企业的外部环境发生了剧烈的变化，企业的生产模式和竞争状况也完全不同于工业时代企业的常规生产和服务，战略性人才成为企业的核心竞争力，人力资源转变为企业的战略资源，而战略性薪酬则是获得战略性人才，从而实现企业战略的重要保证。

Gomez Mejia（1988）提出战略性薪酬是企业管理者结合战略进行薪酬支付的全部方式，Heneman（2001）提出了哲学、评估、支付结构和支付方式四个维度的战略性薪酬概念，Milkvoich（2002）则提出战略性薪酬是用于提高企业竞争力的一系列的薪酬选择。国内学者对战略性薪酬的研究大都沿用国外的框架，谢森在《战略性薪酬概述》一文中指出：在做薪酬决策时，通过战略性薪酬管理的薪酬决策模式对组织绩效具有关键性，即是对环境中的机会与威胁作出适当的反应，并且对长期的组织全盘的发展目标和方向予以配合或支持，"其核心是薪酬战略。企业战略和竞争战略是薪酬性战略的基础，同时在企业战略中融入薪酬管理制度"。

薪酬管理结合并支撑企业战略的，是企业在薪酬管理中追求的目标。因此，战略性薪酬管理就应运而生，企业经营战略和薪酬战略的匹配问题就是其关键点。Gomez Mejia（1987）最早把"匹配"这一概念引入薪酬战略研究中，他认为要根据环境的变化制定薪酬战略，尤其是要根据企业经营战略的变化。

对经营战略如何与薪酬战略相匹配的问题，众多学者都进行了大量的研究并形成不同的表述。George T. Milkovich（1988）认为，企业要获得高水平的组织绩效，使薪酬战略与企业经营战略相适应，应不断调整薪酬战略。Edilberto F. Montemayor（1996）认为，企业设计薪酬制度要从战略的角度。Andrew Dzamba（2001）认为，薪酬战略随着企业重组、并购的不断发生,以及企业之间竞争的日益激烈,必须能够适应环境的变化。

二、战略与薪酬的关系分析

战略和薪酬是管理学中两个范畴的内容。战略是设定公司长远发展的目标和方向,是解决企业内外部关键问题的选择和定位,其目的是使企业获得可持续发展的竞争优势;而薪酬本质是企业与员工之间的一种利益交换关系,是对员工工作的回报,薪酬决定了企业的人力资源合理配置和使用,决定了企业的劳动效率,决定了企业的稳定性,因此薪酬对组织的竞争力有很大的影响。

两者之间看似不同,其实是宏观和微观、方向和行动的关系。战略性薪酬体系就是把企业的薪酬管理体系和战略紧密联系起来,从"一致性""适合""匹配"的观点出发,系统地处理两者关系:战略处于主导地位,薪酬管理体系属于从属层次,薪酬管理体系随着战略的变化而调整变化。两者联系得越紧密或越彼此适应,组织的效率就会越高,竞争力更强;战略性薪酬管理体系的内涵就是企业根据某一阶段内、外部的实际情况,以组织的发展战略为依据,促进组织战略目标的实现,系统设计薪酬管理体系,正确选择薪酬策略并实施动态管理。

三、薪酬与战略匹配的相关研究

企业战略作为薪酬体系设计的指导思想,战略性薪酬管理体系的设计应与企业的竞争战略保持一致,战略性薪酬管理体系的设计不是一个孤立的、单一的人力资源活动,将其与企业的发展战略、文化、生命周期、组织结构等相匹配才是使战略性薪酬发挥激励作用的关键因素(刘善仕,巫郁华,2006)。只有战略性薪酬管理体系与企业的发展战略和价值导向相匹配,才能驱使员工的行为朝企业倡导的方向转变。

目前已经有很多关于薪酬与企业战略之间的匹配关系的研究,David B. Balkin 和 Luis R. Gome-Mejia 研究了与多元化战略相匹配的战略性薪酬,Elling(1984)论述了企业在不同的生命周期阶段所应采取的薪酬战略,Corroll(1987)研究了竞争战略与战略性薪酬的匹配问题。G.T.Milkovich 把企业战略分为创新、成本领先和差异化,并提供了相应的薪酬原则。国内的学者也对此进行了很多研究,张龙、刘洪、王凌云等研究了战略性薪酬与经营战略的关系,文跃然还提出了战略性薪酬矩阵来进行战略与薪酬的匹配。

本章提要

战略性薪酬管理是围绕企业战略来思考和设计以及管理企业薪酬系统的一种新理念。它着眼于薪酬的战略支持功能。战略性薪酬管理通常需要经过以下四个基本步骤:全面评估组织内部环境和外部环境及其对薪酬的影响;制定与组织战略和环境背景相匹配的战略性薪酬决策;将薪酬战略转化为薪酬实践;对薪酬系统的匹配性进行再评价。

战略性人力资源管理对人力资源管理部门及其职能人员提出了更高的要求,它要求这些专业人力资源工作者必须注重薪酬与组织使命、战略和文化之间的匹配性;减少事务性活动以及日常行政管理活动所占用的时间,从而积极承担起新的角色等。

不同的企业经营战略以及竞争战略往往会对企业的薪酬战略提出不同的要求。只有当薪酬战略能够适应并支持这些战略时,这些组织战略才有可能实现。

传统薪酬战略比较重视职位等静态的价值,对绩效的重视并不充分;同时灵活性较差,对员工的激励性不足。于是,20世纪90年代以后,薪酬战略逐渐向全面薪酬战略转移,即综合运用三种不同的薪酬"武器"来适应内外部环境的需要,强化组织战略。

21世纪以来,全面薪酬战略逐渐成为各种组织都非常关注的一种新型薪酬战略。这种薪酬战略真正将目光从经济性薪酬扩展到了职业发展、绩效认可及工作和生活的平衡等非经济薪酬领域。

1. 什么是战略性薪酬管理?它与一般的薪酬管理有何区别?
2. 人力资源管理职能应当如何适应战略性薪酬管理的要求?
3. 不同的经营战略和竞争战略对薪酬战略分别有哪些要求?
4. 从传统薪酬战略向全面薪酬战略的转变是如何发生的?

答案解析　扫描此码

案例与讨论

西南航空公司战略性薪酬体系的构建

美国西南航空公司成立于1971年,公司最早的经营理念是创办一家以最高效率、最多服务内容、提供最低成本的端对端的航空公司。该公司在成立3年后就开始盈利,成功地渡过了经济萧条、石油禁运和取消价格管制等重大危机,很快从一家地区性的航空公司成长为全世界最成功的主要航空公司之一。在西南航空公司32年的发展过程中,它的业绩水平和所获得的各种褒奖令世人瞩目。西南航空公司的成功秘诀是什么呢?按照公司创始人赫伯·科勒尔的说法,是公司的人本文化。而人本文化并不是自发形成的,其营造的关键是公司实施的战略性的薪酬和奖励体系。

西南航空公司的战略薪酬体系可以分为四类:战略性的基本工资、战略性的福利、战略性的激励计划和战略性的特殊贡献奖赏计划。

一、战略性的基本工资

西南航空公司的工会化程度很高,33 000名员工中有81%是工会成员,大部分人员的基本工资被纳入工会合同的框架。集体谈判的过程和最终结果被认为是极富战略性的。一般来说,工资谈判协议会确定与市场水平一致或稍低于市场的薪酬水平,这将有助于控制劳动力成本,以确保与公司的低成本战略相适应。同时,工会合同约定的工资和资历相关,这一点非常关键,因为西南航空公司非常看重员工为公司长期服务和对公司的长期承诺。此外,员工能够通过不同的薪酬计划来分享公司的成功,从而提高他们的总体报酬。事实上，许多西南航空公司的员工都是百万富翁。

西南航空公司支付给 CEO（首席执行官）的报酬要低于同等规模的其他航空公司的 CEO 的中位数水平。其他高级经理的收入水平稍高于市场平均水平，但是他们持有的公司股票就少了很多。这种做法的主要意图是给予公司的高级管理者较少的现金报酬，但是通过股票所有权的奖励，让他们分享为股东创造的更多价值，激励他们致力于公司长期财务业绩的增长。经理们购买股票期权也没有特别的折扣，他们购买公司股票的机会和其他员工一样，以此体现内部公平。

二、战略性的福利

西南航空公司提供的福利清单令人印象深刻。它包括传统的福利计划和少数创新的方案。像其他许多公司一样，西南航空公司为员工提供医疗保险、人寿保险、伤残保险和生活补贴等一系列免费的福利。此外，员工及其家庭成员可免费乘坐西南航空公司的航班并享受其他航空公司打折的旅行机票。员工在一些特殊的日子（如生日、结婚纪念日等）能收到公司的特别礼物并且有庆祝的机会。一系列福利方案的背后体现的是西南航空公司的战略意图和经营哲学："员工是公司最重要的资产。"西南航空公司将尽最大的努力来帮助和照顾这些非常重要的利益相关者。

三、战略性的激励计划

两个主要的可变薪酬方案是公司范围内的利润分享计划和员工持股购买计划。利润分享计划于1973年开始实施，它鼓励每个员工尽可能地控制成本。因此是富有战略意义的。根据员工的个人收入水平和公司的盈利状况，每个员工都获得同样的分享机会。那些工作时间更长或承担加班飞行任务的员工将获得更大比例的利润分享。过去，该计划以现金和延期支付的退休金这两种方式给员工支付分享的利润；后来，在员工要求改革的建议下，到1990年，全部奖金都以延期支付的方式进行。这样，员工就能在退休的时候得到更多的保障。

退休金计划有各种各样的投资选择，其中包括购买西南航空公司的股票。通过这些购买，员工现在持有公司12%的股票。当股票表现优秀的时候，每个人都能从中受益。因为这项投资，许多服务年限较长的员工在退休时都非常富有。这对组织而言非常重要，有效地强化了员工对组织的长期承诺。

公司的股票购买计划让所有员工和经理共同来分担风险，也分享成功和收益。除进行收益分享投资外，员工可以用工资额扣除，通过股票购买计划按一定的折扣购买公司的股票。近几年，公司与飞行员签订的合同使飞行员能通过股票期权和增加工作延期支付的方式对公司进行更大的投资。

因此，利润分享计划和员工持股购买计划使员工敏锐地意识到公司业绩和他们能获得的利益休戚相关。西南航空公司的每个基地都设有公司股票价格的显示屏，这样，员工每天都能看到公司及自己的财务状况。

四、战略性的特殊贡献奖赏计划

西南航空公司通过推行一系列特殊贡献奖赏计划来鼓励和强化期望员工表现行为，推进公司战略的实施，支撑企业的基本价值观。

在公司总部和各个基地都会有各种各样的特殊贡献奖赏计划，公司的首席执行官和高级经理会出席这些庆祝仪式并亲自给员工颁奖，通过这些仪式向员工传递公司价值观的特殊意义，他们非常鼓励并认可与公司战略和价值观保持一致的员工行为。

这些特殊贡献奖赏计划包括"心中的英雄"奖励计划、总裁奖和"成功的精神"奖励。如"心中的英雄"奖励计划是1992年由西南航空公司的文化管理委员会设立的，它希望设计一种奖励方式来鼓励那些无名英雄。客户很少能看到在幕后辛勤工作的员工。公司建立跨部门的联合委员会来制定奖励标准，评判优胜者。每年，一个因后台工作而对客户服务产生积极重大影响的团队会被评选出来。这一奖励的获得者要到情人节那天才会正式公布，并在公司总部达拉斯举行盛大的庆祝典礼。优胜团队的名字将被喷涂在西南航空公司刻有"心中的英雄"徽章的飞机上，有关这一团队先进事迹的报道将出现在公司飞机上的杂志和新闻通讯中。

在西南航空公司，还有其他多种形式的奖励计划，包括"让我们一起做得更好""通往未来的机票""走一英里""帮助之手""坚持服务""最高扳手奖""超级明星""荣耀之星"等。这些奖励有一个共同的特征，就是不断鼓励员工努力去实现公司的使命、战略和经营目标。

有人认为这些奖励计划是耗费成本的。但是，正如赫伯·科勒尔所说，"这些计划的价值在于它们长远的影响和效果。如果你是一个统计学家，你不会用这些奖赏计划，因为你会说，如果我们不做，我们可以节省很多钱，但西南航空在美国航空公司中一直保持最低的客户投诉纪录，谁能说不值得呢？"

资料来源：文跃然. 薪酬管理原理[M]. 2版. 上海，复旦大学出版社，2013.

案例思考题：
1. 西南航空公司薪酬体系对其业绩的作用体现在哪些方面？
2. 西南航空公司各项战略薪酬设计分别起到了什么作用？

第三章 薪酬结构与薪酬制度的设计

本章学习目标

通过本章的学习,希望你能够:
- 了解薪酬结构和薪酬内部一致性在薪酬管理中的意义
- 掌握如何根据企业需要确定薪酬变动范围和薪酬变动比率
- 掌握薪酬区间中值级差的确定原理及方法
- 熟悉薪酬结构的设计流程和步骤
- 了解薪酬宽带的含义、产生的背景及作用
- 了解宽带型薪酬结构设计中的关键决策及其实施要点

引言

如何构建基于企业战略的薪酬结构

尽管不同企业的薪酬制度千差万别,但是基本的薪酬框架是相似的,而且薪酬结构设计的程序和方法也大同小异,所以构建企业的薪酬结构是薪酬设计的基础。而结构服从战略,企业战略是影响企业薪酬结构设计的主导因素,因此需要从战略层面对薪酬结构进行顶层设计。例如重视低成本、客户导向、标准化与资历的传统企业,多采用等级多、级差小的偏向等级化设计思路,体现员工之间的技能、责任和贡献差异。而在强调创新与快速响应的企业,等级少、级差大的宽带薪酬是与组织扁平化、流程再造、团队导向等管理战略相匹配的薪酬结构,强调用较少薪酬等级、较大薪酬级差来替代薪酬等级,形成宽带化结构。

第一节 薪酬结构的原理

一、薪酬结构的概念

薪酬结构是对同一组织内部不同职位或者技能之间的薪酬率所做的安排。它所强调的是职位或技能等级的数量、不同职位或技能等级的薪酬差距,以及用来确定这种差距的标准是什么。

一个完整的薪酬结构,应该包含以下几项内容:①薪酬的等级数量;②同一薪酬等级内部的变动范围(最高值、中值及最低值);③相邻两个薪酬等级之间的交叉与重叠关系。

薪酬的等级数量是通过职位评价或技能评价产生的，这一决策过程将在本书的第四章阐述，在此不赘述。本章将重点讨论同一薪酬等级内部的变动范围问题，以及相邻两个薪酬等级之间的交叉与重叠关系问题。

尽管薪酬结构强调的是同一组织内部的一致性，但它并不是一个脱离外部竞争性而独立决策的过程。薪酬结构决策往往是内部一致性和外部竞争性平衡的结果。不同情况下，或侧重内部一致性，或侧重外部竞争性。

二、薪酬结构的设计

薪酬结构确定的流程可以用图3-1来表示。

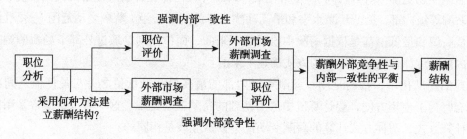

图3-1 薪酬结构确定的流程

薪酬的外部竞争性，指的是一个组织的薪酬水平与外部劳动力市场上的其他雇主所支付的薪酬水平之间的可比程度。而内部一致性涉及的是不同职位或技能的价值评价，归根到底即货币报酬的一致性。

内部一致性，指的是组织内部不同职位（或技能）之间相对价值比较的问题。这种相对价值的比较可以是横向的，也可以是纵向的；可以是同一职位族内部的比较，也可以是同一个部门内部的比较。

例如，部门A与部门B，在三个职位上都具有内部一致性，即这些职位的横向薪酬大体上是一致的。而这两个部门也分别具有垂直的内部一致性，因为不同等级职位之间的薪酬增长幅度是相似的。而部门C的三个职位却不具备垂直和水平上的内部一致性（表3-1）。

表3-1 内部一致性：水平一致性与垂直一致性

垂直内部一致性（部门内部）	水平内部一致性（不同部门之间）		
	职位	部门A	部门B	部门C
	前台接待员	2 500元	2 600元	2 900元
	行政秘书	3 000元	3 100元	2 500元
	高级秘书	3 500元	3 600元	5 000元

横向一致性和纵向一致性并非两个完全独立的概念，两者之间存在一定的内在联系。就垂直内部一致性而言，行政秘书和高级秘书的薪酬要高于前台接待员，但究竟高出多少

才合适,则与其余两个部门的情况有关(水平内部一致性)。此外,这种薪酬差距到底多大才合适,还要考虑一些其他因素,如个人绩效等。由此可知,组织在建立内部一致性的薪酬结构时,不仅要考虑同一职位族内部的薪酬一致性,还要注意同一薪酬等级上不同职位族之间的薪酬一致性。

第二节 薪酬结构相关指标的设计

一、薪酬变动范围(薪酬区间)与薪酬变动比率

薪酬变动范围(薪酬区间),是指在某一薪酬等级内部允许薪酬变动的最大幅度,即在同一薪酬等级内部,最低薪酬水平和最高薪酬水平的绝对差距。薪酬变动范围(薪酬区间)中的最高值和最低值都是依据薪酬中值确定下来的,而中值则是通过外部市场薪酬调查数据和内部职位评价数据以回归的方式确定下来的。

薪酬变动比率,指的是同一薪酬等级内部的最高值和最低值之差与最低值之间的比率。有时为了使用方便,会计算以中值为基础的薪酬变动比率。这一方法,通常采用以下两种计算方式,两种方式计算的薪酬变动比率数值应该是相同的:

上半部分薪酬变动比率 =(最高值 − 中值)/中值

下半部分薪酬变动比率 =(中值 − 最低值)/中值

如图 3-2 所示,这一薪酬等级中的最高值为 9 600 元,最低值为 6 400 元,最高值与最低值之间的绝对差距为 9 600 元 − 6 400 元 = 3 200 元,则薪酬变动比率为 3 200/6 400 = 50%。由此可得

最高值 = 最低值 ×(1 + 薪酬变动比率)

= 6 400 ×(1 + 50%)= 9 600(元)

中值 =(最高值 + 最低值)/2

=(9 600 + 6 400)/2 = 8 000(元)

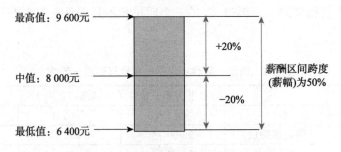

图 3-2 薪酬变动范围及其变动比率

若以中值为基础,可得中值上下两侧的薪酬变动比率。

下半部分薪酬变动比率:

$$（中值-最低值）/中值=（8\ 000-6\ 400）/8\ 000$$
$$=20\%（相当于中值的-20\%）$$

上半部分薪酬变动比率：
$$（最高值-中值）/中值=（9\ 600-8\ 000）/8\ 000$$
$$=20\%（相当于中值的+20\%）$$

变动比率为50%的薪酬区间，其中值两侧的变动比率各为20%，即6 400元为8 000元的80%，9 600元为8 000元的120%。实际应用中，不同薪酬等级的变动比率并非完全相同。企业在进行薪酬结构决策时，会根据不同情况分别确定不同薪酬等级的变动比率，这一比率通常在10%~150%浮动。

薪酬变动比率的大小取决于特定职位所需的技能水平等综合因素。所需技能水平较低的职位所在薪酬等级的变动比率要小一些，而所需技能水平高的职位所在薪酬等级的变动比率则要大一些。

较低职位所承担的责任和对企业的贡献是有限的，它所要求的技能，员工很快就能学会。若在这些薪酬等级上确定较大的薪酬变动比率，一方面不利于企业控制成本；另一方面也不符合这些职位对企业的实际贡献，以及外部劳动力市场上的平均薪酬水平状况。从事这些职位的员工，通常在组织中还会有较大的晋升空间。如果员工希望获得超过这些薪酬等级上限的薪酬水平，他们可以通过获得晋升或者技能的提高来进入更高一层的薪酬等级。

相反，对于已经达到较高职位等级的员工来说，一方面，这些职位所承担的责任以及对企业的贡献较大，所要求的技能也难以掌握，需要花费的时间更长，且在这些职位上工作的员工的努力程度对企业的经营结果影响很大。因此，较大的薪酬变动比率有利于对绩效不同的员工支付不同的薪酬，从而鼓励他们努力工作。另一方面，担任这些职位的员工的晋升空间相对更小，在晋升可能性不大的情况下，企业可以利用薪酬的不断增长来激励和留住资深的优秀员工。

如表3-2所示，可以根据不同职位类型分别确定它们的薪酬变动比率。

表3-2 不同职位类型及其薪酬变动比率

薪酬变动比率	职 位 类 型
20%~25%	生产、维修、服务等职位
30%~40%	办公室文员、技术工人、专家助理
40%~50%	专家、中层管理人员
50%以上	高层管理人员、高级专家

在薪酬水平的中值确定的情况下，薪酬变动比率的改变会在很大程度上改变某一薪酬等级区间的最高值和最低值，因而确定薪酬变动比率的时候要慎重。如表3-3所示，随着薪酬变动比率增大，最高薪酬水平变得更高，而最低薪酬水平则变得更低。此外，薪酬变动比率的确定还应当考虑市场上同类职位的最低薪酬水平和最高薪酬水平的实际情况。

表 3-3 不同薪酬变动比率设计对薪酬差距的影响

职 位	薪酬变动比率/%	最低值/元	中值/元	最高值/元
报销会计	30	2 783	3 200	3 617
	40	2 667	3 200	3 733
	50	2 560	3 200	3 840

二、薪酬区间中值与薪酬区间渗透度

薪酬区间中值（薪酬变动范围中值）是薪酬结构管理中一个非常重要的因素，它通常代表了处于该薪酬等级的职位在外部劳动力市场上的平均薪酬水平。与薪酬区间中值相关的一个概念是薪酬比较比率（compa-ratio），我们通常用这一概念来表示员工实际获得的基本薪酬与相应薪酬等级的中值或中值与市场平均薪酬水平之间的关系。

以图 3-3 中的员工甲为例，该员工的基本薪酬为 9 000 元，则其目前薪酬比较比率的计算如下：

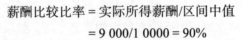

$$= 9\,000/1\,0000 = 90\%$$

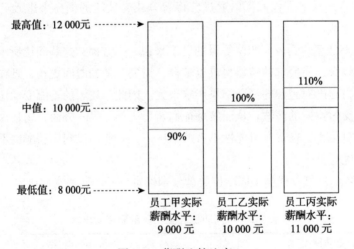

图 3-3 薪酬比较比率

薪酬比较比率的概念既可以应用于员工个人、员工群体，也可以应用于整个组织。表 3-4 显示了同一职位和市场平均薪酬水平的比较比率。

大多数组织会力图将自己的实际平均薪酬水平与市场平均水平之间的比较比率控制在 100% 左右，以维持外部竞争性。而员工个人的薪酬比较比率则往往取决于员工的资历、先前的工作经验和实际工作绩效。通常任职时间较长、绩效较好的员工，其薪酬比较比率（通常会超过 100%）会比新进员工的薪酬比较比率（通常会低于 100%）高，以维持内部一致性，如图 3-4 所示。

表 3-4　不同薪酬比较比率设计对薪酬差距的影响

项 目	公司内部/元				其他公司/元
	员工甲	员工乙	员工丙	员工丁	
基本薪酬	2 250	2 500	2 750	2 500	2 450
中值	2 500	2 500	2 500	2 500	2 500（市场平均水平）
比较比率/% （实际基本薪酬/中值）	90	100	110	100	98

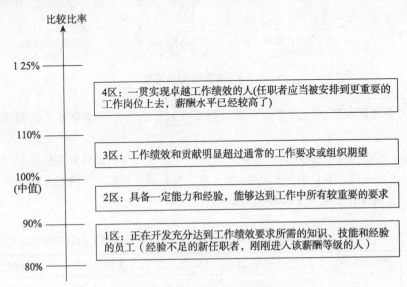

图 3-4　利用薪酬比较比率进行薪酬决策

薪酬比较比率，是一种很好的薪酬成本管理工具，值得企业重视。有些情况下，企业将大多数员工的基本薪酬定在薪酬区间中值上，其目的是使本企业的基本薪酬水平和市场薪酬水平保持一致。薪酬区间中值以上的薪酬则不纳入基本薪酬，而是作为一次性奖励，发放给高绩效的员工。这样，公司只在薪酬区间中值发生变化，导致公司的薪酬比较比率低于 100% 的时候才需要提高基本薪酬，可大大节省企业薪酬成本。

对同一薪酬区间的员工的薪酬水平进行分析时，所使用的另一概念是薪酬区间渗透度（range penetration）。与只考虑区间中值的薪酬比较比率不同，薪酬区间渗透度，指的是员工实际基本薪酬与区间的实际跨度——最高值和最低值之差——之间的关系。

以图 3-5 中的员工甲为例，该员工的基本薪酬为 9 000 元，则其薪酬区间渗透度的计算如下：

薪酬区间渗透度 =（实际所得薪酬 − 区间最低值）/（区间最高值 − 区间最低值）
　　　　　　　 =（9 000 − 8 000）/（12 000 − 8 000）= 25%

薪酬区间渗透度，是考察员工薪酬水平的一个很有用的工具，它反映了某一特定员工在其所在薪酬区间中的相对地位。如果将某一薪酬等级的整个薪酬区间比喻为一个大水池，那么薪酬区间渗透度所反映的实际上就是特定员工薪酬水平的相对水位。通过对

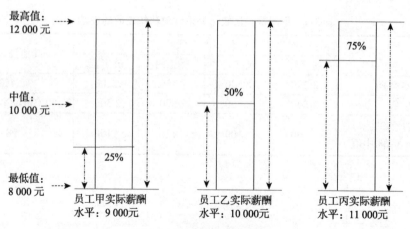

图 3-5　薪酬区间渗透度

薪酬比较比率和薪酬区间渗透度的考察，我们可以分析出某一特定员工长期薪酬的变化趋势。

假定某一薪酬等级的薪酬变动比率恒为 50%，企业每年的总体薪酬水平提高幅度恒为 2.5%，某员工的薪酬总是以每年 6% 的速度上涨，且其进公司第一年的基本薪酬为 1 280 元，则该员工的长期薪酬变化情况如表 3-5 所示。

表 3-5　通过薪酬变动比率与薪酬区间渗透度分析员工的长期薪酬变化

工作年限	区间最低值/元	区间中值/元	区间最高值/元	实际基本薪酬/元	区间渗透度/%
1	1 280	1 600	1 920	1 280	0
2	1 312	1 640	1 968	1 357	6.86
3	1 345	1 681	2 017	1 438	13.84
4	1 378	1 723	2 068	1 525	21.30
5	1 413	1 766	2 119	1 616	28.75
6	1 448	1 810	2 172	1 713	36.60
7	1 484	1 856	2 227	1 816	44.68
8	1 522	**1 902**	2 282	**1 925**	53.03
9	1 560	1 950	2 339	2 040	61.62
10	1 599	1 999	2 398	2 163	70.59
11	1 639	2 049	2 458	2 292	79.73
12	1 680	2 100	2 519	2 430	89.39
13	1 722	2 152	**2 582**	**2 576**	99.30

从表 3-5 中我们可以看出，该员工经过 8 年的时间超过了其所在薪酬区间的中值，经过 13 年的时间达到了这一薪酬区间的顶端。如果改变假定的三个恒定值（50%、2.5%、6%）中的任意一个，则该员工的薪酬区间渗透度都会增大或减小。事实上，员工薪酬区间

渗透度是由所在区间整体薪酬水平变化和员工个人薪酬水平变化两个因素共同决定的。

三、同一组织相邻薪酬等级之间的交叉与重叠

同一组织中，相邻的薪酬等级之间的薪酬区间可以设计成有交叉重叠的，也可以设计成无交叉重叠的。有交叉重叠，是指除了最高薪酬等级的区间最高值和最低薪酬等级的区间最低值之外，其余各相邻薪酬等级的最高值和最低值之间存在一段交叉与重叠的区域。而无交叉重叠的设计又可以分为衔接式的（上一个薪酬等级的薪酬区间下限与下一个薪酬等级的区间上限在同一水平线上）和非衔接式的（上一个薪酬等级的薪酬区间下限高于下一个薪酬等级的区间上限）两种。

实践中，大多数企业倾向于将薪酬结构设计成有交叉重叠的，尤其是对中层以下的职位而言。这是因为，如果相邻两个薪酬等级的区间水平差异过大，某人一旦得到晋升，其薪酬水平会立即比原来的薪酬等级所对应的区间上限高出许多。而对于处在下一个薪酬等级上工作多年的老员工而言，其薪酬水平可能还不如一个比其工作年限少很多，但有幸晋升到上一个薪酬等级的人。此外，如果两位员工的能力和工作绩效差不多，职位只有一个，因而只晋升了一位。这种情况下，晋升导致的薪酬差异过大，必然会引起未被晋升员工的强烈不满，同时会导致企业内部的晋升竞争更加激烈、矛盾更多。且如果存在内部晋升暗箱操作、利用裙带关系等现实，则引起的不公平感会显著带来更多的矛盾与问题。

相邻薪酬等级的区间存在适当交叉和重叠的做法，可以有效避免上述问题或矛盾的产生。这一方面可以避免因晋升机会不足而导致的未被晋升者的薪酬增长受限；另一方面又因给被晋升者（绩效优秀者）提供了更大的薪酬增长空间，而对被晋升者提供了激励。当然，重叠区域也不应过大，否则会限制不同薪酬等级之间区间中值的差异，甚至出现上级薪酬低于下级薪酬的情况。

考虑薪酬区间的交叉与重叠时，有时主要关注相邻两个薪酬等级之间的区间交叉和重叠，有时也关注全部薪酬等级的总体交叉和重叠，即多个薪酬区间有共同交叉之处的情况。无论哪一种情况，薪酬等级之间的薪酬区间交叉与重叠程度（简称"薪酬区间叠幅"）都取决于两个要素：一是薪酬等级内部的区间变动比率，二是薪酬等级的区间中值之间的级差。前者已分析过，故而接下来主要讨论不同薪酬等级的区间中值之间的级差问题。

（一）不同薪酬等级之间的中值级差

薪酬区间中值级差是指相邻薪酬等级之间的区间中值变动百分比。在最高薪酬等级的中值和最低薪酬等级的中值一定的情况下，各薪酬等级中值之间的级差越大，则薪酬结构中的等级数量越少；相反，各薪酬等级中值之间的级差越小，薪酬结构中的等级数量就越多。

假设最高薪酬等级（或除最低薪酬等级之外的其他任何一个薪酬等级）的区间中值和最低薪酬等级的区间中值以及准备划定的薪酬等级数量均已确定，则可以运用现值公式计算出恒定的中值级差。其计算如下：

$$PV=FV/(1+i)^n$$

式中，PV 表示现值，指的是最低薪酬等级的区间中值；FV 表示期值，是最高薪酬等级的

区间中值（或最高薪酬等级和最低薪酬等级之间的其他任何一个薪酬等级的区间中值）；n 表示期值和现值之间的等级数量，即所要计算的两个薪酬等级之间的薪酬等级数量；i 表示级差。

假设某公司拟设计一个有 8 个等级的薪酬结构，且最高薪酬等级的区间中值是 4 162 元，最低薪酬等级的区间中值是 1 825 元，即 PV = 1 825，FV = 4 162，$n = 7$，需要求出 i 的值。套用上述公式，可以得到 $i = 12.5\%$，这样就可以得出该公司各薪酬区间中值的等级分布情况了（表 3-6）。

表 3-6 某公司薪酬区间中值的等级分布情况测算

薪酬等级	区间中值/元	级差/%
1	1 825	12.5
2	2 053	12.5
3	2 310	12.5
4	2 599	12.5
5	2 924	12.5
6	3 290	12.5
7	3 701	12.5
8	4 164	12.5

（二）不同薪酬等级之间的区间叠幅

如表 3-7 所示，薪酬等级的区间中值级差越大，同一薪酬区间的变动比率越小，则薪酬区间的交叉与重叠区域就越小（表 3-7 中的 A）；相反，薪酬等级的区间中值级差越小，同一薪酬区间的变动比率越大，则薪酬区间的交叉与重叠区域就越大（表 3-7 中的 B）。表 3-7 中的 C 和 D 的交叉与重叠区域与 A 和 B 的情况相比，则属于中间水平。

表 3-7 薪酬区间变动比率、中值级差与薪酬区间的交叉与重叠

	薪酬等级	区间变动比率为 10%		薪酬区间的交叉与重叠情况
		最低值/元	最高值/元	
A（区间中值级差为 15%）	1	1 280	1 408	各等级之间均没有交叉和重叠（每个薪酬数值只处于一个等级中）
	2	1 472	1 619	
	3	1 693	1 862	
	4	1 947	2 142	
	5	2 239	2 463	
	薪酬等级	区间变动比率为 60%		薪酬区间的交叉与重叠情况
		最低值/元	最高值/元	
B（区间中值级差为 5%）	1	1 280	2 048	5 个等级之间有共同的交叉和重叠（2 000 元在所有等级中都有）
	2	1 344	2 150	
	3	1 411	2 258	
	4	1 482	2 371	
	5	1 556	2 490	

续表

	薪酬等级	区间变动比率为10%		薪酬区间的交叉与重叠情况
		最低值/元	最高值/元	
C （区间中值级差 为5%）	1	1 280	1 408	前两个等级之间有交叉和重叠 （1 400元在前两个等级中都有）
	2	1 344	1 478	
	3	1 411	1 552	
	4	1 482	1 630	
	5	1 556	1 711	
	薪酬等级	区间变动比率为60%		薪酬区间的交叉与重叠情况
		最低值/元	最高值/元	
D （区间中值级差 为15%）	1	1 280	2 048	前4个等级之间有交叉和重叠 （2 000元在前4个等级中都有）
	2	1 472	2 355	
	3	1 693	2 709	
	4	1 947	3 115	
	5	2 239	3 582	

第三节 宽带薪酬的设计

一、宽带型薪酬结构的概念

根据美国全面报酬学会的定义，宽带型薪酬结构或者薪酬宽带（broadbanding），就是指对多个薪酬等级以及薪酬变动范围进行重新组合，使之变成只有相当少数的薪酬等级以及相应较宽的薪酬变动范围。

一般来说，宽带型薪酬结构的每个薪酬等级的最高值与最低值之间的区间变动比率要达到或超过100%。一种典型的宽带型薪酬结构可能只有不超过4个等级的薪酬级别，每个薪酬等级的最高值与最低值的区间变动比率则可能达到200%～300%。而在传统薪酬结构中，这种薪酬区间的变动比率通常只有40%～50%。

宽带概念来源于广播术语，应用到薪酬管理领域以后，它实际上指的是，企业期望员工不再是"单一频率"的，而是能够覆盖"宽频"——具有多种技能和能力，在组织需要的时候能够完成多种工作任务。

薪酬宽带的概念不仅可以应用于职位薪酬体系，更适用于技能薪酬体系和能力薪酬体系。薪酬宽带是技能或能力薪酬体系赖以建立和有效运营的一个重要平台。企业可以将传统的多等级薪酬结构适当合并，以形成宽带薪酬；也可以将其专业类、管理类、技术类以及事务类职位分别划入各自的单一薪酬宽带。员工不是沿着公司中唯一的薪酬等级层次垂直往上走；相反，他们在自己职业生涯的大部分或者所有时间里可能都只是处于同一个薪酬宽带之中。员工在企业中的流动是横向的，但是随着他们获得新的技能、能力，承担新的责任，或者改善绩效，他们就能获得更高的薪酬（即使是被安排到低层次职位上，依然有机会获得较高的薪酬）。

宽带型薪酬结构始于20世纪80年代末，当时美国经济和世界经济的衰退已经十分严重。美国经济从1987年的股市暴跌开始就走下坡路了，到1990年正式进入衰退期，企业破产倒闭的数目不断增加，失业率不断上升，美国的传统企业面临着巨大的转型压力。在这种背景下，宽带型薪酬结构作为一种与企业组织扁平化、流程再造、团队导向、能力导向等新的管理战略相配合的新型薪酬结构设计方式应运而生（事实上，美国联邦政府很早就在薪酬宽带设计方面进行了积极的探索）。宽带型薪酬结构最大的特点是压缩级别。将原来十几个甚至二十几个级别压缩成几个级别，并将每个级别对应的薪酬范围扩大，从而形成一个新的薪酬管理系统及操作流程，以便适应当时新的竞争环境和业务发展需要。

IBM即典型的宽带型薪酬结构代表。20世纪90年代以前，IBM的薪酬结构一共包括5 000种不同的职位、24个薪酬等级。之后，该公司将职位种类精简到1 200种，薪酬等级也合并为10个范围更大的薪酬宽带。在开始使用薪酬宽带时，IBM放弃了原有的职位评价系统即要素计点法，代之以分类法，即公司分别用所需要的技能、领导力/贡献、范围/影响三个要素来对每一级薪酬宽带进行描述，形成一张薪酬宽带等级定义表。

例如，在"领导力/贡献"这一薪酬宽带等级的定义要素中，7级宽带的要求是"理解本部门的使命与愿景"，8级宽带的要求是"理解部门或特定职能领域的使命与愿景"，9级宽带的要求是"依据本职能领域或本单位的使命形成愿景"，10级宽带的要求则是"依据总体战略形成愿景"。在进行职位评价时，管理人员首先需要借助在线的职位描述库，找到与员工当前正在从事的工作最为接近的一份职位说明书，再将这份职位描述与薪酬宽带表中的每一级宽带的三个要素定义进行对比，只要根据最佳匹配原则，将职位放入相应的宽带之中即可，而不需要再通过计点或打分机制。

当然，薪酬宽带不是解决所有薪酬管理和规划问题的"万金油"。运用这种薪酬结构设计的企业，有成功者，也有失败者。薪酬管理人员对薪酬宽带的看法也不尽相同。有的管理人员认为薪酬宽带管理起来可能比较容易，在调整职位之间的薪酬差异方面所花的时间减少了。但有的管理人员认为，虽然花在对职位进行评价上的时间少了，但花在对人进行评价上的时间增加了。同时，薪酬宽带并不是对所有组织都适用。它在那种新型的"无边界组织"以及强调低专业化程度、多职能工作、跨部门流程、更多技能以及个人或团队权威的团队型组织中非常有用。由于这种组织所要强调的并非只是一种行为或者价值观，它们不仅要适应变革，而且要保持生产率，并通过变革来保持高度的竞争力。因此企业希望建立起一种更具有综合性的方法，以便将薪酬与新技能的掌握、能力的成长、更为宽泛的角色承担以及最终的绩效联系在一起，同时还要有利于员工的成长和多种职业路径的开发。而薪酬宽带的设计思路恰恰与组织的上述需求是吻合的。

二、宽带型薪酬结构的特征和作用

与企业传统的薪酬结构相比，宽带型薪酬结构具有以下几个方面的特征和作用。

（一）支持扁平型组织结构

在传统的组织结构以及与之相匹配的薪酬结构下，企业有很多级别，员工具有严格的等级观念，来自基层的信息通过层层汇报、审批才能到达负责该信息处理的部门或人员那里。企业内部容易出现层层拖拉、相互推卸责任的官僚作风。正因为如此，20世纪90年代以后，企业界兴起了一场以扁平型组织取代官僚层级型组织的运动，而宽带型薪酬结构可以说正是为配合扁平型组织结构而量身定做的。它的最大特点就是打破了传统薪酬结构所维护和强化的那种严格的等级制，有利于企业提高效率，创造参与型和学习型的企业文化，对企业保持自身组织结构的灵活，以及迎接外部竞争有着积极的意义。

（二）能引导员工重视个人技能的增长和能力的提高

在传统薪酬结构下，员工的薪酬增长往往取决于本人在企业中的身份（地位）变化而不是能力提高。即使能力达到了较高水平，但如果没有出现高级职位的空缺，员工仍然无法获得较高的薪酬。而在宽带型薪酬结构设计下，即使在同一个薪酬宽带内，企业为员工所提供的薪酬变动范围也可能会比员工在原来的5个甚至更多的薪酬等级中获得的薪酬范围还要大。这样，员工就不需要为了薪酬的增长而去斤斤计较职位晋升等方面的问题，而只要注意发展企业所需要的技术和能力就可以了。因此，尽管相对于传统薪酬结构而言，宽带型薪酬结构为员工提供的晋升机会减少了，但更有利于企业引导员工将注意力从职位晋升或薪酬等级的晋升转移到个人发展和能力的提高方面，将员工的注意力引导到公司着重强调的有价值的事情上去，如满足客户需要、重视成本有效性、以市场为导向、注重效率以及个人技能的提升等。

（三）有利于职位轮换

在传统薪酬结构中，员工的薪酬水平是与其所担任的职位严格挂钩的。理论上，职位变动必然导致员工薪酬的变动。如果是调动到更高级别的职位上去，职位的变化不会造成负面影响。但如果是从上一级职位向下一级职位调动，则会被员工看成"被贬"，即使企业有时确实需要工作能力强的员工临时性地去从事某个并不重要的职位的工作。同时，企业对员工在同一职位级别上的调动也会导致员工不乐意接受。当职位处于同一级别的时候，调换职位不会带来任何薪酬水平的上涨，但会导致员工不得不学习新职位所要求的技能，从而使工作的难度提升、辛苦程度更高。这样，员工会宁愿继续从事已经轻车熟路的原来职位上的工作，而不愿意接受职位的同级轮换。

宽带型薪酬结构减少了薪酬等级数量，将过去处于不同薪酬等级中的大量职位纳入现在的同一薪酬等级当中，甚至上级监督者和他们的下属也常常会被放到同一个薪酬宽带当中。因此，在对员工进行横向甚至向下调动时所遇到的阻力就小多了。不仅如此，如果企业的薪酬提升是与员工在不同职能领域或者不同职位上的工作能力联系在一起的，员工对横向职位流动不仅不会拒绝，反而会积极地争取这样的机会。企业还因而减少了过去因员工职位的细微变动而必须做的大量行政工作，如职务名称变动、相应的薪酬调整、系统更新、社会保险投保基数调整、档案更新等。

（四）能密切配合劳动力市场上的供求变化

宽带型薪酬结构是以市场为导向的，它使员工从注重内部公平转向更为注重个人发展以及自身在外部劳动力市场上的价值。在宽带型薪酬结构中，薪酬水平是以市场薪酬调查数据以及企业的薪酬定位为基础确定的。薪酬水平的定期审查与调整，将会使企业更能把握其在市场上的竞争力，同时有利于企业相应地做好薪酬成本的控制工作。

假设两年前聘任一位会计主任的年薪为 10 万元，由于该类人员的劳动力供给不断增加，那么两年后该职位具有竞争力的年薪可能会变成 8 万元。宽带型薪酬结构完全能够配合这种变化，从而帮助企业有效地控制成本。此外，当某些职位的薪酬因为市场原因突然大幅度提高时，企业可以在不破坏原有薪酬体系和框架范围的情况下适应这种变化。例如，前些年我国的网络泡沫导致 IT 行业的人才出现不正常竞争，市场薪酬水平大幅度上升，宽带型薪酬结构就可以针对这些市场特点，相应提高这些人员的起薪，而不必调整整个企业的薪酬级别和结构，同时也不至于给企业内部的薪酬公平性造成太多的不良影响。

（五）有利于管理人员及人力资源管理专业人员的角色转变

传统薪酬结构的官僚性质导致薪酬决策的弹性很小，基本上是机械地套用薪酬级别。其他职能部门以及业务部门经理参与薪酬决策的机会非常少。而在宽带型薪酬结构下，即使在同一薪酬宽带中，员工薪酬水平的界定也留有很大空间。部门经理可以在薪酬决策方面拥有更大的权力和更重的责任，从而对下属的薪酬定位给予更多的意见和建议。

这种让直线部门经理与人力资源管理专业人员共同制定薪酬决策的做法，不仅充分体现了人力资源管理的思想，有利于促使直线部门的经理人员切实承担起自己的人力资源管理职责；同时也有利于人力资源管理专业人员从一些附加价值不高的事务性工作中解脱出来，转而更多地专注于对企业更有价值的其他一些高级管理活动，并充分扮演好直线部门的战略伙伴和咨询顾问的角色。并且由于直线经理人员是对员工的工作能力和业绩最了解的人，赋予他们较大的薪酬决策权，还有利于在薪酬定位中更多地体现出员工的能力和工作绩效，有利于管理人员充分利用薪酬这一杠杆来引导员工实现企业的目标。

（六）有利于推动良好的工作绩效

宽带型薪酬结构虽然存在对员工的晋升激励水平下降的问题，但它使薪酬与员工的能力和绩效表现紧密结合，可以更灵活地对员工进行激励。在宽带型薪酬结构中，上级对有稳定突出业绩表现的下级员工拥有较大的加薪影响力；而在传统的薪酬体制下，直线管理人员即使知道哪些员工的能力强、业绩好，也无法向这些员工提供薪酬方面的倾斜。

此外，宽带薪酬设计会鼓励员工进行跨职能的流动，从而增强组织的灵活性和促进创新性思想的出现。这对于企业迎接多变的外部市场环境的挑战以及强化创新来说，无疑是非常有利的。最后，宽带型薪酬结构不仅通过弱化头衔、等级、过于具体的职位描述以及单一的向上流动方式向员工传递一种个人绩效文化，还通过弱化员工之间的晋升竞争，而更多地强调员工之间的合作和知识共享、共同进步来帮助企业培育积极的团队绩效文化，这对于企业整体业绩的提升，无疑是非常重要的。

传统薪酬结构与宽带型薪酬结构的综合比较如表 3-8 所示。

表 3-8 传统薪酬结构与宽带型薪酬结构的综合比较

对比内容	传统薪酬结构	宽带型薪酬结构
薪酬战略与企业发展战略	难配套	易配套
与劳动力市场的关系	市场为第二位	以市场为导向
直线经理的参与	几乎没有	更多参与
薪酬调整的方向	纵向	横向及纵向
组织结构的特点	层级多	扁平
与员工工作表现的关系	松散	紧密
薪酬等级	多	少
级差	小	大
薪酬变动范围	窄	宽

三、宽带型薪酬结构设计中的关键决策及其实施要点

（一）宽带型薪酬结构设计中的关键决策

1. 薪酬宽带数量的确定

企业的薪酬结构应该设计为几个宽带并没有统一标准。大多数企业设计 4~8 个薪酬宽带，有些企业设计 10~15 个薪酬宽带，有些企业甚至只设计 2 个薪酬宽带，分别针对管理人员和技术人员。决定薪酬宽带的数量时，不仅应当考虑岗位差异，还应当考虑组织中能够带来附加价值的不同员工的贡献等级。宽带之间的分界线往往是在一些重要的"分水岭"处，即在工作或技能、能力要求存在较大差异的地方。例如，某公司的薪酬宽带划分为助理级（初进企业者）、专业级（有经验、知识丰富的团队成员）、专业主管级（团队或项目监督者）、专业指导级或教练级等。

2. 宽带的定价

在薪酬宽带的设计中，不仅会出现每一个宽带中都包括财务、采购、软件开发以及工程、市场营销等各类工作，而在不同的宽带中所要求的技能或能力层次存在差异的情况，同时会存在同一宽带内的各不同职能工作之间存在薪酬水平差异的问题。因此，在薪酬宽带设计过程中所遇到的一个挑战，即如何向处于同一宽带之中但职能各不相同的员工支付薪酬。一个可行的做法是，参照市场薪酬水平和薪酬变动区间，在存在外部市场差异的情况下，对同一宽带中的不同职能或职位族的薪酬分别定价，如图 3-6 所示。（从 1 000 元到 3 000 元是一种参照性的市场薪酬水平，是指竞争对手对相应专业内部的每一种职位或工作所支付的薪酬水平。）

3. 将员工放入薪酬宽带中的特定位置

薪酬宽带设计完成之后，企业需要解决的一个重要问题是如何将员工放到薪酬宽带中的不同位置上。在这一问题上，企业通常可以采取图 3-7 所示的三种方法。

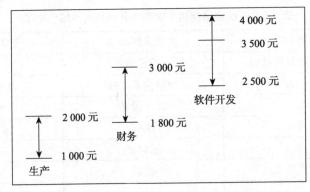

图3-6　薪酬宽带内部的差异性定价

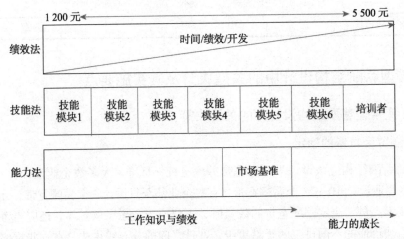

图3-7　确定员工在薪酬宽带中的定位

强调绩效的组织，可能会采用绩效法，即根据员工个人的绩效将员工放到薪酬宽带中的某个位置上。而强调新技能获取的企业，则可能会按照员工的新技能获取情况来确定他们在薪酬宽带中的位置。员工是否具备组织所要求的这些新技能，则是由培训、资格证书或者员工在工作中的表现来决定的。强调员工能力的企业，则可能这样确定员工在薪酬宽带中的位置：首先确定某一明确的市场薪酬水平，然后在同一薪酬宽带内部，低于该市场薪酬水平的部分，采用根据员工的工作知识和绩效定位的方式；高于该市场薪酬水平的部分，则根据员工的关键能力开发情况来确定他们在薪酬宽带中的位置。

4. 跨级别的薪酬调整以及宽带内部的薪酬调整

在实施薪酬宽带的情况下，员工大多数时候是在同一级别的宽带内部而不是在不同的薪酬宽带之间流动。这时，薪酬宽带内部的薪酬变动与同一薪酬区间内的薪酬变动原理基本相同。此外，企业也需要处理员工在不同等级的宽带之间流动的问题。这一问题的核心是如何确定员工的薪酬变动标准。作为强调能力和业绩而非僵化的职位等级结构的薪酬结构设计，宽带薪酬无疑是最为强调员工个人的能力提高和业绩表现的，即企业只有建立员工技能或能力评价体系以及绩效管理体系，才能确定客观、公平的员工薪酬变动依据。而这同时也是企业实施宽带薪酬的前提之一。

（二）实施宽带型薪酬结构的要点

1. 审查公司的文化、价值观和战略

薪酬宽带本身并非仅仅是用来削减薪酬层级的一种工具，它涉及企业的文化、价值观以及经营战略。因此，企业在决定实施宽带薪酬设计的时候，必须首先审查自己的文化、价值观以及经营战略，判断其是否与宽带薪酬设计的基本理念一致。如果企业采取的是传统的经营战略，则采取传统的薪酬结构设计也许对企业战略更为有利。此外，宽带薪酬要求企业必须形成自己的绩效文化、团队文化、沟通文化、参与文化。因此，如果企业不具备这样的条件，或者没有任何先期准备而盲目追随潮流，那么实施宽带薪酬设计的结果可能不是正面的而是负面的。

例如，通用电气公司在采用薪酬宽带设计的时候经历了如下阶段：界定新价值观，创立新的培训和开发计划，重新界定领导者和管理层的角色，真正授予员工简化流程的权力，改革薪酬。

2. 注重加强非人力资源经理人员的人力资源管理能力

宽带型薪酬结构的一个很重要的特点是，非人力资源经理人员将有更大的空间参与其下属员工的薪酬决策。这就要求非人力资源经理人员在人力资源管理方面必须有足够的成熟度，能与人力资源部门一起作出对员工的行为、态度以及工作业绩可能产生直接影响的关键性决策。如果没有一支成熟的管理人员队伍，在实行宽带型薪酬结构的过程中必然会遭遇重重困难。例如，部门经理不能客观地对员工进行能力和绩效评价，破坏内部公平；部门经理不重视员工的能力提升和个人发展等。此外，如果各部门都以自我为中心，不认同宽带型薪酬结构，人力资源部门就难以发挥其应有作用，而更多充当维护各部门平衡的"警察"角色。这些则有悖于宽带型薪酬结构设计的理念。

3. 鼓励员工参与，加强沟通

企业引入宽带型薪酬结构，必须与管理层和员工进行及时、全面的沟通，让全体员工清晰地理解新的薪酬结构设计方式的用意，让其明确自我的未来发展方向，鼓励员工做出与企业的目标保持一致的工作行为和结果。

作为一种管理工具，薪酬结构没有绝对的对错，除了要看它是否有利于企业的运作、能否配合企业的战略之外，还要看它能否得到员工的认可。只有员工明白了某种薪酬决策是如何作出的，这种薪酬决策才能真正发挥预期作用。为此，一些准备实施宽带型薪酬结构的企业通常会成立宽带薪酬设计项目小组或宽带薪酬设计委员会来推进这一工作，目的就是尽可能让在引入宽带型薪酬结构的过程中起关键作用的人员或受到这种新的薪酬结构影响的人员参与进来。当然，企业应认真考虑参与程度，过多人员参与可能会导致意见不一，难以达成共识，影响项目进度，甚至会导致引进宽带型薪酬结构的计划失败。

除参与之外，引入宽带型薪酬结构时还需做好以下三个方面的沟通：①与部门经理、主管级员工的沟通。要尽可能让他们明白引入宽带型薪酬结构的背景、目的、作用以及新结构所考虑的主要因素。同时，还要让他们明白宽带型薪酬结构的特点及其对管理的影响。这部分员工既是公司管理层的组成部分，也是受影响的核心员工，只有他们全面、充分地了解了这个系统，才能清晰地去与部门员工进行沟通，并协助人力资源部门做好日后工作。②与其他员工的沟通。大多数员工对薪酬宽带并不熟悉，面对新的薪酬结构会产生不必要的恐惧，滋生一些不确定甚至错误的信息。企业必须让员工知道为何要引入宽带型薪酬结构，它可能会给企业和员工带来哪些益处与挑战，增加薪酬的机会何在，新的薪酬将会怎样确定，员工怎样才能取得进步等。③对人力资源专业人士及部门经理就宽带型薪酬结构的操作要领进行培训、沟通，以确保宽带型薪酬结构的设计按时完成并顺利运作。

从参与和沟通的角度来说，推行宽带型薪酬结构还要求人力资源专业管理人员做好内部客户的思想工作，争取各部门的密切配合和合作，在与非人力资源经理一起给新职位或员工定级、了解劳动力市场信息及协助制订薪酬计划方面，能够扮演好专业顾问的角色，为各部门提供优质服务。

4. 配套的员工培训和开发计划

宽带型薪酬结构为员工的成长以及个人职业生涯的发展提供了更大弹性，其重要特点之一就是鼓励员工努力提高自身能力，掌握更多技能，以增强企业的竞争力和适应外部环境的灵活性，激发员工的创新性。为达到这一目的，企业必须在实施宽带型薪酬结构的同时，就各职位或各职级需要具备的能力以及配套的培训制定完善的培训开发体系，并积极推行。只有这样，才能使员工不断获取新技能，帮助他们充分利用宽带型薪酬结构所提供的薪酬增长空间；也只有这样，企业才能从实施宽带型薪酬结构中获利，获得真正有竞争力的员工队伍。

表 3-9 中引用的是通用电气零售商财务公司的薪酬宽带定义。这种定义能够帮助企业各部门、每位员工清晰地了解各级别的目标、关键能力要求等。员工在这样一种环境下，

表 3-9 通用电气零售商财务公司的薪酬宽带定义

一级宽带	
目标	（1）开发有效管理自己的工作及作为一名成功的团队成员所需具备的自我管理、人际沟通、技术等方面的技能。 （2）掌握其他职能领域的工作知识，了解它们的影响，全面理解客户
关键能力	（1）计划、组织及追踪一项工作任务。 （2）有效地建立与同事及客户之间的关系。 （3）作为一个团队成员有效地发挥功能。 （4）通过创新性思维增加价值
建议接受的培训和教育	（1）优质服务/质量 100 培训。 （2）客户服务/电话礼貌培训。 （3）技术和程序性以及法律要求培训。 （4）数字技能/人体工程学培训。 （5）远程文件服务系统培训。 （6）文化多元化知觉培训。 （7）人际关系和沟通技能培训。 （8）团队意识及技能学习培训

续表

二级宽带	
目标	（1）开发领导团队和管理项目所需的领导、沟通及技术等方面的技能。 （2）掌握综合性的客户知识，充分理解远程文件服务系统
关键能力	（1）为完成工作任务而提供人际关系及技术性领导方面的技能（如教练、人际关系的建立及培训等）。 （2）与同事及客户共同管理多元化的复杂情况。 （3）制定战略并整合资源，达到既定目标
建议接受的培训和教育	（1）有效的书面沟通培训。 （2）时间管理培训。 （3）服务商培训。 （4）有效会议培训。 （5）面试技能培训。 （6）解决问题及决策培训。 （7）团队建设及冲突解决技能培训

三级宽带	
目标	（1）开发领导团队和企业经营技能以有效地对人及涉及的多种职业项目进行领导。 （2）开发制定战略、规划及执行项目的能力，以实现长期目标和短期目标
关键能力	（1）教练、激励、领导。 （2）建立和指导高绩效工作团队。 （3）对其他人施加影响以赢得他们对制订的计划或战略的认同。 （4）将一个团队的工作与相关职能整合在一起。 （5）建立起与内部客户和外部客户之间的关系
建议接受的培训和教育	（1）公司初级领导力研讨会。 （2）领导、面谈及发表观点的技能。 （3）服务商/解决问题的培训。 （4）新任管理者开发课程。 （5）人际关系、谈判及管理变革的技能培训。 （6）工会意识培训。 （7）文化多元化知觉及管理培训

四级宽带	
目标	（1）开发提供有关企业发展战略方向及会对经营管理产生较大范围影响的思路的能力。 （2）开发有效地管理和领导涉及多种职能的多元化活动的能力，以最好地平衡企业利益
关键能力	（1）树立一种愿景或共享价值观系统，通过沟通赢得他人对这种愿景或价值观的认同。 （2）创建一种与愿景相一致的组织结构和制度。 （3）构想及实施制度、程序、结构、人员配置及文化方面的变革，以更好地服务顾客和客户。 （4）创建和管理内外部的伙伴关系。 （5）通过知觉过程及开发多元化的信息来源作出正确的经营判断。 （6）创新的管理和风险的承担。 （7）了解并完成经营目标

续表

建议接受的培训和教育	（1）管理者开发课程。 （2）高级领导技能。 （3）创造性思考能力培训。 （4）高级职能和技术课程。 （5）跨职能及跨经营领域发展培训
五级宽带	
目标	（1）开发指导一个重要的业务部分或在一个重要的经营领域从事涉及的多种职能工作的能力。 （2）开发在持有全局观念的同时，积极确立一种愿景的能力
关键能力	（1）制定全局性的及产生跨经营领域影响的决策。 （2）将企业的战略目标转化为确立企业文化基调的具体方案。 （3）领导一个团队建立企业愿景，在企业范围内就这一愿景进行沟通，让大家接受它。 （4）管理社区关系
建议接受的培训和教育	（1）经营管理课程。 （2）高级管理能力开发课程。 （3）高级管理人员市场营销研讨会。 （4）高级职能和技术课程。 （5）跨职能、跨经营领域、跨文化发展培训

能够清楚地看到自己需要掌握哪些能力和技能才能获得薪酬的提升，同时也能明确自己如何努力才能往更高层次发展。这为员工提供了一种强有力的内在激励。

本章提要

薪酬结构强调的是职位或技能的等级数量及不同职位或技能等级间的薪酬水平差异，考虑的是薪酬内部一致性的问题。薪酬区间指明了在某一薪酬等级内部允许的薪酬水平变动的最大幅度。薪酬区间中值代表了相应薪酬等级中的职位在外部劳动力市场上的平均薪酬水平。薪酬比较比率指的是员工实际获得的薪酬与相应薪酬等级的中值或某一薪酬区间中值与市场平均薪酬水平间的关系。

宽带薪酬实际上是薪酬结构设计的一种思路。在这种薪酬结构中，通常只有较少数量的薪酬等级，各薪酬等级的薪酬浮动范围较大，通常超过100%。宽带薪酬弱化了既得利益，强化了员工能力、绩效对组织的影响，有利于员工的长期职业发展。这种薪酬结构，特别适合于技能和能力薪酬体系，在传统的职位薪酬体系下也同样有效。

1. 什么是薪酬结构？薪酬结构的几个基本要素是什么？

2. 什么是薪酬变动范围和薪酬变动比率?
3. 薪酬区间中值及薪酬比较比率的作用是什么?
4. 薪酬区间渗透度是什么?
5. 确定薪酬中值级差的基本原理是什么?
6. 企业薪酬结构的设计流程是什么?
7. 什么是薪酬宽带?薪酬宽带产生的背景和作用是什么?
8. 在设计宽带型薪酬结构时,需要作出的关键决策有哪些?

扫描此码 答案解析

案例与讨论

陷入危机的薪酬制度

一、高管的年薪制

在 SL 公司,公司经营管理层(公司总裁、副总裁、部门总经理)的报酬采用年薪制,SL 经营管理层年薪收入由基本年薪、奖励年薪、超值年薪三部分构成。其中基本年薪水平分别为 10 万元/年、8 万元/年、6 万元/年,按月发放,此外不再享受适用于公司其他员工的工资性收入。

奖励年薪根据经营管理层的最高奖励年薪额和关键业绩指标的达成情况共同确定。考核结果分为 A、B、C、D、E 五个等级,其与考核指标达成情况的对应关系如表 3-10 所示。

表 3-10 奖励年薪考核情况

考核结果等级	考核指标达成率(P)/%	对应的奖励年薪额
A	≥100	最高奖励年薪额
B	$90 \leq P < 100$	最高奖励年薪额 × 4/5
C	$80 \leq P < 90$	最高奖励年薪额 × 3/5
D	$70 \leq P < 80$	最高奖励年薪额 × 2/5
E	$60 \leq P < 70$	最高奖励年薪额 × 1/5

超值年薪根据经营管理层当年完成指标的超额情况确定。公司副总裁的超值年薪水平按公司总裁超值年薪的 30%~50% 的比例确定,公司部门总经理的超值年薪水平按公司总裁超值年薪的 10%~30% 的比例确定。

公司自实行年薪制 3 年来,总裁的年薪总额基本都在 100 万元以上。而公司部门总经理的年薪没有超过 30 万元的。这种状况显然引起了大多数部门总经理的不满。

二、员工的收入构成

SL 公司员工的主要收入是工资和奖金。这种收入结构是前些年公司在销售额和利润猛增时,依据对员工态度的调查,他们宁愿要奖金分红而不愿要其他形式的福利而制定的。公司的薪酬计划提供的基本工资比当地类似工作的工资水平低 20%,但是公司每季度分配的奖金平均为基本工资的 50% 以上,这使得公司的平均薪酬比该地区高出 20%。

1. 工资

SL 公司一直把员工的工资问题作为人事管理的根本工作，公司领导一致认为：在工资上如有不合理的地方，会使员工对公司感到失望，影响员工的干劲，因此，从一开始就必须建立完整的工资体系。于是 SL 公司按照各个部门的不同情况，根据工作的难度、重要性将职务价值分为 A、B、C、D、E 五个序列，在五个序列中又分别规定了工资最高额与最低额。其中，A 序列属于最单纯部类的工作，而 B、C、D、E 则是困难和复杂程度递增的工作，当然其职务价值也递增。在工资序列上，A 序列的最高额并不是 B 序列的最低额。A 序列的最高额相当于 B 序列的中间偏上，而又比 C 序列的最低额稍高。这就使做简单工作领取 A 序列工资的人，可以从 A 序列最低额慢慢上升，当他们的工资超过 B 序列最低额的水准时，就有机会向 B 序列晋升。即使不能晋升，也可继续升到 A 序列的最高额。

各部门的管理人员可以对照工资限度，努力向价值高的工作挑战。但是不同序列的工资标准差别并不大。例如，职能部门员工（如人力资源专业人员、财务人员、审计人员、网络维护员等）属于 B 序列，他们的平均月工资一般为 2 000～2 500 元；而操作类岗位员工（如保安、接待员、收发员、物品保管员、生产线上的工人等）属于 A 序列，他们的平均月工资一般为 1 800～2 400 元。所有的操作类岗位员工都表示对自己的收入非常满意，但是同时，几乎所有的职能部门员工都对自己的收入不满意。

2. 奖金

员工每月的奖金是按所在岗位的重要性分级，根据工作表现支付的。如果员工的工作没有什么大的失误，就基本上可以获得全额奖金，只有触犯了企业的规章制度，或者出现了工作失误或事故，才会扣除部分或全部奖金。但是一般来说，如果员工按部就班地做自己的工作，违反规章制度或者出现工作事故的可能性不大，所以，员工几乎都能获得足额月度奖金。显然，在同一部门中，岗位相同或者相似的员工无论工作业绩出色或工作业绩平平，薪酬都没有太大的差别。

三、降薪引起的不满

由于薪酬较高，SL 公司一直是当地很受欢迎的公司，应聘者颇多。今年正值公司成立十周年，公司本来想搞一个规模盛大的庆典活动，好好庆贺一番。但这一年的经营形势一直不是太好，中期的年报就已经出现了亏损，利润也显著下降，按利润分配的奖金估计还不到历史平均水平的一半。

在不久前的总经理办公会议上，公司总裁王锐宣布，由于公司人工成本比较高，企业打算普遍小幅度地降低员工奖金水平，以帮助公司渡过经营难关。消息一经传出，马上遭到了员工的强烈反对，员工们认为自己的工作比以前更辛苦了，不应该降低收入水平。因此，大家对降薪的事议论纷纷。

王锐认为，公司原有薪酬制度，工资预算和人事费用控制的概念不强，尤其是没有处理好积累和分配的关系，使得过去几年员工工资的增长速度与公司利润的增长速度没有很好地匹配（图 3-8）。

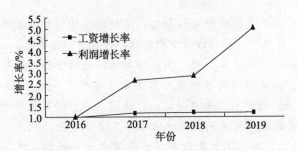

图3-8　工资增长率与利润增长率的关系

目前，公司经营上出现一些困难，很多员工缺乏进一步作出努力和投入来推动公司进一步成长的动力，不能理解自身的薪酬待遇和企业的经营状况之间休戚相关的关系，因此，公司打算明年调整工资方案，引入人事费用的概念和工资预算的思想，使员工的工资报酬能够随着公司利润的增长而增长，建立企业与员工的命运共同体和利益共同体。

公司董事会决定，今年由总裁带头，经营管理层的年终奖金暂时取消。待明年调整完薪酬制度，公司赚取利润后，再进行分配，显然，大家对这一决定并不十分满意。

四、赵亮的烦恼

最近，赵亮也一直在为几个工作评价的事头痛不已。赵亮是SL公司人力资源部总经理，由于近来公司效益不佳，公司对一些岗位进行了调整，赵亮在执行公司薪酬计划方面遇到了难题。

作为公司工作评价委员会的主任，上周赵亮召集了一次考虑对几份工作重新评价的会议。这些工作已经分级，定为A序列。但因为接待员张萍的工作没有定为较高级别，作为工作评价委员会成员的行政部总经理林云提出：我部门员工个人成绩大小、重要与否，是由公司年终考核评价结果而确定的。去年张萍同志的考核结果是优秀，而且张萍在SL公司已做了8年的接待员，平时工作十分认真，还多次被评为公司的"优秀员工"。而赵亮认为公司年终考核结果通常由直属上级负责对员工工作表现情况进行评定，与岗位价值评价并没有直接联系。赵亮坚持应根据工作本身，排除个人因素来评价，这令行政部总经理林云颇为恼火。无奈，赵亮只好请示王总定夺。

王总听完赵亮的汇报后，略加思考后对赵亮说："张萍同志是老员工，学历差点，能力还可以，又是公司的接待员，可以考虑定高一点。我们要考虑老员工所做的历史贡献嘛。我看就定到B序列吧。"赵亮还想解释些什么，却被王总摆手示意不用再考虑了。赵亮不情愿地离开了王总办公室。

为了迎接公司十周年庆典，公司许多部门近来都利用下班时间在紧张排练晚会节目。小张精心准备的是拿手的独唱曲目。但自从听说公司打算降低员工奖金水平的事后，小张便无心排练了。

小张是大学毕业后就应聘到SL公司工作的。他学的专业是会计。毕业时，同学们都认为他找了一个好工作，收入也不错。在最初进入SL公司的几年，小张也这么认为，因为在这里工作不仅收入挺高，而且财务部总经理对他也很器重，经常分配给他一些具有挑战性的工作。小张将这些工作当作锻炼的好机会，每一次都认真对待。由于他受过良好的专业教育，再加上自己的努力和勤奋，很快就在同事中显示出自己的实力。由于工作出色，经理更信任他了，部门许多重要工作也落在了小张头上。

刚开始时，小张做得也非常卖力，但是渐渐地，他的干劲就小了。因为他发现，虽然自己的收入不错，但是部门同事的收入水平都差不多，一些在公司工作时间长的同事虽然专业水平一般，但是收入却在他之上。小张发现，除非做管理工作，如晋升为部门的主管或经理之类的职位，否则提高收入水平几乎不可能。但是，自己所在的部门管理职位有限，没有空缺，自己怎么能升职呢？除了晋升一条路，提高收入的机会微乎其微，况且，想晋升的人还不止他一个呢！小张开始为自己的前途担忧了。

林顿和小张是同一年来到 SL 公司的。此前，担任公司高级分析师的林顿一直对公司很满意，他用了 5 年时间才达到现在的工资水平。然而，林顿听说他的部门雇用了一位刚毕业不久的硕士研究生做分析师，底薪几乎和自己的工资一样高。他向赵亮询问了此事，赵亮坦率地承认了实情，并努力解释公司的处境，公司恰好在分析师市场十分紧俏时急需一名分析师，为了吸引合格人选，公司不得不提供一种溢价底薪。林顿认为自己在公司里被欺骗，感到前途渺茫，私下里开始寻找合适的工作机会，决定等公司十周年庆典一结束，就递交辞呈。

显然，SL 公司在庆祝公司成立十周年之际，也蕴藏着深深的危机。

资料来源：李洪涛. 陷入危机的薪酬制度[M]// 何国玉. 人力资源管理案例集. 北京：中国人民大学出版社，2004：3-18.

案例思考题：

1. SL 公司高管层实行的年薪制合理吗？若不合理，高管层需要建立怎样的一套激励—约束机制？
2. 为什么 SL 公司的报酬在当地处于中上水平还不能令员工满意呢？
3. SL 公司目前的报酬制度主要存在哪些问题？
4. 如果 SL 公司的薪酬制度改革工作交给你来做，你将如何设计？

中篇

薪酬体系篇

第四章

职位薪酬基础：职位分析与职位评价

◆ **本章学习目标**

通过本章的学习，希望你能够：
- 熟悉职位分析的含义和方法
- 熟悉职位评价的含义、用途、操作程序和主要方法

◆ **引言**

工作没有高低贵贱，职位价值却有大小差异

马克思主义倡导人是平等的，工作没有高低贵贱之分，但是为什么工资却有高低之分？这一方面是由于按劳分配，多劳多得；另一方面，由于一个组织需要有一个有效的管理体系，必须有不同职位的管理者和被管理者，职位低的管理者必须接受职位高的管理者领导。一般职位高的管理者比职位低的管理者工资要高，这是因为他们的付出应该更多，承担的责任更重、风险更大，所以他们的职位价值也更高。

在企业中，职位职责和等级是职位薪酬设计的基础，职位薪酬设计应该根据不同职位的职责和等级，制定相应的薪酬标准。企业需要给每个职位定多少薪酬，首先要明确每个职位的定位、目的、职责、管理幅度与工作权限、工作环境、任职条件、考核指标等，这就是职位分析的相关工作。在此基础上，就可以衡量每个职位的价值和贡献，只有明确了各个职位的价值和贡献，才能为各职位制定相对应的职位工资水平。而衡量职位价值的过程就是职位评价。因此，科学合理地安排职位，采取自上而下的方法按照管理层级逐级描述，制定每个职位的职位说明书，作为职位评价和制定岗位工资的基础。

第一节 职位分析概述

职位分析，又称工作分析，简单地说，就是对与职位相关的整体信息和关键信息进行系统整理与准确描述的过程。这个过程包含对职位信息的收集、分析、界定和综合的一系列活动，进而明确规定职位所包含的任务及任职者成功完成工作所需的技能、知识、能力和责任，并最终形成规范化、标准化的书面描述文本，即职位说明书。

在进行职位分析时，所要研究的对象是职位自身的特征及其职责要求（而不是职位上的任职者的特征）。在收集的信息内容方面，美国劳工部的《职位分析手册》规定收集如下

信息：工作内容、工作职责、有关工作的知识、精神方面的技能、灵巧正确的程度、经验、适应年龄、所需的受教育程度、技能的培养要求、学徒（见习）要求、与其他工作的关系、作业身体姿态、作业环境、作业对身体的影响、劳动强度、特殊的心理品质要求等。

概括来说，职位分析所要回答的基本问题可以归纳为"6W1H"。6W，即做什么（what）、为什么做（why）、谁来做（who）、何时做（when）、在哪里做（where）、为谁做（for whom）；1H，即如何做（how），如表4-1所示。

表 4-1　职位分析所要回答的基本问题

基本问题	内　　容
做什么 （what）	指从事的工作活动，主要包括：任职者所要完成的工作活动内容；任职者的这些活动会产生什么样的结果或产品；任职者的工作结果所达到的标准
为什么做 （why）	指任职者的工作目的，即这项工作在整个组织中的作用，主要包括：做这项工作的目的，这项工作与组织中的其他工作者有什么联系，对其他工作有什么影响
谁来做 （who）	指对从事该项工作人员的必备要求，主要包括：身体素质要求，知识与技能要求，教育与培训要求，经验要求，个性特征要求，等等
何时做 （when）	指在什么时间从事各项工作活动，主要包括：哪些工作活动是有固定时间的，在什么时候做，哪些工作活动是每天必做的，哪些工作活动是每周必做的，哪些工作活动是每月必做的
在哪里做 （where）	指从事工作活动的环境，主要包括：工作的自然环境，包括地点（室内或户外）、温度、光线、噪声、安全条件等；工作的社会环境，包括工作住所的文化环境、工作群体中的人数、完成工作所要求的人际交往的数量和程度、环境稳定性等
为谁做 （for whom）	指在工作中与其他职位发生的关系及相互之间的影响，主要包括：工作要向谁请示和汇报，向谁提供信息或工作结果，可以指挥和监控何人
如何做 （how）	指任职者怎样从事工作活动以获得预期的结果，主要包括：从事工作活动的一般程序或流程是怎样的；工作中要使用哪些工具，操作什么机器设备；工作中涉及的文件或记录分别有哪些；工作中应控制的关键环节有哪些

职位分析的信息来源主要有四种渠道，即组织中原有的书面资料、任职者的报告、同事的报告、直接的观察。此外，职位分析的资料还可以来自该职位的下属、客户和用户等。收集信息时要合理甄选可靠的信息来源，以免信息失真，同时要保证信息的完整性。

一、职位分析的方法

职位分析的方法多种多样，我们可以按照信息收集的渠道将其划分为上行分析法和下行分析法。其中，上行分析法，是指自下而上的分析方法，通过对现有组织和工作的分析来完成职位描述，适用于对现有职位进行规范的情形。下行分析法，是指自上而下的方法，从分析组织的使命、目标和经营目的入手，确定要实现计划目标必须完成哪些工作、需要设定哪些职位，以及最适合公司业务转型或者公司组织设定职位描述的时间。此外，也可从定性或定量的角度进行分析。

具体而言，职位分析包括访谈沟通法、观察法、工作日志法、职位分析问卷调查法、美国劳工部职位分析法、职能型职位分析法、核对法、重要事件分析法、工作描述法等，但并没有一种所谓的"最佳方法"。选用何种职位分析方法，取决于职位分析的内容，而职位分析的内容取决于职位分析的目的与用途。因此，根据人力资源管理活动的实践需要，可以选用不同的职位分析方法。例如，在考核面试中，可以更多地使用观察法。

二、职位分析的结果：职位说明书

职位分析不仅涉及对工作内容的分析，也涉及对分析结果的报告。这些结果通常以职位说明书和工作规范的形式呈现出来。

职位说明书聚焦于按工作当前进行的情况来对它进行描述，它以书面的形式解释一项工作叫什么、要做什么、在哪里做和怎么做。

工作规范聚焦于完成工作所需要的特性，它描述任职者为了完成工作所必须具有的能力、教育和经验方面的资格。工作规范可以做成一份独立的文件，或者更加常见的情况是作为职位说明书的结尾部分。

一份完整的职位说明书包括以下方面：工作标识、工作概要、工作活动内容、工作任务、工作职责、工作权限、工作联系、工作设备信息、工作条件和工作环境、任职资格、绩效标准等，如表 4-2 所示。

表 4-2 职位说明书

工作描述方面

工作标识：有关职位说明书的自然信息，包含工作名称、工作代码、编制日期、编制者、批准人、所在部门、直接主管职位名称、薪酬等级、薪酬水平、合同期限、所辖人数、定员人数等。在具体设计中，工作名称要尽量准确、美观、简练，借鉴国际通行的用法，与市场和国际接轨。工作代码要尽量统一、简洁，传递出有关工作的多重信息。

工作概要：用简练的语言说明工作的主要功能、工作性质、中心任务和责任。

工作活动内容：活动内容、所需时间百分比、权限、执行依据、其他。

工作任务。

工作职责。

工作权限：决策权限、监督权限、经费预算权限、人事行政权限。

工作联系：与组织内部和外部人员之间的关系。最重要的是报告关系、监督对象、工作合作对象、外部人员、晋升调换的路径。

工作设备信息：设备、工具、信息资料。

工作条件和工作环境。

- 工作场所：室内、室外、特殊场所。
- 工作环境的危险性：受到伤害的可能性、频率、原因。
- 职业病。
- 工作时间特征：正常工作时间、加班时间。
- 工作的均衡性：忙闲不均的程度和经常程度。
- 工作环境的舒服程度：高温、潮湿、寒冷、粉尘、异味、噪声、震动。

续表

工作规范方面

任职资格（必备/理想）。
- 最低学历、理想学历、需要培训的时间和科目。
- 从事本职工作和其他相关工作的年限和经验。
- 一般能力：计划、协调、实施、组织、控制、领导、冲突管理、公共关系、信息管理。
- 兴趣爱好：兴趣、爱好。
- 个性特征：情绪稳定性、责任心、外向、内向、支配性、主动性等性向特点。
- 职位需要的性别、年龄、体能要求：工作姿势（比重）、精神紧张程度（视觉、精力）、体力消耗大小。

绩效标准：时间、标准、质量、数量、结果

第二节 职位评价概述

一、职位评价的含义

职位分析的结果为评价不同职位的差异性提供了充分的职位信息基础。职位评价则是在职位分析所提供职位信息的基础上，对职位的价值进行评估，建立组织的职位价值序列。特别要强调的是，职位评价得出的是组织中各种职位的相对价值（以保证相对的内部公平性），而非职位的绝对价值。

二、职位评价的用途

职位评价主要是用于设计工资结构，而不是用于评价任职员工的绩效。职位评价的一般思路是：首先，列举某一职位的要求及该职位对组织的贡献；然后，按职位的重要性对其进行分类。对不同职位之间的相对价值进行评估，是职位评价活动的最基本的特征。当然，尽管职位评价的主要目的是确定职位的相对价值，但它还具有一些其他用途，如表4-3所示。

表4-3 职位评价的用途

为更简单、更合理的工资结构提供基础。
对新设或变更职位的分类提供一种统一的方法。
为与其他组织的职位和工资率进行比较提供一种方法。
为衡量员工绩效提供基础。
为解决工资争议提供一种统一的标准方法。
向为更高级别职位奋斗的员工提供激励。
为工资谈判提供信息。
提供职位关系数据，以进行内部甄别和外部甄别、制订人力资源规划、开展职业管理以及执行其他人事职能

职位评价为薪酬的内部均衡提供了调节的依据。职位评价可以使员工与员工之间、管理者与员工之间对薪酬的看法趋于一致。职位评价在组织内部的职位之间建立起一种联系，这种联系构成企业整个薪酬支付系统。在这个系统中，劳动报酬能够比较准确地体现按劳分配的原则。通过职位评价，组织能有效实现"以事定岗，以岗定人，以职定责，以责定权、定酬"的目标。

三、职位评价的操作程序

职位评价的主要操作程序包括四个环节，如图4-1所示。

图4-1 职位评价的主要操作程序

确定评价目的：职位评价的目的在于为组织设计、维持公正和具有竞争力的薪酬；为每个职位等级和薪酬支付提供统一的决策依据。通过职位评价过程，组织将每个职位所得的报酬与其对整个组织的贡献相比较，并对其中不合适的地方进行调整，从而支持整个工作流程；通过建立一个公平基础上的可行的薪酬结构来保证组织薪酬分配的合理性，减少员工的不满与抵触情绪。

确定评价方案：首先要确定评价的范围，即组织要对哪些职位进行评价。一般情况下，组织不会对所有的职位进行评价，这样做不仅工作量大，而且实际操作的意义并不大，因为很多职位之间是没有可比性的。最常见的做法是先对部分标杆职位进行评价，然后再利用插值比较法将其他职位与标杆职位进行比较，建立整个组织的职位结构。

确定评价方法：经过长期的实践，职位评价的方法有很多种，目前在国际上应用比较多的是IPE（国际职位评估）系统和海氏职位评价系统。方法不同，其侧重点会有所不同，使用的范围也不尽相同。

实施评价：在选定职位评价方法后，下一步的工作就是进行职位评价了，最重要的是成立职位评价小组，确定小组成员。一般情况下，与最终结果利益相关的那些主管和员工都要参加评价结构的设计，最好有来自重要职能部门的代表加入。只有公平的过程才能产生公平的结果，这一点在职位评价过程中比较明显。

第三节 职位评价的主要方法

职位评价常用的方法有排序法、归类法、因素比较法和要素计点法等，不同的方法有各自的特点，适用于不同的职位。组织在进行职位评价时应根据实际情况来进行选择。职位评价的主要方法如表4-4所示。

表 4-4 职位评价的主要方法

常用方法	概念	优点	缺点	主要程序或技术
排序法	又称序列法,是评价者根据各种职位的相对价值和它们各自对组织的相对贡献由高到低地进行排列的方法	简便易行;将全体职位作为一个整体来评价,避免了因对工作要素的分解而引起的矛盾和争论	组织规模大、需要定级的职位数量多时找到对工作内容都比较熟悉的职位评价人员比较难,主观性强	衍生出两种具体操作方法:交替排序法和配对比较法
归类法	又称分类法,是指通过建立明确的职位等级标准,将各个职位划入相应等级的一种方法,其结果是将具有不同责任及技能要求的职位放到不同的等级中	具有稳定的基础,尤其适用于目前中国的企业;强调以组织目标为基础,自上而下地进行职位梳理。实现了真正从组织战略目标出发来设计企业的评价系统	对于职位等级的划分和界定存在一定的难度,有一定的主观性,如果职位级别划分不合理,将会影响对全部职位的评价;对职位的评价结果比较粗糙,不能量化	收集与职位相关的资料→将职位分成不同类别→确定分级标准→划分职位等级
因素比较法	是对评价因素进行量化打分的办法	公平性和准确性	实施复杂,周期长,所耗用的时间太多、费用太高	职位分析等基础工作→挑选付酬因素→赋予点数→得分汇总→划分具体等级
要素计点法	又称薪点法,指选择和定义一组通用性的评价指标并详细定义其中的等级,作为衡量一般职位的标准,以这种标准,来衡量职位的相对价值	更强的公平性和客观性	更复杂,更耗时	确定职位评价的范围→进行职位分析→选取报酬要素→确定指标等级→确定每个指标的权重→标杆职位测试→方案修正→方案推广

以下分别介绍排序法、归类法和要素计点法的过程与应用。

一、排序法

排序法是指根据职位在组织取得成就的相对价值以及贡献来对其进行排序的方法。通过这种顺序排列,我们可以清晰比较出不同职位相对价值的大小。

排序法操作简单,容易让人接受。但结果只是简单地把多个职位按价值高低依次排序,这个过程中职位之间的区分度不易掌握。所以,实际工作中一般采用两种更容易操作的排序方法,即交替排序法和配对比较法。

(1)交替排序法。交替排序法,顾名思义就是按照职位相对价值大小交替进行排序。

其操作流程是：从多个职位中选出最有价值和最没有价值的职位，分别排在总体第一位和最后一位；然后再从剩下的职位中选出最有价值的和最没有价值的职位，排在总体第二位和倒数第二位；依次类推，进行排序，直到所有职位被排列起来。

（2）配对比较法。配对比较法是一种较为简单的互相比较的方法。它把所有需要评价的职位排列在一起，两两进行比较，最后按照出现频次的多少对其进行排序。对不同职位进行配对比较法。

以上为两种常用的排序方法。这两种方法简单易行，但是排序法本身也存在局限性，主要表现在以下两方面。

（1）缺乏客观、具体和可量化的比较因素。无论是交替排序法还是配对比较法，都主要依靠评价者对职位整体价值和贡献的主观感觉进行排序，缺乏固定的排序标准，这就使排序结果可能存在误差。

（2）应用范围有所限制。它只适用于规模较小、人员较少的组织或者部门，而在大型组织或者人员较多的部门，由于需要评价的职位众多，这种方法显然过于烦琐，缺乏信度。排序法对于评价者要求比较高，评价者必须对所有职位都有所了解才能作出相对价值判断。

针对排序法的以上问题，在使用这种方法时，我们有如下建议。

（1）建立明确的职位说明书。一份好的职位说明书可以帮助我们全面认清职位，从而容易比较出不同职位对组织的重要性和贡献度。

（2）明确评价要素。例如，我们如果要以"对组织的贡献"来评价职位相对价值，就要向被评价者说明"贡献"包含哪些具体内容和评价标准，这样就使评价有了客观、可量化的依据。

（3）当按照不同的评价要素对职位进行多次评价时，可以按照每次的结果赋予职位相应的分数，然后把不同结果中每个职位的分数加总取平均值，最后按照平均分数为职位排序。这样的排序结果在一定程度上消除了按照单一因素比较引起的偏差，因此更具客观性。

二、归类法

归类法，就是按照一定的评价标准和要求把需要评价的所有职位并入几类。

我们或许有过这样的经历：上小学时，自己的学年鉴定上往往写着"优""良""中"或"差"的评价，这四个等级是对学生综合素质的考查，其评价指标一般包括学习成绩、思想道德表现、课外活动参与次数等。综合考虑学生的四个方面，可以将其并入相应的等级。那些各个方面都表现出众的学生，往往会得到"优"。在这里我们讲的职位归类法，就是把所有职位分成几个大的等级，而每个等级的"标准"就是等级说明书的内容。

等级说明书是进行职位分类的前提，它规定每个等级中的职位所要满足的具体标准和要求。这一过程中最关键的环节是要选择报酬要素。报酬要素通常涵盖了所有职位的共同特征。以美国联邦政府的职位分类体系为例，它的划分一般包括以下几个报酬要素：①工作的复杂度和灵活度；②接受和实施的监督；③所需的判断力；④要求的创造力；⑤人际关系的特点和目的；⑥责任；⑦经验；⑧要求的知识水平。通过对这些报酬要素的比较，美国联邦政府将其职位分成 18 个通用等级。表 4-5 所示为部分通用等级及定义。

表 4-5 部分通用等级及定义

等级	定义
GS-1	包括那些只需照章办事，处于直接监督之下，只需很少或几乎无须独立判断的职位： 办公室、商业、财务方面最简单的例行工作。 在专业、科研、技术等领域中几乎不具技术色彩的基础工作
GS-2	包括具有以下特征的职位： 在直接监督之下，从事需要有限的独立判断能力的工作，如办公室、业务、财务等例行工作，在专业、科研、技术等领域中需要在有限范围内稍具技术特征的工作，要略做一些需经培训或需要经验的工作。 从事具有同等重要性、难度、责任以及要求相近资格的工作
GS-3	包括具有以下特征的职位： 在直接或全面监督下，办公室、业务、财务方面有一定难度并要担负一定责任的工作或专业、科研、技术等领域类似的从属性技术工作，且符合以下任何一种条件： 受过一定训练或具备一定经验。 掌握了某种特定的专业知识。 要根据既定的政策、程序或者技术进行一定的独立思考。 具有同等重要性、难度和责任，并有类似资格要求的职位
GS-4	…

由以上例子可以看出，等级说明书的关键在于比较要素的选取。在选取要素、撰写等级说明书时，一般要注意：①所选取的要素一般都是所要对比职位的通用要素；②所选择的要素一般具有稳定性，通常不会随着外部因素的变化而轻易变化。

由此可以看出，与排序法相比，归类法有明确的等级说明书，其归类结果更具有客观性，而且评价者可以随时中断职位评价而不影响评价结果，这就使评价过程具有时间弹性。

与此同时，这种评价方法也存在一些问题，具体表现在：①等级说明书的撰写一般比较麻烦，制定者需要全方位地衡量和考虑；②与排序法相似，这种方法的前提是对职位本身的了解。

三、要素计点法

要素计点法又称薪点法，是通过计算出每个职位客观的点数值来比较不同职位价值大小的评价方法。与排序法和归类法相比，它是一种应用更为广泛、更为客观的量化方法。

要素计点法包括三个主要特征：报酬要素的选取、可量化的等级划分以及每个要素的权数分配。在这里，报酬要素的选取是关键，它与企业战略、职位贡献及企业的核心竞争力密切相关。等级划分是把每个报酬要素具体量化为几个可以区分的等级指标。权数分配是根据每个报酬要素的重要性规定每个要素的百分比，并以点值的方式表示。

在用要素计点法进行职位评价时，一般需要按以下几个步骤操作。

（一）职位分析

职位分析是职位评价的起点，是衡量职位价值的依据，也是选取报酬要素的资料来源。它描述了责任、环境、任职资格等相关内容，由此我们可以判断职位中包含哪些有价值的信息和要素。其具体操作过程我们在前面已做介绍，这里不再赘述。

（二）选取报酬要素

报酬要素的选取是关键环节。报酬要素指的是在工作中受组织重视，有助于追求组织战略并实现其目标的特征。报酬要素一般与下列因素相关。

（1）组织战略。组织战略就是战略目标实现的关键决定因素。报酬要素的选取直接与企业战略相关。例如，如果某企业采取的是低成本战略，那么成本控制无疑将成为人们所要关注的报酬要素；如果企业的长远目标是建成一个现代化、客户导向的高科技企业，那么员工的知识和交际能力以及客户服务意识将成为企业重点考虑的因素；而一个以引领科技前沿作为使命的创新型企业无疑将把员工创造力纳入报酬要素之中。所以，报酬要素与企业战略密不可分。

（2）职位的任务、责任和任职资格。报酬要素来源于工作、服务于工作。不同职位对于人员的胜任力有不同的要求。例如，咨询公司的人员一般要具有良好的专业知识、解决问题的能力和较强的人际沟通能力。相对而言，一些研究性工作则对员工的人际沟通技能没有太高的要求，取而代之的是认真的态度、严谨的作风等。所以，不同职位要求的报酬要素是不同的。

此外，报酬要素的个数不宜太多。一项研究表明，使用21个报酬要素的评估结果与使用7个报酬要素的评估结果是一致的。当然，报酬要素也不能太少，否则缺乏说服力，员工不易接受。现实工作中常用的报酬要素一般包括所需技能、努力程度、责任和工作条件等。

（三）报酬要素的等级划分

因为不同职位对于同一要素的要求标准是不一样的，所以每一个报酬要素都要划分为不同的等级。

在制定要素等级时需要注意，等级之间的差距应该是相同的。同时，在定义报酬要素时，一般要使用容易理解的专业用语。

（四）权数的分配

报酬要素的总权数是100%，我们要把总权数分配于不同的报酬要素之间，并以点数的形式表示。例如，假设某一职位一共有"知识""技能""责任要求"和"工作条件"四个要素，就要把100%的权重分配于这四个要素之中。我们可以根据需要把"知识"权数定为20%、"技能"定为25%、"责任"定为40%、"工作条件"定为15%，相对应的点数分别为20、25、40和15。当然也可以根据组织和职位需要设定不同的权数值。

与报酬要素类似，权数的分配也与企业的战略、职位体系设置密切相关。例如，就知识要素而言，在高科技企业里的权数会低于管理职位的权数。

一般而言，权数的决定有一定的参考标杆，这个标杆就是市场上相应职位的要素权数。

企业可以根据自身状况和发展需要制定大于或小于这个数的权数。权数也可以采用以前的经验值。

在确定报酬要素和要素的权数以后，就可以确定要素的点值。计算点值有不同的方法。随着科学技术的发展，要素计点法已经被制成了技术软件。在软件环境下，只要输入相应的数据，就可以直接得到要素的点数。

明确了职位的每个要素点数后，把每个要素点相加，就得到了职位的总点数。在确定职位点数以后，下面的工作就是制定职位评价手册、修正并推广方案、建立职位价值序列。

以上介绍的是三种主要的工作评价方法，除这三种方法之外，还有其他一些方法，如因素比较法，这里不做详细介绍。

本章提要

职位分析和职位评价是职位薪酬体系的基础，在介绍和了解职位薪酬体系之前有必要对职位分析和职位评价进行充分的介绍。

职位分析是人力资源管理工作的基础，其质量对其他人力资源管理模块具有举足轻重的作用。职位分析通过提供相关工作岗位的全面信息来让组织改善管理效率，其中收集信息时综合合理甄选各渠道的信息来源，保证信息的完整性。职位分析的方法也多种多样，具体方法的选择匹配人力资源管理活动的实践需要，最终以职位说明书的方式呈现出来。

而职位评价是在职位分析的基础上确定职位相对价值的过程，立足于具体的岗位，对薪酬进行设计，能够调节薪酬的内部均衡，获得薪酬的内部公平感。职位评价主要包括确定评价目的、确定评价方案、确定评价方法和实施评价四个环节，常用方法有排序法、归类法、要素计点法和因素比较法等，具体方法的采用要与实际工作情况匹配，才能保证评价的有效性。

思考题

1. 职位薪酬设计的基本环节有哪些？
2. 什么是职位？职位和职责、任务、职位族以及职业生涯之间的关系是什么？
3. 进行职位分析可采用哪些基本方法？它们的优缺点有哪些？
4. 什么是职位评价？其作用是什么？
5. 选择你感兴趣的一两种职位评价方法，比较一下它们的特点。

答案解析 扫描此码

案例与讨论

企业薪酬体系设计

薪酬体系设计是企业人力资源管理的核心内容。在现代企业管理中，薪酬已不仅仅是具有传统的企业生产成本支出功能的载体，而已经成为与企业人力资源开发战略紧密相连的管理要素。随着我国经济的发展，传统的薪酬体系已难以适应企业现代化管理的需要，普遍出现了激励作用不足、约束作用乏力、平均主义和分配行为不规范等弊端，因此，对传统的薪酬体系进行变革就成为一种必然。在这种大环境下，一些企业已经着手制订与市场经济发展相适应的薪酬调整方案，本文将以A企业为例探讨当前企业薪酬变革的一般规律和特点。

一、A企业的岗位分类

A企业是一家由国有企业过渡而来的合资企业，员工总数2 728人，其岗位分类情况如表4-6所示。

表4-6 A企业岗位分类表

岗 位 类 别	岗 位 特 征
中高层管理岗位	部门副经理（含）以上管理岗位
主管岗位	部门副经理以上管理岗位
技术岗位	技术员、工程师
市场运营岗位	市场推广、市场支持、市场开发岗位
财务岗位	财务人员
职员岗位	行政、人事、法务、文秘等岗位
技工岗位	技工、技师
工勤岗位	非计件工人、职务人员
销售岗位	大区经理、办事处主任、销售员
计件工人岗位	计件工人

二、制定A企业薪酬调整策略

将A企业的薪酬水平与A企业所在地区的市场薪酬水平进行比较来确定企业的薪酬调整策略，这是A企业薪酬变革的第一步。

在前期调研过程中，研究者对A企业所在地区进行了薪酬调查，初步了解了该地区的市场薪酬状况，并结合A企业现有员工的薪酬数据，大致绘出A企业所在地区的市场薪酬结构线与A企业薪酬结构线的对应关系（图4-2）。

从图4-2中可以得出以下结论：①从A企业薪酬结构线来看，其尾端下翘表明，具有高职位价值的企业关键员工虽然对企业的生存和发展具有重大影响，但并没有得到有效的薪酬

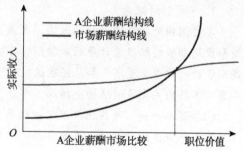

图4-2 A企业所在地区的市场薪酬结构线与A企业薪酬结构线的对应关系

激励，其薪酬水平的提升速度低于低职位价值的一般员工。②将A企业薪酬结构线与市场薪酬结构线加以比较，企业关键员工的薪酬水平明显低于市场平均薪酬水平，而一般员工的薪酬水平高于市场平均薪酬水平。这充分说明：第一，企业"大锅饭"现象比较严重；第二，薪酬结构缺乏市场竞争力；第三，薪酬对关键员工激励乏力，不能达到吸引、激励与保留关键员工的目的等。

针对这些问题，制定 A 企业的薪酬调整策略，即在控制人工成本的基础上，加强对关键员工的薪酬激励，使关键员工的薪酬水平高于市场水平，从而保证企业的薪酬政策进一步向具有高职位价值的关键员工倾斜。

三、确定 A 企业薪酬体系设计原则

通过和企业高层领导的充分沟通，并结合企业战略发展规划，研究者将薪酬调整策略进一步细化为几条具有指导性作用的薪酬设计原则。

（1）薪酬是企业人工成本最重要的组成部分之一，对其总量的控制在很大程度上决定了企业经营成本和利润空间的大小，为了使企业在产品成本上获取竞争优势，就必须严格控制薪酬成本，因此，A 企业薪酬设计必须强调在控制薪酬成本的基础上重点调整薪酬结构。

（2）企业薪酬政策在整体上要向对于企业形成核心竞争力有重要意义的中高层管理岗位、销售岗位和技术岗位等关键岗位倾斜，这些岗位的薪酬水平应该在本地区、本行业和相同职位中具有竞争优势。

（3）把工作业绩作为薪酬分配的主要依据，建立以工作业绩为分配基础的薪酬体系。

（4）为了保证薪酬体系的内部公平性，新制定的薪酬体系必须能够体现岗位之间内部价值的相对大小，为确定各个岗位的相对价值，在新的薪酬体系中引入科学的工作评价体系。

四、构建 A 企业薪酬体系的整体框架

根据薪酬设计原则，考虑到不同类型岗位的特点，为不同类型的岗位设计不同的薪酬激励模式，建立企业的分层分类薪酬体系。该薪酬体系主要包括：以年度经营为评价周期的年薪制薪酬体系，与销售业绩相关的销售人员薪酬体系，以常规性工作为特征的等级薪酬体系，适用于计件工人的计件制薪酬体系，等等。

1. 年薪制薪酬体系

参考国内外实践中通行的做法，在 A 企业的薪酬设计中，针对一些工作职责重大、业绩形成周期长的职位设计年薪制薪酬体系，适用于年薪制薪酬体系的岗位主要为企业的中高层管理岗位以及董事长和总经理认定可享受年薪制的其他岗位。
年薪制体系的主要薪酬结构包括以下部分。

（1）基本年薪：根据上年度考核结果，确定本年度年薪总额，年薪总额的 60% 作为本年度基本年薪，按月支付；基本年薪的初始核定以工作评价、劳动力市场价格、企业人力资源政策为基础。

（2）业绩年薪：年薪总额的 40% 作为本年度业绩年薪，在年度结束后，根据企业业绩和考核评价结果进行核定，在次年春节前一次性核发；业绩年薪不仅与个人绩效结果挂钩，还与企业年度整体目标完成情况挂钩。

（3）奖励年薪：奖励年薪总额从企业当年超计划利润中提取，在年度结束后，根据企业业绩、考核评价结果以及个人所承担岗位的相对价值进行核定，年薪制人员的奖励年薪，50% 的部分以现金形式延期半年发放，其余 50% 的部分转化为持股基金。

（4）法定福利保险：国家规定的医疗保险、失业保险、养老保险等。

（5）特殊福利保险：根据企业经济效益和个人贡献，对中高层管理人员提供额外的特别福利保险，包括福利分房和购车、国内外进修、一次性任职（期）特殊管理津贴等。

（6）董事长（总经理）特别奖：从企业奖励基金中支付，由董事长（总经理）确定，于次年春节前一次性发放。

2. 销售人员薪酬体系

销售人员薪酬体系适用于企业的销售岗位，具体包括大区经理、办事处主任和销售员。其薪酬结构并不是简单地采取底薪+佣金的方式，它由以下四个部分组成。

（1）保底工资：主要为了保障员工的基本生活，按月发放。

（2）销售提成：销售提成分为计划内销售提成和超计划销售提成，超计划销售提成的基数为计划内销售提成的 1.5 倍，超计划销售提成部分延期半年发放。销售人员销售提成按全年月平均数滚动累计，按月考核，按月发放，年终统算。

（3）管理考核奖：将销售提成总额中的 20%作为管理考核奖金总额，员工实际所得与其考核业绩挂钩，其目的是防止员工盲目追求销售额的提升，而忽视其他本职工作的完成。

（4）补贴：补贴根据地区差异性进行分配，所含项目包括餐补、电话补助、交通补助、交际费、住宿补助等。

3. 等级薪酬体系

等级薪酬体系适用对象为企业内从事技术岗位（包括技术开发、技术支持岗位等人员）、以常规性管理为特征的管理岗位（包括中层以下的主管、行政文秘、财务等人员）、以操作性工作为特征的岗位（包括非计件制技术工人、非计件制普通工人、工勤人员）的员工和市场运营人员。

为保证等级薪酬体系企业内部的公平性，在确定每个岗位的薪酬等级时，首先根据工作评价确定每个岗位的相对价值，将其归入相应的职位等级中去，然后根据劳动力市场状况对工作评价结果进行修正，以保证与劳动力市场基本符合。

等级薪酬体系的薪酬结构主要包括以下部分。

（1）基本工资：根据工作评价的结果得出，反映各个岗位的相对价值。

（2）月度奖金：依据员工月度考核结果以及企业当月整体目标完成情况计算，按月度发放。

（3）年度奖金：等级制员工年度奖金依据年度考核结果计算，按年度发放。

（4）单项奖：根据员工为企业所作出的贡献计算，包括提案奖、合理化建议、革新与创造奖及研究开发奖励等。

（5）项目奖励：此项目适用于从事项目开发工作的人员。根据项目开发的特殊性，对这部分人员采用项目奖励的方式，以保证项目开发过程的连续性和项目开发人员的主动性。

（6）福利保险：国家法定福利和保险，享受内容和享受标准，按国家有关规定处理。

4. 计件制薪酬体系

为有效调动生产车间全部员工的工作积极性，形成稳定的生产队伍，对生产车间的全部在编人员实施计件制薪酬体系。计件制薪酬体系由以下几部分构成。

（1）计件工资：个人月计件工资根据月生产量以及岗位评价点值确定，按月全额发放。

（2）计件制员工月度奖金：计件制员工月度奖金，为当月计件工资的 25%，经考核根据考核结果按月核发。

（3）单项奖：企业设立革新与创造奖、提案奖等奖项，对为企业作出特殊贡献的员工进行奖励。单项奖励的资金来源由三部分构成：车间的成本节约、个人实发奖金未达到奖金标准的差额部分和企业根据情况拨付的专项奖励部分。

（4）保险福利：依法享受国家法定福利和保险，享受内容和享受标准，按国家有关规定处理；根据企业的经济效益和人力成本的支付限度，可在机会成熟的时候追加部分企业福利。

资料来源：雷长河. A 企业薪酬体系设计个案分析[J]. 人才资源开发，2006(7)：48-49.

案例思考题：

A 企业的薪酬制度体现了哪些薪酬管理知识？该方案能否起到应有效果？

第五章 职位薪酬体系

 本章学习目标

通过本章的学习,希望你能够:
- 了解职位薪酬体系的特点和实施条件
- 熟悉职位薪酬体系的优点和缺点
- 掌握职位薪酬体系的设计流程
- 掌握职位薪酬等级结构的设计步骤

 引言

薪酬要与岗位价值相匹配

职位薪酬体系是一种传统的确定员工基本薪酬的制度。它是指对职位本身的价值作出客观评价,然后根据评价结果来确定承担这一职位工作的员工应该获取的工资水平的一种基本工资决定制度。该制度最大的特点是对岗不对人,即员工承担什么样的职位就得到什么样的薪酬。

在管理者向自己的组织推荐一种薪酬结构之前,不仅要考虑组织的战略、工作流程、公平性问题以及雇员的动机,还要考察有关的研究成果。关于各种薪酬结构的效用问题,经济学家和心理学家都会告诉我们一些有用的东西。公平理论认为,人们会从多个角度对自己的投入产出比(投入主要指努力、能力、绩效等,产出主要指薪酬、地位、满意度等)作出内外部比较或与自己过去、将来的境况进行比较。如果投入产出比都是非常相似的,那么雇员就会感知到公平。通过确定各个职位在整体工作中的相对重要性来确定其薪酬标准,能够保证同工同酬的逻辑和公正关系。

第一节 职位薪酬体系概述

所谓职位薪酬体系,就是首先对职位本身的价值作出客观的评价,然后根据这种评价的结果赋予承担这一职位的人与该职位的价值相当的薪酬这样一种基本薪酬决定制度。职位薪酬体系是一种比较传统的确定员工基本薪酬的制度,它最大的特点是员工担任什么样的职位就得到什么样的薪酬。与新兴的技能薪酬体系和能力薪酬体系相比,职位薪酬体系在确定基本薪酬的时候重点考虑职位的本身价值,很少考虑人的因素。这种薪酬制度是建立在这样一种假设前提基础之上的,即每一个职位上的人都是合格的,不存在人和职位不匹配的情况,也就是说,担任某种职位工作的员工恰好具有与工作难易水平相当的能力。这种薪酬制度并不鼓励员工拥有跨职位的其他技能。因此,在这种薪酬制度下,我们可能会看到,虽然有些员工的个人能力大大超过了其所担当的职位本身所要求的技术或资格水平,但是在职位没有变动的情况下,他们也只能得到与当前工作内容对等的薪酬水平。

一、职位薪酬体系的特点

根据以上分析,我们可以看到,职位薪酬体系既有明显的优点,同时也存在一定的不足。职位薪酬体系的优点和缺点如表 5-1 所示。

表 5-1 职位薪酬体系的优点和缺点

优　　点	缺　　点
实现了真正意义上的同工同酬,因此可以说是一种真正的按劳分配体制。 有利于按照职位系列进行薪酬管理,操作比较简单,管理成本较低。 晋升和基本薪酬增加之间的连带性增强了员工提高自身技能和能力的动力。 根据职位支付薪酬的做法比基于技能和能力支付薪酬的做法更容易实现客观和公正,对职位的重要性进行评价要比对人的技能和能力进行评价更容易达成一致	由于薪酬与职位直接挂钩,当员工晋升无望时,也就没有机会获得较大幅度的加薪,其工作积极性必然会受挫,甚至会出现消极怠工或者离职的现象。 由于职位相对稳定,与职位联系在一起的薪酬也就相对稳定,这不利于企业对多变的外部经营环境作出迅速的反应,也不利于及时地激励员工。 强化职位等级间的差别,可能会导致官僚主义滋生,员工更为看重得到某个级别的职位,而不是提高个人的工作能力和绩效水平,不利于提高员工的工作适应性。 可能会引导员工更多地采取有利于得到职位晋升的行为,而不鼓励员工横向流动以及保持灵活性

虽然传统上那种严格、细致的职位薪酬体系在很多时候已经无法适应现代企业所面临的复杂多变的市场环境及其对员工的灵活性要求,但职位薪酬体系仍然具有很强的实用性,在薪酬决策中具有不可替代的作用。实际上,从世界范围来看,采用职位薪酬体系的企业的数量要远远超过采用技能薪酬体系和能力薪酬体系的企业的数量,即使是那些采用技能薪酬体系和能力薪酬体系的企业,也大都是从职位薪酬体系转过来的。事实上,曾经实行过科学、完善的职位薪酬体系的企业在转而实施技能薪酬体系和能力薪酬体系时会感到更为舒适与顺利,这是因为,即使采用了技能薪酬体系和能力薪酬体系,仍然要依赖职位薪酬体系所强调的职位的概念,尤其是不同的职位或不同系列的职位对员工的任职资格的差异性要求。

从一定程度上来说,职位薪酬体系在操作方面比技能薪酬体系和能力薪酬体系更容易、更简单,而且适用的范围也比较广,因此对于许多企业和大部分工作岗位来说,职位薪酬体系是比较公平和实用的薪酬体系,但是从当前我国企业的薪酬管理实践来看,由于我国没有经历过大规模的科学管理阶段,所以许多企业对职位的了解和分析还很粗糙,大多数企业还没有制定规范、系统和具有实效性的职位说明书,再加上没能很好地掌握职位评价的技术,结果在实践中犯了许多明显的错误。许多企业的岗位工资制(我们所说的职位薪酬体系）实际上是根据岗位的行政级别或者员工的资历，而不是根据真正意义上的岗位或职位来确定基本薪酬。

二、职位薪酬体系的实施条件

组织实施职位薪酬体系，能够更多地利用这种制度的优点并克服其缺点，显然可以更好地发挥职位薪酬体系的功效。因此，分析职位薪酬体系的实施条件是非常必要的。为了更好地发挥职位薪酬体系的作用，要求企业在实施职位薪酬体系之前做到以下几个方面。

（一）职位的内容已经明确化、规范化和标准化

职位薪酬体系要求组织待评价的职位必须是明确、具体的。因此，企业必须保证各项工作有明确的专业知识要求、明确的责任。同时这些职位所面临的工作难点也是具体、可以描述的。换言之，必须具备进行工作分析的具体条件，或者待评价的职位已经进行过工作分析，形成了工作说明书。

（二）职位的内容基本稳定，在短期内不会有很大的变动

职位薪酬体系以各职位的工作内容为基础来确定各职位等级。因此，只有当职位的内容保持基本稳定时，企业才能使工作的序列关系有明显的界限，不至于因为职位内容的频繁变动而使职位薪酬体系的相对稳定性和连续性受到破坏。

（三）组织具有按个人能力安排职位或工作岗位的机制

由于职位薪酬体系是根据职位本身的价值来向员工支付报酬的，因此，如果员工本人的能力与所担任职位的能力要求不相匹配，其结果必然会导致不公平的现象发生。故而企业必须保证按照员工个人的能力来安排适当的职位，既不能存在能力不足者担任高等级职位的现象，也不能出现能力较强者担任低等级职位的情况。当个人能力发生变动时，他们的职位也会随之发生变动。

（四）企业中存在较多的级别

在实施职位薪酬体系的企业中，无论是比较简单的工作还是比较复杂的工作，职位的级数应该相当多，从而保证企业为员工提供一个随着个人能力的提升从低级职位向高级职位晋升的机会。否则，一旦职位等级很少，大批员工上升到一定职位之后就无法继续晋升。其结果必然是阻塞员工的薪酬提升通道，加剧员工的晋升竞争，损伤员工的工作积极性和进一步提高技能与能力的动机。

（五）企业的薪酬水平足够高

这是因为，即使是处于最低职位级别的员工，也必须能够依靠其薪酬来满足基本的生活需要。如果企业的总体薪酬水平不高，职位等级又很多，则处于职位序列最底层的员工所得到的报酬就非常少。

三、职位薪酬体系设计的基本流程

职位薪酬体系的设计主要有以下五个步骤。

第一步是了解一个组织的基本组织结构和职位在组织中的具体位置。

第二步是收集与特定职位的性质有关的各种信息，即进行职位分析。

第三步是整理通过职位分析得到的各种信息，按照一定的格式把重要的信息描述出来并加以确认，编写成包括职位职责、任职资格条件等信息在内的职位说明书。

第四步是对典型职位的价值进行评价，即完成职位评价工作。

第五步是根据职位的相对价值高低来对它们进行排序，即建立职位等级结构，这一职位等级结构同时也就形成了薪酬的等级结构。

职位薪酬体系的设计流程及其步骤如图 5-1 所示。

图 5-1　职位薪酬体系的设计流程及其步骤

第二节　职位薪酬等级结构的设计

结合第四章的岗位评价分数，在有效平衡外部竞争性和内部一致性两方面的要求的同时，兼顾对员工的合理性，就能设计出企业的职位薪酬结构。

我们以采用要素计点法进行职位评价的情况为例，来说明薪酬结构的建立过程。薪酬结构本身就是在薪酬的外部竞争性和内部一致性之间进行平衡的一种结果，但即使在同一企业，职位等级不同，对该职位所得薪酬的内部一致性和外部竞争性的考虑也会出现不同的侧重。通常情况下，职位等级越高，则其对外部竞争性的强调可能会越多，这种情况可以用图 5-2 来表示。

下面，我们将对建立薪酬结构的六个步骤分别进行阐述。

步骤一：通观被评价职位的点值状况，根据职位评价点数对职位进行排序。

其目的在于，从整体上观察通过要素计点法所得的被评价职位的点值情况，看看是否存在明显有出入的点值。

例如，对同一职位族中的职位或属于其他职能但明显属于同一级的职位的点数进行对比和分析，对那些与本职位族中的上下级职位或是其他职能中的同一级职位所获得的点数相比，明显不合理的点数，可以考虑予

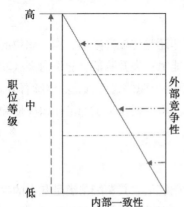

图 5-2　职位等级与薪酬内部一致性和外部竞争性之间的平衡

以调整,以准确反映该职位在内部一致性价值评价中所应当得到的点数。需要注意的是:职位评价是否建立在对职位充分理解的基础之上?职位描述是否完备?在对职位进行比较时,所选择的参照对象是否合适?

在对评价点数做好初步审核以后,需要以升序或降序的方式对所有经过评价的职位进行排序(表 5-2),看看排序后的职位结构是否符合直觉判断。需要注意的是:职位排序的结构是否反映了不同职位的职能差异?点数的差异能否反映职位之间所存在的价值差异?

步骤二:按照职位点数对职位进行初步分组。

通过对职位评价点数的观察,可以发现,虽然不同职位所得到的评价点数是不同的,但有些职位的评价点数与另一些职位相当接近。由此可以初步判断,点数接近的职位应当是属于同一个级别的。可以利用自然断点来划定职位等级。如表 5-3 所示,以 100 点为界限对表 5-2 中的职位进行等级划分,可以初步将其划分为 5 个等级。

步骤三:根据职位的评价点数确定职位等级的数量及其点数变动范围。

上面列举了 13 个职位并根据它们的评价点数进行了初步的等级划分,但在实际操作过程中,不可能对企业的所有职位都进行职位评价。因此,在划分等级的时候还要考虑到其他未被评价的非典型职位。需要考虑应当划分多少个职位等级比较合适,并确定每一职位等级的最低点数和最高点数。显然,最终划定的等级数量会有赖于企业中的职位数量以及职位之间的差异大小,企业的报酬哲学和管理理念也会起到一定作用。

在以 100 点为界限对职位进行粗略的等级划分后,需要考虑对职位的等级做更为细致的划分,以将一些未评价职位也囊括在内,同时反映出不同职位等级之间的应有价值差距。可以采取几种不同的方式来进行不同职位等级内部的点数区间划分。其中一种方式是对每一职位等级的最大点数都以恒定的绝对级差方式来确定。在表 5-4 中,39 点是各职位等级的最大点数之间的恒定绝对级差。虽然最大值的绝对级差是恒定的,但其差异比率是变化

表 5-2 根据评价点数对职位进行排序

顺序	职位名称	点数
1	出纳	140
2	离退休事务主办	210
3	行政事务主办	260
4	工会财务主管	335
5	总经理秘书	345
6	行政事务主管	355
7	报销会计	355
8	招聘主管	405
9	会计主管	425
10	项目经理	470
11	总经办主任	545
12	财务部经理	550
13	市场部经理	565

表 5-3 根据点数分布做初步职位等级划分

职位等级	职位名称	点数
1	出纳	140
2	离退休事务主办	210
2	行政事务主办	260
3	工会财务主管	335
3	总经理秘书	345
3	行政事务主管	355
3	报销会计	355
4	招聘主管	405
4	会计主管	425
4	项目经理	470
5	总经办主任	545
5	财务部经理	550
5	市场部经理	565

的。从表 5-4 中可以看到，这时的差异比率呈递减趋势。

表 5-4　各职位等级最大点数之间的绝对级差恒定

职位等级	职位点数等级		最大值的绝对级差	最大值的差异比率/%
	最小值	最大值		
1	137	175		
2	176	214	39	22
3	215	253	39	18
4	254	292	39	15
5	293	331	39	13
6	332	370	39	12
…				

除了上述这种确定不同职位等级最大点数之间的级差方式之外，还有其他一些方法。例如，可以将上述的恒定级差转变为变动级差，职位等级越高，相邻两个职位等级的最大点数之间的差异就越大（表 5-5）。

表 5-5　各职位等级最大点数之间的绝对级差逐渐增加

职位等级	职位点数等级		最大值的绝对级差	最大值的差异比率/%
	最小值	最大值		
1	140	165		
2	166	180	15	9
3	181	215	35	19
4	216	250	35	16
5	251	290	40	16
6	291	330	40	14
…				

或者先确定差异比率，再推算不同职位等级的最大点数之间的级差。在这种情况下，可以采取差异比率恒定的做法（表 5-6），也可以采取差异比率变动（递增）的做法（表 5-7）。

表 5-6　各职位等级最大点数之间的差异比率恒定

职位等级	职位点数等级		最大值的绝对级差	最大值的差异比率/%
	最小值	最大值		
1	126	145		
2	146	167	22	15
3	168	192	25	15
4	193	221	29	15
5	222	254	33	15
6	255	292	38	15
…				

表 5-7　各职位等级最大点数之间的差异比率上升

职位等级	职位点数等级		最大值的绝对级差	最大值的差异比率/%
	最小值	最大值		
1	126	145		
2	146	167	22	15
3	168	192	25	15
4	193	225	33	17
5	226	263	38	17
6	264	313	50	19
…				

假定以表 5-4 中的方式，对表 5-2 中的职位进行进一步的职位等级划分，将其划分为包括 11 个等级在内的职位等级结构，不同职位等级的最大点数之间的级差为 38，则确定下来的职位等级也就是表 5-8 所示的薪酬等级。

表 5-8　正式职位（薪酬）等级划分及其点数变动区间

职位点数等级	点数跨度	职位点数等级	点数跨度	职位点数等级	点数跨度
1	137～175	5	293～331	9	449～487
2	176～214	6	332～370	10	488～526
3	215～253	7	371～409	11	527 以上
4	254～292	8	410～448		

步骤四：将职位等级划分、职位评价点数与市场薪酬调查数据结合起来。

假定通过外部市场薪酬调查得到了相应职位的市场薪酬水平，就可以得到与被评价职位有关的两列数据：一列是点数值，另一列是薪酬水平数值（表 5-9）。

表 5-9　职位评价点数与市场薪酬水平

顺序	职位名称	点数	市场薪酬水平/元
1	出纳	140	1 530
2	离退休事务主办	210	1 800
3	无	—	—
4	行政事务主办	260	2 030
5	无	—	—
6	总经理秘书	345	2 300
	行政事务主管	355	2 430
	报销会计	355	2 560
7	招聘主管	405	2 920
8	会计主管	425	3 160
9	项目经理	470	3 600
10	无	—	—
11	总经办主任	545	4 900
	财务部经理	550	5 300
	市场部经理	565	5 700

第五章　职位薪酬体系

根据这两列数据,可以制成类似于图 5-3 所示的散点图。其中,纵轴表示职位的市场薪酬水平,横轴表示职位评价点数。

通过运用最小二乘法,对两列数据进行拟合,以得到一条能够体现不同职位等级的薪酬趋势的直线。设 X 为职位评价点数,Y 为来自薪酬调查的市场薪酬水平数据。只要从下列联立方程中解出 a 和 b 的值,便可以推导出回归直线方程 $Y = a + bX$:

$$\sum Y = na + b\sum X$$
$$\sum XY = a\sum X + b\sum X^2$$

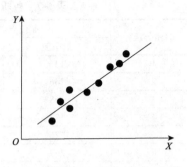

图 5-3　职位评价点数与市场薪酬水平组合成的散点图

由此可得

$$a = \frac{\sum X^2 \cdot \sum Y - \sum X \sum XY}{n\sum X^2 - (\sum X)^2}$$

$$b = \frac{n\sum XY - \sum X \sum Y}{n\sum X^2 - (\sum X)^2}$$

代入表 5-9 中的各个职位的点数值和薪酬水平数值,可得表 5-10 的相关数据,如:

$$a = \frac{\sum X^2 \cdot \sum Y - \sum X \sum XY}{n\sum X^2 - (\sum X)^2} = \frac{2\,098\,900 \times 40.53 - 4\,960 \times 17\,479.05}{13 \times 2\,098\,900 - 4\,960 \times 4\,960} = -0.606$$

表 5-10　薪酬政策线推导示例

职　　位	点数值 X	薪酬水平数值 Y/千元	X^2	XY
出纳	140	1.53	19 600	214.2
离退休事务主办	210	1.80	44 100	378.0
行政事务主办	260	2.03	67 600	527.8
工会财务主管	335	2.30	112 225	770.5
总经理秘书	345	2.30	119 025	793.5
行政事务主管	355	2.43	126 025	862.65
报销会计	355	2.56	126 025	908.8
招聘主管	405	2.92	164 025	1 182.6
会计主管	425	3.16	180 625	1 343.0
项目经理	470	3.60	220 900	1 692.0
总经办主任	545	4.90	297 025	2 670.5
财务部经理	550	5.30	302 500	2915.0
市场部经理	565	5.70	319 225	3 220.5
合计	4 960	40.53	2 098 900	17 479.05

$$b = \frac{n\sum XY - \sum X \sum Y}{n\sum X^2 - (\sum X)^2} = \frac{13 \times 17\,479.05 - 4\,960 \times 40.53}{13 \times 2\,098\,900 - 4\,960 \times 4\,960} = 0.009\,8$$

用上述方法推导出的直线：$Y = 0.009\,8X - 0.606$ 即为用最小二乘法拟合出的直线（这条线又称薪酬政策线）。通过此薪酬政策线，可以得到各薪酬区间的中值。其具体计算方法为：第一，在已经划定的每一个职位等级中，将所有职位根据得到的职位评价点数从高到低排列，确定该职位等级中的最高点数和最低点数之间的职位评价点数中值。例如，在某个划定的职位等级中一共包括 5 个职位，其中职位评价点数最低的职位得到的点数是 100 点，最高的点数是 200 点，则这个职位等级所对应的职位评价点数中值就是 150 点。第二，将这个职位评价点数中值即 X（如 150 点）代入上述回归方程，便可得到该职位等级所对应的薪酬区间中值即 Y。这个薪酬区间中值是薪酬区间设计的基准点，以薪酬区间中值为基准上下各延伸一定的比例，便形成一个薪酬区间。

在图 5-3 中，每一个黑点代表一个职位，黑点在纵轴上对应的是该职位的市场薪酬水平，在横轴上对应的是该职位在职位评价过程中得到的点数。图 5-3 中的直线就是利用这两组数据进行回归之后形成的薪酬政策线。其基本原理是：薪酬政策线是从散点图的分布趋势中总结出来的一条经过平滑处理的总体趋势线。

这条总体薪酬趋势线画出来以后，还需要确定每一职位等级中的代表职位所对应的薪酬水平，这个薪酬水平就是该薪酬区间所对应的薪酬中值。"代表职位"是指这样一个职位，它的职位评价点数正好位于本职位等级各点数的中间位置。因此，它可以作为本职位等级中的各种职位的一个代表。在实际的职位评价中可能并不存在一个点数正好位于中间位置的职位，但可以通过求出这个代表职位的点数，将这个点数代入回归方程，求出相应的薪酬水平即薪酬区间中值。如果用图形来表示，最终就表现为在薪酬政策线上分布的一个黑点，这个黑点在纵轴上对应的薪酬水平即薪酬区间中值。

现实中，并非所有的薪酬政策线都是以直线回归的方式完成的。如果职位评价点数和市场薪酬调查数据形成的散点图明显表现为非线性特征，可以考虑采用指数回归分析法等非线性回归方法。

根据上述计算方式，可以得出表 5-11 所示的与 11 个职位等级相对应的薪酬区间中值（这个薪酬区间中值是利用表中第 3 列各职位评价点数中值代入回归方程计算出来的）。

步骤五：考察薪酬区间中值与市场水平的比较比率，对问题职位的区间中值进行调整。

表 5-11 经过平滑处理后各职位等级对应的薪酬区间中值

等级	薪酬区间中值	对应职位等级中的职位评价点数中值
1	923	156
2	1 305	195
3	1 687	234
4	2 069	273
5	2 452	312
6	2 834	351
7	3 216	390
8	3 598	429
9	3 980	468
10	4 363	507
11	4 745	546

在通过上述步骤得出每一职位等级的薪酬中值之后，通常还需要对薪酬区间中值与外部市场薪酬数据的比率（比较比率）进行分析，以发现可能存在问题的特定职位等级的薪酬定位。这是因为，理想的薪酬结构应该体现两个方面的关系：一是所评价职位之间的关系，二是推导出的职位所对应的薪酬区间中值与外部市场薪酬之间的关系。一般来讲，比较比率减去100%之后，其差值在10%以内都是可以接受的，这表明该职位等级的薪酬内部一致性和外部竞争性是比较协调的。对于差值超过10%的职位，企业可以考虑予以适当调整。

如表5-12所示，与市场薪酬水平相比，总经理秘书、工会财务主管以及行政事务主管三个职位所对应的薪酬区间中值明显偏高。这主要是由于在组织内部的职位评价过程中，这三个职位的内部价值评价较高；而在外部市场上，这三个职位的价值却要相对低一些。对于这些根据外部市场标准报酬明显过高的职位，企业在是否调低其薪酬区间中值方面的自由度较大。如果薪酬成本在企业看来并不十分重要，那么可以不对上述三个职位的薪酬区间中值进行调整。但如果根据外部市场标准，出现了报酬明显过低的职位，如果只考虑内部一致性而不考虑外部竞争性，这些职位可能很难招募到合适的人员。企业可能就不得不调高该职位所对应的薪酬区间中值。

表5-12 经过平滑处理后各职位等级对应的薪酬区间中值与市场平均水平的比较

等级	所在区间点值跨度	职位	内部评价点值	市场平均薪酬水平/元	薪酬区间中值/元	比较比率/%（薪酬区间中值/市场平均薪酬水平）
1	137～175	出纳	140	1 530	923	60
2	176～214	离退休事务主办	210	1 800	1 305	73
3	215～253	无	—	—	1 687	—
4	254～292	行政事务主办	260	2 030	2 069	102
5	293～331	无	—	—	2 452	—
6	332～370	工会财务主管	335	2 300	2 834	123
		总经理秘书	345	2 300	2 829	123
		行政事务主管	355	2 430	2 843	117
		报销会计	355	2 560	2 842	111
7	371～409	招聘主管	405	2 920	3 216	110
8	410～448	会计主管	425	3 160	3 598	114
9	449～487	项目经理	470	3 600	3 980	111
10	488～526	无	—	—	4 363	—
11	527以上	总经办主任	545	4 900	4 745	97
		财务部经理	550	5 300	4 770	90
		市场部经理	565	5 700	4 731	83

步骤六：根据确定的各职位等级或薪酬等级的区间中值建立薪酬结构。

只要在考虑到各职位等级内部各种职位的价值差异及相应的外部市场薪酬水平的情况下，确定各个薪酬区间的变动比率，就可以建立起一个图 5-4 所示的薪酬结构。有时，为了管理方便，薪酬管理人员会在一个薪酬等级内部再划分几个小的层级，层级之间可以是相互重叠的，也可以是相互衔接的。此外，在整体薪酬框架中，同一企业可以采用多种薪酬结构，以反映企业的管理哲学和经营状况。例如，企业在设计销售人员和技术研发人员的薪酬结构时，可以采用两种不同的模式。

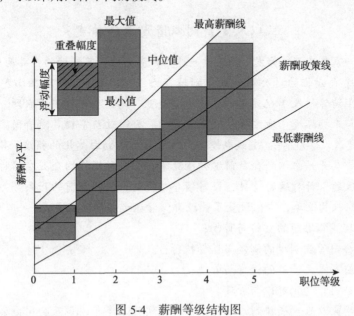

图 5-4　薪酬等级结构图

职位薪酬体系指的是根据职位本身的价值赋予承担这一职位的人与该职位的价值相当的薪酬的一种基本薪酬决定制度。职位薪酬体系主要是针对基础薪酬、以工作为基础的薪酬体系，最大的特点就是同工同酬，但这也导致员工晋升无望而消极怠工或者离职以及官僚主义滋生等问题。

然而，强大的实用性使得职位薪酬体系在现代企业薪酬决策中仍然具有不可替代的作用。只要企业合理分析职位薪酬体系的实施条件，利用这种制度的优点并克服其缺点，显然可以更好地发挥职位薪酬体系的作用。

职位薪酬体系的设计步骤主要包括组织结构分析、职位分析、职位描述、职位评价和最终职位薪酬等级的确定，合理的职位薪酬设计能够更好地体现各个职位在整体工作中的相对重要性，保证同工同酬的逻辑和公正关系。

1. 什么是职位薪酬体系？它有何优点和不足？

2. 如何更好地发挥职位薪酬体系的作用？
3. 职位薪酬体系设计的基本流程是什么？
4. 薪酬结构的建立过程是怎样的？请结合具体情况进行说明。

从以人定薪到以岗定薪的转变

A 公司是一家集生产、开发、销售于一体的民营企业，其经营的产品为电线电缆产品，这种产品是非常大众化的。公司从成立到现在已 10 多年了，到现在已发展为职工人数 300 人左右、年销售收入 1 亿元的一家中小型企业。前几年国家投资农网、城网改造。受国家宏观环境与市场环境（地方保护政策）影响，公司效益不错。随着国家农网、城网改造结束，尤其是进入 2002 年，电线电缆行业的竞争已达到白热化的程度，各电缆厂纷纷降价。公司领导层开始意识到在目前这种情况下，像这种规模的企业在这种生存环境下是非常容易被淘汰的。针对这种情况，公司领导层决定，围绕目前的产品努力，从管理上入手，进行了组织机构改革，专门设置了管理部。管理部的职能主要是：

（1）总经理战略思想的宣传与贯彻；
（2）负责公司管理制度的制定与监督执行；
（3）负责公司人力资源的开发与管理；
（4）负责公司信息化建设与管理。

小王大学毕业以后，应聘到该公司，在车间实习了半年，调至公司办公室，公司办公室的业务工作不多，该公司组织机构实行三部一室（销售部、生产部、供应部、办公室）管理，办公室主任职务为公司副总职务，办公室除了日常行政事务工作外，就是抓内部管理，小王的主要工作就是协助办公室主任抓内部管理，制定管理制度，起草管理性文件。由于小王对企业的实际情况还不是很熟悉，所以制定出的管理制度、起草的管理文件大部分实施不下去。

由于组织机构的调整，小王调至管理部，专门负责公司人力资源管理。小王深知，目前公司的人力资源管理工作基础非常薄弱，人力资源管理观念淡化。就像公司其他部门人员反映"人力资源工作非常简单，无非就是办办手续、交交保险、算算工资，不需要什么高学历的人员，有中专学历就可以了"。

为了改变目前这种局面，小王首先通过问卷做了一个员工满意度调查。经过调查，小王了解到，员工对公司的不满意来自工资待遇方面的比较大。存在以下几个方面的现实情况。

（1）以前公司从各大专院校招来的专业技术人员，由于工资待遇方面的原因都纷纷离开。
（2）公司培养出来的人员，由于工资方面的原因，被其他公司挖走了，公司成了培训基地。

（3）做同样的工作，由于人员学历不同，工资待遇也不一样，等等。

鉴于目前这种情况，小王向公司提出进行薪酬改革的建议，小王的提议得到了总经理的认可，总经理指出："目前我们公司的薪酬制度已不能满足公司发展的要求，最大的缺陷就是没有激励作用。"后来小王了解到，公司前两年曾进行过工资制度的改革，但是没有成功，最后没有实施。到现在小王深深地意识到工资改革不是一件简单的事情，涉及公司每个人的利益，如果搞不好，各种矛盾都会指向自己，小王感到压力巨大。

经过两周详细的调查，小王摸清了公司的薪酬制度现状：生产一线按产量计件；管理人员、技术人员、服务人员按职务与能力进行分配；销售人员按基本工资加销售提成进行分配。分配制度的依据是因人而异的。原有工资方案结构分为四部分：基础工资、补贴、技能工资、奖励工资。

（1）基础工资全公司都一样，按出勤天数核算。

（2）补贴分为学历补贴与企龄补贴，有学历的享受学历补贴，没有学历的不享受，企龄补贴按职工的入厂年限来确定。

（3）技能工资根据职工所担任的职务与个人所具有的能力水平来进行设定，技能工资表见表5-13。

表5-13 管理、技术、服务人员技能等级表

职务	学历	技术岗位等级	月薪/元
总经理			1 075
部长、总工、总经理助理			752.5
科长、车间主任	硕士		430.0
副科长			322.5
	本科		215.0
		技术一级	193.5
	专科	技术二级	150.5
科员一级		技术三级	129.0
科员二级		技术四级	107.5
科员三级		技术六级	86.0

（4）管理、技术、服务人员的奖励工资为奖励基数乘以各自的奖励系数。管理、技术、服务人员每个人有一个固定的奖励系数，奖励系数是根据每人的岗位而确定的。车间一线的奖励工资为计件定额。

小王根据调查与研究，决定对工资方案进行改革，第一对管理、技术、服务人员的薪酬制度进行改革，第二对生产一线的进行改革，第三对销售人员进行改革。

对管理、技术、服务人员，小王提出了薪酬设计的思路。

（1）由以人定薪转变为以岗定薪。过去的工资方案是以人为依据来进行分配的，根据人的学历、知识的不同来设置不同的工资，这样的工资方案既会给员工带来不公平的感觉，又不能起到激励的作用，现在将薪酬改革思路确定为：分配的依据是以岗位为基础，工资充分体现岗位的价值，等于把岗位拍卖给员工。

（2）同岗同酬、岗变薪变。过去的工资方案，由于是根据人来设定的，所以即使同岗，也不一定同酬，员工的岗位发生变动时，其薪酬不变。这样就造成干同样的活，却拿不同的工资，多劳的不一定多得，少劳的不一定少得，严重地降低了职工劳动的积极性。现在改革的思路为：在什么岗位享受什么岗位工资，同岗同酬、岗变薪变。充分体现多劳多得、不劳不得。

（3）定薪之前要进行定岗。由于以前的人力资源管理工作不到位，每一部门具体应该设置多少岗位，每一岗位究竟应该干什么，都没有相应的规定与说明。所以，要先从定岗开始，编制相应的岗位说明书，确定相应的岗位职责。

（4）实行竞争上岗，根据岗位的要求来定人，择优上岗。每个人根据自己的情况可以选取适合自己的岗位。公司根据岗位的要求来选取最佳的人选，进行双向选择。

根据薪酬改革的思路，小王设计出管理、生产、技术人员薪酬改革方案。

（1）工资结构分为基础工资与岗位工资两部分。

（2）基础工资全公司都一样，岗位工资根据不同的岗位设置不同的薪酬，在什么岗位就享受什么岗位工资，岗位工资设置的依据是岗位评价，岗位依据岗位重要性、岗位责任、岗位复杂程度、岗位劳动强度等因素来进行评价（表5-14）。岗位工资设置了15个等级（表5-15），不同的岗位对应不同的工资等级。总经理为最高等级，其次为部门经理等。

表5-14　岗位评价方案

评价因素	权重/%	评价维度	分数
岗位重要性	20	工作结果所产生的影响	20
岗位责任	20	所承担责任的层次	10
		岗位责任的范围	10
岗位复杂程度	30	工作复杂性	12
		对文化与专业知识要求	9
		对经验的要求	9
岗位劳动强度	30	岗位的工作量大小	30
合计	100		100

表5-15　岗位工资等级表　　　　　　　　　　　　　　　　　元

序号	岗位名称	岗位工资	序号	岗位名称	岗位工资
1	总经理	2 000	13	人力资源管理员	800
2	销售部经理	1 300	14	工艺设计	800
3	管理部经理	1 200	15	生产统计	700
4	技术部经理	1 200	16	信息管理员	600
5	财务部经理	1 100	17	检查岗1	600
6	办公室主任	1 100	18	会计	600
7	车间主任	1 100	19	订单管理员	600
8	质量部经理	1 100	20	采购主管	600
9	物资部经理	1 000	21	材料保管员	550
10	设备部经理	1 000	22	车间统计	550
11	车队主管	1 000	23	出纳	550
12	企管员	800	24	成品保管	550

（3）岗位工资的确定依据岗位评价，专门成立岗位评价小组，根据岗位评价方案来进行岗位评价。

新的工资方案设计出来以后还没有实施，就被新的矛盾扼杀在摇篮之中。

（1）岗位工资设计出来以后，现有的员工往工资体系里套，有些员工不值他那份岗位工资的钱，怎么办？

（2）岗位工资一旦确定下来，由于其是静态的，员工竞争上某一岗位，其岗位工资是固定的，其努力工作也不会多拿工资，所以不能激励员工去努力工作。

（3）虽然同岗同酬，但是现实的情况是，同一岗位有两个人，其工作效率与工作成绩是不一样的，这样的情况如何体现？

（4）如何来体现每一个人的工作绩效？绩效高的与绩效低的如何在岗位工资上体现？

为此，小王陷入深深的困惑之中……

资料来源：赵维岗. 从"以人定薪"到"以岗定薪"的转变[M]//何国玉. 人力资源管理案例集. 北京：中国人民大学出版社，2004: 129-144.

案例思考题：
1. 小王薪酬改革的思路是否有误？程序是否不对？
2. 小王薪酬改革遇到以上困难与矛盾，如何帮助小王摆脱困境？
3. 岗位评价是岗位工资设计的关键，小王的岗位评价方案有何缺陷？请提出修改意见。
4. 企业如何实施薪酬改革？

第六章 技能薪酬体系

本章学习目标

通过本章的学习,希望你能够:
- 了解技能薪酬体系的特点和适用范围
- 熟悉技能薪酬体系的优点和缺点
- 掌握技能薪酬体系的设计流程和实施技巧

引言

薪酬要与员工技能相匹配

技能薪酬体系是一种以人为基础的基本薪酬决定体系。以职位或工作为基础的薪酬体系根据职位或工作的性质及其对组织的价值决定某种职位或工作的薪酬水平。而在以人为基础的薪酬体系中,个人为组织作出贡献的能力在薪酬决策过程中起主导作用,它所关注的是员工对组织作出贡献的能力的提高。这样才能有利于鼓励优秀专业人才安心本职工作,同时有利于防止组织出现两个方面的损失:一是由于失去优秀技术专家所遭受的损失,二是由于接受了不良的管理者带来的损失。

第一节 技能薪酬体系概述

一、技能薪酬体系的概念

所谓技能薪酬体系或技能薪酬计划,就是指组织根据一个人所掌握的与工作有关的技能、能力以及知识的深度和广度支付基本薪酬的一种薪酬制度。这种薪酬制度通常适用于所从事的工作比较具体而且能够被清晰界定的操作人员、技术人员以及办公室工作人员。技能薪酬计划通常可划分为深度技能薪酬计划和广度技能薪酬计划。

技能薪酬计划并没有一个统一的定义。其既可被称为技能薪酬计划(pay for skills, skill-based pay),又可被称为知识薪酬计划(pay for knowledge, knowledge-based pay)、能力薪酬计划(competency-based pay),还可以被称为学习薪酬计划(pay for learning)。虽没有统一的定义,但这种基本薪酬决定体系有一个共同特征,即员工所获得的薪酬是与知识、一种或多种技能以及能力而不是职位联系在一起的,组织更多的是依据员工所拥有的工作相关技能而不是其承担的具体工作或职位的价值来支付薪酬的,且员工的薪酬上涨也取决于员工个人所掌握的技能水平的提高或已有技能的改善。

(一)技能薪酬体系的起源与发展

现代技能薪酬计划起源于20世纪60年代的宝洁公司,当时该公司在一些新的生产厂中实施了一种高参与工作系统,其主要内容包括自我管理团队、扁平化组织结构、大量的培训、广泛的信息分享及其他一些创新活动。技能薪酬计划则是为了配合这一系统而设计的,它鼓励员工学习自我管理团队中需要完成的各项工作,甚至鼓励员工去学习完成一个工厂中所有岗位上的工作。这些工厂中的人员非常精简但生产率却很高。

最初,技能薪酬计划在工厂和其他一些蓝领工作占主导地位的场合广泛运用。当时实施技能薪酬计划的一个主要目的是,借助它来拆散一些工作范围过于狭窄的职位以及打破一些过于严格的工作规则(如"只有电工才能换灯泡"之类的规定)。一些公司于20世纪70年代开始在一些新工厂中采纳包括技能薪酬计划在内的高参与工作系统。到了80年代和90年代初期,随着竞争加剧、绩效压力增强,很多公司在老的工厂中也开始推行这种管理模式,从而推动技能薪酬计划的进一步普及。

20世纪90年代,这种情况在办公室、呼叫中心、零售业以及管理人员和专业技术人员中得到更进一步的推广。近些年来,技能薪酬计划已经被广泛应用于电信、销售、银行、保险以及其他一些服务行业,成为一种重要的薪酬决定模式。有调查表明,1985年,只有大约8%的美国企业报告说自己至少在下属的某一个工厂中实行了技能薪酬计划,而到1990年前后,对《财富》500强制造企业以及《财富》500强服务企业进行的调查发现,51%的企业报告实行了某种形式的技能薪酬计划。20世纪90年代末,法国1/4的大企业都采用了某种形式的技能薪酬计划。

导致技能薪酬体系日益普遍的一个主要因素是组织变革以及组织对员工灵活性的更高要求。市场的日益全球化以及在工作场所出现的越来越多的技术变革,导致组织结构发生了重大变化。今天,组织的层级比过去更少,结构也更加灵活,工作团队、适时生产系统、基于项目的工作组织、矩阵式管理甚至虚拟型组织越来越普遍。这些变化一方面要求企业采用更为灵活的工作方式;另一方面也要求员工必须不断学习,增强自己的知识和技能,从而对客户的要求作出更为灵敏的反应。这种情况下,员工仅仅拥有当前的技能往往是不够的。组织需要根据不断变化的工作要求对他们的技能进行经常性的评估,并根据评估结果进行报酬体系的设计,以鼓励员工不断学习和改进技能。从员工的角度来说,组织层级的减少导致很多员工无法在传统的职业发展道路上继续走下去,如何为他们提供替代性的激励就成为企业必须关心的问题。

而技能薪酬体系在留住和鼓励那些受过良好教育和培训,拥有丰富知识、经验和多种技能的核心员工方面,往往能够发挥重要作用。技能薪酬计划之所以得到广泛运用,一个主要原因是国际企业界在竞争压力下不得不从根本上修正自己的管理哲学,即更多地强调员工的灵活性以及向员工授权的战略,而技能薪酬则是这种管理哲学的一个必然要求。

调查发现,技能薪酬计划在以下几类行业中有较高的使用率:一是运用连续流程生产技术的行业，如食品加工业、林产品行业以及冶金和化学行业；二是运用大规模生产技术的行业，如电子行业、汽车及其零部件制造行业以及计算机生产行业等；三是服务行业；四是运用单位生产或小批量生产技术的行业，如加工行业等。技能薪酬体系的覆盖范围也扩展到白领和专业技术工人领域。实践证明，它能够在任何类型和任何规模的组织中存在。

（二）技能薪酬计划的有效性研究

很多调查研究表明，技能薪酬计划确实可以提高企业绩效水平。一项对《财富》1 000强企业所进行的调查发现，在实行技能薪酬体系的企业中，60%的企业认为该体系在提高组织业绩方面是成功或非常成功的，只有6%的企业认为是不成功或非常不成功的。还有研究表明，技能薪酬计划使工厂生产率上升了58%。

有两位作者曾在1992年对97项技能薪酬计划进行研究，2005年，他们和另外两位新加入的研究者对这些计划的延续情况进行了研究。结果发现，61%的组织仍然在继续实施这种计划。在这些样本组织中，技能薪酬计划的平均存续时间达到12年，而且在继续使用中。研究还发现，在以下条件下，技能薪酬计划持续的可能性更大：更强调技能宽度，运用更多技能单位或技能板块，员工参与技能薪酬计划的设计与管理，管理者的支持以及在生产制造企业中加以实施。

另外一位研究者对9家规模较大的制造业工厂实施技能薪酬计划的情况进行了问卷调查和深入访谈，研究发现，绝大多数实施这种计划的工厂都有良好绩效并能够取得经营成长。其中一家工厂在实施该计划的前5年中运营效率提高了50%，将管理人员减少了50%、产量提高了35%。另外一家工厂将人数减少了35%，但产量却大幅度上升。此项研究还指出，技能薪酬计划在以下条件下是最有可能在长期中取得成功的：计划本身要根据组织的特定经营条件、技术以及工作系统进行客户化定制，并在情况变化时随时进行调整和更新；组织的招募系统可以招募到能够学习新技能的员工；对员工进行充分的新技能培训；通过提供工作轮换的机会为员工提供在工作现场接受正式培训的机会；通过认证系统和重新认证系统来确保员工的技能得以保持；此外，领导者的支持以及员工深度参与也是非常重要的两个条件。

二、实施技能薪酬体系的前提

技能薪酬体系能否在一个组织中得到应用，最终取决于管理层对员工的看法。这种看法会影响组织和员工之间心理契约的性质乃至薪酬将采取何种形式。

图6-1描述了一个组织的形式以及管理层对企业与员工之间关系的看法的各种组合方式。横向维度所体现的是管理层对员工的态度，有敌对的态度，也有合作的态度。在敌对的管理哲学下，管理层把员工看成组织利益的竞争者，想方设法控制员工在组织中所能够发挥的作用，尽量使其最小化。而员工也会采取一系列的报复行为。例如，摆出敌对姿态，一旦组织不对其工作行为立即支付酬劳，员工就会拒绝继续为组织做贡献。另一种状况是管理层对员工持合作态度，即组织通过积极地与员工合作来达到组织目标。从纵向维度上来看，组织可以划分为有机组织和官僚组织两种形式，后者是指具有严格职位描述的高度结

构化的官僚主义组织,而前者是指结构松散的一个有机系统,在这个系统中,组织成员的责任是变化的,有时甚至是重叠的。

图 6-1 中所描述的仅仅是一种抽象关系,它并不意味着组织和员工只会采取这些态度。

图 6-1 的四个象限中的组织,都可以采用职位薪酬体系。但如果它们想要采用技能薪酬体系,则需要具备特定的心理环境和职位结构。最适合实施技能薪酬体系的组织是那些管理层和员工都愿意进行合作,并且职位结构也允许员工不受传统的工作描述束缚而自由发展的组织(图 6-1 中位于第一象限中的组织)。

		雇佣关系	
		敌对的	合作的
组织形式	有机的	2	1
	官僚的	3	4

图 6-1 技能薪酬计划适用的组织与管理类型

组织应该赋予员工独立决策,与同事一起寻找并纠正质量和其他生产问题,在所要从事的工作、薪酬以及工作满意度方面作出选择的权利。技能薪酬体系的实施需要管理层和员工对二者之间的关系持有一种长期态度,这样才能保证对技能的长期强调。而这恰恰是技能薪酬体系运转的一个前提条件。在技能薪酬体系设计和实施的过程中,组织和员工双方需要共同承担相应的责任和风险。

三、技能薪酬体系的优点和缺点

(一)技能薪酬体系的优点

技能薪酬体系的优点主要表现在以下几个方面。

第一,技能薪酬体系向员工传递的是关注自身发展和不断提高技能的信息,它激励员工不断获取新的知识和技能,促使员工在完成同一层次以及垂直层次的工作任务方面具有更大的灵活性和多功能性。技能薪酬体系不仅有利于组织适应市场上快速的技术变革,而且有利于培养员工的持续就业能力,增强其劳动力市场价值。

技能薪酬实际上是以员工按组织要求所掌握的工作技能,而不是某一特定职位所要求的技能来提供报酬。它的这种特征对于医疗保健机构这类专业技术组织尤其有用,这种组织的员工只有持续不断地学习新的病例、新的医疗程序,了解新的药品以及新的治疗方法,才能确保整个组织的医疗水平和市场竞争力。

第二,技能薪酬体系有助于达到较高技能水平的员工实现对组织更为全面的理解。员工掌握的技能越多,他们就越能成为一种弹性资源——不仅能够扮演多种角色,而且能够实现对整个工作流程的全方位理解。一旦员工能够更好地理解整个工作流程,以及自己对组织所做贡献的重要性,就会更好地提供客户服务,更努力地去帮助组织实现其战略目标。

第三,技能薪酬体系在一定程度上有利于鼓励优秀专业人才安于本职工作,而不是去谋求报酬虽然很高但并不擅长的管理职位。技能薪酬体系有利于防止组织出现两个方面的损失:一是因为失去优秀技术专家所遭受的损失,二是由于接受了不良的管理者而遭受的损失。

第四，技能薪酬体系在员工配置方面为组织提供了更大的灵活性。员工的技能区域扩大使他们能够在自己的同伴生病、流动或因其他原因缺勤的情况下替代同伴工作，而不是被动等待。同时，技能薪酬为员工所获得的新的知识和技能支付报酬，因此，技能薪酬体系对于新技术的引进非常有利。此外，在实行工作分享和自我指导工作小组的组织中，员工的这种灵活性和理解力是至关重要的。

第五，技能薪酬体系有助于高度参与型管理风格的形成。薪酬是与员工对组织的价值而不是所完成的任务联系在一起的。员工的关注点是个人以及团队技能的提高，而不是具体的职位，且技能薪酬体系的设计本身需要员工的高度参与。这种薪酬体系有助于强化高度参与型的组织设计，提高员工的工作满意度和组织承诺度，在提高生产率、降低成本、改善质量的同时，降低员工的缺勤率以及离职率。

（二）技能薪酬体系的缺点

技能薪酬体系也存在一些潜在的缺点，主要表现在以下几个方面。

第一，企业往往要在培训以及工作重组方面进行投资，员工技能会普遍提高，很可能导致薪酬在短期内上涨。有些研究指出，在资本密集型的制造业中通常要比劳动密集型的制造业中更有可能成功地实施技能薪酬计划，人工成本的上涨在这一类企业中不会给企业的总成本带来较大的不利影响。如果员工生产率的提高不能抵销因此额外增加的劳动力成本，则企业的薪酬成本可能会出现超额增长。

第二，技能薪酬体系要求企业在培训方面给予更多投资。如果企业不能通过管理将这种人力资本投资转化为实际生产力，就可能无法获得必要的利润。技能毕竟是一种潜在的生产力，如果不能通过有效的管理使这种潜在的生产力变成实际的生产率和绩效，那么，企业根据技能支付薪酬也同样无法实现自己的目标。

第三，技能薪酬体系的设计和管理要比职位薪酬体系更为复杂，它要求企业有一个更为复杂的管理结构，至少需要对每一位员工在技能的不同层级上所取得的进步加以评估和记录。对员工的技能进行评估往往需要耗费大量的时间和精力，因为不同类型的职位所要求的技能的内容及其层次有很大差别。因此，必须针对不同类型的职位和人员分别制定技能等级评价标准。对于技能水平明显较高和较低的人员的技能等级评定比较容易完成，但对于处于中间状态的员工的技能水平，在评定时可能会出现一些争议。

技能薪酬体系所带来的上述所有问题都取决于组织设计这种薪酬方案的目的，是仅仅提升组织的灵活性，还是确实要通过对员工学习新技能的行为提供报酬，为某种重大的工作设计变革提供便利和支持。如果目的在于后者，则上述几个方面的问题会得到很大缓解。

虽然技能薪酬计划能够有效地对今天这种角色多元化和技能推动型工作进行排序与提供报酬，最终帮助组织改变员工的行为和绩效，但它本身并不是在现有薪酬战略基础上的一种激进飞跃。员工在开始时可能看不到自己的薪酬出现任何变化，薪酬体系的运作方式与传统薪酬体系几乎是一样的。技能薪酬计划也不要求组织必须创建新的管理过程，技能薪酬的许多要素在传统薪酬体系中就已经存在了。它仍然需要利用对职位或工作的衡量来评价技能，为技能阶梯上的每一个台阶定价以及确定薪酬的范围。

第二节 组织中的技能与工作设计

一、技能薪酬体系中的技能类型

技能通常可以划分为深度技能和广度技能两种类型。

(一) 深度技能

深度技能即通过在一个范围较为明确的具有一定专业性的技术或专业领域中不断积累而形成的专业知识、技能和经验。这种情况下,员工要想达到良好的工作绩效,一开始可能需要胜任一些相对简单的工作,如清洁以及将准备使用的零部件摆放在生产线上等,此后逐渐从事一些需要运用较为复杂技能的活动,如需要运用经过严格训练的体力操作以及需要运用推理、数学及语言等方面脑力活动的工作。这种深度技能的培养往往是沿着某一专业化的职业发展通道不断上行的一个过程。

典型的大学教师的技能和职业发展就是一种深度技能的积累过程。由于专业化的要求,大学教师的教学和研究领域通常较窄,他们往往在某一个领域(如人力资源管理、财务管理、刑法、民法、产业政策等)中不断积累和提高自己的水平。

某公司的深度技能等级划分及其定义如图 6-2 所示。

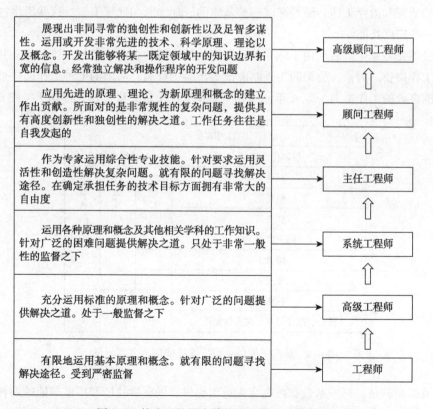

图 6-2 某公司的深度技能等级划分及其定义

按照强调深度技能的思路来设计的技能薪酬体系的一个例子如图 6-3 所示。

技能水平	技能种类			
	原料处理	配制	灌装	包装
高级	A3	B3	C3	D3
中级	A2	B2	C2	D2
初级	A1	B1	C1	D1

图 6-3　某生产企业深度技能薪酬方案示例

（二）广度技能

与深度技能不同，广度技能往往要求员工在从事工作时，运用其上游、下游或同级职位上所要求的多种一般性技能。它往往要求任职者不仅胜任在自己的职位族范围内需要完成的各种任务，而且完成本职位族之外的其他职位需要完成的一般性工作任务。例如，大型医院中，医生往往有非常严格的专业分工，如儿科、妇科、内科、外科甚至脑外科等，他们所走的往往是深度技能的职业发展轨迹。但在一些基层医疗单位或社区医疗机构，医疗服务人员却需要具备非常广泛的各类医疗知识，他们主要不是从事专业化水平很高、难度很大的研究和治疗工作，而是完成一些基本的医疗诊断和处理工作。这些医生往往更需要具备一些广度技能。

某公司是一家生产装配用于汽车传动装置的传动链的企业。最初，该公司一共有七种不同的工作岗位。后来，公司的工资制度改为技能工资制，原来的七种工作岗位被划分为三个范围更大的工作类别，即 A 单元操作工、B 单元操作工和 C 单元操作工（图 6-4）。

工作制度			
以职位为基础	以技能为基础		
	技能 C	技能 B	技能 A
码链工			
包装工			
清洗工			
超声监测工			
测量工			
装配工			
打铆工			
领导、监督以及工时安排责任			

图 6-4　某汽车配件企业广度技能薪酬方案示例

需要指出的是，同一家企业可能会为员工提供发展深度技能和广度技能的两种不同选择。图 6-3 的公司既可以鼓励员工在原料处理、配制等某一道工序上发展自己的技能水平，也可以鼓励员工在某一个技能等级上深化自己对多道工序的理解，即提升自己在多道工序上的技能，熟悉整条生产线（图6-5）。

		技能种类			
		原料处理	配制	灌装	包装
技能水平	高级	A3	B3	C3	D3
	中级	A2	B2	C2	D2
	初级	A1	B1	C1	D1

图6-5　某生产企业技能分类示例

二、技能薪酬体系与组织中的工作设计

技能薪酬体系带来的绝不仅仅是薪酬决定机制的变化。许多企业的技能薪酬体系设计的过程也同时是组织中的工作再设计过程。

图6-6所示为与传统的职位薪酬体系配套的工作设计方式。这种工作设计方式所强调的是每一个人做好自己分内的工作，不要去过问别人的事情。在这种情况下，人是严格与职位或工作相对应的。

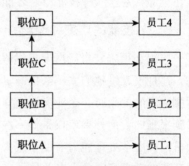

图6-6　与传统的职位薪酬体系配套的工作设计方式

而在实行技能薪酬体系的组织中，企业所强调的已经不再是每一个人完成自己的职位描述所严格界定的工作内容；它更强调员工完成多种不同工作的能力，要求员工具备完成多种不同的工作任务而不是某种单一、固定的工作任务的能力。这种新的工作设计方式（图6-7）打破了传统本位主义思考问题的方式，鼓励员工从工作流程

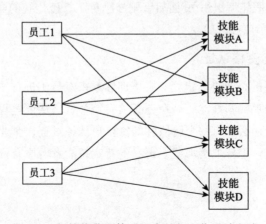

图6-7　与技能薪酬体系配套的新工作设计方式

的角度去看待自己所从事的工作，以及自己所从事的工作与同事所从事的工作之间的关系，同时鼓励员工不断地学习新的技能。这种新的工作设计方式与工作丰富化和工作扩大化的思路是一脉相承的。

三、技能与薪酬结合时的几个关键问题

在进行技能薪酬体系设计时，组织必须明确以下几个方面的问题。

（一）技能范围

准备实行技能薪酬体系的组织必须清楚自己准备为之支付报酬的到底是哪些技能，并要将这种信息传达给每位员工。因为员工有可能会出现忽视本职工作、好高骛远的情况。组织不能无限制地对员工所获得的所有技能给予报酬，而只是对扮演某些特定的角色或者从事某些特定的工作所需要的技能提供报酬。企业还必须确保这些技能的总价值与市场薪酬水平之间存在紧密联系。如果某一职位需要承担者具备六种技能，那么组织必须确保员工在全部具备这六种技能以后才能获得市场薪酬水平。

（二）技能的广度和深度

组织必须确定自己所要提供报酬的那些技能的开发范围。企业到底是鼓励员工成为通才，还是仅鼓励他们去不断提高具有很高价值的那些特定技能？在处理技能广度、深度与薪酬之间的关系时，企业需要遵守的一条原则是：员工向上一级或同级技能的扩展是应当得到报酬的，但如果仅仅是低一级技能的强化，则不应当给予报酬。例如，教会专业技术人员掌握文字处理能力有助于减少秘书的工作，但这些技术人员不应当为此而获得报酬；但若秘书学会了完成由专业技术人员完成的某些任务，则应当得到报酬。

（三）单一职位族/跨职位族

企业必须清楚地界定技能薪酬计划到底是严格限定在某一单一职位族之内，还是设计成一个鼓励真正的跨职能培训的计划。前者鼓励员工沿着某一特定的职业通道跨越多级台阶来获得报酬（更适合职能型组织）；而后者则鼓励员工打破传统的职能通道，形成新的职业发展通道（更适合时间型组织）。

（四）培训体系与资格认证

实行技能薪酬体系的企业必须建立一套培训体系来对员工进行技能培训，并帮助他们开发组织所要求具备的那些新技能。企业还必须有一个资格认证过程，以确保员工掌握了这些技能。除此之外，还必须有一个阶段性的资格再认证过程，企业必须确保员工将这些技能保持在某种水平上。怎样取消那些不再具备特定技能者的原有资格的过程有时也是非常重要的。

（五）学习的自主性

企业还必须决定是由员工自己来决定下一步应当学习的技能类型，还是由企业、工作

流程的流动方向或者客户的需求来决定员工应当学习的技能类型。一个需要强调的问题是，员工应当按照自己的速度来学习这些技能，还是应当按照组织确定下来的速度来学习这些技能。

（六）管理方面

技能薪酬的管理重点不再是限制任务安排，确保工作任务的安排与职位等级保持一致，而是要把重点放在如何最大限度地利用员工已有的技能方面。一旦员工工作多年之后发现自己已经达到了最高技能等级，无级可升，那么其继续学习新技能的动机就很可能会被削弱。这时，企业可能需要考虑利用利润分享等其他一些刺激手段。

第三节　技能薪酬体系的设计流程

从本质上来讲，技能薪酬体系的设计目的就是把职位薪酬体系所强调的工作任务转化为能够被认证、培训以及对之付酬的各种技能；或者说，技能薪酬体系的设计流程的重点在于，开发出一种能够使技能和基本薪酬联系在一起的薪酬计划。技能薪酬体系的设计流程如图 6-8 所示。

图 6-8　技能薪酬体系的设计流程

一、成立技能薪酬计划设计小组

传统做法上，薪酬制度是由企业高层管理人员单方面制定的。直到今天，一些基本的薪酬决策仍然是管理层的一种既定权力，但技能薪酬体系的设计不能没有这种薪酬体系的影响对象的参与。技能薪酬计划的制订通常需要建立起两个层次的委员会：一个是指导委员会，另一个是设计小组。还有必要挑选出一部分员工作为主题专家（subject-matter experts），他们的作用是在设计小组遇到各种技术问题时提供协助。

一种典型的技能薪酬计划通常只是在一个组织的一个或多个单位中实行，而不是在整个组织中实行。为了确保技能薪酬计划与组织整体薪酬哲学之间的一致性，需要建立起一个由企业高层管理人员组成的委员会。这个委员会的主要作用包括：第一，确保技能薪酬计划的设计与组织总体的薪酬管理哲学以及长期经营战略保持一致；第二，确定技能薪酬计划设计小组的章程并批准计划；第三，对设计小组的工作进行监督；第四，对设计小组的工作提供指导；第五，审查和批准最终的技能薪酬计划设计方案；第六，批准和支持技能薪酬计划的沟通计划。

一个典型的技能薪酬计划设计小组应当包括那些将要执行这种薪酬计划的部门员工。小组成员应当能够反映出总体劳动力队伍中的性别比例以及其他一些人口特征。设计小组还应当包括来自人力资源管理部门、财务部门、信息管理部门的代表。存在工会的情况下，设计小组还应当就可能会影响雇佣合同条件的所有问题向作为员工法定代表的工会进行咨询。

虽然设计小组中的一些成员也可能充当主题专家，在技能薪酬计划的设计过程中提供信息和资源。但设计小组仍然有必要到小组之外寻找能够对方案设计过程中涉及的各种技术问题提供咨询的专家。这些专家可以包括员工、员工的上级、人力资源管理部门的代表、组织开发和薪酬方面的专家以及其他一些具备工作流程知识的人。设计小组的规模取决于准备采用技能薪酬计划的每一类职位或工作的数量。通常情况下，某种职位或工作中的员工数量越多，则这种类型的员工在设计小组中的人员数量也就越多。同时，设计工作小组至少应当由来自不同层次和部门的 5 个人组成才能开展工作。

二、进行工作任务分析

技能薪酬体系将重心从员工所需完成的工作任务转移到了员工的技能水平上，但如果没有对所要完成的工作准确理解，技能薪酬计划就无法操作。如果没有对员工所要完成的工作任务的准确描述和深入分析，技能的区分以及技能水平的划分都是不可能的。这样，技能薪酬的基础也就不存在了。技能薪酬体系准备支付报酬的对象应当是那些对于有效地完成任务来说至关重要的技能。因此，设计一套技能薪酬计划的第一个步骤就是要系统地描述所涉及的各种工作任务。为了描述各种工作任务，有时还需将工作任务分解为更小的分析单位，即工作要素。一种活动到底是任务要素、任务还是工作，取决于在一个工作单位中的劳动分工程度。表 6-1 以举例的形式对这三个概念进行了剖析。

表 6-1　任务要素、任务与工作之间的区别和联系

工 作 名 称	快餐店厨师	三明治制作工	熟食切割工
工作（job）	根据客户要求准备和烹饪在很短时间内就能够交付食用的食品	准备三明治	手工或机器将熟食或奶酪切片
任务（task）	准备三明治	手工或机器将熟食或奶酪切片	
任务要素（element）	手工或机器将熟食或奶酪切片		

为了清楚地了解一个组织中所要完成的所有工作任务，有必要依据一定的格式和规范将这些工作任务描述出来。根据这些标准化的任务描述，就能理解为了达到一定的绩效水平所需要的技能层次。描述工作任务时，分析者所面临的一个关键决策是，在任务描述中到底应当使信息详细到什么程度。作为一个一般性的规则，在一份任务描述中所列举的细节的数量取决于编写任务描述的目的。详细的工作任务信息对于培训活动来说是最适合的。但为了开始进行一项技能分析活动，工作任务描述可以相对简单一些，只要强调所要完成的工作以及完成这些工作所需要的必要行为就可以了。

通常情况下，工作任务描述应当包括的内容见表 4-1。

三、评价工作任务，创建新的工作任务清单

这一步实际上要求设计小组在对工作任务进行分析的基础上，评价各项工作任务的难度和重要程度，重新编排任务信息，对工作任务进行组合，为技能模块的界定和定价打下基础。

当技能薪酬计划设计小组通过外部出版物或自己进行的工作分析获得相关职位或工作的工作任务描述以后，还要根据需要重新对工作任务信息进行编排。

表 6-2 和表 6-3 给出了两个对工作任务清单进行评价的例子。

表 6-2　工作任务的重要性评价：一家转子制造公司的例子

公司制造过程中的技术和行为方面的一系列任务如下。请您就其对成功达到工作目标的重要性进行排序。排序之前，务必熟悉每个重要性等级的水平要求。在排序的时候，要注意如果该项工作任务不能有效完成会给组织带来的经济损失，以及对其他工作环节带来的不良影响

该项工作任务或行为在制造流程中的重要性如何？
0=不执行该任务
1=有点重要——失败会导致轻微的或可忽略的后果
2=一般重要
3=比较重要
4=很重要
5=非常重要
6=极其重要——失败会导致严重的后果

任务/行为描述	重要性评价
1.帮助制定工作小组规范和标准。 2.在既定机器设备上完成生产流水作业。 3.进行日常的清洁管理工作（如扫地、擦洗以及管理清洁工具）。 4.对团队的工作进展状况进行跟踪记录。 5.检查机器设备的液压水平以及是否准备就绪。 6.按照国家职业安全与卫生标准和公司的要求操作起重机	
在对上述工作任务的重要性进行排序后，请再次核查您的排序结果，看看是否存在您所从事的工作任务没有被列举出来。如果有，请在下面的空白处列举出这些任务并对其进行排序	

这两个例子运用了两个评价尺度（任务的重要性和任务难度）来对工作任务进行评价。任务的重要性评价回答了建立任务清单时需要考虑的两个关键性问题：第一，工作任务是不是在工作现场完成的？第二，该项工作任务对于完成工作或实现某一工作单位的目标重不重要？工作任务的难度评价用来确定完成或者学会完成某项工作任务的困难程度。制订技能薪酬计划时，它通常被用于确定技能水平。

对工作任务进行评价时需要用到主题专家。例如，在开始运用任务重要性这一尺度对组合起来的任务清单进行评价时，应当由一位受过训练的工作分析人员去与主题专家进行

表 6-3　工作任务的难度评价：一家转子制造公司的例子

公司制造过程中的技术和行为方面的一系列任务如下。请您就其完成操作的困难程度进行排序。排序之前，务必熟悉每个难度等级的水平要求。在排序的时候，要注意该项任务所要求的知识水平，以及在出现正常和不正常的问题时，对从事者判断能力的要求

学会以及完成该项任务的难度如何？
0＝不执行该项任务
1＝简单任务——普通人在简单的指导下即可完成
2＝一般难度
3＝有一定难度
4＝很困难
5＝非常困难
6＝极其困难——需要具备关于流程的高级知识以及在常规和非常规的情况下进行判断与决策的能力

任务/行为描述	难度评价

面对面的交谈。工作分析人员应当原原本本地向主题专家说明工作任务评价的程序，促使他们思考还有哪些工作任务需要增加到上述工作任务清单中去。如果遇到的新工作任务特别多，那么让主题专家将工作任务加以扩充或者对任务再次进行评价就很有必要。评价结束以后，还需要对工作任务进行重新组合，以便将组合好的工作任务模块分配到不同的技能等级中去，再设法对它们进行定价。

对工作任务进行组合的方法有两种：统计方法和观察方法。统计方法是指通过要素分析的方法，运用重要性或者难度两者之中的至少一个评价要素来对工作任务进行分组。要素分析要求有大量的主题专家参与，为了揭示分析的结果，还要对统计学有较深的理解。尽管如此，仍然无法保证这种方法在任何情况下都能够得出工作任务的分组。而观察方法则是指由受过训练的工作分析专家和主题专家一起来将工作任务分配到不同的组别之中。在对工作任务进行类别区分的时候通常需要遵循下列几个步骤。

（1）将每项工作任务陈述分别写在一张纸片或卡片上（索引卡最好）。

（2）根据一种规则将具有某些共通性的工作任务陈述归到一起。主题专家应当重点考虑与工作有关的描述性字句。这种描述性字句的例子包括：技术的和人际的，管理的和非管理的，预防和维修，机械的和非机械的，体力工作和脑力工作等。这项工作必须由主题专家完成，且至少要有两名主题专家参与。

（3）每一名主题专家分别对完成归类的工作任务陈述进行比较，从而确定他们对这种分类是赞同还是不赞同。

（4）将主题专家召集到一起讨论这些任务组合，阐述将这些工作任务划分到或不划分到某些任务类别中去的理由是否充分。

（5）根据讨论结果，将工作任务在不同的任务类别之间进行转换或者新建任务类别来重新界定工作任务类别。这一过程应当持续到大家的意见一致为止。

（6）根据每一工作任务类别所代表的任务类型给每一个任务类别起一个名字。这些工

作任务类别所代表的就是不同等级的技能。

四、技能等级的确定与定价

（一）与工作任务和技能有关的几个基本概念

界定技能等级之前，有必要明确此过程中经常用到的几个基本概念，即工作任务（task）、知识（knowledge）、能力（ability）、技能（skill）以及胜任能力（competency）。

工作任务是指用来说明一位员工需要做什么、为什么要做、如何做以及在哪里做的书面任务描述。知识是指人的能力和技能发挥作用的必要的信息性基础，包括抽象知识、经验性知识以及程序性知识。知识只有与脑力和体力相结合才能够产生业绩，仅仅占有知识不足以保证绩效达成。能力是指一位员工完成工作的实际能力。技能是能力概念的一种延伸，它包括一种绩效标准。技术工人是指能够很容易、很准确、很熟练地完成工作的人。胜任能力则是技能概念的一种变形，它与技能之间的差异主要存在于应用的职业范围不同。技能往往是指操作的熟练性（如蓝领工作以及事务性工作），而胜任能力则通常应用于管理人员、专业人员、技术人员以及其他白领工作。

知识、能力、技能、胜任能力，实际上是逐渐将重心从工作任务本身向个人所具备的完成工作的能力的一种转移。关于能力的陈述实际上是以能力的形式对工作任务描述重新进行表述。例如，原来的表述方式可能是：需要完成的工作任务包括机械、设备故障的检修；而新的表述方式变成了：需要具备检修机械、设备故障的能力。从管理的角度来说，上述这两种陈述之间的差异是根本性的。前者使管理层将判断的基准放在工作对组织的价值上，而后者则放在与员工所掌握的工作任务相关的能力上。工作任务越困难，对员工的能力要求就越高。

（二）技能等级模块的界定

所谓技能等级模块（skill block），就是指员工为了按照既定标准完成工作任务而必须能够执行的一个工作任务单位或者一种工作职能。可以根据技能模块中所包括的工作任务的内容来对技能模块进行等级评定。

表6-4就是从运用职能界定观察法得到的工作任务清单中延伸出来的一系列技能模块。这个例子中，所有的工作任务都根据难度水平被划分为三个技能等级。技能等级一中所包括的工作任务要求完成这些任务的员工具备一定的技术知识，但从本质上讲，这些工作任务基本上属于日常事务性的工作。这个技能等级所代表的只是学徒水平。技能等级二中所包括的工作任务要求完成这些任务的员工必须具备中等水平的专业知识、判断能力和应变能力。这一层次上，员工是在一定的监督下按照组织既定的规范和标准来开展工作的。这一技能等级可以视为熟练工人水平。技能等级三中所包括的工作任务需要完成这些任务的员工具备高水平的专业知识、判断能力和应变能力。这一层次上，员工要对自己的工作独立负责，并且只是接受相对宽泛的指导和监督。评价这一技能水平上的员工的工作绩效时，工作结果的质量是评价的一个主要标准。这一技能等级可以视为专家级。

表 6-4 与工作任务相对应的技能模块

技能等级	编号	工作任务	分值
三级技能：技术专家		从事该任务的员工需要具备高水平的专业知识、判断能力和应变能力。	
	24	对零部件进行再加工	4.71
	33	检修机器设备故障	4.43
	30	解决质量问题	3.86
	39	编写设备专用的程序系统	3.86
	44	执行高级的计算机功能	3.86
	10	装配转子	3.86
	18	装配和拆卸专门的零部件	3.57
	34	确定生产优先顺序	3.57
	27	确认质量问题	3.29
二级技能：熟练工人		从事该任务的员工需要具备中等水平的专业知识、判断能力和应变能力。	
	6	在已有的设备上进行生产流水操作	3.14
	8	检验零部件的规格一致性	3.14
	21	维护机器设备（以及机器设备专用的冷却剂和油料类型）	3.00
	42	运用企业要求的系统订购测量仪器、原材料以及刀具	3.00
	43	安排生产日程并编制派工表	3.00
	15	检查液压位和设备是否准备就绪	2.86
	28	使用精确的衡量仪器和手工工具	2.71
	37	运用升降机和其他必要的运输车辆转移原材料与机器并通知适当人员	2.71
	19	按照职业安全与卫生法规以及公司的标准操作起重机	2.71
	25	遵守 ISO 质量标准、公司质量管理标准以及部门质量保证标准的规定	2.71
一级技能：学徒		从事该任务的员工需要具备一定的技术知识，但从本质上来说，基本属于日常事务类的工作任务。	
	2	确认刀具和量器的可用性	2.29
	9	读取游动卡尺	2.14
	31	阅读派工表	2.14
	36	输入维护工作单	2.14
	12	记录所要求的数据	2.14
	3	检查材料是否准备好	2.00
	4	清洗并准备好在装配线上需要使用的零部件	1.43

（三）技能模块的定价

对技能模块的定价实际上是确定每一个技能单位的货币价值。这一操作步骤的重要性得到了广泛认可，但至今还不存在一种能够将技能模块和薪酬联系在一起的标准方式。尽管如此，对技能模块定价的时候，任何组织都需要作出两个基本决定：一是确定技能模块的相对价值，二是确立对技能模块定价的机制。

通常情况下，可以按照下列几个维度来确定技能模块之间的相对价值：第一，失误的后果。技能发挥失误所导致的财务、人力资源以及组织后果。第二，工作相关度。技能对完成组织认为非常重要的那些工作任务的贡献程度。第三，基本的能力水平。学习一项技能所需要的基本的数学、语言以及推理方面的知识。第四，工作或操作的水平。工作中所包括的各种技能的深度和广度，包括平行工作任务和垂直工作任务。第五，监督责任。该技能等级涉及的领导能力、小组问题解决能力、培训能力以及协作能力等的范围大小。

表 6-5 是一家制造企业在它的薪酬计划中所采用的技能模块定价。假设通过外部市场薪酬调查，企业得知，员工的起薪为 20 元/小时，员工的薪酬沿着表 6-5 所示的路径逐步

上升。当一位工人沿着机械技师这一职业发展通道前进的时候，他就必须掌握一定的知识和技能。这位工人如果能够在机械和团队合作方面学习到新的技能，那么他会得到薪酬。但如果他掌握了通用技能，企业不会额外给他增加报酬，因为企业要求所有工人都必须掌握这些技能。

表 6-5　技能模块定价

技能等级	机 械 技 能	团队合作技能	通 用 技 能
三级技能	29.50 元（增加 3.00 元）	0.50 元	已经包括在本等级的技能价格之中
二级技能	26.50 元（增加 3.00 元）	0.50 元	已经包括在本等级的技能价格之中
一级技能	23.50 元（增加 3.00 元）	0.50 元	已经包括在本等级的技能价格之中

学徒起薪：20 元/小时

从表 6-5 中可以看出，员工在组织层级上的每一步攀登都需要提高自身技术知识的宽度和深度，并改善人际活动能力。一旦员工做到这一点，他们就能够获得更高报酬。这种情况下，员工因为自己参与全面质量管理的灵活性和能力提高以及对组织的贡献质量提高而获得更高薪酬，而不是像在传统薪酬制度下那样，仅仅因为能够完成组织中微不足道的工作而获得报酬。

实际操作过程中，很多企业可能并不会去费力地对每一个技能模块进行定价。更常见的情况是，企业根据一定规则确定员工的技能水平，根据这种技能水平的总体评估来确定员工薪酬。例如，某公司把某类操作人员的技能水平划分为四个级别，每个级别对应的薪酬水平如图 6-9 所示。

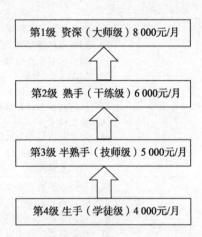

图 6-9　某公司生产操作类人员的技能水平划分及其薪酬水平

五、技能的分析、培训与认证

设计和推行技能薪酬计划的最后一个阶段是关注如何使员工置身于该计划之中，对员工进行培训和认证。这一阶段中，对员工现有技能进行分析的同时，还要制订出培训计划、技能资格认证计划以及追踪管理工作成果的评价维度。

（一）员工技能分析

对员工进行技能分析的目的在于确定员工当前处于何种技能水平上。表 6-6 给出了对员工进行技能分析的一种基本模式。对处于同一个技能模块中的每位员工都可以用这一模式来进行分析。员工技能的评价者应当由员工的直接上级、同事、下级以及客户构成。这些人主要从各自不同的角度向被评价员工的上级提供评价意见。但有时同事之间的相互评价要慎用，尤其在同事之间人际关系紧张的时候。在进行实际的技能评价之前，评价各方应当对评价标准达成共识。

表 6-6　员工技能分析与评价样本

员工姓名 _____　　　　部　门 _____
技能评价人员姓名 _____　　　　职位名称 _____
评价者与员工关系：

　　　　　　　　　　上级　　　同事　　　下属
　　　　　　　　　　自己　　　客户　　　其他

员工技能等级
1=能够在上级详细的指导下完成工作任务
2=能够在上级的一般指导下完成工作任务
3=能够在上级远距离且内容宽泛的指导下完成工作任务
4=能够在宏观目标的指导下独立完成工作任务

车床操作者的技能评价

三级技能： 技术专家	从事该任务的员工需要具备高水平的专业知识、判断能力和应变能力。 24　对零部件进行再加工…………………………………………… 33　检修机器设备故障……………………………………………… 30　解决质量问题…………………………………………………… 39　编写设备专用的程序系统……………………………………… 44　执行高级的计算机功能………………………………………… 10　装配转子………………………………………………………… 18　装配和拆卸专门的零部件……………………………………… 34　确定生产优先顺序……………………………………………… 27　确认质量问题……………………………………………………
二级技能： 熟练工人	从事该任务的员工需要具备中等水平的专业知识、判断能力和应变能力。 6　在已有的设备上进行生产流水操作…………………………… 8　检验零部件的规格一致性……………………………………… 21　维护机器设备（以及机器设备专用的冷却剂和油料类型）… 42　运用企业要求的系统订购测量仪器、原材料以及刀具……… 43　安排生产日程并编制派工表…………………………………… 15　检查液压位和设备是否准备就绪……………………………… 28　使用精确的衡量仪器和手工工具……………………………… 37　运用升降机和其他必要的运输车辆转移原材料与机器并通知适当人员…… 19　按照职业安全与卫生法规以及公司的标准操作起重机……… 25　遵守 ISO 质量标准、公司质量管理标准以及部门质量保证标准的规定……
一级技能： 学徒	从事该任务的员工需要具备一定的技术知识，但从本质上来说，基本属于日常事务类的工作任务。 2　确认刀具和量器的可用性……………………………………… 9　读取游动卡尺…………………………………………………… 31　阅读派工表……………………………………………………… 36　输入维护工作单………………………………………………… 12　记录所要求的数据……………………………………………… 3　检查材料是否准备好…………………………………………… 4　清洗并准备好在装配线上需要使用的零部件…………………

表 6-6 还提供了对员工的技能进行等级划分的标准。该表将员工的每一项技能都划分为四个等级。达到一级技能的员工是指那些在上级一对一的指导下，根据详细指示能够完

成工作的员工。达到四级技能的员工是指在宏观目标指导下，能够独立完成工作任务的员工。对某一特定的员工群体而言，有些人可能在三个技能水平上的等级都是四级，另外一些人可能在一级、二级技能水平上很熟练，还有一些人则可能刚刚开始从事某项工作，只能完成一级技能水平上的某些工作任务。

（二）培训计划

技能分析与评价能够确定每位员工的实际技能水平，它所提供的信息对于制订员工的培训计划来说相当重要。员工培训计划需要确定两个要素：一是员工的培训需要，二是采取何种方法。培训计划的第一个要素是通过技能评价来确定培训需要。要形成一个完善的培训计划，首先要对与工作相关的各项技能进行分析。对培训需要的确定还应该扩展到需要得到提高的一些其他不足（如基本能力的缺乏，数学、语言、推理、人际管理和沟通能力的不足等）。第二个要素是确定培训方法。表6-7列举了在企业中广泛使用的六种培训方法。关于机械方面技能的开发，最有效的三种培训方法是在职培训（on-the-job training）、公司内部培训（in-house instruction）以及师傅辅导计划（coaching mentoring）。企业还可以将供应商以及社区中商业学校所提供的培训作为一种补充培训手段。例如，对于那些希望达到三级技能水平的员工来说，比较有益的一种培训方式可能是让他们参加由大学举办的一些教育培训活动。

表6-7 对企业技师进行培训的计划举例

工作任务的层次	培训方法					
	在职培训	公司内部培训	师傅辅导计划	工作轮换	供应商提供的培训	大学/学院培训
一级	P	P	P	S	S	S
二级	P	P	P	S	S	
三级	P	S	S	S	S	

注：P表示主要培训方法，S表示辅助培训方法。

（三）技能等级或技能资格的认证与再认证

设计和推行技能薪酬计划的最后一个环节是设计一个能够确定员工技能水平的技能认证计划。该计划应该包含三个要素：认证者、认证所包含的技能水平以及员工通过何种方法表现出自己具备某种技能水平。

技能薪酬计划中，认证者可以来自内部，也可以来自外部。内部认证者主要是员工的上级和同事以及员工所从事工作领域的专家。通常情况下，技能薪酬计划中都会组织一个认证委员会，这种由委员会进行的技能评价与仅仅由上级来主持的技能分析和评价相比，会更加客观和公正。外部评价主要是指一些由大学、商业组织以及政府发起的考试和认证计划。这些外部认证机构通常也是比较公正和客观的。但由外部人员来对员工的技能进行评价可能会出现的问题是：外部评价者缺乏对员工所处工作环境的了解而导致评价失真；此外，员工在工作场合以外的地方获得了某种知识和技能并不意味着他一定能够将其运用到企业的具体工作环境中去。

表 6-8 描述了一家制造企业对技能的评价方式。从表 6-8 中可以看出，在职工作绩效、工作样本测试以及商业认证对于三个级别的技能都适用。商业学院课程认证可以替代内部评价，因为机械技师经常参加商业学院的培训。而纸笔测验由于成本太高且要花费管理者和员工大量精力，因此最好被用来测验抽象知识，尤其适用于对三级技能水平的认证。在对每项任务测试的时候，注意技能和方法的对应是很重要的。例如，大多数员工必须通过上机操作和工作样本测试来显示他们的技能。而在另外一些情况下，员工却必须通过纸笔测验来表明自己是否具备某些知识，如关于国家职业安全与卫生法规和公司安全操作规程的知识。

表 6-8　某制造企业中的机械技师的技能等级认证方式

认证层次	由上级、同事或认证委员会进行的公司内部认证			外部认证	
	在职工作绩效	工作样本测试	纸笔测验	商业学院课程认证	商业认证
三级技能	★	★	★	★	★
二级技能	★	★			★
一级技能	★	★			★

某公司技术人员的技能认证计划（图 6-10）中，技能被划分为基础技能、核心技能以及自选技能三种不同的类型。每种技能都有相应的课程或培训项目要求，达到要求者获得相应分数。

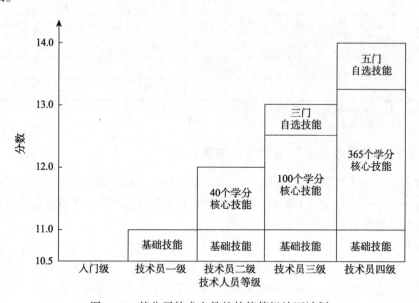

图 6-10　某公司技术人员的技能等级认证计划

这家公司中，技术人员一共划分为五个等级：入门级；一级；二级；三级；四级。不同级别的小时工资率不同。技术一级的小时工资率为 11 美元，二级的为 12 美元，三级的为 13 美元，四级的为 14.5 美元。每一技术等级都有相应的分数要求。要想达到技术一级，必须达到所有的基础素质要求。二级则在基础素质要求的基础上再从核心选修课程（一共有370个学分）中拿到40个学分。若要达到三级水平，则要达到基础素质要求，并在核心选修课程中拿到100个学分，同时还要在自选课程中完成三门课程的学习。若要达到四级水平，则要达到基础素质要求，拿到365个学分的核心选修课程成绩，同时还要完成五门自选课程的学习。

　　该公司为三种不同层级的技能选定了不同课程。基础课程包括质量控制、工厂控制、原材料处理、风险材料录像、安全生产研讨会、定位研讨会。核心选修课程主要强调操作工厂中的各种设施所必须具备的技能，包括制造、焊接、油漆、装配、检验等。公司规定，完成外壳制造课程得15分，完成装配检验课程得5分，完成最终接收测试课程得10分等。自选课程则主要围绕计算机应用以及团队领导和达成一致意见的其他方面的能力来设计，包括维修、计算机、计算机文字处理、评价中心、职业开发、公共关系、工厂保障、行政管理、集体决策、培训、逻辑-运行编译执行技术等课程。

　　上述公司的例子类似于大学里的学生学习过程。学分制加毕业论文的认证形式，实际上是对学生技能等级的一种认证。通过这种认证的学生将会得到学士、硕士或博士学位，他们所获得的这种技能资格认证是能够得到劳动力市场上的雇主认可的，因而有价值。此外，现在许多大学生除了完成大学学业之外，还努力地获得微软软件高手认证、会计以及法律等方面的认证。因为他们相信更多的技能资格认证有助于增加自己未来的就业机会以及提高自己在劳动力市场上的价值。从这方面来说，它与技能薪酬体系是有一定内在联系的。

　　一方面，技能等级认证和评定很重要；另一方面，技能认证完成以后，每隔一段时间对员工的技能进行重新认证也同样重要。只有这样，才能确保员工保持已经达到的技能水平。与此同时，随着技术的更新，技能等级的含义本身也在发生变化。企业需要根据自身技术水平的更新以及进步情况，随时修订自己的技能等级定义，并进行技能等级的重新认证。

　　缺乏重新认证规定的技能薪酬体系会很容易遇到机会主义的问题，即已经达到某种技能等级的员工在实际工作中并未发挥相应技能等级的作用，但他们可以得到与自己曾经达到的技能水平相对应的薪酬水平。这一点在我国的大学中也有体现。例如，我国大学教师的薪酬水平通常与职称存在紧密联系。但许多大学教师在评上副教授或教授之后，并没有保持与副教授或教授这一职称相匹配的工作业绩和工作能力，却拿着与之相对应的工资。这种技能等级所带来的报酬在大学中可能还不仅限于薪酬，还包括过去在福利分房时代可能享受的副教授或教授级别的住房或住房补贴，以及出国等其他隐性福利。对大学教师的工作业绩提出明确要求就等于对大学教师进行技能等级再认证。故而，很多大学近些年来会对教师的教学工作量以及发表论文数量等工作进行评价和考核。

　　需要指出的是，虽然技能薪酬体系是薪酬系统中一种很普通的模式，但很多组织因为没有足够重视该计划的设计和推行过程而以失败告终。这说明，实施技能薪酬计划之前，必须认真剖析这种计划设计的各个方面和每个步骤，尽量减少计划失败的风险。企业还必须认识到，虽然技能薪酬计划有很多优点，但不容忽视的一点是，技能薪酬计划对管理的要求较高。尤其在初次实施该计划时，可能会在短期内带来成本上升。因此，虽然技能薪酬计划所带来的长期收益很可能会抵销其短期成本的上升，但企业还是要做好短期薪酬成本上升的准备。

 本章提要

技能薪酬体系指的是根据员工个人的工作技能水平、所掌握的工作知识以及经验等因素而支付薪酬的一种基本薪酬体系。技能薪酬可以划分为深度技能薪酬和广度技能薪酬两大类。

技能薪酬体系具有较高的灵活性，有利于鼓励员工不断提高技能水平，同时有利于专业技术人员专心于本职工作，也有利于参与性管理风格的形成，适合生产操作人员和专业技术人员。它要求企业必须重视培训开发工作，同时它在设计和管理方面比职位薪酬体系更为复杂。

 思考题

1. 什么是技能薪酬体系？它有何优点和不足？
2. 技能薪酬体系设计的基本步骤是什么？
3. 技能薪酬体系需要作出哪些重要决策？
4. 深度技能、广度技能分别是什么？请举例说明。

答案解析　扫描此码

案例与讨论

高洋公司的人才流失

引言

夜幕已降临，而高洋公司的方总却仍在办公室里沉思。这段时间，方总被一件接一件的烦心事缠绕着无法摆脱。且不说公司一直赖以形成优势的专项技术逐步被竞争对手掌握，本来占据绝对优势的市场被蚕食，更让方总无法接受的是，公司的技术骨干竟纷纷离职而去，技术队伍面临严重削弱的局面。这一切究竟是如何造成的呢？方总感到有些茫然。

一、公司背景

高洋公司地处辽南地区，成立于1988年，是一家从事化纤产品生产的工程设计、安装、生产设备制造、技术输出等方面的高新技术企业。自创立之初，高洋公司就制定了以尖端的专业技术为核心竞争力的企业战略。时逢中国化纤工业高速发展，而国内掌握相同技术的竞争者又很少，这给高洋公司创造了良好的发展机遇。大至数十亿投资的超大工程项目，小到生产线改造工程，客户络绎不绝，生产加班加点，各路人马在全国各地奔波忙碌，业务范围一度扩展至东南亚国家。1995年至1998年，公司业绩达到了最为鼎盛的阶段，员工也从最初的68人增加到了200余人。忙忙碌碌、辛辛苦苦换来的是公司和个人的高收入。

在当时，高洋公司的员工收入是社会平均工资的数倍甚至数十倍，足以体现其不凡的经济实力。

在内部管理上，由于高洋公司以技术为导向，几乎承担着全部设计、开发、调试、技术输出任务的技术部无可厚非地成为高洋公司的核心部门，其他部门则是为技术部服务的辅助部门。技术部的工作方式实行项目经理负责制，即以项目经理为核心组成若干项目组，每个项目组负责一个工程项目，因此在组织结构上，技术部形成了扁平化结构，除 1 名部长外，下设项目经理 5 人。35 岁的田工是技术部的现任部长，他工作经验丰富，技术全面；以林工和赵工为代表的几位项目经理也非常有才干，技术、能力都与田工不相上下，其中属林工在客户中的名气最大。优秀的群体组成了这支优秀的团队，团队中的每个人都积极主动地工作，不计较干多干少，整个技术部呈现出一片积极忙碌的繁荣景象。

然而，技术部的繁荣忙碌并不代表整个公司的管理制度完美无缺，在高洋公司内部，也有让人不舒服的地方。首先，高洋公司长期以来的工资发放办法是：底薪每月 1 000 元，每工作一年涨 100 元，奖金不透明，由方总根据每个人的表现确定奖金数额，奖金通常是工资的几倍，是员工收入的主要构成。且不说奖金分配是否公平，工资制定的导向就明显倾向于那些在公司工作时间较长的老员工。然而在实际工作中，老员工恰恰多处于那些较轻闲和责任较轻的岗位，那些常年奔波于工程现场、项目第一线的却往往是入职时间较短的年轻员工，这部分人作为公司的中流砥柱，在收入中却体现不出来，这就形成了"多劳却不多得"的不公平现象。其次，在高洋公司，只有技术部的员工是通过招聘而不是"关系"进入公司的，其他各部门，从总经理助理到车间工人，各种关系错综复杂。这种复杂的关系网造成了公司某些部门存在着职能错位的现象，行政后勤部门尤为严重，根本起不到服务作用。如工作繁忙时技术部员工加班需要增开班车，后勤部门通常不情愿，如果赶上只有年轻人加班，则干脆不给发车。此外，长期以来，高洋公司由于没有明确的考评制度，工作质量与数量全凭自觉与自愿。干得多了只能寄希望于"方总能够看得见"，干得少了也没有批评与惩罚。所幸，公司效益不错，每个人对自己的收入都还满意，在一团和气的基调下，也就没有人去斤斤计较了。

二、矛盾显现

到了 2000 年以后，中国化纤工业进入大踏步发展阶段，专项工程技术被越来越多的人掌握，竞争对手也大大增多，这对高洋公司造成很大影响，利润越来越低。高洋公司也曾试图通过开发边缘产品来重新赢得市场，但却始终无法形成较稳定、可依赖的利润来源。正在一筹莫展之时，高洋公司发生了一件大事，在公司工作了 8 年的项目经理林工辞职了！这让公司上下一片哗然。高洋公司自成立以来，始终以优越的收入水平及灵活性在业内享有盛誉，在人员方面也几乎是"有进无出"，方总为此非常自豪。然而，此次林工的辞职无疑是对方总的当头一棒。不只是方总，公司其他同事也都感到十分震惊，就连加入公司仅三四年的年轻员工小陈和小郑也不例外。

小陈和小郑都是在高洋公司鼎盛的时候，在一次招聘会上被方总亲自招入的。小陈毕业于某重点大学高分子材料专业，硕士学历，性格沉稳，勤于思考，化纤是其专业的一个分支。小郑与方总毕业于同一所普通院校，是比方总低许多届的校友，专业就是化纤工程。小陈和小郑进入公司后就作为技术力量被安排在技术部从事工程设计工作。小陈悟性很高，加上技术部门良好的学术气氛,在几名项目经理的领导下参与完成了多个项目,很快成长为技术骨干,能够独当一面。小郑虽然专业对口,但实际工作证明,他技术根底不够扎实,在小陈已经可以独立承担任务时,小郑还只能完成小部分的设计工作。尽管如此,小郑还是很努力地完成自己的任务。同许多年轻人一样,小陈和小郑都将技术上的追求作为工作的第一要义,看到自己的辛勤劳动变成一座座能够产生效益的工厂,两人心里充满了成就感,也发自内心地喜欢这份工作。

为了让像小陈和小郑这样的年轻人看到自己的发展空间,以林工辞职事件为导火索,高洋公司决定增设一个开发部。原技术部部长田工转任开发部部长,原技术部的一部分员工被抽调到开发部任职,小郑也是其中一个。技术部方面,为了补充开发部抽调人员形成的空缺,高洋公司又招聘了一批新人到技术部,部长由原项目经理赵工担任。

这次部门调整给小陈创造了机会,作为相对较早进入高洋公司的员工,小陈很快脱颖而出,又经过一年的锻炼便成了项目经理。而小郑在调到开发部后,一下子就轻松了下来。新成立的开发部并没有什么实质性的工作,终日无所事事。小郑深深地明白,自己在技术上还有很长的路要走,只有在不断的工作中才能锻炼提高。但是,非常遗憾,开发部的所有人每天上班几乎都是坐在电脑前无聊地打发时光。这让小郑的情绪受到了影响,他开始为自己的前途担忧。这样的心态不只存在于小郑一个人,大家都不明白高洋公司成立开发部到底为了什么。

这样的情形持续一段时间之后,方总也感到开发部的成立并没有给更多的人创造机会,反而养了一批闲人。于是,开发部又被解散了,先前抽调出去的人员再次回到技术部,加上新近招聘的员工,此时的技术部员工数量达到了历史最高峰。巧合的是,此时市场环境却急剧变差,项目减少,对人员的需求也减少了。于是,技术部里开始出现另一种景象,那就是像小陈这样的技术骨干每天仍是忙忙碌碌,像小郑这种技术未成熟的人却仍没有多少事情可做,而在技术部分离期间招入的员工也没有了锻炼的机会。面对这种情况,小郑很沮丧,他甚至想到了像林工那样离开高洋公司。

三、维新变法

面对如此内忧外患,方总想道:既然一时之间难以改变市场环境,那么要振奋员工心情,刺激公司发展,就可以从改革公司内部管理制度入手。况且,高洋公司一直承受着过于繁重的工作压力,强调速度和效率,而现在相对轻松,也正是进行内部改革的好时机。于是,就在这一年,高洋公司如火如荼地出台了一系列有关完善企业制度的方案。

率先出台的是新的工资发放标准。新标准规定:员工收入依然分为基本工资和奖金两部分;基本工资以学历、职位和工龄三个标准进行划分,各级学历和职务之间差额都为50元,工龄工资每年差额仍为100元;奖金依然不透明。刚拿到新工资标准,小陈开始有些小激动,因为工资中体现了学历、职位与收入的关系;可仔细一算,技术部内包括小陈、小郑在内的很多年轻员工都很失望。这部分员工尽管学历都普遍较高,但学历在工资上的差距最多150元(硕士与高中毕业相比),工龄工资却相差甚多,最早进入公司的老张仅工龄工资一项就比小陈和小郑高出1 000元。况且,年轻员工相对来讲仍从事着繁重的工作任务,"劳"与"得"的比例并没有实质性改变。

继工资标准修订之后,高洋公司又引入"末位淘汰制",即由每个部门的部长组织本部门员工以不记名投票方式,对每位员工在出勤、技术水平、犯错频率及程度等方面进行评价,最差者将被迫离开公司。这让长期以来没有明确绩效考评制度的高洋公司乱了套,一时间公司里人心惶惶。小陈心情很复杂,他虽然觉得自己还年轻,有学历、有能力,并不担心离开高洋公司后的生活和发展;但是,这种"末位淘汰制"也让小陈心里难以接受,想到自己曾满腔热忱地将感情、精力投入工作,而如今竟有可能轻易地被公司抛弃,小陈感到公司对员工的漠视和不尊重,顿时没了工作积极性。小郑心里对自己是否会被淘汰就更没底了,他认为像自己这种没有根基的技术人员与那些学历高、工龄长,或通过关系进入高洋公司的人相比,没有任何优势可言。他想,如果真这样被公开淘汰出局,今后自信心必将大受打击,即使不被淘汰,那种等待"宣判"的心情也是非常折磨人的。在这样的情绪下,小郑也无心工作,他很后悔没早点离开公司,至少那样离开还是比较有尊严的。

这种近似"恐慌"的气氛笼罩着高洋公司的每一个人,人们议论纷纷,互相虚虚实实地探听着消息、猜测着结果,小道消息、个人猜测在人与人之间传播,没有哪一个人感到舒心。方总每天听着助理及副总们的汇报,对员工的想法逐渐有了了解。刚开始他并没有太在意,因为他认为每项变革都不会一帆风顺,都要有一个适应的过程。况且,高洋公司自成立那天起还没有哪项制度不能推行。方总希望通过这些制度提升竞争,淘汰那些多余的和不合格的员工,减少人力成本,安全度过市场低迷期;但后来他感觉到公司上下不安的情绪越来越严重,不得不慎重起来,重新考虑公司的决定。思来想去,方总最终在公司会议上提出:新工资标准的平衡将在奖金中体现;"末位淘汰制"作为给员工敲的警钟,目的只在让大家提高竞争意识,不再进一步执行了。

四、风波难平

"末位淘汰制"无疾而终,但由此在公司里弥漫的不安情绪却很难一下子消散。昔日专心工作的技术骨干没了原先的热情,做起了两手准备;像小郑一样的年轻人也开始工作时间学习外语、悄悄地到处发送简历,以防止"末位淘汰制"再一次出现时措手不及。同事们三五成群地议论着高洋公司。公司的种种不合理现象在他们的眼中变得非常明显,每个人都开始用挑剔的目光来看待和议论以前那些司空见惯的不良现象,甚至对公司的好现象和好传统也视而不见了。越议论,就发现不合理的事情越多,不合理的事情越多,他们的感情就越疏离,大家再也没有了以前的热忱和宽容。工作依然在做,事情依然在办,但责任心和积极性却少了很多。当有一天,员工们以前避而不谈的各自奖金数额成了不是秘密的秘密时,技术部再次掀起轩然大波。

小陈发现,方总所谓的"用奖金平衡"只不过是空谈,工龄再次决定了一切,自己的奖金与小郑等同期进入的人其实是一样的,这对小陈的打击太大了。而一直以为自己拿得比别人少的小郑第一感觉是窃喜,原来自己的奖金和其他同期的员工是一样的。可短暂的高兴过后他的心里也开始觉得不平衡起来,因为他想到自己在技术部内部虽然相对来说做的工作较少,但与其他部门那些工龄长但工作少的人相比,仍是吃了亏;再想到自己的发展前景,心中再次灰暗。工作能力及态度没有在奖金上得到任何体现,许多人看到自己的付出与回报在奖金上也不成正比时,不满情绪再度上升。

不久,各种问题扑面而来:各层领导感到工作越来越难以展开,部门间的矛盾变得尖锐,员工偷懒,做事拖沓,出错率高,抱怨增多,斤斤计较。一次,公司组织技术部加班,总经理办公室的一名助理参与组织，由于不满他高高在上、毫无体谅的态度，技术部的人你一言、我一语地表达着不满，以致工作难以进行。这件事作为导火索激化了矛盾，掀起了高洋公司技术部有史以来的第一次离职潮。几名项目经理及多名员工要么跳槽、要么读书，纷纷离开了高洋公司，许多年轻人借机表达心中的不满，小郑也终于下定决心离开了。

最初几人的辞职并没有引起方总的重视，相反方总觉得很轻松，正好达到了公司要降低人力成本的目的，可在两个月之间，技术部人员大批离职，公司技术力量受到严重影响，在市场上也开始产生不良反馈；公司内部，一种微妙的气氛悄然蔓延开来，像一层无形的隔膜出现在领导层和员工之间，对仍留在公司工作的人产生消极的影响，这让长期以来已经习惯人们仰视的方总开始感到不安，他甚至一度对员工产生了敌意，对员工是否会有忠诚感和责任心产生了怀疑。

小陈思来想去，最终还是决定留下。尽管他对公司的一些做法感到不满，对如此大面积的人员更换也非常担忧，但对这份可以带给他成就感的工作的喜欢，以及对公司和个人发展前景仍抱有的希望，使他选择了再次理解高洋公司。小陈非常了解目前技术部技术人员青黄不接的现状，他认为，自己作为技术骨干，除却完成工作任务外，还有责任带领新员工提高技术能力，使他们尽早进入角色，这样在以后的发展中也才能够有更多的人来承担任务。

五、尾声

此时早已夜深人静，方总却还在办公室里沉思着，近几年发生的一幕一幕不停地在脑海里飞过。面对公司这重重矛盾，高洋公司究竟应该如何应对？是全盘调整公司制度，重塑组织结构与规范？还是从员工下手，依靠员工个体的感知慢慢恢复企业生机？想想化纤工业快速发展的市场前景，再想想那些像小陈一样愿意留下和自己共渡难关的员工，方总陷入深深的思索……

资料来源：易学东，马晓蕾，王海燕. 高洋公司的人才流失[J]. 管理案例研究与评论，2009, 2(4): 279-285.

案例思考题：

高洋公司应该怎样留住其技术研发人才？

第七章 能力薪酬体系

本章学习目标

通过本章的学习，希望你能够：
- 了解能力的定义及其与一般意义上的能力的区别
- 了解能力模型的类型和作用
- 熟悉能力和薪酬挂钩的不同方案
- 了解职位薪酬体系、技能薪酬体系、能力薪酬体系间的区别

引言

能力薪酬体系是技能薪酬体系的扩展

技能薪酬体系是一种长期以来一直存在的基本薪酬决定体系，而能力薪酬体系则是近些年来才开始流行的一种基本薪酬决定方式，它实际上是在技能薪酬体系基础上的一种扩展。很多时候，广义的技能薪酬体系也包括能力薪酬体系。与技能薪酬体系主要应用于蓝领工作以及事务性工作的人员不同，它通常是在管理人员、专业人员、技术人员以及其他白领工作人员中实行。

第一节 能力与能力模型

一、能力的基本概念

能力是指胜任能力，即实现某种特定绩效或表现出某种有利于绩效实现的行为的能力，而非一般意义上的能力。它是一系列的技能、知识、能力、行为特征以及其他个人特性的总称。在组合得当并且环境合适的情况下，这种能力对个人、群体、特定工作以及整个组织的绩效有预测作用。能力实际上是指那些能够增加价值以及预测未来成功的要素。

"胜任能力"这一概念由哈佛大学心理学家大卫·麦克莱兰（David McClelland）在 20 世纪 70 年代初期引入。之后，其已经成为一种有效的经营工具。近年来，它已经成为成功经营战略中的一个关键组成部分。尤其是进入 20 世纪 90 年代以后，随着许多企业兼并、流程再造、精简裁员等，企业不得不密切关注如何激励员工以及使他们关注企业战略。

在此背景下，强化能力成为企业实现价值的一个重要途径。许多组织发现，自己对这

样一些员工的需求变得越来越紧迫：他们不仅具有很强的能力，而且能与团队共同工作，能自己作出决策，同时也能承担更多的责任。对现代企业中的员工而言，他们需要掌握的不再仅仅是传统、单纯的知识和技术，更重要的是那些无法显性化的能力——团队协同工作的能力、实现特定目标的能力、快速解决问题的能力、理解并满足客户需要的能力。因此，能力模型在企业中得到了越来越广泛的关注和运用。

为了更好地理解胜任能力，可以看看合益公司提出的关于能力的冰山模型。这一模型认为，一个人的胜任能力是由知识（knowledge）、技能（skill）、自我认知（self-concept）、人格特征（trait）和动机（motive）五大要素构成的。其中，知识是指一个人在某一特定领域中所掌握的各种信息。例如，知道如何运用办公软件处理文件，了解公司政策以及公司制订年度经营计划的程序等。技能则是指通过重复学习获得的在某一活动中的熟练程度。例如，在打字、推销产品或者平衡预算方面的技能。自我认知是一个人所形成的关于自己的身份、人格以及个人价值的概念。它是一种内在的自我。（自己到底是领导者还是激励者，或仅仅是一颗螺丝钉？）只有当自我认知作为一种可观察的行为被表达出来的时候，它才会成为一个绩效问题。人格特征是指一个人行为中的某些相对稳定的特点以及以某种既定方式行事的总体性格倾向。（如是不是一个好的聆听者？或者是否很容易产生紧迫感？）动机是指推动、指导个人行为选择的那些关于成就、归属或者权力的思想。例如，一个人希望实现个人成就并希望影响他人绩效的程度。人格特征和动机同样也只有在可观察的时候才会成为一个与绩效从而与薪酬有关的问题。在这个冰山模型中，知识和技能是冰山在海面上的可见部分，而自我认知、人格特征以及动机则是位于海面以下的隐性冰山。

二、能力模型的类型以及能力指标的界定和分级

很多公司建立自己的能力模型时，往往会得到一长串非常相似的清单。研究表明，最常用的20种核心能力包括成就导向、质量意识、主动性、人际理解力、客户服务导向、影响力、组织知觉性、网络建立、指导性、团队与合作、开发他人、团队领导力、技术专家、信息搜寻、分析性思考、观念性思考、自我控制、自信、经营导向和灵活性等。不同行业中的多家公司很可能会发现，具有某种特定行为类型的人更容易成为一个绩效优秀者。

但必须注意，完全的能力相似是有问题的。企业必须清楚，到底哪些能力是支持公司战略、为组织创造价值的。在不同的战略导向和文化价值观氛围以及在不同的行业中，能够产生优秀绩效的能力组合很可能会存在差异。即使不同的企业所使用的能力在概念上是一样的，同样的能力在不同的组织中也很可能有不同的行为表现（这些行为表现才是能力模型中最重要的东西，而不是那些描述能力要素的概念本身）。

如果对能力的界定过于宽泛，能力模型就失去了与组织和员工之间的必要联系。因此，企业必须在过于具体的能力界定（可能会过于短视，无法持续）和过于宽泛的能力界定（太过于模糊，无法准确衡量）之间找到平衡。

实践中，企业可以为整个组织建立一个能力模型，也可以仅仅为某些特定领域，如角色、职能或特定职位建立能力模型。到底建立哪一种能力模型，关键取决于企业的需要以

及希望达到的目标。对能力薪酬体系的设计来说，不同能力模型的适用程度存在差异。能力模型通常包括以下四种类型。

（一）核心能力模型

这种能力模型实际上适用于整个组织，它常常与一个组织的使命、愿景和价值观保持高度一致。这种能力模型适用于组织中各个层级以及各种职位上的员工，非常有利于辨认以及明确与组织的核心价值观相符的那些行为。如果一个组织希望向全体员工强调自己的核心价值观——如客户服务、团队合作等，那么这种核心能力模型可能是最合适的。这种核心价值观还可以被用于引入很可能会对整个组织产生深刻影响的大范围的文化变革，它可以向员工清楚地展示出，即将塑造出来的新文化和新组织最看重的行为是什么。

（二）职能能力模型

这是一种围绕关键业务职能——如财务管理、市场营销、信息技术、生产制造等——建立起来的能力模型。它适用于同一职能领域中的所有员工，无论这些员工在职能中处于哪个级别。这种能力模型很有意义，即使在同一组织中，在不同的职能领域中取得成功所要求的行为往往也是不一样的。例如，在高科技领域中，销售人员要想取得成功，像速度、反应性以及灵活性这样的能力就是至关重要的。这种能力要求与对工程师或研发科学家的能力要求就不一样。这一类职能领域往往更为强调可靠性，以及对细节的关注等能力。

表 7-1 所示为某公司工程师的能力模型，从表 7-1 中可以看出不同等级的工程师所应达到的能力等级。

表 7-1　某公司工程师的能力模型

核心能力	S4001E 助理工程师	S4002E 工程师	S4003E 高级工程师	S4004E 主任工程师	S4005E 总工程师
团队合作	一级	二级	二级	三级	三级
创新	一级	一级	二级	三级	三级
追求结果	一级	二级	二级	三级	三级
客户导向	一级	二级	二级	二级	三级
领导力	一级	一级	二级	二级	二级
组织与计划	一级	一级	一级	二级	三级

职能能力模型的一个优点是，它往往有着很强的针对性，即它使一个组织可以非常明确具体地说明自己期望看到的行为，从而推动行为的快速改变。如果一家企业认为其信息技术职能的生产率不够高，或决定引进一种新的信息系统，就可以应用职能能力模型。

（三）角色能力模型

这种能力模型适用于一个组织中的某些人所扮演的特定角色——如技师、经理等，而不是这些人所在的职能领域。一种比较有代表性的角色能力模型是经理人员的能力模型，这种模型涵盖了来自财务管理、市场营销、人力资源管理、生产制造等各种职能领域的管理人员的能力要求。这种能力模型是跨职能领域的，因此，它特别适合以团队为基础组建的组织。团队领导适用于一套能力模型,而团队成员则适用于另外一套能力模型(两者之间会有大量交叉)。

(四)职位能力模型

这是一种适用范围最狭窄的能力模型,只适用于单一类型的职位。这种能力模型所针对的通常是在一个组织中有很多人从事的那一类职位。例如一家寿险公司针对寿险营销人员开发的能力模型。

现实中,这几种能力模型并不是完全对立的,而是可以相互交叉的。例如,一家日用消费品生产企业为本企业中的所有职能管理人员建立了一个角色能力模型。其包括的能力是:制定企业战略,业务规划与实施,项目管理,变革管理,业务流程设计与管理,信息管理,信息应用与开发。在此基础上,该公司又针对财务、人力资源等不同的职能领域,分别为它们制定了职能能力模型。例如,在人力资源管理领域的能力模型包括的能力是:人力资源战略管理,人力资源规划与发展,组织开发与变革,招募管理,学习管理,绩效改善,员工关系,薪酬福利。

表 7-2 所示为加拿大某省政府的财务管理人员能力模型。该表本身是针对财务人员的职能能力模型,但在职能人员内部又分别划分了行政支持人员、专业人员、经理人员以及高级经理四类角色,并分别界定了四类角色在每一种能力要素上的要求。

表 7-2 加拿大某省政府的财务管理人员能力模型

能力要素	行为表现			
	行政支持人员	专业人员	经理人员	高级经理
创新 承担风险,快速适应变革,领导变革过程	强化流程或产品	开发新方法	培育他人创新	培育创新文化
领导力 积极影响他人和事件	做一个模范	进行长期指导	预见到并规划变革	沟通令人向往的愿景
影响力 劝说、说服或影响	直接劝说	预测个人行为或语言可能产生的影响	采取多种行动施加影响	通过他人施加影响
组织知觉性 理解组织经营计划的目标	显示出对组织正式结构和非正式结构的理解	显示出对组织氛围和文化的理解	显示出对组织中非正式关系的理解	显示出对组织中潜在问题的理解
团队合作 与他人合作并高效达成结果	积极参与团队	鼓励和吸收其他团队成员参与	推动有效结果的达成	解决团队内部冲突
自我管理 管理并持续改善个人绩效	展示出符合伦理规范的行为	有效管理压力	展示出良好的判断力	选择面对挑战或冲突
以客户为中心 理解并满足或超越客户需要	建立有效的客户关系	为客户贡献积极的结果	满足长期客户的需要	倡导满足客户的需要
结果导向 知道什么结果重要,并集中资源达成结果	创建个人的卓越衡量标准	改善个人绩效	对单位的成功作出贡献	对组织的成功作出贡献

续表

能力要素	行为表现			
	行政支持人员	专业人员	经理人员	高级经理
沟通能力 清楚地传递并接收信息以满足双方需要	有效沟通	敏感地倾听	适应听众的情况进行沟通	促进与他人的有效沟通
组织承诺 使个人行为与部门价值观、原则和目标保持一致	积极支持组织	预见到并满足组织需要	采取严格的标准	关注组织的长期良好运转
关系建立 建立并维持双赢关系和伙伴关系	建立正式的工作关系	建立正式的关系	培养双赢关系	维持和运用大范围的接触
服务提供 确保有效地向客户提供合同约定的服务	指导利益相关群体	创建网络	与利益相关群体一起制定和维持标准	为利益相关群体的计划实现作出贡献
资源管理 有效管理内外部资源以实现组织目标	运用好安排的物品和资源	广泛运用各种组织资源获取方式	运用内外部资源获取方式	运用伙伴关系和其他间接资源获取方式
战略思考 以一种开阔视野和长期性观点评价各种观点及其含义	使个人行动与组织目标和战略保持一致	分析存在的潜力	运用长期观点	清晰阐明一种愿景

建立能力模型的同时,还必须将能力指标与一系列可观察的关键行为连接起来,将能力指标换为不同级别的可观察行为。组织必须明确如何衡量这些能力。能力本身是很抽象的,如果没有一种明确的衡量手段来评价员工是否具备某种能力,能力模型也就失去了意义。

一方面,对能力本身进行直接的衡量很困难;另一方面,企业关心员工能力的最终目的,是员工如何运用这种能力来达到企业所期望的经营结果。因此,用员工在工作过程中的行为表现以及其他特性来代替对能力本身的直接衡量不仅是必要的,而且对企业来说也是最有意义的。在这一步骤上,企业需要通过观察和直接询问绩效优异者是如何完成工作或解决问题的,来确定达成优秀绩效的行为特征有哪些,或者说哪些行为表明员工具备某种能力。这些行为定义可以帮助企业比较直观地界定在特定职能、角色或职位上所需的某一类行为的密度、强度、复杂程度以及需要付出的努力。

表 7-3 列举了某公司对团队合作能力的定义及其等级划分。

表7-3 某公司对团队合作能力的定义及其等级划分

等级	定义
1	合作:自愿参与,支持团队决策,是一个好的团队成员,承担自己那份工作
2	分享信息:使其他人能够获得最新的群体进展信息,分享所有相关、有用的信息
3(可以接受)	表达积极的期望:对其他团队成员的能力表示出自己的积极期望,以一种积极的态度向团队内外提起团队中的其他人。产生冲突时着眼于寻找冲突产生的原因而不是采取争论的立场

第七章 能力薪酬体系

续表

等　级	定　　义
4	请求投入：看重其他团队成员的投入和专业经验，同意向同事学习。鼓励所有团队成员在团队规划过程中或者需要决策时贡献自己的思想和观点
5	鼓励他人：赞扬团队内或团队外工作出色的同事，在团队成员获得新技能时对他们给予鼓励，使他们感到自己在团队中是有价值的
6	培养团队精神：采取特殊行动（准备一场晚会或出游，设计一种团队 T 恤衫），促进友好气氛、高昂士气及合作精神在团队成员间的培养。向团队之外的同事宣传团队的成就和声誉
7（出色）	解决冲突：使得团队内部的冲突（个人间的或专业上的）公开化，鼓励采用对团队工作有利的冲突解决办法或为之提供方便。不隐瞒冲突，不回避冲突，试图尽快解决冲突，以使团队有效性得以迅速恢复

第二节　能力薪酬体系设计

一、能力薪酬体系的实施前提

近些年来，很多企业都建立起了基于能力模型的人力资源管理系统。虽然许多公司已经将能力作为绩效管理、人员配置或培训开发系统的一个不可分割的组成部分，但只有很少的企业以非常正式的方式将能力和薪酬决策明确挂钩（很多企业在制定薪酬决策时，都会以隐含的方式综合考虑员工的能力和他们对组织的贡献）。即使是在实行能力薪酬方案的企业，大家也在对能力的定义、将能力与薪酬挂钩的目的及方式、覆盖的员工类型以及执行的力度等方面存在较大差异，企业实行这种薪酬方案的失败率也比较高。

将能力模型应用于薪酬的做法到目前为止仍然处于一种不成熟的探索阶段。从理论上来说，通过针对企业看重的技能、能力以及行为改变支付薪酬是非常有意义的，但像其他薪酬体系一样，能力薪酬能否发挥作用，也同样要看它的设计和管理是否得当。

有人对能力薪酬持明确的反对意见。他们认为，薪酬的确定应当建立在更为客观的基础之上。依据主观、抽象的能力评估来制定薪酬的做法只会导致不公平、无效以及歧视性的后果。这就要求企业，在实施能力薪酬体系之前，必须非常慎重地考虑一些问题，其中最主要的是以下两点。

第一，明确实行能力薪酬的必要性。企业必须从经营的角度认真考虑，自己是否真的需要从原来的薪酬体系转变成能力薪酬体系。如果现有薪酬体系运转良好，能够满足组织和员工的需要，企业可能就没有必要实行能力薪酬。一方面，能力薪酬的效果到底如何，还没有定论。从目前情况来看，它只适合某些特定行业和企业。通常情况下，能力薪酬体系比较适合技能和行为对于强化组织的竞争力至关重要的一些行业或企业。例如药品研发、计算机软件以及管理咨询等行业。这些行业中，知识型员工以及专业人员占了较大比重，传统的绩效薪酬计划往往无法在这些人员的身上非常有效地发挥作用。同时，这些行业的组织结构往往比较扁平，对灵活性的要求非常高，且十分强调员工的持续开发和能力的不断提升。另一方面，向能力薪酬转变会导致企业进行多项重大变革，而变革本身是要付出代价的。因为存在额外的管理和人力资源方面的其他要求，如果管理不善，能力薪酬计划的优点很可能会被抵销。例如，能力薪酬计划要求组织建立起对工作或角色进行评价的系统，获得确定薪酬水平的市场数据，创建能够灵活追踪各种浮动薪酬的管理系统等。由于现在不是根据员工的职位而是根据能力等级来确定薪酬水平，一些职位等级暂时不高的员工，薪酬水平反而有可能涨上去。这样，实施能力薪酬方案很可能会导致成本上升。因而，企业必须确保能力薪酬能够给企业带来经济价值，再引入能力薪酬体系。

第二，必须将能力薪酬与企业能力管理相结合，即整个人力资源管理体系必须同时向以能力为中心转移，而不能仅仅靠薪酬方案单兵突进，直接把它嫁接在原有的人力资源管理系统之上。对能力的强调必须贯穿到企业的员工招募、晋升、绩效管理、培训开发以及薪酬管理的各个人力资源管理环节当中。单纯采用能力薪酬或以能力薪酬为先导进行能力模型建设，成功的可能性非常小。

例如，采用能力薪酬体系的企业必须注意制订综合性的培训和教练计划，同时让员工充分理解如何利用这些培训开发计划。能力增强是确定基本薪酬以及加薪的基础。企业还必须注意将对能力的这种强调融入新员工甄选以及绩效评价过程之中。与传统的绩效评价方式不同，强调能力的绩效评价系统不仅重视结果，而且重视结果的达成过程；不仅依靠上级对下级的绩效判断，而且参考员工的同级或下级对员工的行为和能力的评价。此外，企业必须确保企业基于能力模型要求的绩效管理体系已经得到成功实施，以确保大多数员工充分理解能力要求并认同能力模型。企业还必须注意，能力薪酬并不是绩效奖励计划的一种替代，它必须与绩效奖励计划以及某些特定技能和能力的开发联系在一起。

如果以能力为中心的整体人力资源管理模式（包括能力薪酬体系）导致能力更强的人得到雇用和晋升，并受到不断学习和改善绩效的激励，那么，它不仅能够使员工带到工作中或角色上的附加价值得到报酬，而且有助于组织更好地关注其使命以及卓越绩效对组织使命所产生的重要价值。即使在成本增加的情况下，企业仍有可能获得更高利润。

二、建立能力薪酬体系的流程

在企业中建立能力模型以及相应的能力薪酬体系的基本流程如图7-1所示。

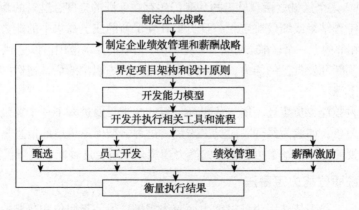

图7-1　建立能力薪酬体系的基本流程

三、能力与薪酬挂钩的几种形式

能力薪酬本身存在很多尚未解决的难题,因此,在将能力和薪酬挂钩的问题上,真正像技能薪酬那样直接将能力与基本薪酬完全挂钩的做法其实并不常见。企业常常采取多种不同的形式将能力与薪酬挂钩。其中主要的形式有以下五种。

(一)职位评价法

将能力与薪酬挂钩的最常见方法是借助职位评价过程来实现,即在传统的要素计点法中,用与能力相关的部分或全部要素替代传统的报酬要素。例如,传统评价要素在衡量管理责任时往往根据管理职位下属的人数或管理的预算规模进行判断,而与能力有关的职位评价要素则会考虑管理方面的要求以及需要具备什么样的技能才能满足这些管理要求。

例如,职位 A 与职位 B 相比,可能管理的人数较少,但下属人员的多元化程度较高或较分散。这样,对职位 A 上的任职者所需具备的计划能力、决策能力以及影响力的要求就会比职位 B 上的任职者更高。如果根据能力要素来进行职位评价,就会比单纯根据下属人数来进行职位评价更有利于反映职位对组织的真正贡献,而不是鼓励管理者刻意扩大自己的下属人员规模。

(二)直接能力分类法

这种方法与职位评价法几乎完全相反。它完全根据个人的能力情况而不是职位情况来进行基本薪酬等级的划分,是真正意义上的能力薪酬体系。这种情况下,分类者往往根据员工所扮演的角色——如普通员工、经理、高级经理——把他们放进某一单一的薪酬宽带中。在每个薪酬宽带中划分出三四个高低不同的区域,每个区域代表着不同的能力水平,并对应特定的薪酬浮动上限和下限。

假定某公司普通员工所在的薪酬宽带的总浮动范围为 1 200~4 200 元/月,这个薪酬宽带又被划分为三个区域:区域 A 是能力水平较高的员工所在的薪酬区间(3 001~4 200 元/月),区域 B 是能力处于平均水平的员工所在的薪酬区间(2 001~3 000 元/月),而区域 C 则是能力尚未达到平均水平的员工所在的薪酬区间(1 200~2 000 元/月)。这样,评价者就可以很容易地根据某位普通员工的能力水平,把他放到其所属的宽带当中的某个区域(如区域 B)。而进入某个区域之后,员工的薪酬仍然存在上涨的空间,这时的薪酬增长往往根据他们的实际工作结果或绩效决定。一旦员工开发了新的或更高水平的能力,就可以从一个区域上升到相邻的上一个区域。在同一个宽带中,薪酬的浮动范围可以达到100%~150%。如果员工通过不断开发自己的能力,从入门职位进入熟练职位的话,他们的薪酬可能会出现较大幅度的上涨。

但仅凭开发技能,员工还不能进入更高一级的宽带。要进入下一个宽带当中,必须承担难度更大的角色,如成为经理。对员工来说,这种薪酬体系传递的信息是非常明确的:组织是高度重视能力的。基于角色建立的能力模型是最适合这种能力薪酬模型的。

(三)传统职位能力定薪法

这种方法中,员工依然因为开发能力而获得报酬,但关于职位和薪酬的概念都更为传统,即某一个职位仍然会被确定在某一个薪酬等级之中,这个薪酬等级的薪酬浮动范围不会超过50%。在这样一种狭窄的薪酬区间中,组织会根据员工能力决定员工的薪酬水平处于这一区间的哪一个位置上。

例如,能力高于平均水平的员工所获得的薪酬可能会位于本薪酬区间中薪酬水平最高的1/3处;能力刚好达到平均水平的员工的薪酬则位于中间的1/3处(恰好等于市场水平)。与上一种方法相比,员工如果没有机会进入职位等级的更高阶梯上去,他们可能获得的薪酬增长空间要小得多。能力只能在一个较小的薪酬浮动范围内发挥作用,但薪酬与能力之间的关系仍然是直接的。职能能力模型或职位能力模型最适合采用这种方法。

(四)行为目标达成加薪法

这是一种根据基于能力的行为目标达成度来确定加薪水平的做法。这种情况下,组织是通过运用实现拟定的行为目标——而不是整体能力评价结果——来对能力进行评价的,根据评价结果确定加薪幅度。

例如,团队合作能力,这种能力可以用五种特定的行为指标来加以描述。例如,在由多位评价者完成的评价(如360度反馈)中,一位员工的团队合作能力被判定为较差,即在五种团队合作行为特征中,只能在该员工的身上找到两种行为特征。假定这位员工和他的上级将重点放在这样一种行为特征上,即"承认他人的观点具有的价值"。这位员工决定实施一项有助于利用他人的意见和建议并收集反馈情况的计划,并制订了相应的行动方案。最后,虽然他的总体能力得分仍然处于二级,但他一旦实现了自己制订的特定行为目标,就能得到相应的奖励。

如图 7-2 所示,如果组织经营目标完成了,而员工个人的行为目标超额完成了,则员工可以得到6%的加薪。这种方法的一个优点是,它实现了利用多种评价来源进行人力资源开发的目的,但同时避免了利用多种评价来源得到的评价结果直接与薪酬挂钩时通常会存在的一些问题,如评价者在考虑到评价结果会影响被评价人的薪酬时,很可能会刻意扭曲评价结果。

		行为开发目标实现度		
		未完成	完成	超额完成
经营目标实现度	未完成	0	0	0
	完成	2	4	6
	超额完成	4	6	8

图 7-2 行为目标达成加薪矩阵

(五)能力水平变化加薪法

这种方法将员工的薪酬水平直接与对其总体能力水平的变化情况所做的评价相挂钩,

即企业通过多位评价者对员工的总体能力水平进行评估，根据员工的能力水平变化情况直接决定员工的加薪幅度。这可能是将能力和薪酬挂钩的最为明显的形式，但同时可能也是问题最多的一种挂钩方式。

将加薪这样一件严肃的事情建立在这样一种过于主观的评价结果之上，会导致一些个人偏见进入评价过程。对那些将多位评价者的评价结果用于人力资源开发目的的企业来说，这种挂钩方式的问题尤其突出。一旦能力变化情况直接与薪酬挂钩，评价者可能会有意控制评价结果。

图 7-3 展示了将员工能力变动情况和组织经营结果结合在一起决定员工基本薪酬增加的情况。

	能力增长程度		
	低	中	高
经营结果好坏 低	0	0	0
经营结果好坏 中	2	4	6
经营结果好坏 高	4	6	8

图 7-3　员工基本薪酬加薪矩阵

表 7-4 则举例说明了对员工的能力变动情况进行评估的方法。

表 7-4　员工能力变动情况评估

能力指标	2005 年	2006 年	变动值
领导力	4.1	4.1	0
商业敏锐性	3.3	4.0	0.7
愿景一致性	3.5	4.1	0.6
团队合作	2.0	2.1	0.1
客户导向	3.4	3.2	−0.2
创新	4.0	4.0	0
质量导向	3.5	3.6	0.1
变革管理	3.5	4.0	0.5
沟通与影响	3.0	3.0	0
平均值	3.4	3.6	0.2

根据美国报酬学会在 1996 年所做的一项调查，最为常见的能力薪酬模式有两种：第一种是能力加薪决定法，即在年终薪酬调整时将能力作为一个重要的考虑因素，有 42%的企业采取这种做法。第二种是能力加薪决定再加职位评价法，有 42%的企业采取这种做法，只有 15%的企业仅仅采用职位评价法。

三种重要的基本薪酬决定方式以及与之相关的薪酬体系的操作要点已有介绍，在此对这三种薪酬体系做表 7-5 所示的简要总结。

表 7-5　能力薪酬体系、职位薪酬体系与技能薪酬体系的比较

比 较 内 容	能力薪酬体系	职位薪酬体系	技能薪酬体系
薪酬结构	以能力开发和市场为依据	以市场和所完成工作为基础	以经过认证的技能及市场为基础
价值评价对象	能力	报酬要素（计点法）	技能模块
价值的量化	能力水平	报酬要素等级的权重	技能水平
转化为薪酬的机制	能力认证及市场定价	赋予反映薪酬结构的点数	技能认证及市场定价
薪酬增加	能力开发	晋升	技能的获得
管理者的关注点	（1）确保能力能够带来价值增值。 （2）提供能力开发的机会。 （3）通过能力认证和工作安排控制成本	（1）员工与工作的匹配。 （2）晋升与配置。 （3）通过工作、薪酬和预算控制成本	（1）有效地利用技能。 （2）提供培训。 （3）通过培训、技能认证及工作安排控制成本
员工的关注点	寻求能力的改善	寻求晋升以获得更多薪酬	寻求技能的提高
程序	（1）能力分析。 （2）能力认证	（1）职位分析。 （2）职位评价	（1）技能分析。 （2）技能认证
优点	（1）持续性学习。 （2）灵活性。 （3）水平流动	（1）清晰的期望。 （2）进步的感觉。 （3）根据所完成工作的价值支付薪酬	（1）持续性学习。 （2）灵活性。 （3）人员使用数量的精减
不足	（1）潜在的官僚主义。 （2）要求有成本控制能力	（1）潜在的官僚主义。 （2）潜在的灵活性不足问题	（1）潜在的官僚主义。 （2）对成本控制的能力要求较高

本章提要

能力薪酬体系是建立在比技能范围更为广泛的知识、技能、自我认知、人格特征、动机等综合因素基础上的基本薪酬决定体系。这里的能力并非一般意义上的能力，而是能够预测优秀绩效的特定能力组合。

能力模型分为核心能力模型、职能能力模型、角色能力模型及职位能力模型四大类。基于能力的薪酬体系设计仍处于初创阶段，而将能力与薪酬挂钩的方式已有多种，在挂钩的力度方面，这些方式存在一定的差异。

1. 什么是能力或胜任能力？它的基本特点是什么？
2. 能力模型通常有几类？它们分别有什么特点？
3. 能力与薪酬挂钩的方式有哪几种？

扫描此码
答案解析

4. 施行能力薪酬时可能会遇到哪些问题？应当如何注意避免？

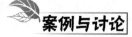

案例与讨论

一次失败的调薪

蓝宇公司是深圳市高新技术企业，公司人虽不是很多但却发展迅速，其主打产品LED（发光二极管）高科技显示屏逐步占领了国内外大型商场、广场、超市、车站等市场，取得了良好的经济效益和社会效益。然而，随着企业进一步发展，一些深层次的问题也开始显现出来，又制约了公司的快速发展。如人员知识结构问题、薪资问题、企业文化问题、执行文化问题等。

为了推动公司快速发展，去年上半年，公司高薪聘请来了一位具有大型外企管理经验和实操能力的王先生任公司CEO。王总来了之后，就大刀阔斧地烧了三把火。第一把火是推动资材流程改造。第二把火推行一套全新的公司制度，将他以前服务过的公司的规章制度全部复制了过来，作为范本发给各相关部门，经过各部门的修订、培训，接着推动、执行。第三把火是调整公司的薪资制度。

王总在来公司的第二个月开始策划调整薪资，他先找财务经理要来了员工工资表，然后进行测算，并对工资结构进行调整，使之更加合法，同时设计了一套薪资方案。

在薪资调整前，他没有向各部门经理、主管征求意见，了解每个员工工作表现和技术水准，就直接按一定比例进行"普调"了。人力部门和每位员工面谈并签订《工资协议书》的时候，由于措施得当，还是进行得顺利。

然而，几天之后，此次工资调整的不良影响就显现出来。先是几个部门经理来总办咨询，他们手下几个平时表现很好的员工，为什么工资反而比几个表现一般的工资还少。王总只好解释说此次是普调，以前底薪低，调整后也是低。几个经理说，这几个表现好的员工尽管入职时间不是很长，但综合水平比那几个老员工要好很多，本来想通过这次调薪把员工薪资的差距缩小一些，没想到反而更大了，且表现好的增幅反而小。

接着，又有几个主管来反映情况，说我们同样都是主管职级，为什么有的主管要比我们高1 000~2 000元，如果因为某项工作技术含量高，适当高几百元也能接受，但一下子差距很大，一些主管就表示难以接受。

事情到了这里，还远没有结束，一场员工"地震"又马上开始了。接连几天，王总不停地收到许多主管、经理、业务骨干的辞职报告，他们说目前同行业、同职位的工资已达到一个较高的月薪水平，你还让我们拿几年前的工资，此次调薪几乎没有增加一分钱，我们不干了。

王总带着雄心壮志来到蓝宇公司，然而"调薪门"事件给了他当头一棒，也让他十分苦恼，他不明白为什么给员工加工资还加出这么多事情。他百思不解，公司为何每年增加近两百万工资成本，却造成员工矛盾重重、管理人员纷纷离职。

资料来源：熊敏鹏，余顺坤，袁家海. 公司薪酬设计与管理[M]. 北京：机械工业出版社，2006.

案例思考题：
王总的调薪思路有何缺陷？如何制订调薪方案？

第八章

绩效薪酬体系

本章学习目标

通过本章的学习,希望你能够:
- 理解各种激励理论的内容及其对绩效奖励计划的启示
- 掌握绩效奖励计划的实施要点
- 了解短期绩效奖励计划的特点和主要类型
- 熟悉个人绩效奖励计划的适用条件、特点和种类
- 熟悉几种不同的群体绩效奖励计划(利润分享、收益分享、成功分享及小群体奖励计划等)各自的特征
- 了解股票所有权计划的特征和实施要点
- 熟悉特殊绩效认可计划的类型和实施要点

引言

薪酬与绩效挂钩的重要性

薪酬管理不仅要满足员工对公平性的要求,也要对企业战略目标的实现产生积极的支撑作用。劳动力契约本身是一种不完善的契约,劳动者对自己在生产过程中实际付出的努力或实际劳动具有一定的控制力。从事重要职位工作的员工或具备较高技能或能力的员工能否比其他员工更积极努力地工作,并将这种静态价值转化为对企业来说更为重要的动态价值,具有一定的不确定性。因此,在解决静态公平性问题之后,薪酬管理还必须解决动态问题,即企业的薪酬设计以及薪酬管理如何才能激励员工个人以及员工群体达成优良绩效,保证企业整体良好经营绩效的实现,以确保企业的长期发展。

在本章中,我们将集中探讨如何将员工的实际贡献与其应得报酬联系起来,从而将员工、员工绩效和组织绩效以及组织最终的成功联系起来。绩效薪酬的核心思想就是从基于投入性指标向基于结果性指标的转换。绩效薪酬体系设计的基本原则是通过激励个人提高绩效促进组织的绩效,即通过绩效薪酬体系传达企业绩效预期的信息,激发员工工作动机以达到绩效目的,并促进高绩效员工获得高期望薪酬,保证薪酬体现员工的绩效贡献和绩效差异。

第一节　绩效薪酬概述

一、绩效薪酬的目的和意义

绩效薪酬是对员工超额工作部分或工作绩效突出部分所支付的奖励性报酬，旨在鼓励员工提高工作效率和工作质量。它是对员工过去工作行为和已取得成就的认可，通常随员工业绩的变化而调整。

绩效薪酬通常是将业绩和薪酬联系起来，目的在于激励员工更好地工作。绩效薪酬从广义上理解是个人、团队或公司的绩效与薪酬的明确联系，薪酬依据个人、团队和企业绩效的变化而具有灵活的弹性；其狭义的理解是员工个人的行为和绩效与薪酬的联系，薪酬根据员工的行为表现和绩效进行相应的变化，由于员工自身的绩效和行为在较大程度能受到自己控制，因此，员工可以控制他们自己薪酬总量水平的高低，从而达到薪酬对员工绩效调控的目的。

二、绩效及其影响因素

绩效通常可以划分为组织绩效和个人绩效两大部分。组织绩效又可以划分为公司绩效、部门绩效以及团队绩效等。而员工个人绩效通常是指员工通过努力达成的对企业有价值的结果，以及他们在工作过程中所表现出来的符合企业的文化和价值观，同时有利于企业战略目标实现的行为。

从员工个人层面来说，其绩效高低主要取决于四个方面的因素：一是员工的知识，即员工所拥有的关于事实、规则、原则以及程序的知识。二是员工的能力，即员工所具备的技能以及完成工作任务的能力。三是员工的工作动机，即员工受到的激励程度。四是机会，即员工和工作之间的匹配性以及其他外部资源的支持。为了确保员工实现优良绩效，企业必须做好以下几个方面的重要工作：一是必须雇用知识技能水平较高的员工，并设法让他们留在企业中。二是不断地提高员工的知识和技能水平。三是合理配置员工，使员工能够从事他们最擅长或最感兴趣的工作，即做到人尽其才。四是通过各种激励措施促使员工尽最大努力来完成工作，即强化员工的工作动机。

从薪酬管理的角度来说，它与影响员工绩效的上述四个方面都存在联系。较高的薪酬水平有利于吸引知识和技能水平较高的员工；以技能和能力为导向的薪酬体系和报酬方式有利于激励员工不断增强自身能力与素质；灵活的薪酬体系有利于员工在企业内部的调动和轮换，帮助员工在组织内部找到最适合自己的工作；强调绩效的薪酬体系有利于员工对绩效的关注，有利于员工采取对企业有利的行为等。在这里，我们着重关注薪酬设计与员工的绩效激励之间的关系。

三、绩效薪酬的产生与发展

绩效薪酬，即绩效奖励计划，是指员工的薪酬随着个人、团队或者组织绩效的某些衡量指标所发生的变化而变化的一种薪酬设计。绩效奖励计划是建立在对员工行为及其实现组织目标的程度进行评价的基础之上的。绩效奖励计划有助于强化组织规范，激励员工调整自己的行为，有利于组织目标的实现。

将绩效和薪酬联系在一起的观点已经存在很多年了，但这种思想在 20 世纪 80 年代以前，只在很小一部分员工身上得到了体现。即使在美国等一些老牌市场经济国家的企业中，传统的绩效奖励计划（如奖金、股票等）也只适用于高层管理人员、销售人员以及部分行业的生产工人。当时，员工被看成大型组织机器上的小齿轮，企业对员工的要求是每个人把自己分内的事情做好，不需要他们去创新或者发挥太大的主观能动性。企业认为只要为员工支付了比较公平和稳定的薪酬，使员工有了生活保障，他们就会老老实实、规规矩矩地像螺丝钉一样去履行那些微不足道的职责。做到这一点，企业的利润也就有了保证。

到了 20 世纪 80 年代，整个世界经济的不景气使企业界逐渐认识到，要想战胜竞争对手，还必须使员工的眼界更开阔一些。虽然生产率和利润等财务指标依然重要，但其他一些无形的价值越来越成为决定企业成功的关键因素，如质量、客户服务、创新、灵活性、生产或服务周期等。企业认识到，必须将员工从小齿轮转变成在公司中有一定的权限，能够承担一定的责任和组织的风险，同时能够分享组织成功的能动的价值创造者。这样，浮动型绩效奖励计划的价值获得了广泛重视，企业力图至少使员工薪酬的一部分随着组织经营状况的变化而有所升降。同时，绩效奖励计划的实施也使当时企业所面临的固定成本过高以及裁员的问题得到了一些缓解。

发展至今，企业实施绩效奖励计划的目的已经有了很大扩展，包括实现战略目标、强化组织规范、激励绩效以及认可不同员工的贡献等。

四、绩效奖励计划的优缺点

绩效奖励计划的优点主要表现在：第一，绩效奖励计划往往具有明确的绩效目标，它能够把员工的努力集中在组织认为重要的一些目标上。有利于组织通过灵活调整员工的工作行为来实现企业的重要目标，避免员工的行为脱离组织的战略主线而形成本位主义倾向。第二，绩效奖励计划中的报酬支付实际上变成了一种可变成本，它的实施减轻了组织在固定成本开支方面的一些压力，有利于组织根据自身的经营状况灵活调整自己的支付水平，不至于因为成本压力而陷入困境。第三，奖金的有无、多少等与绩效目标的实现程度直接相关，是后发性的，没有支付风险，不会存在给了员工奖金却看不到改善结果的情况。第四，绩效奖励往往是与直接的绩效改善联系在一起的，奖金的发放对象是那些为更高绩效的实现作出贡献的人。绩效奖励计划有利于组织总体绩效水平的改善。第五，奖金既与个人绩效相关，又与团队绩效相关，能起到鼓励团队工作和部门之间合作的作用。第六，奖金是基于绩效的，这种激励是在那些创造成功的员工之间分配成功的一种方式，既公平激励、效果又更好。

绩效奖励计划也存在一些潜在的缺点：第一，在绩效奖励计划中所使用的产出标准很可能无法保持足够的准确性和公正性。在产出标准不公正的情况下，绩效奖励计划很可能会流于形式。第二，绩效奖励计划有可能导致员工之间或者员工群体之间的竞争，而这种竞争可能不利于组织的总体利益。第三，在绩效奖励计划的设计和执行过程中还可能提高管理层与员工之间产生摩擦的可能性。第四，绩效奖励计划实际上是一种工作加速器，有时员工收入的增加会导致企业出台更为苛刻的产出标准，这样就会破坏企业和员工之间的心理契约。第五，绩效奖励公式有时非常复杂，员工可能难以理解。

五、绩效薪酬的理论基础

大多数企业认为，将绩效和薪酬联系起来的做法有助于增强员工为实现公司战略目标而努力工作的积极性，因而乐于采用绩效奖励计划。组织行为学中的激励理论对此给予了充分肯定，并为绩效奖励的思想提供了坚实的理论基础。

图 8-1 是由管理学家斯蒂芬·罗宾斯（Stephen Robbins）提出的包括期望理论（Expctancy Theory）、公平理论、强化理论等多种激励理论思想在内的一个综合激励模型。这个模型图清晰地指出了绩效奖励对于员工激励的重要作用。

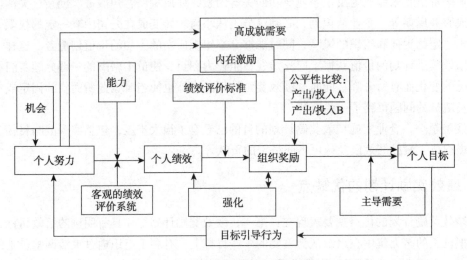

图 8-1 综合激励模型与绩效奖励

具备既定能力和素质的员工在工作安排得当、资源配置充分的情况下，其个人绩效水平的高低主要取决于员工的工作动机，以及由这种工作动机所决定的工作努力程度，而员工的这种努力程度的高低主要取决于其个人目标在组织中的实现程度，即一个人的行为是受其个人目标引导的。一般情况下，员工在一个组织中工作时，需要实现两个方面的目标：一是获得公平对待，二是个人绩效能够得到适当的报酬和认可。从薪酬管理的角度来说，员工个人绩效能够得到公正评价并获得相应报酬和认可，恰好是实现上述两大目标的关键因素。

对绩效的报酬和认可可以有多种方式，而不仅仅是直接与薪酬挂钩。对员工绩效的认可有时可以不采取货币或货币等价物的方式，而是为了满足员工的自我实现需要和成就感需要，提供员工认为有价值的报酬方式。对绝大多数员工来说，个人绩效与薪酬之间的联系仍是一种最有力也最直接的激励手段。它一方面能满足员工的经济需要，另一方面还能满足员工的成就心理需要。如何公平合理地对员工绩效提供报酬,是企业薪酬管理中必须关注的一个非常重要的问题。在当前风险高的经营环境当中,绩效奖励计划设计的重要性不亚于基本薪酬设计。某些情况下,它显得更重要一些。

图8-1中的综合激励模型从总体上揭示了对员工个人绩效进行评价,并提供适当报酬的重要性。我们在这里就这些理论的内涵及其对绩效奖励计划的启示做一个概括性的分析。

(一)期望理论

维克多·弗洛姆(Victor Vroom)指出,绩效是三大知觉的函数:期望、关联性以及效价。期望是员工对自己完成既定工作任务的能力所作出的自我判断,它所揭示的是个人努力与绩效之间的关系,即员工认为通过一定努力会带来一定绩效的可能性。关联性是员工对于达到既定绩效水平之后能否得到组织报酬所具有的信心,它反映了员工相信一定的绩效水平会带来所希望的奖励结果的程度。效价是员工对组织因自己实现令人满意的工作、业绩而提供的报酬具有的价值所作出的判断,它反映了组织所提供的奖励满足个人目标或需要的程度以及这些潜在奖励对于个人的吸引力。

期望理论实际上指出了:第一,员工对个人能力的自我评价是非常重要的。企业应当意识到,要想让员工达到既定的绩效水平,需要对他们进行培训以及为他们提供完成工作任务所需的各种资源。第二,必须明确界定员工的工作任务、责任以及清晰的绩效标准,建立公平、完善的绩效评价体系,让员工相信他们对绩效目标的实现具有充分的控制力。第三,薪酬和绩效之间的联系是至关重要的,且较多的绩效奖励会比较少的绩效奖励更具激励效果。同时,绩效奖励的收益必须足够大,才能使员工将其视为一种真正的报酬。

(二)公平理论

公平理论认为,员工不仅关心自己经过努力所获得的报酬的绝对数量,也关心自己的报酬与其他人的报酬之间的关系,即员工根据自己的投入产出关系和他人的投入产出关系的对比来判断自己所获得的报酬的公平性。与感知到的收入(如努力、工作行为)相比,如果员工认为自己所得到的产出是对等的,他们就会受到激励;反之则会导致员工心里不舒服。如果员工认为其他人付出的努力与自己相同但所获得的报酬更多,或者他人付出的努力比自己少但报酬与自己相同,他们就会采取负面行动(如消极怠工)来实现双方在投入产出比上的平衡。

公平理论说明:第一,员工比较的是自己与他人所获得的薪酬、所付出的努力之间的平衡,因此对员工的行为和态度产生影响的是相对薪酬而不是绝对薪酬的数量,即薪酬的内部公平性和外部公平性对于员工的绩效激励有着很大的影响。第二,企业必须建立起一套客观公正的绩效评价体系,将通过这一体系得出的绩效评价结果与最终报酬挂钩,确保同等条件下,绩效优秀的员工所获得的薪酬超过绩效不佳的员工。第三,如果企业所提供的报酬没有达到员工的公平性要求,则员工会采取对企业不利的负面行为来试图获得公平。因此,无论是企业的基本薪酬还是绩效奖励计划,都必须注意在全体员工中保持公平性和一致性。

（三）强化理论

强化理论认为，一个人的行为是受其目标引导的，如果员工的某种行为得到了与预期目标相符的某种报酬的强化，则员工重复性地执行相同行为的可能性很可能提高。强化理论对于薪酬管理的启示在于：其一，对于员工的绩效必须给予相应报酬，报酬会强化（激励和维持）员工绩效，而得不到报酬的行为或绩效是不会持续下去的。其二，必须在员工达到企业期望的绩效之后尽快给予报酬，即应当在员工的绩效或对企业有利的行为与这种绩效或行为所获得的报酬之间建立起一种比较直接和及时的联系。

（四）目标设置理论

目标设置理论主要探讨了目标的具体性、挑战性以及绩效反馈对绩效的影响。它指出，实现某种目标的工作意向是工作激励的主要源泉；明确具体的目标不仅告诉员工需要做什么以及应当付出多大努力，而且能够提高绩效；一旦员工接受了比较困难、富有挑战性的目标，则会比那些较容易实现的目标给他们带来更大激励；最后，能够获得绩效反馈的目标实现过程会比没有反馈的目标实现过程更加顺畅。

目标设置理论实际上告诉我们：第一，目标可以作为员工与之进行对比的绩效标准。实现目标往往是与得到有价值的报酬联系在一起的。因此，它对于个人是有激励作用的，即明确具体、富有挑战性的绩效目标对绩效发生的强度及其持续期间具有很强的影响力。第二，绩效奖励必须是在某种重要目标实现时支付给员工，且奖励性报酬的数量应当与目标的实现难度相匹配。第三，企业必须以一种明确的方式来与员工就绩效目标进行沟通，确保员工相信自己能够对绩效目标产生影响，并在绩效的实施过程当中及时地向员工提供绩效反馈。

（五）委托代理理论

委托代理理论（Principal-agent Theory）实际上是经济学中关于激励的理论。该理论认为，在任何委托代理关系中都存在代理风险。产生代理风险的最主要原因是信息不对称和委托人在控制代理人的行为时需要花费大量成本，即委托人为了保证自己的利益，希望尽可能多地观测和了解代理人的信息，但由于不对称信息是难以直接观测和验证的，委托人要想了解代理人的信息和监控代理人的行为就必须花费代价与成本。不仅这种代价和成本可能非常高，而且可能根本无法确保委托人收集到代理人的所有信息。这种情况下，委托人的一个最佳选择不是去对代理人的能力进行判断并对其行为进行监控，而是选择一种有助于使代理人的利益与委托人的利益趋于一致的契约。这样，委托人既能够保证自己的利益，又可以节省大量的监督控制成本。

委托代理理论表明：如果委托人（企业）对代理人（员工）的绩效履行过程或绩效行为能够进行有效监督，且监督和控制成本不那么高，那么，企业可以根据员工的行为表现支付相对来说稳定的静态薪酬（主要是根据员工所承担工作的难度和重要性来支付薪酬），或者只是将员工的小部分薪酬与对其行为的评价结果联系在一起。

但如果员工的绩效完成过程无法得到有效监控或者监控成本过高，企业就应当根据员工的工作结果即是否实现组织的目标来支付薪酬。当委托人对其工作存在监督不到的地方时，作为代理人的员工很可能会产生机会主义倾向或消极怠工行为。当然，从员工的角度来说，他们更愿意获得比较稳定的薪酬而不是有较高风险的薪酬（经济学中所谓的风险规避倾向）。而如果企业根据员工的工作结果或绩效支付薪酬，实际上是将员工的薪酬收入置于一个风险境地。因此，要想让他们从内心接受这种具有风险性的绩效奖励计划，就必须为他们提供一个获得更高收入的机会，即以潜在的更高薪酬水平来换取或补偿员工所愿意承担的风险。绩效奖励计划的风险性质越明显，企业就越需要为员工提供更高的潜在收入以作为补偿或回报。

综合上述各种激励理论，可以看出它们对绩效奖励计划有以下几个启示。

第一，员工的需要会影响员工的行为。能够满足员工不同需要的薪酬体系才会真正具有激励性。员工需求多样化的情况下，单一的薪酬体系或者薪酬构成可能无法给员工带来满足感，弹性的薪酬体系或多样化的薪酬体系对员工绩效的诱导作用可能是最强的，即有针对性的绩效奖励计划可能会比笼统、单一、意图不明确的绩效奖励计划更有效果。

第二，雇佣关系本身具有一种交换本质，而交换只有在公平的基础上才是有效的。因此，薪酬管理的很多工作都应当非常注重公正性。从绩效奖励方面来看，这种公正性首先体现在员工能否获得必要的工作条件和资源支持，其次体现在员工的绩效能否得到准确、公正的评价，最后体现在员工的绩效能否得到公平的报酬。上述三点是一个成功的绩效奖励计划在制度上的三大要素。

第三，绩效奖励计划的成功还有赖于企业与员工之间的沟通。通过沟通来确保员工明确组织对自己的行为以及工作结果的期望，以及达到企业的期望值后能够获得的报酬。如果员工不清楚自己应该干什么以及干到什么程度才算达到要求，或者不清楚什么样的工作行为或结果能够获得什么样的报酬，或者不相信某种行为能够获得他们所希望的报酬，绩效奖励计划就不可能有效。

第二节 绩效薪酬的类型

绩效薪酬有很多种类型，选择何种薪酬计划取决于组织的经营战略、经济状况、人员情况以及组织想要达到的目标。组织目标发生转变时，绩效奖励计划的种类也应随之发生变化。可以从两个角度对绩效奖励计划进行分类：从时间角度来看，分为短期绩效奖励计划和长期绩效奖励计划；从激励对象角度来看，分为个人绩效奖励计划和群体绩效奖励计划。

一、时间角度的绩效薪酬计划

（一）短期绩效奖励计划

1. 绩效加薪

（1）绩效加薪的概念及其优缺点。绩效加薪是将基本薪酬的增加与员工在某种绩效评价体系中所获得的评价等级联系在一起的一种绩效奖励计划。通常在年度绩效评价结束时，企业根据员工的绩效评价结果以及事先确定下来的绩效加薪规则,决定员工在第二年可以得到的基本薪酬。绩效加薪所产生的基本薪酬增加会在员工以后的职业生涯(同一企业中连续服务的年限)中累积。

简单的绩效加薪规则如表 8-1 所示。

表 8-1 简单的绩效加薪规则

绩效评价	大大超出期望水平	超出期望水平	达到期望水平	低于期望水平	大大低于期望水平
绩效评价等级	S	A	B	C	D
绩效加薪幅度/%	8	5	3	1	0

绩效加薪计划的优点在于两个方面:一是这种计划使员工的基本薪酬增长与个人绩效挂钩,能够确保绩效优秀员工的薪酬比绩效一般或较差的员工的薪酬增长得更快。如果组织的绩效管理系统设计合理,能够衡量员工对组织的价值以及实际贡献,则绩效加薪不仅有利于留住那些优秀员工,而且有利于培育绩效文化,推动组织绩效目标的达成和战略的实现。二是绩效加薪通常采取基本薪酬上涨一定百分比的做法,而每一次绩效加薪的百分比都可以根据组织的盈利状况、与市场薪酬水平或标杆企业之间的差距以及物价成本的上涨幅度等因素确定,这就使企业在控制薪酬成本上升方面具有较为灵活的控制力。

绩效加薪计划的缺点也是显而易见的:首先,外部经济条件可能会导致加薪幅度很小,当绩效加薪预算本来就不高时(如只有薪酬的 3%～5%),绩效优秀和绩效一般员工之间的加薪幅度差异很可能没有太大意义,根本达不到激励员工去追求卓越效果(一些研究表明,低于 6%～7%的绩效加薪无法达到激励效果)。对此,专家建议对绩效最优秀的员工所提供的年度加薪幅度应该达到绩效一般员工的两倍,并对那些绩效欠佳的员工不给予加薪,真正体现多劳多得。

绩效加薪的另外一个潜在缺点是,它可能会很快给组织带来高昂成本。绩效加薪具有累积效应,一开始成本并不高的绩效加薪一旦不断累积起来,给企业带来的成本压力就会越来越大(很多企业会非常注意控制基本薪酬的上涨,更多地通过一次性绩效奖励而不是绩效加薪来认可员工的贡献)。绩效加薪带来高成本的另一方面的原因是,大部分企业中,管理人员通常倾向于把下属员工的绩效等级确定在水平较高的等级上(出现绩效评价中的宽松误差)。这样,企业往往需要面对大部分员工都能得到较大幅度绩效加薪的局面,从而不得不面对快速增长的薪酬成本(因此,很多企业在绩效评价制度中对各个绩效等级中的人员分布比例作出强制规定,至少对能够获得最高绩效等级的员工所占比例作出限定)。

(2)绩效加薪计划的设计要素

绩效加薪计划设计的三大关键要素是加薪幅度、加薪时间以及加薪的实施方式。就加薪幅度而言,绩效加薪的幅度主要取决于企业的支付能力。如果加薪幅度过大,企业可能没有承受能力,但如果绩效加薪的幅度过小,绩效加薪计划又很可能会无效。小规模的加薪往往起不到激励员工绩效的作用,并且很容易与生活成本加薪混同。在一些较复杂的绩效加薪计划中,绩效加薪的幅度还与企业的薪酬水平和市场薪酬水平的对比关系有关(表 8-2),或与员工所在的管理层级等因素有关。从绩效加薪的时间安排来看,常见的是每年一次,也有企业采取半年一次或每两年一次的做法。从绩效加薪计划的实施方式来看,绩效加薪

表 8-2　市场化绩效加薪　　　　　　　　　　　　　　　　　%

与市场平均薪酬水平的差距	S	A	B	C	D
高 15%	6	4	3	1	0
高 8%	8	6	4	2	0
基本持平	10	8	5	4	0
低 8%	14	10	8	5	0
低 15%	18	15	10	8	0

既可以采取基本薪酬累积增长的方式，也可以采取一次性加薪的方式。一次性加薪是常规的年度绩效加薪的一种变通措施，它通常是对那些已经处于所在薪酬等级最高层的员工所采取的一种绩效奖励方式，这时企业已经不能再提高这类员工的基本薪酬水平，但又需要对其中的高绩效员工提供一定的激励。

（3）绩效加薪计划的设计工具。在实施绩效加薪计划时，通常会用到一种简单易行的薪酬管理工具——绩效加薪表。绩效加薪表可以详细列举不同薪酬等级上的不同绩效水平的员工所应当获得的加薪幅度以及加薪的时间安排等要素。按照绩效加薪决策所运用的变量多少，可以将绩效加薪表按从简单到复杂的顺序划分为以下三种类型。

①仅以绩效为基础的绩效加薪表。这种表格是绩效加薪表中最简单且运用非常普遍的一种形式（表 8-2 和表 8-3）。这种情况下，加薪的唯一依据是绩效评价等级的高低。高绩效者获得较大的加薪幅度，低绩效者的加薪幅度较小或者不加薪，有时甚至还要被降薪。这种绩效加薪计划的优点在于企业容易掌握和控制加薪的成本预算，管理起来较容易，与员工沟通起来也很方便。

表 8-3　仅以绩效为基础的绩效加薪计划：以基本薪酬为基准

员工	当前薪酬/元	加薪百分比/%	绝对加薪数/元
A	2 000	2.0	40
B	3 000	2.0	60
C	4 000	2.0	80

仅以绩效评价等级为基础的绩效加薪往往不考虑不同等级薪酬的内部比较问题，即在基本薪酬不同的情况下，绩效水平相同的员工即使加薪百分比一样，基本薪酬高的员工所得到的绝对加薪数，也会比那些基本薪酬较低的员工所获得的绝对加薪数要大。这种做法，一方面有其合理之处，因为处于不同薪酬等级上的员工即使绩效水平相同，他们对于企业所做的贡献也是差异较大的，基本薪酬水平较高的员工与基本薪酬水平较低的员工相比，要么所从事的工作更为重要，要么具备更高的技能。但另一方面，如果基本薪酬水平较高的员工薪酬水平已经很高，那么继续给予他们与基本薪酬水平较低的员工相同的加薪百分比可能导致企业承受较高的薪酬负担，有些时候还会导致企业内部的薪酬差距过大，不利于企业内部的团队精神建设和员工之间的合作。

解决这种问题的方法之一，是以员工所在薪酬范围的中点为基准来实施绩效加薪

（表 8-4）。这使薪酬的提升更加紧密地与绩效联系起来。这就减慢了那些位于薪酬宽带高层人员的加薪速度，使得同一薪酬宽带中，绩效相同的员工的绝对加薪数相同，增强了组织的内部一致性。

表 8-4　仅以绩效为基础的绩效加薪表：以所在薪酬范围的中值为基准

员工	当前基本薪酬/元	以薪酬范围中值为基准的绩效加薪/%	绝对加薪数/元	实际加薪百分比/%
A	2 000	2.0	60	3.0
B	3 000	2.0	60	2.0
C	4 000	2.0	60	1.5

②以绩效和相对薪酬水平为基础的绩效加薪表。很多传统型的组织和薪酬结构比较复杂的组织，通常会采用以绩效和内部或外部相对薪酬水平为基础的绩效加薪表（表 8-5）。这种加薪方案或以四分位或百分位方法为依据，或直接以比较比率为依据。其中，百分位或四分位表示员工个人薪酬在企业内部薪酬水平比较中的相对位置；比较比率表示实际薪酬与市场平均薪酬水平之间的比较。

表 8-5　以绩效和相对薪酬水平为基础的绩效加薪表　　　　　　　　　　　　%

绩效水平	薪酬水平			
	第一个四分位	第二个四分位	第三个四分位	第四个四分位
优异	8	6	4	3
胜任	7	5	3	2
合格	5	4	2	1
不令人满意	0	0	0	0

操作方式是，首先判断员工的薪酬水平与内部或外部市场平均薪酬水平之间的关系。如果与内部或外部市场水平相比，员工薪酬已经达到较高水平，则企业会在同等条件下酌情考虑降低员工的加薪幅度；相反，如果员工的薪酬水平较内部或外部市场低，则企业会在同等条件下适当调高加薪幅度。企业采用这种绩效加薪计划的主要目的是控制薪酬成本以及维持薪酬结构的完整性。

在不考虑员工现有薪酬水平与企业内部其他员工的薪酬水平或外部市场薪酬水平之间关系的情况下，对长期在同一岗位上工作的员工进行加薪很可能会造成企业薪酬成本的失控性增长。因此，在员工的绩效等级一定的情况下，一些企业首先考虑员工在既定等级薪酬的浮动范围中处于什么位置以及他们应当处在一种什么样的位置上，再决定加薪幅度。这种做法有利于降低以资历为基础的薪酬计划所带来的不公平性，同时避免对那些薪酬水平已经很高（与内部平均薪酬水平以及外部市场平均水平相比较）的员工支付越来越高的薪酬。

表 8-6 是一家公司同样基于绩效和相对薪酬水平而制订的绩效加薪表。但在这里不是用百分位来衡量相对薪酬水平，而是用薪酬比较比率来衡量。

表 8-6 基于薪酬比较比率的绩效加薪计划   %

绩效评价等级	建议绩效加薪百分比			
	比较比率 80.00~95.00	比较比率 95.01~110.00	比较比率 110.01~120.00	比较比率 120.01~125.00
EX（绩效超常）	13~15	12~14	9~11	到区间最高值
WD（绩效优秀）	9~11	8~10	7~9	—
HS（绩效良好）	7~9	6~8	—	—
RI（尚有改进余地）	5~7	—	—	—
NA（绩效不佳）	—	—	—	—

③以绩效和相对薪酬水平为基础，同时引入时间变量构建的绩效加薪计划。管理绩效加薪的一种更为复杂的方法是引入时间变量。表 8-7 给出了一个以绩效和相对薪酬水平为基础引入时间变量构建的绩效加薪计划的例子。这一模型中，绩效水平较高的员工所获得的加薪幅度较大且频率更高，而绩效一般和绩效低于一般水平的员工则需要等待很长时间才能获得加薪，且加薪幅度很小。

表 8-7 以绩效和相对薪酬水平为基础引入时间变量构建的绩效加薪计划

绩效水平	薪酬水平			
	第一个四分位	第二个四分位	第三个四分位	第四个四分位
优异	8%~9% 6~9 个月	6%~7% 9~12 个月	4%~5% 10~12 个月	3%~4% 12~15 个月
胜任	6%~7% 8~10 个月	4%~5% 10~12 个月	3%~4% 12~15 个月	2%~3% 15~18 个月
合格	4%~5% 0	3%~4% 9~12 个月	2%~3% 12~15 个月	0 15~18 个月
不令人满意	0~2% 12~15 个月	0 0	0 0	0 0

这种绩效加薪方法的优点是：一方面能够为绩效优异的员工提供大量、频繁的加薪，激励员工达到更优秀的绩效；另一方面，企业经营状况下滑时，适当减少加薪频率的做法，要比在正常加薪频率下提供低于市场水平的加薪幅度效果更好一些。例如，一个组织可以在 16 个月的时间内加薪 5%，而不是在 12 个月的时间里加薪 3%。这种绩效加薪计划如果操作不当，也可能为企业带来额外的成本负担，并且其管理和沟通的难度较大。

2. 一次性奖金

一次性奖金是一种非常普遍的绩效奖励计划。广义上讲，它属于绩效加薪的范畴，但不是在基本薪酬基础上的累积性增加，而是一种一次性支付的绩效奖励。很多情况下，员工可能会因为完成了销售额或产量，实现了成本节约，甚至是提出了对企业有价值的合理化建议等而得到这种一次性绩效奖励。一些兼并、重组事件发生时，很多企业为了鼓励被收购企业中的一些有价值的员工留下来，会在实施并购时向被并购企业中的高层管理人员、高级工程师、优秀销售员以及信息技术专家等支付一笔留任奖金。还有一些企业为了鼓励优秀人才与自己签约，也会向决定加盟本公司的新员工提供一笔签约奖金。

对组织而言，一次性奖金的优势很明显：一是它在保持绩效和薪酬挂钩的情况下，减少了绩效加薪情况下因基本薪酬的累加效应所引起的固定薪酬成本增加（表8-8），有效解决了薪酬水平已经处于薪酬范围顶端的那些员工的薪酬激励问题。二是它可以保障组织各等级薪酬范围的"神圣性"，不至于出现大量超过薪酬范围的员工，同时还保护了高薪酬员工的工作积极性。三是它不仅可能非常有效，而且使组织在决定需要对何种行为或结果提供报酬时具有极大的灵活性。组织可以随时在不改变基本薪酬的情况下，针对某些自己期望看到的员工行为，或者员工个人达成的绩效结果，来制订一些一次性奖励计划，并且在奖励计划不合时宜时随时取消这种计划。

表8-8　普通绩效加薪与一次性奖金在长期中的成本比较　　　　　　　　　　　元

成本比较	绩效加薪	一次性奖金
基本薪酬（年薪）	50 000	50 000
第一年支付5%	2 500	2 500
新基本薪酬	52 500	50 000
总额外成本	2 500	2 500
第二年支付5%	2 625	2 500
新基本薪酬	55 125	50 000
总额外成本	5 125	5 000
…	…	…
第五年支付5%	3 039	2 500
新基本薪酬	63 814	50 000
总额外成本	28 606	12 500

对员工而言，一次性奖金相对于绩效加薪的优势要小很多。虽然员工可以一次拿到很多奖金而不是像普通绩效加薪那样，要在12个月甚至更长的时间里慢慢地获得基本薪酬的增加，但从长期来看，员工实际上得到的奖金数额肯定要比在普通绩效加薪情况下少得多。那些即将面临退休的员工对这一问题尤为关注，在传统薪酬体系中，退休金只和员工的基本薪酬挂钩，而与一次性奖金没有任何关系。为了解决这一问题，有的组织将一次性奖金纳入员工的退休金确定基础当中，有的组织则将一次性奖金与福利联系起来。例如，把为员工购买人寿保险作为对员工绩效的一次性奖励。这种做法一方面仍然将绩效和薪酬紧密联系在一起，另一方面又通过用一次性奖金购买福利的做法为组织节省了福利成本。但需要引起注意的是，无论对于何种类型的员工来说，如果企业长期以一次性奖金替代基本薪酬的增加，则有可能导致员工采取一些不利于绩效提高的消极行为。

3. 月度或季度浮动薪酬（月度奖/季度奖）

在绩效加薪和一次性奖金两种绩效奖励方式之间，还存在一种折中的奖励方式，即根据月度或季度绩效评价结果，以月度绩效奖金或季度绩效奖金的形式对员工的业绩加以认可。这种月度或季度绩效奖金，一方面与员工的基本薪酬有较为紧密的联系，往往采用基本薪酬乘以一个系数或者百分比的方式确定；另一方面，又具有类似一次性奖金的灵活性，不会对企业形成较大的成本压力。企业在月度或季度绩效奖金方面投入的数量，可以根据企业的总体绩效状况灵活调整。如果企业经营业绩好，则企业可能会拿出相当于员工月度或季度基本薪酬120%的金额作为月度或季度绩效奖金发放；如果企业经营业绩不佳，则企业可能只拿出相当于员工月度或季度基本薪酬80%或更低比例的金额来作为月度或季度绩效奖金发放。

在实际执行过程中，员工个人所应当得到的绩效奖金往往还要与其所在部门的绩效以及个人绩效挂钩。企业通常可以采取以下几个公式来计算员工个人应得的月度或季度绩效奖金金额（以下公式以企业采取季度考核为例）。

（1）部门间季度绩效工资平均单价的计算：

部门间季度绩效工资平均单价 = 公司季度绩效工资总额 ÷ $\sum$（部门季度绩效工资基准额 × 部门季度绩效评价系数）

（2）各部门应得季度绩效工资总额的计算：

部门应得季度绩效工资总额 = 部门季度绩效工资基准额 × 本部门季度绩效评价系数 × 部门间季度绩效工资平均单价

（3）部门内季度绩效工资平均单价的计算：

部门内季度绩效工资平均单价 = 本部门应得季度绩效工资总额 ÷ $\sum$（员工个人季度绩效工资基准额 × 个人季度绩效评价系数）

（4）员工实际应得季度绩效工资的计算：

员工实际应得季度绩效工资 = 员工季度绩效工资基准额 × 个人季度绩效评价系数 × 部门内季度绩效工资平均单价

4. 特殊绩效认可计划

绩效加薪计划本身在加薪周期以及加薪幅度方面都存在一定限制，它为组织感谢员工对组织成功所作出的贡献只提供了非常有限的机会。例如，出于成本控制方面的原因，企业对最高绩效水平提供的奖励只能达到加薪8%的水平，而此时员工为组织所作出的贡献应得到的报酬却可能远远超过绩效加薪计划所能够给予的奖励。这时，绩效加薪的局限性就显现出来了。

为了向那些绩效超出预期水平很多、值得给予额外奖励的个人以及团队提供必要报酬，很多企业还采用了特殊绩效认可计划或奖励计划。与基于对员工工作行为以及工作结果的全面评价的绩效加薪不同，这种特殊绩效认可计划具有非常大的灵活性。它可以对那些出人意料的各种各样的单项高水平绩效表现——如开发出新产品、开拓新市场、销售额达到相当高的水平等——予以奖励。

华为公司的特殊贡献奖计算公式为：特殊贡献收益 × 特殊贡献系数，此公式关注员工为公司带来的特殊业绩提升的贡献，如突破性项目的贡献。其他一些规模较大的公司往往也有一些正规的机制来确认各种特殊绩效，同时根据一定的指导方针来帮助公司确定各种不同规模的奖金或奖品。

特殊绩效认可或奖励计划提高了薪酬系统的灵活性和自发性，为组织提供了更多的让员工感觉到自己的重要性和价值的机会。特殊绩效认可计划已经成为一种激励员工的很好的替代方法，这种计划不仅适用于作出特殊贡献的个人，而且适用于有特殊贡献的团队。当一个工作团队的所有成员共同努力创造了显著成果，或者完成了一项关键任务时，组织也可以针对这个团队实施特殊绩效认可计划。

特殊绩效认可计划在员工的薪酬激励系统中占据越来越重要的地位和作用，但我国许多企业却没有意识到这种独特的员工绩效奖励方式在改善企业薪酬体系的灵活性、及时认可员工的特殊绩效，以及促进企业总体有效性提高方面所具有的巨大潜力。

（二）长期绩效奖励计划

1. 长期绩效奖励计划的内涵及其特点

长期绩效奖励计划（长期激励计划）是指绩效衡量周期在 1 年及以上，对既定绩效目标的实现提供奖励（例如年薪制和股权激励）的计划。将长期界定为 1 年以上，是因为组织的许多重要战略目标都不是在 1 年之内能够完成的。长期激励计划的支付通常是以 3~5 年为一个周期。长期激励计划强调长期规划和对组织未来可能产生影响的那些决策。它能够创造一种所有者意识，有助于企业招募、保留和激励高绩效的员工，从而为企业的长期资本积累打下良好基础。对于那些新兴的风险型高科技企业来说，长期激励计划的作用是非常明显的。此外，长期激励计划对员工也有好处，它不仅为员工提供了一种增加收入的机会，还为员工提供了一种方便的投资工具。

大多数长期激励计划以经济目标为导向，但越来越多的计划也开始向涵盖其他绩效要素扩展，如客户满意度和质量提高。这与员工绩效评价的改进有密切关系。组织对员工绩效进行评价的指标已经不再局限于短期经济收益。例如，美国运通公司于 20 世纪 90 年代中期创建了一种奖励计划。该计划奖励的内容不仅包括经济绩效，而且包括客户和员工满意度。这些满意度指标对员工所获得的奖励性报酬的影响高达25%。显然，它已经成为企业对员工的行为从关注短期经济结果向关注组织文化转移这一战略的一个重要组成部分。

传统的长期激励计划多集中于高层管理人员，以促使他们关注长期经营结果。一些研究表明，当一个组织中相当大一部分中高层管理人员都有资格获得像股票期权这样的长期奖励性薪酬时，组织绩效会更好，这有助于鼓励这些管理者像企业所有者那样去思考问题。但在向组织中较低层次上的员工也同样实施这种股权计划（通常采取员工持股计划的形式）时，是否能够得出相同结论，目前还没有确切证据，原因之一在于基层员工往往觉得自己对于组织在股票市场上的绩效表现没有太大的影响力。美国西南航空公司等一些企业的实践经验表明，在组织建立完善而高效的人力资源管理体系的情况下，面向全体员工的股权计划也是能够使员工更为关注组织的长期绩效和经营结果的。

就长期激励计划的内容而言，虽然大多数长期激励计划是围绕股票计划来设计的，但其他一些经济奖励同样可以成功运用。参与长期项目或者风险计划的员工有时会有资格参与一种类似短期群体奖励计划的长期奖励计划，他们以现金或者股权的形式得到奖励。例如，石油勘探公司的地质专家有时可以从成功产油的一口油井中得到一定百分比的产量提成；软件设计师有时可以从自己所设计的软件的销售中获得一定的版税。这种长期奖励计划非常适用于奖励基金来源有限的情况，或者团队或个人的贡献对项目的成功与否起着至关重要作用的情况。

2. 长期激励计划中的股票所有权计划

作为长期奖励计划的一种主要形式，股票所有权计划的覆盖面和应用领域都在扩张。近些年来随着我国市场经济的深入发展以及产权制度的改革，越来越多的企业也在寻求通过股票所有权计划来激励企业的高层经营管理人员以及普通员工着眼于企业的长期发展。股票所有权计划在20世纪90年代以来成为我国企业界的一个热点问题。

所谓股票所有权计划，实际上就是指企业以股票为媒介实施的一种长期绩效奖励计划。传统的股票所有权计划主要针对企业的中高层管理人员，目前有向普通员工扩展的趋势。常见的股票所有权计划可以划分为三类：现股计划、期股计划以及期权计划。

所谓现股计划，就是指通过公司奖励的方式直接赠予，或者参照股权的当前市场价值向员工出售股票，总之是使员工立即直接获得实实在在的股权，但这种计划同时会规定员工在一定时期内必须持有股票，不得出售。期股计划则规定，公司和员工约定在将来某一时期内以一定的价格购买一定数量的公司股权，购股价格一般参照股权的当前价格确定。该计划同时也会对员工在购股后出售股票的期限作出规定。期权计划与期股计划类似，但存在一定的区别。在期权计划下，公司给予员工在将来某一时期内以一定价格购买一定数量公司股权的权利，但员工到期时可以行使这种权利，也可以放弃这种权利。购股价格一般参照股权的当前市场价格确定，该计划同样要对员工购股之后出售股票的期限作出规定。

上述三种不同的股权计划的权利、义务是不同的，表8-9对这三种股权计划的权利、义务做了一个对比。从表8-9中可以看出，三种股权计划一般都能使员工获得股权的增值收益权，包括分红收益、股权本身的增值收益。但在持有风险、股票表决权、现期资金投入以及贴息优惠权等方面有所不同。

表8-9 不同类型股权计划的权利义务

股权计划种类	增值收益权	持有风险	股票表决权	现期资金投入	贴息优惠权
现股计划	√	√	√	√	×
期股计划	√	√	×	×	√
期权计划	√	×	×	×	√

现股计划和期股计划都是预先购买了股权或确定了股权购买协议的奖励方式。当股权贬值时，员工需要承担相应损失。员工持有现股或签订期股购买协议时，实际上是承担了风险。而期权激励中，当股权贬值时，员工可以放弃期权，从而避免承担股权贬值的风险。现股计划中，股权已经发生了实际转移，持有股权的员工一般都具有与股票相对应的表决权。而期股计划和期权计划中，股权尚未发生转移时，员工一般不具有股权相对应的表决

权。现股计划中，不管是奖励性授予还是购买，员工实际上都在即期投入资金（奖励性授予的情况下，实际上也是以员工应得奖金的一部分购买了股权）。而期股计划和期权计划则要求员工在将来的某一时期才投入资金购买。期股计划和期权计划中，员工在远期支付购买股权的资金，但购买价格参照即期价格确定，同时从即期起就享受股权的增值收益权，实际上相当于员工获得了购股资金的贴息优惠。

20世纪90年代，股票期权是一种被热捧的股权激励计划。这种股权计划的定义是：为组织中的某些人（主要是中高层管理人员）提供一种在一定时期内以固定价格购买固定数量的公司股票的机会或权利。得到股票期权的人实际购买股票时称为行权，即行使股票期权。

股票期权计划的目的是鼓励中高层管理人员努力工作，以不断改善公司绩效，提升公司股票价格，这样使公司和管理人员都能从中获利。理想情况下，管理者应当通过在效率、创新以及客户满意度等方面增加价值来推动公司股票价格的上涨。但正如将奖金与其他绩效指标挂钩时的情况一样，把股票期权计划作为一种奖励性薪酬时，管理者很可能会因为过于关注股票价格而忽视其他方面的一些目标。现实中，一些高管人员为了提升个人股票期权的价值，甚至会采取一些不道德的方式来抬升公司股票价格。例如通过欺骗投资者来使他们认为组织有超过实际水平的价值和盈利水平，所采取的手段包括隐瞒损失以及夸大收益账面价值等。

股票期权存在的另外一个问题是，公司股票价格的上涨会受到很多因素的影响。经济高速增长时期，公司股票价格会出现普遍性上涨，一家公司的股票价格上升幅度并不一定是公司高层管理人员个人能力和努力的结果。而经济衰退期，即使高管人员非常努力，可能也难以实现公司股票价格的较大幅度上涨。随着20世纪末网络泡沫破灭以及2008年以来金融危机等问题的出现，人们发现股票期权在经济高涨时期通常很有吸引力，而在经济不景气时期则对管理人员没有太大吸引力。

股票期权计划大多数时候主要还是针对组织的高层管理人员实施的，而另外一种适用对象更为广泛的股票所有权计划则是员工股票所有权计划或员工持股计划（ESOP）。一项典型的员工股票所有权计划中，企业通常会通过某种途径将一定数量的公司股票转入员工持股信托基金，由该基金负责通过银行贷款等方式帮助员工购买并管理公司股票，它们会定期向员工提供关于他们所持股票的价值报告。通常情况下，购买公司股票的借款没有全部偿还之前，员工是不能真正得到股票的，而且员工在参与员工持股计划的一定年限之前是得不到独立股权的。员工持股计划的一种特殊形式是股票奖励计划。在这种计划下，企业会直接将股票交给员工持股信托基金，员工持股信托基金按其所持股份每年从公司利润中分得红利，并通过该红利归还由公司以股票形式提供的借款，待借款还清后，股票便可以归每一位员工所有。对于员工参加持股计划而得到的股票，如果员工希望变现，则企业有以当前公平的市场价格购回这些股票的责任。当员工离开企业时，他们可以把股票再出售给企业——如果企业是上市公司的话，员工还可以直接在公开市场上出售。

员工持股计划的优点主要表现在三个方面：一是税收和财务方面的优点。根据2016年财政部、国家税务总局联合印发的《关于完善股权激励和技术入股有关所得税政策的通知》，参加员工持股计划的人员所获得的股本和红利在提取使用前,免缴个人收入所得税。实施这种计划的企业向员工持股计划支付的股息也可以从公司的税前收入中扣除。有时候,员工持股计划还可以帮助企业扩大资金来源,获得一部分低成本资金。二是有利于企业留住人才。显然,在人才竞争和流动率很高的情况下,这种计划有利于稳定员工队伍,提高员工对组织的忠诚度。三是有利于增强员工的所有者意识,培养他们的自豪感。员工持股计划的实施意味着员工可以在某种程度上参与公司层面的决策,这显然有利于促使员工关心企业的经营成败,强化他们参与决策和管理的意识,从而努力帮助企业不断提高绩效和盈利水平。此外,员工持股计划有时候还能起到防止其他公司恶意收购或兼并的作用。当企业陷入财务危机时,员工甚至会使用员工持股计划把公司买下来。

员工持股计划也存在一些潜在的问题:首先,从经济学的角度来看,员工持股计划不可避免地会出现激励不足以及"搭便车"的问题。公司股票业绩的衡量非常复杂,加上员工个人的工作成果与企业最终绩效之间的联系很不紧密,员工实际上很难清楚地知道自己当前的努力和未来行权时的股票价格之间的关系。如果说持股计划对于企业高层管理人员还有一定吸引力的话,普遍的员工持股计划对于员工的工作行为以及业绩改善,到底能够起到多大的作用,很难说清楚。

二、激励对象角度的绩效薪酬计划

(一)个人绩效奖励计划

1. 个人绩效奖励计划的内涵及其适用条件

所谓个人绩效奖励计划,即指针对员工个人的工作绩效提供奖励的一种薪酬计划。它是传统的一种绩效奖励计划,其形式包括计件工资、生产奖金以及佣金等。绩效奖励计划是根据某些事先确定好的客观绩效标准来支付绩效薪酬的计划,个人绩效奖励计划中,这一标准就是员工个人绩效可以与之进行对比的个人绩效基准。许多研究表明,个人绩效奖励计划可以提高生产率、降低生产成本以及提高员工收入。

企业如果想实施个人绩效奖励计划,就必须具备如下几个方面的条件。

第一,从工作角度来看,员工个人工作任务的完成不取决于其他人的绩效,即其他员工的工作状况不会对被个人绩效奖励计划覆盖的员工绩效产生影响。员工对自己的工作进度和工作完成情况有充分控制力,个人努力和个人绩效之间存在直接、明确的联系。此外,组织对于员工个人的绩效还必须能够准确地加以衡量。如果无法衡量和评价个人绩效,个人绩效奖励计划就失去了其存在基础。

第二,从组织状况来看,企业所处的经营环境、所采用的生产方法以及资本—劳动力要素组合必须是相对稳定的,个人绩效奖励计划要求必须事先制定一个相对稳定的个人绩效标准。如果企业经营环境或技术条件、生产方式等不断发生变化,员工个人的绩效标准必然要随之发生改变。这样就会破坏个人绩效奖励计划原有的奖励公式,影响员工对奖励计划的看法,甚至影响员工对企业的看法。

第三，从管理方面来看，个人绩效奖励计划大多是以诱导生产效率提高为出发点的，它实际上鼓励员工在同一岗位上长期工作，提高工作熟练性，企业必须在整体的人力资源管理制度上强调员工个人的专业性，强调员工个人的优良绩效，为员工提供专业化培训，为员工设计单一的职业发展通道等。此外，个人绩效奖励计划的基础是个人绩效，企业还必须有科学、合理的绩效评价系统，以及明确、稳定的绩效标准，同时确保企业的管理人员在绩效评价过程中保持公平和公正。

2. 个人绩效奖励计划的优点和缺点

1）个人绩效奖励计划的优点

除了有助于生产率提高之外，个人绩效奖励计划还具有以下几个方面的优点。

首先，有利于提升个体绩效。与绩效加薪这种绩效奖励计划相比，个人绩效奖励计划也是针对个人绩效提供报酬的一种激励制度。但企业支付给员工的奖励性薪酬是不会被自动累积到员工的基本薪酬当中去的。员工只要像原来一样努力。就能重复性地获得同样奖励。

其次，个人绩效奖励计划降低了监督成本。与根据工作时间支付固定报酬的薪酬制度相比，个人绩效奖励计划不需要为了维持某种合理的生产水平而对员工进行过多的直接监督，员工会受到一种内在激励，自己去控制工作速度和工作质量。企业用在监督方面的成本会大大降低。

再次，在大多数情况下，根据结果支付薪酬的报酬系统，如果能够得到完善的组织绩效以及员工绩效衡量工具的配合，则能比按工时支付固定薪酬的做法更好地预测和控制劳动力成本，避免出现企业生产率很低，但员工薪酬水平不能变动的情况。

最后，个人绩效奖励计划对员工的奖励通常以实物产出（如所制造的零件数量）为基础，而不是以主观绩效评价结果为基础，操作起来以及在与员工沟通的时候比较容易。

2）个人绩效奖励计划的缺点

个人绩效奖励计划也存在一些缺点，主要表现在以下几个方面。

第一，很难适用于难以量化的主观绩效评价情境。个人绩效奖励计划对于传统制造业中的生产类员工来说比较适用，但现代企业的大多数工作，如管理性工作和专业性工作，都没有可以衡量的物质产出。对从事这类知识型工作的员工个人来说，每位员工与其他员工之间的工作关系非常紧密，很难以物质产出的方式区分出员工的个人绩效到底是什么，也就很难采用个人绩效奖励计划。不仅如此，即使能够克服这种对个人绩效进行客观衡量的障碍，个人绩效奖励计划对企业也不会有吸引力。对于这些类型的工作而言，团队工作方式可能会比个人工作方式对企业更有利，而个人绩效奖励计划显然不利于团队工作方式的形成。

第二，很难适用于绩效评价标准容易发生变化的情境。个人绩效奖励计划在设计和维持可以被员工接受的绩效衡量标准等方面面临一个潜在的管理难题，尤其是产出标准的变动很可能会造成员工对企业的不信任感，即使这种绩效标准的变动是有充分理由的。这种状况显然不利于企业生产效率的进一步提升。此外，由于担心新技术可能会导致产出标准的改变（往往是提高），员工可能也不愿意提出采用新的生产方法的建议，甚至会产生一种抵制新技术应用的倾向。一些有经验的老员工为了保持自己的相对生产率优势，可能也不愿意对新员工的在职培训提供必要帮助。

第三，个人绩效奖励计划往往会导致员工只去做那些有利于他们获得报酬的事情，而对于其他事情则倾向于不管不问。其最主要的体现就是，在个人绩效奖励计划下，员工对产出数量最大化的关注可能会和企业对产品质量以及客户服务水平的关注形成一种冲突。个人绩效奖励计划在大多数情况下主要是以产出数量为基础的，产出质量只作为一种限定性要求，员工只会追求达到质量要求这一最低水平，而不会主动去提高产品质量。

在考虑不周的情况下，有些个人绩效奖励计划甚至会导致员工做出有损组织利益的事情。例如，美国一家食品连锁店曾经制订了一项奖励计划，对那些能够将蔬菜中的虫子挑出的员工提供奖励，一开始的时候，员工们确实从蔬菜中挑出了大量虫子，然而后来发生的事情却让管理者目瞪口呆：一些员工为了获得奖金，竟然把家里的虫子偷偷带到公司，放进蔬菜里，然后再把它们挑出来。

第四，个人绩效奖励计划可能不利于员工掌握多种不同技能。这种奖励计划与要求员工掌握多种技能、积极地解决问题这一目标可能会不一致。员工如果去学习新的技术，常常会导致他们的生产速度放慢甚至完全停止生产。如果他们的报酬取决于他们的生产速度和产量，那么他们就不愿意去学习新的技能，因为这至少会在短期内减少他们的收入。单纯的个人绩效奖励计划还有可能会导致员工不注意设备的保养和维护、滥用设备，或者浪费生产资源来达成个人绩效。

尽管个人绩效奖励计划具有很大的潜在优势，但鉴于它对于企业形成一支技能全面、灵活主动、能够解决问题的适应现代竞争要求的劳动力队伍所起到的阻碍作用可能大于促进作用，所以个人绩效奖励计划在除制造业之外的其他一些行业中的运用并不是很普遍，即使在制造业内部，它的作用也有被削弱的趋势。

3. 个人绩效奖励计划的种类

1）直接计件工资计划

这是运用最广泛的一种奖励计划，是薪酬收入直接根据员工的产出水平变化而发生变化的薪酬计划。先确定在一定时间内（如1小时）应当生产出的标准产出数量，然后根据单位产出数量确定单位时间工资率，最后根据实际产出水平算出实际应得薪酬。这种计划下，产出水平高于平均水平者得到的薪酬也较高。

这种奖励计划的优点是简单明了，容易被员工了解和接受。其主要缺点是标准很难确定。在生产领域需要进行时间研究，但时间研究所得出的计件标准的准确性受观察次数、选定的观察对象、对正常操作速度的界定等各方面因素的影响。标准过松对企业不公平，标准过严对员工不公平。这种计划往往需要管理者和员工双方的共同参与。在存在工会的情况下，计件标准有时甚至会成为集体谈判合同中的一个重要条款。

2）标准工时计划

标准工时计划，是指首先确定正常技术水平的员工完成某种工作任务所需要的时间，然后再确定完成这种工作任务的标准工资率。它根据员工完成某种工作任务，理论上应当耗费的时间来支付报酬，而不考虑员工实际耗费的工作时间。即使一个人因技术熟练，以少于标准时间的时间完成了工作,他依然可以获得标准工资率。

例如,一位达到平均技术水平的汽车修理工,为小汽车补一个轮胎平均需要花费的时间可能是 1 小时。如果某位修理工的工作效率较高,他可能在半小时内就完成工作了,但企业在支付工资的时候,仍然是根据 1 小时来支付报酬的。对于周期很长、技能要求较高、非重复性的工作而言,标准工时计划十分有效。

标准工时计划的一个变体是 Bedeaux 计划,它是直接计件工资计划和标准工时计划的结合。它不是为整个工作确定标准工作时间,而是要求将工作任务划分为简单活动,确定达到平均技能水平的员工完成每一项任务所需要的时间。员工如果能够以少于标准时间的时间完成工作,则会获得根据所节约的时间计算的奖励。

3)差额计件工资计划

直接计件工资制的另一种变体是差额计件工资制,或者说泰勒制。这种工资制度是由科学管理理论的创始人弗雷德里克·泰勒(Frederick Taylor)提出的。其主要内容是使用两种不同的计件工资率:一种适用于那些产量低于或等于预定标准的员工,另一种则适用于产量高于预定标准的员工。例如,一家制衣厂,每小时产量低于 25 件的员工,每生产一件衬衣可以获得 50 美分;而每小时产量高于 25 件的员工的计件工资率更高一些,每件可获得 60 美分。这种薪酬体系对于员工达成较高生产率的刺激更大。

传统的差额计件工资计划主要包括泰勒计件工资计划和莫里克(Merrick)计件工资计划。泰勒计件工资计划中共有两种计件工资率;而莫里克计件工资计划中,计件工资率划分为三个等级:完成标准任务 100%以上的,完成标准任务 83%~100%,以及完成标准任务 83%以下的。这两种差额计件工资计划的比较,如表 8-10 所示。

表 8-10　泰勒计件工资计划和莫里克计件工资计划

计件产量标准:10 件/小时
标准工资:5 美元/小时

产量/(件/小时)	泰勒计件工资率/(美元/件)	泰勒计件工资/美元	莫里克计件工资率/(美元/件)	莫里克计件工资/美元
7	0.5	3.5	0.5	3.5
8	0.5	4.0	0.5	4.0
9	0.5	4.5	0.6	5.4
10	0.5	5.0	0.6	6.0
11	0.7	7.7	0.7	7.7
12 以上	按 11 件/小时的工资率标准计算			

4)与标准工时相联系的可变计件工资计划

这类计件工资计划主要包括以下三种。

第一种是海尔塞(Halsey)50-50 计件工资计划。其内容是,企业通过时间研究确定完成某项任务的标准工作时间,如果员工以少于标准工时的时间完成工作,因节约时间而产生收益,则这种通过成本节约而产生的收益在企业和员工之间以对半的形式分享。

第二种是罗曼（Roman）计件工资计划。从企业和员工分享因节约标准工作时间所产生的收益这一点上来看，它与海尔塞计划是类似的。所不同的是，随着所节约时间的增加，员工能够分享的收益所占比例是上升的。如果完成一项任务的标准时间是 10 个小时，某人 7 个小时完成工作，则此人可得到 30%的成本节约奖；若他能在 6 个小时内完成，则可得到 40%的成本节约奖。

第三种是甘特（Gantt）计件工资计划。它的主要做法是，确定标准工时时，有意将它定在工人需要付出较大的努力才能达到的水平上。不能在标准时间内完成工作的人将会得到一个有保证的工资率。但对于那些能够在标准工时内或者在少于标准工时的时间内完成工作的员工，计件工资率则定在标准工资率的 120%这一较高水平上。一旦达到或者超过标准工时的要求（工时更短），员工收入的增长则会比产量的增长快。

5）提案建议奖励计划

提案建议奖励计划是一种最古老的管理工具，无论是在公共组织中还是在私营组织中都随处可见。这种制度下，如果员工的某项建议在组织中得到了成功应用，则员工会得到某种形式的报酬。实践证明，作为一种征集员工对改善组织有效性的建议的正式方法，员工提案建议奖励计划通常具有很高的成本有效性。它可以改善员工关系、提高产品质量、降低成本、增加收益。通常情况下，这种计划都是由人力资源部门负责实施的。日本企业中，提案建议制度是员工参与管理的一种非常重要的实践形式。20 世纪 90 年代，在一些企业中还出现了从员工个人建议体系向以团队为基础的建议体系转变的趋势。

对提案建议体系的有效管理，尤其是员工的广泛参与，是确保这种计划取得成功的关键。海尔的奖励制度中有一项叫"命名工具"，最初海尔开始宣传"人人是人才"时，员工反应平淡，并没有积极提出合理化建议。但是，当海尔以工人的名字命名其建议和技术革新成果时，例如"启明焊枪""晓玲扳手"，员工中很快兴起了提案建议之风。

一个成功的提案建议体系应该包括以下几个关键要素：第一，管理层的认同；第二，清晰的目标；第三，专门的负责人员；第四，结构清晰的奖励体系；第五，规范的公开性；第六，对每个建议作出迅速反馈。

（二）群体绩效奖励计划

群体绩效奖励计划（群体奖励计划）是近年来受到重视和广泛应用的一种绩效奖励计划，它是基于某种群体绩效结果而提供的绩效奖励。群体绩效奖励计划通常可以划分为以下几种类型：成功分享计划以及小群体奖励计划或者团队奖励计划（team-base incentives）等利润分享计划、收益分享计划。

群体奖励计划与当前企业界所倡导的团队精神具有很强的一致性。只使用个人奖励计划虽然也能够推动员工个人达到较高的绩效水平，但同时也可能会产生让企业不可接受的过过度的竞争性行为，导致员工忽视组织目标。而基于群体绩效的群体奖励计划则会引导员工合作，增强他们对整个工厂或企业利益的关注。例如，某航空公司为了提高航班准点率，专门针对服务质量指标制订了一项群体一次性奖金计划。如果公司在这个指标上能够进入所有航空公司的前三名之列，就会给员工发放季度奖金。航班准点率并不是某个员工个人努力就能做到的，它需要航空公司诸多员工的共同努力。

但不可否认的是，在实施群体奖励计划时会遇到一个可能会导致这种计划失败的重大潜在问题，即经济学中所谓的"搭便车"行为。针对群体绩效支付报酬的时候，群体中的某些人可能会采取消极怠工的行为，付出很少努力，等待获取他人努力工作的成果。一旦群体奖励计划设计不当，出现了这种现象，则最终一方面会使对个人的工作激励降到很低水平；另一方面，高绩效者还会因为自己的努力和成绩得不到认可和回报而放弃努力或者干脆离开组织。

总的来说，在以下几种条件下，企业实施群体奖励计划可能是比较有利的：第一，从工作角度来看，工作产出是集体合作的结果，无法衡量员工个人对产出所做贡献。第二，从组织状况来看，组织目标相对稳定的情况下，个人绩效标准需要针对环境压力而经常性地变化，且生产方式以及资本和劳动力的要素组合也必须适应压力的要求而经常作出调整。第三，从管理方面来看，企业中存在良好的绩效文化和团队合作文化。在组织制订出明确的目标并且能够就绩效标准与员工进行良好沟通的前提下，员工会对这种奖励计划充分信任，同时也会有更充足的信心去达成预定的绩效目标。

需要指出的是，许多组织实施群体奖励计划时，会吸收员工参与薪酬决策过程。员工对于哪些行为有助于组织实现更好的运营往往有着一手的知识，他们也能够看到其他员工是否在工作中表现出某些组织期望的行为。需要注意两个方面的问题：一方面，员工参与群体奖励计划的设计和相关的管理决策过程，会使制订和管理奖励计划的过程变得更加复杂。另一方面，员工参与群体奖励计划的设计还存在另外一种风险，即他们在作出相关决策时，很可能以牺牲组织利益为代价来实现自身利益。总体而言，尽管员工参与群体奖励计划的决策确实存在潜在风险，但这种参与对奖励计划的成功实施可能仍然是有益的。组织重视利用货币性奖励来鼓励大家监控绩效，以及注重培养信任和合作精神的时候，员工参与的作用尤其明显。

1. 成功分享计划

1）成功分享计划的内涵和特征

成功分享计划又称目标分享计划，它的主要内容是运用平衡计分卡的方法来为某个经营单位制订目标，对超越目标的情况进行衡量，并根据衡量结果对经营单位提供绩效奖励。经营单位既可以是整个组织，也可以是组织内部的一个事业部、一个部门，还可以是某个员工群体。

成功分享计划的报酬支付基础是经营单位的实际工作绩效与预定绩效目标之间的比较，即既定绩效目标的实现情况或者绩效改善的程度。成功分享计划所涉及的目标可能包括财务绩效、质量和客户满意度、学习与成长以及流程等各种绩效方面的改善。成功分享计划中，每一项绩效目标都是相互独立的，经营单位每超越一项绩效目标，就会单独获得一份奖励，经营单位所获得的总奖励金额等于其在每一项绩效目标上所获得的奖励的总和。

成功分享计划成功的关键在于为每个经营单位确定一整套公平的目标，这种目标要求经营单位通过努力去超越它们在上一绩效周期（通常是 1 年）内所达到的某些绩效目标。成功分享计划所关注的是经营单位的绩效改善程度，它并不一定反映这一经营单位本身的盈利状况——尽管营利性永远是确定经营目标的一个首要因素。对成功分享计划来说，另一个很重要的因素就是要让员工理解他们是如何对组织经营目标的实现产生影响的。达到这一目的的途径之一是让所有员工都参与到目标的制订过程中来。因此，成功分享计划往往会将一个经营单位中的所有员工都纳入该计划中来，从而获得全体团队成员对绩效目标的一种承诺。

与收益分享计划、利润分享计划以及团队奖励计划一样，成功分享计划也属于一种群体奖励计划。但成功分享计划与利润分享计划和收益分享计划之间仍然存在区别。这种区别最明显地体现在作为奖励基础的目标上：一方面，成功分享计划不同于收益分享计划。收益分享计划所关注的主要是生产力和质量指标，与直接的利润指标无关。而成功分享计划所涉及的目标则可能包括财务绩效、质量和客户满意度、学习与成长以及流程等经营领域中的各个方面。另一方面，成功分享计划与利润分享计划也不同。利润分享计划关注的是组织目标尤其是财务目标是否实现，而成功分享计划关注的是员工在团队层次上的表现以及一些更为广泛的绩效结果。成功分享计划的目的在于将某一经营单位内的所有员工与某些预定的绩效改善目标联系在一起。如果这些目标达到了，员工就会得到货币报酬或非货币报酬。

总的来说，成功分享计划具有以下五个方面的特征。

第一，成功分享计划需要为参与该计划的经营单位设定操作模型，该模型需要界定出相关经营单位的核心业务流程，定出 3~5 个对这一核心业务流程进行衡量的关键绩效指标，并为每一个关键绩效指标制订出所要达到的目标。当这些衡量指标和绩效目标确定下来后，员工可以运用报告卡或者平衡计分卡来追踪工作结果以及绩效的进展状况。表 8-11 所示为某保险公司客户服务团队使用的报告卡。通过这张报告卡，可以看到，对于该团队来说最为关键的四大成功要素，都设有具体的绩效衡量指标以及所要达到的目标，该团队中的员工很清楚组织期望自己做什么。

表 8-11 某保险公司客户服务团队使用的报告卡

关键成功要素	衡量指标	绩效目标/%
利润	保险业务利润率	22
赔付	赔付率	12
成本	成本比率	40
客户满意度	客户满意度等级	95

第二，成功分享计划要求经营单位中的每一位员工全面参与。无论是直线管理人员还是职能管理人员，无论是生产操作工人还是技术专家，任何人都有机会参与到该计划中来并为之作出贡献。

第三，成功分享计划要求管理层与基层员工共同制订目标，而不是采取自上而下式的传统目标制订方式。通常情况下，在实施成功分享计划时，往往会由一个代表整个经营单位的成功分享计划委员会负责制订目标并就如何实现目标对员工进行指导。与所有群体奖励计划一样，成功分享计划也必须确保员工了解自己所在经营单位的业务范围，并知道采取什么样的行动会有利于利润、市场份额、质量、生产率以及客户满意度等绩效结果的实现。只有让每位员工都看到自身的努力和组织的绩效结果之间的联系，他们通过自己的努力去争取实现绩效目标的可能性才会更大。

第四，成功分享计划鼓励持续不断的绩效改进。实行成功分享计划的时候，组织每年会在上一年的实际绩效基础之上确定新的绩效目标。新的目标通常会比上一年度实际达到的绩效结果稍高一些；且新的目标必须是在其他条件不变的前提下，通过员工的努力能够达到的。这种对绩效不断改进的强调与传统的绩效奖励计划存在较大区别。传统的绩效奖励计划中，绩效标准虽然有时也会发生变化，但通常不会经常作出改变。这种持续改善的哲学还使属于同一大型组织的不同经营单位能根据各自不同的经营计划采用成功分享计划，即对于整个组织范围内采用成功分享计划的企业来说，计划的一致性不是通过让不同的经营单位接受相同的目标来实现的，而是通过按照相同的过程分别制订不同但较为公平的目标来实现的。

第五，成功分享计划有结束的时候。成功分享计划针对某一特定计划期间（通常是1年），如果后续的经营计划与上一计划周期内的经营计划之间的关系不大，那么原有的成功分享计划就可以结束了。从这一点来说，成功分享计划更像是一种经营计划或者绩效管理过程，而不是一种薪酬计划。

尽管成功分享计划具有种种优点，但这种计划并不一定适用于所有组织。决定实施这种群体奖励计划之前，企业可能需要思考这样一些问题：第一，是否有继续改善绩效的机会？是否有支持成功分享计划的资金来源？第二，是否有完善的经营计划？是否知道如何衡量经营状况？第三，管理层和员工之间的信任度如何？企业能否吸引员工参与？双方能否支持成功分享委员会所制订的计划？第四，员工的努力和最终经营结果之间是否具有明确关系？员工是否能够或者愿意理解企业的经营？第五，企业有没有针对组织绩效进行评价的系统？应当从哪些绩效指标入手？还需要在未来再开发哪些绩效指标？

2）成功分享计划设计过程中的几个关键决策

（1）参与资格。决定谁有资格参与成功分享计划，主要取决于两个关键因素：一是企业现有的各种薪酬计划（如福利计划、股票所有权计划）的资格要求是怎样界定的；二是组织能否有效地管理这种成功分享计划。具体的决策问题包括：是全体正式员工参与还是非正式员工也可以参与，刚刚入职的新员工和即将退休的老员工应该如何处理等。通常情况下，组织中所有员工都有资格参与这种计划。如果组织还为管理人员设计了其他一些奖励计划，还要注意这两种计划之间的协调性。

（2）支付形式。成功分享计划中最为常见的报酬支付形式是，按照员工劳动报酬的一个百分比来确定分享基金的额度。具体计算的时候，企业往往会将有些报酬内容从作为分享依据的员工劳动报酬总额中扣除，如非工作时间报酬以及其他一些奖金，同时又会将加班工资等一些报酬内容算进来。有些企业的成功分享计划还实行了将非现金奖励与现金奖励结合起来的做法，有些企业为员工提供利用成功分享计划所分配的收入购买公司股票的计划，还有的企业则将分享基金转化为员工的养老金。

（3）支付频率。成功分享计划的报酬周期应当与自然的经营周期紧密配合。正常的经营周期通常是 1 年，因此，典型的成功分享计划是一种年度计划。当然，也可以设计成以半年或季度为周期。但成功分享计划所确定的绩效周期不能太短，其目的是向那些长期的可持续性结果支付报酬，一次性、短期的结果对于成功分享计划来说并不重要。对于一些短期的绩效改善，绩效认可、一次性奖金等其他奖励计划能比成功分享计划更为有效地提供激励。

过短的绩效周期和过于频繁的奖金支付还会产生以下几个方面的不利结果：第一，整个企业的经营过程中，季度之间出现变化是很常见的。如果企业根据季度设计经营计划，不仅会增加制订目标的工作量，而且最终的绩效衡量可能也会变得不那么精确。第二，企业需要足够的时间来获得所需的奖励资金来源。第三，短期的小额奖励可能不如相对较长时期的大额奖励对员工的激励性更强。第四，支付的频率越高，管理的成本也越高。过细和过多的计算会将员工的注意力从对企业真正有价值的工作上转移走，只有引导员工将注意力更多地放在解决问题以及改善经营结果上，才会更有利于企业的生产率提高以及客户、股东和员工利益的改善。在绩效周期较长的情况下，企业必须非常注意与员工进行有效沟通，以使员工了解各种经营指标的进展状况，保持信息的畅通。

（4）支付数量与支付等级。成功分享计划的支付数量取决于公司层次的决策。而支付等级通常可以划分为最低级、中间级和最高级三个层次。最低级是指经营单位能够获得奖励所提出的最低要求，大多数成功分享计划是当经营单位在某一个绩效指标方面比上一年度有所改善时就可以获得奖励。中间级是指当经营单位百分之百地达到目标时所应当得到的奖励等级。最高级则是指经营单位由于达到了最高绩效水平而应当获得的奖励。大多数成功分享计划将最高报酬界定为经营单位实现 200% 的目标，也有些企业将其定位为 150% 或 250% 的目标实现。

（5）资金来源。确定成功分享计划的资金来源时，管理层必须考虑和计算出绩效目标的实现到底能够为组织带来多大的经济价值。这可以帮助企业确定，能够为企业和员工同时创造价值的相应的报酬水平应当是多少。一个基本原则是，成功分享计划的资金来源应当是该计划所创造的价值，而不应当是企业额外支付的成本。

成功分享计划的长期资金来源战略应当放在强调基本薪酬和浮动薪酬之间的关系上，即企业需要考虑外部市场的薪酬水平以及企业自己在全面薪酬方面的市场定位。企业的基本薪酬可以定位在市场水平的第 50 个百分位上，但如果企业的经营结果优异（如达到了 200% 的目标绩效），那么，可变薪酬有可能会将企业的薪酬水平提高到市场水平的第 70 个百分位上。

实际操作方面，成功分享计划所需要的资金至少可以从两个渠道获得。

①从未来的薪酬增长资金中拿出一部分作为成功分享计划的预算。当企业用这种以可变薪酬替代基本薪酬的方式来筹集成功分享计划的预算时，通常的规则是采用 2∶1 的替代率，即如果将原来 1% 的基本薪酬转化为可变薪酬，一旦实现了经营目标，企业应当对员工提供相当于 2% 的基本薪酬的奖励机会。企业也可以采取 3∶1 的替代率，这取决于企业具

体的经营状况。

假定市场第 50 个百分位上的薪酬水平是月薪 5 500 元。某公司采用一种相对保守的浮动薪酬战略，将员工的基本薪酬定位在 5 000 元上。如果经营单位实现了预定的最高绩效水平，则员工可以获得 1 000 元的成功分享基金；如果经营单位没能实现持续改善的目标，员工只能获得 5 000 元的基本薪酬。前一种情况下，员工可能会获得高于市场水平 500 元的总薪酬，而后一种情况下，员工的总薪酬水平会比市场平均水平还要低 500 元。

②企业将员工的基本薪酬定位在市场平均薪酬水平上，员工能否获得成功分享基金，完全取决于经营单位的绩效是否超越了过去的绩效。这种情况下，成功分享资金完全来源于该计划新创造的价值。如果经营单位的绩效没有实现持续的改善目标，则员工仍然能够获得与市场水平一致的薪酬收入。企业还可以采取将上述两种方式有效结合的其他方式来获得成功分享计划所需要的资金。

（6）实施成功分享计划的经营单位范围选择。实施成功分享计划之前，企业必须确定实施该计划的经营单位的数量。对于由多个经营单位构成的大型企业来说，确定实施成功分享计划的经营单位时需要遵循的一个原则是，员工的努力与最终经营结果之间关系的紧密度。如果企业所包括的单位数量不少，但彼此之间的依存度很高，则可以将整个企业作为一个实施成功分享计划的经营单位，大家的经营目标是一致的。但如果企业中包括若干个相互独立性较强的经营单位，可能就要为不同的经营单位分别设置不同的经营目标了。当然，它们也可以分享其中的一部分经营目标。

3）成功分享计划的设计程序

首先，建立成功分享计划委员会。成功分享计划的目的在于将每个员工的注意力集中到组织目标上去。而达到这一目的的最好方法莫过于在目标的制订阶段就让来自不同部门和层次的员工参与进来，并由该委员会负责对全体员工如何实现这些目标进行指导和培训。尽管高层管理人员对组织的总体经营战略很清楚，但他们通常不一定对每一个下属经营单位的业务及其绩效衡量指标都很清楚。最接近业务经营的人是最了解经营的。至于成功分享计划委员会的成员人数则要视组织文化和规模而定，通常为 6~12 人，这些人应当能够代表准备实施该计划的各个部门。

委员会的成员必须是受到同事尊重的人，明白自己所扮演的角色，同时具有良好的职业道德。虽然他们不可能充分了解企业经营的各个方面，但必须对本经营单位的业务和经营状况有一个总体概念，同时对群体奖励计划本身有清楚的认识。为了保持委员会成员的工作连续性，还应当注意避免委员会成员在一个绩效周期内的流动率过高。通常的成功分享计划的绩效周期是 1 年，经营目标每年都不同，因此，委员会成员每年更换 1/3 可能是一种比较合理的流动率。

其次，制定经营绩效指标并且确定不同指标之间的权重。成功分享计划委员会在对组织的经营战略和环境有了全面的了解后，确定组织的重要经营绩效指标。可以采用头脑风暴法。首先列举出所有可能存在的各种经营绩效指标。对某些企业来说，这些经营指标可能有 10 个；对另一些企业来说，很可能有 20 个或者更多。如果大家列举出来的经营指标实在太多，那么就需要对这些指标进行分类，由成功分享计划委员会来投票决定这些指标的重要程度。最终为经营单位确定下来的经营指标最好保持在5~8个。在确定最重要的绩效指标之后，委员会还要为这些指标分配权重，权重的分配是以该指标对经营单位在未来几年中乃至长期的绩效所产生的影响大小为依据的。通常情况下，这些指标是一些年度经营指标，并且能够与过去的一些绩效进行对比。

最后，为绩效指标确定公平合理的进展目标并确定奖励的办法。成功分享计划的报酬支付基础不是成本的节约，也不是与某一标准相对照而产生的收益，而是在上一绩效周期基础上所取得的绩效进展程度。因此，确定绩效进展的目标对于成功分享计划而言显得尤为重要。

表8-12所示为某机械制造车间成功分享计划计分卡，它描述了成功分享计划的主要内容。该车间一共确定了本经营单位的六个关键绩效指标：产品质量、残次品/返工率、工时成本、客户满意度、批次成本、净资产收益率。财务指标有四个（残次品/返工率、工时成本、批次成本、净资产收益率），占65%的权重；非财务指标有两个，产品质量占15%的权重，客户满意度占20%的权重。每一项绩效指标都对应两行数据，第二行数据代表的是经营单位预期在该指标上未来可能实现的各种绩效水平。这些绩效水平的起点是该经营单位上一年度的绩效水平，即"上期绩效"一列数据所代表的绩效水平。表8-12中顶端的这一行百分比数字表示的是与其所对应的这些绩效水平与起点绩效水平相比的绩效改善程度。

表8-12　某机械制造车间成功分享计划计分卡

目标	权重/%	上期绩效	0	20%	40%	60%	80%	100%	120%	140%	160%	180%	200%	奖金比率/%
产品质量	15		0	0.15	0.30	0.45	0.60	0.75	0.90	1.05	1.20	1.35	1.50	0.9
		85	85	88	91	93	94	95	95.5	96	96.5	97	97.5	
残次品/返工率	10		0	0.1	0.2	0.3	0.4	0.5	0.6	0.7	0.8	0.9	1.0	0
		0.50	0.50	0.48	0.46	0.44	0.42	0.40	0.38	0.36	0.34	0.32	0.30	
工时成本	20		0	0.2	0.4	0.6	0.8	1.0	1.2	1.4	1.6	1.8	2.0	1.4
		51.5	50	49	48	47	46	45	44.5	44	43.5	43	42.5	
客户满意度	20		0	0.2	0.4	0.6	0.8	1.0	1.2	1.4	1.6	1.8	2.0	1.6
		95.8	96	96.4	96.8	97.2	97.6	98	98.2	98.4	98.6	98.8	99	
批次成本	10		0	0.1	0.2	0.3	0.4	0.5	0.6	0.7	0.8	0.9	1.0	0.1
		425M	425M	420M	415M	410M	405M	400M	390M	380M	370M	360M	350M	
净资产收益率	25		0	0.25	0.50	0.75	1.00	1.25	1.50	1.75	2.00	2.25	2.50	2.0
			10	10.8	11.6	12.4	13.2	14	14.8	15.6	16.4	17.2	18	
预定奖金比率/%			0	1	2	3	4	5	6	7	8	9	10	
最终总奖金比率														6.0

这里的百分比只是一种相对的数量标志，是对绩效改善程度的一种判断，而不是相对于起点绩效水平的改善程度的绝对百分比。例如，在"产品质量"这一行中，起点绩效水平是85，如果该车间的产品质量绩效在下一绩效周期中达到了95，则可以认为其质量绩效

的改善程度达到了100%。而如果从绝对绩效改善水平来看，只能说是改善了11.8%。这里是以绩效改善水平达到100%作为经营单位的一个常规目标的。通常情况下，经营单位达到这种目标的可能性应当在60%～80%，这通常也是组织在制定薪酬成本预算时所使用的一个数字。而绩效改善水平达到200%则是经营单位的最高目标，这种目标也应当是有可能达到的（尽管它是经营单位在绩效特别优异的情况下才能达到的），通常经营单位达到这一目标的可能性应当在30%～50%。

表8-12"预定奖金比率"一行的百分比数字代表的是经营单位的绩效一旦达到了所在列的水平，组织将给予该经营单位的奖金比率。在经营单位的所有绩效指标的改善程度都达到100%的情况下，组织给予该经营单位的奖金比率是其期初货币薪酬的5%。达到200%时，组织给予的奖励是其期初货币薪酬的10%。用于确定奖励金额的百分比的具体数值，要根据企业的支付能力以及企业希望在群体奖励计划中支付给员工的报酬数量的大小来定。这些百分比数值还可以用具体的金额、点数或者实物性绩效奖励来替代。

从表8-12中还可以看出，每一个绩效指标对应两行数据，第一行中的数据是一个百分比数据，它代表的是当经营单位的某种绩效指标达到该列中所对应的绩效目标之后，经营单位在该绩效指标上所获得的奖励比率。例如，如果该经营单位在产品质量方面的绩效改善达到了80%的水平（绝对绩效水平为94），则其在该绩效指标上应当得到的奖励就是总货币报酬的0.60或60%（等于80%的绩效改善所对应的4%的绩效奖励比率与该绩效指标在指标体系中所占权重15%之间的乘积）。表8-12中"预定奖金比率"一行是该经营单位在每一项绩效指标上所获得的实际奖金比率。将这些奖金比率相加，即可得到该经营单位在年底能够分享的总的奖金比率（6.0%）。

从这张计分卡中，不仅能够看到最终的奖金比率，而且能看到经营单位在哪些绩效方面的进展不大，而在哪些绩效方面则取得了较大的进展。可以发现，它在"残次品/返工率"这一绩效指标上没有取得任何绩效进展，所获得的奖金比率为0；在"批次成本"这一绩效指标上所取得的进展也微乎其微，所获得的奖金比率只有0.1%；而其在"客户满意度"和"净资产收益率"等指标上的绩效状况明显好得多，员工对这种信息的了解无疑有助于他们有目的地改善某些薄弱点，从而有助于公司全面绩效的实现与推进。

4）基于平衡计分卡的成功分享计划

近些年来，随着平衡计分卡这一概念的出现，成功分享计划中使用的绩效评价体系设计有了可以参照的框架。平衡计分卡是对能够代表组织的长期目标和短期目标的各种绩效评价指标所做的一种整合，它可以作为奖励性薪酬尤其是综合性群体奖励计划的一个很好的基础。

表8-13所示为某制造企业基于平衡计分卡的绩效奖励计划。这张平衡计分卡一共包括四类绩效指标。财务指标就是资本收益率，即在某一时期所获得的利润与在这一时期所使用的资本之比。资本收益率越高，意味着资本（包括资金和设备）所产生的利润越多。客户满意度指标就是产品退货率。如果在每1 000件产品中只有1件退货，则表明客户满意度比在每800件产品中就有1件退货要好。内部业务流程指标是指员工群体缩短生产周期或交货期的时间百分比，即缩短完成某一整个工作流程——如完成一份订单或者是将新产

品投入生产——所需的时间。学习与成长指标是降低员工的自愿流动率，从而开发一支经验更加丰富，同时也更有价值的员工队伍。

表 8-13　某制造企业基于平衡计分卡的绩效奖励计划

绩效衡量指标	奖励方案				
	目标奖金/美元	绩效标准	相当于目标奖金的百分比/%	实际绩效/%	实际应得奖金/美元
财务指标：资本收益率	100	>20%	150	18	100
		17%～20%	100		
		12%～16%	50		
		<12%	0		
客户满意度指标：产品退货率	40	<1%	150	1/876	20
		1%～3%	100		
		3%～5%	50		
		≥5%	0		
内部业务流程指标：生产周期/交货期缩短	30	>9%	150	11	45
		6%～9%	100		
		4%～5%	50		
		0～3%	0		
学习与成长指标：员工自愿流动率	30	<5%	150	7	30
		5%～8%	100		
		8%～12%	50		
总计	200				195

　　针对上述四类指标，平衡计分卡为这个员工群体设计了一个目标奖励薪酬以及四个绩效等级。如果这个员工群体达成了最高水平的绩效，则他们可以得到相当于目标奖金150%的奖励。如果仅仅是达成了第二个等级的绩效水平，奖励金额就下降为100%的目标奖金。如果达成的仅仅是第三个等级的绩效水平，则只能得到50%的目标奖金。当绩效水平为最低等级时，他们得不到任何奖金。这个例子中，员工的目标奖金是每个时期（如每个月）2 000元，但当他们超越所有绩效目标时，他们在每个时期所能获得的奖金就会等于3 000元——如果所有目标他们都不能达成，则任何奖金也得不到。

2. 小群体奖励计划或团队奖励计划

　　小群体奖励计划或团队奖励计划是适用于规模更小的工作群体或团队的一种群体奖励计划。许多组织在尚未准备好在整个组织中推行可变薪酬计划时，会首先在一些特定的职业群体、项目小组或者团队中试行小群体奖励计划或团队奖励计划。小群体奖励计划或团队奖励计划与前面的几种群体奖励计划有类似之处，只是员工所获得的奖金是以小群体的业绩而非整个部门、事业部或者组织的绩效为依据的。最常见的情况是围绕财务目标——如在预算之内完成计划——制订，但它对于支持非财务目标——如生产率、质量、时效性以及客户满意度等，也同样是有效的。这些计划常常是与项目或一些风险任务联系在一起的，根据项目或任务的完成情况来确定奖励金额。

企业之所以对小群体奖励战略越来越感兴趣，一方面是因为计件工资、生产奖金、佣金和其他形式的个人奖励计划，可以很容易地支付给由多个人组成的群体或团队。另一方面是有些情况下，小群体奖励计划或团队奖励计划可能更实用：当工作与工作产出之间存在很强的关联性，很难从中细分出员工个人绩效的时候；当一项工作任务或者项目需要大家通力合作才能完成的时候；或者当管理层认为以团队绩效作为奖金支付的基础更合适的时候。例如，日本企业就用这种团队奖励计划来增强群体的凝聚力，同时减少员工的嫉妒心理。它们认为，只奖励某一个人或者某几位员工对于团队精神的培养是不利的。实践证明，团队奖励计划还能降低管理成本。

但需要注意的是，无论是在个人奖励计划中，还是在小群体奖励计划或团队奖励计划中，都有可能会出现对组织不利的内部竞争。只不过在小群体奖励计划或团队奖励计划中，员工个人之间的竞争可能会受到削弱，但群体或团队之间的竞争可能会加强。在实施小群体奖励计划的同时，必须注意不能由于团队或群体之间的竞争导致组织利益的受损。此外，群体奖励计划与个人主义文化和价值观是格格不入的。如果员工并不认同这种奖励模式，或者不能在小群体内部很公平地分配奖金，有些情况下，实施这种奖励计划有可能会导致一部分能力较强的员工离开。

在实践中，还有一些企业通过将员工个人绩效和组织整体绩效结合起来的方式，来决定员工所能够获得的一次性奖金或年终奖的数量。如表8-14所示，纵向排列的是员工个人绩效，横向排列的是组织绩效。在组织绩效一定的情况下，员工个人绩效等级越高，则奖金系数越高（需要注意的是，无论组织绩效水平多高，个人绩效达不到"较好"水平的员工是没有资格获得绩效奖励的）；在员工个人绩效水平一定的情况下，员工所能够得到的奖金系数与组织绩效是挂钩的，组织绩效越好，员工个人的绩效奖励系数才会越高。当组织绩效太差时，将没有人能够得到绩效奖励。

表8-14 一次性奖金的决定方式

个人绩效 （权重=0.5）	组织绩效（权重=0.5）				
	卓越	优良	较好	一般或可接受	不可接受
卓越	1.00	0.90	0.80	0.70	0
优良	0.90	0.80	0.70	0.60	0
较好	0.80	0.70	0.60	0.50	0
可接受	—	—	—	—	—
不可接受	—	—	—	—	—

例如，一位员工的基本年薪总额为10万元，他所能够获得的年终最高奖励水平为基本年薪的10%。假定他的个人绩效和组织绩效都是"优良"，这位员工所能够获得的奖励金额就会是8 000元（10万元×0.1×0.8=8 000元）。但如果组织绩效是"优良"，员工个人绩效为"卓越"，这位员工的绩效奖励金额就变成了9 000元（10万元×0.1×0.9=9 000元）。

3. 利润分享计划

利润分享计划是指根据对某种组织绩效指标（通常是指利润这样一些财务指标）的衡

量结果来向员工支付报酬的一种绩效奖励模式。根据这一计划,所有或者某些特定群体的员工按照一个事先设计好的公式,分享所创造利润的某一百分比。员工根据公司整体业绩获得年终奖或股票,或以现金或延期支付的形式得到红利。

传统的利润分享计划中,组织的所有员工都按照一个事先设计好的公式,立即分享所创造出的利润的某一百分比。其特点是,员工可以按照组织利润,立即拿到现金奖励而不必等到退休时再支取。但当时必须按照国家税法的规定,缴纳收入所得税。这种利润分享计划的设计和执行,往往比其他浮动薪酬计划更容易一些,它几乎不需要员工方面的参与。而现代的利润分享计划则将利润分享与退休计划联系在一起。其做法是,企业将利润分享基数用于为某一养老金计划注入资金,经营状况好时持续注入,经营状况不佳时则停止注入。利润分享的组织范围也由原来的整个组织,降低到承担利润和损失责任的下级经营单位。实施利润分享之前,通常要求实施单位达到某一最低投资收益率(绩效水平)。

表8-15展示了通用汽车公司与美国汽车工人联合会签订的利润分享计划部分条款。

表8-15 通用汽车公司与美国汽车工人联合会签订的利润分享计划部分条款

2.14 "利润"……指在美国本土经营产生的支付所得税和"特别"款项前所获的收入;利润指任何利润分享计划的费用被扣之前的收入;利润同时指任何奖励计划执行前在美国本土产生的收入。
2.18 "利润分享总额"……指公司实施利润分享计划的任一年度内,按照以下比例计算得出的利润分享总额: (a)利润的6%(超过预定销售额和销售收入小于1.8%); (b)利润的8%(超过预定销售额和销售收入1.8%,但小于2.3%); (c)利润的10%(超过预定销售额和销售收入2.3%,但小于4.6%); (d)利润的14%(超过预定销售额和销售收入4.6%,但小于6.9%); (e)利润的17%(超过预定销售额和销售收入6.9%)。
4.02 利润分享基金分配给该计划参与者:年度利润分享总额全部用于分配……参与该计划的每位员工均有权得到利润分享……个人在利润分享基金中可获得的比例:某位利润分享计划参与者当年实际工作的小时数/全体利润分享计划参与者当年实际工作的总小时数

1) 利润分享计划的优缺点

利润分享计划具有两个方面的潜在优势:一方面,利润分享计划使员工的直接薪酬的一部分与组织的总体财务绩效联系在一起,向员工传递了财务绩效的重要性的信息,有助于促使员工关注组织的财务绩效以及更多地从组织目标的角度去思考问题,员工的责任感、身份感和使命感会增强,而不像个人绩效奖励计划那样会引导员工只关注个人行为和工作结果。另一方面,利润分享计划不会进入员工个人的基本薪酬之中,因此,它具有一个有利的特点,即在企业经营状况不好时有助于企业控制劳动力成本,从而避免在解雇人员方面产生较大的压力;而在经营状况良好的时候,则为组织和员工之间的财富分享提供了方便。利润分享计划的这一特点对于经营周期性很强的企业会比较有效,这些企业的固定薪酬通常相当于或者低于市场水平,企业希望薪酬保持一定的灵活性。而利润分享计划恰恰使它们能够在经营好的年份支付高于市场水平的薪酬,而不景气的年份则不必大量裁减人员或压缩正常的成本开支。

但利润分享计划的缺陷也是非常明显的，主要表现在：虽然利润分享计划可以从总体上激励员工，但它在直接推动绩效改善以及改变员工或团队行为方面所起的作用并不大。其原因主要是：组织的成功尤其是利润，更多地取决于企业的高层管理者在投资方向、竞争战略、产品以及市场等方面所作出的重大决策，员工个人甚至普通员工群体的努力与企业的最终绩效之间的联系是非常模糊的。进而言之，除了中高层管理者之外，大多数员工都不大可能看到自己的努力与自己在利润分享计划下所能够获得的报酬之间到底存在多大的联系。按照期望理论的观点，员工的工作动机取决于行为和有价值的结果之间所具有的联系的紧密程度。如果员工不清楚如何才能增加利润以及确保利润分享基金到位，就不可能因为这一计划的存在而更努力地工作。因此，利润分享计划更适用于小型组织或者大型组织中的小型经营单位，在这样一些规模较小的单位中，员工知道如何达到利润目标并且能够感觉到自己对利润目标的实现确实有一定影响力。如果员工对最终利润没有控制力，他们就不愿承担这种计划可能给他们带来的收入风险。

2）利润分享计划的作用

利润分享计划可以使企业的工资成本更加明确，并使薪酬支付保持了一定的灵活性。由于利润分享计划不涉及员工的基本工资，它既不会影响员工的基本劳动收入，也不会对企业造成额外负担，因为它本来就是从企业获得的经济利润中提取的，是随企业经济效益浮动的，所以在不景气的年份也不必大量裁减人员或压缩正常的成本开支。利润分享计划的这个特点对于经营周期性很强的企业往往比较有效。另外，利润分享计划使员工薪酬的一部分与企业的总体财务绩效联系在一起，有助于促使员工关注企业的财务绩效以及更多地从企业目标的角度去思考问题，能够像企业所有者一样去思考企业的经营问题，这是个人绩效奖励计划难以做到的。

但是，利润分享计划对组织绩效的促进作用并不能得到确实的证明。例如，福特公司、克莱斯勒公司和通用汽车公司在与美国汽车工人联合会订立的集体合同中都制订了极为类似的利润分享计划。但是，每年这3家公司所支付的相关报酬都相差甚远，通用汽车公司的员工所获得的利润分享收入仅仅是克莱斯勒公司从事相同工作的员工所获利润分享收入的1/15，这并不意味着克莱斯勒公司的员工的绩效水平达到通用汽车公司员工的15倍！只能说明是由于其他方面的原因提高了克莱斯勒公司的利润水平。这个例子不仅无法验证利润分享计划的有效性，同时也暴露了这种制度的一个重要的缺点：工人们所获得的利润分享收入的多寡并不能体现他们的工作绩效，或者说，利润分享计划并不能非常有效地激励员工去提高工作绩效。

另一个需要注意的情况是，有的企业在原有薪酬体系的基础上引入利润分享计划时，可能会降低员工原有的基本工资收入，通过增加具有风险性的利润分享收入对员工的薪酬结构进行调整，即风险分享计划，它将一部分企业经营的风险转移到了员工身上。风险分享计划会让员工更关心企业层面的经营决策，但这种计划的成功有赖于员工对该计划的认可度。因为对于员工来说，当企业经营出现问题时，这种调整之后的薪酬结构可能会降低他们的实际收入。在他们看来，这种情况是极不公平而难以接受的，不会愿意承担这种计划可能给他们带来的收入风险。他们可能认为自己并不应该因企业经营的问题受到惩罚，因为他们已经很好地完成了自己的工作，不应当对自己所无法控制的影响企业绩效的其他因素负责。因而，在企业经营状况良好的时候，企业实行利润分享计划会受到员工欢迎，而在企业经营困难的时候如果要实施利润分享计划，员工们很可能对其持一种抵触态度。为此，有些企业便将利润分享计划设计成一种只有薪酬上升而没有薪酬下降风险的机制。然而，这样一来，利润分享计划的最重要优势之一——在企业利润降低时能够适当降低劳动力成本之说也就不复存在了。这种"改良"的利润分享计划使企业面临劳动力成本只升不降的困境。另外，由于在这种情况下劳动力成本只有上升的可能，企业支付给员工的利润分享收入的比重必然会相对地减少，因而也会相对地削弱利润分享计划的第一条优点，即削弱利润分享计划对员工的激励作用。所以，利润分享计划作为报酬体系中的一个组成部分可能是有用的，但是它可能还需要用能够将薪酬与个人或团队所能够控制的结果紧密联系起来的其他一些薪酬方案来作为补充。

3）利润分享计划的实现形式

这一点可以借鉴国外的一些做法，主要采取以下三种形式。

（1）直接现金式利润分享。员工直接以现金形式分享企业所创造利润的某一百分比，这是最常见、最传统的利润分享形式。例如根据全年经济效益而实施的年终分红，红利收入没有税收优惠，政府要征收所得税。这种利润分享计划的设计和执行往往比其他浮动薪酬计划要更为容易一些，只需要确定分享百分比的大小，也不需要员工太多的参与。

（2）递延式利润分享。递延式利润分享采取延迟支付的方式，它将员工的奖金存于账户中，或用于企业补充养老保险（企业年金），经营好时持续注入，经营状况不佳时则停止注入，以作为员工退休（或离开企业）后的收入。在美国，企业实行延迟支付主要是出于税收上的考虑，因为在递延式利润分享计划中计入个人账户的红利只有在退休后才能支取，可以得到所得税优惠；同时，公司也可以将其从应税利润额中减除，不再缴税。

在国外，根据法规实行的递延式利润分享有如下特点：首先是作为向个人分配基数的工资，不能超过作为缴纳社会保险费的最高工资的 4 倍，实际分配给每个劳动者的份额不能超过这个最高工资额的一半；其次是利润分享与劳动者储蓄捆在一起，分享的利润通过"利润分享特殊基金"保存起来，劳动者在 5 年保留期限之内不能提取出来（除非经特殊准许）；最后是利润分享得益于向企业与劳动者平等提供的税收优惠，分配给劳动者的那部分利润既不用缴纳社会保险费，也不用缴税，而是在公司纳税过程中将其从应税利润额中扣除。另外，在某些国家，员工离开公司时若尚未退休，则这笔奖金不会发给员工，从而可对员工离职形成一定约束。

（3）股票分配式利润分享。股票分配式利润分享是按一定标准以股票形式进行利润分配，使职工成为本公司或母公司的股东，但是这种基于股票的利润分享方式不如员工持股计划的持股规模大。这样，就使利润分享计划由一种短期激励计划转变为一种长期激励计划，从而使职工更关心企业的经营。但是，当经营不利时，这种方式也会给职工带来很大的风险。

在西方国家，分配的股票通常还必须由信托机构管理一段时期，在信托机构的保留期满之后，劳动者可以要求其出售记在自己名下的股票或由自己保留。但是，劳动者得到这笔资金之后，应按原始票面额的一定比例缴纳所得税。股票被保管的时间越长，计征所得税的部分越少。由公司转入信托机构账上用来购买股票的利润分享资金可以享受免征公司税的待遇。如果信托机构购买了企业新发行的股票，资金就又流回原企业，所以这种利润分享方式对企业和劳动者都很有吸引力。

除了上述三种主要形式外，有的国家的企业还实行在年终从利润中拨出一部分以退休基金等形式按一定标准发给职工，这同样可以使职工对企业的利润更加关心。

4. 收益分享计划

1) 收益分享计划的内涵及其与利润分享计划的区别

收益分享计划是企业提供的一种与群体分享因生产率提高（如工时减少）、成本节约和质量提高而带来的收益的绩效奖励模式。通常情况是，员工按照一个事先设计好的收益分享公式，根据本人所属工作单位或群体的总体绩效改善状况获得奖金。

这是一种在20世纪初就出现的浮动薪酬计划。在通常的收益分享计划中，报酬会在群体内所有员工之间公平地进行分配，或根据每个人的基本薪酬的某一相同比例发放，或按每完成一个小时的工作获得相同的小时报酬这种方式发放，或按每个人得到相同金额的方式平均发放。收益分享计划的基础是群体绩效而不是个人绩效，且这种群体绩效通常是一种短期的群体绩效。研究表明，收益分享计划对于强化制造型企业和服务型企业在整个组织范围内的团队工作绩效是极其有效的。

收益分享计划和利润分享计划之间存在着本质区别。

首先，收益分享计划并不使用整个组织层次上的绩效衡量指标（利润），而是对某一群体或者部门的绩效进行衡量。它不是要分享利润的一个固定百分比，而常常是与生产率、质量改善、成本有效性等方面的既定目标的实现联系在一起（通常是因生产率和质量改善所导致的成本节约）。如果这些目标达成，则群体分享实现的货币收益的一部分。这些成本、质量和效率指标比利润指标更容易被员工看成是他们自己所能够控制的。行为、绩效和结果之间的关系更近了，也更清晰了，员工能够更清楚地知道何种行为或价值观变化能够导致预期结果。收益分享计划的激励性可能比利润分享计划的激励性更强。

其次，收益分享计划下的奖励支付通常比利润分享计划下的奖励支付周期更短、更为频繁。很多组织中，收益分享计划的收益分配依据是月度绩效（有些组织根据年度绩效来实施收益分享计划），通常不采取延期的方式支付。虽然收益分享计划是建立在群体绩效的基础之上的，但它对于员工的绩效奖励比较及时。从某种意义上来说，收益分享计划实际上把像利润分享计划这样一些以组织绩效为导向的绩效奖励计划的优点，与像绩效加薪和个人绩效奖励计划这样一些以个人绩效为导向的奖励计划的优点结合起来。一方面，收益分享计划与利润分享计划相同，两者都比以个人绩效为导向的绩效奖励计划更有利于员工关注范围更大的目标，促进员工以及整个公司在绩效改善方面形成伙伴关系；另一方面，收益分享计划又与利润分享计划不同，它几乎还能像个人绩效奖励计划那样对员工进行激励。

最后，收益分享计划具有真正的自筹资金的性质，作为收益分享基础的这些收益是组织过去无法挣取或者节约出来的钱，这些钱是经过员工的努力创造出来的，而不是企业从自己的口袋里掏出来的，它不会对组织的收益存量产生压力。这是收益分享计划的一个非常重要的特征，也是其受到企业界普遍欢迎的一个重要原因。

2）收益分享计划的发展与演变

到目前为止，收益分享计划已经经历了三个阶段的发展：第一代收益分享计划是斯坎伦计划和卢卡尔计划（Rucker plan），第二代收益分享计划通常被称为生产率改善收益分享计划[如改进股份计划（impro-share plan）]，而第三代收益分享计划则着眼于组织整体经营计划的改善。

（1）第一代收益分享计划。第一代收益分享计划从生产率改善或者成本控制的角度来对财务结果进行衡量，它们运用历史绩效标准来确定一个值得为之支付报酬的恰当绩效水平。这些计划通常是被长期执行的，且主要在制造业中实施。

斯坎伦计划是在20世纪30年代由约瑟夫·N. 斯坎伦（Joseph N. Scanlon）设计出来的。此人当时是美国钢铁工人联合会的一位地方工会主席。斯坎伦计划规定，如果工厂的劳动力成本占产品销售额的比率低于某一既定标准，员工（和组织）将获得现金奖励。

表8-16的例子中，标准劳动力成本为24万美元（120万美元的20%）。实际的劳动力成本是21万美元，节约下来的劳动力成本为3万美元。工厂获得了成本节约的50%，而员工则获得成本节约的另外50%。在员工分享的份额中会有一部分奖金被储备起来，以备下个月出现实际劳动力成本超出标准劳动力成本的情况使用。

表 8-16 收益分享计划（斯坎伦计划）月报表

项 目 明 细	金额/美元
销售额	1 100 000
退货、补贴、折扣	25 000
净销售额	1 100 000 − 25 000 = 1 075 000
库存增加（根据成本价格或销售价格计算）	125 000
生产价值	1 075 000 + 125 000 = 1 200 000
允许的劳动力成本（生产价值的20%）	1 200 000 × 20% = 240 000
实际劳动力成本	210 000
奖金总额	240 000 − 210 000 = 30 000
公司应得部分（50%）	30 000 × 50% = 15 000
小计	15 000
为赤字月份预存（25%）	15 000 × 25% = 3 750
员工应得部分（立即发放）	15 000 − 3 750 = 11 250

斯坎伦计划在降低成本以及培养员工的分享和合作精神方面是极其成功的。一项研究表明，实施斯坎伦计划之后，企业的劳动力成本下降了10%，劳资争议减少了一半。

卢卡尔计划出现得比斯坎伦计划要晚。与斯坎伦计划仅仅关注劳动力成本的节约不同，它将激励与许多方面的成本节约联系在一起。例如，根据过去 12 个月或 18 个月的情况来计算出正常的月销售额、材料成本、经济增加值以及人工成本（假如这些数据分别为 100 万元、50 万元、50 万元和 20 万元）。这样就可以计算出，人工成本与经济增加值的比例为 40%（20/50）。假如该计划实施的第一个月里，销售额达到 120 万元，材料成本是 60 万元，经济增加值为 60 万元。相对于作为正常值和基数的经济增加值 50 万元而言，经济增加值上升了 10 万元。而导致经济增加值上升的不仅仅是劳动一个方面的贡献。根据过去经验，劳动对经济增加值变动的贡献率为 40%。这样，员工就可以因 10 万元的经济增加值而获得 4 万元（40%×10 万元）的奖金。该计划也会将一部分奖金留作储备金，用于经济不景气的月份。年终时，储备金的全部结余将分给员工。

（2）第二代收益分享计划。第二代收益分享计划对单位产出的标准劳动工时进行测量，再分享节约下来的工时。第二代收益分享计划的主要特点与第一代收益分享计划类似，通常也是在制造业环境中使用，且只适用于小时生产工人。该计划首先计算出一个标准，以确定生产一定水平的产出所需要的必要时间，任何由生产时间节省而产生的收益由企业和员工共享。

例如，如果在通常情况下，10 位员工在 5 周内能生产 500 单位产品，即生产 500 单位产品需要 2 000 小时（10 个人×5 周×40 小时/周），生产 1 单位产品需要 4 小时。按照生产率改善收益分享计划，如果员工现在生产 1 000 单位的产出所耗费的工时是 3 800 小时，即比预期的时间 4 000 小时少用了 200 小时。则节约下来的 200 小时所对应的人工成本节约，可以在企业和员工集体之间进行分享。这种计划与个人计件工资计划中的海尔塞计划有些类似，只是后者是根据员工个人的时间节约情况来分享收益，而这里则是根据员工群体的整体工时节约情况来分享由此产生的收益。

（3）第三代收益分享计划。第一代、第二代收益分享计划在工厂中引入浮动薪酬，从而避免了只有基本薪酬时所存在的局限性。由于都有标准化的执行程序和行动规则，操作起来比较方便。这些计划已经有多年的成功历史，但还存在很多问题：首先，这些计划是"永久性"的。它们假定环境永远不变，企业很少有机会对计划作出修改以使其适应自己需求的变化。其次，它们在设计上常常比较僵化和缺乏弹性，无法根据经济和市场的变化，或者不同企业的经营需要作出相应反应。再次，这些计划除了在工厂中使用，在其他场合的使用价值很小。该计划的标准是为制造型企业提供的，甚至不包括制造过程的非直接参与者。最后，这些计划的建立也是非常机械的。虽然斯坎伦本人相信工人的建议，但它们并不是建立在员工和组织之间形成的以实现共同收益为目的的伙伴关系的基础之上的，也不以员工的参与作为自己成功的必要因素。

这种情况下诞生了第三代收益分享计划。这种收益分享计划是指对经营计划的收益的分享，它遵守经营计划浮动薪酬模型，将更为广泛的经营目标作为核定收益分享资金来源的依据和确定报酬的标准。

例如，某化学工业公司为改善成本管理绩效（竞争的需要）和提高质量（减少生产对环境的污染——生存的需要），创建了一种包括两个层次目标在内的收益分享计划。该收益分享计划的内容是：员工有资格分享在某一绩效周期内生产出来的每磅化学品所节约的成本的50%，即如果成本节约了100元，员工有机会分享其中的50元，另外的50元归企业所有。但员工并不能因为节约了成本，就安安稳稳地分享所节约下来的成本的50%，他们还必须达到在产出水平、安全生产以及环保三个方面的指标，才能将应当归自己的收益拿到手。其具体规定是：如果在成本管理方面的绩效实现了，则员工可分享的收益总额中的50%（所节约总成本的25%）会自动划入收益分享基金。其余的50%则要看其他指标是否完成。如果预定的产出水平达到了，有15%会划入收益分享基金；如果安全绩效指标也达到了，又有25%会划入收益分享基金；如果未出现化学品泄漏和污染环境的问题，最后的10%也会全额划入收益分享基金。只有所有的四个绩效目标都达到的情况下，员工才能全额分享所节省的总成本中的50%。

作为收益分享计划的未来发展方向，第三代收益分享计划的优点表现为：第一，它不是依据历史实践来制订发展目标和衡量标准，而是依据未来导向型目标来确定绩效衡量标准。这种浮动薪酬计划实际上告诉了员工，组织想要到哪里去。第二，第三代收益分享计划的参与以及浮动薪酬计划中的绩效衡量指标，都取决于组织目标以及为实现组织目标所需要的组织结构。为配合需要完成的工作本身的要求，组织可能会改革而不是局限于当前的组织结构。第三，第三代收益分享计划的设计可能会根据环境的变化作出调整。每年审查一次，以确保计划继续执行下去，但必须适应组织的目标和需要的变化。第四，基本薪酬也可能会被调整。企业有可能将基本薪酬在未来的增加变成风险性的，从而使全面薪酬管理的观点成为浮动薪酬计划设计的一个重要思想来源。第五，员工参与第三代收益分享计划设计的程度可能会因组织文化和价值观不同而有所差别，组织不必为设计和实行这种计划而遵循某种硬性、速成的规则。

3）收益分享计划中的几个关键决策

一是收益衡量与角色定位问题。收益分享计划并不是一种简单的薪酬战略，企业不仅要衡量出收益，而且要确定员工在实现这些收益方面所扮演的角色是什么，如生产率的改善有多少是员工行为改变的结果、有多少是引进新技术所产生的结果。

二是支付频率问题。收益分享的频率随组织而异，取决于企业的经营周期或收益产生的周期。许多计划是半年甚至一个季度支付一次，而有些计划则是一年支付一次。一般以能够有效衡量绩效的最短周期为基础。支付越频繁，则越应当注意剔除非员工所能控制的因素对收益的影响，必要时可能会导致目标或支付方式或时间的调整。

三是支付方式问题。实际支付时，要么所有员工人均一份，要么以基本薪酬为依据支付，要么根据实际工作小时数按统一单价支付，但通常很少根据个人绩效来确定员工个人所应当分享的收益金额。收益分享计划有一个隐含假设，即实行收益分享计划的群体本身就应当是作为报酬支付基础的一个最小单位。

四是设计要求问题。收益分享计划不能设计得过于烦琐，计划如果设计得过于复杂或不当，员工就可能看不到或不理解绩效和目标实现之间的关系。这样，收益分享计划也就起不到激励作用。

五是沟通问题。收益分享计划的参与者需要随时了解在目标实现方面的进展情况，以及自己需要如何作出行为调整才能更有利于最终目标的实现。沟通过程中，管理层也需要为员工提供发表绩效改善意见的机会。

六是确保财务收益问题。收益分享计划虽然不以组织整体的利润作为收益确定的基础，但它最终必须有利于企业财务目标的实现。如果收益分享计划不能达到预期的财务目标，则这种计划对企业很可能是不利的。例如，有一家玻璃制品公司最初设计的利润分享计划就失败了，当时它所确定的收益分享基础是人工成本的节约情况。但最后，公司的总体成本节约目标却没有达到，其中的一个重要原因是用于切割玻璃的金刚石砂轮的费用大幅上升。而出现这种情况，是因为无论是否需要，工人们都将机器的速度开到最大，并且在砂轮还能用的时候就把它们换掉了。

需要指出的是，像斯坎伦计划等这样一些收益分享计划以及更一般意义上的绩效奖励计划，通常都不只包括货币奖励一个方面的内容。这些计划常常还会强调通过组建团队以及制定提案建议制度，利用员工掌握的知识促进生产过程的完善。要想取得收益分享计划的成功，通常需要以下几个方面的条件：①管理层的支持和认同；②存在变革的需要或者大家对于进行持续的组织改善有着强烈的共识和决心；③管理层能够接受并鼓励员工参与；④高度的合作与互动；⑤员工能够得到工作保障；⑥企业和员工共同分享生产率和成本方面的信息；⑦设定目标；⑧各方均承诺积极参与这一变革和改善过程；⑨企业和员工在绩效标准与计算公式方面能够达成一致。这种标准和公式应当是容易理解的、看起来是公平的，并且与管理层的目标存在着紧密联系。

第三节　绩效薪酬的设计与实施

一、绩效薪酬的设计

（一）绩效薪酬设计的基本原则

（1）绩效薪酬策略与公司关键成功因素相结合，从而体现对公司经营战略的支持。

（2）绩效薪酬策略与绩效目标相结合，引导员工达成绩效目标。

（3）通过收益分享计划让员工与企业共担经营风险、共享成功机会。

（4）让优秀骨干员工受益，从而吸引并留住优秀人才。

（5）使用简单，易于理解，便于管理。

（二）绩效薪酬的设计流程

绩效薪酬设计的主要步骤如下。

（1）了解企业战略：①公司的战略发展方向、经营目标是什么？②公司成功的关键因素是什么？③业务成功的最有效衡量标准是什么？④为使公司获得持久竞争优势，期望员工做什么？

（2）设计绩效项目：①按照什么样的原则设计绩效项目？②如何分类绩效项目？③如何设置绩效项目的权重比例？

（3）设计绩效标准：①符合企业和员工的期望；②参考外部市场绩效标准；③绩效标准应当按照 SMART（specific、measurable、attainable、relevant、time-bound，具体、可度量、可实现、相关性和有时限）原则制定。

（4）评估绩效结果：①评估主观因素与客观因素的关系；②评估个人努力与团队努力的关系；③评估财务指标与非财务指标的关系。

（5）绩效薪酬兑现：①兑现在基本薪酬方面；②兑现在奖金方面；③兑现在持股计划方面。

（6）评估实施效果：①评估对企业的效益；②评估对团队士气的影响；③评估对人工成本的影响。

二、绩效奖励计划的实施

绩效奖励计划的优点使越来越多的企业使用它，而这种薪酬计划的缺点也使绩效奖励计划的实施过程必须非常谨慎，应当注意以下几个实施要点。

第一，企业必须认识到，绩效奖励计划只是企业整体薪酬体系中的一个重要组成部分。虽然它对激励员工的行为和绩效有着重要的作用，但不能取代其他薪酬计划。只有与其他薪酬计划密切配合，才能确保绩效奖励计划的作用正常发挥。

第二，绩效奖励计划必须对那些圆满完成组织绩效或行为与组织目标一致的员工给予回报，而组织目标通常是与企业的战略经营计划和组织任务联系在一起的。绩效奖励计划必须与组织的战略目标及其文化和价值观保持一致，并且与其他经营活动相协调。实现企业战略目标或经营目标以及维护企业的价值规范是实施绩效奖励计划的最主要目的。但如果组织的价值观和战略目标不清晰或者员工对其不理解，就很可能会发生企业所奖励的行为和结果与组织目标相背离的情形。

成功的绩效奖励计划必须保持三个方面的一致性：员工目标及其组织特性（组织的服务对象是谁以及组织的产品和服务是什么）；组织的战略规划（组织如何完成其战略任务）；组织目标（组织确立了什么样的目标）。

第三，要想实施绩效奖励计划，企业必须建立起有效的绩效管理体系。绩效奖励计划是以对员工、员工群体甚至组织整体的业绩作为奖励支付的基础的，如果没有公平合理、准确完善的绩效评价系统，绩效奖励就成了无源之水、无本之木。企业不仅要明确自己所要实现的成果是什么、什么样的员工行为有利于这种成果的实现，同时要明确将如何对这些成果进行衡量、监督以及管理。如果没有明确、具体、可衡量、富有挑战性的绩效衡量指标，经营目标就会成为模糊不清的东西，绩效奖励就会成为上级的恩惠或者铁板钉钉一样的既得利益。以激励绩效为目的的绩效奖励计划最终会变成另一种形式的"大锅饭"。

第四，有效的绩效奖励计划必须在绩效和奖励之间建立起紧密联系。无论企业的目标多么清晰、绩效评价多么准确、反馈多么富有成效，如果它与报酬之间不存在联系，绩效也不会达到最大化。例如，一家制造业公司采取将工厂的生产绩效以大幅图画在公司门口张贴的做法，以便员工进厂时就能了解到公司的一些重要经营指标的变化情况。刚开始，这些图画引起了员工浓厚的兴趣和讨论，绩效也有所改善。然而，公司的业绩很快就又下降到了此前水平。调查原因时，员工说，原来以为公司可能会对员工通过努力所带来的这些数据的变化作出某种反应，如制订特定的奖励计划对员工的努力给予认可、开庆祝会、或来自高层真诚的感谢等，可结果什么也没有。于是，他们很快对数据失去了兴趣，又重新回到原来的轨道上。这个例子中，反馈是存在的，但没有与报酬联系在一起，因而也就失去了作用。

第五，绩效奖励计划必须获得有效沟通战略的支持。既然绩效奖励计划要求员工承担一定的风险，那就要求企业及时为员工提供正确地作出决策所需要的各种信息。企业还需要就绩效进展情况向员工提供经常性的反馈，以帮助员工提高达到既定目标的可能性。有时候，绩效奖励计划的作用对信息传递功能的强调甚至要超过对报酬支付功能的强调。实践中，我们常会看到，仅仅为降低固定成本而实行的浮动薪酬计划往往会以失败而告终。沟通的另一个重要作用是让员工看到绩效和薪酬之间到底存在怎样的联系。例如，某企业的一位中层主管得到一大笔年终奖，但当朋友问他因为什么得到这么多奖金时，他说他自己也不清楚，而且也感到很迷惑，不知道明年是否还能得到这么高的奖励以及如何才能获得。这种情况下，绩效报酬已经存在了，但报酬和绩效以及目标之间的联系点很模糊。

第六，绩效奖励计划需要保持一定的动态性。绩效奖励计划是围绕企业经营目标、企业外部经营环境以及员工的工作内容、工作方式等情况而不断发生变化的。过去取得成功的绩效奖励计划不一定到现在依然成功，要么需要设计新的绩效奖励计划，要么需要对原有的绩效奖励计划进行较大的修改和补充。例如，最早以实施收益分享计划而闻名的林肯电气公司在1934年开始实施这种奖励计划的时候，将员工报酬与个人生产率以及公司盈利情况紧密结合在一起。当时，许多生产线上的工人没有基本薪酬，收入完全取决于个人产量，有些幸运的工人每年甚至能够挣到10万美元。但20世纪80年代在其向海外扩张的过程中，这种做法却导致了持续性的财务问题。原有的绩效奖励计划不仅在海外文化中不适用，其本国员工也因个人无法控制的原因而造成奖金被削减。

本章提要

绩效奖励计划是指员工的薪酬水平随个人、团队或组织绩效的某些衡量指标发生变化而变动的一种薪酬激励形式。绩效奖励计划的一些理论基础可以从期望理论、公平理论、强化理论、目标设置理论、委托代理理论等激励理论中找到。

绩效奖励计划有明显的优点，如鼓励员工达成结果、改善绩效。它有利于组织控制成本，但同时也存在一些问题：产出标准有时很难保持公正，可能会由此导致员工或员工群体间的不良竞争等。因而，在设计和使用绩效奖励计划时必须做好充分的分析和仔细的设计。

绩效奖励计划可以划分为长期绩效奖励计划和短期绩效奖励计划。如员工持股计划、管理人员股权计划都属于长期绩效奖励计划。而绩效加薪、月度或季度浮动薪酬计划、一次性奖金、年终奖等属于短期绩效奖励计划。绩效奖励计划还可以划分为个人绩效奖励计划和群体绩效奖励计划。个人绩效奖励计划包括直接计件工资计划、提案建议奖励计划等，而群体绩效奖励计划则包括利润分享计划、收益分享计划、成功分享计划、小群体奖励计划或团队奖励计划等。

特殊绩效认可计划也是一种非常有效且非常方便使用的对员工的绩效给予及时认可和奖励的计划。

1. 什么叫绩效奖励计划？建立绩效奖励计划的目的是什么？
2. 期望理论、公平理论、强化理论、目标设置理论、委托代理理论等激励理论对绩效奖励计划的设计有何启示？
3. 短期绩效奖励计划、个人绩效奖励计划、群体绩效奖励计划分别有哪些类型？各自的基本内容和特点是什么？
4. 股票所有权计划对于绩效激励的作用体现在哪些方面？与其他短期绩效奖励计划相比，其优缺点是什么？
5. 什么是特殊绩效认可计划？这种计划的特殊意义何在？实施这种计划时应当注意哪些问题？

草草收场的薪酬改革

Y公司成立于1969年，原隶属于市级的事业单位，原来只是单纯的市属研究机构，随着改革的浪潮，Y公司从事业单位改制为现在的民营企业，从单纯按市里下达任务做项目研究到改制后主动参与激烈的市场竞争。公司从原来单纯的研发发展成为今天集研究、生产、销售于一体的民营企业，员工规模从十几人发展到目前超过100人。

Y公司的研发方向集中在化工行业里的表面处理领域，这个圈子并不大，凭借几十年的信誉，Y公司在行业赢得了较高的知名度和声誉。由于公司原来以研发为主的背景，Y公司里面的高级人才很多，其中享受国家级津贴的专家就有6名，教授或研究员等职称5人，高级工程师8人，工程师16人，专业技术人员占总人数的50%，与全国各大知名院校，如北京大学、华中科技大学、上海交通大学、中山大学、湖南大学等高校建立了紧密的合作关系。科技成果多次获得国家省市等各级科技成果奖。

虽然有着如此庞大的科研队伍、如此多的荣誉，但是Y公司的业绩却一直徘徊不前，多项获奖产品叫好但不叫座，在市场上卖不动。董事长分析认为，由于专家顾问习惯往难处钻，本公司的产品性能非常好，远远超出了一般厂家的要求，但同时成本也是非常高，不仅生产成本高，专家顾问的人力成本也极其高，导致产品售价很高卖不动，如果降价促销则会导致整体利润水平很低。而且一直以来的研究背景让公司大部分资源向研发倾斜，研发人员的薪酬非常高，而一线销售人员却得不到重视，薪酬在行业中不具备竞争力，也缺乏激励性，导致销售队伍士气低落，影响了整体业绩。

为了改善这种情况，公司的高层决定对公司的薪酬体系作出调整，主要包括以下几个方面。

（1）建立绩效考核制度让员工工作有方向性并增加激励。

（2）在绩效考核的基础上重新建立薪酬体系，务求对核心员工有激励作用。

（3）建立完善的晋升渠道，把薪酬和晋升联系起来，让那些无法凭职称获得晋升的职位有薪酬上升的空间。

小李就在这时候应聘来到了Y公司，他先在行政部做了一段时间后被调到人力资源部。小李接手的第一项工作就是对将要开展的薪酬体系改革做前期调研工作。为了了解大家的想法，小李设计了两份调查问卷，一份针对员工对公司的满意度，一份针对员工对自己未来发展期望，结果反映出来的几个大方面如下。

（1）除了研发人员外，大部分员工对公司满意度很低，主要原因在于工资待遇差别较大。

（2）公司很看重的研发人员中也有对工资待遇提出不满，同一岗位不同学历或者职称的研发人员之间待遇也有差别，造成了内部不公平的感觉。

（3）大部分人员对未来发展没有任何期望，尤其一线销售人员，屡次向研发部门反馈市场需求的信息没有得到回应，由于研发工作不配合而不能打开市场，结果还要受到研发部门指责，这让很多优秀营销人才离开了公司。

根据调查的结果，小李再向各个部门主管逐一了解情况后，向公司提出了新的薪酬体系思路，即把所有人的岗位先作出梳理，因事定岗而不是因人定岗，岗位确定后，编写相应的岗位说明书，确定岗位职责。根据岗位的价值为岗位定标准的岗位薪酬，同岗同酬。小李认为这样有助于建立内部公平感。

但是方案一提交，质疑的声音马上就来了，因为Y公司是拥有多年历史的老公司，其薪酬制度已经形成固有的传统。而在新的方案中，对于工作多年的资深工程师和一些年轻的工程师同岗同酬，他们心理上很难接受。对于营销人员，这样的方案也是没有激励的，因为仍然没有体现出绩效工资。

小李马上意识到自己考虑欠周到，原来的思路中只是考虑公平感而忽略了激励性。于是小李马上修改了体系，首先把职位分为营销类和非营销类，营销类的岗位除了同岗同酬外，奖金比例也与个人业绩挂钩而不再像以前一样靠"大锅饭"。非营销类的岗位实现岗位工资+技能工资+奖金，岗位工资里面是同岗同酬，而对于不同工龄、学历的人还是在技能工资里面有所区别，奖金则是根据整体效益和个体表现发放。整个体系的设计让小李感到非常满意，在大学里面学了那么多人力资源的知识，又看了这么多的专业书籍，终于有展示自己才华的机会了。

修改后的方案获得了较多的认同声音，但是也带来了另外的问题：除了营销能和业绩挂钩外，其他人的奖金部分怎么决定呢？同一岗位上可能有好几个人，表现肯定有差别，如何去判断，由谁最终说了算呢？

为了解决这个问题，小李决定着手建立绩效考核体系，落实薪酬与绩效挂钩的理念。说起来好像很简单，做起来可就头疼了，虽然大大小小的岗位都有岗位说明书，但是很多岗位说明书都是大概而笼统的描述，要制定精确的指标还真是有难度，对于小李这个毕业才两年的年轻人来说实在头痛，小李向领导反映了当前碰到的困难。

经过公司高层讨论，研究决定引入人力资源顾问公司合作的方式把绩效体系做起来。小李非常高兴能得到专业人事顾问的帮助。顾问公司的咨询师带着小李一个个部门进行面谈，由于咨询师的身份属于局外人，很多人都愿意和他讲自己的真实想法，也有出于对咨询师专业的信赖，绩效指标建立的工作在有条不紊中进行。整个咨询过程历时半年，咨询师通过调查问卷、访谈等方式，最终为Y公司整理了部门职能、岗位说明书、岗位评价、绩效考核制度、薪酬管理制度等人力资源管理的基本模块。

经过多次会议和反复讨论，在顾问专家的指导下，公司的绩效体系终于建立起来了，每个人都有了自己的绩效计划表，公司也有了一整套的绩效制度，同时，与绩效体系挂钩的薪酬体系也建立起来了。小李如释重负，他觉得终于可以交差了。持有同样想法的还有各位高层、中层管理人员，在这冗长的体系建立过程中，所有人的耐性都耗尽了，包括当初大力提倡改革的副总。

新的薪酬制度确定之后，小李被任命为人力资源管理专员，负责运行这套绩效薪酬制度。本以为可以按部就班地开展工作的小李，在第一次绩效考核期完成后便发现噩梦在延续，花了长时间建立的看似完美的体系在运行中却受到了各方指责，有人说指标定得过高，根本无法完成，纯粹是公司为了惩罚和扣钱而制定的指标额。有人指责各岗位指标难度之间存在差距，更加不公平。反应最激烈的就是研发人员，绩效考核结束后，公司总工程师带头反对绩效考核，认为是极为不公平的制度，应该停止。由于以前项目都没有规定完成时间和分布目标，现在一考核，专家教授们反对说科研不能和其他工作一样死板，要求撤销这些考核指标，对实验室的"5S管理"要求也被视作对研发人员的刁难……问题一出，投诉接踵而来，为了"贴合实际"，各部门对本部门的考核指标申请进行了大量修改。一年后，整个绩效考核体系名存实亡，被彻底"和谐"掉了。

小李始终不明白，为什么那么多高学历、高素质的人才聚集一起，反而对科学管理方法有如此大的抵制，花了那么多时间、精力做的考核体系，其初衷也是企业发展和员工自我发展创造公平、公正及具有激励性的环境，为什么会虎头蛇尾、草草收场……

是小型民营企业的执行力不强，还是高层领导决心不够？抑或是员工本身的素质问题，还是企业还没有绩效薪酬的文化从而不适合薪酬改革？

资料来源：邓靖松，王昊. 草草收场的薪酬改革[M]//邓靖松. 组织行为学案例教程. 北京：中国人民大学出版社，2021.

案例思考题：

1. 简要分析Y公司薪酬改革失败的原因。
2. 小李薪酬改革遇到哪些困难与矛盾？如何解决？
3. 企业应该怎样实施薪酬改革的过程管理，以使企业的变革更顺利？

第九章 股权激励

> **本章学习目标**
>
> 通过本章的学习,希望你能够:
> - 了解股权激励的基本原理
> - 了解股权激励的类别和形式
> - 了解股权激励方案的设计与实施
>
> **引言**
>
> 运用股权工具实现长期激励
>
> 股权激励作为上市公司高管薪酬管理的核心构成之一,是随着现代企业治理结构逐步规范、资本市场逐步完善而发展出来的一种旨在解决长期激励目的及个人利益与企业利益结合问题的薪酬激励形式。
>
> 上市公司高管股权激励作为公司治理、人力资源管理方面的重要管理工具,对于上市公司解决委托代理问题、理顺激励机制、激发高管团队价值创造动力从而提升企业绩效等方面有着重要意义。

第一节 股权激励的基本原理

一、股权激励的基本概念

股权激励是企业薪酬管理中经济性薪酬相对较新的要素。理论上讲,对于现代企业,尤其是上市公司,股权激励作为上市公司高管薪酬管理的核心构成之一,而薪酬管理作为人力资源管理的核心,更体现了这一管理理念:人力资源管理的核心是人力资源价值链管理,即价值创造、价值评价、价值分配三位一体,体现了责、权、利、能四位一体的核心。

广义的股权激励制度普遍被认同为起源于20世纪中期的美国,随后得以推广及发展,并逐步为其他国家所引入。中国资本市场从20世纪80年代初的萌芽到90年代初正式建立上海、深圳两大股票交易所,经历了初步的发展,股权激励也随之有所尝试,在20世纪80年代开始有如联想控股等公司推行股权激励计划做尝试,到90年代中后期,多地、多行业上市公司陆续推出了股权激励计划,既有管理层持股计划,也有范围更广的员工持股计划。

股权激励是长期激励机制,作为解决委托代理问题、完善公司治理的重要手段,尤其是作为市场经济核心主体上市公司的股权激励,受到了来自财务管理、公司治理等领域的学者的重视与广泛探讨,为人力资源视角的研究做了有力的补充。

追溯对于股权激励的概念的探讨,有利于厘清股权激励的内涵。高管股权激励是让企业高管持有股票或期权,使之成为企业股东,将高管个人利益与企业利益联系在一起,以激发高管通过提升企业长期价值来增加自身财富,属长期激励制度。狭义的高管股权激励制度指高管股票期权薪酬制,广义的高管股权激励制度还包含经营者持股制。

股权激励是以不同方式使上市公司高管拥有本公司股票、股权、期权等与股票有关的权利或标的,使高管个人利益与公司利益形成共同体,激励高管通过提升公司价值(或股东价值,主要体现为财务绩效的提升)来增加自己的财富,属长期激励方式。其主要有股票期权、限制性股票、股票增值权等。

(1)股票期权,指高管作为激励对象,基于自己的绩效评价结果行使不同数目的期权,即在未来一定时间内以事先约定的价格(行权价格)和条件(行权条件)购买一定数量本公司股票的权利。其本质上是一种权利,而且期权到期,高管可根据行权所带来的股票行权价与市场价的差额情况选择是否行权。

(2)限制性股票,上市公司给高管按预定条件授予一定数量的本公司股票,只有符合工作时限或业绩目标等规定条件才可将其出售并获益。其中还包括分阶段向高管授予全值股票、时间限制性股票。此模式的目的在于使高管将精力集中于公司的长期目标。实践中,往往授予的股票即为其薪酬的构成部分,且具备相当的占比。

(3)股票增值权,即高管可以在规定的时间内获得规定数量的股票股价上升所带来的收益,但不拥有这些股票的所有权及相应的表决权和配股权。股票增值权的实现可以是全额兑现,也可以是部分兑现,可能是现金或折成股票支付。一般在股票薪酬计划可得股票数额有限、担心股权稀释等情况下比较倾向于使用此种模式。

国内上市公司股权激励计划的对象一般指在公司任职并对公司经营业绩和未来发展有直接影响的公司董事、高级管理人员、核心管理、技术、业务骨干人员。

二、股权激励的目的与意义

(1)有利于端正员工的工作心态,提升企业的凝聚力和战斗力。从雇员到股东,从代理人到合伙人,这是员工身份的质变,而身份的质变必然带来工作心态的改变。过去是为老板打工,现在自己成了企业的"小老板"。工作心态的改变定然会促使"小老板"更加关心企业的经营状况,也会极力抵制一切损害企业利益的不良行为。

(2)规避员工的短期行为,维持企业战略的连贯性。据调查,"缺乏安全感"是导致人才流失的一个关键因素,也正是这种"不安全感"使员工的行为产生了短期性,进而危及企业的长期利益。而股权授予协议书的签署,表达了老板与员工长期合作的共同心愿,这也是对企业战略顺利推进的一种长期保障。

（3）吸引外部优秀人才，为企业不断输送"新鲜血液"。对于员工来说，其身价不仅取决于固定工资的高低，更取决于其所拥有的股权或期权的数量和价值。另外，拥有股权或期权也是一种身份的象征，是满足员工自我实现需求的重要筹码。所以，吸引和保留高层次人才，股权激励不可或缺。

（4）降低即期成本支出，为企业顺利"过冬"储备能量。金融危机的侵袭使企业对每一分现金的支出都表现得格外谨慎，尽管员工是企业"最宝贵的财富"，但在金融危机中，捉襟见肘的企业也体会到员工有点"贵得用不起"。股权激励，作为固定薪酬支付的部分替代，能在很大程度上实现企业与员工的双赢。

三、股权激励的理论依据

股权激励是公司治理及人力资源管理中的长期激励机制，其有较深厚的实践渊源及理论基础，对股权激励产生影响及提供支持的理论主要有经济学中的委托代理理论、现代企业管理理论中的人力资本理论、激励理论等重要理论。股权激励实践反过来也促进了这些理论的更新与发展。

（一）委托代理理论

委托代理理论起源于20世纪30年代，美国经济学家阿道夫·伯利（Adolf Berle）和加迪纳·米恩斯（Gardiner Means）洞悉企业所有者兼具经营者的做法存在着极大的弊端，在《现代公司与私有产权》中，提倡所有权和经营权分离，企业所有者保留剩余索取权，而将经营权利让渡。可以说"委托代理理论"是现代公司治理的逻辑起点，是两权分离的产物。委托代理关系的产生同时也催生了委托代理一系列的问题。根据经济学的委托代理理论，上市公司股东作为出资者，有所有权但不直接经营企业，而将经营权委托给经理人，以此形成委托代理关系，但往往委托人和代理人在履行委托代理契约中，由于自身的经济利益存在不同的追求目标。同时，由于利益倾向不同，委托人与代理人对待风险的态度也不相同。从利益和责任的角度出发，代理人由于没有相应的利益而不愿冒风险去承担责任，而委托人由于有较大的利益，而愿意让代理人冒风险并承担责任去从事一定的经济行为，以实现其自身利益最大化目标。利益趋向不一致，风险责任不对等，贯穿委托代理关系始终。于是乎，解决利益分歧问题成为一个重要的机制需求。委托代理关系所产生的第二个问题便是信息不对称问题。市场环境、专业背景、对公司经营的介入程度等因素，都会导致委托方与代理方信息的不对称，而且往往代理人即上市公司高管更具备信息上的优势。信息不对称是客观存在的，而且基本无法解决。从以往的实践证明来看，代理人难免会因为自身利益问题，利用自身信息优势去做出有损委托人及企业利益的行为。这同样催生一个需求，委托人希望有相应的契约将其利益与代理人进行捆绑，其是建立在信息不对称前提下的最优合同，最大限度地削减代理人利用信息不对称的动机。利益趋向不一致、信息不对称以及契约不完全等前提的存在，会导致经济学上所常见的逆向选择及道德风险问题。逆向选择主要还是通过人员选拔机制解决，但道德风险方面往往更为普遍，是否付出足够努力，努力为的是自身利益还是股东的利益，需要委托人即股东付出另外的成本进行监督。这便延伸出另外一个问题，即代理成本，由于利益不一定一致，且存在信息不对称、道德风险等种种问题，股东要使自身利益最大化，需要付出成本监督与控制代理人。

我们可以看到股权激励制度是在解决委托代理关系中出现的一系列问题以及所产生的代理成本中为现代企业所建立并逐步完善的机制。其核心在于尽可能地使利益一致，也即剩余索取权的分享形成机制，诱导代理人的努力，克服偷懒，同时二者共担风险、共享收益，并且会通过信息交流形成一定的约束机制，减少信息不对称的影响。进而，多方面的作用共同减少了代理成本。委托代理理论较好地解释了股权激励机制产生的基础，反过来股权激励机制也促进了委托代理理论的发展。当然，其中有一些重要因素的影响，如股权比例。

（二）人力资本理论

20世纪60年代起，人力资本理论从现代企业理论中衍生出来，其中的一个重要前提是知识经济的兴起。人力资本理论认为经营者个人的知识、技能、经验等要素综合而成人力资本，它也是能产生投资收益的资本，能分享剩余价值的投入。西奥多·舒尔茨（Theodore Schultz）和加里·贝克尔（Gary Becker）对人力资本理论做了较大的贡献，他们分别论证了人力资本对于经济增长的推动作用。这也是资本理论和产权理论的创新，两人也因此分别获得诺贝尔经济学奖。后期罗伯特·卢卡斯（Robert Lucas）、保罗·罗默（Paul Romer）两位学者还在经济增长模型中将人力资本作为独立因素引入，认为其是经济增长的原动力。企业中的物质资本与人力资本一直相互依附并共同产生价值，但在工业化时代，工业经济早期物质资本对于企业发展占据着主导地位，对于剩余价值的索取更具话语权与主导权。而物质资本的所有者基本就为企业的出资人，即股东。随着科学技术、知识经济的发展，工业经济融入更多智力因素，非工业经济部门也占据着越来越大的比例。人力资本在这个转变过程中相较于物质资本的重要性越发明显，逐渐成为企业发展乃至整个经济发展的主导推动力。对于企业的高管，其经营管理技能本身包含的管理经验、能力、程序和方法等与企业的正常运营密不可分，这些要素所形成的人力资本如果从企业中分离，将极可能导致企业的失败。而同时人力资本又存在与所有者不可切分的自然属性。在此情况下，对于人的激励显得尤其重要，它决定了人力资本的效能发挥。现代企业理论认为，人力资本由于社会分工而存在专用性风险，这同样要求有对应的风险报酬作为对风险的补偿。

股权激励制度作为一种制度安排，将人力资本的预期收益"抵押"在企业中，是人力资本参与企业所有权的一种方式。经营者的股权激励能够体现两方面的作用：一为激励；二为约束。股权激励的制度安排是将预期收益与业绩进行了捆绑，延长了考核时间，可以一定程度上约束经营者的短期行为，降低信息不对称等带来道德风险的可能性，从而对经营者产生约束作用。可以说，人力资本理论也是股权激励理论的重要理论来源，尤其对于高管的股权激励，是企业所有者思考和安排物质资本所有者与人力资本所有者如何分配利润的机制，如何共同实现企业绩效的帕累托最优与共同利益最大化的激励约束途径。

（三）其他理论

委托代理理论、人力资本理论是股权激励尤其是经营者（高管）股权激励最主要的理论基础。也有其他学者从其他理论视角作出解释与探讨。例如，激励理论中根据马斯洛的需要层次理论，股权激励可以满足较高层次的自我实现需要；而博弈论方面的研究则认为高管股权激励的重要使命就是促进要素所有者之间由非合作博弈转变为合作博弈。再者还有不完全契约论、交易费用论等观点。

四、实施股权激励的作用

（一）激励

实施股权激励使被激励者拥有公司的部分股份（或股权），用股权这个纽带将被激励者的利益与公司的利益紧紧地绑在一起，使其积极、自觉地按照实现公司既定目标的要求，为了实现公司利益的最大化而努力工作，释放出其人力资本的潜在价值，并最大限度地降低监督成本。

（二）约束

约束作用主要表现在两方面：一是因为被激励者与公司已经形成"一荣俱荣、一损俱损"的利益共同体，如果经营者因不努力工作或其他原因导致公司利益受损，则经营者将要分担公司的损失；二是通过一些限制条件（如限制性股票）使被激励者不能随意（或轻易）离职——如果被激励者在合同期满前离职，则会损失一笔不小的既得经济利益。

（三）改善员工福利

对于那些效益状况良好且比较稳定的公司，实施股权激励使多数员工通过拥有公司股权参与公司利润的分享，有十分明显的福利效果，而且这种福利作用还有助于增强公司对员工的凝聚力，利于形成一种以"利益共享"为基础的公司文化。

（四）稳定员工

由于很多股权激励工具都对激励对象利益的兑现附带有服务期的限制，使其不能轻言"去留"，特别是对于高级管理人员和技术骨干、销售骨干等"关键员工"，股权激励的力度往往比较大，所以股权激励对于稳定"关键员工"的作用也比较明显。

第二节 股权激励的类型

相对于以"工资、奖金、福利"为基本特征的传统薪酬激励体系而言，股权激励使企业与员工之间建立起了一种更加牢固、更加紧密的战略发展关系，目前，基本工资和年度奖金已不能充分调动公司高级管理人员的积极性，尤其是对长期激励很难奏效。而股权激励作为一种长期激励方式，是通过让经营者或公司员工获得公司股权的形式，或给予其享有相应经济收益的权利，使他们能够以股东的身份参与企业决策、分享利润、承担风险，从而勤勉尽责地为公司的长期发展服务。

目前国际通行的股权激励模式主要有期股、股票期权、业绩股票、股票增值权、员工持股计划、虚拟股票、账面价值增值权、限制性股票计划等10种。

一、期股

期权是通过激励对象部分首付、分期还款而拥有企业股份的一种股权激励方式，其实行的前提条件是激励对象必须购买本企业的相应股份。

期股计划模式实际上是股票期权在我国的改造模式，因主要在北京和上海的国有上市公司采用这种模式，所以又将期股计划模式称作"北京模式"和"上海模式"。2006年之后，随着《中华人民共和国公司法》（以下简称《公司法》）的修订，股票期权的激励股票来源问题得到相应解决，股票期权也成为上市公司中应用最多的激励方式之一，且期股这种模式越来越多地应用于非上市的民营企业和国有企业中。

期权的实施方式是企业贷款给激励对象作为其股份投入，激励对象对其拥有所有权、表决权和分红权。其中，所有权是虚拟的，必须将购买期股的贷款还清后才能实际拥有；表决权和分红权是实在的，但分红必须按协议来偿还贷款。

购股资金来源多样，可以是期股分红所得、实股分红所得和现金。如本期分红不足以支付本期购股款项，需用其他资产或现金冲抵。其间，激励对象的任期和以分红回购期股的期限可以不一致。

激励对象任期未满而主动要求离开，或在任期内未能达到协议规定的考核指标水平，均属于违约行为。一般会在期股合同中对这种情况进行约定，取消激励对象所拥有的期股股权及其收益，其个人现金出资部分作为风险抵押金也要相应扣除。

其具有以下优点。

（1）股票的增值和企业资产的增值、效益紧密连接。只有当公司的市场价值上升的时候，享有股票期权的人方能得益，股票期权使雇员认识到自己的工作表现直接影响到股票的价值，从而与自己的利益直接挂钩，促使激励对象更加关注企业的长远发展和长期利益。

（2）有效解决激励对象购买股票的融资问题。

（3）克服了一次性重奖带来的收入差距矛盾。

其具有以下缺点。

（1）如公司经营不善，激励对象反而有亏本的可能，削弱了激励对象对期股的兴趣。

（2）激励对象的收益难以短期内兑现。

期股适用企业：①经改制的国有控股企业；②国有企业。

二、股票期权

股票期权是较常用的股权激励模式，也称认股权证，指公司授予激励对象的一种权利，激励对象可以在规定时间内（行权期）以事先确定的价格（行权价）购买一定数量的本公司流通股票（行权）。激励对象有权行使这种权利，也可以放弃这种权利，但不得用于转让、质押或者偿还债务。

其实施方式为：公司向激励对象发放期权证书，承诺在一定期限内或一定条件达成时（如公司上市时）激励对象以较低价格购买股权。股票期权的最终价值体现在行权时的价差上。如果股票价格高于执行价格，期权持有者执行期权，按照股票期权约定的价格购买股票；如果股票价格低于执行价格，期权持有者不会执行期权，等待以后执行。

其具有以下优点。

（1）股票期权只是一种权利而非义务，持有者在股票价格低于行权价的时候可以放弃权利，因此对持有者没有风险。

（2）由于股票期权是需要在达到一定时间或条件的时候实现，激励对象为促使条件达到，或为使股票升值而获得价差收入，必然会尽力提高公司业绩，使公司股票价值不断上升，具有长期激励效果。

（3）可提升投资者信心。

其具有以下缺点。

（1）行权有时间数量限制，激励对象行权需支出现金。

（2）影响公司的注册资本和股本结构，行权将会分散股权，降低公司决策效率，影响现有股东的利益。

（3）存在激励对象为自身利益而采用不法手段抬高股价的风险。

（4）公司内部工资差距拉大。

（5）激励效果不具有持久性，一旦激励对象行权成为股东，便无从限制和约束。

股票期权适用于上市公司和上市公司控股企业，同时适合处于成长初期或扩张期的企业，如网络、高科技等风险较高的公司。在企业的成长期或扩张期，企业资金需求量大。采用股票期权模式，以股票的升值收益作为激励成本，有利于减轻企业的现金压力。

三、业绩股票

其实施方式为：在开始时确定一个较为合理的业绩指标，如激励对象到预定期限达到预定目标，则公司授予其一定数量的股票或提出一定奖励用于购买公司股份。

业绩股票通常设置禁售期。一般激励对象是董事会成员或高管人员，所获得的业绩股票只有在离职 6~12 个月之后才可以出售；对于激励对象是核心骨干员工的，其所获得的业绩股票一般会设置 3 年的禁售期。

业绩股票有严格的限制条件，如果激励对象的业绩未能达标，或者出现业绩股票合同中约定的有损公司的行为或自行辞职等情况，则公司有权取消其未兑现的业绩股票。有些公司还会设置风险抵押金，达不到业绩考核标准的激励对象不仅得不到业绩股票，而且会被相应处罚。

其具有以下优点。

（1）对激励对象而言，工作绩效和所获激励之间联系紧密，且激励仅取决于工作绩效，不涉及股市风险等不可控因素。

（2）对股东而言，对激励对象有明确的业绩目标约束，权责利对称性强，能形成双方共赢局面。激励收入是在将来逐步兑现；如果激励对象未通过年度考核，出现有损公司行为、非正常调离等，激励对象将遭受风险抵押金的惩罚或被取消激励股票，退出成本较大。

（3）对公司而言，业绩股票激励受限制较少，一般只要股东会通过即可，可操作性强，成本低。

（4）激励与约束机制相配套，激励效果明显，且每年实行一次。因此，能够发挥滚动激励、滚动约束的良好作用。

其具有以下缺点。

（1）激励成本较高，有可能造成公司支付现金的压力。对初创期企业不适合，主要适合业绩稳定并持续增长、现金流充裕的企业。

（2）业绩目标的科学性很难保证。

（3）存在激励对象为获取业绩而弄虚作假的风险。

（4）激励对象抛售股票受限制。

业绩股票适用企业：业绩股票只对公司的业绩目标进行考核，不要求股价的上涨，并且业绩股票对现金的成本压力较大，因此比较适合业绩稳定、需进一步提升业绩、现金流量充足的公司。

四、股票增值权

股票增值权指公司授予激励对象的一种权利，如公司股价上涨，激励对象可以通过行权来获得相应数量的股权升值收益，激励对象不用为行权付出现金，行权后可获得相应的现金或等值的公司股票。

其实施方式为：公司指定规定数量的股票给激励对象作为股票增值权的对象，如行权期内公司股价上升，激励对象可选择兑现权利，获得股价升值带来的收益，可选择获得现金或兑换成相应金额的股票。

其具有以下优点。

（1）激励对象没有股票的所有权，也不拥有表决权、配股权。

（2）行权期一般超过任期，这样可约束激励对象的短期行为。

（3）激励对象无须现金支出。

（4）无须办理工商变更登记手续，操作简单，股东会批准即可。

其具有以下缺点。

（1）增值权激励与虚拟股权激励类似，激励对象均不能获得真正意义的股权，收益完全由公司整体业绩决定，激励效果不显著。

（2）股权增值权的收益来源于公司，分配股权增值权的资金会给公司带来现金流压力。

股票增值权适用企业：现金流较为充裕且股价较为稳定的上市或非上市公司。

五、员工持股计划

员工持股计划指公司内部员工个人出资认购本公司部分股份，并委托公司进行集中管理的股权激励方式。

其实施方式有以下两种。

（1）通过信托基金组织用计划实施免税的部分利润回购股东手中的股权，分配给员工。

（2）企业建立员工信托基金组织（如员工持股会）购买股东股权，按照员工持股计划向员工出售。

其具有以下优点。

（1）员工持股使员工对企业运营有充分的发言权和监督权，更加关注企业的发展，增强企业凝聚力、竞争力，调动员工积极性。

（2）员工承担了一定的投资风险，有助于激发员工的风险意识。

（3）可抵御敌意收购。

其具有以下缺点。

（1）员工可能需要支出现金或承担贷款。

（2）员工所持股权不能转让、交易、继承。

（3）福利性较强，激励性较差。

（4）平均化会降低员工积极性。

（5）操作上缺乏法律基础和政策指导。

员工持股计划适用企业：行业较成熟、有稳定增长的公司。

六、虚拟股票

虚拟股票指公司授予激励对象一种虚拟的股票，激励对象可据此享受分红权和股价升值收益，但没有所有权、表决权，也不能转让和出售，离开企业自动失效。

虚拟股票和股票期权有类似特征与操作方法，但虚拟股票不是实质性的股票认购权，本质上是将奖金延期支付，其资金来源于公司的奖励基金。

其实施方式为：企业与激励对象签订合约，约定授予数量、行权时间和条件，明确双方权利义务，按年度给予分红。在一定时间和条件达成时，虚拟股票可转为真正的股票，激励对象可真正掌握所有权。

其具有以下优点。

（1）不影响公司的总资本和所有权架构。

（2）避免因变数导致对公司股价的非正常波动。

（3）通过协议等方式即可实现对激励对象的激励，无须办理工商变更登记手续，股东会通过即可，操作简单便捷。

（4）对激励对象而言，工作绩效和所获激励之间联系紧密，激励取决于工作绩效。

其具有以下缺点。

（1）兑现激励时现金支出较大。

（2）行权和抛售时价格难以确定。

（3）激励对象不能获得真正意义的股权，虚拟股权方式类似于奖金延期支付，如果不能转化为激励对象真正的股权，则无法实现长期激励、员工持股，因此，激励的效果不显著。

虚拟股票适用企业：现金流较为充裕的上市或非上市公司。

七、账面价值增值权

账面价值增值权，指直接拿每股净资产的增加值来奖励激励对象。它不是真正意义上的股票，因此激励对象并不具有所有权、表决权和配股权。

账面价值增值权是股票增值权的衍生方式，设计和操作要点与股票增值权基本一样。区别只是股票增值权用股票的增值部分来奖励激励对象，账面价值增值权拿每股净资产的增值部分来奖励激励对象。因长期内，账面价值的增长与股价之间有很强的正相关关系，但又不会像股价有时会因不可控因素出现与公司实际价值的偏离，这样就避免了我国资本市场有效性较差，而导致的激励对象利益受损的情况。

其实施方式如下。

（1）购买型：激励对象在期初按股权实际价值购买一定数额公司股权，期末再按实际价值回售给公司。

（2）虚拟型：激励对象在期初不需资金，公司授予一定数量的名义股份，在期末按照公司的每股净资产的增量和名义股权的数量来计算激励对象收益，并支付现金。

其具有以下优点。

（1）激励效果不受股价影响。

（2）激励对象无须现金支出。

（3）方式操作简单，只需公司股东会通过即可。

其具有以下缺点：每股净资产的增加幅度有限，难以产生较大激励作用。

账面价值增值权适用企业：现金流充裕且股价稳定的上市或非上市企业。账面增值权应用在非上市的国有企业和民营企业中，尤其是在配合股改时效果很好。在非上市公司中，如果账面价值增值权改为用股份支付，能达到更好的激励强度。

八、限制性股票计划

其实施方式为：公司按照预先确定的条件授予激励对象一定数量的本公司股票，但激励对象不得随意处置股票，只有在规定的服务期限后或完成特定业绩目标时，才能出售股票收益。否则公司有权将免费赠予的限制性股票收回。

其具有以下优点。

（1）激励对象无须现金付出。

（2）激励相关人员将更多的时间、精力投入公司长期目标中。

（3）激励对象已经实际持有股权，激励对象的收益与其服务年限、业绩条件等挂钩，可以起到激励的作用，保证相关人员的稳定性。

其具有以下缺点。

（1）业绩目标和股价的科学确定困难。

（2）现金流压力较大。

（3）激励对象实际拥有股票，享有所有权，公司对激励对象的约束困难。

（4）激励对象有股东权利。

限制性股票计划适用于以下企业。

（1）业绩不佳的上市公司。

（2）产业调整过程中的上市公司。

（3）初创期的企业。

九、管理层收购

管理层收购又称"经营层融资收购"，指公司的管理层利用借贷所融资本购买本公司的股权，从而改变公司所有者结构、控制权结构和资产结构，实现持股经营，实现被激励者与公司利益、股东利益的完整统一。

其实施方式为：公司管理层和员工共同出资成立职工持股会或公司管理层出资（一般是信贷融资）成立新的公司作为收购主体，一次性或多次性收购原股东持有的公司股权，从而直接或间接地成为公司的控股股东。一般管理层为获得收购资金，会以私人财产做抵押向投资公司或投资银行融资，收购成功后改用公司股权抵押。有时，投资公司也会成为股东。

其具有以下优点。

（1）有助于减少经理人代理成本，促进企业长期、健康发展。

（2）有利于强化管理层激励，提升人力资本价值，增强企业执行力。

（3）有利于企业内部监督和对管理层的约束。

（4）有利于增强投资者信心。

其具有以下缺点。

（1）公司价值准确评估困难。

（2）收购资金融资困难。

（3）若处理不当，收购成本将激增。

管理收购适用企业：①国有资本退出的企业；②集体性质企业；③反收购时期企业。

十、延期支付

延期支付，也称延期支付计划，是公司未激励对象设计的一揽子收入计划。

其实施方式为：包括部分年度奖金、股权激励收入等不在当年发放，而是按当日公司股票市场价格折算成股票数量，存入公司为其单独设立的延期支付账户，在一定期限后再以公司股票形式或根据期满时股票市值以现金形式发放给激励对象。

其具有以下优点。

（1）与公司业绩紧密相连。

（2）锁定时间长，可以避免激励对象的短期化行为。

（3）计划可操作性强。

其具有以下缺点。

（1）激励对象持股数量少，难以产生较大激励力度。

（2）激励对象不能及时把薪酬变现，存在风险。

延期支付适用企业：业绩稳定的上市公司及其集团公司、子公司。

第三节　股权激励方案的设计与实施

股权激励手段的有效性在很大程度上取决于经理人市场的建立健全，只有在合适的条件下，股权激励才能发挥其引导经理人长期行为的积极作用。经理人的行为是否符合股东的长期利益，除了其内在的利益驱动以外，还同时受到各种外在机制的影响，经理人的行为是其内在利益驱动和外在影响的平衡结果。股权激励只是各种外在因素的一部分，它的适用需要有各种机制环境的支持，这些机制可以归纳为市场选择机制、市场评价机制、控制约束机制、综合激励机制和政府提供的政策法律环境。

一、股权激励的设计因素

（1）激励对象：既有企业经营者（如 CEO）的股权激励，也包括普通雇员的持股计划、以股票支付董事报酬、以股票支付基层管理者的报酬等。

（2）购股规定：对经理人购买股权的相关规定，包括购买价格、期限、数量及是否允许放弃购股等。上市公司的购股价格一般参照签约当时的股票市场价格确定，其他公司的购股价格则参照当时股权价值确定。

（3）售股规定：对经理人出售股权的相关规定，包括出售价格、数量、期限的规定。出售价格按出售日的股权市场价值确定，其中上市公司参照股票的市场价格，其他公司则一般根据预先确定的方法计算出售价格。为了使经理人更多地关心股东的长期利益，一般规定经理人在一定的期限后方可出售其持有股票，并对出售数量作出限制。

（4）权利义务：股权激励中，需要对经理人是否享有分红收益权、股票表决权和如何承担股权贬值风险等权利义务作出规定。

（5）股权管理：包括管理方式、股权获得来源和股权激励占总收入的比例等。股权获得来源包括经理人购买、奖励获得、技术入股、管理入股、岗位持股等。股权激励在经理人的总收入中占的比例不同，其激励的效果也不同。

（6）操作方式：包括是否发生股权的实际转让关系、股票来源等。在一些情况下，为了回避法律障碍或其他操作上的原因，在股权激励中，实际上不发生股权的实际转让关系。在股权来源方面，有股票回购、增发新股、库存股票等。

二、股权激励方案设计的原则

（1）为公司战略与业务发展服务，股权激励的核心在于激励未来，其激励的模式与方法要服务于公司发展战略，并且根据具体业务制定合适的激励模式及对应的考核方式。

（2）以公司业绩增长为前提，业绩的增长是激励的前提，但业绩不一定是以净利润的增长为单一目标,可能会侧重合同订单的签署、销售额的增长,或者其他指标如用户的增长等。

(3)以业绩为导向为主,兼顾稳定和吸引人才,关键核心人才是公司的核心竞争力,通过股权激励,一方面激励人才,另一方面稳定人才及吸引外部人才的加盟。以股权激励方式进行中长期激励,有助于培养公司人才当家作主的企业文化,并且对于留住人才起到非常重要的作用(跳槽及离职具有较大的机会成本)。

(4)激励与约束并重,做任何事情都要考虑周全,股权激励在注重激励的同时也是对激励对象的约束,拟激励对象签署股权激励协议后,可获得未来预期收益,同时也承担了公司业绩及个人业绩考核承诺及离职惩罚性约定的约束。

(5)激励实现梯度与差异化,体现在两个方面:一是公司做股权激励不是一次性做完就完成了,而是通过这个激励制度持续地激励公司现有人员和未来引进人员,股权激励在公司层面最好多批次实施,让后面的人有机会参与,进而提高激励性。二是激励的个人激励数量和规模应该根据岗位与业绩贡献大小拉开差距,很多企业老板认为不好平衡这些老员工的分配就平均分配,在数量和规模上平均的分配反而是最大的不公平,会挫败有贡献和能力的核心人才。正是因为分配的不公平导致很多企业做完股权激励后有不少核心高管离职,正应了"不患寡而患不均"这一古话。

(6)考虑与资本市场对接,股权核心价值在于其股权增值和兑现,公司的股权进入资本市场基本能实现较大的增值,设计股权激励方案需要充分考虑与资本市场对接,如成熟企业在IPO(首次公开募股)前股权激励需要重点考虑股权激励模式及股份支付的影响等。

三、股权激励的对象

股权激励的对象应是在公司具有战略价值的核心人才,核心人才是指拥有关键技术或拥有关键资源或支撑企业核心能力或掌握核心业务的人员。公司在激励对象选择层面需要把握宁缺毋滥的原则,对少数重点关键人才进行激励。

核心人才评估:利用企业人才模型,从岗位价值、素质能力和历史贡献三个角度进行评价。其中,岗位价值是评估最重要的因素,建议占比50%;素质能力代表未来给公司做贡献的可能性,建议占比30%;历史贡献也需要考虑,不要让老员工心寒,也是给现在员工做榜样,注重历史的贡献,建议占比20%。

具体到评估工具可用打分制进行数量化衡量,如表9-1所示。

表 9-1 评价维度及比重

维　　度	序号	因素名称	因素权重/%	因素含义
岗位价值 50%	1	战略影响	15	岗位所能够影响到的战略层面和程度
	2	管理责任	15	岗位在管理和监督方面承担的责任大小
	3	工作复杂性	10	岗位工作中所面临问题的复杂性
	4	工作创造性	10	岗位在解决问题时所需要的创造能力

续表

维 度	序号	因素名称	因素权重/%	因素含义
素质能力 30%	5	专业知识能力	10	员工所具有的专业知识能力的广度和深度
	6	领导管理能力	10	员工所具有的领导管理能力水平
	7	沟通影响能力	10	员工所具有的沟通及影响他人能力水平
历史贡献 20%	8	销售业绩贡献	7	员工以往对销售业绩的贡献大小
	9	技术进步贡献	7	员工以往对技术进步的贡献大小
	10	管理改进贡献	6	员工以往对管理改进的贡献大小

拟定分数标准，人才价值分数得分高于该分数标准的人员可以进入股权激励计划，成为激励对象。

评定维度说明如下。

（1）岗位价值（50%）：员工的一部分价值要通过其所处的岗位价值来体现，明确股权激励前提下岗位价值的评价要素，评价岗位的价值，进而评价岗位上的员工价值。

（2）素质能力（30%）：员工素质能力水平的高低既表示他目前为公司创造的价值，也是对他未来发展潜力的预期。

（3）历史贡献（20%）：既是对老员工成绩的肯定，也起到为新员工树立典范的作用，让新员工看到，只要为公司发展作出贡献，就会得到公司发展带来的收益。

四、股权激励的数量

其主要分为两个方面数量的确定：一是公司股权激励总量，核心需要考虑分批次激励数量和预留数量。二是股权激励的激励对象个量，即每位激励对象可获得的激励额度，根据"二八定理"，对核心对象重点激励，真正做到激励的公平性，避免"大锅饭"或"搭便车"现象。总量不是个量的简单加总，个量不是总量的简单分配，量的确定是个双向过程，关系股权激励效果与成败。

（一）股权激励的总量确定方法

第一种方法：通常较为实用的方法是直接确定一个比例，根据企业自身特点、目前的估值水平、CEO 的分享精神、同行竞争对手的激励水平等因素来确定股权激励的总量。业界通常的比例为 10%～30%，取 15%这一中间值。

第二种方法：以员工总薪酬水平为基数来确定股权激励总量，股权激励总价值=年度总薪金支出×系数，其中系数可根据行业实践和企业自身情况来决定。采用股权激励总量与员工总体薪酬水平挂钩的方式，使企业在股权激励的应用上有较大的灵活性，同时又保证了激励总量与企业的发展同步扩大。

（二）确定股权激励总量需要考虑的因素

（1）总量确定与大股东控制力的关系，总量确定与公司引入战略投资人、上市的关系。

（2）公司规模越大、发展阶段越高，持股比例越小；反之则持股比例越大。

（3）总量需要部分考虑预留未来新进或新晋升员工。

（三）股权激励个量的确定

激励的原则不仅考虑公司发展和行业特点，还需要考虑激励对象的中长期薪酬比例。例如，硅谷的期权分配一般原则如下：外聘 CEO 占有 5%～8%份额，副总则为 0.8%～1.3%，一线管理人员为 0.25%，普通员工为 0.1%，外聘董事则为 0.25%。期权总共占公司 15%～20%股份。期权在员工工作 1 年后开始兑现，4 年兑现完毕。薪酬组成如图 9-1 所示。

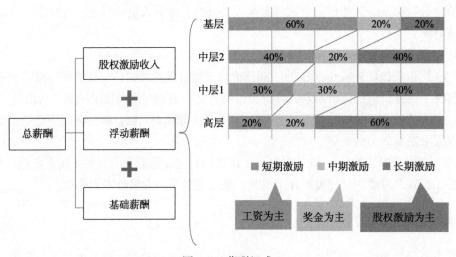

图 9-1　薪酬组成

五、股权激励的时间

股权激励作为由各个时间点组成的长期员工激励制度，一方面要使股权激励计划有效，另一方面要使员工在这个长期激励过程中保持信心，确保员工的努力得到回报，就要求股权激励计划的时间点设置恰当合理。一般而言，股权激励计划会涉及以下时间点：股权激励计划的有效期、授予日、授权日、等待期、解锁期、行权日、行权窗口期和禁售期等。

对于股票期权，行权限制期原则上不得少于 1 年，行权有效期不得少于 3 年，有效期内匀速行权。而对于实际股权来说，禁售期不少于 1 年，禁售期满原则上采取匀速解锁，解锁期不少于 3 年。

股权激励计划的实施周期一般为 3～5 年，真正体现长期激励。

股票期权计划包含授予、（分期）行权、转让三个主要环节，主要的约束集中在授予后至转让前持有期权的阶段；限制性股票包含授予、（分期）转让两个环节，主要的约束集中在授予后至转让前持有股票的阶段。

六、股权来源

股权来源是股权激励计划的重要组成部分,目前我国上市公司和非上市公司有不同方法解决股权来源问题。非上市公司一般采用存量转让和增量入股两种方法,见表 9-2。

表 9-2　存量转让与增量入股

股权来源	描　　述	优　缺　点	适 用 范 围
存量转让	由大股东向管理层提供实股来源,且以存量转让的方式来进行	完成时效性高,但是需要让管理层承担比较大的资金压力	财务独立核算的法人实体,且目前行业处于成熟期或成长期末端
增量入股	增量激励的股票来源于标的公司净资产增值所带来的股本扩张部分,一般采取锁定价格或部分零价格的转让方式	管理层资金压力较低,但是时效性不够高	适合成长性较高的初创类公司

注:虚股方式下,不涉及股份来源。

根据中国证监会发布的《关于上市公司实施员工持股计划试点的指导意见》,上市公司可以通过下列方式获得股票激励员工:上市公司回购本公司股票,认购非公开发行股票,二级市场购买;股东自愿赠予,法律行政法规允许的其他方式。具体来讲,上市公司的股权来源如下。

(一)股权回购

股权回购指的是从二级市场回购股票,根据激励计划的需要出售给激励对象。

(二)定向增发

定向增发,即向中国证监会申请一定数量的定向发行的额度,满足激励对象行权的需要。

(三)股权转让

由大股东转让股权,大股东向激励对象承诺一定的股票额度,供激励对象在将来行权。这种方式存在股票来源没有持续性的问题。大股东转让以大股东为主体,倘若大股东的财务状况出现问题,激励对象便要面临风险。

(四)以他方名义回购

委托信托公司等第三方从二级市场回购一定的股票以供激励对象行权。

(五)组合方式

理想的激励股票来源应该符合法律法规,操作难度低,长期稳定,并且最小化企业付出的成本。因此,可以对上述来源方式进行组合以达到互补效果,提高效率。相关股权激励方案示例如图 9-2 所示。

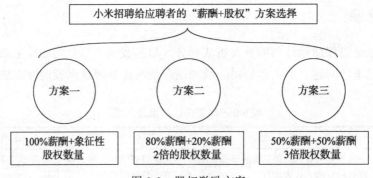

图 9-2 股权激励方案

而对于非上市公司来说,股权来源如下。

(一)股权转让

股东向激励对象赠予或者转让股权。由于此种方法高度依赖股东的财务状况和个人意愿,同样应该注意可持续性问题。

(二)增资扩股

增资扩股,公司增加注册资本后向激励对象配售股份。需要注意的是,《公司法》第三十七条规定,经股东大会通过,有限责任公司方可增加注册资本。《公司法》第四十三条规定,增加注册资本的决议应当经代表 2/3 以上表决权的股东通过。《公司法》第一百零三条规定,股份有限公司增加注册资本必须通过股东大会,经出席会议的股东所持表决权的 2/3 以上通过。

(三)预留股份

公司成立的时候预留一部分股份以供股权激励计划使用。

(四)股权回购

《公司法》第一百四十二条规定了股份有限公司在将股份奖励给本公司职工的情形下可以收购本公司股份。但是作为股权激励的来源,公司收购股票不能超过本公司股票的 10%,并且应当在 3 年之内转让给员工或者注销,使得这种方式缺少灵活性。

七、股权激励的资金来源

一般而言,当激励对象需要购入一定量股份时,涉及的数额较大,对于激励对象造成一定的资金压力。为了更好地鼓励员工加入股权激励计划,股权激励方案应该考虑到激励对象购股资金来源问题。目前在我国,股权激励资金一般来源于以下几个方面。

(1)自筹。为了体现股权激励的"风险与收益对等原则"和"激励与约束对等原则",一般要求购股资金中有自筹部分,这样能使激励对象更好地关注企业长期发展问题。员工可采取一次性支付或者分期付款的方式。

（2）公司借款。公司或者股东借款给激励对象或者为激励对象的借款提供担保。如果是借款方式，被激励者要按同期银行存款利息向企业支付借款费用。但是此种方法不适用于上市公司。

（3）第三方信托机构。由激励对象与信托机构签订贷款融资协议或者由公司将资金委托给信托机构。

（4）年终奖。与激励对象进行沟通，确认将年终奖的一部分作为激励对象行权资金。

（5）多种激励模式配合。

（6）激励资金。公司在等待期，设置业绩指标，提取激励资金，分配给激励对象用以股权激励的行权。激励资金从公司净利润中提取。但是因为会增加公司资金流压力，部分公司拒绝采用。

八、股权激励授予条件与行权条件——业绩考核

股权激励的计划过程也是影响激励效果的关键性因素，如果授予条件过高，能够迈过激励"门槛"的人就非常少，达不到激励的目的；一旦授予条件过低，又会导致大量的"闲杂人员"享受到股权激励的红利。因此，企业需要明确股权激励的授予条件，以便保证股权激励的顺利进行。股权激励计划的约束条件分为两个方面：一方面是股权激励计划的授予条件，另一方面是股权激励计划的行权条件。

授予条件是指激励对象获授股权时必须达到或满足的条件，达不到条件就不能获授股权。授予条件除涉及激励对象的资格条件外，还涉及公司的主体资格。

股权的授予方式主要有一次性授予与分期授予两种。

（一）一次性授予

公司一次性授予员工股权，可以在员工被聘用之日授予，以吸引人才加入本企业；可以在员工持续任职一段时间后授予，如3~5年，以此提高员工离职成本，有效保留人才；也可以在其他特定日期授予。一次性授予的方式相对分期授予易于操作和管理，但对于人才的绑定作用弱于分期授予方式。

（二）分期授予

公司分期授予员工股权，可以按时间条件分批次授予，如每两年对激励对象授予一定数量股权，8年内全部授予完毕；也可以按阶段性业绩目标条件分批次授予，每达到一阶段目标则授予一次，直至全部份额授予完毕。分期授予股权，管理起来比较烦琐，但能有效地长期绑定人才。

股权激励的行权条件实际上是企业在对员工实施股权激励时所设定的条件的绩效考核。考核分为两种：一是对激励对象的绩效考核，二是对公司的经营业绩考核。企业在实施股权激励时，对激励对象会设定各种要求，只有经考核合格满足要求时才可获得授予股权利益，考核包括个人的绩效考核、公司及授予者是否发生法律规定的不可行权的条件、业绩考核等，如公司董事会薪酬与考核委员会在每个会计年度对公司财务业绩指标进行考核，以达到公司财务业绩指标作为激励对象行权的必要条件。对于上市公司而言，其股权

激励计划的行权条件是最基本的，上市公司在行权条件达成时，仍需要符合激励对象和实施股权激励计划的上市公司各自的获授条件。非上市公司股权激励计划的行权条件的规定比上市公司的规定更加灵活，但是基本内容是一致的。

在股权激励计划需要分年度、分批行权的情况下，每一批可行权的股权激励标的均涉及等待期、行权期、行权条件，而每一期的行权条件可能均会不同。一般而言，若激励对象或者公司业绩未能满足行权条件，则当期的股权激励标的不得行权，该部分股权激励标的由公司注销或者按照原授予的价格予以回购。若激励对象符合行权条件的同时公司业绩也达到了行权条件，但激励对象未在行权期内全部行权的，则未行权的该部分股权激励标的应由公司予以注销或者按照原授予的价格予以回购。

 本章提要

股权激励是企业薪酬管理中的一种经济性薪酬。股权激励作为一种长期激励机制，通过使企业高管个人利益与企业利益形成共同体的方式发挥作用。委托代理理论与人力资本理论是股权激励的主要理论依据。

期股、股票期权、业绩股票、股票增值权、员工持股计划、虚拟股票、账面价值增值权、限制性股票计划、管理层收购和延期支付是目前国际通行的10种主要的股权激励模式。

在设计股权激励制度的过程中，要让机制服务于长远发展战略，激励与约束并重，在以业绩增长为前提的条件下兼顾稳定和吸引关键核心人才。在实行股权激励制度的过程中，要把握并明确股权激励的授予条件，以实现更好的激励效果。

 思考题

1. 股权激励解决了公司治理中的哪些问题？它是通过什么样的方式完善公司治理的？
2. 不同的股权激励模式分别在什么情况下适用？
3. 在股权激励制度的设计与实施过程中，有哪些因素会影响到实施效果？
4. 如何进行股权激励制度的设计与实施？

答案解析 扫描此码

案例与讨论

华为公司的员工入股协议方案

华为技术有限公司（以下简称"华为"）是中国广东深圳市生产、销售电信设备的员工持股的民营科技公司，于1988年成立于中国深圳。其主要营业范围为：交换、传输、无线和数据通信类电信产品，在电信领域为世界各地的客户提供网络设备、服务和解决方案。总裁：任正非；董事长：孙亚芳。1999年、2000年、2001年分别在印度、瑞典、美国设立研发中心。

华为的内部股制度对吸引人才的作用是非常明显的。过去华为有种"1+1+1"的说法，即员工的收入中，工资、奖金、股票分红的收入比例是相当的。而其中股票是当员工进入公司1年以后，依据员工的职位、季度绩效、任职资格状况等因素来进行派发。

股票一般是用员工的年度奖金来购买。如果新员工的年度奖金还不够派发的股票额，公司会贷款给员工。而员工也是很乐意于这种贷款，因为分红的比例历年都保持在70%的高位。

《华为基本法》第十七条、十八条关于知识资本化、价值分配的形式有所论述："我们实行员工持股制度。一方面，普惠认同华为的模范员工，结成公司与员工的利益与命运共同体。另一方面，将不断地使最有责任心与才能的人进入公司的中坚层。""华为可分配的价值，主要为组织权力和经济利益；其分配形式是：机会、职权、工资、奖金、安全退休金、医疗保障、股权、红利，以及其他人事待遇。"

华为员工拿到股权的程序大致是这样的：每个营业年度公司按照来公司工作的年限、级别等指标确定每个人可以购买的股权数，由员工拿着现金到一个叫资金事业部的地方去登记购买，1元钱买一股。公司要求员工在一份文件上签名，但文件只有一份，签完名后立即被公司收回。在员工眼里，在这张纸上签字是购买股权的一个必然程序，不签就没有股权。员工交完购股款后并不会拿到通常意义上的持股凭证，每位员工具体的股数都由公司备案存档，员工只允许从股权登记名册上抄下来自己的股权数。

华为也曾发过股权凭证，分别是在1995年和1996年。据说当时的华为为了规范股权发放，给员工发了一个叫"员工股金情况书"的东西，上面记载着工号、姓名、拥有股金数目等内容，盖的公章是华为资金计划部和资金部。但此后，公司就再也没有发过任何持股凭证。

在1997年的《员工持股规定》中，华为的持股原则是"入股自愿、股权平等、收益共享、风险共担"，1999年的原则变为"入股自愿、遵守管理"；关于股份回购价值计算，1997年的公式为回购价＝购买价（1＋X%×月），1999年的公式则变为：回购价＝购买价（1＋X%×月/12）。（注：1997年公式中X指公司董事会确定的利润率，月指本年度退股时的实际持有月份；1999年公式中X指公司董事会批准的当年数值，月指本年度退股时的实际持有月份）

刘平2001年1月离职时办理股份回购是按照2000年的基数1∶1兑现，而随后在2002年三四月离职的员工则可以按照1∶2.64的比例兑现。2001年2月，华为以65亿元的天价将华为电气卖给爱默生公司，爱默生公司看中的恰是华为电气的一班精英员工，双方达成协议的前提是保持华为电气的人马基本不动，而华为方面为了留住这班人马，承诺在4年内将华为电气的员工股按照1∶4的比例逐年兑现。

2002年3月，华为开始改变传统的1元钱买一股的做法，实行一种叫作"虚拟持股权"的计划，这个计划实质是增值权，也是期权的一种。在员工们看来，该计划比股权制度合理了很多：根据华为的评价体系，员工可以分别获得一定额度的期权，4年期限内，以最新的每股净资产价格员工每年可兑现1/4，员工不用像以前一样再从腰包里掏钱，而是直接在行权时获取每年净资产的差价。以刘平在2002年1月办理离职手续时逐年购买的354万股为例，刘平购买时股价为 1 元/股，2002 年，刘平逐年可选择兑现 1/4 股票差价，以华为 2002 年每股净资产 2.74 元计算，则刘平可以获得 2.74×354×1/4 = 242.49 万元。（早期以 1 元/股价格购买股权的老员工实际上离职时以净资产兑现，中高层管理层除非离职否则以 10 年为期逐年兑现）

但据说这个方案出来后，很多员工选择将股权按照净资产兑现后离开华为，由此，华为方面不得不面临来自资金方面的压力。既要完善股权，又要有效保持员工的积极性，在此背景下华为股权 MBO 方案开始酝酿。从 2003 年 8 月中旬开始，传出华为准备实行 MBO 的消息：华为有意边回购原来的全部股权和 2002 年推行的"虚拟持股权"、边推行由 1 000 名中高层管理人员联合持有公司的员工股权，资金方面由员工个人出资 15%，其余的由华为出面担保、员工集体以个人名义向银行贷款解决。

但从目前情况看，华为 MBO 还只是华为的天空中雷声后迟迟未下的一场雨。华为股权 MBO 的全面推行，或许要等到华为的股权官司结束后。

资料来源：华为的公司员工入股协议方案（完整版）[EB/OL]. http://5ijyw.com/show-9585.html.

案例思考题：

1. 职工持股有什么好处？
2. 职工持股处理不好，又会产生什么问题？
3. 华为早期员工持股为何会成功？

第十章 基于市场行情的薪酬体系

本章学习目标

通过本章的学习,希望你能够:
- 了解薪酬水平的概念
- 了解薪酬水平外部竞争性决策的类型与作用
- 了解劳动力市场、产品市场以及企业特征要素如何影响薪酬水平决策
- 掌握市场薪酬调查的概念与目的
- 熟悉薪酬调查是如何进行的

引言

紧跟市场行情实现外部公平

公平理论认为,当一个人做出了成绩并取得了报酬以后,他不仅关心自己所得报酬的绝对量,而且关心自己所得报酬的相对量。因此,他要进行种种比较来确定自己所获报酬是否合理,比较的结果会有三种:一是当该比率小于别人的比率时,极易导致职工对组织或管理人员的不满;二是当该比率等于别人的比率时,职工感到组织的公平,会得到强有力的激励;三是当该比率大于别人的比率时,个人可能会满足一会儿,但一段时间后,由于满足于侥幸的心理,工作又恢复原样。

将公平理论应用于薪酬制度,可以得到三种公平的表现形式:内部公平、外部公平和员工个人公平。本章主要讲述外部公平。外部公平,即公司的整体薪酬水平必须充分考虑市场的整体薪酬水平和薪酬实践趋势。它所强调的是本企业薪酬水平和其他组织的薪酬水平相比较时的竞争力,这种外部竞争力关注的是组织之间薪酬水平的相对高低。获取外部公平的方法主要是获取外部市场薪酬调查数据,通过各种调研方法收集市场上其他竞争对手薪酬水平的信息,并通过对这些信息的比较分析来确定本企业员工的薪酬水平,从而判断公司的整体薪酬水平与外部市场相比的整体竞争力如何。

第一节　薪酬水平及其外部竞争性决策

一、薪酬水平及其外部竞争性

（一）薪酬水平及其外部竞争性的定义

薪酬水平是指企业支付给不同职位的平均薪酬。薪酬水平侧重分析组织之间的薪酬关系，是相对于其竞争对手的组织整体的薪酬支付实力。一个组织所支付的薪酬水平高低无疑会直接影响到企业在劳动力市场上获取劳动力能力的强弱，进而影响企业的竞争力。

薪酬水平的外部竞争性是指与竞争对手相比本组织的薪酬水平高低，并由此产生的企业在劳动力市场上的竞争能力大小。

（二）如何理解薪酬水平的外部竞争性

在现代竞争中，薪酬水平的外部竞争性是一个具体的概念。进一步说，将一个组织所有员工的平均薪酬水平与另外一家企业的全体员工平均薪酬水平进行比较的意义越来越小，薪酬外部性的比较基础更多地要落实在不同组织的类似职位或者类似职位族之间。也就是，可以笼统地说甲企业的平均薪酬水平比乙企业的平均薪酬水平高，但由此说甲企业薪酬的外部竞争性一定比乙企业强，就可能会犯错误。这是因为，也许甲企业的平均薪酬水平确实很高，但是该企业的内部薪酬差距很小，重要职位和不重要职位之间的薪酬收入没有太大差异。而在乙企业中，尽管其平均薪酬水平低于甲企业的平均薪酬水平，但是该企业对于重要职位所支付的薪酬远远高于甲企业。如果此时在外部劳动力市场上存在大量能够从事不重要职位的劳动者，乙企业不会因为支付薪酬水平比甲企业低而雇不到人，即它在低技能劳动力的雇佣方面并不比甲企业的薪酬竞争力差。但是，在雇用能够从事重要职位的员工时，乙企业的薪酬竞争力反而比甲企业更强。这就说明，薪酬水平的外部竞争性应当落实到职位或职位族上，而不能简单地停留在企业层面上。

二、薪酬水平外部竞争性的作用

（一）吸纳、保留和激励员工

薪酬水平在企业吸引和保留员工方面的重要性是显而易见的。美国某调查机构在对积累了 20 年的数据进行分析之后得出结论，管理人员、事务类人员以及小时员工都将薪酬看成第一位就业要素，只有技术人员将薪酬看成第二位就业要素，而将技能提高看成第一位就业要素。在我国当前经济发达程度不高的情况下，薪酬对于普通劳动者的重要性更是不言而喻。因此，如果企业支付的薪酬水平过低，企业将很难招募到合适的员工，而勉强招到的员工往往在数量和质量方面也不尽如人意；不仅如此，过低的薪酬水平还有可能导致企业中原有的员工忠诚度下降，这对于企业保持自身在产品和服务市场上的竞争优势是十分不利的。

相反，较高水平的薪酬有利于员工的机会主义行为，激励员工努力工作，同时降低企业的监督管理费用。这是因为，一旦这种偷懒或消极怠工行为以及对公司不利的其他行为被公司发现并导致员工被解雇，员工就很难再在市场上找到其他能够获得类似薪酬的新职位。新加坡政府所推行的"高薪养廉"政策的魅力也正在于此。

（二）控制劳动力成本

薪酬水平的高低和企业的总成本支出密切相关，尤其是在一些劳动密集型的行业和以低成本为竞争手段的企业中。显然，在其他条件一定的情况下，薪酬水平越高，企业的劳动力成本也就越高；而相对于竞争对手的薪酬水平越高，则提供相同或类似产品、服务的相对成本也就越高，在市场上的竞争地位也就会越不利（除非较高的薪酬水平导致生产率水平出现更高程度的增长）。因为较高的产品成本会导致较高的产品定价，所以在产品差异不大的情况下，消费者自然会选择较为便宜的产品。随着市场竞争的日益激烈，当今绝大多数产品市场已经由卖方市场转为买方市场，即大多数产品和服务处于供过于求的状态，消费者对产品的价格是比较敏感的。在这种情况下，劳动力成本控制对于企业来说就显得非常重要。

（三）塑造企业形象

薪酬水平对企业形象的影响也很大。它不仅直接体现了企业在特定劳动力市场上的相应定位，同时也显示了企业的支付能力以及对人力资源的态度。支付较高薪酬的公司不仅有利于树立在劳动力市场上的良好形象，而且有利于公司在产品市场上的竞争。这是因为，公司的薪酬支付能力会增强消费者对企业以及企业所提供的产品和服务的信心，从而在消费者的心目中造成一种产品差异，起到鼓励消费者购买的作用。此外，在大多数市场经济国家中，政府在最低薪酬水平等方面都有明文规定。为了确保自身经营的规范性和合法性，企业在确定薪酬水平的时候对这些规定也是绝对不可以忽视的，一旦在这些方面出现对企业形象不利的问题，对企业在劳动力市场和产品市场上的影响都将是极为恶劣的。

三、薪酬水平及其外部竞争性决策的类型

薪酬水平政策制订的目标是增强企业竞争力。在激烈的市场竞争中，人才的竞争是关键，而依靠高薪吸引人才是企业普遍实施的战略手段之一。企业在大多数情况下会面临这样的两难选择：如果工资率过低，企业就没有薪酬优势，无法吸引高质量人才，还会导致已有人才的流失；如果工资率过高，企业具备了薪酬优势，又会面临加大成本预算、价格上涨，以及工资冻结、延滞支付等问题。因此，选择什么样的工资率和工资支付方式，是企业薪酬政策关注的焦点。

虽然企业在确定薪酬水平时会受到来自外部劳动力市场和产品市场的双重压力，但是它们仍然存在一些选择余地：企业需要作出的一个重要战略性决策就是到底是将薪酬水平定在高于市场平均薪酬水平之上，还是将其定在与市场平均薪酬恰好相等或稍低一些水平上。下面，我们将对几种常见的薪酬水平定位进一步分析。

（一）市场领先策略

市场领先策略，即在同行业或同地区市场上保持优势的薪酬水平。采用市场领先策略一方面可以吸引和保留高质量的劳动力，从而抵销工作本身所具有的种种不利特征，如工作压力大或者工作条件差等；另一方面，高薪酬可以降低跳槽率和缺勤率。但这种薪酬策略也有消极影响。高薪使招聘更容易，这就掩盖了工作的其他方面所导致的高跳槽率（如工作任务缺乏挑战性、人际关系紧张等）；此外，还会带来高的工资成本。

一般而言，实施这种策略的企业有以下几种情况：企业处于快速成长期，目的是利用薪酬机制来吸引人才；企业效益好，崇尚劳资合作与利益分享；企业资金实力雄厚，为了体现企业实力。

（二）市场追随策略

市场追随策略是企业最通常的方式，也可以被称为市场匹配策略，实际上就是根据市场平均水平来确定本企业薪酬定位的一种常用做法。市场追随策略力图使本企业的薪酬成本接近产品竞争对手的薪酬成本，同时使本企业吸纳员工的能力接近产品竞争对手吸纳员工的能力。这种策略能使企业避免在产品定价或保留高素质员工队伍方面处于劣势，但它不能使企业在劳动力市场上处于优势。

一般来说，在竞争性的劳动力市场上，实施市场追随策略的企业由于没有独特的优势，它们在招聘员工时往往会去参与那些大型的招聘会，以通过多花时间、广泛搜寻、精挑细选的方式来招募和雇用优质的员工。此外，采用这种薪酬策略的企业还要注意随时根据外部市场的变化调整薪酬水平，以使之与市场薪酬水平保持一致。然而，这种调整在很多情况下是存在时滞的，企业可能在一些优秀员工已经离职后才发现自己的薪酬水平已经落后于市场薪酬水平。因此，这种力图确保本企业薪酬水平与市场薪酬水平一致的企业必须坚持做好市场薪酬调查工作，以确切掌握市场薪酬水平。

（三）市场拖后策略

市场拖后策略即在同行业或同地区市场上保持较低的薪酬水平。一般而言，实施这种策略的企业有以下几种情况：受人工成本约束；企业处于衰退期或遇到财务危机；注重其他形式的补偿（高福利），注重长期报酬激励等。市场拖后策略对于企业吸引员工来说是非常不利的，而且在实施这种政策的企业中，员工的流失率往往比较高。尽管市场拖后策略会削弱企业吸引和保留潜在员工的能力，但是如果这种做法是以提高未来收益作为补偿的，反而有助于提高员工对企业的组织承诺度，培养他们的团队意识，并进而改善绩效。

（四）混合策略

混合策略是指企业在确定薪酬水平时，是根据职位的类型或者员工的类型来分别制定不同的薪酬水平决策，而不是对所有的职位和员工均采用相同的薪酬水平定位。也就是说，重要的技术工人的薪酬水平高于市场平均水平，而其他工人的薪酬水平等于或低于市场平均水平。此外，有些公司还在不同的薪酬构成部分之间实行不同的薪酬策略，如总薪酬高于市场价值，但基本薪酬略低于市场平均水平，而激励薪酬远远高于市场平均水平。

混合策略最大的优点是具有灵活性和针对性,对于劳动力市场上的稀缺人才以及企业希望长期保留的关键职位上的人才采取市场领先策略,对于劳动力市场上富余劳动力以及鼓励流动的低级职位上的员工采用市场追随策略或市场拖后策略,既有利于公司保存自己在劳动力市场上的竞争力,也有利于合理控制公司的薪酬成本开支。

在薪酬设计时有个专用术语叫薪酬分位,如 10P、25P、50P、75P、90P 等,它们的含义是,假如有 100 家公司(或职位)参与薪酬调查的话,薪酬水平按照由低到高排名,它们分别代表第 10 位排名(低位值)、第 25 位排名(25 分位值)、第 50 位排名(中位值)、第 75 位排名(75 分位值)和第 90 位排名(高位值)。一般认为,25P~50P 为低位值,50P~75P 为中位值,75P 以上为高位值。

第二节 薪酬水平决策的主要影响因素

一、劳动力市场对薪酬水平决策的影响

(一)劳动力市场

劳动力市场是企业为了生存而必须参与的三大市场之一(另外两个市场是资本市场和产品市场)。企业在劳动力市场上的竞争将直接影响企业间的薪酬激励水平差异。因此,在这里我们首先介绍劳动力市场对企业薪酬水平决策的影响,然后再讨论产品市场对企业薪酬水平决策的影响。

劳动力市场的作用在于将稀缺的人才资源配置到不同的生产用途上去,其运行结果就是薪酬水平以及雇佣水平等。正如任何市场都要有买方和卖方一样,劳动力市场也不例外。在劳动力市场上,买方即需求方是企业或雇主,卖方即供给方是员工或劳动者。在正常情况下,劳动力市场上总是有众多的供给者和需求者,所以在特定的情况下,劳动力市场上任何一方作出的决策都会受到他人的决策和行为的影响。此外,劳动力供求双方的相互作用会产生一个均衡工资率或市场通行工资率,而市场通行工资率的变动本身又会对未来的劳动力需求和劳动力供给产生影响。

与产品市场相比,劳动力市场具有一定的特殊性:一是劳动力无法储存。在劳动力的质量一定的情况下,劳动者的唯一资源是他的时间,这种时间如果不能被利用,是无法储存下来的。二是劳动力每时每刻都在变化,它是随着劳动者的工作能力而变化的。三是劳动力供给者与劳动力是无法分离的,劳动力供给者能够在工作的过程中控制自己实际提供的劳动力服务的数量和质量。在这种情况下,劳动力市场上的供求双方就劳动力的买卖所达成的契约即劳动合同实际上是一种不完善的供求契约,而劳动力价格也是一种不完善价格。购买劳动力的企业遇到的困难是:劳动力服务的实际成本是由单位产出成本决定的,因而无法事先定价,然而对于劳动力供给者而言,又要求必须事先定价,因此企业必须在实际的讨价还价之前确定一个价格。这种价格取决于购买者对劳动力服务的数量和质量进行的一种估算,估算的准确性可以从今后的单位产品成本中推导出来。劳动力供给者在决定接受何种价格时同样面临困难,因为他们最多只能知道某个特定职位的市场通行工资率是多少,

对于企业能够提供的工作条件、上下级关系、具体工作完成方式等往往不是很清楚。

（二）劳动力需求

企业对劳动力的需求是从消费者对产品或服务的需求中派生出来的，因而劳动力需求是关于劳动力价格和质量的函数。在短期劳动力需求决定中，最重要的两个概念是边际收益（或边际收益产品）和边际成本。所谓劳动力的边际收益，就是指在其他条件保持不变的情况下，增加一个单位的人力资源投入所产生的收益增量。而劳动力的边际成本则等于劳动力的市场通行工资率。于是，利润最大化的劳动力需求水平就存在于企业雇用的最后一个单位劳动力的边际收益等于为雇用劳动力支付的薪酬水平这一点上。当雇用一位员工的边际收益大于边际成本时，企业就应该继续雇用员工；而当雇用一位员工的边际成本高于雇用这位员工所能够产生的边际收益时，企业就不应该再雇用员工了。换言之，企业劳动力需求的原则是雇用的边际成本等于边际收益。

具体到薪酬管理的实际工作中，企业在利用该模型确定应雇用的员工数量时，需要做到以下两件事情：首先是确定市场力量作用下的薪酬水平，其次是确定每一潜在新员工可能产生的边际收益。换言之，企业只有明确了员工的边际成本和边际收益，才可以确定自己究竟需要雇用多少员工。然而现实世界远非理论所假设的那样简单。一方面是市场薪酬水平的不确定，由于劳动力市场上的供给方与需求方之间的竞争程度很不确定，劳动力也不可能是完全同质的（质量不完全相同），同时也并非所有的企业都是利润最大化的追求者，因此，对市场薪酬水平的把握很难做到非常精确。也许更为困难的是另一方面的问题，即对员工的边际收益的预测：管理者不可能明确地知道一位尚未进入企业的员工的边际收益到底是多少。这种困难主要表现在以下两个方面：其一，为每一位员工生产出来的产品或服务定价是很困难的，因为许多产品和服务是经过具有各种不同能力的劳动者共同努力才生产出来的。在劳动力不同质的情况下，要想确定单个员工创造的价值是很困难的。其二，创造价值的除了劳动力之外，还有资本和其他生产要素，要想分离出在生产过程中共同创造价值的其他生产要素（如资本和原材料）所产生的价值是非常困难的。

正是因为存在着对边际产品和边际收益进行直接衡量的困难，所以企业常常使用其他一些要素来估计员工给企业带来的边际收益。我们在之前讨论的报酬要素、职位评价、技能以及能力评价等内容，反映了企业为评价某种工作或技能、能力能够给企业带来的价值所做出的努力，这种评价实际上是对员工的边际收益评价的一种近似替代。只不过利用报酬要素或者技能、能力水平来进行评价，实际上是从投入的角度来确定边际价值，而不是从产出的角度来确定边际价值。此外，限定某等级职位的最高薪酬水平以及采取绩效加薪等做法，实际上是企业力图对员工给企业带来的边际收益进行评价的又一种尝试。虽然企业可能并未从理论的高度去把握自己的薪酬决策，但是它们实际上很清楚，某一等级的员工所能够获得的最高薪酬水平不能高于其边际收益，员工薪酬水平的增长不能超过其生产率的增长。

（三）劳动力供给

劳动力市场上的劳动力供给，是指特定的人口群体所能够承担的工作总量。一般来说，整个经济或社会中的劳动力供给受以下四个方面因素的影响。

（1）劳动力参与率。劳动力参与率是指一个国家或社会中16岁以上人口中的经济活动人口总量。它可以用下面的等式来表示：

$$劳动力参与率=\frac{有工作人数+目前正在找工作的人数}{16岁以上的总人口}\times100\%$$

具体到微观层面，劳动力参与率的高低主要取决于单个家庭作出的劳动供给决策，其影响因素主要包括家庭经济状况、年龄、性别、受教育程度等。以受教育程度为例，研究表明，在其他条件相同的情况下，特定劳动力群体的受教育程度高，他们的劳动力参与率一般也会相应提高。

（2）人们愿意提供的工作小时数。在实践中，虽然工作时间的安排通常都是法定的或是由企业确定的，且周工作时间基本固定（我国是每周40小时制），但由于市场上存在越来越多的工时制度安排，因此劳动者实际上可以通过选择企业或职业表达自己对于工作时间的偏好。劳动经济学认为，工作决策实际上是一种时间利用方式的选择，即劳动者就工作时间的决策可以视为在工作和闲暇之间进行选择的结果。市场通行工资率的上升会给劳动者带来两种效应，其中，替代效应鼓励员工增加劳动力供给时间，而收入效应鼓励员工减少劳动力供给时间。通常情况下，当工资率的绝对水平比较低时，工资率上升的替代效应的可能性就会提升。

（3）员工受过的教育训练及其技能水平。前面两个因素决定了一国经济中的劳动力供给数量，但是劳动力供给不仅有数量问题，还有质量问题，而且质量要求比数量要求更重要。决定一国劳动力质量的最重要因素是劳动队伍所受过的教育以及训练，即劳动力队伍的人力资本投资状况。人力资本投资的具体形式包括：累积经验、接受正规教育、在职培训、健康投资、居住地迁徙等，劳动者及其家庭的教育投资决策以及企业的培训投资决策。例如，研究结果表明，希望毕生都待在劳动力队伍里的劳动者在进行教育投资时会有相对较强的动机；接受过在职培训的员工通常能工作更长的时间；在人力资本方面进行过大额投资之后，员工的退休时间一般会相应退后等。在其他条件类似的情况下，员工的受教育程度越高、接受的训练越多、累积的经验越多，他的收益能力就会越强，所得到的报酬水平就会越高。

（4）员工在工作过程中的实际努力水平。劳动力的数量和质量都是一种静态的存量，这种存量如何转化为流量，即劳动者在实际工作过程中能否将其具备的知识和技能充分发挥出来并转化为生产率，还要取决于企业的总体制度安排尤其是激励水平。其中涉及员工与工作之间的匹配性，绩效管理制度是否完善以及薪酬水平和薪酬制度是否合理，等等，这些实际上正是企业人力资源管理工作的核心问题。

（四）劳动力市场理论的补充与修正

由于劳动力市场最终并不能保证同种劳动力只有一个市场价格，也不能保证所有的劳动供给或需求都能获得最终满足，因此，简单的劳动力市场模型无法解释许多现实中的具体问题。这样，就有必要在基本的劳动力市场模型基础上再做进一步的深入探讨。这里，我们简要介绍几种对劳动力市场理论具有修正和补充意义的理论。

一是补偿性工资差别理论。所谓补偿性工资差别，就是指在知识技能水平方面没有本质差异的劳动者因所从事工作的工作条件和社会环境优劣不同产生的薪酬水平差异。补偿性工资差别理论实际上否认了在劳动力市场上寻找劳动者的企业是同质的这一假设，承认不同企业在工作条件等方面是存在差异的，而那些工作本身或工作环境会导致劳动者在心理以及生理方面产生较高"负效用"的企业，在同等条件下必须向员工支付更高薪酬水平作为一种补偿；否则，这些企业就无法吸引到足够多的可以胜任工作的员工。

二是效率工资理论。所谓效率工资，就是指一家企业支付高于市场通行工资率时的薪酬水平。效率工资战略也可以称为高工资战略，薪酬领袖战略显然是效率工资理论的最忠实执行者。效率工资的基本假设是，高于市场水平的薪酬会通过吸引绩效高且不愿意离开的员工，同时弱化员工的偷懒动机而给企业带来利益。例如，当企业难以观察和监督员工的工作绩效时，企业可以通过提供高于市场平均水平的薪酬来激励员工尽最大努力工作，因为当员工在当前企业获得的薪酬高于他们在其他任何企业中可能获得的薪酬时，为保住目前的工作，他们将不愿意消极怠工。效率工资理论实际上否认了在市场经济条件下，作为劳动力需求方的企业一定是根据市场通行工资率水平来确定本企业薪酬水平的这一假设，指出了企业支付较高的工资率可能会产生的一些管理方面的优势。

但高于市场水平的薪酬必定会给企业带来成本压力，所以，只有当企业支付的高于市场水平的薪酬可以换取同样高于市场水平的收益时，效率工资才能持续地执行下去。这就要求企业的员工甄选和配置系统必须有助于挑选出最好的员工；企业的工作结构安排和绩效管理系统也必须充分发挥高素质员工的潜在生产率优势。

三是保留工资理论。所谓保留工资，通俗来说，就是指每一位劳动者心目中都有一个促使其接受市场工作而不是不出去工作的最低工资水平。如果市场通行工资率低于某人的保留工资，则此人宁愿不出去工作。一旦市场提供的工资率超过了劳动者的保留工资，劳动者就会考虑从事工作而不是享受闲暇了。保留工资是一种心理概念。即使是两位客观条件几乎完全相同的劳动者，他们的保留工资水平也有可能不同。这是因为，不同的人对于自己失去 1 小时的闲暇时间的价值判断是不一样的。或者说，不同的人对闲暇和收入的偏好是不同的。当然，一个人过去的收入水平、受教育程度、技能水平高低、家庭生活状况以及社会经济形势等诸多因素都会影响员工的保留工资水平。例如，丈夫收入比较高的女性可能会比丈夫收入比较低的同类女性有更高的保留工资水平。再如，在经济不景气时，许多人的保留工资水平会下降；相反，在经济增长速度较快时，很多人的保留工资水平很可能会再次上升。

保留工资理论实际上是对劳动力市场上存在唯一通行工资率的结论所做的一种修正，劳动者得到的市场通行工资率越准确，其越容易获得，劳动者的保留工资率与市场通行工资率之间的差异越小。从薪酬管理的角度来说，劳动力市场上的信息越充分、流动越迅速，劳动者和雇主就越能够及时准确地获得市场工资水平的信息。这样，企业就可以根据通行的市场工资率来确定自己的薪酬水平，而劳动者也可以根据市场通行工资率来调整自己的保留工资率，于是劳动力市场上的交易能够顺利地完成；反之，劳动力供求双方之间的交易成本就会很高。正是出于这种原因，在发达国家中，政府、行业组织或者一些咨询公司、大学，都在不遗余力地做各种收费和不收费的市场薪酬调查，为劳动者和企业提供及时、有效的市场薪酬信息。

四是工作搜寻理论。简单的劳动力市场模型假定，劳动力供给者和劳动力需求者之间的相互搜寻活动以及交易达成活动是一蹴而就的，既不需要太多时间，也不需要花费太大的代价，只要双方在工作条件和薪酬待遇等方面具有匹配性，交易就会在瞬间完成。然而在现实中，即使劳动力供给方所要求的条件和劳动力需求方所提供的条件非常接近，两者也有可能由于信息的不对称而导致理想的劳动力交易无法完成。也正是出于这个原因，劳动力市场上才会存在摩擦性失业，即在劳动力市场均衡状态下仍然会存在失业。所以，工作搜寻理论所要关注的正是劳动力市场上雇佣双方的相互寻觅和相互匹配的过程。

虽然从理论上说，劳动者和企业之间持续的相互搜寻活动有利于实现人力资源的最佳配置，但双方的搜寻活动都是有代价的，因此，过度的搜寻对于双方来说没有太大的益处。所以在现实中，比较稳定的雇佣关系大多数可能是令人满意的一种匹配关系，而不是理论上的最佳配置关系。双方共同接受的薪酬也只能是一种令人满意的水平，而不是最佳水平。工作搜寻理论对于薪酬管理的启示是，虽然存在信息流动障碍，劳动者在短期内可能无法了解企业所支付的薪酬水平是否属于市场平均水平，但是，劳动者的搜寻活动必然会导致这种信息越来越清晰。因此，薪酬的市场化是一种不可避免的趋势，企业长期支付低于市场水平的工资率的愿望是不切实际的。同时，这也要求企业必须及时了解外部市场上的薪酬水平变化情况，并相应调整本企业的薪酬水平，以保证其外部竞争性。

五是信号模型理论。信号模型实际上是对劳动力市场上的信息不对称问题所做的一种补充解释。在信息不对称的情况下，劳动力供求双方都会力图发送一些信号，以使对方能够从自己所发出的信号中得到更多的信息，从而强化对方对自己的认识和把握度。当然，这种信号不是一些带有蒙蔽性质的烟幕弹，而是一些比较客观的证书、制度等，这些证书和制度本身能够反映一些相关的信息，能够帮助企业及员工实现信息交换的信号系统则包括员工的人力资本投资、企业的薪酬水平以及薪酬组合等。

从劳动者角度来说，受过较多的培训、取得比较高的学历、具备较多的相关工作经验的求职者本身的条件实际上就是向潜在的雇主发送的一种信号，这种信号告诉企业，自己在未来的工作中是很可能实现较高绩效的，因而值得企业为自己提供较高的职位或者较高水平的薪酬。此外，一个可能会被其他企业"挖墙脚"的高级员工在原有企业中的薪酬水平和职位高低实际上也向潜在的"挖墙脚"者发送了一种信号，即本人的能力很强，对目标企业的贡献很可能是比较大的。

从企业的角度来说，企业同样在利用各种途径向潜在的员工发送信号。例如，企业可能会刻意把薪酬政策作为企业战略的一个组成部分来进行设计。这种设计的意图是向当前的以及潜在的员工发出信号，告诉他们企业期望的行为和价值观。如果一家企业提供的基本薪酬低于市场水平，但是所提供的奖金和培训机会比较慷慨，而另一家企业乐于支付市场薪酬水平，但不提供与绩效挂钩的薪酬，那么这两种薪酬政策所发出的信号就是不同的，吸引来的员工类型也会有很大的差异。再如，提供一定的员工持股份额的企业吸引来的求职者多数是看重长期利益、愿意以合作者的身份加入企业的人；而那些提供高额的绩效薪酬、对福利和长期所得并不重视的企业吸引来的员工往往是关注现期收益的人。

二、产品市场对企业薪酬水平决策的影响

产品市场上的变化自然会通过市场传导机制影响到劳动力市场，从而对企业薪酬水平的外部竞争性产生影响。一般来说，劳动力市场因素确定了企业所支付的薪酬水平的下限，而产品市场则确定了企业可能支付的薪酬水平的上限。通常情况下，产品市场上的以下两种情况会影响企业的实际支付能力。

（一）产品市场上的竞争程度

企业所在的产品市场结构通常划分为完全竞争、垄断竞争、寡头以及垄断四种不同类型。完全竞争的市场和垄断的市场是两种极端的市场结构，在现实中比较少见。最常见的是垄断竞争性的市场结构，即企业的产品既与其他企业的产品有一定差异，因而具有一定的垄断性，又与其他企业的产品存在一定的可替代性，因而具有一定的竞争性。处于完全竞争或接近完全竞争市场上的企业没有能力提高自己产品的价格，就会面临销售量迅速下滑的命运；在产品市场上处于垄断或接近垄断地位的企业在一定范围内可以随心所欲地确定产品价格，然而，如果产品定价过高，远远超出其成本，其他企业就会在利益的驱使下想方设法进入这一市场，促使这一产品市场向自由竞争演变，那么原有企业的垄断优势也就不复存在了。

毋庸置疑，产品市场的竞争程度对薪酬水平决策的影响是相当重要的，如果企业在产品市场上处于垄断地位，就能够获得超出市场平均利润水平的垄断利润，利润的增加为企业在劳动力市场上的薪酬决定提供了强有力的保障，足以保证企业向员工提供高出市场水平的薪酬。然而一旦垄断地位丧失，企业无法将因高水平薪酬所产生的成本负担通过较高的价格转嫁给消费者，企业支付高薪的基础就不复存在了。当企业处在完全竞争或类似完全竞争的环境中时，所支付的薪酬水平往往与市场平均水平甚为接近。

（二）企业产品市场的需求水平

假定企业可以利用的技术、资本和劳动力供给保持不变，如果产品市场对某企业所提供的产品或服务的需求增加，那么在产品或服务价格不变的情况下，企业能够出售更多的产品或服务。为了实现自身对利润最大化的追求，企业自然会相应提高自己的产量水平、规模或服务（或产出）效应，在给定的薪酬水平下增加对劳动力的需求量（只要资本和劳动力的相对价格不变，就不存在替代效应），而这必将进一步带来企业支付实力的增强和员工薪酬水平的提高。

在竞争性的市场上，产品市场对某企业产品的需求增加可能出于多种原因。一种可能的情况是，企业通过广告或者其他手段来宣传本企业产品或服务与竞争对手所提供的同类产品或服务的差异性，从而培养消费者对本企业产品或服务的偏好。另一种可能的情况是，

虽然市场上存在多个同类产品竞争者，但是这种产品属于畅销产品或者新型产品，其市场容量足够大。在这种情况下，一方面，产品生产者之间存在竞争；另一方面，大家又共同做大了市场，共同从市场的培育中获利。

三、企业特征要素对企业薪酬水平决策的影响

产品市场和劳动力市场的状况为企业薪酬水平决策提供了一个基本的可行空间，但是具体的组织要素，如企业的规模、所处行业、经营战略以及所在的地理区域等，则会直接影响到企业的支付能力，进而决定其实际薪酬水平的高低。

（一）行业因素

企业所能支付的薪酬水平显然会受到企业所在行业的影响，而行业特征中对薪酬水平产生最主要影响的因素可能是不同的行业所具有的不同技术的经济特点。一般情况下，在规模大、人均占有资本投资比例高的行业中，如软件开发、生物医药、遗传工程、电信技术等，人均薪酬水平会比较高。这是由以下三个方面的原因造成的：其一，越是资本密集的产业，对资本投资的要求就越高，这会对新企业的进入造成一种限制，从而易于形成卖方垄断的结构。其二，高资本投入的行业往往要求从业者本人具有较高水平的人力资本投资，这是因为存在一种资本—技能互补假设，即资本越昂贵，则企业越需要雇用具有高人力资本投入从而具有较高知识技能的人来运用这些资本，唯有如此，才能保证这些资本产生最大的效益。其三，资本对劳动力的比例较高意味着，劳动报酬在企业总成本中所占的比例相对较小，资本利润较高，从而有能力支付较高的薪酬。相反，那些对资本投资的要求低、新企业容易进入和以竞争性市场结构为特征的行业，其人工成本占总成本的比例也较高，所以一般属于低工资产业。这类行业有服装加工业，纺织品、皮革制品生产行业，等等。

此外，在工会化国家，不同行业的工会化程度的高低也会影响企业的薪酬水平决策。在工会势力强大的行业中，企业往往会被迫维持一定的薪酬水平；而在工会势力弱小的行业中，企业所面临的这种压力较小。为了防止本企业的员工加入工会或者为了保持自己在外部劳动力市场上的竞争性，非工会化的企业往往会追随工会化企业的薪酬动向来调整自己的薪酬水平。尽管如此，这些非工会化的企业仍然可以因不必与工会纠缠而节约大量的时间和费用。

（二）企业规模因素

研究表明，在其他因素类似的情况下，大企业所支付的薪酬水平往往要比中小企业支付的薪酬水平高。在大企业中工作的员工不仅所获得的薪酬较高，他们的薪酬随工作经验上升的速度也更快。大企业所支付的薪酬水平较高的原因主要有以下几个方面。

其一，在大企业中采用长期雇用的做法往往比在中小企业中更有优势，也更有必要。这是因为，大企业通常更多地采用具有较高相互依赖性的生产技术，如果在大企业中出现了一项没有人做的工作或者预料之外的辞职现象，那么必然会影响到整个企业的生产过程，

甚至造成大量资本的闲置或浪费。此外，员工流动率过高，尤其是熟练程度较高、熟悉公司运行规则的员工流失，必然会给企业带来双重的生产率损失（资深员工流失率造成的当前生产率降低加上雇用新员工的成本以及新员工的适应成本）。因此，降低员工的辞职率以及确保空缺职位得到迅速填补是大企业非常关心的问题。

其二，由于大企业有更大的动力来维持与员工之间的长期雇佣关系，因此大企业员工的稳定性也更高。大企业会有更大的动力去培训自己的员工，而员工的人力资本投资增加必然会强化他们的收入能力。

其三，企业规模越大，对员工的工作进行监督就越困难，因而企业就越希望找到其他的方式来激励员工。在这种情况下，效率工资理论所揭示的原理很容易导致大企业采用高于市场水平的薪酬，以激励员工在没有严密的直接监督的情况下也能努力工作。总之，大企业为员工提供职业保障的能力加上这种效率工资的制度安排，无论是对于员工的保留来说还是对于员工的工作激励来说，都是非常有效的。

其四，大企业更偏重于资本密集型生产，具有较高的薪酬支付能力，再加上出于公司形象方面的考虑有更大的薪酬支付意愿，是导致大企业支付较高水平薪酬的重要原因。

（三）企业经营战略与价值观因素

企业经营战略对薪酬水平决策的影响无疑是非常直接的。如果选择实施低成本战略，企业必然会尽一切可能去降低成本，其中也包括薪酬成本。这样的企业大多处于劳动密集行业，边际利润偏低，盈利能力和支付能力都比较弱，因而它们的总体薪酬水平不会太高；相反，实施创新战略的企业为了吸引有创造力、敢于冒风险的员工，必然不会太在意薪酬水平的高低，它们更关注薪酬成本可能会给自己带来的收益，只要较高的薪酬能够吸引来优秀的员工，从而创造出高水平的收益就行。从企业的薪酬战略来看，采用高工资战略的企业无疑会比采用广泛搜寻战略和培训战略的企业有支付更高工资的倾向。

此外，企业的薪酬支付意愿对企业的薪酬水平决策也有很大的影响。如果企业仅仅将员工看成为自己创造价值的一种生产要素，则通常不会主动提高员工的薪酬待遇。但如果企业将员工看成自己真正的合作伙伴，那么，企业在经营比较好的时候往往会在承受能力的范围内主动适当提高员工的薪酬待遇，以体现共享企业经营成功的思想。

第三节　市场薪酬调查

一、薪酬调查概述

（一）薪酬调查的概念

薪酬调查，就是通过一系列标准、规范和专业的方法，对市场上各职位进行分类、汇总和统计分析，形成能够客观反映市场薪酬现状的调查报告，为企业提供薪酬设计方面的决策依据及参考。薪酬调查是薪酬设计中的最重要组成部分，重点解决的是薪酬的对外竞争力和对内公平性问题，薪酬调查报告能够帮助企业达到个性化和有针对性地设计薪酬的目的。

（二）薪酬调查的目的

在大多数情况下，薪酬调查旨在确定基准职位的薪酬水平。其他职位的薪酬水平可以根据其相对价值和基准水平进一步确定。此外，薪酬调查还可以增加企业对竞争对手的了解，有助于企业及时调整自己的薪酬战略。具体来说，薪酬调查可以帮助企业实现以下方面的目的。

1. 调整薪酬水平

大多数公司通常对员工的薪酬水平进行定期调整，通过调查薪酬水平以便与对手不断变动的薪酬相适应。进行调整的依据是生活费水平、绩效、企业支付能力、员工资历，或是随着竞争对手薪酬水平的调整而调薪。掌握竞争对手薪酬率的变化，对企业决定是维系还是调整薪酬水平是必不可少的。

2. 调整薪酬结构

许多企业用市场薪酬调查来检验本企业职位评价的结果。例如，在职位评价时有可能把"供应助理"职位与一些"秘书"职位置于职位结构的同一层次上。但是，如果市场调查的结果显示出这两个职位的薪酬差异很大，许多企业将会重新审视自己的评价过程，看一下自己的评价是否正确。甚至有些企业建立起独立的"秘书"职位结构。如果组织内部职位评价形成的职位结构与外部市场形成的薪酬结构不一致，整合这两种结构是个大问题。随着竞争环境的不断变化，需要充分掌握组织环境和组织目标方面的信息，在此基础上作出正确的判断，平衡内部与外部的差异。

3. 估计竞争对手的劳动成本

对于许多在产品市场上面临较大竞争压力的企业来说，如零售业、汽车或特殊钢产品制造业的企业等，劳动力成本是决定企业竞争优势的一个重要来源。因此，这些企业都会非常关注竞争对手的劳动力成本开支状况，既不能因为薪酬水平太低而失去优秀的员工，也不能因为薪酬水平过高而影响公司产品的竞争性。所以，它们非常注意利用薪酬调查数据来对竞争对手的定价以及制造实践进行财务分析。例如，美国劳工部定期发布的分行业劳动力成本估计报告——《雇佣成本指数报告》就很受关注。这份报告专门衡量在每一个季度中，员工的薪酬开支相对于企业成本的变化情况，它使企业可以与本行业或特定行业的情况进行对比。

4. 了解其他企业薪酬管理实践的最新发展和变化趋势

由于薪酬调查中所要了解的数据并不仅限于基本薪酬这样一种简单的信息，而且包括奖金、福利、长期激励、休假等各种福利以及加班时间、各种薪酬计划等方面的信息，甚至包括其他企业的员工流动率、加薪频率等，因此，企业可以借此了解某些新型的薪酬管理实践在企业界的流行情况。这就有助于企业判断，自己是否有必要顺应潮流来实施某种新的薪酬管理实践。例如，宽带薪酬设计是一种比较新的薪酬管理实践，企业可以通过薪酬调查了解到底有多大比例的公司以及什么样的公司采取了这种新的做法，它们的实施效果如何，自己是不是也应该采用这种薪酬制度设计方式等。

二、薪酬调查的构成要素

近年来，薪酬调查受到国内外企业的广泛专注。据统计，美国企业有93%的雇主通过薪酬调查来确定企业薪酬水平。国内大型企业也开始关注薪酬调查。薪酬调查作为一项专门性的调查活动，具有自身的特点和规律。掌握这些特点对于正确地进行薪酬调查至关重要。

（一）薪酬调查的主体

薪酬调查的主体有以下两类。

第一类是国家行业主管部门。行业主管部门进行薪酬调查的目的是为社会提供薪酬成本指数和有关薪酬的其他数据，发挥行业宏观指导功能。这种来源的薪酬信息属于无偿信息。如美国劳工局，每年都要进行全国薪酬调查（NCS），主要包括就业成本指数（ECI）调查、员工福利调查和职位薪酬调查三大调查项目。我国劳动和社会保障部门从20世纪90年代开始开展劳动力市场调查工作。调查范围包括城市行政区域内的所有城镇企业。调查内容为上一年度企业中有关职业（工种）在岗职工全年工资收入及有关情况。随着工资指导价位制度建设工作的推进，有条件的地区还可调查普通劳动力的小时工资率。工资收入按国家有关规定口径进行统计。政府发布的工资指导价位的作用为：第一，发布工资指导价有利于促进劳动力市场的发展和其价格机制的形成，使劳动力市场不仅有场有市，而且有市有价；第二，政府通过建立劳动力市场工资指导价位制度，促进劳动力市场形成合理的劳动力价格水平，为劳动力供求双方协商确定工资水平提供客观的市场参考标准；第三，有了公司指导价，企业可以合理确定内部各工种的工资标准，调准内部各类人员的工资关系，克服内部工资分配上的平均主义和盲目攀比行为；第四，建立工资指导价位制度，也使政府对企业工资分配从直接管理转向间接调控、从总额调控转向水平调控，有利于促进政府职能的转换。

第二类是社会专业咨询调查机构，翰威特、华信惠悦、韬睿、美世四大咨询机构是国际上开展营利性薪酬调查的代表。这些专业机构开展薪酬调查的目的主要是为企业提供薪酬调查报告，以获取利益。需要注意的是，一些人力资源和薪酬管理学术组织与企业团体也定期进行薪酬方面的调查，发布调查信息，这些信息可以为企业制定薪酬政策提供依据，并且这些信息常常是无偿的。无偿薪酬信息的获取是比较容易的，但是信息质量可能是主要的问题，其真实性和时限性经常受到质疑。

（二）薪酬调查的客体

薪酬调查的客体是薪酬。薪酬的主要特征是秘密性，薪酬信息是一种稀缺性的企业资源，如果获取了直接竞争对手的薪酬信息，就可以掌握该企业人力资源的实力、配置状况，甚至是战略意图。因此，它对于企业来说是机密，对于个人来说是隐私，这就加大了薪酬调查的复杂性和难度。一般来说，没有专业机构的参与，企业自身很难进行有效的薪酬调查。另外薪酬作为薪酬调查的客体，有着特定的内涵。例如美国劳工局的薪酬调查所指的工资是直接的工作收入，不包括加班工资。统计项目包括计时工资、计件工资、佣金、风险收入和其他直接与其工资有关的报酬项目，不包括津贴、非生产性奖金及由第三方支付的费用。同时工作时间也在被调查项目之列，如每月、每周工作小时数和每年工作周数等。这些内容一般列于专用的调查表格中，并附有详细的文字说明。

三、薪酬调查的步骤

（一）明确薪酬调查的目的、内容和调查对象

薪酬调查的目的通常包括制定薪酬标准、调整薪酬水平、制定薪酬预算、控制人工成本。这些目的虽然侧重点不一样，但都需要通过了解市场上某些职位的薪酬水平来实现。只是由于目的的不同，需要了解的职位多少也不一样。例如，薪酬调查的目的如果锁定为就某一个职位制定薪酬标准和调整某一职位的薪酬水平，那么我们就只需对这一职位的市场薪酬进行调查；如果我们将薪酬调查的目的锁定为制定薪酬预算或控制人工成本，那么我们可能就要对某些职位或企业中所有职位进行薪酬调查。因此，这个步骤主要是根据薪酬调查的目的确定要调查的企业和职位。

除此之外，在这个步骤还需要确定被调查企业中被调查职位的薪酬项目。基准项目的选择也是技术性非常强的工作。在调查项目的选择上，明确调查目的、确定科学的调查方法，是项目选择的前提。同时，要本着精选的原则，选择最基础、最直接的项目进行调查，通过这些资料，可以分析出更多的信息资料。对企业来说，有价值的薪酬信息包括：①薪酬水平及其变动的信息，如企业平均薪酬水平、各时期薪酬水平的变动、薪酬水平的增长幅度等；②薪酬等级和薪酬结构，如企业职位和职位等级结构的设计、薪酬等级差、最高等级与最低等级差、等级幅宽、相邻等级的交叉程度等；③薪酬要素构成，如基本薪酬制度选择、基本薪酬与浮动薪酬比例、货币薪酬与福利薪酬的比例、绩效薪酬的设计等；④薪酬管理与支付方式，如薪酬管理制度、薪酬支付形式、团队薪酬管理、员工持股与利润分享制定实施情况，以及特殊员工的薪酬支付等。

需要注意的是，薪酬调查的范围包括多少企业并没有统一的规定。采取领先型薪酬策略的大企业一般仅与几个（6~10个）支付高薪的竞争对手交换数据。由2~3人负责的小型组织一般仅调查小的竞争对手。咨询公司进行的是全国性调查，一般超过100家企业。

（二）界定薪酬市场的范围

薪酬调查是一项费时、费力、成本高的工作，一个企业不可能调查清楚其他所有企业的情况，也不可能将这个企业所有的相关职位的薪酬内容都作为调查对象。薪酬调查的本意是了解与企业在同一劳动力市场上争夺劳动力的其他企业的薪酬状况，因此，界定劳动力市场的范围、选择基准企业和基准职位是非常重要的。

1. 基准企业的选择

在调查中，不可盲目、无针对性地选择被调查企业，应该考虑它们的性质、工作类型、管理模式与本企业是否相近，是否对企业有参考价值等。需要选择最相近、最有比较价值的企业进行调查，这些企业和职位被称为"相关市场"，因为这些企业最可能与本企业竞争

员工，其管理模式也最有价值。因此，一般而言，基准企业包括：与本企业竞争从事相同职业或具有同样技术员工的企业，与本企业在同一地域范围内竞争员工的企业，与本企业竞争同类产品或服务的企业。此外，也有把与本企业薪酬结构（如以职位定酬或以人定酬）相同的企业划入基准企业范畴内的。

为了达到经济、有效的目标，在一个相关市场中，如果企业数量比较少，可以考虑进行全面调查，或者尽量大比例地调查，这样获得的资料就会很全面；如果相关市场中企业数量多，则要确定一个有代表性的样本进行调查，最好采取随机抽样的方式确定调查对象，以避免太多的主观意向。也可将调查分解，每次只调查一个或几个方面的问题，力争获得有价值的资料。

2. 基准职位的选择

基准职位是指那些在所有的企业中性质和内容相似的职位，这些职位在不同企业之间具有可比性。在选择基准职位时，需要注意的问题有以下几方面。

第一，对于每一个职位都要定义清楚，并且是相对稳定的，以便让负责调查的公司或人员确定它们的工作性质，并且可以与其他基准职位相匹配。

第二，选定的职位尽可能涵盖所有的职位等级，以便为确定企业薪酬等级结构提供参考。

第三，每个基准职位都要包含足够多的员工数量，基准职位数量的确定一般占企业全部工作岗位的 1/3 左右，如 20～30 种典型职位，这些职位性质明确、固定，分布在企业各相关部门，具有一定的代表性。只有足够大的样本才能具有代表性。

明确所要调查的基准职位以后，就需要对基准职位进行功能和层次上的划分，并由此进一步确定调查对象。职位按其功能可分为职能职位和业务职位，职能职位一般为通用职位，业务职位一般为专项职位。对于通用职位，薪酬调查的对象可能就要选择在本地区同行业内企业之间展开。另外还需要从层次上对职位进行划分。对于底层级的职位来说，如文员、一般技术人员和半技术人员，所调查的区域应该是和公司在地理位置比较接近的地方。对于中高级职位而言，如市场部经理、人力资源副总经理等，所调查的区域应该更大。同样，调查所包括的行业也是应该考虑的一个问题，对于底层级的职位来说，行业之间的差别并不大；而对于中高级管理人员和技术人员来说，最好是选择可能与公司竞争人才的行业。

（三）确定薪酬调查方法

1. 主要职位比较法

这是最常用的市场调查方法，要求被调查者根据调查表对某职位的描述在其所属公司中找出与之匹配的职位，列出其工资水平和薪酬额度，并写明该种职位的员工数目。这种调查一般涉及的都是各公司普遍设立的职位，名称固定并通用，权责较明确，职能较单一，任此职位的员工数目较大，并且在一些复杂的项目计划中从事较基础的工作。通常，调查表包含 10～30 个职位。为保证调查的成功，调查者应该在调查表上提供充足的信息，阐明目标职位的主要职能，以便被调查者作出正确判断。另外，了解其他公司的职位评定标准有助于本公司的薪酬制度的确定。如果两个公司在职位评定中使用的"薪酬要素"相同，那么主要职位比较法是一种非常有效的市场调查方案。

2. 职位评定法

职位评定法就是对相同职位（基点或排列相同）的薪酬水平进行比较，然后得出关于同一职位的薪酬曲线，包括最高薪酬水平、最低薪酬水平和平均薪酬水平。这一方法要求参与市场调查的公司采用相同的方法进行职位评定，从而将职位比较中的错误可能性降到最低。尽管各公司采用的职位评定方法相同，但它们对职位重要性的评定仍然会有差别。例如，即使各公司都采用基点法，都采用相同的"薪酬要素"，但如果它们给予各要素的权数不同，得出的结果也会不同。所以调查者在分析调查结果时需将各公司的评定过程考虑在内。

职位评定法的另一种做法就是要求被调查公司对调查表中列出的职位进行职位描述并列明薪酬水平，而由调查者将这些信息与本公司的情况进行比较。这种方法向调查者提供了同种职位评定方法下的不同薪酬水平，为其薪酬制度的改进提供了真实有利的参考。

3. 职业分类法

这一方法是为克服主要职位比较法的缺点而发展起来的。它在所有职位中首先确定一系列基础职业类别，如会计类、生产类、人事类、采购类等。被调查公司在每个职业类型中对其下属的职位进行排列，给出其薪酬水平和员工人数。

许多薪酬管理人员认为职业分类法有以下优点：①被调查者不必进行本公司与其他公司职位的比较；②它提供了更多职位的薪酬信息；③它简化了数据的综合过程。这些说法有一定事实依据，但是这种方法是否确实比其他方法有效并无定论。像其他调查方法一样，职业分类法有效与否取决于其具体设计、实施和分析过程。

（四）设计薪酬调查问卷并实施调查

薪酬调查一般采用问卷调查法，由企业直接发送问卷或者委托有关部门进行调查。后一种形式比较便利。因此，根据委托调查企业的需求，设计科学、高效的调查问卷是非常重要的。调查问卷可根据综合性调查和典型性调查分别设计。综合性调查除了基本工资，还包括：红利、加班费、夜间加班等辅助工资，养老金、员工股息、假期规定、医药补助等各种福利和保险待遇，薪酬管理的一些项目。典型性调查主要包括基本工资、实际收入、工作时间等直接相关项目。

在问卷设计完成之后，最好是先做一次内部测试，调查者可以将自己的数据试着填写一遍，或者请不参与调查的其他企业试着填写一遍，以发现需要改进的问题。最后在实施调查的过程中，调查者还要与被调查者保持联系，以确保回收到足够的问卷。

（五）整理调查问卷

薪酬调查时效性是很重要的，问卷回收后应立即进行整理和分析。在整理文件过程中尽管是标准问卷的格式，但是显示在问卷上的答案依然会存在各种各样的问题。因此，需要注意以下几个原则。

1. 统计口径要一致

例如，两个企业同样实行年薪制，按照月分解后的月薪由于发放方式不同，一个是一次性发放,另一个将月薪分成基本工资和效益工资两部分发放,其中,基本工资占 70%,当月发放;效益工资占 30%,次月考核后发放。因此,这两个企业在填答基本工资和奖金一栏时就出现了不一致的情况。一次性发放的企业将所有月薪都视为基本工资;分两次发放的企业将当月发放的 70%作为基本工资,而将次月发放的 30%作为奖金。那么我们在统计的时候就要针对这种情况进行一些分析,询问被调查者并让其对此作出解释,然后严格按照工资、奖金的定义进行区分,以确保统计口径的一致。

2. 统计一定要准确真实

统计不仅要注意填答的数字,也要注意卷面,这是因为填答者在填答问卷时,对一些问题把握不准时,往往用一些文字来加以注释,对于这些注释文字,统计时要特别注意,并根据填答者的意思作出准确的统计。

统计时还要注意数字之间的逻辑关系,两个数字单看起来没有什么问题,但是当把两者联系起来分析时,矛盾就出现了,对于这种情况要及时加以纠正。

3. 采用计算机技术

利用一些专门的数据库软件进行统计,可以提高效率、减少误差。在薪酬调查中用得比较多的数据分析软件如 Excel 和 SPSS。在使用统计软件时,我们首先要做的是录入数据、识别并剔除无效数据,再调用适当的方法分析数据。

(六)薪酬调查数据分析

调查结果有多种表现形式:可以对各种数据进行层次划分,也可以对每个数据进行具体分析。总体而言,一份好的市场调查结果应该反映收集到的所有信息,同时保持数据的质量和机密性。其价值并不在于数据的多少,而在于调查者从中获得的信息数量。

大多数调查结果的表达采取以下三种方式:列表(数据)、制图(图像)及回归分析。

1. 列表

其具体方法包括数据排列、数据计算和频率分析。

(1)数据排列。如表 10-1 所示,将收集到的同一类数据由高到低进行排列,使分析者能够观察各数据在被调查公司间的分配。

表 10-1 调查数据的排列与计算

公司代码	职员数/人	平均工资/元
A04	2	60.0
B52	5	58.7
C98	20	55.2
X29	34	55.1
J84	35	53.3
D44	25	52.1
C83	17	52.1
G22	12	48.6
E30	8	47.1

（2）数据计算，即对各数据进行平均计算，有以下两种方式。

①加权平均，即将工资总额按职员总数进行平均。其中工资总额由各公司平均工资额乘以其职员数得到的数值加总而成。如表10-1所示，工资总额计算方法为 $2×60.0+5×58.7+20×55.2+\cdots+8×47.1=7\,853.6$，职员总数为148，所以得到的加权平均数为53.1。在此次计算中，员工数多的大公司权数较大。加权平均法对于考察给定职位的市场情况非常有效。

②简单平均，即将各公司的平均工资总额按公司数进行平均。如表10-1所示，简单平均的工资总额为 $60.0+58.7+55.2+\cdots+47.1=482.2$，公司数为9，所以得到的平均值为53.6。这一方法可用于比较各公司的政策。员工少的小公司和员工多的大公司在该计算中所起的作用是一样的。

在该分析中，中点指的是数据排列的中间数据，也表示为50%处（中点以下部分占排列的50%）。一般薪酬水平较高的公司注意的是75%处，而大部分分析者主要对处于1/4和3/4之间的薪酬额（也就是调查数据的中间50%）进行考察。

（3）频率分析。若被调查公司不愿透露具体薪酬数据，则可以用频率分析法代替数据排列法。表10-2记录了在各薪酬额度内各公司平均工资出现的次数，而并没有给出各公司具体的工资额。

表10-2 频率分析

薪酬额度	频率
45.0～47.9	1
48.0～50.9	1
51.0～53.9	3
54.0～56.9	2
57.0～59.9	1
60.0～62.9	1

2. 制图

图像的具体形式包括直线图、柱状图和饼图等。利用这一方法可以直观地反映调查结果，重视大致比例而忽略具体数据，主要服务于高层管理者的决策过程。

3. 回归分析

回归分析可以反映两种或多种要素之间的关系，并通过公式或图表显示其发展趋势。也就是说，它可以以一种或多种要素（如基薪和公司销售总额）的变化为基础，对其他要素（如现金薪酬总额）的变化趋势作出预测。另外，该方法还根据偏差的大小检验回归方程的可靠性。方程的拟合程度越接近1，预测值的准确性越强。

当然，薪酬高于平均值并不一定意味着薪酬过高，低于平均值也不等同于薪酬过低。平均薪酬并不一定是最优选择。如表10-2所示，如果某公司选择在75%处提供薪酬（低于该薪酬水平的公司占市场的75%），那么市场平均工资对它来说可能就是过低的薪酬。对这一问题的评价应取决于公司的目标市场、经营情况、职位职能等具体情况,而不能只抽象地比较数据。

(七)完成调查报告

这是对薪酬调查结果的最后总结,供组织的薪酬设计和(或)薪酬调整参考,包括报告总表和薪酬报告两部分。其内容应真实可靠,表述应简洁明了,应用图标形式更为直观。

1. 报告总表的主要内容

报告总表的主要内容有调查的时间、行业、地区、基准行业及数据量、物价指标(以往几年的数据及未来一年的预测指数)、薪酬变化动态(前一年、本年度和下一年度薪酬的调整比例和薪酬形式组合比例的数据)等。

2. 薪酬报告的主要内容

薪酬报告的主要内容包括:①基准职位的薪酬报告,如基本薪酬、辅助薪酬(含福利)、固定薪酬、变动薪酬、总薪酬的信息等;②其他薪酬信息,如薪酬结构信息、组织数据与市场数据的比例等;③薪酬政策、人才政策及其实施状况。

四、市场调查结果的应用

如果调查者不对调查结果进行正确分析及归纳,那么他很可能会陷入这样的困境:①采纳并不真实的信息;②没有充分利用得到的调查数据。有经验的调查者在利用调查结果之前,都要对其真实性和有效性进行评估。在多数情况下,调查结果并不像调查者期望的那样有价值。因为不同的公司、不同的人情况不同,对事物的看法也不同,所以数据的质量也参差不齐,需要先进行整理,才能用于管理者的决策过程。

当调查者拿到调查结果时,一般要问自己两个问题:①怎样确定该结果是真实可信的呢?②我们公司的职位与其他公司的情况有何相似之处?

要确保数据的真实性,首先要进行深入的调查,而不能从报纸杂志上随意地摘取公开信息。市场调查必须谨慎进行,它的成本与其将来能够创造的收益相比是微乎其微的,所以这一笔花费不能省。总之,市场调查是一项有价值的投资。而且,不要局限于一种信息来源,要多方收集信息,同时将自己的调查与其他市场调查相比较,因为市场调查本身就是一个比较的过程,拓宽比较的范围有利于调查者更好地了解各公司的情况。

按照以上步骤获取到数据以后,还必须检验这些数据的真实性。首先,调查者可以观察所获数据的范围。如果关于某职位的调查数据少且单一,那么最好减少它在调查报告中的分量,或者干脆不用该数据。有时各数据间是互相矛盾的,这是因为各公司的薪酬时间不尽相同。有些公司在起步阶段,某些职位由于对公司发展至为重要,所以薪酬可能与其业绩表现不一致。而有些公司可能完全按照个人或公司的业绩情况决定薪酬的高低。在进行数据分析时,要注意这些区别。

其次,要注意同类职位报酬之间的互相联系,表10-3中的第一种情况显示了一种合理的工资晋升制度——由试用期工资升为初级工资（晋升 33%），由初级升为中级（37%），最后由中级升为高级（40%）。尽管领取初级工资的人很少，但其工资水平与其他水平相对比较合理。而第二种情况中，初级工资比试用期工资高出将近 70%，且只比中级水平低 2.8 元。显然，第一种情况比第二种情况合理。

表 10-3 职位工资晋升制

工资类型	职员数/人	情况 1（平均工资）/元	情况 2（平均工资）/元
高级工资	12	57.0	57.0
中级工资	15	40.7	40.7
初级工资	2	29.7	37.9
试用期工资	27	22.4	22.4

最后，调查结果应该反映公司所在行业和人才市场的情况。因此，如果竞争对手提供的数据与调查公司的情况不符，无论这些数据看上去多么不可思议，调查者都必须承认自己的公司与整个市场情况脱钩了。同时必须注意，历次的调查结果越一致，调查的价值就越大。

本章提要

企业支付给不同职位的平均薪酬是企业的薪酬水平。在外部公平的公平理论之下，企业的薪酬水平会对企业的整体竞争力产生影响。企业采用不同的薪酬水平定位战略，发挥其薪酬水平外部竞争性在人才管理、劳动成本控制以及企业形象塑造等方面的作用。

劳动力市场通过供求双方的相互作用影响工资率，并对未来的劳动力供求产生影响。产品市场在市场传导机制的作用下，通过劳动力市场对企业薪酬水平的外部竞争性产生影响。企业实际薪酬水平的高低将直接由企业的具体特征要素决定。

薪酬调查由国家行业主管部门或社会专业咨询调查机构进行。它在收集、分析市场薪酬的相关信息后，形成客观反映市场薪酬现状的调查报告，为企业提供薪酬设计提供决策的依据和参考。

1. 什么是薪酬水平决策？薪酬水平决策会对一个组织的员工吸引、保留和激励产生何种影响？
2. 劳动力供给和劳动力需求对企业薪酬水平决策有何影响？
3. 企业哪些特征要素对企业薪酬水平决策产生影响？
4. 什么叫薪酬调查？薪酬调查的意义何在？

5. 如何进行薪酬调查？

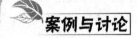
案例与讨论

难以摆平的工资分配

QY是一家软件开发公司，公司从一个仅有十几人的不知名企业经过10年的打拼，发展到今天业内屈指可数的全国知名软件公司，人员规模也迅速扩大到了近1 000人。

在创业初期，公司只有十来个人，谁技术过硬，贡献大，工资、奖金就高，全凭老板一支笔。即便如此，大家都觉得老板的判断是公正的，个个都很开心，没人有怨言。然而，随着公司规模的逐渐扩大，人员增多，老板的判断也不那么准确了，底下员工就开始议论，人心也开始浮动，倒不是因为个人工资拿得少，而是觉得内部不公平。于是，老板要求人力资源部去了解市场薪酬情况，但苦于没有可靠的信息来源，只好通过同行之间非正式沟通获得零碎信息，不过总算有了进步，公司内部建立起一个初步的薪酬体系，员工的议论似乎也少了。

新制度经过一段时间的运作之后，人力资源部招聘主管开始报告工作，由于公司提供的薪酬水平在市场没有竞争力，人力资源部开展招聘工作遇到困难。经过了解，倒不是因为公司提供的待遇低，而是因为公司的工资结构是"基本工资＋年终奖"，初次应聘者只认基本工资，对奖金他们没有把握的部分，认为有可能是公司画的空饼，不愿意到公司来工作。这样，在招聘时就很难吸引到技术水平高的人才。公司高层就这个问题进行了讨论，由于公司的业务处于快速扩展的关键时期，正需要大量引进高素质人才，在这个节骨眼上，应该就工资结构进行调整，于是工资结构就变成了"基本工资＋浮动工资"，虽然取消原有的奖金，但员工的工资总额却上调了。在月度考核时，绩效优秀的员工除了可以拿到全额工资外，还可以拿到超过其他工人工资标准的超额浮动工资；绩效差的员工浮动工资就要被部分扣除或者全部扣除。为了有效控制公司的工资成本，全公司的工资总额不能突破，即有人被奖励多少钱，就有人要被扣除多少钱。

对浮动工资制，一开始部门经理还能配合人力资源部工作，认为这对促进部门管理也有帮助，但是不久，新的问题出现了。当有员工被扣浮动工资之后，就觉得公司的制度是变着法子克扣员工的工资，本来一个人的工资标准是固定的，可是现在变得没有保障了，部门经理掌握着生杀大权，尽管经过一再的沟通与解释，员工仍然无法接受现实。而那些绩效优秀的员工，即便是拿着超额工资，也觉得不自在，因为他们多拿的钱就是同一个部门的员工被扣工资的部分，同事之间总是抬头不见低头见，钱拿的多也不好意思。部门经理在实施过程中，也感受到来自员工的压力，如果浮动工资扣得过严，员工流动性增大；如果放松标准，优秀员工又得不到激励。所以部门经理最终放弃了这种与考核挂钩的浮动工资，部门所有员工都属于合格，既没有特别差，也没有特别优秀的员工，整个公司的浮动工资体系就这样失去了效应。虽然发牢骚的员工少了，但是优秀员工的不满却在心里开始滋生。根据2/8原则，最大的产能来自20%的员工。我们的工资制度到底该何去何从呢?

资料来源:陈君君. 难以摆平的工资分配[M]//何国玉. 人力资源管理案例集. 北京:中国人民大学出版社,2004: 19-30.

案例思考题:

1. 你如何评价该公司的浮动工资制?

2. 如果你是该公司的人力总部经理,你如何制定新的薪酬制度?并且,如何才能让大部分员工支持新的薪酬制度?

第十一章 团队薪酬制度设计

本章学习目标

通过本章的学习，希望你能够：
- 了解团队薪酬的含义、特征和意义
- 掌握团队薪酬的优缺点
- 熟悉团队薪酬的类型
- 了解团队薪酬相关理论
- 掌握团队薪酬的设计原则
- 了解团队薪酬的管理

引言

团队建设离不开团队薪酬

当代企业的绩效目标越来越依赖于团队合作才能实现，因此企业也越来越强调团队建设。然而，由于薪酬改革的敏感性和复杂性，许多企业在倡导团队建设的同时却忽略了团队薪酬的设计，甚至在建立团队后却根本没有推出基于团队的薪酬制度。如果工作团队中仍然沿袭基于个体的薪酬制度，相当于向员工传递企业更看重个体绩效而不是团队合作的信息，从而激励员工追逐个体绩效而相互竞争，进而妨碍团队合作行为，阻碍企业的团队建设。因此，如果要建立高绩效的工作团队或者倡导团队精神的企业文化，就必须建立相应的团队薪酬制度。

第一节 团队薪酬制度概述

一、团队薪酬

（一）团队薪酬的定义

1. 狭义的团队薪酬

关于团队薪酬，早期的狭义的观点认为，团队薪酬就是团队激励制度或团队激励计划（team incentive plan），即团队薪酬是一种激励性的报酬计划，它一般是由上级制定者制定，脱离团队个体成员的基本工资等独立存在的一个可变薪酬体系。它强调的是"奖励"，包括收益分享计划、风险分享计划（risk-sharing plan）、利润分享计划等各种形式。这种定义方式在将团队薪酬看作团队激励的早期文献中常见，至今国外也有不少的学者将团队激励计划等同于团队薪酬。但是这种定义存在的缺陷是它强调团队薪酬实质是一种激励工资（incentive pay）而非一整套薪酬体系，强调团队薪酬的激励作用而忽略它的保健作用。

2. 广义的团队薪酬

随着团队的不断应用和发展，早先的关于团队薪酬的定义逐渐变得过于狭隘，新的观点开始为人们所接受，即团队薪酬是一种以团队成员个人为对象，包含基本工资、基本工资增长、激励薪酬、个体认可奖励、福利甚至精神薪酬等各种薪酬元素在内的复合体系。广义的团队薪酬囊括了早先的团队激励薪酬，并把它看作团队薪酬的一部分，同时从系统的角度将团队薪酬定义为一种体系和一整套方案。

狭义和广义的团队薪酬概念比较如表11-1所示。

表11-1　狭义和广义的团队薪酬概念比较

比较内容	狭义的团队薪酬	广义的团队薪酬
组成	风险激励薪酬，包括收益分享计划、风险分享计划、利润分享计划等具体的激励薪酬形式	包括基本工资、基本工资增长、个体认可奖励、激励薪酬和福利等各种薪酬要素
面向对象	团队	团队和个人
特征	一项薪酬技术	一套薪酬系统
研究方法	案例分析和定性研究	定量和定性综合的研究
研究重点	团队薪酬的设计	团队薪酬的效用和对其他变量的影响

（二）团队薪酬制度的要素

团队薪酬制度的设计要素主要包含分配规则、激励强度、支付频率、支付水平和支付层次五个方面，其中分配规则和激励强度是团队薪酬计划的关键特征变量。

（1）分配规则。分配规则主要是指组织根据团队绩效给予团队整体薪酬后，在团队内部进行二次分配时采用的分配方式。其主要包括不考虑个体贡献大小的平均分配（平等规则）、按照个体对团队绩效贡献大小进行的分配（公平规则）。彼得·班伯格（Peter Bamberger）和雷切尔·李维（Racheli Levi）的研究发现，相对于公平分配规则，平等分配规则与更多的帮助行为相关。

（2）激励强度。激励强度表示团队薪酬在总薪酬中所占的比例。与团队绩效相关的薪酬在薪酬总额中所占的比例越高，越有利于合作行为。

（3）支付频率。支付频率表示薪酬支付的周期。依据期望理论，薪酬支付频率越高，越会强化个体感知到的通过努力达到某种绩效并获得回报的联系，对其行为的影响就会越大。

（4）支付水平。支付水平是指在团队薪酬体系下，员工的总体工资水平。支付水平会影响团队成员对团队报酬的接受性。

（5）支付层次。支付层次表示团队报酬在什么样的组织层次上进行，如基层团队、中层团队和高管团队等。

（三）团队薪酬的意义

基于团队的薪酬制度不同于基于个人的薪酬制度，它重在以团队结果为导向，同时强调个人对团队的贡献。团队薪酬的意义可以从以下三个角度来阐释。

（1）从博弈论角度解释，可谓"双赢"。首先，对于组织来讲，由于团队薪酬激励交叉培训和工作轮换，所以组织的用工制度灵活，工作安排灵活，工作分类减少，员工缺勤率、误工率降低，员工参与感强。其次，对员工来说，由于工作范围扩大，工作满意度提高，知识、信息共享，员工对生产、经营、管理等领域都有理解，工作质量因而提高，忠诚度提高，员工自我发展也得到提高，员工之间的沟通交流增加，满足了心理层次上更高的交往需求。

（2）从群体动力论角度解释，群体动力是群体成员追求群体目标的精神力量的总和。这一总和与成员各自原有的动力的简单总和是不同的，它通常大于或小于简单总和。其原因就在于成员之间相互影响、相互作用。美国社会心理学家库尔特·卢因（Kurt Lewin）提出的"群体动力论"，通过援引场论中的概念，说明群体动力构成及影响因素。一个人的行为可用函数式 $B=f(P, E)$ 表示。式中，B 为个人行为的方向和强度；P 为个人的内部动力、内部特征；E 为个体所处环境。此式表明，群体中个人行为的方向和强度取决于个人现有需要的迫切程度和环境情景立场的相互作用关系。一个群体成员想通过群体达到某种目的的迫切程度，总会受到群体其他成员的影响而改变，当群体中的人际关系环境不合适时，他通过群体实现愿望的迫切程度就会很低；当群体环境比较合适时，他的这种愿望就变得强烈。而团队薪酬制度可以在团队中形成充分的民主气氛、高效的信息沟通环境，共同目标和责任，使团队成员发挥个性优势的同时又团结合作，每个人通过实现团队目标来实现个人目标的信心和愿望都非常强烈，这样群体动力就得到了"放大"，从而团队绩效远远大于个人绩效总和，这就是我们常说的"1+1>2"的原理。

（3）从社会影响角度解释，在一个团队当中，不管成员的工作之间是相互独立的还是相互依赖的，成员之间都是彼此影响的。对一个群体如果采取以个体为激励对象的薪酬制度，虽然能够促使个人提高个人绩效，但是由于团队规范的存在，高绩效的个人非常可能被其他人视为"出头鸟"而遭排斥、无法满足他在群体中获得交往的需要。反过来，群体规范虽然把人们团结在一起，但不能保证每个人付出努力，也不能保证群体目标的实现。然而，团队薪酬制度是以团队目标和团队绩效为着眼点，同时结合过程激励控制，在这样的激励制度下形成的团队规范制约着每个成员自觉地以团队整体目标为重，做出各自正确的行为和应有的努力。

二、团队薪酬的优缺点

（一）团队薪酬的优点

（1）团队薪酬可以有效避免因采用个人薪酬制度所造成的对团队精神的损害。防止员工过分关心个人绩效而忽视群体利益或整体组织目标，也可以避免因上下级之间差距过大而导致的下层人员的心理不平衡，从而引导员工互相合作，共同去完成组织的整体任务目标。它提倡协作配合与集体主义精神，能够有效地强化群体成员的团队意识，这与当前企业界所倡导的团队合作哲学是一致的。

（2）对于企业来讲，团队绩效比个人绩效更容易衡量，开发衡量团队绩效的考评体系的成本相对较低，因为团体的数量显然比个人的数量少，所以，团队绩效指标也比员工绩效指标的总和少得多。

（3）以团队为对象的奖励是否有效，在很大程度上取决于团队规模的大小。当团队规模较小，可以在一定程度上避免团队薪酬制度的缺点。如果团队规模过大，员工就会认为，他们个人的努力对整个团队工作业绩的影响微不足道，对作为结果的最终奖励的作用也必定是微乎其微的。因此，对于需要依靠员工的相互协作才能完成的复杂工作，当团队规模较小时，以团队为对象的薪酬奖励计划就会起到比较明显的作用。

（4）团队薪酬增加了雇员对决策过程的参与，促进了生产过程中的创新，不仅增强了薪酬激励的效果、提高了生产效率，还有力地推动了公司团队文化的发展，使员工对企业更加忠诚。

（二）团队薪酬的缺点

（1）"搭便车"或"社会懒惰"行为。因为这种薪酬模式在一定程度上淡化了员工个人努力、贡献与报酬之间的关系，一些团队成员可能会不付出或付出很少努力，坐享其他团队成员努力的成果。正如中国古时候的"南郭先生"滥竽充数。而且，团队规模越大，产生"搭便车"行为的可能性就越大。

（2）团队薪酬可能会引起团队间的竞争。类似于个人薪酬制度，各个团队之间也会为了自己的小集体利益互相竞争，在有些情况下也不利于整个企业的协作和发展，损害整体的工作效果。当然这只是就一些消极的恶性竞争而言。如一些团队可能不愿向企业调动有助于整体业绩的优秀员工；还有些团队可能不愿意接受新员工，因为对新成员的培训等可能会影响该团队的短期绩效；抵制对各种标准的修改；甚至以其他团队为代价来获取一己之得。

（3）要设计对所有团队都公平的目标比较困难。各个团队所从事的工作不同，判断各项任务的相对难易程度比较困难，这不可避免地会在目标设定以及奖金分配上引起争端。

（4）因为有些工作只需要个人完成，所以并非企业中的所有成员都可以放到某个团队中。当工作任务能够由个人单独完成时，团队反而可能产生消极作用，尤其是当员工个人并无合作意向时。

三、团队薪酬的类型

（一）利润分享计划

1. 团队利润分享计划的设计思路

利润分享计划是指企业实现或超过某一既定的绩效指标（如利润、权益报酬率或股价等）后，将企业的部分利润在全体员工间进行分配的一种绩效奖励模式。根据这一计划，企业将在会计期末（季度末或年末）根据企业利润与既定指标的比较情况，决定是否将企业的一部分利润分配给员工。当企业的效益较好时，员工可以分享收获，而当企业的效益较差时，员工就无法获得奖励。应当说明的是，利润分享计划主要适用于企业，但也可用于独立核算的团队以及实行模拟分权制的企业内部组织。严格来讲，利润分享计划并不完全是一种团队薪酬计划，而主要是一种针对全体员工的组织绩效薪酬计划，具体分配思路见第八章的阐述。

利润分享计划的资金来源于企业的经营成果——利润，即职工以某种形式参与企业利润分红。它使员工在正常劳动报酬之外能分享到公司利润的一部分，是一种完全依赖于企业利润状况的个人收入补充形式，因此，在实施利润分享之前，通常要求实施单位达到某一最低投资收益率（绩效水平）。但利润分享通常不会成为基本工资的组成部分，以使员工的基本利益受到保护。因为企业经济目标的完成，是盈利还是亏损，是由多种因素影响的，尤其是组织因素，并不能完全由劳动者来承担，员工付出了劳动，就应享有劳动报酬，所以基本工资部分一般不应受企业经营盈亏与否的影响。而利润分享可以看作绩效薪酬的一部分，是可变薪酬。其主要区别在于一般的绩效薪酬（如奖金、绩效加薪等）来源于成本或工资总额中剥离的部分，且主要与个人绩效直接有关。实际上如果奖金来源于组织的利润（如年终奖），这种奖金形式就与利润分享没多大区别了。

利润分享计划并非对所有企业或企业的所有部门都有效。如那些效益严重依赖于外部政策环境变化的企业，或者利润变化很大、无法预测的企业都不太适合使用这种薪酬模式。而在同一个企业中，也并非所有的部门都适合，如在 IT 企业中，研发人员或销售人员的努力对公司业绩的影响可能非常大，可以采用利润分享计划，但操作工人的工作相对来说对企业利润目标的完成并不那么重要，而且他们的工作成果非常容易进行衡量，所以可以采用其他激励方式而不是采用利润分享计划，如个人业绩挂钩工资制等。

2. 团队利润分享总额（或比例）的确定

显然，企业只有在盈利的年份才可能实行利润分享计划，因此，在利润分享计划中首先应当明确"利润"的定义。例如，应该明确指出究竟是根据税前的利润还是税后的利润来决定雇主的缴费标准，而且应该明确这种利润是当期利润还是当期利润与累计利润之和。然后就要确定利润分享的指标、比例及总额，如根据当年所获得的利润的百分比来确定；根据超过再投资最低需要的利润的百分比来确定；用当年超过上一年利润额的百分比来确定；还可以根据资本收益率、销售收入、附加价值率或工资成本产出率来确定等。具体来说，员工分享企业或团队利润的比例计算方法有以下几种。

（1）固定比例法。企业实现既定的绩效指标后，员工就可以按照事先约定的某一固定比例分享企业的利润（如税前利润、税后利润或者扣除非经常性损益以后的净利润）。例如，企业可以决定，当企业的税后利润超过 1 000 万元时，将其中的 5%用于利润分享。它又可分为两种：一种是只要企业有利润，员工就可以全部利润为基数，并按一固定比例分享，这是最普遍的一种；还有一种叫超额利润分享，它是指将某一个确定的数值作为企业利润的基数，只有当企业利润超过这个基数时，员工才能按照一定比例分享超额部分的利润。

（2）递增或递减比例法。递增或递减比例法也称分级比例法，即分享比例在不同的企业利润段中有所变化，会随着利润额的增加而增加或降低，但即使是员工的分享比例随着利润额的增加而减小，其分享的利润总额显然也是上升的。其中，递增比例法对激励员工去实现有较大难度的超额利润有很强的激励作用。例如，某企业采取递增比例法，企业的税后利润在1 000万元以内的，按5%用于利润分享；在1 000万元以上的，按7%用于利润分享。如果采用的是递减比例法，则在1 000万元以上的，可按3%用于利润分享。

（3）获利界限法。只有当企业的利润在既定的业绩标准上下限之间时才进行利润分享。制定业绩最低标准是为了在把利润分给员工之前保证对股东的回报；建立业绩标准上限，是因为企业认为能够导致利润超过此上限的主要因素不是员工的努力，而是如技术创新等因素。

3. 团队利润分享总额的分配

利润分享总额确定后，可采取类似班组奖励计划中的做法向劳动者进行分配，主要方式有以下几种。

（1）按照每个劳动者工资的一定比例分配。在西方国家，它是主要的分配方式。其原因在于，劳动者对企业贡献大小可以从工资上相对反映出来，所以也应该从分享基金中得到同比例的份额。

（2）对每个劳动者实行平均分配。主张平均分配的人则认为，劳动者对企业作出的不同贡献已经通过工资的分配给予补偿了。由于企业的稳定和成功完全依赖于每一名劳动者的同心协作，因此，在工资分配之后所进行的利润分享应该由每个劳动者平等分享。

（3）根据员工的绩效情况进行分配。

（4）按劳动者在企业的服务年限进行分配。当然，也可以采用混合分配方式。

（二）收益分享计划

收益分享计划是企业提供的一种与员工分享因生产率提高、成本节约和质量提高而带来的额外收益的绩效奖励模式。这种额外收益可以是额外的利润，也可以是额外的某种产出。但收益分享计划常常是与某一项具体的经济活动效益相联系，而不是与企业的总体利润直接挂钩。其目的是使员工在满足企业生产经营的一般要求之上，尽可能通过努力实现更好的业绩。其最常见的一种形式是成本分享计划，员工除了可获得正常的薪酬外，还可分享一定比例的群体所节约的成本（如人工成本、生产成本等），但并不一定是增加的利润。

因此，从一定程度上讲，利润分享计划主要是由于"开源"所获得的收益，而成本分享计划主要是"节流"所获得的好处。在1938年由美国麻省理工学院讲师斯坎伦提出并广泛推广的"斯坎伦计划"中，一个重要内容就是有关成本分享计划的，以后不少管理学家又不断开发了许多类似的团队激励制度。

收益分享计划的基础是团队绩效而不是个人绩效，并且这种团队绩效通常是一种短期的团队绩效。因此，当团队按一个事先设计好的收益分享公式，获取了一定比例的绩效改进带来的收益后,通常会在团队内对所有员工公平地进行分配,可以采用以下四种分配方式。

(1)所有员工获得同等数量的奖励。
(2)所有员工按基本薪酬的同一比例获得奖励。
(3)不同类的员工按不同的比例分享额外收益。
(4)根据分配标准,不同的表现获得不同的比例或数量。

当然,我们也应当看到,收益分享这种薪酬分配思想也可以运用于个人绩效薪酬,也就是前面所说的一次性奖金。收益分享计划最早的例子是著名的"斯坎伦计划"。该计划规定,如果工厂的劳动力成本占产品销售额的比率低于某一特定的标准,员工(和组织)将获得货币奖励。每人按其工资的百分比领取奖金,这一比例对员工都是一样的。但由于员工的工资基数不一样,因而各人所得的奖金数额也不同。换言之,这种制度强调的是集体奖赏,强调团结合作的集体精神。举例来说,如果实际的生产成本比标准生产成本低,工厂将获得成本节约的50%,而员工团体获得成本节约的另外50%,并在团体内以相同比例结合每一员工的工资基数进行分配,另外,员工份额的一部分还可能被储备起来以预防下个月出现实际成本超出标准成本的情况。

(三)成功分享计划

成功分享计划又称目标分享计划,它的主要内容是运用平衡计分卡方法来为某个经营单位制订目标,然后对超越目标的情况进行衡量,并根据衡量结果来对经营单位提供绩效奖励这样一种群体绩效奖励制度。

我们知道,分析一个企业的绩效薪酬制度有无问题,能否真正取得激励效果,除了要看绩效薪酬制度本身是否合理,还要考察绩效考核制度是否有效,因为这是绩效薪酬制度得以实施的基础。前面所谈的那些绩效薪酬制度都是以财务指标作为绩效的衡量依据,不管是针对个人的,还是针对集体或组织的。但是,这种传统的绩效考核方法存在一定的缺陷,主要表现在:以收益为基础的财务数字,仅能够衡量过去经营与决策的结果(落后的结果因素),却无法评估未来的绩效表现或前瞻性的投资(领先的驱动因素),容易误导企业未来的发展方向;当财务指标为企业绩效评估的唯一指标时,容易使经营者过分注重短期财务结果。经营者变得急功近利,有强烈的动机操纵报表上的数字,而不愿就企业长期策略目标进行资本投资,因为这些并不利于短期盈余的表现;由于不重视非财务性指标(如服务或品质)的评估,企业竞争力下降,原本强劲的财务数字有可能逐渐恶化;片面的指标收集难以推动整体绩效的改善等。

因此,哈佛商学院的财会学教授罗伯特·S.卡普兰(Robert S. Kaplan)和诺朗诺顿研究所所长大卫·P.诺顿(David P. Norton)提出了具有革命性意义的"平衡计分卡",又称"综合平衡计分卡",这是一种主要针对组织绩效的绩效管理方法。平衡计分卡认为企业应当从学习与成长、业务流程、客户、财务四个角度来整体审视自身绩效,它通过财务与非财务考核手段之间的相互补充,不仅使绩效考核的地位上升到组织的战略层面,使之成为组织战略的实施工具,同时也是在定量评价和定性评价之间、客观评价和主观评价之间、指标的前馈指导和后馈控制之间、组织的短期增长与长期增长之间、组织的各个利益相关者之间寻求"平衡"的基础上完成绩效管理与战略实施过程。

成功分享计划也就是根据平衡计分卡中四个维度的考核指标的完成情况来对员工实施奖励的。其中，财务维度是最终目标，客户维度是关键，企业内部业务流程是基础，企业学习与成长是核心，它们有着不同层次的上下关系。每个战略目标或考核维度都有一个或多个量化的指标，每个指标又设有目标值（绩效目标水平或标准），并为实现每个关键目标都要制订一个行动方案。当然，具体实施中企业还应该根据自己的实际情况来设置合理的指标体系。这样，企业就可以根据绩效指标的进展与改善情况来对员工实施薪酬激励，并且每一项绩效目标都是相互独立的，经营单位每超越一项预定的绩效目标，就会单独获得一份奖励，经营单位所获得的总奖励金额等于其在每一项绩效目标上所获得的奖励总和。在设计指标体系时，不仅要为每个经营单位（组织、部门或员工群体）确定一整套公平的指标与目标，而且，在对各绩效指标进行权重设计时特别要注意"平衡"二字。

由于成功分享计划所关注的是经营单位的整体绩效改善程度，因此，它不像利润分享计划仅仅关注组织的财务目标是否达成，而是运用"报告卡"或者平衡计分卡来追踪几个方面工作的结果以及绩效的进展状况，它所关注的是员工在团队层次上的表现以及一些更为广泛的绩效结果。它与收益分享计划的主要区别在于作为奖励基础的目标有所不同。成功分享计划往往会将一个经营单位中的所有员工都纳入该计划当中来，从而获得全体团队成员对于绩效目标的一种承诺。这种全面参与的特点实际上向员工传达了这样一种信息，即所有的员工都在一个大的团队当中，每一个人对组织的业务流程都会产生影响，从而增强员工的责任感和归属感。所以它更像一个绩效管理过程。

（四）班组奖励计划

班组或团队奖励计划是团队薪酬制度中最简单也最接近个人奖励制度的一种。在这个计划中，只有当班组或团队的目标实现后，每个成员才能得到奖金，而即使个人绩效很好，但团队的绩效目标没有实现，个人也不能获得奖金。团队往往是为了完成某个项目组建的，各个成员有不同的分工，团队目标的实现不是任何人单独的工作，而是需要团队所有成员的协作，一个员工的绩效不仅反映出其个人努力的结果，也反映出其他员工共同努力的结果，因为在一个团队或班组中，各个职位往往是相关的。此时，企业往往会对该团队采用班组奖励计划。班组的目标由企业根据企业整体战略和班组的工作来决定，可以是会计利润、客户满意度、质量指数、安全记录和生产记录等。

在班组奖励计划中，班组奖金最后是要在班组成员间分配的。分配方式一般有三种：第一种是将奖金在班组成员间平均分配，第二种是根据班组成员对班组业绩的贡献大小来决定其奖金金额，第三种是根据每名成员的基本工资占班组所有成员基本工资总额的比例来确定其奖金分配比例。第一种平均分配的方式可以加强班组成员的合作，但可能会引起某些班组成员"搭便车"，自己不努力而坐享其他成员努力带来的成果。因此若班组成员认为各自的贡献或业绩不同，这一方式就不可取了。第二种根据贡献大小区别奖金多少的方法体现了与个人绩效挂钩的思想，但对个人的贡献评价提出了很高的要求，同时也可能会有损班组成员间的合作，因为一些员工可能会只重视他们个人的绩效而不是团队的绩效。第三种分配方式的假设是基本工资高的班组成员对班组绩效的贡献大。在实际中，还有的企业采用"修订后的目标总和法"作为班组奖励计划。在这种方法下，每个班组成员都有一个目标奖金额，班组成员目标奖金的总和就是班组目标奖金库。在年末，根据班组实际业绩与标准业绩的差异调整目标奖金库。如果未达到底限业绩，那么奖金库为零，且奖金库有封顶（一般为奖金库总额的若干倍）。根据班组成员的个人目标奖金额，将班组奖金库分配到个人，也可以先从班组奖金库中拿出一部分用于奖励有杰出贡献的个人。

第二节 团队薪酬激励的相关理论

一、分享工资理论

分享工资理论是一种将工人与雇主的利润联系起来的理论，又称分享经济理论。它主张以"分享基金"作为工人工资的来源，它与利润挂钩。利润增加，分享基金增加；反之，则减少。这样，工人和雇主在劳动力市场上达成的就不是规定每小时多少工资的合同，而是工人与雇主在企业收入中各占多少分享比率的协议。这个理论改变了传统的工资制度，工资不再是刚性的，而是与企业经营效益相联系，随利润增减而变动。

1984 年，美国麻省理工学院经济学教授马丁·魏茨曼（Martin Weizman）针对发达国家出现了经济停滞与通货膨胀并存的"滞胀"局面，提出了分享工资理论。他认为传统的资本主义经济的根本弊端不在于生产，而在于分配，特别是在雇员报酬制度方面。传统的雇员报酬制度（工资制度）中，工资同厂商的经济活动无关。当经济衰退时，由于薪酬是固定的，厂商基于利润最大化原则，必然裁减工人，而普遍失业又会导致新一轮有效需求不足和生活水平恶化。魏茨曼说西方社会一方面必须为失业者付出广泛的高额保险；另一方面必须采取凯恩斯式的扩张性财政政策和货币政策来消灭失业，这样又必然导致通货膨胀。基于上述原因，他提出了所谓分享工资制，就是把固定的工资改为和某种反映厂商经营状况的指标相联系，劳资双方分享企业经营利益的制度。

他认为，这种工资制度具有自动抵制失业和通货膨胀的作用，因为在经济萧条、企业利润下降的情况下，工人的工资也会随之下降。这样，雇主就不必解雇他们以降低人工成本。等到经济复苏、企业利润上升时，工人的工资又会自动回升，而企业则随时都保留了一支稳定的员工队伍。而且，在分享制度下，工资和产品价格成正比，任何价格变动都能自动地反馈给劳动成本，即产品价格越高，需支付的工资也越高。由于企业的劳动成本（薪酬）与产品价格直接挂钩，因此具有内在地反通货膨胀的倾向。当一个国家的全部（或大多数）企业实行分享工资制时，经济就会平衡扩张，顺利发展。

这一理论的最致命弱点是，企业为了留住工人就必须支付等于或高于其他企业同等级工人的工资，否则，没有能力追加雇佣量或保留住已有的工人。因此，在市场经济条件下，分享工资理论的实践意义受到质疑。我国企业的工资制度，为了使员工更加关心企业的盈利状况，实际上考虑了工资与企业效益之间的关系，如提成制；一些企业实行员工持股，或者以本企业股份支付雇员收入和福利的做法，在某种意义上，也是这一理论的运用。

二、参与管理理论

参与管理理论起源于乔治·埃尔顿·梅奥（George Elton Mayo）的人际关系研究，又称人际关系理论。该理论对团队薪酬的解释是：员工远比管理人员更了解他们的工作，团队薪酬为员工提供了在重要决策中参与的机会，可激发其知识的释放和运用，从而促进员工对组织的承诺，激发工作动机，提高生产率，改善组织绩效。员工的参与是影响团队薪酬成功与否的重要变量，其激励作用超过了个体奖金。

三、公平理论

约翰·斯塔西·亚当斯（John Stacey Adams）的公平理论在团队薪酬研究中运用较多。对公平的感知是员工做出积极行动的必要前提条件之一。货币而非决策参与，引起了员工对团队薪酬的行为变化，奖金提供了员工参与的动力，而参与是员工发生努力变化的关键。在雇主与员工的契约关系中，公平的承诺为员工的参与创造了条件；相应地，只有在感知到公平的薪酬体系存在的情况下，员工的参与才会持续下去。对结果和程序公正的感知会强烈影响员工对团队薪酬计划的反应，团队薪酬计划的有效性依赖于分配公正和程序公正的共同存在。其中，决策制定的过程是程序公正感知的基础，决策结果是分配公正感知的基础，两者是不同的概念。

四、社会困境论

几乎所有团队激励薪酬项目的关注点之一都是"搭便车"问题。团队薪酬产生了社会二难选择问题，因为员工可以从整体绩效提高中获益，而无论个人对该绩效的贡献如何。这种社会二难选择问题可以通过群体决策来决定如何在团体内分配薪酬的方式得以解决，即只有当成员能够参与制定薪酬分配规则时，组织的高绩效目标才会实现；反之，任何外部强加的分配规则将不会产生同样的效果。而实际上，在个人和团体的激励不一致时，社会二难选择问题可能会加重。

五、组织结构理论

该理论认为在团队薪酬计划实施之前存在的组织因素或组织条件最终决定了计划的成功与否。换言之，依据该理论，除非这些先决条件在设计和实施阶段就已明确并具备，否则团队薪酬计划几乎不可能成功。员工对组织的认同、参与决策制定、薪酬公平和管理能力是团队薪酬计划成功或有效的必要前提条件。应用组织结构模型对团队薪酬的研究有三方面的不足：其一，实证研究并未解决组织因素与团队薪酬成功之间是否存在因果关系以及何为因果；其二，已明确的组织因素很难测量，理论框架过于宽泛；其三，忽略了团队薪酬计划可能是作为组织变革动因而引入的，目的是改变那些被认为对计划实施有偏见的环境因素，如员工对组织的低认同、缺少控制或赋权等。

六、代理理论

根据交易成本经济学的观点，组织可采用不同的机制来控制代理人的行为，从而减少代理成本。一般认为"最佳契约"机制即委托人能够完全有效地监督代理人，是最理想和有效的机制，但是由于双方资源和能力的不同与信息不对称，这种机制在实际中难以实现。因此，需要采用绩效薪酬等"激励机制"达成双方利益的一致，达到使代理人自我监督和约束的目的。将部分监督活动由委托人（雇主或管理者）转移到代理人（员工或团队成员）自身，降低了代理成本。团队薪酬的实施也体现这种委托代理行为，它还可以提供合伙人之间相互监督绩效的便利，使代理人不易推卸责任和"搭便车"。基于这种机制设计，团队薪酬有助于提高公司的绩效，从而使所有者（通过利润）和员工（通过奖金等项目）都获益。在团队薪酬计划中，团体内的员工即代理人之间的相互监督不会自动出现，需要一些社会中介因素的介入，如对薪酬体系公正性的感知，以及在程序与分配公正基础上的相互监督的程度等。

七、行为决策理论

与代理理论的隐含假设不同，行为决策理论认为，代理人并不都是风险规避者，他们有时也愿意寻求风险，但关键的决定因素是决策时所面对的绩效环境。具体而言，当绩效好时，决策者可能倾向于规避风险；反之，可能倾向于寻求风险。例如，在著名的保曼悖论中，认定收益较低的公司比收益较高的公司愿意承担更大的风险。很多研究都证实了行为决策理论的推断。类似的关系存在于团队薪酬计划中，大多数计划都要求参与员工提出、评价、实施，导致承担的相应决策风险水平的不同。在团队薪酬实施过程中代理人（员工）对风险的规避行为取决于他们所面对的绩效状况。

第三节 团队薪酬制度设计

一、团队薪酬的设计原则

（一）战略原则

战略原则是一条非常重要的原则，而且近几年来战略原则在薪酬设计诸原则中的地位和作用逐步加强，薪酬战略管理概念的提出就是这一事实的最好体现。这一原则要求，一方面在薪酬设计过程中，时刻关注企业的战略需求，通过薪酬设计反映企业的战略，反映企业提倡什么、鼓励什么、肯定什么、支持什么；另一方面把实现企业战略转化为对员工的期望和要求，然后把对员工的期望和要求转化为对员工的薪酬激励，体现在企业的薪酬设计中。

这一原则运用到团队当中，就是要在组织战略目标的指引下，确定团队目标，进而将实现组织和团队目标所期望的行为激励因子反映在团队薪酬体系中，以此实现战略转化。需要说明的是，在遵循战略原则的前提下，要同时考虑团队成员的期望和心理需求，只有实现两者的双赢，才能最大限度地发挥薪酬激励的效用。

（二）激励原则

薪酬说到底是一种激励手段，任何薪酬制度的建立都是以一定的激励理论为基础的。弗洛姆的期望理论对于理解薪酬制度对团队的激励作用有很大的启示。该理论认为动机是效价、手段、期望三方面因素共同作用的结果。其关系表达式为：$M = V \times I \times E$，其中，M代表动机；V代表效价；I代表手段；E代表期望。效价指的是个体所认知的效用或价值，是行为结果对个体的吸引或排斥能力。手段指个体对手段是否能实现目的的认知评价。期望是个体的目的能够实现的可能性。公式表明，个体对目标价值看得越大，估计实现的可能性越高，动机的力量也就越大。

这个理论应用到团队当中，启发我们在制订团队目标时，既要考虑目标的挑战性，也要考虑目标的可实现性；既要考虑团队的目标，也要考虑与个体目标的契合度。而且，成员间合作完成团队目标的同时，也满足了成员的心理交往需求和自我提升需求，从而使成员产生努力的动机，发生所期望的行为。从这个理论角度来理解，薪酬就不仅是一种报酬，它也是企业的一种投资行为，通过这种投资来更大地调动团队成员的积极性，以求得更大的回报。

（三）公平原则

公平理论是由美国心理学家亚当斯提出来的，它侧重研究报酬的公平合理性对员工能产生的积极影响。根据公平理论，员工的工作动机不但受到绝对报酬的影响，更受到相对报酬的影响，即员工既关心自己获得的薪酬绝对值，还关心与他人比较的相对值，即自己所得薪酬收入与作出贡献之比和他人收入与贡献之比的比值。

这个理论应用到团队当中，如何做到公平？一是建立基于团队的报酬体系，而不是沿袭以往组织结构下的薪酬制度；二是必须确保团队成员对团队报酬体系有清楚的认识，即做到制度公开、透明；三是有明确、科学、客观的付酬标准，这是团队薪酬体系设计的重点；四是有畅通的信息申诉通道。

（四）竞争原则

从市场的角度来讲，劳动力市场的供求状况是我们在进行薪酬设计遵循竞争原则需要考虑的重要因素。就我国而言，劳动力市场的供求状况总的趋势是供大于求，但就某种类型的人才来说，可能出现供不应求的情形，如高级管理人员与专业技术骨干人员，在我国目前尚属于稀缺资源。反映在薪酬方面，这两类资源不仅有较高的货币性要求，而且有较多的非货币性要求和其他类型的要求，必须充分考虑到这些人才对薪酬设计的独特性要求。

对团队来讲，尤其是优秀的团队来讲，它所需要的某种团队成员或是团队领导势必属于上述两类人才甚至是一专多能市场难得的优秀人才，团队要使用并留住这些人才，就必须在团队薪酬体系设计中考虑到对特殊人员的特殊报酬安排。

二、团队薪酬的构成

团队成员的薪酬由基本工资、绩效工资、激励工资和福利计划四个部分组成。

（一）基本工资

基本工资的确定，可以借鉴人力资源管理中的基本工资确定方法。在现代人力资源管理中，确定基本工资的方法有基于岗位工作的岗位工资和基于技能的技能工资。

1. 岗位工资

岗位工资是依据成员的岗位等级来确定的，而岗位等级是依据该岗位在组织中的重要程度来确定的。对于项目团队来说，由于各个成员的岗位工作范围有时并不明确，他们的工作常常是需要大家协作来完成的，因此确定成员所在岗位的等级存在一定的困难；不过，项目团队成员在参与项目之前，一般是来自组织中不同的职能部门，而职能部门中的各个岗位的等级则相对比较容易确定。因此，在基本工资的确定这一块，建议以各个成员原先的职能部门的岗位工资作为目前的基本工资的一部分。

2. 技能工资

技能工资是依据各个成员的技能、知识、能力方面的相关贡献程度确定的。需要说明的是，有的研究认为，技能工资是依据员工的技能、知识和能力进行确定。这个思路虽然正确，但却忽略了一个重要的方面，一个人的技能、知识和能力并不一定都适用于目前他所从事的工作，对工作产生贡献的技能、知识和能力是其个人拥有存量的一部分，其余的部分对其工作并不产生贡献。例如，一个具有会计师、律师、工程师、高级程序员等多个技能证书的员工，如果他参与的是计算机软件的具体开发工作，那么会计、法律方面的知识在工作中的贡献就很小甚至没有。因此，在基本工资的确定这一块，建议结合成员的技能、知识和能力，根据其对团队工作的贡献大小确定其相应的技能工资。

总之，团队成员的基本工资可以由岗位工资和技能工资两个部分组成，岗位工资可以采用成员原先在职能部门的岗位工资，技能工资则结合成员的技能、知识和能力对团队工作的贡献程度来确定。

（二）绩效工资

绩效工资是对员工过去工作行为和已取得成就的认可，绩效工资的数额将计入下一周期的基本工资。它是一个工资增加的方式，其结果使员工的基本工资得到永久性的增加。

绩效工资具有明显的激励效果，它通常是用来奖励优秀的工作表现或业绩、创造未来工作动力和帮助组织保留有价值的员工的。对于团队来说，采用绩效工资方法也是一个非常有效的激励。工资的增加，不仅是一个外在的激励，同时也是组织和社会对成员价值的认可，具有内在的激励色彩。

绩效工资的增加幅度，应该能反映员工以前的绩效，鼓励他们为实现更高绩效而努力。而且，它应该对员工更有意义，如果工资增加的量很少，就难以实现巩固一般员工或优秀员工的绩效，或鼓励他们今后提高绩效。因此，在确定绩效工资增加量时，不仅必须考虑团队成员过去的绩效水平，而且必须使该工资水平在除去通货膨胀因素和减去扣除的各项款项后还能激励员工。

绩效工资增加多少才能对团队绩效有促进作用目前还没有精确的计算公式，但有四个方面的内容需要注意：首先，提高绩效工资增量并不一定能增加生产力，因为绩效工资的边际回报率是递减的。其次，最低限度有意义的加薪量取决于生活成本、对待工作的态度和对工作报酬的期望。对于把工资当作满足经济需要的手段的成员来说，最低限度有意义的加薪量取决于生活成本；而对于把工资当作价值体现的成员来说，最低限度有意义的加薪量取决于他们对增加工资量的期望。再次，要想团队成员认为增加的工资有意义，组织不仅得看增量的绝对值，还必须看增量的相对值。最后，绩效工资的增加将给组织造成过大的成本负担，因此越来越多的组织会考虑采用一次性奖金来加强绩效与工资之间的联系，这就是激励工资。

（三）激励工资

基本工资在一段时间内是相对稳定的，而对绩效工资增量的把握存在着困难，因此在团队薪酬设计中，更多的是采用激励工资来奖励团队绩效和个人绩效，使团队薪酬真正具有激励成员实现团队和个人高绩效的功能。

激励工资，是以团队绩效、组织绩效和个人绩效三个方面为基础的。对于项目团队来说，激励工资更多的是以团队绩效与个人绩效的结合为基础的。因此，项目团队的激励工资，首先关注的是团队整体的项目绩效，其次才是团队中个人的贡献程度；相应地，团队的激励工资，首先考虑整个团队的激励工资，其次才是总的团队激励工资在成员间的分配。

1. 团队的激励工资总额的确定

对于团队的激励工资总额的确定，通行的方法是按照项目资金总额的一定比例作为总的团队激励工资，而比例的大小与项目的类型有很大的关系。在大型的研发团队中，由于所研究项目的课题经费数额较大，比例比较小的奖金也将是一笔可观的资金，则一般取值为5%～10%；而当项目的资金额不大且在较短周期内就能完成时，其团队奖金总额可能就会高达总金额的 20%～30%，有的甚至还要更高一些。当项目资金不是来自外部时，项目团队激励工资总额通常来自企业留出一笔作为团队激励的专用资金。

激励工资总额的确定，并不等于要把这些奖金都发放给团队成员，其发放的额度必须根据团队任务目标的实现情况确定。当团队100%地实现任务目标时，资金总额中的60%～

80%将作为团队的激励资金,其余的留作对有突出贡献的团队个人的奖励,或团队各种活动的经费,或团队成员的福利。而当只实现两个目标中的一个,则只能领到一半的奖金。如果团队无法实现任何一个目标,则可能所有的奖金都会被取消。

2. 激励工资在团队内部的分配

在确定好团队激励工资总额后,下一步就是如何在团队成员间进行分配。团队奖金的分配,目前主要存在四种方法:第一,团队中的每个成员平均分配奖金;第二,根据每个成员的基本工资占团队所有成员基本工资总数的比例,确定其相应的奖金比例;第三,制定团队可量测的绩效标准,然后给团队成员发放资金;第四,根据各个成员对团队贡献程度的不同,按照相应的等级进行奖金发放。

第一种方法,一般是团队成员之间不存在任何等级关系,相互只是因为项目而结合在一起,彼此的工作量、工作复杂程度都比较相似。该方法容易产生"大锅饭"现象,由此将产生种种的"搭便车"的偷懒行为,不利于激励成员为实现项目目标奋斗,不利于体现成员对团队的贡献与工资的挂钩。因此,在项目团队中,各个成员对团队的贡献程度存在差异时是不适用的。

第二种方法,在操作上容易实现,而且也比较直观。按照基本工资的比例进行奖金发放,在一定程度上可以体现成员在团队中重要性程度,而重要性程度也在一定程度上反映了个人对团队的贡献情况。不过,它无法真正反映个人绩效与工资的挂钩情况。

第三种方法,在理论上是最为合理的。但是,团队的工作是由大家共同协调来完成的,导致许多工作无法分清是由哪个人完成的,而且团队成员的工作不像职能部门的岗位工作那样有非常清楚的工作范围和职责,他们之间的关系是在个人工作任务基础上的协调与合作。这些情况无疑给绩效考核增加了难度。而有一种可行的解决方法就是采用目标考核法,因为团队成员都有自己负责的子任务目标,通过对子任务目标的完成情况的考核,就可以基本上掌握团队成员个人的绩效情况。

第四种方法,成员对团队的贡献程度体现在个人在团队中的重要性程度。例如,项目团队成员可以划分为团队领导、核心成员、一般成员和外围成员四种,这种划分方式在实践中比较容易把握和使用。

根据上述的分析,我们认为团队整体的激励工资的再分配,可以依据第三种方法和第四种方法的结合来实现。首先,把团队成员分为团队领导、核心成员、一般成员和外围成员四个等级类型是容易为大家所接受的,而且也体现了各个成员对团队贡献的差异;其次,激励工资的分配,也结合了绩效考核的结果。个人所完成的子任务的质量考核情况,将影响个人的激励工资水平,反映在激励工资上就是不同等级奖金基础上的再一次微调。

3. 激励工资的发放

激励工资可以按照项目的阶段性目标或任务的完成情况进行多次发放,也可以等全部项目完成之后进行一次性发放。前者主要应用于比较大型、复杂的项目工程,项目的周期时间往往长达1年以上,项目的子目标或子任务往往是非常多的,这时的项目团队成员一般是不稳定的,很少有成员从项目的开始到项目的结束一直都在该项目团队中,采用阶段性的激励工资就迎合了实际的需要。不同的成员，根据其参与的项目阶段情况，可以得到相应的阶段性激励工资，最后的项目竣工的激励奖金，则往往具有重复性的激励作用。后者一般使用于较简单、周期较短的（一般在 1 年之内）的项目，例如，一个小型的软件开发项目，或一个企业组织管理咨询项目。

4. 其他的激励工资

除了上述讨论的激励工资外，项目团队的激励工资还可以从所节约的项目成本中进行发放。例如，项目的安全奖（在工程施工项目中经常使用）、提前完成项目任务的时间节约奖、资金成本节约奖、因所完成的项目给组织带来的利润或潜在价值的一部分作为股权激励等。

（四）福利计划

福利计划，它是企业向员工提供的除工资、奖金之外的各种保障计划、补贴、服务以及实物报酬。一般来说，福利有两个组成部分：一部分称为法定福利，是根据国家政策、法律和法规，企业必须为员工提供的各种福利，在我国它主要表现为企业必须为员工缴纳的各种社会保险、员工个人的福利项目，如养老保险、失业保险、医疗保险、工伤保险、住房公积金等；另一部分称为非法定福利，它是企业根据自身的管理特色和员工的内在需求，向员工提供的各种补充保障计划以及向员工提供的各种福利项目，常见的如人身意外保险、附加医疗保险、家庭财产保险、旅游、服装、午餐补助或免费工作餐、健康检查、俱乐部会费、提供住房或购房支持计划、提供公车或报销一定的交通费、特殊津贴、带薪假期等。

第四节　团队薪酬制度管理

一、团队薪酬的运行机制

要让团队有效地运作起来，企业必须付出不懈的辛勤努力。然而不幸的是，有证据表明，如果企业不能将团队意识贯彻到自身的经营战略和人力资源管理系统中，大量心血都将会付诸东流。

在许多企业，团队最终取得的成果与人们的初衷相差甚远。其中的主要障碍是如何设计一套保持团队发展势头、加固团队架构的薪酬制度。成功的团队取决于人力资源战略管理人员、部门经理与团队成员之间建立的伙伴关系。如果无视这种伙伴关系中的主要设计因素，就很可能导致团队失败。

每个最优秀的团队都必须做好如下七方面互相关联的工作：领导艺术，价值观念和企业文化，操作流程和业务系统，组织架构、团队和岗位设计，个人和团队的能力，管理的流程和系统，奖励与表彰。当然，如果企业在所有环节上对这些挑战都能应付自如，那是再好不过。但事实上，企业组织通常只会着眼于一点，然后再逐步扩展至其他方面。例如，美国的豪马贺卡公司（Hallmark Cards）就建立一套新的"奖励与表彰"制度。它把团队成员的基础工资削减了5%～10%，使他们的薪酬处于浮动中。除此之外，只要团队能达到预期目标，他们所得薪酬就会高。为了确保这一计划的有效性并得到员工认同，该公司在原有的薪酬机制中加入一些团队变量。现在，该系统已应用于众多由销售人员和来自财务、信息系统和行政管理的人员所组成的团队。

由此，我们可以看出，团队薪酬制对薪酬规划和管理的最大贡献是，促使企业组织采用更具整体性的薪酬方式。最佳的团队薪酬方案要求企业组织将员工个人业绩、成长的衡量标准与以市场为基础的竞争性薪酬水准结合起来，迫使企业组织在建立其薪酬架构时考虑多种因素。

二、团队薪酬管理注意事项

团队管理是一项复杂系统的工程，在进行薪酬管理时需要注意以下几个事项。

（一）让员工主宰自己的命运

美国一家保险公司曾经召集运作、营销和保险部门的员工，建立了一支极为成功的试验团队。由于对其实行浮动薪酬，该团队的基础薪金和业绩工资的升幅比该公司的其他群体低5%，但有可能获得相当于其基础薪酬15%的激励酬金。保险公司根据该团队能削减多少行政管理开支和团队规模的扩大情况对其进行评估，并按照业务的运作流程跟踪团队的发展。结果，整个公司的业绩得到提高，使其足以支付上述激励酬金。事实也证明，将团队的薪酬与激励酬金挂钩后，公司取得了不错的效果。

团队成员能够参与主宰自己的命运，因而看清所在团队的努力与公司目标之间的联系。通过参与管理，员工可以直面人力资源的规划问题。在某种意义上，公司等于赋予其部门经理一套全新的管理机制。团队协作、跨职能合作、更快的决策使团队的业绩蒸蒸日上。每一方面的管理都基于这一原则。

同样，团队的业绩管理为员工的个人规划、辅导、评估和奖励开辟了新路。团队成员的个人规划从培养团队环境中的自觉意识开始。团队成员必须自问："我怎么做才算是富有效率的团队成员？""对我的业绩有何期望？"同时，及时反馈对企业的持续发展、业绩管理及奖励也是不可或缺的。它通过强化良好业绩来建立员工自尊，通过让他们更深入了解自己的优缺点来提高自我认识。通过多方面得来的反馈，可全面反映团队成员的业绩。

（二）团队薪酬应该有利于团队建设

团队薪酬制度必须有利于提升团队所需的主要行为能力，然后由公司把这些能力融入每位员工的工作方式中，使之成为公司企业文化的一部分。因此，团队薪酬应具备以下特性：第一个特性就是"以团队为中心"，表现在员工个人与企业组织内外建立富有成效的各种层次的工作关系；第二个特性是"绩效导向"，即员工个人专心于实现关键的经营目标；第三个特性是"客户为本"，表现为员工个人与公司内外客户之间的伙伴关系；第四个特性是"创新"，也就是说，员工个人必须找出能解决问题的新创意、新产品及服务并付诸施行；第五个特性，就是要有"诚信"，员工个人必须信守所有承诺，言出必行。

（三）宽松级段式薪酬策略

许多企业采用宽松级段式薪酬策略，在团队薪酬项目中产生了良好的效果。一方面，"级段"最终是用来奖励某一角色的业绩的；另一方面，作为每个具体位置外壳的"岗位"则是级段的构成元素。企业通过确定各岗位在技能、知识和能力方面的相关贡献，便能为各岗位设置一个值。

团队中最常见的岗位可以与另一个最常见的岗位比较，如果大多数团队设计人员认为两者之间差别很大，它们可能属于不同的级段；反之，则可能属于同一级段。如此继续比较下去，直到设计团队考察了所有岗位。团队最好是只在一两个级段设置岗位，如特殊级段和非特殊级段。

通过多方反馈，经理人用级段式薪酬同一级段可流动的原则来奖励发展自我能力和技能的员工，而不受薪酬等级、薪酬限额和折中点控制的制约。以团队为基础的管理需要正确的领导。通过将人视作企业组织变革的关键，经理人得到前所未有的机会，在发展和实施企业经营战略的过程中扮演重要角色。但是，只有采取全新的管理方法，经理人才能扮演好这一角色。他们既可以是锚，阻止企业的发展，也可以是引擎，推动不断变革的企业快速、有效地前进。

（四）其他事项

薪酬计划是设计团队工作是否成功的一个重要方面。下面列出了把薪酬与团队业绩相联系时需要考虑的主要问题和最优做法。

（1）切记你衡量和奖励的是什么，你就会得到什么。

（2）减少"搭便车"现象的最好办法就是增加团队的压力。

（3）凝聚力能够提高团队压力，提供团队奖励可以增强凝聚力，奖励要支付给整个团队而不是个人。

（4）评估和奖励必须考虑任务的难度与失败的可能性。如果因为承担了过难的工作而受到处罚，人们就不会愿意去承担这样的风险。

（5）拉开奖励的差距，以便使它与项目的不同阶段联系起来，从而既能促进短期成就，又不会忽视长远目标。

（6）如果一个员工在几个团队中工作，就要采用一切可能的方法来衡量团队的业绩和分配奖金。

（7）辨别每个团队的"内外部客户"，衡量他们对团队的期望和评价。

（8）减少等级划分，把它作为奖励员工的方法。等级制度造成了地位和权力的差别，使团队功能失常。

（9）运用宽带奖励作为提供奖励的一种灵活手段，而不会造成复杂的职务级别结构。

（10）对团队取得的重大成就给予一次性奖励。一般而言，这些成就显而易见，而且不易受到生活成本等其他因素的干扰和影响。

（11）通常团队以提名方式确定并奖励主要贡献者，而通过跨职能的团队来评价那些被提名的员工。

（12）在提供非现金奖励上要发挥创造精神。诸如旅游、在公司报纸上刊登团队照片、举办像宴会或野餐这样的大型活动等。

（13）把管理者对奖励情况所做的摘录和统计通过一种有效的方式反馈给员工。

本章提要

狭义的团队薪酬是一种激励性的报酬计划，它一般是由上级制定者制定，脱离团队个体成员的基本工资等独立存在的一个可变薪酬体系。它强调的是"奖励"，包括收益分享计划、风险分享计划、利润分享计划等各种形式。广义的团队薪酬是一种以团队成员个人为对象，包含基本工资、基本工资增长、激励薪酬、个体认可奖励、福利甚至精神薪酬等各种薪酬元素在内的复合体系。

团队薪酬体系的要素特征主要包含了分配规则、激励强度、支付频率、支付水平和支付层次五个方面，其中分配规则和激励强度是团队薪酬计划的关键特征变量。

团队薪酬由基本工资、绩效工资、激励工资和福利计划四个部分组成。确定基本工资的方法有基于岗位工作的岗位工资和基于技能的技能工资。绩效工资是对员工过去工作行为和已取得成就的认可，绩效工资的数额将计入下一周期的基本工资。福利计划，它是企业向员工提供的除工资、奖金之外的各种保障计划、补贴、服务以及实物报酬，分为法定福利和非法定福利。

团队薪酬的表现形式多种，常见的有利润分享计划、收益分享计划、成功分享计划、班组奖励计划。利润分享计划并不完全是一种团队薪酬计划，而主要是一种针对全体员工的组织绩效薪酬计划。收益分享计划常常是与某一项具体的经济活动效益相联系，而不是与企业的总体利润直接挂钩，其目的是使员工在满足企业生产经营的一般要求之上，尽可能通过努力实现更好的业绩。成功分享计划所关注的是经营单位的整体绩效改善程度，运用平衡计分卡来追踪几个方面工作的结果以及绩效的进展状况，关注员工在团队层次上的表现以及一些更为广泛的绩效结果。

思考题

一、单项选择

1. 以下哪个不属于团队的基本特征？（   ）
   A. 共同愿景和共同目标　　　　　　　B. 团队成员之间具有相互依存性
   C. 团队成员之间的沟通协作　　　　　D. 团队价值的分散效应
2. 为了完成正常组织之外的任务的团队，其成员一般由从不同部门和岗位抽调的人员构成，这是哪种团队类型？（   ）
   A. 工作团队　　　　　　　　　　　　B. 平行团队
   C. 项目团队　　　　　　　　　　　　D. 管理团队
3. 团队薪酬计划的关键特征变量是（   ）。
   A. 分配规则和激励强度　　　　　　　B. 分配规则和支付频率
   C. 支付水平和支付频率　　　　　　　D. 支付水平和支付层次

4. 最常见、最传统的利润分享形式是（　　）。
A. 直接现金式利润分享　　　　　　B. 递延式利润分享
C. 股票分配式利润分享　　　　　　D. 退休基金形式
5. 成本分享计划属于哪种团队薪酬表现形式？（　　）
A. 利润分享计划　　　　　　　　　B. 收益分享计划
C. 成功分享计划　　　　　　　　　D. 班组奖励计划
6. 以下哪个不属于平衡计分卡的维度？（　　）
A. 学习与成长　　　　　　　　　　B. 业务流程
C. 员工　　　　　　　　　　　　　D. 财务
7. 以下哪个不属于员工的法定福利？（　　）
A. 养老保险　　　　　　　　　　　B. 医疗保险
C. 住房公积金　　　　　　　　　　D. 午餐补助
8. 以下哪个是利润分享计划的考核指标？（　　）
A. 利润　　　　　　　　　　　　　B. 生产率
C. 产品质量　　　　　　　　　　　D. 成本
9. "1+1＞2"是从以下哪个角度理解团队薪酬的意义？（　　）
A. 博弈论角度　　　　　　　　　　B. 群体动力论角度
C. 社会影响角度　　　　　　　　　D. 经济效益角度
10. 中国古时候的"南郭先生"滥竽充数反映了团队薪酬的哪个缺点？（　　）
A. "搭便车"　　　　　　　　　　　B. 引起团队间的竞争
C. 难以设计对所有团队都公平的目标　D. 有些工作只需要个人完成

二、简答题
1. 什么是团队？
2. 什么是广义的团队薪酬？
3. 什么是利润分享计划？
4. 参与管理理论的内容是什么？
5. 团队激励工资是什么？

三、论述题
1. 简述团队的类型。
2. 简述团队薪酬的优点。
3. 简述利润分享总额的分配方式。
4. 简述团队薪酬设计的战略原则。
5. 简述工作团队的薪酬管理策略。

案例与讨论

销售团队的薪酬激励模式："捆绑式激励"

上海某生物科技制药公司（以下简称"A公司"）地处上海南部某高科技园区，其核心产品是任何医院手术中都可能用到的一种内部止血制品。该产品是A公司董事长留美攻读博士期间的实验发明，拥有自主知识产权，与国内外同类产品相比，A公司的产品具有高效、无任何副作用、环保、低价等特点，极具竞争力。董事长回国后自筹资金创办A公司，经过几年的打拼，基本上把原料供应、生产、技术与研发、库管、物流、客服等各个环节都理顺了，管理越来越顺畅，但就是销售方面一直没有出色的表现。

最初为了激励销售人员，A公司规定销售人员每月有一定底薪，业务提成较高，提成比例随着销售额的增大逐渐增高，但增高的速度逐渐放缓，有一定上限。过了一段时间，董事长发现销售员们的积极性不够高，业绩一直上不去。于是对销售人员的激励变为没有底薪，但业务提成很高而且上不封顶。结果，销售业绩倒是上升了不少，但是销售人员的收入差距拉得很大，有年收入五六十万元的，也有年收入才几万元的。收入不够高是因为没有底薪，危机感太强，离职了一些，而那些销售额很高的销售员有的开始依仗自己的作用与地位，与公司讨价还价摆姿态等。后来，有个业绩很好的销售员离职了，带走不少客户，公司当年的销售目标没有完成。

为此，董事长苦苦思考了很久却没有很好的解决办法。后来董事长请了国内一家知名的管理咨询公司给出主意，咨询公司给出的建议是，对销售团队实施"团队捆绑式激励"，具体内容是将原有的单个激励改为团队激励，将销售队伍分片、分区、分组，分成十几个销售小组，小组内所有人的业绩加起来作为该小组的团队业绩，再按照小组业绩排名系数及组内业绩贡献度折为每个人的个人绩效。

这样一来，小组内的每个人会发现，自己的个人业绩将影响小组业绩，自己做不好，不但个人绩效低，还会影响团队内其他人的绩效；而如果大家都很努力，小组的整体业绩很高时，组内业绩最少的那个人会发现，自己获得的回报甚至能赶上整体业绩不高的小组里个人业绩超过自己的人。同时，各小组的主管发现，在一个小组内，如果每个人的业绩差距太大，业绩差的人将会"吃掉"业绩好的人的一部分奖励，于是业绩好的人会因此积极性受挫，从而降低下个考核周期的业绩；但这样会导致下个周期大家的绩效都下降了，为了避免这种情况出现，小组主管会努力帮助小组内业绩差的人，尽量让大家业绩都能起来，由此小组内才能保持一个相对公平的环境。如此将个人业绩捆绑为团队业绩的结果就是，所有小组的整体业绩你追我赶地高了起来，公司的销售业绩稳步攀升。这个制度实施一年后，公司销售额整体翻了一番，又加盖了新厂房。

资料来源：捆绑式激励——实例解说销售团队的激励模式[EB/OL]. http://www.purise.com/article/2125.html.

案例思考题：

这种"捆绑式团队激励"的方式为什么更能提高A公司的销售业绩？这些销售小组之间会不会出现恶性竞争？

延伸阅读

1. 拉齐尔. 人事管理经济学[M]. 北京：北京大学出版社，2001.
2. 黄玉清. 创造高绩效的项目团队[M]. 上海：华东理工大学出版社，2008.

3. 李中斌，曹大友，章首明. 薪酬管理[M]. 北京：中国社会科学出版社，2007.
4. 李中斌. 薪酬管理理论与实务[M]. 长沙：湖南师范大学出版社，2007.
5. 刘洪. 薪酬管理[M]. 北京：北京师范大学出版社，2007.
6. 刘昕. 薪酬管理[M]. 3 版. 北京：中国人民大学出版社，2011.
7. 孟庆伟. 人力资源管理通用工具[M]. 北京：清华大学出版社，2007.
8. 米尔科维奇，等. 薪酬管理[M]. 北京：中国人民大学出版社，2008.
9. 周文，黄宝明，方浩帆. 薪酬福利管理[M]. 长沙：湖南科学技术出版社，2005.

第十二章 国际化薪酬制度设计

本章学习目标

通过本章的学习，你应该能够：
- 理解国际化薪酬管理的基本概念
- 了解国际化薪酬中的成本比较
- 理解国际化的薪酬体系，掌握不同国家薪酬体系与理念的比较
- 理解总体薪酬战略市场的理念
- 了解外派员工的薪酬

引言

"与其被国际化，不如先国际化"

21世纪是全球化的世纪，世界经济间的联系正以前所未有的速度紧密起来。尽管时有逆流涌动，但国际化作为大势不可阻挡，对于企业界而言，不论是通用电气、壳牌石油这些老牌知名企业还是亚马逊、阿里巴巴这样的新兴巨无霸，国际化战略都是它们在现有市场饱和之下希求进一步发展的必由之路。想实现国际化的战略目标，企业在薪酬管理方面会遇到许多问题，不同地区间的经济差异、不同文化价值观下薪酬理念的抉择……这些难题要求企业必须具有能够适应国际差异的薪酬管理新思路。

理解国际化薪酬的第一步是识别它们的相似性和差异性，并确定如何对此进行最优化管理。在国际化的公司中，员工获取报酬的方式取决于各种影响因素的变化，这些因素包括经济、制度、组织和员工等大类，同时会受各类追加因素的影响。因此，想要实行有效的国际化薪酬管理，企业必须先了解自身所处的国别薪酬体系。本章将以美、日两国的薪酬理念与体系为例阐释不同国家薪酬理念和体系的背景、内容对企业的影响。当国际化薪酬管理上升到企业战略高度以后，总体薪酬战略市场的理念就显得尤为重要，了解本地化、母国化和全球化三种不同的薪酬战略理念对企业实行适宜的跨国薪酬管理有很大帮助。最后，本章将分析外派员工的薪酬，并简单介绍平衡表这一实用工具在国际化薪酬管理中的应用。

第一节 国际化对薪酬管理的影响

一、薪酬管理国际化

所谓薪酬管理国际化，就是指一个企业的薪酬管理由面向单一国家或地区转而面向国际社会，把国际的、跨文化的、全球的观念融合到薪酬管理理念、制度和实践等中去的一种趋势。

（一）国际化对薪酬管理的影响因素分析

1. 经济全球化

经济全球化是指世界经济活动超越国界，通过对外贸易、资本流动、技术转移、提供服务、相互依存、相互联系而形成的全球范围的有机经济整体。经济全球化是当代世界经济的重要特征之一，也是世界经济发展的重要趋势。经济全球化主要表现为贸易、投资、金融、生产等活动的全球化，即生产要素在全球范围内的最佳配置。从根源上说，其是生产力和国际分工的高度发展，要求进一步跨越民族和国家疆界的产物。经济全球化使得各国之间的经济联系日益加强，各国国内的经济准则不断趋于一致，国际经济协调机制逐渐强化，尤其是各类多边或区域组织对国际经济的协调和约束机制越来越强；另外，经济全球化是在并不完全公平合理的现有国际秩序下形成和发展起来的，起主导作用的主要发达国家拥有极强的竞争优势，使得国与国之间经济发展水平的不平衡越发明显，市场竞争、政治动荡、文化碰撞等也使得企业尤其是跨国企业的薪酬管理面临诸多风险及不确定性。

2. 跨国公司的跨国经营

跨国公司主要是指以本国为基地，通过对外投资，在世界各地设立分支机构或子公司，从事国际化生产和经营活动的企业。跨国公司的战略目标通常是以国际市场为导向的，为实现理想利润而在全球范围内进行资源的优化配置，如苹果公司将研发中心放在拥有大批世界级研发人才的美国总部，而生产地则落在中国、东南亚等制造产业链完善、劳动力成本相对较低的地区。在人力资源管理方面，是跨国派遣还是本地化招聘，抑或是聘用第三国雇员，企业面临不同情况时需要使用不同的策略，与之对应地，这会对企业的薪酬管理提出较大挑战。与国内薪酬管理不同的是，跨国公司的薪酬管理具有很强的总部主导性，在考虑不同国家和地区业务部门的关键经营问题如薪酬管理时，首先要考虑总部的意见，然后才能进行决策。

企业总部的行为方式主导着各个部门的经营哲学，具体涉及各个分公司的人员间如何联系、薪酬体系如何设计、绩效如何评价、组织如何经营，导致企业有时很难从全球化的视角制定薪酬战略。企业应注意到，经济全球化的最大特征就是站在全球的角度对人才、劳动力、原材料、资金和土地等因素进行综合考量，选择最优的地方进行经营，以获取全球化的利益，企业总部应跳出自身局限，站在这一高度思考。

3. 国际化的人才流动

随着经济全球化的不断发展，各国联系日趋紧密，科教等领域的人才流动和学术交流在近年来依然保持上升态势。据公开资料整理，在2017年，世界八大留学目的国接收高等教育国际学生总数超350万人，而中国目前已成为全世界最大的留学生源国，有超过60万人在境外学习深造；另外，中国的大学也颇受"一带一路"沿线国家学生欢迎，成为新兴的热门就学目标。在高端学术交流领域，国家大力支持和推进学术发展，为国际学术交流提供各类便利。中国学者近年来频繁参加各类国际学术会议，在学术组织中担任重要职务，一批重大科研成果发表在 *Science*、*Nature* 等国际期刊上，并在引力波、超级计算机等尖端领域参与国际科研探讨，保持世界一流水平。国际化人才流动带来国际化开阔视野，他们或是学到了国外同行的先进管理经验，或是取长补短、著书立说，并将所学知识运用到企业的生产实践之中。优秀人才不再将目光局限于本国企业之上，企业想要吸引业内人才需要形成更加科学的薪酬管理制度和模式。

（二）全球工作环境对薪酬管理的影响

1. 文化环境与薪酬策略

文化（culture）是最广泛和具有人文意味的概念，简单来说，文化就是地区人类的生活要素形态的统称：衣、冠、文、物、食、住、行等。根据人类学家吉尔特·霍夫斯泰德（Geert Hofstede）的观点，文化是一个环境中人的"共同心理程序"，是一个群体区别于另一个群体的特征，特定文化背景的人具有不同的价值观、态度和行为方式。如中国、日本等东方文化背景下生活的人多数偏向集体主义，而美国等国的民众则以个人主义偏好居多，类似的文化差异使得跨国公司想通过薪酬管理来在选、用、留人上达到理想效果是非常困难的，需要具备丰富的薪酬管理经验和高超的管理艺术。

2. 社会契约环境与薪酬体系

社会契约（social contracts）最初作为一种社会规范是随着人类社会形态的发展而自然产生的，它分为两类：经济层面的社会契约与社会伦理层面的社会契约。随着人类社会的发展，社会契约在不断的斗争和妥协中融合演进。在劳动者充当生产资料时期，由于互利的需要，人们之间产生了互信、互助的行为规则。人们发现保持诚信是生存下去必要的"技巧"，这时就产生了对人的伦理进行规范的社会契约。随着技术发展和工业文明的到来，出现了企业，使人们自然而然地要求企业去遵守有利于人类自然发展的最基本的社会契约。

企业社会契约的核心内容是基于企业伦理的企业社会责任。作为一个社会主体，企业刚一建成便应当自然而然地承担着对社会公众、政府以及内部员工的责任和承诺。由于企业面对的对象是多方面的，因此企业的社会契约也是多元化的，其基本内容主要包括内部社会契约与外部社会契约。

企业、政府、工会和雇员等在商业活动中各自扮演着自己的角色并承担相应的责任，但具体到不同国家和文化背景的人，对于上述主体各自的角色和责任的看法会有所不同；同时，不同的社会、经济和文化环境也会形成不同的社会与雇佣关系，因此，任何国家和地区的薪酬管理实践都是千差万别的。

3. 管理自主权环境与薪酬管理

管理自主权是指决策的自由程度。由于不同国家的政策法规、组织结构和文化背景等不尽相同，因此企业在当地的管理自主权也会有所不同。通常来说，在美国的企业享有较大的自主权，在日本的企业自主权则相对小一点，而在欧洲特别是德国的企业，通常会受到很大的限制。例如，跨国企业 3M 公司，它鼓励所有的部门都推行绩效工资：其在新加坡的分公司早已实行绩效工资；在美国的分公司正在制订不同的收益分享和奖励计划；而在布鲁塞尔的分公司则被比利时政府告知绩效工资是违法的，因为之前国家为了控制通货膨胀和提倡平等，通过法律明确所有超过全国性薪酬协议所规定的薪酬都是违法的。

在我国，企业所面临的市场环境相比过去而言已经较为宽松，但企业的薪酬问题依然没有得到很好的解决。特别是机关事业单位，依然实行三统一，"统一制度、统一标准、统一调薪"，结果是"落后的地方吃不消，发达的地方吃不饱"。如何适应好不同水准管理自主权下的薪酬管理，对企业而言是一个亟待解决的难题。

4. 人力资源市场与薪酬差异

人力资源市场与商品市场具有同样的性质，分析其价格的决定机制也就是分析薪酬管理的决定机制。日本的薪酬管理专家们研究发现了几个造成国际化背景下薪酬差别的主要因素：性别、产业、工作期限、年龄、工会化程度、职位等级以及公司的规模大小。在日本，影响薪酬差别的因素主要是性别以及其所产生的性别歧视；韩国则以职业等级差距为显著因素，因为韩国有明确的职业通道，在职场上等级森严，每个等级都有对应的薪酬水平且差距明显。美国和韩国的差别主要在于年龄与性别对于薪酬的影响，美国更加不注意这两方面的差异，这与美国的自由文化背景有着密切联系。英国、法国、德国等欧洲国家多是通过职位的差距而影响薪酬水平。在我国，不同产业间的薪酬水平有很大差异，低工资的农、林、牧、渔等行业与高工资的金融、计算机等行业相比，平均薪酬相差高达 4 倍以上。

5. 经济水平与薪酬水平

薪酬水平的高低不只由具体数目就能判断清楚，它更多是一种受限于经济水平的相对描述。在发达国家，每月 3 000 美元左右的薪酬待遇也许只够维持基本体面的生活质量，而在大多数发展中国家，这一薪酬水平已绝对堪称令人艳羡了。跨国企业的雇员通常来自多个不同国家，经济发展程度不一，尽管有些员工在同样的工作岗位肩负着同样的工作职责，却由于不同的地区来源而要求不同的薪酬，这往往是跨国公司薪酬产生内部不公的一个重要原因，需要管理者慎重权衡。

二、国际化薪酬

国际化薪酬，主要指在世界范围内普遍适用的一种薪酬管理原则、战略和框架。不同国家的历史文化、经济水平和社会制度不尽相同，因而形成了不同的薪酬管理体系、制度和模式。跨国公司在不同的地区和国家进行经营需要对不同类型的人员支付报酬、进行薪酬管理。跨国公司的薪酬管理实质上是一种国际化的薪酬管理模式。

（一）国际化薪酬管理的前提——成本比较

在之前的章节中我们讨论了准确了解国内市场竞争对手薪酬信息的必要性。但当视野转向国际市场时，在不同国家的竞争对手之中直接采集薪酬数据进行类似的比较可能存在很大的误导性。其原因在于即使是看上去薪酬水平类似，但不同国家的生活成本、医疗成本以及津贴、福利等因素都存在重大差异，如有的国家会提供全民医疗保险，而有的国家则需要民众自费医疗。在这种情况下直接对总体薪酬进行对比并没有参考意义，因此需要我们借助一些方法和工具来辅助进行国际化的成本比较。

如果说比较总体薪酬比较困难，那么比较生活成本和生活标准就更加复杂了。由于全球消费模式存在着诸多差异，因此在选择用于计算消费者物价指数的工具方面存在着许多困难。有鉴于此，《经济学人》杂志提出了用"巨无霸指数"（Big Mac Index）来衡量不同国家的生活标准。这一指数是采用不同国家和地区的巨无霸汉堡的价格来对生活标准进行比较与估算，如图12-1所示。

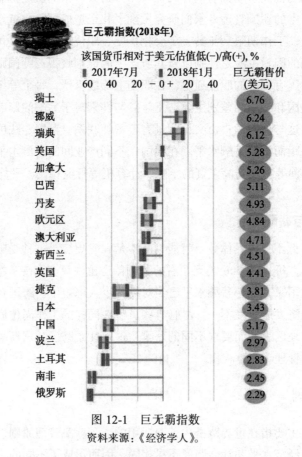

图12-1 巨无霸指数
资料来源：《经济学人》。

由图12-1可知，巨无霸汉堡在美国的平均价格为5.28美元，在中国为21.8元人民币（约合3.17美元），在加拿大为5.26美元，在俄罗斯为2.29美元。

"巨无霸指数"与薪酬管理的关联在于，公司可以将从中得到的不同国家间的比例作为依据来对跨国流动员工的生活成本进行估计，并以此调整总体薪酬。对于企业而言，调整是为了使员工来到新的国家和地区以后也能维持相同水平的购买力。

（二）国际化带来的各国薪酬理念、制度和技术的变革——薪酬体系比较

之前已经提到，不同国家的薪酬体系是不同的，而且这些差异与经济压力、社会政治制度、组织多元化和员工多样性等方面的区别有关。即使是在被有些人认为高度同质化的国家之内，在各个经营领域内的薪酬体系也并不相同，薪酬体系的差异和变化是普遍存在的。

1. 总体薪酬模型与战略选择

贯穿全书的总体薪酬模型指导着我们对不同国家薪酬体系的讨论，包括以下几点。
（1）薪酬体系的目标。
（2）外部竞争性。
（3）内部一致性。
（4）员工贡献。
（5）薪酬管理。

2. 国际化背景下美、日薪酬管理理念和制度的对比

国家薪酬体系理念假定一个国家的大多数雇主都采用相似的薪酬管理实践。如此国家间薪酬体系的比较就组成了理解和管理全球化薪酬的主要内容，如将美国的薪酬体系与日本或其他国家的薪酬体系相比较。这种比较法在面对那些采用集权化薪酬设定方法的国家时或许比较有用，但需要注意的是，国家性或地区性的薪酬体系理念通常很难兼顾每个国家内部不同组织之间的差异。

美国的薪酬模式是西方国家现代薪酬制度的典型代表，也是在国际化过程中，对世界各国薪酬管理影响最大的一种薪酬管理模式。美国早期的薪酬模式是根据岗位测评和市场因素确定的有相对稳定性的薪酬模式，早期实行的员工薪酬制度一般有计时工资制、计件工资制等。对于管理人员则是实行薪金制度，如公司CEO通常是实行年薪制。美国的薪酬管理特别注意对内部和外部的影响，在企业内部强调一致性，在企业外部注意竞争性，时刻保持企业薪酬具有竞争力，能够吸引到足够优秀的人才。在20世纪80年代以后，随着市场环境的变化，美国薪酬管理不论是在理论上还是在环境上都发生了重大变革，更具有激励性的薪酬计划纷纷出现。例如对员工的绩效激励计划，对管理者的股票期权奖励和利润分享计划等，这进一步调动了员工的工作热情，使美国企业充满发展活力，推动了社会经济的发展。

日本的薪酬管理理念与技术则和美国不同。在日本，企业管理模式中最重要的两大特点就是终身雇佣制和年功序列制，其主要内涵是：员工的基本薪酬随员工年龄和企业工龄的增长而增长，并且增长幅度符合由企业规定的序列。这一模式背后的逻辑是，员工的业务能力和技术熟练程度与员工的工作年限成正比，而且他在企业工作的时间越长，对企业的贡献也就越大，因此职工的薪酬和生产补偿在一定的年龄阶段也要每年增加。年功序列制下的薪酬制度有两大特点：第一，体现了一种向员工借贷的关系；第二，岗位工资比重不大，而各种补助名目繁多。这与中国传统的国有企业的薪酬管理模式类似。年功序列制对于人才的长期培养有很大的好处，老员工丰富的知识和经验也能为企业在职培训提供巨大的知识财富，同时这种体系还有助于企业文化的传播。在20世纪六七十年代，日本战后

婴儿潮出生的团块世代逐渐走上社会，人口红利加上宽松的国际环境，使日本经济处于高速增长时期，社会舆论甚至喊出了"一亿总中流"（1亿人中产阶级）的乐观口号。在当时，日本企业规模不断发展，每年都要招聘大量员工，员工的年龄结构也呈年轻人多、年长者少的金字塔形，在这一时期年功序列制发展得十分顺利，并为日本经济的发展作出了很大贡献。但到了20世纪80年代以后，日本经济增速放缓，而世界经济与技术局势则发生了重大变化，以微电子、生物工程和新型材料为代表的新技术冲击着日本，加上国内高消费、高学历、高龄化的"三高"趋势，使年功序列制受到严峻挑战，企业经营成本大大增加，必须想办法控制人力资源方面的费用。20世纪90年代以来，一些日本企业的管理层逐步放弃了以年功序列制为主的薪酬管理制度，如索尼、丰田等跨国企业，逐步采用职位能力的薪酬制度，员工薪资取决于个人的工作能力和工作完成情况，实际工作能力强、工作成绩好、对企业贡献大的员工自然也就得到很高的回报；反之薪酬回报就较少。在目前，日本的企业雇主越来越多地采用绩效工资制度而不再将工资与职位相挂钩，希望以此来增强企业的综合竞争力。

美日薪酬战略的相似与不同如表 12-1 所示。

表 12-1 美日薪酬战略的相似与不同

对比内容	日 本	美 国
薪酬目标	长期目标 高忠诚度 平等主义——内部公平性 灵活的劳动力	中短期目标 高忠诚度 绩效——市场——实力 灵活的劳动力 成本控制 随绩效变化
内部一致性	以人为基础：年龄、能力、绩效决定基本工资 很多层级 较小的工资差异	以工作为基础：职位、技能、责任 较少的层级 更大的工资差异
外部竞争性	监控年龄与工资矩阵 与竞争对手保持一致	取决于市场 在可变工资和绩效工资上竞争
员工贡献	只有组织的较高层级奖金 绩效评价影响晋升和较小比例的工资增长	奖金在总薪酬中所占比例日益增大 将仅基于个人、团队和公司的绩效的增长而增长
优点	支持组织忠诚度和工作保障 对于公司和员工而言具有更高的可预测性 灵活性——以人为基础	支持绩效——关注竞争对手 成本随绩效而变化 关注短期结果（快速适应市场）
缺点	老龄化劳动力的高额成本 打击独立贡献者的积极性 打击女性和较年轻员工的积极性	充满疑虑的员工，缺乏工作保障 对长期项目的投资缺乏回报

（三）国际化薪酬管理的主要问题——一致性与差异性

1. 制度、模式的差异性

世上不存在放之四海皆准的薪酬制度，适合自己的才是最好的。乔治·T. 米尔科维奇

（George T. Milkovich）和詹妮弗·史蒂文斯（Jennifer Stevens）发表的《从工资到报酬——变化的一百年》一文中总结了美国100年来薪酬变革的理论历史，得出了十条经验和十条教训，并总结出对未来薪酬决定产生影响的四个方面：第一是最终寻求适合组合的薪酬战略，不同组织的薪酬制度是不同的，即使在同一个组织内，现在的薪酬也不同于它过去和未来的薪酬制度；第二是洞悉环境的变化，提高对环境变化的洞察力，有助于薪酬制度所需的变革；第三是支持、鼓励注重实效的试验，反复的试验推动薪酬制度的变革；第四是持续地学习有关薪酬知识。

在国际薪酬方面，必须了解，在任何国家和地区，企业的管理实践都是千差万别的。一个国家或地区的社会、文化、经济条件形成了鲜明的社会和雇佣关系。不要企图假设在一个国家里面存在一致性。不同文化下的不同社会契约决定了薪酬体系的不同。同一国家不同行业之间薪酬体系也存在着差别。所以，独特性与差异性无处不在。

2. 原理、机制的一致性

一体化的工作环境将会要求一体化的薪酬机制。由于经济全球化的影响，各国经济的联系日益密切，一个公司内部可能有许多国籍的员工共同工作，互联网的发展使公司能够在世界范围内招聘员工。全球范围内的人才市场一旦形成，薪酬制度会向一体化发展，要求企业家在全球的基础上设立经营目标，加快向国外拓展业务的节奏，并设立国际化的薪酬机制。

（四）跨国公司的薪酬管理——战略市场理念

现有的对全球化公司的薪酬体系的研究发现，一般存在三类总体薪酬战略：本土化战略、母国导向战略、全球化战略。这些薪酬战略方法反映了公司的总体经营战略。

1. 本土化战略

如果一个企业的经营战略是通过满足本地消费者特殊需求的产品和服务来寻求竞争优势，那么它就可以实施本土化的薪酬管理战略。本土化战略意味着同一家企业在不同地区设立的分支机构将会有不同的薪酬体系，正如一家公司的经营者所说，"我们试图成为我们所在的每个国家的良好公民，我们的薪酬体系也应该如此。"

2. 母国导向战略

母国导向战略与本土化战略相反，奉行这种战略的企业会将总部的薪酬体系推广到全球所有的经营机构，这一做法的优点是只需要有一套根本的薪酬体系（具体到不同国家也许会因为法律法规而作出适当调整）就可以对下属不同经营机构的经理人和员工进行薪酬管理而无须专门另行改变对他们的总体薪酬；同时，母国导向的薪酬战略也有利于传达公司的总体经营目标，使来自公司总部的计划能够在全球范围内得到经理人的理解和执行。

3. 全球化战略

全球化战略与母国导向战略有些类似，全球化者试图寻求一种可以部分地作为"黏合剂"的通用薪酬体系，以支持全球经营机构的一致性，但与母国导向战略不同的是，全球化战略更看重总部与分支机构的沟通与共享，以此为基础制定薪酬体系，而非自上而下单向地输出总部的总体薪酬设计。

这三种薪酬战略方法的要义不在于将国家薪酬体系作为全球化薪酬的关键,而是首先关注企业的国际化经营战略,然后将薪酬体系与当地的具体条件相匹配,以此获得更好的激励效果。面对经济全球化浪潮,企业需要对薪酬管理战略的国际化与地方化倾向进行平衡,当前一种流行的观点是"全球化思考,地方化执行",因为随着组织的扩大,业务不断发展到多个国家,企业的经营管理日渐复杂,有些业务国际化经营,有些业务地方化和区域化经营,这就需要企业对各个地方的劳动力市场、购买力、薪酬水平、法律规定、政府政策和文化等因素进行考虑,依据当地情况采取相应的策略。以劳动力为例,劳动力丰富的国家和地区,平均薪酬较低,如印度、东南亚国家;而劳动力短缺的国家,平均薪酬则较高,如德国、英国等。同时,一个国家的货币购买力也会影响对劳动力的支付水平。由于不同国家的购买力不同,企业应根据各地实际情况确定当地的薪酬战略。

第二节 外派人员的薪酬管理

一、外派员工概述

(一)外派员工的定义

当特定企业开始进行跨国经营时,一般都会选择向目标市场外派员工,由他们负责产品的销售、服务的提供、新市场的开拓以及与他国企业之间的合作。外派员工通常是指那些因为短期使命而被派至国外工作的员工,他们的任期可能会持续1~5年,典型情况下是2~3年。针对这一特殊群体,不同企业通常会制定出不同的人力资源管理政策,以便他们能够更努力地完成企业赋予的使命。

在不同的文化环境下,企业对外派员工的理解是不一样的。对于大多数欧洲、日本企业而言,国内市场份额在企业的总销售额中所占比例甚小,因此,企业将员工派驻到国外自然也就被本土员工视作职业生涯的一种常态,在很多情况下甚至会成为一种相当有趣的挑战以及获得晋升的必备条件。对于产品的国内销售占较大份额的其他一些国家(如美国、加拿大以及中国)的企业而言,国内市场才是最重要的市场,员工们会把离开本土工作理解成远离企业经营的主流,去为企业进行一种新的尝试,而尝试的结果是成功还是失败,似乎并不那么重要。在这样的企业里,外派任务通常会交付给那些具有一定冒险精神、对目标国家比较了解(比如掌握目标国家的官方语言等)或者已经有一定外派经验的个别员工。

(二)外派员工的构成

当企业决定走向世界的时候,它在人力资源管理方面所面临的最大挑战就在于,挑选那些适合被派往国外的工作人员,并对其进行有效的薪酬支付。这一点对于那些刚刚开始走向国际市场,但力图发展成为国际性企业,并逐渐赢得和保持在世界市场上的竞争地位的企业来说,是十分重要的。

从外派员工的来源来看，外派员工可以由两部分构成：一是母国外派员工，二是第三国外派员工。母国外派员工是指由本国直接派往目标国家工作的员工，又可以称为国外服务员工、国际员工等。第三国外派员工则是指因为工作需要，暂时为其他国家的企业在第三国工作的员工。当一名德国人被某日本企业雇用并且被暂时派往美国工作时，他就成为一名第三国外派员工。我们主要对母国外派员工的有关特征及其薪酬管理进行阐述。

从企业逐步实现国际化的阶段历程入手，可以发现，企业外派员工的政策也会发生相应的变化。在企业涉足国际市场的最初阶段，往往只有一两名员工符合企业的外派要求，企业很难有足够的精力去顾及外派员工对陌生文化的适应能力、个人语言的流利程度等问题。因此，原本在国内绩效十分优异的员工在被外派到国外之后却无法胜任工作的现象很常见。此后，随着企业在外派员工方面的经验逐渐增加、竞争环境的日益变化、企业经营理念的日趋成熟，外派员工的类型、外派员工的意图和理念、外派员工的绩效等方面都会发生一定变化，具体情况如表 12-2 所示。

表 12-2　企业国际化的不同阶段及相应的员工外派政策

不同阶段	外派员工类型	外派员工的理念
起步阶段	皆为母国外派员工	完成工作任务
国际事业部阶段	大多数为母国外派员工，部分为第三国外派员工	即兴发挥
跨国经营的初始阶段	母国外派员工逐渐为第三国外派员工和东道国员工所取代	职业生涯设计和薪酬支付相结合
跨国经营的成熟阶段	更多地使用较为有利于成本节约的外派员工	国内、国外均面临更大的职业风险
全球化公司	立足全球网罗人才，不关心国籍问题	良好的职业生涯规划和归国计划

二、外派员工薪酬计划的特性

（一）竞争性

企业面向外派员工的薪酬计划相比在本土工作需要有独特的薪酬优势，以此来吸引和留住员工在外派地点专注工作。除了公司内部的薪酬竞争力以外，还需考虑到地区和行业薪酬情况，在这一方面应多加考虑，防止外派员工因薪酬原因而流失。

（二）低成本

在制订外派员工的薪酬计划时，企业应控制薪酬成本，注意甄别必需消费与奢侈消费、公务消费与私人消费等的差异，在给予员工足够报酬这一基础上尽量削减非必要薪酬开支，从而使薪酬成本保持在合理的区间内、不对企业造成负担。

（三）激励性

针对外派员工的薪酬计划需要具有很强的激励性，调动外派员工的工作热情，使其能力资源最大化。有效的激励需要高薪与科学性相结合，而不是单单靠较高的薪水去激励外派员工，考虑到外派员工在职业发展、家庭生活和人生规划等各方面的顾虑，通过总体薪酬去设法解决这些问题，往往能起到胜于高薪的激励效果。

（四）公平且易于理解

薪酬公平是建立在外派员工的岗位、级别、能力一致的基础之上的，同时基于发展过程考虑，因为外派员工在企业的发展是具有过程性、延续性的，所以他的薪酬也应随着时间的积淀而持续增长。另外，应保证薪酬设计是易于被外派员工理解和接受的，因此需要有合理的考量依据和制定标准，并允许员工在制定过程中发表意见。

三、外派员工薪酬设计的影响因素

外派员工的薪酬设计之所以复杂，主要是对他们制订薪酬方案时需要考虑以下关键问题：①在不同国家同一个工作的总薪酬和净薪酬的水平；②名义薪酬的购买力；③母国和东道国的汇率对薪酬水平的影响；④对于需要经常变动外派地点的员工，如何制定变动补贴；⑤外派活动对外派人员的家庭生活或社交生活的影响；⑥如何提升员工去他们不喜欢的地方工作的兴趣；⑦社会保障不稳定时如何发放薪酬，如跨国的养老金和医疗保障，应当如何办理与发放；⑧是否为外派人员提供特别服务，如子女教育、定期探亲等。

考虑到这些问题，企业提供的方案通常要包括：提供出国工作的激励，使之能够保持与本国内基本相同的生活水平，能够方便地回国，提供子女教育，能够维持与家庭、朋友和同事的关系。

为补偿上述因素的影响，跨国公司支付外派员工薪酬时，应当给予员工一定补贴以应对可能来自商品和服务、住房和教育等方面的成本。

（1）商品和服务。在东道国购买类似的商品和服务的成本要高于母国时，很多企业会选择在某个特定的时期发放补贴，支付标准依据外部咨询机构与企业自主调研得来的资料制定。

（2）住房。住房受到两个方面的影响：一方面是在东道国的住房费用，另一方面是在母国的住房费用。为了避免东道国房地产市场价格下降带来的损失，或者提升房屋到期时的自由性，很多企业提倡外派员工租房而非买房。在外派地，企业要帮助员工寻找住房，或是直接向房东支付房租，或是向员工发放住房补贴。无论采取什么方法，企业的关键问题是应支付员工补贴的数量。大多数企业通常采用房屋成本补贴政策，这一方法比较简单，因为它明显地说明了外派员工与当地员工的区别，但在外派时间很短时，给员工找到合适的住房比较困难。

（3）教育。对于有小孩的外派员工来说，外派不是件好事情。如果外派国家的语言不同于母国，员工的子女上学就会出现问题。许多外派人员希望将子女送到当地有母国语言的学校去上学，这类学校通常收费昂贵，需要企业来提供相关费用。因此，如果企业指派有子女的员工驻外，就需要承担相应的教育成本。

第三节 国际化与我国的薪酬管理

一、国际化给我国薪酬管理带来的机遇

（一）国际化给我国带来薪酬管理理念与制度的变革

随着薪酬管理的国际化，我国薪酬制度设计从过去追求大一统向多样化、弹性化、个

性化发展，从过去注重生产性员工向更加重视科研开发人员、市场销售人员、管理人员特别是高层管理人员的薪酬设计发展。薪酬战略从过去平均主义的简单支付向与环境、企业战略目标相适应并通过吸引、维系和激励优秀人才来赢得并保持企业竞争优势为目标转变，薪酬管理从过去的身份工资管理向岗位薪酬、绩效薪酬、能力薪酬和市场薪酬转变，员工的薪酬管理理念从过去的领工资向挣工资转变。目前，全面薪酬、自助式薪酬、薪酬组合等市场经济发达国家热衷讨论的薪酬理念和管理模式也开始传入我国。在未来，这些必将在我国企业的薪酬管理实践中更多地体现出来。

（二）国际化给我国带来薪酬管理技术的创新

1. 职位薪酬制度的竞相采用

在过去的 100 多年里，西方企业的薪酬管理经历了从刚性到柔性的变化发展过程。其中，以职位和工作价值评价为基础的职位薪酬体系，逐渐占据主导地位。这种操作性强的薪酬模式对企业业绩的提升发挥了巨大作用。与这些严格的规范化制度相配套的基础性工作，是它们今天之所以能够实施柔性管理的条件，是管理中不可逾越的阶段。而我国企业的现实是，这方面的基础性工作相当薄弱。在进行各项薪酬制度变革时，要特别注意弥补这一阶段的缺陷，先为今后的发展打好基础。

2. 绩效薪酬体系的不断创新

西方比较流行的绩效薪酬体系是把绩效作为支付薪酬的依据，这种薪酬体系又称产出型薪酬体系。以绩效为基础的薪酬制度起源于工业化以前，我国过去实行的奖金和计件工资制均属于绩效薪酬，但因设计上的问题和考核机制不健全而丧失了应有的激励功能。20 世纪 90 年代后期，我国的绩效薪酬日益完善，引入可变薪酬的理念，提高了可变薪酬的比重，并加强了绩效管理与企业薪酬战略的联系，特别是企业经营者年薪制、股票期权、利润分享、收益分享、员工持股计划等成为热点问题，事业单位的绩效工资也远远超过固定工资的比重，并探索出灵活多样的适合自身发展战略的各种形式。

3. 基于知识、技能和能力薪酬制度的探索

技能薪酬体系被认为是发达国家目前发展最快的新型薪酬体系，以往的薪酬体系一般是以职务或工作的价值来确定报酬量，工作的产出是其关注点，而技能薪酬更关注投入量，即以员工为完成岗位工作所投入的知识、技能和能力作为确定薪酬的依据。

4. 市场化薪酬制度的兴起

在薪酬设计中，不仅基于职位的薪酬制度和基于知识、技能和能力的薪酬制度的设计要参照市场薪酬水平，强化劳动力市场竞争要素，甚至国际上一些企业也直接依据市场定位来设计企业薪酬等级和薪酬水平。

20 世纪 90 年代以来，随着我国劳动人事制度的不断深化、劳动力市场的逐步形成以及多种所有制经济的快速发展，我国企业劳动关系发生了深刻的变革，由职工与国家的隶属关系变为员工与企业的劳动契约关系，传统的结构工资和岗位技能工资脱离市场价位，关键岗位上的优秀人才的工资远低于市场薪酬,而一般员工的薪酬水平往往高于市场薪酬,结果导致企业形成干多干少一个样的"大锅饭"怪圈。因此,为了吸引、稳定和留住优秀人才,一些企业除了在设计薪酬制度时广泛开展市场调查外,还纷纷实行基于市场价位的薪酬制度,包括协议工资、谈判工资和集体协商工资等。

二、国际化背景下中国薪酬管理面临的挑战

(一)本土企业传统薪酬管理竞争力不足

中国本土企业的人才流失现象一直十分严重。人才流失最主要的渠道是学生和科研人员出国留学,此外还突出表现在国有企业人才流向外资企业、合资企业。随着中国加入世界贸易组织(WTO),中国和发达国家的人才竞争面临更激烈的局面。

人才流失的主要原因是本土企业薪酬水平偏低。目前中国大多数国有企业对企业管理者实行以年薪制为主的报酬制度,其特点是低工资、低奖金,部分上市的国有企业实施了管理层持股的激励方案,但激励效果并不显著。同时,目前主要的分类方式是等级分类而非职位分类,人们的工资是身份工资而非职位工资;薪酬以资历而非能力和绩效为导向,由此导致了薪酬结构问题突出,企业员工所拿的工资无法体现他对企业的贡献和价值,这类薪酬制度不是建立在内部公平性和外部竞争力的基础上,大都难称得上合理。

(二)中国境外企业的薪酬管理危机

中国境外企业的薪酬管理危机主要体现在以下方面:第一,在外企业经理的薪酬激励水平较低,激励的手段和方式比较单一。第二,在激励的方式上,基本也是以工资、奖金、补贴为主要内容的短期激励,缺少以企业绩效提高和企业发展为目的的中长期激励手段。第三,薪酬管理"过弱"和"过严"的两种极端同时存在,造成了经营管理的失败。

本章提要

经济全球化下的一系列国际化趋势以及全球工作环境的差异,促进了薪酬管理的国际化。国际化薪酬管理以一致性与差异性为理论基础,以成本比较为前提,在各国产生了不同的薪酬管理体系。跨国公司通过不同的战略市场理念进行薪酬管理,以获得更好的激励效果。

企业针对外派员工薪酬计划的竞争性、低成本、激励性、公平且易于理解等特性,在充分考量影响因素与外派成本的前提下,使用平衡表法等方法制订外派员工薪酬计划。

国际化的薪酬管理给中国薪酬管理带来了机遇与挑战。它促进了中国薪酬管理的理念与制度变革,以及管理技术的创新。但由于本土的传统薪酬管理竞争力不足,境外企业薪酬管理不完善,我们仍需推进薪酬管理制度的市场化、规范化、国际化,转变薪酬管理理念。

思考题

1. 在一个全球化企业中,不同类型的员工应该采用不同的薪酬水平策略。对支持性员工,应该采用(　　);对核心技能员工,应该采用(　　);对于刀刃式员工,应该采用(　　)。
    A. 中等薪酬水平　中等偏上薪酬水平　高等薪酬水平
    B. 中等薪酬水平　高等薪酬水平　中等偏上薪酬水平
    C. 中等偏上薪酬水平　高等薪酬水平　中等薪酬水平
    D. 高等薪酬水平　中等偏上薪酬水平　中等薪酬水平

2. 在薪酬的内部公平性和外部公平性的平衡上,就美国和日本而言,美国更加注重(　　),日本更加注重(　　);在短期激励和长期激励方面,美国更注重(　　),日本更注重(　　)。
    A. 外部公平性　内部公平性　短期　长期
    B. 内部公平性　外部公平性　长期　短期
    C. 外部公平性　内部公平性　长期　短期
    D. 内部公平型　外部公平型　短期　长期

3. 外派人员的外派成本主要包括(　　)。
    ①商品和服务;②住房;③个人所得税;④教育;⑤汇率
    A. ①②③⑤
    B. ①②③④
    C. ①②④⑤
    D. ②③④⑤

答案解析　扫描此码

4. 试结合熟悉的企业案例论述如何确定外派人员的薪酬。

案例与讨论

卡波特外派人员薪酬问题

卡波特公司是一家国际化的大型企业,在许多国家和地区都有业务往来。公司派人去海外工作是出于两个目的:一是解决海外子公司在发展初期缺乏领导的问题。虽然公司认为海外公司应由当地管理人员负责经营,但由公司派人去工作是解决短期无合适当地人选问题的最佳方法,一旦当地经理可以担负起责任,派出人员的任务即告完成,这个过渡期一般为2~5年。二是锻炼公司管理人员。许多经理认为去海外工作一段时间是丰富自己和熟悉卡波特公司的最佳方式。因此,派出人员都是自愿的,当然,人员派出要由管理部门决定。决策作出以后,人力资源经理理查兹就要制订出外派经理人员的薪酬计划。不幸的是,理查兹最近饱受外派员工各类问题的困扰。

(1) 激励。李普曼是技术服务经理,他认为应该通过物质激励诱使员工接受去海外工作的委派。李普曼曾从波士顿被调往得克萨斯州工作,他对此并不感到高兴,因为除了搬迁外,他还要:①卖掉房子;②在新地方找房子;③搬运东西;④为两个孩子转学。他认

第十二章　国际化薪酬制度设计

为，在国内流动都感到缺乏动力，去海外工作的人就更是如此。

（2）生活费用。哈里森在得克萨斯州一家子公司任经理，那里的生活费用很低。因工作需要，他搬到波士顿，而那里的生活费用很高。他认为，一个人去海外工作，应保证让他在生活条件方面保持不变，而公司在这方面做得是不够的。

（3）住房。格林伍德在海外工作了2年，年薪从20 000美元升到25 000美元，他每年房租仍是5 200美元。原来，公司付其中的1 650美元，格林伍德只付3 550美元，而增加年薪后，他需支付4 113美元，而公司只付1 087美元。他认为这种做法不合理，因为如果在国内，并不会因增加年薪而增加租金支付。

（4）贬值。阿根廷货币大幅度贬值时，威廉在那里待了18个月。当比索与美元的比率由4∶1变成10∶1时，他的房租一下子变为原来的2.5倍。他处境困难，希望公司帮助他摆脱困境。

（5）收入平衡。公司考虑到哈波在国际贸易法领域颇有造诣，决定让他去西班牙工作。但哈波在国内不仅在卡波特公司领取薪金，而且通过投资还有一笔可观的收入。由于公司不对公司收入以外的收入进行补偿，因而，哈波如果去西班牙工作，势必损失严重。出于这种考虑，他拒绝了公司的指派。

（6）纳税平衡。赖鲁最近到英国工作。那里税率高于美国，虽然他的收入由公司补偿，但妻子的损失却无处补偿。这种情况已严重影响了赖鲁一家人的生活。因此，他认为公司应为此给予补助。

（7）教育。汀斯利的女儿刚刚在州立大学读完一年级，因为她父母去巴黎工作，她需支付的学费将由本州学生标准变成外州学生的标准。汀斯利当然不希望因此而增加这笔开支，而要求公司补偿两者的差额。

由于来自这些雇员的压力，理查兹必须提出一个更为全面的计划，以解决这些人提出的问题。但是，与此同时，他也意识到，他的做法不应使公司因此而陷入困境（指因支出太多而引起的）。因此，解决的办法必须与总体政策保持完全一致。试问：理查兹应如何提出修订意见？

资料来源：诺伊，霍伦贝克，格哈特，等. 人力资源管理：赢得竞争优势[M]. 刘昕，译. 5版. 北京：中国人民大学出版社，2005.

案例思考题：
1. 公司派出人员所提出的问题哪些该由公司负责，哪些不该由公司负责？
2. 理查兹提出的外派人员薪酬的原则应该是什么？
3. 有无必要对派出人员按派出时间长短、岗位、责任等进行分类？

第十三章 奖金制度设计与管理

本章学习目标

通过本章的学习,希望你能够:
- 了解奖金的定义和构成
- 熟悉不同种类奖金的特征及其作用
- 掌握奖金的设计和管理方法
- 了解奖金管理的相关理论

引言

奖励的重要性

奖励是对员工工作的认可。美国管理学家米契尔·拉伯福(Michael LeBoeuf)提出世界上最伟大的管理原则就是:人们会去做受到奖励的事情。而且对企业来说,你越奖励的行为,你得到的就会越多。这是因为企业奖励什么,员工就会重视什么,进而继续保持企业期望的行为和绩效。

第一节 奖金概述

一、奖金的定义

"奖金"已经被广泛应用于企业人力资源管理实践中,这个在日常生活中大家都很熟悉的词语,在薪酬理论的研究层面却有着并不统一的界定。通过总结目前国内外权威的薪酬教材及相关专著,理论界对"奖金"含义的界定可以分为以下三种思路。

(1)强调薪酬与绩效挂钩(pay linked to performance)产生的可变性和激励性,以整个绩效工资体系(pay for performance)体现"奖金"的全部含义。如美国的薪酬专家米尔科维奇和杰里·M. 纽曼(Jerry M.Newman)所编著的《薪酬管理》(第六版)一书就是以这样的思路来编排"奖金"的全部内容的,在这种编排下绩效工资计划与激励计划共同属于"奖金"的范畴。

(2)基于薪酬与绩效挂钩产生的可变性和激励性,但将绩效工资纳入基本工资范畴,而以激励工资计划作为"奖金"的主要含义。如约瑟夫·J. 马尔托奇奥（Joseph J. Martocchio）所著的《战略薪酬：人力资源管理办法》及加里·德斯勒（Gary Dessler）所著的《人力资源管理》等，在编排"奖金"的内容时就体现了这样的思路。

（3）不仅将"奖金"的激励性体现在薪酬与绩效挂钩上，还进一步认为薪酬可以通过与能力、技术、知识等因素挂钩来体现激励性。

在这些并不完全统一的内容结构安排下，一些专用于表示"奖金"意义的术语也有着不同的层次含义，如"奖金"可以是绩效工资体系下的绩效工资与激励工资的总和，也可以单指激励工资；此外，从"奖金"的可变性上它也可以被界定为可变薪酬；从它的激励性和风险性上又有激励计划、风险工资（risk pay）的说法。如此种种，不一而足。

尽管在概念表述上看起来是有着种种差异，但"奖金"所包含的基本内容是比较明确的，通过多年对薪酬管理理论和实践的研究，并借鉴国内外学者的观点，本书从以下三个角度定义奖金。

第一，奖金是报酬的一种，是组织给予员工的超过标准绩效的支付。任何奖励计划都是超过标准绩效的支付。

第二，奖金数额依据员工超过标准绩效的多少而支付，因此，奖金是一种可变动收入，这是定义的核心。

第三，企业和员工的交易分两次进行：第一次为基本工资，依据岗位价值和员工静态能力而定；第二次是员工完成绩效之后再进行支付，即奖金。

因此，奖金是为了奖励那些已经（超标）实现某些绩效标准的完成者，或为了激励追求者去完成某些预定的绩效目标而在基本工资的基础上支付的可变的、具有激励性的报酬。简单地说，奖金就是为了激励完成者和激励追求者所支付的报酬，其支付依据主要是绩效标准。

二、奖金的内容结构

薪酬与绩效挂钩的分配理念强调了薪酬与绩效的直接达成状况及与绩效目标的联系性，在具体的薪酬管理实践中，它经历了多种形式的发展：如最初的绩效加薪，一次性奖金（或者称绩效奖金），个人（关键有功人员）特别奖励，针对个人、团队、组织的激励计划，按时期进行划分的长、短期激励计划，对特殊员工的激励计划等。而这些形式就构成了奖金的内容结构，具体内容如表13-1所示。

三、奖金的特征

首先，奖金具有变动性。奖金是灵活的，奖金的多少与员工的付出或贡献成正比：付出的越多，越有可能得到越多的奖金；反之，奖金越少。所有的奖金都是额外的报酬，严格意义上说，是超出标准绩效的报酬。

其次，奖金具有高绩效标准性。在我国的很多国有企业中，奖金都是对基本薪酬的补充，实践中更多的时候是以基本薪酬的方式支付的。因此，要特别注意区分奖金和绩效加

表 13-1 货币化奖金的具体结构

奖　　金	
奖金的可变性和激励性基于按绩效付酬的发展要求	
对超标准绩效达成的奖励： 绩效工资计划	对绩效目标的激励： 激励工资计划
绩效加薪 一次性奖金 个人特别绩效奖	个人激励计划（individual incentive plans） 团队激励计划（group incentive plans） 组织激励计划（organizational incentive plans）
针对一些特殊人员的奖励计划	
• 公司董事的奖励报酬 • 高层经理人员的奖励报酬 • 技术研发人员的奖励报酬 • 销售人员的奖励报酬	
从时期的角度	
• 短期奖励计划 • 长期奖励计划	

薪的概念。所谓绩效加薪，就是以基本工资为基础的变动部分，通常是以绩效为基础来支付。基本薪酬的一大弱项就是过于僵化，灵活性不足。从美国的经验来看，有两种方法可以使基本薪酬变得灵活，分别是绩效加薪和宽带薪酬。

最后，奖金具有激励性，这一点将在下文详细论述。

四、奖金的作用

第一，支付奖金由于员工的绩效具有不确定性。员工的实际绩效和理想绩效是脱节的。员工的理想绩效和实际绩效之间的不一致是常态，这种情况下，如果报酬全部是固定的话，就会在管理上产生困难：当员工的实际绩效高于理想绩效的时候，多出的部分得不到表彰，员工久而久之就不愿意努力工作了。因此，当绩效不确定的时候，如果没有与之对应的变动收入，报酬制度就很难有效运转。

第二，奖金可以直接强化激励作用。激励理论探索的是激励和人的绩效的关系，即要不要给予员工激励、给了激励之后绩效会有什么改变。不管是哪种激励理论，其基本的理论都是人在有效激励的情况下才会有有效工作。薪酬的一个重要目标是激励。从这个角度来说，奖金便成为具有良好激励效果的薪酬支付形式。

第三，奖金可以帮助企业适应外部变动形势的需要。企业面临的形势在不断变化，只有作出反应和迅速调整的企业才能生存下去。彼得·德鲁克（Peter Drucker）曾说，企业唯一不变的就是变化本身。企业要经常变化，但如果制度不灵活，就无法对外部环境作出反应。例如，在企业遭遇市场低迷的时期，打开局面的行之有效的办法之一就是降低产品价格以增加产销量，因此需要降低成本；而成本部分可以分为人工成本和与人工无关的物质成本。物质成本经常可以降低，但人工成本（特别是固定报酬方面）则很难降低。如果一个企业薪酬过于固定，对外部的反应能力就必然会大大下降。薪酬里面反应最快的部分就是奖金。奖金使企业的薪酬结构变得非常灵活。

第四，奖金可以帮助企业降低成本。一般而言，奖金的投入产出可能比固定薪酬的投入产出比要高。同样是工资中的一元钱，放在基本薪酬中对员工的激励作用较小，员工只会为企业贡献较少的产出；而如果将其放在奖金部分，那么将起到较大的激励作用，带来更高的绩效。

第五，奖金可以帮助企业控制风险。投资决策的最大问题就是风险控制。人力资源的使用本身同样具有风险，包含道德风险、能力风险和薪酬风险。道德风险可以用一系列量表进行测量；能力风险可以用一系列测评方法对其能力进行正确的评价来降低；而对于薪酬风险，奖金就成为控制其的一个方法。奖金的比例越高，就越利于企业控制薪酬风险。即便招聘时对于员工的能力没有做到正确评估也没关系，企业可以根据其实际绩效付酬，这个风险就大大减少了。从对员工的能力付酬的角度来讲，基本薪酬是预付薪酬，奖金就是实物交易，根据员工的绩效表现支付。

第六，奖金可以诱导员工完成经济目标。薪酬体系具有让员工满意、留住核心员工和达到经营目标三个目标。前两个目标主要依靠基本薪酬实现，而奖励计划更有利于帮助企业达到经营目标。所有的奖励计划（如收益分享计划等）都与企业、部门和个人的目标紧密联系。

第二节 奖金的类型

一、针对已完成绩效的奖励计划

（一）一次性奖金

一次性奖金是一种没有累加性的绩效加薪方式，是对传统绩效加薪的一种改进。由于原来的每一次绩效加薪都是要增加工资基数的，所以工作资历长（经历了多次加薪）的员工工资基数会比较大，新进入者就难以较快地获得相当的工资水平；此外，那些已获得很高工资积累的员工可能目前的绩效并不是令人满意的。

（二）个人特别绩效奖

个人特别绩效奖是一种针对个人特别突出的优质业绩进行奖励的方式，也类似于"个人突出贡献奖"等奖项，其最突出的特点在于这样的奖励具有极强的针对性和灵活性，往往可以通过这种奖项来突破一些基本奖励制度在支付额度、支付周期及支付对象上的局限。它的机制比较简单，即谁干出特别突出的业绩就特别奖励谁，而且这种奖励往往是一般奖励所难以一次达到的水平。可以想象到这种专指的奖励对激励获得者本人将会产生很大的作用，不仅如此，试想当其他员工实实在在地看见获奖者的喜悦时会有怎样的感受，他们通常也会为了获得这份惊喜而暗自付出加倍的努力。因此，个人特别绩效奖励往往具有较好的以点带面的激励效果。

二、针对绩效目标的激励计划

无论是一次性奖金还是个人特别绩效奖,都是对已经或超标完成绩效进行的奖励,这样的支付方式也可以统称为绩效工资计划或者绩效奖金计划;为了激励员工更好地实现预先设定好的绩效目标,一些激励计划则作为奖金方式得到了广泛的运用。激励计划的操作原则就是将员工的实际业绩与事先确定的绩效奖金计划进行比较,进而确定其奖金额度,达到绩效目标则给予一定额度的加薪,超标完成奖励额度更大,没有达到绩效标准则没有奖金甚至减薪。激励计划和以上介绍的绩效奖金计划的相同之处在于两者都与绩效直接挂钩,不同之处在于以下几方面。

(1)绩效奖金一般是针对员工过去的、已经完成的绩效水平进行奖励;激励计划则针对预定的绩效目标进行激励。

(2)绩效奖金中的绩效加薪是基于基本工资的,具有累加性;激励计划一般都是一次性付给,不会持续地增加基本工资。

(3)绩效奖金一般情况下关注员工个人的绩效;激励计划更具可变性和灵活性,除了针对个人,它也可以将奖金支付与团队、组织的整体绩效相挂钩,当团队或组织的整体业绩下降时,员工个人的奖金也会减少,从而避免一贯的奖金累加。

(4)绩效奖金一般都是在绩效完成后按其评价等级确定加薪额度;激励计划则往往是在订立绩效目标的同时就预先设定好相关支付额度,员工事先可以知道其支付额。

(一)个人激励计划

个人激励计划是用来激励员工个人为实现其绩效目标而运用的一种奖金支付方式。这就要求在制订激励计划时必须首先考虑一个基本问题:为什么而支付?即绩效标准导向性的明确问题。绩效目标的设定本质上体现了组织对员工的绩效要求和导向,这些标准可以是生产率(产量的或质量的)、客户满意度、安全性或出勤率。如果组织关注员工的工作结果,则绩效标准可以是结果导向的,如果是关注员工的行为,则标准可以侧重于行为导向;对于不同工作种类的员工其绩效目标往往也是不尽相同的,如生产工人和管理人员的绩效目标就会有各自的针对性。在明确指标性质的导向之后,必须考虑到标准的可达性问题。指定的绩效水平标准必须是员工通过其努力可以达到的,如果员工对工作的结果不能进行有力的控制,激励效果往往很难产生。针对激励计划方案进行选择时,个人激励计划又分为很多种类,一般包括针对生产人员的产出激励计划(output incentive plan)、针对一般管理人员的管理激励计划(management incentive plans)、关注员工的行为鼓励计划(behavior encouragement plans)和推荐人奖励计划(recommender award plan)。

1. 产出激励计划

针对生产人员的产出激励计划一般是将员工的生产率作为绩效标准,按产量标准的完成情况支付奖金。在这里,产量(生产率)指标的设定有两种方式:一种是以单位时间内的产量为绩效标准,另一种是以生产单位产量所消耗的时间为绩效标准。

2. 管理激励计划

这里的管理激励计划是针对一般性的部门、职能管理部门人员的个人激励计划，是指当其所管辖的部门（或职能部门）达到或超过预定的有关销售、利润、生产或其他方面的目标时，对经理个人进行奖励的激励方式。管理激励计划与前文所述的计件激励计划最关键的区别在于目标设定的要求不同：计件制的绩效标准往往与具体产出相关，指标简单且具有明确的量化特征；管理激励的指标则往往比较复杂，既包括一些量化的指标也包括一些难以量化但确实可作为衡量部门或团队整体绩效的标准，正因为如此，一些具有广泛涵盖性的指标系统或模型（如前文介绍的平衡计分卡）一般在运用于评价部门或团队的整体绩效的同时，也作为对经理个人的评估系统得以运用，它以较为全面的绩效指标作为对管理人员支付奖励的依据更加具有说服力。

另外，针对一些高层经理人员设立激励计划，往往是采用一些长期、与股权相关的激励计划。

3. 行为鼓励计划

行为鼓励计划是针对员工的某种具体的优良行为进行奖励的方式，一般用于鼓励良好的出勤率或安全记录，这种奖励计划适用于对出勤、作业安全性要求很高的员工，如保安、工程的巡查人员、施工人员、矿山的井下工人等。

4. 推荐人奖励计划

推荐人奖励计划是一种比较特殊的个人奖励计划，它不针对员工的工作绩效，而是对那些为公司成功介绍了新客户或者推荐了合适人才的员工进行奖励。这种特别的奖励计划一般适用于公司急需人才的人力资源吸引期，当雇员为公司的空缺职位成功推荐了合适人员就有获得奖金的机会，只要被推荐来的人工作一段时间后（至少 30 天），其间各方面表现确实符合公司要求，获得了用人单位的认可，则奖金就可以兑现。推荐计划的基本观点认为公司现有的人员比招聘代理机构更熟悉本公司的文化和用人要求，因此可以更有效地为公司推荐合适的人选。

（二）团队激励计划

当人们的工作要求使大家需要更多的协同和合作并以团队形式来完成工作时，对群体的激励就成为大家日益关注的问题。团队激励计划就是用于对员工的集体绩效而不是员工的个人绩效进行奖励的方式，它的激励对象是群体，这种群体可以是一个团队、一个部门、一个公司的分部，甚至扩大到整体公司。总而言之，它所关注的是群体的整体绩效，目的在于通过这样的激励使人们实现其群体绩效目标。

由于激励对象是群体，对群体的激励就必然有着不同于个人激励的特点和要求，因此，在选择团队激励计划时必须考虑到它的应用特性，表 13-2 对这两类激励计划的一些特点进行了比较。

表 13-2　个人与群体激励计划的应用特性比较

特征	应用个人激励计划	应用团队激励计划
绩效指标	存在易于监控的个人绩效指标，工作的完成与他人的绩效关系不是很大	产出是集体协作的结果，个人对集体绩效的贡献较难衡量；指标一般是具有较广的涵盖性（平衡计分卡是一种可用于群体绩效评价的典型的指标体系方式）
绩效标准	绩效标准比较稳定、明确	个人绩效标准会随群体目标的变化而变化
激励导向	关注激发出个人的专长和个人的突出效率，同时保持公平	关注群体目标和绩效，个人贡献指向群体成果，可能会避免平均化
互动程度	基本要求事前搞定	个人的绩效目标和群体目标充分进行沟通、融合和调整

团队激励计划大致有以下四种。

（1）班组或小团队奖励计划。

（2）收益分享计划：斯坎伦计划、拉克计划（Rucker plan）、提高分享计划（improshare/improved productivity through sharing）。

（3）利润分享计划。

（4）风险收益计划。

前三种团队激励计划已在第八章详细阐述，此处对风险收益计划进行简要介绍。

因为奖金支付是可变的，所有的激励计划都具有一定的风险性。以上介绍的激励计划都是从分享成功的角度来设计分配方案的，而风险收益计划则是从共同分担风险的角度来激励员工。分享成功的计划一般都是在保持员工基本工资上进行变化安排，向员工传递这样一种信息：当公司业绩不好时，员工不能拿到全额的工资，一般拿 80%；但通过大家的努力，公司业绩好起来的时候，员工则可以拿到原来工资的 140%。因此，风险收益计划实质上是将公司的风险部分地转移到了员工的身上，它能够在一定程度上促使员工具有企业合伙人的性质，不仅共享成功而且要共担风险，强调了相互的合作、交流和参与。

几种比较流行的团队激励计划方案的优缺点如表 13-3 所示。

表 13-3　团队激励计划方案的优缺点

优点：
- 对组织和个人绩效每年产生 5~10 个百分点的积极影响；
- 比个人计划更易于进行绩效评价；
- 在组织内部和组织之间，合作是一种值得提倡的行为方式；
- 团队工作越来越获得员工的支持；
- 在一定程度上能激发员工对决策的积极参与

缺点：
- 雇员个人难以发现自己的绩效是如何确切地与其报酬挂钩的；
- 也许会增加贡献较大人员的流动，他们可能会因为与低绩效人员分享了成果而挫伤自己的积极性；
- 薪酬的可变性提高了风险性，可能会使喜欢稳定的员工感到不安进而流动

（三）组织激励计划

随着组织越发扁平化和无组织时代的到来，组织激励计划与团队激励计划的界限已经越来越模糊。两者的共性在于都是针对员工群体，区别在于组织激励的对象群体更大，一般是组织全员的；而团队激励计划则偏重于组织内部团体和部门的激励等。然而，值得注意的是，团队激励计划其实也可以运用于全员，如上述各种收益分享计划、利润分享计划等，均可以扩展应用于组织层面。

与这些分享计划并列的另一类运用于组织全员的激励计划就是通过向员工提供股票、股权之类以达到激励目的的持股计划。从时期上看，这类计划通常属于以超过 1 年的时间为考核、支付周期的长期激励计划。这类计划所支付的激励方式一般包括股票（stock，代表公司财产价值的凭证）、股份（stock shares，把股本划分成价值相等的等份）和股权（stock options，员工按一定价格购买公司股票的权利），比较流行的一种就是员工持股计划。

1. 员工持股计划

员工持股计划是目前被广泛采用的全员股权激励计划，它的运作方式一般是：公司把一部分股票（或者是可以购买同量股票的现金）交给一个信托委员会（其作用就是为雇员购买一定数额的企业股票），这个数额通常依据雇员的个人账户，在雇员退休或不再工作（已经工作了很长时间，积累了足够多的股票）时发给他们。

员工持股计划的性质是员工退休基金，主要由公司股票构成。因此，美国《国内税收法案》（IRC）规定了执行员工持股计划的公司必须履行股票回购义务。第一个义务就是非上市企业必须为员工持有的股票提供交易。这一点通过售卖选择权来实现。通过售卖选择权，员工可以根据独立的公允市场价格将他们持有的股份卖回给公司。与股票期权相同，员工可以在特定的行权期间行使售卖选择权，通常是分配之后 60 天内。

员工持股计划与其他股份激励计划的共同点之一就是缺乏分散化。为了保护退休员工免受这种风险的干扰，法律规定公司必须为员工持股计划提供现金支持，以便参与者将其账户分散化。

（1）55 岁且具有 10 年工作经验的员工，可以在其 55 岁之后的 5 年内对他们账户的 25%进行分散。

（2）60 岁且具有 10 年工作经验的员工，可以在其 60 岁生日时对其持有的公司股票的 50%进行分散。

这种分配可以一次性完成，也可以通过几年的时间进行分期支付。上市公司可以在股票市场出售已分配的股份，但如前所述，私有控股企业必须在分配后的 60 日内给员工提售卖选择权。如果员工在 60 日的期限内选择不出售股票，那么组织必须在分配日之后的下一年度开始给予员工第二个 60 日的售卖选择权。在第二个 60 日期限后，雇主或者 ESOP 的信托机构就不再有必须从员工手中回购股份的义务了。

私有控股企业可能会限制员工出售从 ESOP 中获得的股票。这种"优先购买权"使雇主可以以现金的方式分配 ESOP 或者强制员工将所获得股票卖回给公司。另外，在员工持股计划中，雇主有权以和任何第三方同等的条件购买公司股票。

实际上，这样的股票计划发挥作用一般需要较长的周期，而且证券市场上的股票价格是不是完全准确地体现着公司实际的绩效水平也是一个受很多因素影响的问题。但 ESOP 的内在目的就在于想通过员工的努力来实现股票价格的上涨，员工和企业都可以在股价上涨的情况下使手中的股票增值。另外，这样的计划可能对促进员工积极参与决策并激发其创造热情有所助益。

2. 股票分享计划

股票分享计划（BBOP）在 20 世纪 90 年代后期受到了广泛的讨论和应用，它是指公司在特定时间内直接给员工授予公司的股票，对员工进行激励。这种给予股票进行奖励的方式被认为能提高员工的组织承诺度和保留优秀员工。

在计划实施中，公司应该可以根据不同的情况确定股票授予的覆盖范围，如星巴克和微软的股票分享计划就是广覆盖地针对所有的员工；科达公司则只在非管理类员工中分享股票，并且是业绩很突出者才能得到。实施中对股票授予的另一个控制方面就是对股票套现时间的安排，考虑到长期激励和短期激励的不同特点，套现期也可以有长期和短期，甚至是立刻可套现的。

第三节　奖金的设计与管理

一、奖金管理的基本问题

奖金管理要着重关注三大基本问题，即奖金支付的目标、奖金支付的数量以及奖金的支付方式。企业只要把握住上述三个方面，就能够把奖金管理和运用好。

（1）奖金支付的目标："凭什么支付奖金"或"奖金从哪里来"的问题。

（2）奖金支付的数量："支付多少奖金"的问题，如企业在确定应发奖金总额时，通常会与企业的实际销售额或利润挂钩，从中抽取一定比例作为奖金；同时，各个部门所获得的奖金数量又与其相对贡献值有关。

（3）奖金的支付方式：目前业界存在多种奖金支付方式，典型的如股票期权、利润分享、收益分享等，企业选择何种奖励方式将会影响对员工的激励效果和企业成本。

（一）奖金支付的目标

企业实行奖金支付的目的是在绩效与薪酬之间建立起一种直接的联系，而这种绩效既可以是员工个人的绩效，也可以是企业中某一业务单位、员工群体、团队甚至整个公司的绩效。由于绩效与薪酬之间的这种直接联系，奖金支付对企业的绩效目标起着非常积极的重要作用。简单地说，奖金支付的目标就是让员工有更高的绩效。

从企业管理者的角度来说，支付奖金就是对员工绩效的认可，就是为了激励员工取得更高的绩效。而奖金支付的核心就是激励哪些方面可以提高绩效。从本质上来说，企业奖金的支付与绩效是相联系的,具体来说,企业奖励的是企业要进行考核的,而企业考核的是能够驱动绩效的。因此,奖金支付的目标问题又可以转化为讨论什么样的因素可以推动员工和企业绩效,即寻找绩效驱动力。

绩效驱动力又可以分为个人层面上的和组织层面的,这个问题将在后面章节详细介绍。

(二)奖金支付的数量

奖金支付的数量可以从绝对量和相对量两个角度考虑。

(1)奖金的绝对量关注的是支付多少奖金能起到最基本的激励作用的问题。这个绝对量也就是所谓的"最低限度有意义的加薪"(just-meaningful pay increase),在马尔托奇奥(Martocchio,2001)看来,这个量取决于人们的生活成本、对待工作的态度和他们对工作回报的期望。同时他也指出,其实并没有一种具体的计算工具或者公式能够精确地计算出这个概念性的数值,它表达的是人们内心的一种心理期望。因此,可以针对"激励"这个概念本身进行一些考量和区分:所谓的"激励"(incentive)其更多的含义指的是制度性的外在诱因,这个外在诱因的作用是调动起被激励者内在的行为动机(motivation),从而促使员工积极、能动地按照企业所需要的行为方式去行事,为企业创造绩效。因此,奖金支付的数量能起到基本激励作用的问题实际上与被激励者内在的动机性问题密切联系起来。

(2)在奖金的相对量上,可以思考奖金的内部比例问题,即考虑奖金额度要占到总报酬(或者固定工资)的比重为多少才能发挥基本的激励性。很多研究从不同的角度提供了一些比例数据,如有的研究认为奖金的数量控制在 20%～50%是合适的;有的认为奖金比重低于 10%就会失去其激励作用;有的更关注底限,认为奖金的比重至少应该占到工资的总额的 3%,这是使奖金支付具有激励性的必要条件。其实,不必花过多的精力去探究出一个绝对标准的比例数字,最适合管理实际要求的比例才是最好的,它们往往都有着具体针对性。必须强调的一点就是,之所以思考这个比例问题,其根本的目的在于使读者明确:通过把握和调整这个比例,可以对奖励的可变动性(variable)、风险性(risk)及由其所引致的激励性进行把握和调整,尤其是可以和由固定报酬引致的稳定性进行权衡。

此外,很多因素对这个比例安排会产生影响。

一是奖金的内部构成问题,例如,公司所处的行业特点、面对的市场环境以及公司自身的成长阶段等,在具体设计这个比例的时候对这些因素都要有所考虑。下面以公司的成长阶段为线索来分析一下这个比例的安排和调整问题。企业的生命周期理论以企业生命曲线描述了企业的成长阶段,针对不同阶段的特点,可以大致把握各个阶段企业的薪酬结构安排的主要特征和基本的设计原则。

二是奖金的外部比较问题,即相对于企业的外部竞争者所支付的奖金水平来分析和确定自身的奖励水平在行业中所处的位置,是选择领先(lead)、跟随(follow)还是滞后(lag)?是基于行业的平均奖金水平进行比较,还是以行业"领头羊"企业的支付水平为标杆?目前大多的薪酬调查把主要的注意力集中在基本工资的比较分析上,相对忽视了对奖金的比较问题。这在很大程度上可能是由于奖金本身的可变性和设计的具体性使外部比较变得复杂而具有难度，但如果对外部的奖酬水平或其比例构成情况有所把握的话，这个信息对帮助企业优化其薪酬结构必然是有意义的。

总之，可以从两个角度来关注奖金支付的相对量安排问题：一是奖金的内部构成分析，二是奖金的外部比较分析。前者是通过分析奖金在总报酬中所占的比重来对企业实际需要的激励性和稳定性进行权衡与优化，这个分析可以基于企业内部的历史数据或者长期运用的某种回归模型来进行；后者则更多地关注企业所处的外部行业环境，使企业从外部竞争的视角来考量自身的奖金支付水平，尤其在企业缺少历史数据积累的情况下，外部信息有着较强的参照作用。

（三）奖金的支付方式

奖金的支付方式分为以下四种不同的维度。

第一，时间维度。根据时间维度，奖金的支付方式可以分为短期奖励和中长期奖励两类。短期奖励计划的周期一般为1年以下，如年终奖和季度奖等。而中长期奖励计划一般是1年以上，如股票期权、中高层任期奖励计划等。短期奖励的作用在于时效性，中长期奖励的作用是使员工为企业的长期目标而努力。中高层，特别是高层奖励计划是中长期的，因为企业的成功依赖于中高层长期、持续的努力，所以倾向于用中长期的奖励计划来留住核心员工。

第二，支付对象大小维度。根据此维度，奖金可以分为个人奖励计划、团队奖励计划和组织整体奖励计划三类。在个人奖励计划中，每个人的奖金取决于个人的绩效，与组织与团队无关，这种奖励方式对个人的激励作用是最直接的。团队奖励计划的支付依据是团队的整体绩效而不是个人的绩效，个人所能获得的奖金数量取决于团队绩效，与个人的绩效不直接相关，因而这种奖励计划实质上能够鼓励团队成员的相互合作。在组织整体奖励计划中，个人的奖金取决于企业的整体绩效，而非个人或团队的绩效。组织整体奖励计划对个人的绩效激励不直接，但其存在的理由是团队的绩效比个人的绩效之和加起来要高。因此，在制订奖励计划的时候，要充分考虑行业特征与企业内部的经营状况。

第三，奖金的来源维度。根据奖金来源，奖励计划可以分为物质奖励计划与精神奖励计划。物质奖励计划是指奖金来源是货币或其他物质性的奖励，典型的如利润分享计划和收益分享计划；而精神奖励计划是指奖励的内容并非是实物物质的，却依然能够给员工带来精神性的激励，典型的如认可激励计划。

第四，人员特征维度。根据支付人员的不同，奖励计划可以分为多种，如一般员工的奖励和针对高层人员、销售人员、研发人员、专业人士的奖励计划等。而在企业管理实践中，比较常见的奖励计划有管理人员奖励计划、销售人员奖励计划、研发人员奖励计划，因为这三类人员的地位或者工作性质较为特殊，需要量身定制相应的奖励计划。

二、奖金管理的理论指导——激励理论

（一）奖金管理的基本问题——人为什么会被激励

奖金管理实践，要解决一个非常复杂的问题，即人为什么会被激励。如果管理者不能

认识并解决这个问题，就很难从管理上采取有效的措施和手段激励员工努力工作。

那么，人怎么会被激励呢？基本可以认为，人在不同的阶段会受到不同的激励因素的影响。然而，不管是从理论方面还是从实践方面，人们对这个根本问题的认识总是有限的；另外，企业又总是要求员工发挥最大的潜能，希望通过有效的手段激励员工取得更高的绩效。因此，只有深刻理解和把握激励理论，从本质上理解员工激励的原因和机制，才能清楚地理解奖金发挥作用的原理。

（二）与奖金相关的主要的激励理论

1. 成就动机理论

麦克莱兰的成就动机理论主要的理论含义如下。

麦克莱兰提出了三种需要理论，他认为在个体的工作情景中有三种重要的动机或需要，即成就需要（need for achievement）、权力需要（need for power）和亲和需要（need for affiliation）。人的这些需要是可以学习或获得的。

（1）成就需要：争取成功并做得最好的需求。具有高成就需要的人青睐于具有高挑战性的工作任务，喜欢冒险，责任意识强且专注于完成任务。

（2）权力需要：影响或控制他人且不受他人控制的需要。高权力需要的人喜欢指导和控制别人，专注争取地位和影响力。他们冷静、善辩、乐于演讲，为了获得地位和权力或与自己已具有的权力和地位相称而努力。

（3）亲和需要：建立友好亲密的人际关系的需要。高亲和需要的人有强烈的动机获得他人的承认和安慰，喜欢与人交往，关注别人的感情。

其对奖金的影响和指导如下。

（1）要学会通过奖励计划诱导员工产生激励动机，提高工作效率。

（2）单纯的奖金计划不能满足员工多样化的需求，因而需要将其和其他人力资源激励手段相结合。

2. 期望理论

弗洛姆的期望理论主要的理论含义如下。

（1）一种行为的倾向强度取决于个人对于这种行为可能带来的结果的期望程度及这种结果对行为者的吸引力。

（2）员工的绩效是期望、关联信心和效价三方面的结果。第一，期望是员工对自身完成工作能力的判断，体现努力和绩效的关系；第二，关联信心是指员工对达到绩效后组织会给予奖励的信任程度，体现绩效与奖励的关系；第三，效价是指员工对组织所给予的奖励报酬对于个人的价值判断，体现奖励与个人目标的关系。

其对奖金的影响和指导如下。

（1）员工对自身能力的评价是重要的，组织要为其达到绩效目标而提供培训和资源。

（2）工作职责明确。绩效目标要清晰，报酬和绩效的挂钩要有明确的制度保障和落实。

（3）奖励要达到员工的效价。

本章提要

奖金作为一个被广泛应用于企业人力资源管理的概念,其具体含义有多种解读。但是,"奖金"的基本内容是比较明确的,它是员工的可变收入,也是企业为了奖励目标完成者和激励追求者所付出的报酬。奖金的作用很多,不仅局限于诱导、奖励和激励员工,还包括帮助企业更好地降低成本、控制风险以适应外部形势的变动。

根据不同的支付对象、激励时期,奖金也会被分为不同的种类。管理者应注意不同奖金类型之间的差异和适用情境,将不同的奖金种类有机地搭配。

在奖金管理的过程中,管理者首先应确定好企业支付奖金的目的及所要达成的目标,接着再根据目标决定相应的奖金数量和支付方式。在对奖金数量进行决策时,应同时关注奖金的绝对数量和相对数量,以防止员工产生不公平感。

思考题

1. 奖金的核心含义是什么?
2. 奖金的三个基本问题是什么?
3. 作为奖金支付的前提,在绩效考核时应关注哪些问题?
4. 常见的奖励计划有哪些?各自有什么特点?

答案解析 扫描此码

案例与讨论

年终奖带来的冲突

公司会议室里,中高层管理成员齐聚一堂,正为年终奖金的分配争论不休。

L公司是国内知名的手机生产厂商,在2002年国内手机厂商业绩飙红时,上自公司高管,下至生产线的普通员工,均分得了数目不低的奖金。而在2003年,国产手机市场在国外品牌的打压下,萎缩非常严重,这给管理层带来了一个非常严峻的问题:盈利额与2002年相比,不可同日而语,而2003年的绩效标准却是在2002年的基础上往上调整的,这样一来,奖金肯定是非常低的,这对按绩效付酬的薪酬制度而言无疑是一大挑战,特别是一些核心员工及中层管理人员,他们的薪酬收入中绩效奖金占了非常重要的一部分。此外,如何兑现对一些新员工的入职承诺?

艰难的博弈

"我坚决反对补贴年终奖的计划",市场总监黄然翔态度非常坚决,"今年我们公司的利润本来已经非常薄了,其中一个重要原因就是我们忽视了对市场的投入,以为在去年品牌铺垫的基础上,无须做更多的投入仍然可以取得同样的业绩。必须修正这一思路,为明年的市场推广做更好的准备。"

"你们所谈到的困难与资金需求,我都理解。"人力资源总监于薇满脸愁容,"问题在于,如果我们严格按去年底制订的绩效薪酬计划实施，按目前财务部开列的预算，我们给员工支付的年终奖金，只是年初我们承诺一些关键员工的六分之一。一方面，这些员工会认为公司欺骗了他们，从而增加他们对公司的不信任；另一方面，对一些关键员工而言，这一收入水平意味着严重低于同行的薪酬水平，在竞争如此激烈、跳槽如此频繁的手机行业，我们无法挽留住员工呀！如果增加900万元的预算，我们可以将年终奖的水平维持在去年的三分之一，至少公司可以对员工做个交代，员工也更容易理解公司的做法。"于薇把求助的目光投向总裁。

看得出，总裁的内心也非常矛盾，他没有正视于薇的目光，而是转向财务总监："春节前后，挤出900万元的预算是否非常困难？"

财务总监满脸难色："这要看销售回款，不过从第四季度的回款情况来看，非常困难。"

"越是困难的时候，越需要重视人力资本！"于薇半威胁半认真地提醒总裁，"没有兑现公司对员工的年终奖的承诺，给员工留下缺乏诚信的印象，如此低的薪酬收入，人力资源部更无法保证一些关键员工的去留，谈何吸引呢？"

主管营销的副总裁反对说："整个行业都是萧条的，这个问题我认为并不需要考虑！即使那些员工离开公司，就能保证在其他地方获得更高的收入？今年这种情况，我敢担保没有几家手机厂商能发得出高额的年终奖！"

公司没有诚信？

停好车时，不经意地瞄了一眼，看到了公司研发部经理贺刚的车刚好停在边上，于薇刚落座，就笑着问贺刚："不会是有什么好事要告诉我吧？"

素来说话玩笑多于实话的贺刚却一脸严肃："于总，我想辞职！"

于薇的心"咯噔"一沉，老练的她还是没在脸上表现出来，表情轻松地问道："为什么？"

"我觉得，公司太没诚信了。"贺刚非常直接地说，"去年底，公司挖我过来做这个经理的时候，许诺我的年收入至少可以达到20万元，现在呢？我连14万元都拿不到，这个差距实在太大了。还不如我的前一个东家呢，至少15万元稳稳到手呀。"

"你就为了这个钱而想离职？"于薇盯着贺刚说，在她看来，这个小伙子技术出众，对新技术尤为敏感，堪称手机研发的良才。由于与她私交颇佳，所以她与他说起话来，也没那么多的遮遮掩掩，更为直接。

"这只是一个因素，重要的是一种感觉，公司不尊重我们这些员工的感觉！"贺刚解释说，"我们也知道，今年整个行业都不是非常景气，公司不能兑现年终奖的承诺，我们在一定程度上也是理解的，但你看看吧，现在大家都知道，公司正准备向国外大采购，扩大生产线，在市场上要做大投入，为何却没有考虑过我们这些员工的感受呢？毕竟，公司去年底准备大扩张的时候，挖来了很多人才，对这些员工作出了年薪的承诺，现在这个年薪承诺却无法兑现，你让我们如何不寒心？"

末了，贺刚补充说："这不是我一个人这么想的。我们议论了一个下午，不少人当场就说要离职，有同事直接骂公司太没诚信，都有一种受骗的感觉。而且，我听设计部经理说，他们那边也很浮动。"

对手机生产厂商来说，研发与设计是两个最为重要的部门。一听此话，于薇无法掩饰自己的紧张，语气开始变得焦虑："这一点钱，你们真看得如此重要？你们也要理解公司的困境，不在市场和生产上做投入与储备，如何保证明年的销售呢？你们看问题也有点简单化了，当初对你们的年薪承诺，按当时公司的销售收入，肯定是没有问题的。招聘你们的时候，是按当时的营收情况、薪酬制度作出的承诺，但市场的变化是谁都无法保证的呀！"

于薇接着说："再说，你在公司的一年，也进步不少呀。从原来的研发主管跳槽过来后直接提升为经理，你一年时间也锻炼不少，为何不能看远一点，而只盯着眼前的这么点现实利益呢？"于薇知道，只要留住贺刚这个研发部经理就好办了，这小伙子人缘颇佳，在研发人员中话语权和影响都很大。

"没错，我们无法控制市场的变化，但这与公司对我们的薪酬承诺没有关系呀。"贺刚说，"去年底，我们都和公司签订了绩效合同，我们在过去的一年时间里，兢兢业业，我们完成了我们的绩效计划目标，我们的工作是有目共睹的。"于薇点了点头，表示认同。

"但是，公司的市场盈亏凭什么要我们如此用高额的收入参与承担风险呢？"贺刚说，"从目前公司的情况来看，并不是没钱，而是不愿意在员工身上投入！为了保证明年的营收，公司需要在市场与生产上做大投入，照公司的逻辑，即使今年盈利额很大，那也同样可以用需要扩张的理由，不兑现年终奖的承诺，普通员工和谁理论去？"

于薇一时语塞，好家伙，看来是经过了精心准备呀！她脑子里飞速地思忖着对策。

"如果离开公司，你准备怎么办？"于薇突然转换了话题。

贺刚一愣："我还没想好呢，不过我肯定会另投其他手机厂商。"

"你也知道，今年整个手机行业都极其萧条，并不只是 L 公司没能兑现年终奖的承诺，这两天我打听过了，国内手机厂商没有一家兑现了承诺的。你怎么看这个问题？"于薇说。

看到贺刚接不过话来，于薇趁机接着说："你还这么年轻，现在公司如此信任你，放手让你管这么大的一个研发部，正是你学习、成长和展现才能的好平台、好机会，你何必为了这点钱而如此冲动呢？再说你也知道，公司本来就是不得已而为之呀！"

在于薇的苦口婆心之下，贺刚终于同意了于薇的建议：选择职业发展为重，继续留在公司！

在停车场与贺刚告别之后，于薇松了口气，驱车往家赶，看了一下手机，都晚上 10 点了，她叹了口气，刚欲把手机放下，一阵美妙的音乐声起，手机响了。

于薇瞄了一眼，是设计部经理的电话，她的心一沉：不再年轻且家庭负担颇重的设计部经理，该用什么办法来说服、挽留他呢？于薇突然觉得异常的疲惫。

资料来源：钟孟光. 年终奖带来的冲突[J]. 管理@人，2007(1): 56-57.

案例思考题：

公司没有兑现当初的年终奖承诺，HR（人力资源）应该如何处理？问题出在哪里？

第十四章 员工福利管理

本章学习目标

通过本章的学习,希望你能够:

- 了解福利对企业和员工的不同影响
- 了解在员工福利方面目前存在的一些主要问题
- 了解员工福利的特点及其发展趋势
- 掌握员工福利的主要类型及其特点
- 熟悉弹性福利计划的特点及其受到欢迎的主要原因
- 阐述福利规划的内容及其决策
- 理解福利沟通的重要性

引言

福利是薪酬的重要组成部分

组织向员工提供具有货币价值的报酬时,除了人们熟知的直接货币收入——基本薪酬、奖金以及其他一些直接的货币报酬外,还有相当一部分报酬是以福利的形式提供给员工的。据统计,在国企员工的总薪酬中,福利成分占到30%以上。

党的二十大强调增进民生福祉,并从国家层面全面建设法定福利体系,例如完善基本养老保险全国统筹制度,发展多层次、多支柱养老保险体系。实施渐进式延迟法定退休年龄。扩大社会保险覆盖面,健全基本养老、基本医疗保险筹资和待遇调整机制,推动基本医疗保险、失业保险、工伤保险省级统筹。促进多层次医疗保障有序衔接,完善大病保险和医疗救助制度,落实异地就医结算,建立长期护理保险制度,积极发展商业医疗保险。

第一节 福利概述

一、福利的概念

福利是指总体薪酬中与工作时间和工作绩效无关的,为满足员工多方面、多层次的需要而付给全体或一部分员工的报酬。组织通过增加福利设施、建立补贴制度以及举办文化体育活动,为员工提供方便,减轻员工生活负担,丰富员工的文化生活。福利是员工薪酬计划中不可缺少的组成部分,是对员工的劳动贡献的一种间接补偿。

福利(包括退休福利、健康福利、带薪休假、实物发放、员工服务等)有别于根据员工的工作时间计算的薪酬形式。与基本薪酬相比,福利具有以下两个方面的重要特征:一是基本薪酬采取的往往是货币支付和现期支付的方式,而福利则通常采取实物支付或者延期支付的方式;二是基本薪酬在企业的成本项目中属于可变成本,而福利,无论是实物支付还是延期支付,通常都有类似固定成本的特点,福利与员工的工作时间之间并没有直接关系。

正是福利上述两个方面的重要特征,决定了被称为间接薪酬的福利作为企业全面薪酬的重要组成部分,在企业的薪酬系统中发挥着独特作用。福利对企业和员工双方都有着深刻的影响。下面将分别从企业和员工的角度来对福利的作用与影响进行剖析。

二、设置员工福利的原因

一方面,福利的成本通常由企业全部或部分负担。当福利项目的名目繁多时,福利的规划和管理会比基本薪酬与可变薪酬复杂得多,因而可能会耗费企业大量的时间和金钱。另一方面,福利对员工的激励作用显然不如基本薪酬和可变薪酬直接。那么,企业为什么还要不遗余力地实施员工福利呢?

企业之所以对员工福利非常重视,既有企业外部的原因,也有企业内部的原因。

(一)政府的法律规定

大多数国家对于劳动者在就业过程中,以及退出劳动力市场之后所应当享受的福利都有强制性规定,最为集中地体现在有关社会保障的法律法规方面。劳动者是一个国家公民群体中相当大的组成部分,企业员工的基本福利状况不仅对一个国家的社会福利水平有着重大影响,而且对一个国家的社会稳定起着很大作用。一般情况下,法律规定企业必须提供的员工福利项目包括养老保险、失业保险、工伤保险、带薪休假、法定节假日休息等各种形式。同时,各国政府还通过法律对企业所应当提供的福利的最低水平施加一定限制。

在我国,政府一直非常重视劳动者的福利。计划经济时期,政府直接规定企业员工的福利提供。市场经济时期,政府同样通过立法以及制定政策法规的形式确保企业员工得到养老、失业、医疗、工伤、生育等社会保障方面的福利,同时享受带薪休假、法定节假日等其他各种法定福利项目。基于社会公正和平等原则而制定的关于员工福利方面的法律法规,无疑是推动企业员工福利普及和不断提高的一个重要因素,同时也是企业必须遵守的约束性条款。

(二)劳动力市场竞争的压力

除了国家法定的福利项目之外,企业在选择是否设立其他福利项目时,形式上具有自主权。但从某种意义上来说,企业实际上被强制性要求必须设立某些福利项目。在竞争型的,尤其是紧张型的劳动力市场上,随着越来越多的企业提供某种形式的福利,其余企业实际上也被迫提供这种福利。换言之,企业在选择是否提供这种福利方面的自主权实际很小。

以健康福利为例,如果90%以上的企业都提供了某种形式的健康保险福利,那么在其他条件相同的情况下,其余企业实际上也不得不提供这种福利。如果这家企业不提供这种福利而又没能在其他方面作出补偿，那它必然在劳动力市场上处于劣势地位。企业的福利提供自主权实际上被剥夺了。虽然有些企业力图通过雇用临时工或招募兼职人员的做法来逃避福利负担，但残酷的竞争已经使得企业越来越没有选择余地。

（三）集体谈判

许多市场经济国家都存在工会与企业之间的集体谈判机制。这些国家的工会化企业中，工会可以代表员工就薪酬、工作时间、雇佣条件等一系列问题与企业或企业联盟进行谈判。而在集体谈判过程中，福利常常是一个关键性目标。

工会往往能够成功地实现自己的会员在福利方面希望达到的目标，尤其是在将收入从现金形态向福利形态转移能够享受相应税收优惠的情况下。对工会而言，为工会会员争取到某种新的福利，如医疗保险计划，是一种非常直观的成果。这种成果对工会在未来吸收新会员时所产生的影响比等值的薪酬水平增长所产生的影响还要大。这是因为，有时薪酬增长的幅度可能只相当于在每位工会会员的小时工资中增加一两美分。而一项福利计划无论实际经济价值多高，都可以很容易地让工会会员感受到。尤其在工会势力较强的时候，它们对企业福利计划所产生的推动作用是不可忽视的。不仅如此，许多企业为了防止本企业员工加入工会，往往在没有经过集体谈判的情况下，也同样为员工提供各种市场通行的福利。这是工会的威胁效应对企业福利的一种影响。

三、福利对企业的作用

（一）有目的地吸引和保留员工，培养员工忠诚度

福利是一种很好的吸引和保留员工的工具。有吸引力的员工福利计划既能帮助组织招聘到高素质员工，同时又能保证已经被雇用来的高素质员工继续留在组织中工作。

福利之所以在20世纪60年代开始流行，主要就是员工的吸引和保留问题所致。在第二次世界大战期间及其之后一段时间所实行的工资和物价管制，以及劳动力市场上的供给不足，导致企业不得不考虑采用直接薪酬之外的其他方式来提高员工的薪酬水平，从而吸引并留住自己需要的员工。这些福利计划建立起来后，作为一种企业惯例被沿袭下来了。

当企业希望吸引和雇用某些类型的员工，但因为某些方面的原因不能单方面提高这些人的薪酬水平时，福利就可能会成为一种非常有利的报酬形式。假定企业希望获得稳定可靠的员工队伍，提高本企业劳动力队伍中中年人（尤其是有孩子的中年人）的构成比例时，如果企业单独向中年人提供较高的薪酬待遇，可能会导致其他人向法庭提出歧视诉讼。在这种情况下，如果企业向它试图吸引的那些劳动力群体的成员提供某些特殊的员工福利，就可能会有效地避免这种法律困境。例如，为员工及其家庭成员提供健康保险，会使有家庭的员工享受更多福利；为上大学的员工子女提供学费资助，也会达到同样的目的。

最后，福利计划有助于营造和谐的企业文化，强化员工忠诚感。组织通过福利的形式为员工提供各种照顾，会让员工感觉到企业和员工之间的关系不仅仅是一种单纯的经济契约关系，能在雇佣关系中增加一种类似家庭关系的情感成分，以提高员工的工作满意度，或缓解员工的不满情绪。而员工工作满意度的上升必然会导致员工生产率的上升以及缺勤

率和离职率的下降。

腾讯公司的员工福利有着清晰的"鹅厂风格"，在社会上有着很大的吸引力，除了完善的法定福利，在公司自主福利方面，腾讯举办了各种为员工津津乐道的福利项目，切实体现了对员工的关怀，这些富有腾讯特色的福利包括家庭开放日、关爱大讲堂、健康体检、腾讯嘉年华等，在离职高发的IT行业，腾讯的年度员工流失率大大低于同行业的一般水平，这与其有竞争力的福利计划息息相关。

（二）享受国家的优惠税收政策，提高企业成本支出的有效性

许多市场经济国家，员工福利计划所受到的税收待遇往往要比货币薪酬所受到的税收待遇更优惠。这就意味着，在员工身上所花出去的同等价值的福利比在货币薪酬上所支出的同等货币能够产生更大的潜在价值。对企业来说，虽然用于现金报酬和大多数员工福利项目的开支都可以列为成本开支而不必纳税，但增加员工的现金报酬会导致企业缴纳的社会保险费用上升，而用来购买或举办大多数员工福利项目的成本却可以享受免税待遇。这样，企业将一定的收入以福利的形式而不是现金的形式提供给员工更具有成本方面的优势。

四、福利对员工的作用

根据劳动经济学，如果同样的薪酬水平由不同的直接薪酬和间接薪酬组合构成，而总薪酬成本不变，那么对企业来说，货币薪酬多一些还是福利多一些实际上是无关紧要的。在这种情况下，企业是否实行某种福利或者福利的水平高低取决于员工偏好。而员工偏好福利的原因包括以下几点。

（一）税收优惠

福利不仅对企业来说存在税收优惠，对员工来说同样如此。以福利形式所获得的收入往往无须缴纳个人收入所得税。即使需要缴税，往往也不是在现期，而是等到员工退休以后。到那个时候，员工的总体收入水平会比他们工作时候的低，所面临的税收水平会更低，从而享受到一定的税收优惠。因此，在企业薪酬成本一定的情况下，员工直接从企业获得福利，与自己用薪酬收入再去购买福利相比，其成本要低许多。

（二）集体购买的优惠或规模经济效应

员工福利中的许多内容是员工工作或生活所必需的，即员工福利具有其自身的实际价值。即使企业不为员工提供这些福利，员工自己也要花钱去购买。而在许多商品和服务购买方面，集体购买显然比个人购买更具有价格方面的优势。

代表较大员工群体的企业可以因规模经济的原因而以较低的费率购买保险，企业在代表员工与保险服务提供商或医疗服务提供商进行谈判时，其谈判力量显然比单个员工更强。此外，企业还可以以较低成本为员工提供某些项目的服务，将固定成本分散到较多员工身上，从而降低每位员工所承担的成本。如果每位员工自己去购买某种福利，则福利的成本很可能会更高。

(三)满足员工的安全需要

与基本薪酬和浮动薪酬相比,福利的稳定性无疑更强。因而,追求稳定和安全感的员工会对福利比较感兴趣。即使对同一个人来说,在其职业生涯的不同阶段,他们对福利的偏好也是不同的。对有孩子的中年人及接近退休的老年人来说,福利的吸引力通常是较大的。

(四)满足员工的归属需要

员工在一个企业中工作,并不只有经济方面的需要,还有归属感的需要。直接薪酬更为偏重员工的能力和业绩,而福利则可以满足员工在平等和归属等其他方面的需要。福利水平的高低会直接影响到企业内部雇佣关系的性质。在力图培养企业和员工之间长期雇佣关系的企业中,福利项目往往较多,福利水平相对来说也会较高。而在那些"雇佣军"型的组织中,组织往往不怎么重视福利,甚至会有意淡化福利的概念。

福利对于企业和员工来说也不是只有好处,没有不足。对于企业来说,设置的福利项目越多,企业的管理成本就越高,而福利对员工绩效的激励程度不如直接薪酬更有效。过于优厚的福利还可能导致员工的工作动机弱化。例如,带薪病假可能会导致员工缺勤率上升。对于员工来说,福利实际上剥夺了他们自由选择对自己有价值的商品或者服务的机会,是一种强制性消费。

此外,不同员工对直接薪酬和间接薪酬的偏好有很大不同,同一员工所处职业生涯阶段的不同也会导致他们对薪酬的偏好存在差异。对于有些员工来说非常有价值的福利,对于另一些员工来说很可能只具有边际价值。但由于员工福利对企业和员工双方具有种种独特价值,故而,企业员工福利的多样化和福利水平的不断提高,仍然是一种不可阻挡的社会趋势。

五、员工福利方面存在的问题及其发展趋势

(一)企业员工福利方面存在的若干问题

福利的大规模发展不过是20世纪60年代以后的事情,加上福利本身的独特性,在福利管理方面,企业还面临一些大的问题。这些问题包括以下几方面。

1. 企业和员工对福利的认识上存在一些混乱

实践中,企业应当提供何种福利,员工应当享受何种福利,大家的认识都很模糊。

从企业的角度来说,什么样的福利能够满足员工需求?员工的哪些福利需求应当由企业满足,哪些应当由社会保障系统、其他系统或员工自己来满足?如何保持企业福利制度的连续性?企业应当在福利项目中承担多大的成本?福利政策和制度对于企业经营目标的支持程度如何?这些问题始终困扰着企业。大多数情况下,它们实际上只是被动地制订福利方案,对这些福利方案存在的合理性及其实施效果,并不是很清楚。

从员工的角度来说,员工只知道自己对某些福利存在需求,但并不清楚企业是否应当满足自己这方面的需求。且由于福利条款及其操作过程的复杂性,许多员工只有到了生病、残疾、被解雇或退休的时候,才真正开始对福利计划本身的规定感兴趣。大多数员工对企

业提供的福利种类、期限以及适用范围一知半解。此外，企业为员工提供福利需要付出多大成本，自己享受的企业福利的价值有多大，绝大多数员工更是不清楚，也不关心。

2. 福利成本居高不下

福利的成本问题几乎是每一家企业都会遇到的问题。在美国，福利开支相当于员工直接薪酬的30%～40%，其对企业的人工成本影响非常大，许多企业都在千方百计地压缩福利成本和预算。许多企业采用招聘临时工或兼职员工的做法来减轻福利的成本压力。在降低经营成本的压力之下，福利就成了众矢之的。

在我国，企业所承担的社会保障开支比例同样非常大。许多企业采取虚报、瞒报工资的方法，来减少自己所应缴纳的社会保障费，甚至有企业根本不缴纳社会保障费。为此，国家出台了一系列规定来督促企业及时缴纳社会保障费，而企业则呼吁国家减轻企业负担。

无论如何，福利成本对企业来说，确实是一个很大的经济压力。不仅存在福利总成本过高的问题，还存在企业的福利成本增长过快的问题。企业实施福利的初期，没有预见到福利发展到一定阶段之后，给企业所带来的成本可能是非常高的。初期设计福利的时候没有考虑到未来风险，导致企业越来越不堪重负。此外，外界环境变化也带来了上述问题。医疗成本的飞速上升导致企业在维持原有福利水平的情况下，必须缴纳的保险费大幅上升。而员工却没有感受到所获得医疗服务本身的价格有任何变化，并不会对企业心存感激。退休福利方面，随着人均寿命延长，企业支付员工退休金的负担也越来越重。在这种情况下，有些企业采取故意漏给、少给甚至不给的方式来逃避责任。

3. 福利的低回报性

许多企业明显感到自己在福利方面付出了很大代价，却没有得到相应回报。福利应当帮助企业加速实现目标，有效地实现企业和员工之间的沟通，培育优秀的员工队伍，真正达到双赢的目的。但目前的福利未能达到这种理想的效果。一方面，员工将享受福利看成既定权利或正当利益，对企业提供的福利越来越不满足。另一方面，企业看到自己的经济负担越来越重，管理方面的麻烦也越来越多，却没有什么明显收益。造成这种情况的一个重要原因可能是企业的福利计划缺少限制性条款。员工的道德风险也是一个不可忽视的问题。

4. 福利制度缺乏灵活性和针对性

传统福利制度大多是针对传统的工作模式和家庭模式的，而当前的社会发展已经导致工作方式和家庭模式的变化，劳动力队伍构成的变化，不同文化层次、不同收入层次的员工对福利的需求也产生了较大差异。传统福利制度相对固定和死板，对有些人重复保险，而对另一些人则保险不足，且很难满足多样化和个性化的福利需求。

例如，企业制订了某种福利计划，这种福利计划就会对所有员工开放。这样一方面使企业花了很多钱实行某种福利，但这种福利对于一些员工来说没有价值；另一方面又可能因为企业担心福利成本增加而放弃某种福利，导致对某种福利具有很高需求的员工无法享受这种福利。

（二）员工福利的发展趋势

一方面，从社会的角度来看，人们认为福利是组织必须提供的，是法律要求的，是组织无奈的抉择，与薪酬和激励无关。这些想法会持续存在，这种惯性因素对企业的福利管理产生不可忽视的影响。另一方面，许多组织对福利的投入很多时候不被员工认可。这主要表现在组织所提供的福利不是员工想要的，不能满足员工的需要，或者在福利方面的沟通不畅，员工意识不到组织为他们花费了很多成本。而组织面临的市场竞争日趋激烈，福利成本是总薪酬成本中非常重要的一个组成部分，企业必须考虑如何才能促使福利成本的收益最大化。因此，进入21世纪以后，企业员工福利出现了以下两个重要的发展趋势。

1. 弹性福利计划大行其道且日趋完善

弹性福利计划，又称自助餐式的福利计划。它起源于20世纪70年代，这种福利计划一共分为三种类型，即全部自选（全部福利项目均可自由挑选）、部分自选（有些福利项目可以自选，有些则是规定好的福利项目）以及小范围自选（可选择的福利项目比较有限）。无论哪一种弹性福利计划，都具有最重要的一个特征，即弹性福利计划的个性化、可选性。员工在企业规定的时间和金额范围内，可以按照自己的意愿搭建自己的福利项目组合，他们可以根据自己的需要和生活方式的变化而不断改变自己认为有价值的福利项目。

弹性福利计划有很多优点：其一，它从本质上改变了传统的福利制度，从一种福利保险模式转变为一种真正的薪酬管理模式，从一个固定的福利方案转变为一个固定的资金投入方案（由员工的福利收益固定转变为企业的福利投入固定）。这就使企业不再被福利"套牢"，而是能够根据具体情况控制资金支出，有利于企业合理控制福利成本的增长。其二，这种福利计划会一次性地给员工分配一个货币总额，再让他们自己去将这些货币分配到不同的福利项目上去。这就使员工在选择福利项目的过程中能够更清楚地了解到每一项福利的价值，强化了组织和员工之间的福利沟通，增强了企业和员工之间的相互信任关系，提高了员工对福利的满意度。其三，这种福利计划满足了员工对福利计划灵活性的要求，同时也提高了企业福利成本的投资回报率。这种福利计划为员工提供了选择的机会，而员工显然不会去选择那些他们自己不需要的福利项目，这样，组织就避免了因向员工提供他们不看重的福利项目而浪费的成本，同时也提高了每一位员工的需要与组织所提供的各种福利项目之间的匹配程度，提高了福利计划对于员工个人的实际价值。

当然，弹性福利计划也不是没有问题：第一，弹性福利计划会提高企业在福利管理方面的难度。员工的福利组合变得多种多样，不断发生变化。随着福利名目的增多、成本的提高，福利管理工作越来越需要专业人员来从事，有时企业甚至需要聘请外部的专业性福利顾问公司提供咨询或服务。第二，弹性福利计划还会遭遇员工的"逆向选择"。如果员工每年都有选择福利方案的权利，那么，他们常常会根据自己最容易出问题的那些方面来选择最有利于自己的福利组合。第三，有些人认为弹性福利计划实际上让员工承担了不恰当的风险，企业可以借这一计划来推脱自己的责任。但无论如何，弹性福利计划正越来越多地得到企业和员工的认可，并且得到了快速发展。

2. 组织开始寻求与其战略目标、组织文化和员工类型相匹配的福利模式

随着福利种类的增多和福利覆盖范围的扩大，企业福利计划的种类也越来越多。但并非所有的福利计划都适合任何组织中的任何员工群体。很多福利计划与组织的目标、价值观乃至经营战略相违背。因此，企业在制订福利计划时，不仅要考虑市场上流行什么样的福利计划，而且要对自己的组织进行深入分析。知道组织的价值观是什么、组织的目标是什么、组织的员工队伍是如何构成的、未来组织要经历什么样的变革等。在回答这些问题的基础上，考虑所要设计的福利计划是否有助于完成这些组织目标。如果福利计划有助于组织目标的实现，则需考虑公司是否具备实施这种福利计划的能力（包括成本承受能力和管理能力）。

在一些传统型的组织中，企业希望员工在组织中长期工作，而员工也偏好稳定的生活，他们可能会在一个组织中工作直到退休。与这样的组织特征相适应，退休福利计划应该相对更传统，以增强员工对组织的归属感。此外，还应注意采取以支定收的办法，防止员工退休时没有足额的养老收入。而在另外一些创新型的组织中，情况则不同。在这一类组织中工作的人通常富有冒险精神，他们不愿意长期固定在一个组织中工作，很多人都类似于或者就是自由职业者。因此，无论组织所提供的退休保障计划多么完善，他们都不感兴趣。他们喜欢自己设计自己的养老计划，而不是由别人来主宰。因此，这种组织最好将现金存入员工账户，而不是帮他们投资到企业自己的养老金计划中。这种组织即使提供养老福利，其弹性程度也相当高，并且员工要承担福利中的部分成本。

企业在选择提供给员工各种福利项目时，最好首先明确提供这种福利项目的目标是什么。这是设计组织福利体系的一个合乎逻辑的起点。它有助于组织选择最为有效的福利项目，并对这些福利项目是否真正达到了预期目的进行监控。

一些公司就本企业的福利体系设计制定出了书面的福利目标陈述。表 14-1 就是一家公司的福利目标陈述示例。

表 14-1 某公司的福利目标陈述

（1）建立和维持员工福利计划的宗旨：满足员工对于闲暇时间的需求，降低员工在老年、健康状况不佳及死亡等情况下所面临的各种风险。
（2）建立和维持员工福利计划的基本原则：在员工自己作出努力的基础上，组织提供适当补充。
（3）每年根据员工的离职率、未填补职务空缺数、出勤率、员工投诉率及员工意见调查等因素，就员工福利计划对于员工士气和生产率所产生的影响进行评价。
（4）每年将本公司的员工福利计划与本领域中的领袖企业比较，将一项福利计划所提供的总体福利水平维持在员工人均福利成本落入这些领袖企业的第二个五分位上。
（5）每年核算新建的、调整过的及现有的各种福利计划的成本相当于固定薪酬的百分比，尽可能将其维持在这个水平上。
（6）从福利计划能够为组织带来长期成本节约及避免各种重大损失的角度来看，福利计划应当能够实现基金的自我筹集。
（7）做好公司的全部福利计划与公司参与缴费的各种社会保险计划之间的协调工作。
（8）除了必须由员工自己承担一部分成本的面向员工家属的福利计划之外，其他员工福利计划都不根据员工的缴费来决定福利的提供。
（9）与所有员工就福利计划保持持续沟通。

第二节 员工福利的类型

员工福利计划包括很多不同种类的福利项目,很难对其进行合适的种类划分。本节,我们先将福利划分为法定福利、企业补充保险计划以及员工服务福利等类型。最后讨论很多公司都在推行的弹性福利计划。需要注意的是,由于立法和其他一些环境的变化,福利领域的变化很快,应随时关注现实情况的变化。

一、法定福利

(一)法定社会保险

大多数市场经济国家的企业都要面对很多法律规定要求提供的福利项目。我国主要规定了五种法定社会保险类型:养老保险、失业保险、医疗保险、工伤保险以及生育保险。

1. 养老保险

法律规定的养老保险又称老年社会保障,是社会保障系统中的一项重要内容。它是针对退出劳动领域或无劳动能力的老年人实行的社会保护和社会救助措施。老年是人生中劳动能力不断减弱的阶段,意味着永久性"失业"。每个人都会进入老年,由老年导致的无劳动能力是一种确定性和不可避免的风险。随着工业化和现代化的发展,大多数国家都已实行老年社会保险制度。在多种社会保险项目中,老年保险的项目覆盖面最大,对社会稳定的保护作用也最大。从资金的筹集管理和发放方面考虑,现代老年社会保险制度有以下几种基本模式:国家统筹的养老保险模式、投保自助型的养老保险模式和自我保障模式。

国家统筹的养老保险模式的主要特点是:工薪劳动者在年老丧失劳动能力之后,均可享受国家法定的社会保险待遇,但国家不向劳动者本人征收任何老年保险费,老年保险需要的全部资金,都来自国家财政拨款。苏联和我国在计划经济体制下实行的就是这种方式。

大多数国家实行的是投保自助型的养老保险模式。这是一种由社会共同负担、社会共享的保险模式。它规定:每一个工薪劳动者和未在职的普通公民都属于社会保险的参加者和受保对象;在职的企业员工必须按工资的一定比例定期缴纳社会保险费,不在职的社会成员也必须向社会保险机构缴纳一定的养老保险费,作为参加养老保险所履行的义务,这样才有资格享受社会保险;同时还规定:企业或企业主也必须按企业工资总额的一定比例定期缴纳保险费。

自我保障模式也称强制储蓄模式。这种保险制度下的保险基金来自企业和劳动者两个方面,国家不进行投保资助,仅仅给予一定的政策性优惠。这种社会自我保障的做法,必然要求企业和劳动者的投保费较高,否则无法得到足够资金。因此,必须在经济发展迅速且水平较高的情况下才能实行。世界上只有少数亚非发展中国家实行这一制度,取得成功的典例是新加坡。

我国于1997年发布的《国务院关于建立统一的企业职工基本养老保险制度的决定》规定:在我国的大部分地区实施社会统筹与个人账户相结合的养老保险制度。企业缴纳基本养老保险费的比例一般不得超过企业工资总额的 20%（包括划入个人账户的部分），具体比例由省、自治区、直辖市人民政府确定。少数省、自治区、直辖市因离退休人数较多、养老保险负担过重，确需超过企业工资总额 20%的，应报劳动部、财政部审批。个人缴纳基本养老保险费（以下简称"个人缴费"）的比例，1997 年不得低于本人缴费工资的 4%，1998 年起每两年提高 1 个百分点，最终达到本人缴费工资的 8%。有条件的地区和工资增长较快的年份，个人缴费比例提高的速度应适当加快。

2005 年颁发的《国务院关于完善企业职工基本养老保险制度的决定》对各种缴费比例没有做变动，但扩大了基本养老保险覆盖范围，即当前及今后一个时期，要以非公有制企业、城镇个体工商户和灵活就业人员参保工作为重点；同时还规定：从 2006 年 1 月 1 日起，个人账户的规模统一由本人缴费工资的 11%调整为 8%，全部由个人缴费形成，单位缴费不再划入个人账户。

《国务院关于建立统一的企业职工基本养老保险制度的决定》实施后参加工作、缴费年限（含视同缴费年限，下同）累计满 15 年的人员，退休后按月发给基本养老金。基本养老金由基础养老金和个人账户养老金组成。退休时的基础养老金月标准以当地上年度在岗职工月平均工资和本人指数化月平均缴费工资的平均值为基数，缴费每满 1 年发给 1%。个人账户养老金月标准为个人账户储存额除以计发月数。计发月数根据职工退休时城镇人口平均预期寿命、本人退休年龄、利息等因素确定。

《国务院关于建立统一的企业职工基本养老保险制度的决定》实施前参加工作，《国务院关于完善企业职工基本养老保险制度的决定》实施后退休且缴费年限累计满 15 年的人员，在发给基础养老金和个人账户养老金的基础上，再发给过渡性养老金。各省、自治区、直辖市人民政府要按照待遇水平合理衔接、新老政策平稳过渡的原则，在认真测算的基础上，制定具体的过渡办法，并报劳动和社会保障部、财政部备案。

《国务院关于完善企业职工基本养老保险制度的决定》实施后达到退休年龄但缴费年限累计不满 15 年的人员，不发给基础养老金；个人账户储存额一次性支付给本人，终止基本养老保险关系。而在该决定实施前已经离退休的人员，仍按国家原来的规定发给基本养老金，同时执行基本养老金调整办法。

2. 失业保险

失业保险是为遭遇失业风险、收入暂时中断的失业者设置的一道安全网。它的覆盖范围通常包括社会经济活动中的所有劳动者。我国于 1999 年 1 月 20 日颁布的《失业保险条例》规定，企事业单位按本单位工资总额的 2%缴纳失业保险费，职工按本人工资的 1%缴纳失业保险费，政府提供财政补贴、失业保险基金的利息和依法纳入失业保险基金的其他资金。

失业保险的开支范围是：失业保险金、领取医疗保险金期间的医疗补助金、丧葬补助金、抚恤金；领取失业保险金期间接受的职业培训补贴和职业介绍补贴，国务院规定或批准的与失业保险有关的其他费用。享受失业保险待遇的条件为：所在单位和本人按规定履行缴费义务满 1 年，非本人意愿中断就业，已办理失业登记并有求职要求。同时具备以上三个条件者才有申请资格。

关于失业保险金的给付期限，具体规定是，最长为 24 个月，最短为 12 个月。其中累计缴费时间满 1 年不足 5 年的，给付期最长为 12 个月；满 5 年不满 10 年的，给付期最长为 18 个月；10 年以上的，给付期最长为 24 个月。对连续工作满 1 年的农民合同工，根据其工作时间长短支付一次性生活补助。

3. 医疗保险

医疗保险是指由国家立法，通过强制性社会保险原则和方法筹集医疗资金，保证人们平等地获得适当的医疗服务的一种制度。为了实现我国职工医疗保险制度的创新，在总结我国医疗保险制度改革试点单位的经验、借鉴国外医疗保险制度成功做法的基础上，1993 年，党的十四届三中全会决议中明确指出，要建立社会统筹与个人账户相结合的新型职工医疗保险制度。

1998 年颁布的《国务院关于建立城镇职工基本医疗保险制度的决定》规定：城镇所有用人单位，包括企业（国有企业、集体企业、外商投资企业、私营企业等）、机关、事业单位、社会团体、民办非企业单位及其职工，都要参加基本医疗保险。乡镇企业及其职工、城镇个体经济组织业主及其从业人员是否参加基本医疗保险，由各省、自治区、直辖市人民政府决定。基本医疗保险费由用人单位和职工共同缴纳。用人单位缴费费率应控制在职工工资总额的 6% 左右，其中 30% 进入个人账户；职工缴费率一般为本人工资收入的 2%。

4. 工伤保险

工伤保险是针对那些最容易发生工伤事故和职业病的工作人群的一种特殊社会保险。我国的工伤保险制度最初建立于 1950 年。1996 年颁布《企业职工工伤保险试行办法》。2003 年 4 月 16 日国务院颁布的《工伤保险条例》已于 2004 年 1 月 1 日起施行。

随着我国经济社会的发展，条例在实施过程中出现了一些新情况、新问题。为了解决出现的问题，人力资源和社会保障部在认真总结条例实施经验的基础上，于 2009 年 7 月起草了《工伤保险条例修正案（送审稿）》，报请国务院审议。新的工伤保险制度建立了基金体制，工伤保险费完全由企业承担，按照本企业职工工资总额的一定比例缴纳，职工个人不缴纳工伤保险费。2010 年，国务院对《工伤保险条例》作出修改。

与养老保险、医疗保险、失业保险不同，工伤保险除了体现社会调剂、分散风险的社会保险一般原则外，还体现工伤预防、减少事故、降低职业病的发生率、体现企业责任等原则。我国采取了与国际接轨的做法，对于工伤保险费不实行统一费率，而是根据各行业的伤亡事故风险和职业危害程度类别，实行不同费率，主要包括差别费率和浮动费率两种形式。

首先，我国根据各行业的伤亡事故风险和主要危害程度划分职业伤害风险等级，从而据此征收行业差别费率。例如，大连市人民政府于 1995 年公布的行业风险等级以及差别费率的分类中，商业、贸易的风险等级是最低的，工伤保险的费率为工资总额的 0.1%；煤矿业的行业风险等级是最高的，工伤保险的费率为 1.50%；其他的行业，如港口业、汽车运输业、仓储货运业、装卸搬运业、木材加工业的行业风险等级为第 10 级，工伤保险费率为 1.0%；造纸以及纸制品业、汽车客运业、印刷业、采盐业、一般机械加工业的行业风险等级为第 6 级，工伤保险费率为 0.6%。

其次，在实行差别费率的情况下，政府还要根据各行业或企业的安全生产状况和费用收支情况，定期调整收费率。调整幅度为本行业标准费率的5%~40%。这种定期调整企业缴纳保险费率的机制，体现了对企业的安全工作进行奖励或惩罚的原则，有利于促进企业重视安全生产，加强安全生产工作。

5. 生育保险

20世纪60年代末以来，我国一直采取由女职工所在单位作为保险责任主体的做法，即由女职工所在的单位承担女职工的生育费用和由生育带来的经济损失的保险办法。这在当时并不是一种完全意义上的社会保险，而是一种企业保险。但这种做法逐渐变得对女性的就业极为不利。

因此，1986年以后，我国理论界和实际工作部门开始了对生育补偿方式的探索。1994年12月1日，劳动部颁发了《企业职工生育保险试行办法》，对生育保险制度提出了一些原则性意见。这份文件基本上肯定和采纳了生育费用采取社会统筹的模式，提出由企业按其工资总额的一定比例向社会保险经办机构缴纳生育保险费，建立生育保险基金。生育保险费由当地人民政府根据实际情况确定，但最高不超过工资总额的1%。企业缴纳的生育保险费列入企业管理费用，职工个人不缴纳生育保险费。女职工生育期间的检查费、接生费、手术费、住院费和医疗费，都由生育保险基金支付，超出规定的医疗服务费和药费由职工个人负担。产假期间的生育津贴，按照本企业上年度职工月平均工资由生育保险基金支付。

然而，由于多方面的原因，生育费用社会统筹至今在许多地区还没有实施，具体的对策和相关法律法规还有待国家做进一步的研究。

（二）住房公积金

为了加强对住房公积金的管理、维护住房公积金所有者的合法权益、促进城镇住房建设、提高城镇居民的居住水平，国务院于1999年4月颁布了《住房公积金管理条例》，并于2002年3月及2019年3月对该条例进行了相应修改。

住房公积金，是指单位及其在职员工缴存的长期住房储金，包括员工个人缴存的住房公积金和员工所在单位为员工缴存的住房公积金，属于员工个人所有。员工住房公积金的月缴存额为员工本人上一年度月平均工资乘以员工住房公积金缴存比例。单位为员工缴存的住房公积金的月缴存额为员工本人上一年度月平均工资乘以单位住房公积金缴存比例。我国住房公积金管理设有专门机构，且实行专款专用。

《住房公积金管理条例》只规定了住房公积金缴存比例的范围，没有明确的比例。《住房公积金管理条例》第十八条规定，职工和单位住房公积金的缴存比例均不得低于职工上一年度月平均工资的5%；有条件的城市，可以适当提高缴存比例。国家住房和城乡建设部的具体规定是，职工住房公积金的缴存比例为5%~12%，有条件的地区和单位可以上调。我国各地区经济发展水平和各单位的经济效益不同，因此缴纳比例存在差异。

例如，2005年7月1日至2006年6月30日，北京规定的住房公积金缴存比例为8%，效益好的单位可以为10%；广州规定，住房公积金缴存比例为8%，最高不得超过20%；武汉规定，住房公积金缴存比例为8%，最高不得超过15%。关于缴费基数范围，各地都规定,最高以当地政府部门公布的社会平均工资的 300%为限,最低不能低于社会平均工资的 60%。

(三) 法定假期

1. 公休假日

公休假日是劳动者工作满一个工作周之后的休息时间。国家实行劳动者每日工作时间不超过 8 小时、平均每周工作时间不超过 44 小时的工时制度。《中华人民共和国劳动法》(以下简称《劳动法》)第三十八条规定:用人单位应当保证劳动者每周至少休息 1 日。

2. 法定休假日

法定休假日即法定节日休假。根据 2007 年 12 月 14 日《国务院关于修改〈全国年节及纪念日放假办法〉的决定》(2008 年 1 月 1 日起施行),我国全体公民放假的节日包括:新年,放假 1 天(1 月 1 日);春节,放假 3 天(农历除夕、正月初一、初二);清明节,放假 1 天(农历清明当日);劳动节,放假 1 天(5 月 1 日);端午节,放假 1 天(农历端午当日);中秋节,放假 1 天(农历中秋当日);国庆节,放假 3 天(10 月 1 日、2 日、3 日)。《劳动法》规定,法定休假日安排劳动者工作的,支付不低于工资的 300%的劳动报酬。除《劳动法》规定的节假日以外,企业可以根据实际情况,在和员工协商的基础上,决定放假与否以及加班工资多少。

3. 带薪年休假

很多国家都通过法律规定了带薪年休假制度,但带薪年休假的天数却相差很大。很多西欧国家的员工可以享受每年 30 天的休假时间,而在美国,尽管劳动者可以享受的带薪休假时间是 14 天,但他们通常只会休 11 天。

《劳动法》第四十五条规定,国家实行带薪年休假制度。2007 年 12 月 7 日,国务院颁布了《职工带薪年休假条例》,并于 2008 年 1 月 1 日起施行。按照《职工带薪年休假条例》的规定,机关、团体、企业、事业单位、民办非企业单位、有雇工的个体工商户等单位的职工连续工作 1 年以上的,享受带薪年休假(以下简称"年休假")。职工在年休假期间享受与正常工作期间相同的工资收入。职工累计工作已满 1 年不满 10 年的,年休假 5 天;已满 10 年不满 20 年的,年休假 10 天;已满 20 年的,年休假 15 天。国家法定休假日、休息日不计入年休假的假期。

这一政策并非强制规定,各单位可根据生产、工作的具体情况,并考虑职工本人意愿,统筹安排职工年休假。年休假在 1 个年度内可以集中安排,也可以分段安排,一般不跨年度安排。单位因生产、工作特点确有必要跨年度安排职工年休假的,可以跨 1 个年度安排。单位确因工作需要不能安排职工休年休假的,经职工本人同意,可以不安排职工休年休假。对职工应休未休的年休假天数,单位应当按照该职工日工资收入的 300%支付年休假报酬。

4. 其他假期

员工福利中通常还包含病假。病假是指在员工因病无法上班时,组织仍然继续给他们支付薪酬的一种福利计划。在美国等一些国家中并无关于病假的明确法律规定,通常是企业自行决定。

一般情况下，员工能够请病假的时间长短取决于他们在企业中的服务年限，但允许员工请病假的天数有上限规定。有些企业允许员工在一年当中累积病假天数，但年底还未休的病假自动取消。然而，这种做法可能会对员工产生一种错误激励，鼓励他们在年底之前休完所有病假，所以，有些企业采取了另外一些变通的做法。例如，在每年年底或员工退休或离职时，根据员工应休而未休的带薪病假天数支付部分或全部薪酬。

在我国，根据1995年劳动部《关于贯彻执行〈中华人民共和国劳动法〉若干问题的意见》第五十九条的规定："职工患病或非因工负伤治疗期间，在规定的医疗期间内由企业按有关规定支付其病假工资或疾病救济费，病假工资或疾病救济费可以低于当地最低工资标准支付，但不能低于最低工资标准的80%。"另外，根据劳动部于1994颁布的《企业职工患病或非因工负伤医疗期规定》第三条的规定，企业职工因患病或非因工负伤，需要停止工作医疗时，根据本人实际参加工作年限和在本单位工作年限，给予3个月到24个月的医疗期。对于医疗期在180天以内的，发放70%病假工资；医疗期超过180天的，发放60%疾病救济费。

在我国，员工还可以享受探亲假、婚丧假、产假与配偶生育假等。探亲假的享受对象是组织中那些与直接亲属不在同一个区域的员工，具体规定各地区有所不同。达到法定结婚年龄的员工可以享受婚假，晚婚者可以多享受一定假期。符合生育政策的女职工可以享受产假，而男职工可以享受配偶生育假以照顾分娩的妻子。

除了各种带薪休假之外，国外还有一些非带薪休假计划。例如，美国联邦政府法律要求企业必须为员工提供最长可达12周的非带薪休假时间，企业还可以在此基础上选择提供时间更长的休假政策。员工主要利用这种休假来追求一些与工作无关的目标或者满足家庭需要。这种非带薪休假也是一种员工福利，员工在请假期间通常能够保留自己的资历，并且同样能够享受组织提供的其他某些员工福利。

而在休假管理政策方面，国外出现的一种最为灵活的休假管理方式是：为每位员工提供一个休假账户，将员工可以享受的各种休假，如病假、带薪年休假等统统纳入这个账户，让员工自己在需要或者愿意的时候动用这个账户中储存的假期天数。这种富有灵活性的休假方式对于年轻员工来说尤其具有吸引力，因为他们倾向于将工作和生活之间的平衡视为工作满意度的最重要来源之一。

二、企业补充保险计划

1. 补充养老金计划

养老保险是社会保障的一部分，是法律所要求的退休福利。由于各方面的原因，法律所规定的养老金水平不会很高，很难保证劳动者在退休以后过上宽裕的生活。为此，很多国家都鼓励企业在国家法定的养老保险之外，自行建立企业的补充养老保险计划，其主要手段是提供税收方面的优惠。

美国的401（k）、403（b）计划就是为了鼓励企业建立补充养老保险而制订的税收减免计划。我国政府也于 2004 年出台了《企业年金试行办法》。根据该办法的规定，符合下列条件的企业，可以建立企业年金：①依法参加基本养老保险并履行缴费义务；②具有相应的经济负担能力；③已建立集体协商机制。企业之所以具有建立并提供企业年金的积极性，原因在于通过向养老基金缴纳费用，企业可以享受一定额度的税收减免。

但由于我国在税收等法律方面还不是很健全，目前企业补充养老保险仍处于探索阶段，尚未形成明确模式。因此，我们主要就美国企业的补充养老保险情况做简要阐述。

为员工提供的最主要的福利应该是为其退休后的生活提供经济保障。养老金计划有三种基本形式，分别是团体养老金计划（group pension plan）、延期利润分享计划（deterred profit-sharing plan）和储蓄计划（savings plan）。团体养老金计划是指企业（可能也包括员工）向养老基金缴纳一定的养老金。延期利润分享计划是指组织会在每个员工的储蓄账户上贷记一笔数额一定的应得利润。储蓄计划是指员工从其工资中提取一定比例的储蓄金作为以后的养老金，与此同时，企业通常还会付给员工相当于储蓄金金额一半或同样数额的补贴。在员工退休或死亡以后，这笔收入会发给员工本人或其遗属。

养老金的基本形式还可以按照其他标准划分，如把退休福利分为固定受益制（defined-benefits plan）和固定缴费制（defined-contribution plan）。固定受益制包括确定养老金数量的一套准则，事先确定员工应得的养老金数额。这个计划说明，为了使员工在退休以后得到某一数量的养老金，究竟应该依据什么原则来确定员工缴纳的养老金费用。而固定缴费制并不确定员工最终所得的养老金数量，只确定计划的定期缴纳额。在固定受益制中，员工在退休之前就可以确定他们的退休所得。而在固定缴费制中，员工并不能确定他们的养老金数额，员工的最终所得会与养老基金的摊缴额和退休基金的投资收益情况密切相关。

2. 团体人寿保险计划

人寿保险是市场经济国家的一些企业提供的一种最常见的福利。大多数企业都要为其员工提供团体人寿保险（group life insurance）。这一适用于团体的寿险方案对企业和员工都有利。作为一个群体的员工，相对个人而言，可以以较低的费率购买到相同的保险。团体方案通常适用于所有员工（包括新进员工），而不论他们的健康或身体状况如何。多数情况下，企业会支付全部的基本保险费，承保金额相当于员工两年的薪酬收入。而附加的人寿保险则要由员工自己承担。个别情况下，即使是基本保险费率也按一定比率在企业和员工之间分摊，如 50∶50 或 20∶80。在我国，也有不少企业已经开始为员工办理团体人寿保险。

3. 健康医疗保险计划

健康医疗保险的目的是减少员工生病或遭受事故时本人或其家庭所遭受的损失。这种企业补充保险形式主要存在于美国等一些经济发达国家。在这种情况下，企业通常以两种方式提供这方面的福利：集体投保或加入健康维护组织（HMO）或优先提供者组织。

集体投保是指企业向保险公司支付一笔费用作为保费，当员工或其家庭发生某些事故时，保险公司可以部分或全部地赔偿其损失。长期来说，企业所缴纳的保费应该等于保险公司向员工支付的赔偿金与保险公司的管理费用之和。但保险项目必须界定清楚保险范围以及赔偿金比率。有些企业还采取自保形式，企业自己划出一部分资金作为员工的保险金，而不再向保险公司投保。这是一种控制健康保险成本的方式，但这种做法会将原来转嫁到保险公司的风险重新移回到企业身上。

此外，企业还可以采取加入健康维护组织的方式来为员工提供健康医疗保险服务。健康维护组织在美国比较普遍，它是一种保险公司和健康服务提供者的结合。它提供完善的健康服务，包括对住院病人和未住院病人提供照顾等。同时，和其他保险计划一样，它也有固定的缴费率，这种做法通常会有助于降低企业的保险成本。

三、员工服务福利

（一）员工援助计划

员工援助计划（EAP）是企业针对诸如酗酒、吸毒、赌博或压力问题等向员工提供咨询或治疗的正式计划。其基本模式有四种：①内部模式中，由公司自行雇用全部援助人员。②外部模式中，公司与第三方签订合同，由第三方提供员工援助服务所需的工作人员和服务内容，提供服务地点可以是第三方的上班地点、本公司的上班地点或二者的结合。③合作模式中，多个公司集中资源共同制订一个员工援助计划。④加盟模式中，第三方与公司签订合同，但第三方将合同转包给一个地方性的专业机构，而不是利用自己的员工来执行合同。如果实施员工援助计划的第三方在客户公司所在地没有办公地点，就通常采用加盟模式向客户公司的员工提供服务。

（二）咨询服务

企业可以向员工提供广泛的咨询服务。咨询服务包括财务咨询（如怎样克服现存的债务问题）、家庭咨询（包括婚姻问题等）、职业生涯咨询（分析个人能力倾向并选择相应职业）、重新谋职咨询（帮助被解雇者寻找新工作）以及退休咨询等。条件允许的情况下，企业还可以向员工提供法律咨询。此外，一些企业还通过网络等各种方式向员工提供一些有价值的信息，如IBM和得州仪器公司都为它们的员工提供一项网络在线课程，指导他们如何护理生病的家庭成员。有些公司的内部网络还会为组织内部的员工提供各种关于儿童教育、租房、交换家庭物品以及寻求其他方面同事帮助的信息平台。

（三）教育援助计划

教育援助计划是针对那些想接受继续教育或完成教育的员工实施的一种很普遍的福利计划。教育援助计划分为内部援助计划和外部援助计划两种。内部援助计划主要是指企业的内部培训。例如，一些企业尝试在企业内开设自己的大学课程，如MBA（工商管理硕士）课程，并聘请大学教师来企业讲课等。外部援助计划主要指的是学费报销计划。其目的是鼓励员工学习，同时吸引那些愿意开发自身知识和技能的员工。典型的学费报销计划通常会涵盖注册费用以及与员工的当前工作或者在组织中的未来职业发展有关的课程方面的费用。当员工证明他们已经完成了组织批准他们参加的课程之后，就可以报销与之相关的所有费用。学费的报销可以采取全部报销、部分报销的方式，也可以采取每年给予固定金额的补助等不同方式。

还有一些针对员工子女的教育计划。中国的个税制度规定子女的学前教育和学历教育阶段都有税收优惠，子女教育按照每个子女 1000 元的标准定额扣除。美国《国内税收法》第 529 条款允许孩子的父母以及其他家庭成员在享受延迟纳税待遇的情况下，将一部分薪酬存入 529 储蓄账户。有些州还为这种账户中的缴费提供了有限的减税额度，一些企业针对员工为孩子上大学筹集学费的需要，同时利用这种税收优惠，帮助员工建立起了 529 储蓄计划，即安排一家经纪公司直接将员工薪酬的一部分存入他们自己的 529 储蓄账户。除了提供直接存储的便捷服务之外，企业还可以通过与经纪公司谈判争取到一个较低的管理费。例如，美林证券公司对于企业设立的 529 储蓄账户就只征收相当于平时水平一半的管理费。

（四）儿童看护帮助

越来越多的公司向员工提供儿童看护帮助。这种帮助可以根据公司介入程度的不同划分为多种形式。企业参与程度最低的一种儿童看护帮助是，企业向员工提供或帮助员工查找儿童看护服务的成本和质量方面的一些信息。在儿童看护帮助方面，参与程度较高的企业向那些已经购买了儿童看护服务的员工提供补贴。在最高的企业参与层次上，企业直接向员工提供工作场所中的儿童看护服务。多项调查显示，提供儿童看护帮助的企业，员工缺勤现象大大减少，生产率也有一定程度的上升。

（五）老人护理服务

随着人口平均年龄的提高，企业和个人都越来越多地关心老年人的护理问题。与儿童看护类似，老年护理计划的目的是帮助员工照顾不能充分自理的年迈父母。从企业的角度来说，老年护理福利之所以如此重要，其原因与儿童看护福利一样：帮助员工照顾他们年迈的家人会提高员工的工作绩效。组织提供的老年护理福利主要包括弹性工作时间、长期保健保险项目以及公司资助的老年人看护中心等。

近些年来，随着我国长期实施的独生子女政策，作为独生子女的员工都将面对老人的扶养以及生病、年老时的护理压力，企业针对这种情况研究制定相关的福利政策是非常有必要的，在吸引和留住员工方面也会产生积极效果。

（六）饮食服务

很多企业为员工提供某种形式的饮食服务，让员工以较低的价格购买膳食、快餐或饮料。在公司内部，这些饮食设施通常是非营利性质的，有的企业甚至以低于成本的价格提供饮食服务。这种做法对员工的好处是显而易见的。对企业来讲，则意味着员工不需要花费很长的就餐时间。即使不提供全部就餐设施的企业，往往也会提供饮水或自动售货机服务以方便员工。那些不提供饮食服务的组织可能就要为其不完善的工作设施支付补偿性的差别工资，或者提供饮食补助。例如，谷歌公司不仅为员工提供完全免费的早中晚餐，而且在办公场所中为员工准备了各种非常方便取用且完全免费的饮料和饼干、曲奇等食品。

（七）健康服务

健康服务是员工福利中使用最多的福利项目，也是最受重视的福利项目之一。员工日常需要的健康服务通常是法律规定的养老保险、生育保险、工伤保险所不能提供的。大多数情况下，健康服务包括：为员工提供健身场所和器械，为员工举办健康讲座等。例如，工作场所建造的运动场或者由组织出资成立的足球队、篮球队等，这些设施一方面为员工提供了社交机会，另一方面也有助于员工从事体育锻炼。

对那些要求较高、工作压力较大的工作来说，有些企业还提供一些有助于员工在工作中投入必要的较长工作时间以及帮助他们缓解压力的福利。例如，让员工享受一次周末旅游、一顿美餐或者任何其他他们乐于参加的活动，作为对他们工作的褒奖。一家会计师事务所的经理人还不定期地带领所属团队中的女员工去一家美甲沙龙休息，这种做法不仅有助于让员工放松，而且还可以与她们进行轻松愉快的交谈。

第三节 员工福利的规划与管理

一、福利规划

关于福利所要达到的目标模糊、提供什么样的福利项目难以达成一致以及福利种类的增多、福利成本的迅速增长等各方面的问题，使得企业的福利决策越来越困难。在企业的福利规划和决策过程中，需要决定提供什么样的福利以及为谁提供福利。

（一）提供什么样的福利

大体上来说，福利决策和直接薪酬决策是类似的，其中最关键的都是成本问题。对企业来说，支付直接薪酬的成本和支付福利的成本是一样的。现代薪酬管理理论把直接薪酬和作为间接薪酬的福利都看成全面薪酬的重要组成部分的思想强化了这一观点。

事实上，福利决策和直接薪酬决策还是存在很大差异的。直接薪酬决策往往是单一的，福利决策却不是。企业有很多福利项目可以选择，而不同的福利组合又会产生不同的影响。员工看待福利的观点会因他们自己的需要不同而有所不同，不同组织中的员工队伍构成不同，员工对福利的需要和期望自然也不相同。企业进行直接薪酬决策时，最主要的考虑因素是员工的能力和绩效以及所承担的工作，而福利决策的依据却有所不同。在考虑到底设立什么样的福利计划时，企业应当着重从以下几个方面入手。

1. 了解国家立法

社会立法要求企业为员工的健康和安全提供保障，同时还要提供各种各样的福利以弥补员工生病、工伤、失业和退休时的收入损失。法律还规定了组织应该如何建立并运营某些特定的福利计划。无论企业是否愿意提供这些福利，也无论员工是否迫切需要这些福利，只要是法律规定的福利项目，企业就必须提供。

有人认为企业的福利支出不应当看成真正建立在雇佣关系基础上的薪酬支出，只不过是国家对每个公民基本生活进行保障的一种简便方式而已。但就企业而言，福利支出源于公司和员工的雇佣关系，是企业雇用员工的一种直接后果，福利是直接薪酬的一种替代品。从某种意义上来讲，福利水平的提高实际上是以降低直接薪酬水平为代价的。当然，法定福利在员工眼中可能也不称为福利，他们认为直接薪酬是与雇佣关系直接联系在一起的，但法律所规定的福利与此不同。

如果不能让员工意识到企业的福利支出是要付出很大代价的，或者员工认为企业并未提供有价值的福利，企业的福利支出就不会得到任何回报。为此，企业必须就福利的成本问题加强与员工的沟通，使他们意识到企业所承担的福利成本。

2. 开展福利调查

在进行福利决策时，还要考虑到其他企业所采取的福利措施。企业要想吸引和留住员工，保持在劳动力市场上的竞争力，就必须了解其他组织所提供的福利水平。福利调查和薪酬调查的目的是一样的，就是获取劳动力市场信息。

很多时候，薪酬调查本身就包括对福利种类以及福利水平的调查，因为福利本身就是一种间接薪酬。因此，在政府相关机构以及行业协会或者咨询公司所主持的市场薪酬调查中往往可以找到福利方面的一些数据资料。一般的福利调查所要得到的是市场上普遍存在的福利项目的形式、内容及其覆盖范围方面的信息。

在薪酬调查中了解到的直接薪酬的信息和福利的信息会有所不同。通过对直接薪酬的调查，企业可以了解到自己的薪酬成本达到一个什么样的水平是合理的。但福利调查所能够提供的仅仅是其他企业所采取的福利实践的状况，至多能够了解到竞争者的总福利成本是多少。至于单个福利计划的成本，不同企业之间存在很大差异。这些差异来源于不同企业劳动力队伍的构成差异以及对福利的不同看法。例如，在一些公司中被看成福利的项目，在另一家公司很可能不被看成福利。因此，在进行福利决策时，企业应该计算其他公司所提供的福利在自己公司运行时所可能导致的成本，并与员工偏好结合起来作出决策。

3. 做好福利规划与分析

对市场上流行的福利的市场调查可能会导致企业作出一些错误决策。企业可能会仅仅因为其他企业实施了这些福利项目而不是因为自己的员工需要，也去实施某些福利项目。许多企业的福利决策是建立在一种对福利的模糊认识基础之上，即认为多提供福利有助于公司吸引和保留员工，而不是建立在对公司员工的需要和偏好进行认真分析的基础之上。

要对企业内部的福利实践进行分析，就需要对公司现存的福利项目和员工的需要以及偏好进行比较。把福利看成全面薪酬的一个重要组成部分的做法，有助于企业把福利规划和吸引、保留员工更好地结合起来。但这种分析可能会因为不同员工个体之间或群体之间的差异较大而变得更加困难。

要想获知员工对福利的偏好，可以在组织内部对员工进行问卷调查。问卷无须太复杂，可以只包含一系列可能提供的福利项目，让员工对其进行排序——从自己认为重要的到次要的。最好在问卷中包含答卷人的个人特征，这样企业就可以看出什么类型的员工群体偏好什么类型的福利计划。

对问卷调查的结果进行分析，就可以得出现存的福利模式与员工偏好的福利模式之间的差异。未能得到满足的员工福利需求可以作为附加福利，而企业所提供的多于员工需求的那部分福利则属于资源浪费。在一些双职工家庭中，这种状况尤其明显。如果夫妻双方都工作，他们获得的福利往往会出现重合，雇用这对夫妻的两家（或一家）企业就不能从所提供的福利计划中获得最大价值。这对夫妻也会感到不满，对有的福利项目来说，他们得到的太多，而有些他们需要的其他福利项目则很有可能是两个人的雇主都没有提供的。

4. 对企业的财务状况进行分析

对企业的财务状况进行分析的原因与薪酬水平决策是类似的，即它关系到企业的支付能力问题。福利已经越来越多地被看成全面薪酬的一部分，因此，企业必须从将成本与员工需要相结合的角度来对企业的直接薪酬和福利状况进行总体上的分析和比较。

一方面，根据员工的需要和偏好来进行福利决策，有利于制定符合员工需要的福利类型，并提高企业所提供福利的成本有效性；但另一方面，一旦提供了某种福利项目，员工所关注的就是福利水平而不是企业为提供这种福利所付出的成本。很多时候，员工对福利范围以及福利水平的重视程度要远远超过他们对企业福利成本的关心。从企业的角度来说，既然福利已经成为全面薪酬的一个重要组成部分，它就必须实现直接薪酬和作为间接薪酬的福利之间的平衡。如果直接薪酬和福利互不干涉地各自增长，很可能会导致企业薪酬成本的过度增加。不仅如此，直接薪酬的增长实际上会对福利成本产生直接影响。例如，休假的成本和节假日的薪酬支付以及养老保险费用的缴纳等。

根据成本和员工需求两种因素来选择福利项目的做法显然对员工和企业都是有利的。不过，尽管在选择福利项目和计算福利成本时，可以参考其他公司的福利数据，但不同企业之间的福利成本计算是有很大差异的。差异不仅来源于员工队伍特点的不同，还来源于很多其他因素。例如，劳动力成本占总成本的比率、产品需求的变化、技术因素和组织的利润率等。高福利成本通常存在于高利润率的组织、大型组织、工会化的组织和劳动力成本较低的行业中。地理位置的不同和员工群体大小的不同也会导致福利成本的差异。

当企业实施较为复杂的福利计划时，可能需要拥有专业化的薪酬福利管理人员以及精通福利分析的专家。福利分析是一项对专业知识要求较高的工作，尤其是在实施保险计划的时候。医疗保险成本的迅速提高和养老保险方面的法律规定都迫使企业越来越多地通过外部专家来帮助处理企业中的保险以及其他一些福利管理问题。

5. 了解集体谈判对员工福利的影响

工会化的组织中，福利的问题通常会在谈判桌上敲定。在工会主义的政治背景下，工会要为其成员争取最大化利益。尤其当薪酬增长已经不太可能的时候，福利增长就成为工会显示政绩的重要手段之一。

如果工会的需求反映了员工偏好，企业对自己的立场和员工的需求进行了细致的分析，那么在集体谈判中对福利问题的讨论可能会是一件比较容易的事情。然而，很多时候，工会的目标并不能反映员工偏好。工会可能会努力建立一种在整个行业中都存在的或者取悦大多数工会成员的福利制度，而这种福利制度并不能反映某一企业中的员工偏好。此外，在员工特征比较复杂的企业中，工会领导人也面临着和企业一样的困难，很难在员工偏好和员工需要方面达成一致意见，因而也就弄不清楚到底实施什么福利计划是最好的。

(二)为谁提供福利

如果福利仅仅是一种参与式回报,与员工个人及其群体的工作绩效没有关系,那么所有员工的福利待遇都应该一样。这是建立在组织希望保留所有员工这一基础之上的。这种情况下,隐含地假设所有员工对组织都具有同等重要的价值。但现实中,如果组织仅仅希望保留某些特定的员工群体,而对其他员工群体的去留并不十分关心,那么不同的员工群体就有可能会导致不同的福利组合。这是成本/福利问题的延伸——福利支出和组织的其他支出一样,应该为组织创造价值。

对不同员工群体实施不同福利计划的做法会产生很多问题。首先,组织内部会产生地位阶梯,某些人享有的福利另一些人没有资格享受。没能享受到某些福利的员工会产生一些不满情绪。当他们需要与那些享有特殊福利的员工合作完成组织的某一工作任务时,彼此之间很可能会产生摩擦。其次,对不同员工群体实施不同的福利计划或福利组合,会带来管理上的难题。例如,确定哪些岗位或管理层级上的员工应该享受什么样的福利,他们的福利计划的种类分别应该是多少等,都需要考虑。最后,可能会引发企业外部的问题。某项福利计划只适用于企业中的一部分员工的做法可能会违反某些法律规定。如果组织想通过福利计划达到减免税收的目的,这种对员工队伍采取区别对待的做法可能会引起麻烦。

尽管存在上述种种问题,大多数企业仍然有两种以上的福利组合:一种适用于经理人员,另一种适用于普通员工。很多组织对普通员工也进行区别对待。例如,对销售类员工和技术类员工的福利待遇作出区别对待。

出于对福利成本的考虑,很多企业采取雇用非全日制员工来代替雇用全日制员工的做法。雇用非全日制员工可以减少很多法律要求组织必须提供给全日制员工的福利。虽然这样的做法会导致员工群体处于不同的组织地位,但大多数公司认为,这样做是值得的。随着非全日制工作员工的绝对人数以及他们在劳动力队伍中所占比例的上升,英国等许多国家正在探讨如何使适用于全日制员工的许多法定福利也同样适用于非全日制员工。

二、福利管理

确定应当提供什么样的福利以及对什么人提供福利仅仅是福利规划与管理的一个方面,另一个方面是如何对现存的福利组合进行管理的问题。福利管理的内容包括处理福利申请、进行福利沟通以及加强福利监控等。

(一)处理福利申请

一般情况下,员工会根据公司的福利制度和政策向公司提出享受福利的申请,而企业此时就需要对这些福利申请进行审查,看其申请是否合理,即需要审查本企业是否实施了某种相关的福利计划,该员工是否在该计划覆盖的范围之内,以及该员工应当享受什么样的福利待遇等。

这项任务并不是技能水平要求较高的工作,但它通常很费时间,并且对从事这项工作的人的人际沟通能力要求较高。在应对福利申请受理的时候,需要对那些福利申请被拒绝的员工提供咨询,向他们解释被拒绝的理由。在福利申请的受理以及处理方面,福利管理者能够显示出自己对整个组织的重要价值。对福利申请者进行认真的审查，并恰当地处理福利申请，可以为企业节省很多不必要的支出。例如，员工所申请的某种福利，可能政府或者其他公共机构可以提供，而不必企业提供。这样，员工的福利需求能够得到满足，而公司也不必承担不必要的福利开支。

（二）进行福利沟通

员工福利要对员工的行为和绩效产生影响，就必须使员工认为福利是全面薪酬的一部分。很多企业的经验显示，即使企业为向员工提供福利作出了很多努力，员工仍没有意识到组织到底提供了什么福利，或者没有意识到组织为此付出了多么高额的成本。

有研究专门让员工来做两个方面的估计：一是估计企业在他们的医疗保险中投入多少钱；二是估计如果自己不以企业员工身份参加健康保险，可能会付出多大成本。结果表明，员工对于他们所享受的医疗福利的成本以及这些医疗福利的市场价值都大大低估了。员工估计企业为覆盖员工家庭成员的医疗保险所支出的费用仅仅是企业实际付出成本的38%。

虽然员工非常看重已经得到的福利，但这并不意味着他们对企业所提供的每项福利计划都很满意。这两种情况表明，企业有必要设计一种完善的福利沟通模式，一方面，告诉员工他们都享受哪些福利待遇；另一方面，告诉员工他们所享受的福利待遇的市场价值到底有多高。

福利沟通比直接薪酬信息沟通要困难一些。很多时候，每一个带薪工作日，员工都有可能会得到直接薪酬方面的信息反馈，即每工作一天，员工都知道今天自己能够赚到多少钱。但对大多数员工而言，福利在很长一段时间内可能都是看不到的。退休福利就是一个很好的例子。年轻人很少考虑有关退休金的问题，所以他们也很少意识到公司提供了退休福利待遇。此外，在福利计划本身比较复杂的情况下，企业也很难对员工进行详尽解释。退休金计划就是其中一个例子，保险领域的专业术语和复杂的退休金计划使得员工即使对此感兴趣，也很难弄清究竟是怎么回事。

无论如何，企业都应该采取有计划、持续的方式与员工进行福利信息方面的沟通，让员工对他们正在享有的福利待遇有一定程度的了解。

第一，编写福利手册，解释企业提供给员工的各项福利计划。这些手册可以包含一本总册子和一系列附件。在福利手册中应当尽量少用福利专业术语，力求让普通员工都能了解其内容含义。

第二，定期向员工公布有关福利的信息。这些信息包括：福利计划的适用范围和福利水平；对具体的员工来说，这些福利计划的价值是什么；组织提供这些福利的成本。

第三，在小规模的员工群体中做福利报告。这一工作由福利管理人员或部门经理来完成。

第四，建立福利问题咨询办公室或咨询热线。这既有利于员工了解公司的福利政策和福利成本开支情况，同时也是表明组织希望员工关心自己的福利待遇的一种信号。

第五，建立网络化的福利管理系统。在公司组建的内部局域网上发布福利信息，也可以开辟专门的福利板块，与员工进行有关福利问题的双向交流，从而减少因沟通不畅导致的种种福利纠纷或福利不满。

（三）加强福利监控

福利领域的情况变化很快，企业必须紧紧跟随组织内部和外部态势的发展变化。

首先，有关福利的法律经常会发生变化，组织需要关注这些法律规定，检查自己是否符合某些法律法规的规定。避免自己在不知道的情况下违反国家法律法规，还能以法律法规为依据，寻求有利于自己的福利提供方式。

其次，员工的需要和偏好也会随员工队伍构成的不断变化以及员工自身职业生涯发展阶段的不同而处于不断变化之中。因此，员工的福利需求调查应该是一项持续不断、经常进行的工作，不能一劳永逸。

再次，与对外部市场的直接薪酬状况变化进行了解类似，对其他企业的福利实践变化的了解也是企业在劳动力市场上保持竞争性的一种重要手段。

总之，企业只有对在福利领域所发生的上述种种变化进行有效的监控并随时进行调整，才能保证以较低的成本提供令员工满意的福利项目。

第四节　弹性福利计划

一、弹性福利计划的内涵

弹性福利计划的基本思想是让员工对自己的福利组合计划进行选择。但这种选择会受两个方面的制约：一是企业必须制定总成本约束线；二是每一种福利组合中都必须包括一些非选择项目，如社会保险、工伤保险以及失业保险等法定福利计划。在上述两个因素的限制下，员工可以自行挑选福利项目。

传统福利制度所带来的一个问题是：组织提供的福利组合并不适用于每个员工。这种情况下，企业支付的福利成本很高，但提供的福利对有的员工没有价值。例如，对年龄大的员工提供儿童保健福利计划就是没有意义的，这样的福利计划不能很好地激励员工。而弹性福利计划则为员工提供了多种不同的福利选择方案，从而满足了不同员工的不同需要。从20世纪80年代开始，弹性福利计划的数量迅速增长，计划的灵活性也越来越大。

虽然很多企业是追随潮流而实施弹性福利计划，但更多的企业有意无意地从全面薪酬管理的角度来分析自己的福利提供行为。推行弹性福利计划不仅能够提供最适合员工需求的福利组合，还能够更好地控制福利成本。提供弹性福利计划还有其他很多好处。例如，弹性福利计划促使员工考虑他们所获得的福利的市场价格，从而认识到组织为其提供的福利是有成本的。此外，员工能够选择最适合他们的福利组合，对组织而言，福利成本的付出可以获得最大的回报。最后，弹性福利给予员工更大的权利来控制自己的福利选择，这种做法本身就是组织信任员工的信号，有助于提高员工对组织的忠诚度等。

二、弹性福利计划的实施方式

企业可以采取多种方式实现从传统福利计划向弹性福利计划的过渡。简单的做法是适当降低基本薪酬,提高福利待遇的可选择性。复杂的做法则可以运行设计完备的福利选择系统。无论如何,只要员工有机会在一系列的福利计划之间作出选择,弹性福利计划就能够发挥作用。选择何种弹性福利计划方案取决于企业想要从弹性福利计划中获得什么。

(一)附加福利计划

实施这种附加福利计划(add-on plan),不会降低原有的直接薪酬水平和福利水平,而是提供给员工一张特殊的信用卡,员工可以根据自己的需要自行购买商品或福利。发放给员工的信用卡中可使用的金钱额度取决于员工的任职年限、绩效水平,还可以根据员工基本薪酬的百分比来确定。在实施这种福利计划时,信用卡可能局限于某一商场或某一福利提供组织,某一保险公司。信用卡中的钱必须全部花完,不能提取现金,这是与直接薪酬相区别之处。从薪酬的角度来看,任何附加福利计划都会提高组织的薪酬成本。但对那些直接薪酬低于市场水平而又想在劳动力市场上具有一定竞争力的组织而言,这是一种很好的办法。

(二)混合匹配福利计划

实施混合匹配福利计划(mix-and-match plan)时,员工可以按照自己的意愿在企业提供的福利领域中决定每种福利的多少,但总福利水平不变。一种福利的减少意味着员工有权选择更多的其他福利。如果降低其他福利项目的水平仍然不能使员工对某种特定的福利感到满意,企业就只能采取降低基本薪酬的办法了。

(三)核心福利项目计划

核心福利项目计划(core carve-out plan)是指为员工提供包括健康保险、人寿保险以及其他一系列企业认为所有员工都必须拥有的福利项目的福利组合。企业将所有这些福利项目的水平都降到各项标准要求的最低水平上,让员工根据自己的爱好和需要选择其他福利项目,或者提高某种核心福利项目的保障水平。

(四)标准福利计划

在这种经常被使用的标准福利计划(modular plan)下,员工面对多种不同的福利组合。他们可以在这些组合之间自由进行选择,但没有权利自行构建自己认为合适的福利项目组合。每一种福利组合,称为一个"福利模"。一个福利模与另一个福利模之间的差异可能在于福利项目的构成不同,也可能是由同样的项目构成,但每种福利项目的水平之间存在差异。如果模的成本不同,那些选择成本较小的模的员工,实际上会遭受利益损失。将福利管理外包给外部专业组织的企业经常使用这种弹性福利模式。

三、实行弹性福利计划时应注意的问题

实施弹性福利计划的实际过程中,需要注意的一点是,企业往往不能给予在法律允许

范围内员工所能够拥有的最大限度的自由选择权。一方面，这种做法会因为个别员工的特殊福利要求而大大提高公司的福利成本；另一方面，如果某一员工在其职业生涯的早期阶段作出了并不明智的福利选择，到后来才发现这一选择其实是错误的，企业赋予员工的这种自由度很大的选择权反而会招致员工怨恨。因此，在实施弹性福利计划时，除了国家法律规定的必选福利项目之外，企业还应该限定某些员工必须选择一些福利项目。在这个基础上，员工才可以作出进一步的福利选择。另外，为了保证福利计划的总成本不超出预算，在提供弹性福利计划之前，还需要进行组织内部的福利调查，提供给员工一系列可供选择的福利项目，让他们确定自己的福利组合，组织不会提供那些只有少数人选择的福利项目。

本章提要

福利作为一种间接薪酬形式，在整个薪酬体系中的作用越来越重要。一方面，它有利于企业吸引、保留及激励员工，培育积极、和谐的企业文化，合理降低税收成本；另一方面，它也能够满足员工的多种不同需要。

目前，在福利管理方面仍存在很多问题，主要包括：企业和员工对福利的认识上存在一些混乱，福利成本居高不下，福利的低回报性，福利制度缺乏灵活性和针对性。

员工福利主要包括法定福利、企业补充保险计划及员工服务福利等。其中，法定福利主要是养老、失业等各种社会保险计划、住房公积金以及法定假期。企业补充保险计划包括补充养老金计划、团体人寿保险计划以及健康医疗保险计划等。员工服务福利则包括员工援助计划、咨询服务、教育援助计划、儿童看护帮助、老人护理服务等。

福利规划和管理工作非常重要，需要合理确定福利项目以及可以享受的福利范围。同时，还要做好福利申请受理、福利沟通以及福利监控方面的工作。

弹性福利计划是一种赋予员工灵活选择权的福利计划，其优点是能够有效满足员工个人的独特需要，但这也增加了福利管理的成本。

思考题

1. 员工福利的发展趋势是怎样的？目前存在哪些问题？
2. 员工福利对企业和员工分别有怎样的影响？
3. 员工福利主要包括哪些类型？这些福利计划的作用分别是怎样的？
4. 什么是弹性福利计划？实施弹性福利计划应当注意什么？
5. 福利规划的内容是什么？福利规划主要涉及哪些方面的决策？
6. 福利沟通为什么非常重要？
7. 实施福利管理的过程中应当注意哪些要点？

答案解析 扫描此码

腾讯公司的员工福利制度

与华为等注重薪酬激励的企业不同,腾讯薪水与同行相比并没有较大的吸引力。但是,其完善的福利制度却为业内共知。如果腾讯的员工福利也被看作一款产品,那其绝对是如QQ、微信一般的精品,无论是企业内部还是整个行业,都会对它赞不绝口。

在腾讯,每一位入职的新员工都能领到一副"福利扑克"。54张牌,每一张都代表一种福利,王牌就是传说中的"10亿安居计划"。"10亿安居计划"是腾讯在2011年6月正式启动的针对首次购房员工的一项福利计划。工作满3年、符合条件的腾讯员工只需出具购房合同,并提交由中国人民银行出具的个人信用查询报告,就可以无须任何担保地向公司申请免息借款,最高可获得50万元。为了确保项目切实惠及尽可能多的基层员工,中层以上的管理干部和专家均不参与这项"安居计划"。

除了在购房方面提供福利外,腾讯的福利项目还包括家属开放日、30天全薪病假、15天半薪事假、中医问诊、各种保险、腾讯圣诞晚会、各种节日礼包、各种协会……大到房贷,小到Q币,腾讯的福利涵盖员工工作和生活的各个层面。

腾讯的福利项目在公司内部专门的福利网站上被归类为三大块:财富、健康、生活,分别由不同的小组负责。员工可以对福利项目提出意见,而福利团队则要像产品经理一样,不断听取员工反馈、改进现有方案。

腾讯给予员工的福利并不只是"纸上谈兵",而是真正地渗入公司的每个角落。例如,腾讯总部大厦就坐落着上千平方米的豪华员工餐厅。餐厅共有三层,设施完备,能容纳1 300人同时进餐。每层餐厅的装修费都在千万元以上,可见腾讯对员工用餐方面的关怀。而在上下班时间,公司也会为员工提供班车。在深圳市区,腾讯班车有260条线路,比一个中小城市的公交系统还完善,从早8点半到晚11点,可直达深圳关内的任何一个地方。有员工笑称,班车开到哪里,房子就买到哪里。

对于不同年龄的员工而言,他们对薪酬的需求和感受都有一定差异。通过校园招聘进入腾讯的Rachel,到公司有一年多,平时喜欢参加公司内的各种协会。说到福利,最让她兴奋的还是刚举办完的腾讯圣诞晚会:"我们提前一个月就开始期待了,问过好几个同事,他们说,看一次圣诞晚会,就想在腾讯多待两年。"

每年的圣诞晚会都是腾讯人的大狂欢,其规模不亚于一个大型演唱会。比如,2012年的圣诞晚会就设置在了深圳宝安体育场,有超过2.5万名员工和家属参加,邀请了汪峰、许巍等大牌明星助阵。在晚会上,CEO马化腾领衔高管表演Tencent Style,现场还提供各种奖品,中奖率超过50%。腾讯圣诞晚会在深圳有很好的口碑和反响,一票难求,这也成为Rachel向同学、朋友夸耀的谈资。

另一位在腾讯工作更久的Emma则更关心买房问题。在她入职不到一个月时,腾讯宣布了"安居计划"。现在,她还差一年多,就够条件申请贷款,谈及此事难掩期待。"安居""乐业"始终是青年人最关心的事情。

在谈及"安居计划"时,福利管理组总监Julie表示:这个计划的初衷很简单,房价不断上涨，公司想帮基层员工尽快拥有第一套住房。"安居计划"只针对基层员工，中层管理干部和专家不参与，专门设置绿色放款通道，确保借款在5天内到达符合条件员工的个人账户。一线城市（北、上、广、深）贷款额度30万元，其他二线城市20万元。在安居计划实施的配套措施上，项目负责小组也下了很大功夫。为了确保员工无还款压力、生活质量不受影响，腾讯要求员工每年只还款一次，并且在年终奖发放之后还款，可选择递增还款模式。申请贷款不需要任何担保，Julie说："这是充分信任员工，到目前为止，没有出现任何一笔坏账记录。"

事实上，提供免息贷款的公司不止腾讯一家，但大多数都需要员工提供多重担保，确保还款。而腾讯在设计这项福利时，更多站在员工的立场，为他们着想，不仅照顾那些买房有困难的员工，也努力减轻他们的压力。

一位业内专家表示：这个福利非常人性化，是真正在帮员工解决大难题，也让员工心甘情愿戴上一副金手铐。据了解，"安居计划"实施一年多后，在已得到贷款的815名员工中，只有4个人离开了腾讯。

腾讯福利做得有声有色，与CEO马化腾的重视是分不开的。马化腾对员工的关心可以说是细致入微。在腾讯工作10年，见证了腾讯从200人到2万多人的人力资源部助理总经理Yaya表示：腾讯大厦刚建好时，要采购一批椅子，马化腾要求行政部和采购部挑几款让他试坐。由于马化腾也是程序员出身，深切地体会到一张舒适的座椅对员工的重要性，因此，挑来挑去，最后定了最贵的一款，价格1 000多元，当时腾讯已经1万多人，这可是一笔不小的投资。在临近年底时，马化腾也会担心治安问题，并亲自写邮件要求加强安保。

CEO对福利的重视，也使腾讯的福利工作开展很顺利。据Yaya介绍："腾讯的大福利平台，其实是一个虚拟组织，包括HR、行政、企业文化三个部门，以及各个业务线的相关人员，加起来有几百人，大家都是整个大福利平台的成员，虽然是一个虚拟组织，但每一件事情都非常务实。"

腾讯对员工的关怀，也确实使员工斗志昂扬。例如，规模庞大的圣诞晚会，前后筹备半年时间，除了少数人专职负责，其他上千名演职人员都是义务参与，用工作外时间做事，不计入KPI（关键绩效指标）考核。他们不计得失和回报，完全是荣誉感在驱使。

资料来源：腾讯公司2021年员工最新福利[EB/OL]．（2021-12-12）．http://www.hrsee.com/?id=2657；腾讯这54张福利王牌，打的好！为留住员工，也是拼了![EB/OL]. (2020-04-06). http://www.360doc.com/content/20/0406/13/32589450_904196166.shtml．

案例思考题：

腾讯的员工福利涉及哪些方面？这种福利管理体系有何优势？是否存在弊端或改进空间？

下篇

薪酬管理篇

第十五章 薪酬预算与控制

◆ **本章学习目标**

通过本章的学习，你应该能够：
- 了解薪酬预算的概念、目标和作用
- 了解薪酬预算需进行的环境分析
- 了解薪酬控制的具体内容

◆ **引言**

预算与控制是稳定薪酬体系的有效保障

薪酬体系建立后，在企业经营的过程中，必须对这套系统的运行进行动态的管理，以保证和维持薪酬系统的实施效果。就如接下来要讨论的薪酬预算和薪酬控制，薪酬预算是管理者在薪酬管理过程中进行的一系列成本开支方面的权衡和取舍，其目标是有效控制成本并影响员工的行为。在薪酬预算完成之后，薪酬控制非常重要。企业可以通过对薪酬水平、雇佣人数以及薪酬结构的调控来合理控制总薪酬开支。

第一节 薪 酬 预 算

一、薪酬预算概述

（一）薪酬预算的概念

所谓预算，就是特定的主体决定要实现怎样的目标以及准备以何种成本或代价来实现这一目标的过程。对于任何一种经济活动而言，通过预算来进行成本控制都是不可或缺的一个环节，鉴于薪酬问题在经济上的敏感性及其对企业财务状况的重要影响，薪酬预算理所当然地成为企业战略决策过程中的一个关键问题。它要求管理者在进行薪酬决策的时候，必须把企业的财务状况、所面临的市场竞争压力以及薪酬预算、薪酬控制等问题放在一起加以考虑。同样，在决定更新企业的薪酬结构、为员工加薪或者实施收益分享计划的时候，薪酬预算也是确保薪酬成本不超过企业承受能力的一个重要措施。

薪酬预算实际上指的是管理者在薪酬管理过程中进行的一系列成本开支方面的权衡和取舍。举例来说，在新的财务年度，管理者需要综合考虑外部市场的薪酬水平、员工个人的工作绩效、企业的经营业绩以及生活成本的变动情况等各种要素，并对这些要素在加薪中分别占据的比重进行权衡。这种权衡还发生在长期奖金与短期奖金之间、根据绩效加薪与根据资历加薪之间以及直接货币报酬与间接福利之间。此外，是主要以薪酬作为激励手段还是转而用其他人力资源管理手段来激励员工，同样是一个值得管理者考虑的问题。

事实上，在企业的财务资源一定的情况下，企业在薪酬管理、人员配备、员工培训和其他一些管理举措中所投入的财务预算存在着一种此消彼长的关系。因此，薪酬预算的规模大小可以清晰地反映出企业的人力资源战略重心，它同时也是整个人力资源方案中的重要组成部分，直接关系到企业的经营成功和员工自由决定，就很可能导致在各种人力资源管理手段方面的投入出现较大偏差的情况，员工可能也无法得到公正的对待。为了避免出现这种情况，任何管理系统，包括薪酬预算，都应该追求操作的规范化，以利于企业实现提高效率、促进公正以及手段合法等方面的薪酬管理目标。

（二）薪酬预算的目标

任何一个企业都是由一定数量和质量的员工组成的集合，这些员工聚集在一起，在实现企业经营目标的同时，也为实现特定的个人目标而努力。从这个意义上来说，薪酬实际上是企业与员工之间达成一项隐含契约，它体现了雇佣双方就彼此付出和给予达成一致性意见。正是凭借这一契约，员工个人与企业之间的交换才得以实现。因此，在制定薪酬预算的时候，企业一般希望凭借这一举措实现以下两个方面的目标。

1. 合理控制员工流动率，同时降低企业的劳动力成本

与所有的交换一样，发生在企业与员工之间就劳动力和薪酬所进行的交换也要遵循经济学中最基本的规律：双方都想在提供为小投入的情况下从双方处获得最大的产出。具体到企业方面，当它从员工方面得到的收益逐渐增多的时候，它在购买劳动力的时候需要支付的成本也在逐渐上升。因此，在企业劳动力成本的变动过程中，一定会出现这样一点，在该点处能够满足这样一个条件：企业的边际劳动成本等于它所获得的边际劳动收益之间的平衡，保证企业所有者的收益最大化目标得以实现。

2. 有效影响员工的行为

具体来说，薪酬预算能够施加影响的员工行为主要包括两个方面，即员工的流动率和员工的绩效表现。

首先，员工的流动率受到雇佣关系中诸多因素的影响，而薪酬水平是其中非常重要的一个影响因素。企业期望与大多数员工建立起长期稳定的雇佣关系，以充分利用组织的人力资源储备，并节约招募、筛选、培训和解雇方面的支出；而员工通常会要求得到至少等于、最好超过其自身贡献的回报，否则就有可能终止其与企业的雇佣关系。有鉴于此，企业在制定薪酬预算的时候，必须考虑如何才能既有效地控制劳动力成本，同时还能保持一个较为合理的员工流动率。

其次，员工的绩效表现对于企业而言是至关重要的。为了促使员工表现出优良的绩效，一种最简单的方法就是把绩效要求直接与特定职位结合在一起，员工在与企业建立雇佣关系的同时就已经明确了其需要达到的绩效标准。从薪酬预算的角度来说，如果企业在绩效薪酬或者浮动薪酬方面增加预算，而在基本薪酬的增长方面注意控制预算的增长幅度，然后再根据员工的绩效表现提供奖励,那么,员工必将重视自身职责的履行以及有效业绩的实现,而不是追求职位的晋升或者在加薪方面盲目攀比。

(三)薪酬预算关注和关键问题

在制定薪酬预算的过程中,企业可能需要作出以下关键性决策。

1. 什么时候对薪酬水平进行调整

什么时候对薪酬水平进行调整也就是企业在一年中的什么时间为员工调薪的问题。调薪的时间不一样,同样的加薪方案给企业带来的经济压力也是不同的。举例来说,如果一份准备将公司的整体薪酬水平提高5%的薪酬预算是在年初提出,那么它意味着本年度员工薪酬总体会支出增加5%;但如果这份方案是在年中提出的,则组织只需为该预算多支付相当于薪酬总额2.5%的财务支出。

2. 对谁的薪酬水平进行调整

此处涉及的是薪酬方案的参与率问题。在企业加薪总额一定的情况下,员工的参与比例越高,每个人可以得到的加薪额度就越小。在现实中,一般刚刚加入企业的员工是不会马上得到加薪的,根据企业政策的不同,这段等待期可能从6个月到1年不等。

3. 企业员工人数的变化

企业员工人数的多少对组织的整体薪酬支出水平影响极大,当员工人数增加或流动比较频繁时,组织的平均薪酬水平可能会随之降低。与加薪的时间问题一样,在不同的时间对员工人数进行调整,对组织所产生的影响也是不同的。

4. 员工的流动状况怎样

对各个部门的预期流动率进行估计往往很困难,但根据市场情况和历年经验对企业整体的流动情况进行评估多半会简单一些。按照估计出来的流动水平,结合流动效应进行考虑可以在很大程度上增强企业薪酬预算的准确性和时效性。

5. 职位状况会发生哪些变化

能够对企业里的职位状况产生影响的因素有很多。以技术水平为例,对于特定职位而言,当它的技术含量提高时,员工所得的薪酬也应该相应提高。因此,在制定薪酬预算的时候,应综合考虑企业内部职位发生的整体变化以及各种职位上人数增减状况。

二、薪酬预算的影响因素

在做薪酬预算之前,诊断薪酬预算的影响因素是十分必要的。通过这一步骤,企业可以更清楚地了解自己目前的处境、市场和竞争对手的真实状况以及所面临的机遇与挑战,同时还有助于企业制定相应的策略。

(一)外部市场环境

任何一个企业与其所处的市场间都会有不可分割的联系。从薪酬预算的角度来说,了解外部市场的一种常见方式就是进行薪酬调查。通过薪酬调查,企业可以收集到有关基准职位的市场薪酬水平方面的信息,把它们与组织中的现实状况进行比较,有助于企业判定自己在劳动力市场上的准确定位,从而为企业的预算制定提供准确的依据。不仅如此,随着市场经营环境的不断变化和企业自身情况的改变,有目的地进行市场薪酬调查,对于企业依据市场变化保持相对于竞争对手的劳动力市场优势地位以及确保本企业薪酬预算的时效性是十分必要的。

在进行薪酬调查时,一个很重要的问题是调查数据的时限。任何一次薪酬调查的结果所代表的都是调查时的市场状况,而当它们最终被组织获得并应用时,不可避免地会出现时滞的问题。因此,在根据这些数据对组织的薪酬水平和薪酬结构进行调整时,要把劳动力市场的持续变动情况考虑在内,注意不断地对有关数据进行调整和更新。这对于准确把握外部市场形势、增强薪酬预算的及时性和有效性、增强企业的自身竞争力都是非常重要的。

(二)企业内部环境

企业制定薪酬预算的内部环境主要取决于既有的薪酬决策和它在招募、保留员工方面的费用。为了清楚地把握企业当前的内部情况,企业必须能够回答下面的这些问题:哪些员工会一直留在组织里?他们会达到怎样的薪酬水平?那些离开组织的员工的薪酬水平又是怎样的?组织需要雇用什么样的新员工?他们应当得到多高的薪酬?

企业内部环境的变动情况主要源于员工队伍本身发生的变化,如员工数量的增减以及员工的流动。通常情况下,员工人数的增加和流动的加剧都会降低企业的平均薪酬水平。这是因为,由于资历的缘故,新员工大多处于薪酬等级的底层,资深员工则位于薪酬等级的上部。当以新员工来代替已有员工或增加新员工时,就有可能使整体的薪酬水平下降;而当员工人数减少或流动速度减缓时,则会产生相反的效应。

另一个会对薪酬预算的内部环境产生较大影响的因素是技术的进步,企业总体技能水平的提高或降低足以发挥出不亚于其他因素的影响作用。当科学技术的发展带来企业技能水平的总体上升时,即使员工总数减少,平均薪酬水平也会有所上升,而这种上升无疑会给企业的薪酬预算带来种种影响。这些年来随着社会整体技术水平的快速上升,员工薪酬水平上涨已成为不争的事实。

(三)生活成本的变动

企业在制定薪酬预算时,把生活成本的变动情况结合起来考虑是一种很自然的做法,毕竟薪酬最基本的功用就在于满足员工生活开支方面的需求。在通货膨胀比较严重的时候,如果企业对薪酬水平的调整跟不上生活成本的剧烈波动,往往会招致员工的强烈不满,甚至导致企业经营上的危机。

但对员工的生活成本进行衡量又实在不是一件很容易的事情,这是因为它关乎员工个人的消费模式、婚姻状况、抚养人数、年龄大小甚至居住地点之间的地域差别;员工的生活成本反过来也与员工领取的薪酬高低存在一定的关联性。为了简便起见,企业普遍采取的做法是选取消费价格指数(CPI)作为参照物。以产品和服务价格的变化来反映实际生活水平的变动情况。

实践证明，这一做法在多数情况下都可以满足需要。然而现在也有不少人对这种做法提出了不同意见，比较重要的理由基本上可以概括为以下三个方面：首先，消费价格指数忽视了个人消费模式中的替代效应，即当一种商品的价格突然大幅上涨，消费者可能会选择用更便宜的其他商品来代替，而不是像消费价格指数所假设的那样固定不变。其次，消费价格指数假定的消费结构可能是不合理的。举例来说，当房租突然上升时，对于必须租房的人来说无疑是一场灾难，却不会给未租房的人带来任何影响。但消费价格指数通常是一概而论的，并没有细化出房租上升对不同人所造成的不同影响。最后，消费价格指数中所设计的消费组合并不能充分代表全体消费者，只能代表部分人口的消费习惯。

由此可见，根据消费价格指数来衡量生活成本的变动，对于企业而言只能算是一种比较粗略的做法，它在企业制定薪酬预算时可以作为一种有益的参考。对于一般的生活成本加薪来说，它足以满足企业的需要。但是如果企业需要更为精确地对生活成本的变化情况进行衡量和反映，则需要去做一些更为细致的研究。

（四）企业的薪酬现状

企业在制定未来的薪酬预算时必然会以薪酬的现状为参考。薪酬的现状所涉及的范围相当广，涵盖了企业薪酬管理的方方面面。其中比较重要的几个问题如下。

1. 企业的薪酬现况

相对于企业本年度的薪酬预算而言，上年度的加薪幅度可以作为一种参考，目的是使企业尽量保持不同年份之间薪酬政策的一致性和连贯性，并在年度支出方面进行平衡。无疑，这种做法对于保持组织结构的稳定性、给员工提供心理上的保障、实现稳健经营都是十分必要的。在数量上，年度加薪的幅度可以用以下公式计算：

$$年度加薪比率 = \frac{年末平均薪酬 - 年初平均薪酬}{年初平均薪酬} \times 100\%$$

2. 企业的支付能力

在其他因素一定的情况下，企业的支付能力是其自身财务状况的函数。当企业的财务处境良好时，它往往具备保持其在劳动力市场上的优势竞争地位的实力，同时还可以通过收益分享以及利润分享等方案与员工分享企业的良好经营绩效。而当财务方面出现问题的时候，企业通常会采取裁员、降低基本薪酬上涨幅度或缩减可变薪酬的做法来渡过难关。

3. 企业现行的薪酬政策

企业的薪酬政策主要可以分为两大类，即现有的薪酬水平政策和薪酬结构政策。前者可能涉及的问题包括：企业是要做特定劳动力市场上的薪酬领袖、跟随者还是拖后者？哪些职位理应得到水平较高的薪酬？而有关薪酬结构的具体问题则包括：在企业的薪酬水平决策中，外部竞争性和内部一致性所起的作用哪一个更大？企业里究竟有几个薪酬等级？各个薪酬等级之间的重叠范围是否足够大？员工在什么情况下会获得加薪？等等。此外，对现有薪酬政策的考察可能涉及的其他问题包括：当前企业里员工个人所获的薪酬的具体状况是怎样的？员工和管理者对当前薪酬状况的满意度如何？

正是通过对上述这些问题的回答和反思，企业才有机会总结经验、正视不足、发现问题并认识到改进的迫切性，从而在其后的薪酬预算和控制中有的放矢，提高管理活动的针对性和有效性。

第二节 薪酬控制

一、薪酬控制概述

（一）薪酬控制的概念与作用

所谓薪酬控制，就是指为确保既定薪酬方案顺利落实而采取的种种相关措施。在企业的实际经营中，正式的控制过程往往包括以下几个步骤：①确定相关标准以及若干衡量指标；②将实际结果和既定标准进行比较；③如果二者之间存在差距，明确并落实补救措施。

具体到薪酬管理方面，我们可以认为：企业通过薪酬预算，一般对自己在薪酬方面的具体标准和衡量指标有了比较清晰的认识，而薪酬控制的主要功用就在于确保这些预定标准的顺利实现。

毋庸置疑，这种控制对于企业而言是十分必要的。具体来说，在外部劳动力市场方面，由于企业在制定薪酬预算时通常要对市场平均薪酬水平、薪酬变动幅度等因素进行估计或预测，因此在很多时候，针对实际情况进行调查并及时纠正预期是非常必要的。与此类似，企业在制定薪酬预算时采用的内部信息未必准确（如年度流动率往往就是一个估计值），同时实际雇佣状况存在随时变化的可能。在这种情况下，为了保证管理人员对整个薪酬体系的切实监控和预定薪酬管理目标的顺利实现，实施有效的薪酬控制对于企业而言具有相当重要的意义。

（二）薪酬控制的难点

对于任何一个企业而言，对日常经营活动（包括薪酬管理）进行监督和控制都不是一件很轻松的事情。实际的控制要受到多种因素的制约甚至阻碍。这种情况之所以会出现，主要是控制行为本身的复杂性所致。具体来说，这种复杂性主要体现在以下几个方面。

1. 控制力量的多样性

在一定程度上，每个人都有控制他人的欲望，当他们作为企业中的员工时亦是如此。在企业中，每个人都为实现组织的整体目标而完成自己的手头工作，同时也为实现自己的个人目标而进行种种努力。他们不可避免地因为受控而要承受来自企业和其他员工的压力，同时也在向他人施加一定的压力。概括来说，企业的控制力量主要有以下三种：企业现有的正式控制体系、来源于小团体或特定个人的社会控制以及员工的自我控制。为了对企业的各项事宜（包括薪酬）进行有效监控，通常要求这三种控制力量必须整合在一起，对员工发挥相同方向的作用。但事实上，真正实现这种和谐的可能性小之又小，大多数时候，员工必须在各种冲突力量之间进行选择。这也是企业的控制体系总是处于次优状态的一个重要原因。

2. 人为因素的影响

企业的控制体系在不同的时间、不同的环境下、面对不同的对象会发挥出不同的作用。举例来说，如果各项工作职责的设计和履行之间彼此独立，工作周期本身又比较短，控制体系的作用效果就会比较明显；如果从事工作的是一名新员工，对控制力量本身有着较强的需求，控制的效果应该不会太差。但是，如果某项工作职责在最终结果出来以前要求在职者接受多年的培训并且在很长的一段时间里与不同职位的员工打交道，对其进行监控就不会有很明显的效果了。在这种情况下，借助社会控制和自我控制的力量往往能够收到更为理想的效果。

3. 结果衡量的困难性

在企业的日常运营过程中，对一些工作行为（如管理人员的经营决策正确与否）进行观察往往是很困难甚至不太可能的。出于有效控制的目的，企业往往会针对其希望得到的结果制定出若干衡量指标。这种做法在一定程度上是有效的，但它容易使员工把注意力集中在衡量指标而不是目标上。

二、薪酬控制的途径

在企业的经营过程当中，薪酬控制在很大程度上指的是对劳动力成本的控制。在大多数企业里都存在正式的薪酬控制体系。一般情况下，企业的劳动力成本可以用下面的公式表示：

$$劳动力成本 = 雇佣量 \times （平均薪酬水平 + 平均福利成本）$$

因此，我们可以认为劳动力成本主要取决于企业的雇佣量以及在员工基本薪酬、可变薪酬和福利与服务这三个方面的支出，它们自然也就成了薪酬控制的主要着眼点。同时，企业所采用的薪酬技术，如职位分析和职位评价、技能薪酬计划、薪酬等级和薪酬宽带、收益分享计划等，在一定意义上也能够对薪酬控制发挥不小的作用。

这样说来，我们可以从以下几个方面来关注企业的薪酬控制：第一，通过控制雇佣量来控制薪酬；第二，通过对平均薪酬水平、薪酬体系的构成的调整以及有目的地设计企业的福利计划来达到控制薪酬的目的；第三，利用一些薪酬技术对薪酬进行潜在的控制。

（一）通过雇佣量进行薪酬控制

众所周知，雇佣量取决于企业里员工人数和他们相应的工作时数，而通过控制这两个要素来管理劳动力成本可能是最简单、最直接的一种做法。很显然，在支付的薪酬水平一定的情况下，企业的员工越少，企业的经济压力也就越小。然而，如果薪酬水平保持不变，但是每位员工的工作时间可以延长，企业就更有利可图了。

1. 控制员工人数

事实上，已经有证据表明，在股票市场上，无论是裁员还是关闭工厂都可以算得上是利好消息。因为在市场看来，这些做法会有助于改善企业的现金流量，有效控制企业的成本开支。当然，这种做法的负面作用也是很明显的：裁员不当可能会导致熟练工人的大量流失，从而直接影响到企业的人力资本储备。

考虑到这样的问题，为了更好地管理企业的劳动力成本，许多企业会选择与不同的员工团体建立不同性质的关系：与核心员工之间的关系一般是长期取向的，而且彼此之间有很强的承诺；与非核心员工的关系则以短期取向居多，只局限于特定的时间段。非核心员工与核心员工相比，其成本较低，流动性却更大。因此，采用这种方式之后，企业可以在不触及核心员工利益的前提下，通过扩大或收缩非核心员工的规模来保持灵活性并达到控制劳动力成本的目的。

2. 控制工作时数

与变动员工人数相比，变动员工的工作时数往往更加方便和快捷，所以这种做法在企业更为常见。这里值得一提的是有关工时的法律效力方面的问题。举例来说，很多国家都有明文规定，员工的工作时间在超过正常周工作时数以后，额外工作时间的薪酬应该按照原有薪酬水平的 1.5 倍来计算。因此，对于企业而言，就需要在调整员工人数和调整工作时数两种做法之间作出选择，选择的依据则是哪一种调整方式的成本有效性更高。事实上，在实践中，当一个国家的劳动法管辖效力不高的时候，许多企业都会通过变相增加员工的工作时数来达到降低劳动力成本的目的。这种情况在我国经济发达地区的一些劳动密集型加工企业中也经常能够看到。

（二）通过薪酬水平和薪酬结构进行薪酬控制

对薪酬的控制主要通过对薪酬水平和薪酬结构的调整来实现。此处的薪酬水平主要是指企业总体上的平均薪酬水平，薪酬结构则主要涉及基本薪酬、可变薪酬和福利支出这样一些薪酬的构成以及各个具体组成部分所占的比重大小。各种薪酬组成的水平高低不同，所占的比重不同，对企业薪酬成本的影响也是不同的。

1. 基本薪酬

基本薪酬对薪酬预算与控制的主要影响体现在加薪方面，而在原有薪酬水平之上的加薪一般有以下三方面的原因：原有薪酬低于理应得到的水平；根据市场状况进行的调节；更好地实现内部公平。任何一次加薪能够发挥的效用直接取决于加薪的规模、加薪的时间以及加薪的员工参与率。

原有薪酬不足而导致的加薪意味着起码要把基本薪酬提高到其应处薪酬等级的最低水平线上，这种做法的成本与以下几种因素有关：基本薪酬所得存在不足的员工数量；理应加薪的次数；实际加薪的规模。举例来说，如果企业存在针对每次加薪幅度的政策规定，那么管理者就需要具体地了解，为了弥补某员工15%的薪酬差额，究竟是进行一次性加薪还是两次或更多次加薪。不同的抉择显然会对企业的财务状况产生不同的影响。

根据市场状况或是企业内部的公平情况来对基本薪酬水平进行调整，更多是为了确保和加强企业的地位，不管这种地位是相对于竞争对手的地位还是存在于员工心目中的地位。以后者为例，企业中的不公平感既可能源于同事间的同工不同酬，也可能源于上级和下属之间的紧张关系，在某些情况下还会与工会和管理层之间的争端有关。因此，为了更准确地制定薪酬预算，需要管理者根据不同的情况选择合适的预算方式。

2. 可变薪酬

越来越多的企业开始在组织内部使用这样或那样的可变薪酬方案。它们的支付形式包括利润分享、收益分享、团队奖励、部门奖金等。它们给组织所带来的成本亦是进行薪酬预算与控制时不得不考虑的一项内容。

在提高薪酬水平给企业的薪酬控制带来的影响方面，可变薪酬与基本薪酬既有相同点，又有不同之处。一方面，可变薪酬所能产生的影响同样取决于加薪的规模、加薪的时间以及加薪的员工参与率。另一方面，由于大多数可变薪酬方案都是一年一度的，通常在每个财务年度的年底支付，因此它们对组织的影响只是一次性的，并不会作用于随后的年份。

举例来说，现在需要针对某员工制订特定的薪酬支付计划。如果他原来的年薪为40 000元，每年加薪比例为5%，那么10年后他的薪酬数额应为62 000元，而这些年里企业总共需要向他支付503 116元。同时，与基本薪酬相联系的一些福利项目支出也需要相应增加。另外，组织也可以保持该员工40 000元的基本薪酬水平不变，每年支付大约26.8%的红利。10年下来，总成本大约应为503 000元。这样一来，不仅在一定程度上节约了福利和其他方面的成本开支，还可以保持员工薪酬与其绩效之间的高度相关性，发挥更大的激励作用。

因此，从劳动力成本方面来看，可变薪酬相对于基本薪酬所占比例越高，企业劳动力成本的变化余地也就越大，而管理者可以控制预算开支的余地也就越大。这对于今天崇尚灵活性和高效率的企业环境来说，是一种不错的选择。

3. 福利支出及其他

根据对薪酬预算与控制的作用大小，我们可以把企业的福利支出分为两类：与基本薪酬相联系的福利，与基本薪酬基本没有联系的福利。前者多是像人寿保险和补充养老保险这样比较重要的福利内容。它们本身变动幅度一般不大，但是由于与基本薪酬相联系，因而会随着基本薪酬的变化而变化。同时，由于它们在组织整体支出所占比重较大，因而会对薪酬预算和薪酬控制产生较大的影响。而后者则主要是一些短期福利项目，如健康保险、牙医保险以及工伤补偿计划等。比较来说，它们对于企业的薪酬状况所能发挥的作用相对小得多。

值得一提的是，福利支出的成本还应该考虑有关管理费用的问题。举例来说，当组织内部实施的保险并非保险制度时，企业就必须向保险商缴纳一定的管理费用，这也应该被考虑在薪酬预算和控制的范围之内。

除去上面提到的基本薪酬、可变薪酬以及福利支出之外，可能对薪酬预算产生影响的因素还有很多。例如带薪休假时间，这种额外休假时间的成本取决于劳动力本身的性质。当不享受加班工资的员工暂时离开职位的时候，一般不需要其他员工来代替，因此没有额外损失。而当享受加班工资的员工休假时，必须把承担其工作任务的人工成本计算在内。

第十五章 薪酬预算与控制

（三）通过薪酬技术进行潜在的薪酬控制

1. 最高薪酬水平和最低薪酬水平

一般来说，每一薪酬等级都会具体规定出该级别内的最高薪酬水平和最低薪酬水平。其中，最高薪酬水平对于企业薪酬控制的意义较大，因为它规定了特定职位能够提供的产出在组织里的最高价值。一旦由于特殊情况而导致员工所得高于这一限额，企业就不得不支付"赤字薪酬"。而当这种情况在组织里很普遍时，对薪酬等级和职位说明书进行调整就很有必要。由于最低薪酬水平代表着企业中的职位能够创造的最低价值，因而一般会支付给那些尚处于培训期的员工。

2. 薪酬比较比率

在薪酬控制过程中，一项经常会被用到的统计指标是薪酬比较比率。这一数字可以告诉管理者特定薪酬等级的薪酬水平中值，以及该等级内部职位或员工薪酬的大致分布状况。该比率的计算公式可以表示为

$$薪酬比较比率 = \frac{实际支付的平均薪酬水平}{某一薪酬区间中值}$$

当薪酬比较比率值为 1 时，意味着等级内员工的平均薪酬水平和薪酬区间中值恰好相等。

前面已经指出，薪酬区间中值是绩效表现居中的员工理应得到的薪酬水平。在理想情况下，企业支付薪酬的平均水平应该等于薪酬区间中值。因此，当比较比率大于 1 时，就说明因为这样或那样的原因，企业给员工支付的薪酬水平偏高：也许是因为人工成本控制不当，也许是因为多数员工的绩效表现确实突出，或是其他原因。而当该数值小于 1 时，薪酬支付不足的情况就显而易见了。当然，对于为什么会出现这种结果，企业需要进一步分析。

3. 成本分析

数字的说服力往往是最强的，这也是成本分析为很多企业青睐的原因。在决定一次新的加薪之前，企业一般会对加薪所带来的经济影响进行深入和透彻的分析，以期了解事情的全貌。同样，企业在制订像销售人员奖励计划这样的薪酬方案时，可以通过对该计划的成本进行测算来达到合理控制成本的目的。

本章提要

在对薪酬体系的管理中，体系的建立固然重要，但对体系的后续维护和落实也同样关键。在薪酬体系落地的过程中，成本控制是企业需要考虑的重要问题，因此对薪酬预算的控制和管理也尤为关键。薪酬什么时候调整、为什么要调整、对谁调整、如何调整、调整后要达到什么目标都是企业在完善和维护薪酬体系时需要考虑的问题。

在作出薪酬预算的时候，企业必须关注到内外部的环境和形势，了解企业对于薪酬的支付能力，并根据企业拥有的资源量力而行。

在进行薪酬控制时，企业要混合使用不同的控制力量，充分考虑环境和人的因素对控制体系的影响，并有机利用诸如控制员工人数、工作时数、薪酬水平和结构等的方式来构

建完善的薪酬控制体系。

思考题

1. 在薪酬预算中需要作出哪些重要决策？
2. 薪酬预算的外部环境和内部环境对薪酬预算会产生哪些影响？
3. 薪酬预算在企业薪酬管理体系中的地位和作用是什么？
4. 薪酬控制的主要途径有哪些？
5. 薪酬控制对于企业成本控制的意义是什么？

案例与讨论

让人心愁的薪酬

一、公司背景

N广告公司成立于2005年，现拥有员工100余人，除了30余名行政、财务、策划、设计、客服岗位人员外，其他均为广告业务人员。

N广告公司成立之初，年广告收入约1亿元，收入主要为政府公告、社会公告及大型企业的形象广告等，以上门广告为主。为了实现市场化运营和管理，该公司大胆引入市场化的用人机制，除了广告部总经理及两位副总经理外，全部员工都与公司签订劳动合同。员工的薪酬构成包括工资收入和奖金收入两部分。工资收入，即70%基本固定工资+30%浮动考评工资，员工最终拿到的浮动工资比例须以考核小组结果为准（考评结果与浮动工资比例：1等为30%，2等为25%，3等为20%，4等为15%，劣等为0）。奖金最终发放以公司业绩为准，根据岗位差异确定奖励系数，实际上最终大家拿到的奖金差异不大，相当于是一种平均化的福利。由于公司成立初期市场环境好，而且人员较少，大家都能拿到可观的奖金，因此当时公司的氛围是：员工关系非常融洽，工作上大家也能很好地合作。

随着公司的发展壮大，公司面临的竞争也日益激烈，总经理日益感觉到：人力资源政策若仍维持在原来的单一水平将难以激励各类员工——最突出的是奖金发放的问题，以前只要发一点年底奖金，大家就都很满足，但现在，无论怎么发、发多少都不能满意。

二、业绩提成薪酬的改革

2013年，新任总经理张总上任后，为了提升公司业绩，在薪酬激励方面进行全面改革。在薪酬方面，张总认为原来的薪酬系统缺乏效率，对业务人员没有激励性，从而为N广告公司设计了一套颇为细致的方案，把公司广告业务人员的薪酬制度改为"底薪+提成+年终奖"的发放办法。普通业务员按照经验和能力分为A、B、C三级，最低起薪每月1 600元，每升一级加600元。业务骨干给予部门"主任"头衔，月基本工资为5 000元，负责各个行业的一些大客户。

提成方面，业务提成设计为按广告实收款的6%~15%计，与行业、折扣和客户性质挂钩，房地产、电信运营商作为重点行业，提成高于其他行业；全价广告的提成最高，低于8折的广告提成最低；新客户提成高于老客户提成。各业务员按照不同的行业划分客户，多劳多得。

另外，张总还提出将业务员收入的20%作为"风险金"统一暂扣，到年底所在部门完成全年度任务后统一发放。公司完成全年任务则再为大家发放一笔年终奖，为了调动大家的积极性，年终奖的发放也与员工个人的绩效挂钩。

三、薪酬改革带来的变化

由于奖金和提成与绩效指标明确挂钩，各部门的目标非常清晰，大家对于能够拿多少钱都心里有底，而且对于需要付出多少努力也心中有数。因此这一制度实施后迅速激发起业务部门的积极性，公司连续3年以10%的业绩增速发展，顺利完成集团下达的广告任务，业务员也能在年终领到一笔丰厚的年终奖。但是，到该制度实施第三年时，问题出现了。

（1）各个部门之间的提成差异过大，提成拿得少的各部门员工就提成问题私下颇有微词。由于地产业务和汽车业务加起来每年都超过了公司广告收入的70%，而且这些部门的客户基本上都是成熟的大客户，不需要付出多少努力就能维持稳定的广告业务，这些部门的提成也就顺理成章地占了整个公司业绩提成的70%以上。因此，食品、旅游业务部门的员工抱怨地产、汽车业务部门的员工提成高、营销成本低、拿到大客户的还可以坐等业务上门，而自己所做的行业广告投放少，企业要求折扣高，干得累死累活但收入还比其他部门低得多，因此纷纷要求转到"热门"部门，对工作漫不经心。

（2）地产、汽车部门的员工也有与其他部门员工类似的怨言：大客户都被部门主任握着，自己只能跑些中小企业，同部门人员之间每年的收入最大差别有20多万元。而且虽然所在行业广告量大，但客户的"胃口"也大，提成收入有一半都花在平时跟客户联络感情上面，实际收入也不高。

（3）由于绩效提成的导向作用，业务人员只关心会影响自己薪酬提成的业绩指标，对公司重视的其他工作毫无兴趣。例如，作为业务骨干的部门主任只顾服务大客户，无心开拓新市场，对管理也不负责，从而导致公司的市场占有率日益萎缩，管理氛围也大不如前。

（4）业务人员之间的冲突增加，以前那种亲如家人的员工关系不见了。一是收入差距的加大带来了员工关系的微妙变化；二是员工之间为了自己的利益而明争暗斗，相互之间的合作减少了，甚至出现了"抢客户"的现象。

（5）部分员工感到压力大，无心继续留在公司工作，但在离职时要求公司发放前几个月扣发的"风险金"又出现了问题，他们认为这是该个人所得的，而公司方面则认为这部分钱只能在年底时统一清算，中间退出则视为放弃。因此一些员工在离职时与公司产生了纠纷，这也令其他在职的员工感到寒心。

随着上述问题的不断累积，公司的各种矛盾在2017年出现了集中爆发：①广告收入比上年下滑，由于业务骨干日趋懒惰、阳奉阴违、无心发展新客户，公司业绩遇到了瓶颈。②员工离职率提高，很多员工对公司的现状感到不满，对薪酬制度产生强烈的不公平感，很多人都在等待外面的机会，大部分离职的业务人员则选择了拿到风险金后离职。上级领导也听到种种对公司薪酬制度的不满反映和抱怨，只好将张总等人调往其他单位。

四、管理层的困惑：效率与公平的困境

经历了这么一个过程，上级领导对 N 广告公司的薪酬改革进行了认真的反思，考虑到当初制订业绩提成薪酬方案的初衷是加大激励的力度、提高公司的绩效，而且在当时的市场环境下也发挥了它的作用，连续 3 年促进了公司的绩效，然而公司过于重视业绩薪酬，让员工感受到严重的不公平感，并无形中造成了员工之间的不正当竞争，降低了薪酬系统的激励性。如果坚持这种业绩提成方案，势必延续当前的问题，尤其是不能消除员工心态上的不公平感、压力感和不安全感。如果废除当前的业绩提成薪酬方案，公司可能又会回到 3 年前的效率低下的状态，还会让员工觉得朝令夕改、政策不稳定。要怎样改变目前的状态，看来真的要心愁了。

资料来源：邓靖松. 组织行为学案例教程[M]. 北京：中国人民大学出版社，2021.

案例思考题：
1. 如何评价 N 广告公司的业绩薪酬制度改革？
2. 如果你是该公司的人力资源部经理，针对目前出现的问题，你如何制定新的薪酬制度？

第十六章 企业薪酬制度的管理

本章学习目标

通过本章的学习，你应该能够：
- 熟悉薪酬制度实施与调整的具体内容
- 理解薪酬沟通中应注意的问题
- 掌握薪酬沟通的具体步骤

引言

薪酬制度重在执行

薪酬方案一经建立，应严格执行，发挥其保障、激励功能。在实施过程中，薪酬设计者还有一项重要职责，即对制定出来的薪酬制度进行修正与调整。在薪酬制度实施中不断收集反馈信息，及时发现问题并分析改进，以对薪酬制度设计进行优化和完善。

第一节 薪酬制度的实施与调整

一、薪酬制度的实施

薪酬方案一经建立，应严格执行，发挥其保障、激励功能。在实施过程中，薪酬设计者还有一项重要职责，即对制定出来的薪酬制度进行修正与调整。薪酬制度实施环节要完成以下任务。

（1）薪酬设计者是抛开具体的人而依据工作属性进行设计的，但其在实施过程中则是针对具体的人，难免会出现许多在设计过程中没有考虑到的因素，而且考虑所有这些因素几乎是不可能的，特别是当设计者是外聘专家时更是如此。因此，在正式实施薪酬体系前要进行预演式实施，并根据预演情况进行修正，以减少发布后出现风波的可能。

（2）薪酬设计时效很强，方案一旦成型就要立即实施。时间一长，方案中涉及的薪酬数据已发生变化，市场价格也已进行调整，方案的数据则要进行相应调整，否则会使员工对方案的科学性和可行性产生怀疑。

（3）要及时地做好与员工的沟通和必要的宣传与培训。从本质上来讲，劳动报酬是对人工成本与员工需求进行平衡的结果。公平是必要的，但绝对的公平是不可能的，因此实施者要做好宣传解释工作，通过沟通向员工阐明薪酬设计的依据，以尽可能地消除误解，让尽可能多的员工满意。

（4）在保证薪酬方案相对稳定的前提下，还应随着企业经营状况和市场薪酬水平的变化做相应调整。在确定薪酬调整比例时，要对总体薪酬水平作出准确预算。虽然大多数企业是由财务部门做预算，但人力资源部门应参与其中，做好薪酬台账，设计较好的人力成本测算方法。

二、薪酬制度的调整

企业薪酬体系在运行一段时间后，随着企业经营业务的变化而产生的用人政策的变化，往往使得现行的薪酬体系难以适应企业业务运营的需要，这时企业就必须对其现有薪酬体系进行全方位检测，以确定相应的调整措施。其主要包括两方面：①薪酬体系本身的调整；②员工薪酬的调整。

在进行薪酬体系调整时，除考虑内部公平性与外部竞争性，以及人员与职位匹配的公平性外，还必须考虑以下因素，综合思考薪酬的调整策略。

（一）人才市场的定位

公司对核心人才的需求层次，应充分考虑产业特点、技术研究、经营方式以及参与市场人才竞争等因素，明确企业在国内外同类行业中人才的市场定位，以建立薪酬外部竞争性。

（二）吸引人才、激发潜能的薪酬水平

依据人才的市场定位，为了留住、吸引及激励人才，企业须针对同类行业的市场薪酬数据确定市场薪酬曲线的分位线。

（三）经济承受能力

企业有竞争力的薪酬调整策略必须以企业的经济承受能力为基础。因而，企业在确定每个职位薪酬级别与福利等以后，应对薪酬总量进行测算，以保证在提供有竞争力薪酬的同时，有充足的资金支撑公司的经营发展。

第二节　薪酬沟通的意义与沟通原则

所谓薪酬沟通，即指组织有计划、有目的地就本企业的薪酬战略、薪酬设计思路、薪酬制度、薪酬政策以及其他员工关心的相关薪酬信息与员工进行公开而坦诚的沟通交流，促使他们正确地理解企业的薪酬体系所要传达的信息以及鼓励的行为、态度和绩效结果，同时提高员工的薪酬满意度。

一、薪酬沟通的意义

薪酬沟通的重要性在于它对员工的公平性有着明显的影响。薪酬管理的目的之一就是激励员工，而他们如果认为组织提供的薪酬是不公平的，则很难受到激励。如前所述，公

平理论表明,员工往往会将自己的薪酬与其他员工的薪酬进行比较,而这种比较的结果对组织会产生重大影响。当员工产生薪酬不公平感时,他们很可能会采取对组织不利的做法,不仅如此,员工对薪酬是否公平的看法还会影响到他们是否愿意接受工作调动或升迁。

员工的公平感是建立在他们的感知基础之上的,组织可以通过做一些工作来影响员工得到的信息,进而影响他们的感知。如果企业通过薪酬水平研究发现,支付的薪酬已经相当丰厚,则应当与员工就此进行沟通。如果员工不了解实际情况,他们很可能会对自己的薪酬得出完全不同的结论。在组织与员工之间缺乏沟通时,由于员工通常并不清楚企业在员工福利上到底花费了多高的成本,所以当组织抱怨福利成本飙升以及对组织的未来产生不利影响时,相当多的员工会持怀疑态度。有时,员工甚至并不清楚自己到底享受了哪些企业福利,更不了解自己所享受的这些福利到底具有多高的市场价值。一些有关员工福利的研究显示,员工在很大程度上低估了他们所享受的福利的成本及其市场价值。在这种情况下,组织在员工福利方面所做的努力实际上并没有真正改变员工的感知,很难提高他们的公平感和满意度。

在薪酬管理的很多方面,沟通都至关重要。例如,在制订和实施奖励性薪酬计划时,与员工进行沟通不仅有助于向员工展示奖励性薪酬计划的公平性,而且在员工理解奖励性薪酬计划的要求后,这种计划更有可能促使员工表现出组织期望的那些行为。此外,一旦需要改变奖励性薪酬计划,与员工之间的沟通就显得更为重要。在需要对奖励性薪酬计划做任何改变时,人力资源部门应该首先确定,通过哪些最好的方法来就变革的原因向员工做好解释工作,以缓解员工对未知的恐惧与担忧。

遗憾的是,当前仍有许多企业对薪酬沟通未能给予足够的重视,很多员工对自己企业的薪酬政策和薪酬制度知之甚少。

许多企业之所以会拒绝或忽视薪酬沟通,不外乎以下几种原因:①企业的薪酬体系和福利制度相当糟糕,既非精心设计的结果,也无法实现持续性管理。就它们进行沟通只会给员工带来困惑,造成管理上的纠纷。②一些企业在薪酬体系的设计上投入很大精力,结果也不错,但它们选择薪酬保密制度,认为"只有这样才与我们的企业文化相匹配"或者"决定薪酬是管理者的事,员工应该无条件接受"。③还有一些企业认为,对薪酬体系沟通得越多,问题和麻烦也就越多,需要管理者做更多的解释和说服工作,这是对时间和资源的浪费。

随着企业对人才的争夺越来越激烈,员工对薪酬公平的要求越来越高,加上互联网的普及带来的信息快速传递,很多企业发现,不主动与员工进行薪酬沟通的代价会越来越高。一方面,由于薪酬对于员工来说太重要,在很多企业中,缺乏沟通的情况下,薪酬问题往往成为流言蜚语的主题,员工经常会基于不完整的信息来作出种种假设,而这些假设往往会对他们的工作动机以及工作结果产生强烈影响。另一方面,在制订和执行薪酬方案的时候,有效的薪酬福利沟通已经成为相当关键的一环。如果薪酬方案无法获得员工和其他管理人员的理解与配合,纵使设计再精良的薪酬体系也无法获得预期的效果。最后,互联网的普及也强化了企业的薪酬福利沟通需求。过去,很多员工对于其他企业支付的薪酬水平往往了解得比较少。而现在,员工可以通过登录很多官方或私营机构的薪酬信息发布网站获得与自己有关的薪酬数据。在国内，尽管薪酬调查信息的公开发布机制还不是很健全，但很多人已经试图通过民间方式来收集和发布相关地区与职位的薪酬数据。例如，目前在互联网上有很多"晒薪酬"网站，很多人把自己的薪酬条上传到网站上。尽管这种薪酬信息的准确性及其代表性都还存在缺陷，但相比过去完全无法得到相关的薪酬信息有了很大进步。总之，员工会越来越容易获得其他组织中的员工所获得的薪酬方面的信息，这样，组织就必须主动地就薪酬问题与员工进行沟通，对自己的薪酬政策作出解释。

正因为上述种种理由，企业应意识到精心设计的薪酬体系必须借助良好的沟通才能真正发挥有效激励员工以及提高组织绩效的作用。企业必须尽快转变自己的思维方式，抛弃薪酬是企业单方面决策的事务的观念以及向员工封闭薪酬信息的做法，意识到在薪酬福利沟通方面投入更多的时间和精力是值得的，这种时间和资源的投入并不是无益的成本，而是能够带来高额回报的投入。此外，企业必须牢记，在薪酬管理的整个流程中，薪酬沟通是不可或缺的一个组成部分，它应当贯穿于薪酬方案由制订到实施、控制、调整的全过程，贯穿于薪酬方案的整个生命周期当中。企业在刚开始设计和开发薪酬方案的时候，就应该考虑如何就该方案与员工进行沟通。

在薪酬沟通方面，很多企业已经开展了非常扎实而富有创新性的工作。例如，日本丰田汽车公司为了让自己的美国员工了解到公司支付给他们的薪酬快速增长的情况，已经不再将美国汽车工业的薪酬标准作为自己的标杆。相反，该公司现在把本公司的薪酬水平与每一家丰田工厂所在的各州的通行薪酬水平进行比较，试图通过这种薪酬比较方式的变化来教育自己的美国员工，以增强他们对薪酬公平性的感知。很多公司还通过公司网站提供关于公司薪酬福利的相关信息及其解释，并建立员工关于薪酬福利问题的讨论专区，以此作为薪酬福利沟通的重要平台。

二、薪酬沟通的原则

一般来说，成功的薪酬沟通应该与企业的整体经营战略和沟通策略相一致，并且注意沟通的方式方法，开辟多元化的沟通渠道，从而消除员工对新生事物的顾虑和畏惧，提高员工对薪酬的满意度，有利于企业吸引、保留和激励所需的各类人才。总的来说，在对当前的薪酬沟通进行定位的时候，管理者通常需要注意以下几个原则。

（一）常态化沟通

在现代企业中，随着经营环境的风险不断增大，薪酬方案的调整频率越来越高。为了顺应这种趋势，薪酬沟通必须成为企业的一种良好习惯，自然地贯穿于薪酬方案开发和执行过程的始终，涵盖组织的方方面面，并处于与薪酬体系本身同等重要的位置上。只有这样，才能确保薪酬体系本身与组织的经营战略和结构体系相匹配，从而让员工接受企业制订的薪酬调整方案。薪酬沟通不可能存在于真空之中，因此它不能是静止不动的，必须时刻保持自身的动态性和灵活性。必须上升到战略高度，结合组织的大环境加以考虑。有效的薪酬沟通能够很好地强化组织战略和变革本身，并成为联系它们的纽带。例如，当新的奖金方案以质量和客户满意度为基础时，企业必须不断地向员工提供有关企业质量改进措施和客户服务方面的信息，而员工也有权进行询问，得到答案并要求组织提供反馈。

(二) 透明化沟通

薪酬沟通必须是公开、诚实和直截了当的。在条件允许的情况下，员工应该及时、准确、方便、高效地获得组织在薪酬方面的各种信息，包括企业的薪酬结构是怎样的、员工的薪酬是如何决定的、在什么情况下他们能够得到加薪等。信息缺乏（包括薪酬信息的缺乏）往往会让人觉得不安甚至恐惧。而沟通方式可以有多种选择，有些企业依靠高层管理人员来向员工传递薪酬变动方面的信息，而另外一些企业则是通过向员工发放小册子，以举例的方式让他们知道自己将会受到怎样的影响。为了提高员工得到薪酬福利信息以及理解这些信息的可能性，企业可以综合使用若干种媒介，如小册子、答疑会议、公司内网、备忘录以及电子邮件等。

(三) 协作化沟通

薪酬沟通需要企业的薪酬管理人员和直线管理人员共同努力。一方面，专业的薪酬管理人员不仅掌握薪酬管理的一般原理，了解其他企业的薪酬信息以及薪酬管理实践，同时也最清楚本企业的薪酬制度、薪酬政策的目标及其制订过程。他们在与员工进行薪酬沟通时往往具有较大的优势。在这方面，人力资源部门以及薪酬管理人员可以通过采用问卷调查以及小组访谈的方法来了解员工对薪酬的看法，同时以深入各部门进行讲解，或者是在培训中增加对薪酬福利问题的介绍等方式，主动向员工传递信息，让他们知道企业的薪酬制度或薪酬改革对他们可能产生怎样的影响，从而打消一些不必要的顾虑。另一方面，直线管理人员在与员工进行薪酬沟通方面扮演着最为重要的角色，因为他们每天都与员工进行交流。例如，管理人员往往最清楚员工的工作内容所发生的变化，一旦某个职位的工作内容发生了变化，可能就意味着需要对该职位的所属等级进行重新分类。如果一位员工承担了更多的工作责任，那么他也期望管理人员帮助自己获得更高水平的薪酬。因此，人力资源部门应该帮助管理人员做好薪酬沟通的准备，使他们能够向员工解释为什么组织要按照当前的方式来设计薪酬结构，同时根据员工在薪酬方面提出的问题来帮助组织判断，是否应当对薪酬体系进行调整。

作为一种人际互动方式，薪酬沟通比其他很多管理沟通都更为复杂，对管理者在技巧和素质方面提出的要求也较高。但是，组织如果能在与员工进行沟通方面不断努力、不断创新，无疑会有助于组织获得更加忠诚和更为满意的员工。

第三节 薪酬沟通的实施

一、薪酬沟通的步骤

在企业中就薪酬体系进行沟通，通常可以采取以下六个步骤。

(一) 确定薪酬沟通目标

它意味着企业需要确定就什么薪酬问题进行沟通以及通过沟通要达到怎样的目的。

当企业制订了新的薪酬方案或者对既有薪酬方案进行改动时，企业的薪酬政策以及薪酬方案的执行方式通常也需要进行相应的变革。例如，某企业在变革以前实行普遍加薪制度，即依据资历决定薪酬的增加。经过改革，新的薪酬体系改为以绩效为中心，同时建立了完备的奖金激励方案。在一定层面上，这种变革同时也是企业文化的转变，它使企业更加侧重于责任的承担和对绩效的认可。如果员工不能迅速和准确地意识到这种组织文化和导向的转变，必然会给新方案的推行带来一定的困难。

因此，薪酬沟通不仅能够传达有关薪酬的最新信息，而且会影响到员工的态度和行为方式，使他们按照组织希望的方式行事。在这种情况下，企业就薪酬问题进行沟通的目标就不仅在于告知所涉及的员工和管理者新的薪酬体系，更重要的是"推销"给整个企业，得到组织的认可和接受。而这一目的能否达到，直接影响到薪酬体系的设计和执行结果。

我们可以把企业薪酬沟通的目标概括为以下三个方面：第一，确保员工完全理解新的薪酬体系的方方面面；第二，改变员工对自身薪酬决定方式的既有看法；第三，鼓励员工在新的薪酬体系之下作出最大努力。在企业的经营现实中，上述三个方面的目标适用于大多数薪酬沟通方案。此外，在这三个目标之下，企业还可以根据自己的具体情况，结合自己意欲达到的目的，再分别设计出更为具体的沟通目标。

（二）收集薪酬沟通信息

确定沟通目标后，下一个步骤是要从决策层、管理者以及普通员工中收集他们对薪酬体系的有关看法：既包括对现有体系的评价，也包括对未来变革的设想和期望。只有把这些信息和薪酬沟通目标结合在一起，才可以确保企业和员工的需要都得到关注与满足。另外，询问员工对薪酬体系的观点、看法以及相关态度，这本身已经表明了企业对员工所思所想的重视。同时，员工也能由此获得参与感，并增强对企业的承诺。这些对于企业的经营成功都是十分重要的。

首先，从所要收集的信息的内容来看，虽然不同企业在经营状况方面的差异很大，想要达到的目标也不尽相同，但还是有一些信息值得所有企业加以重视。它们包括：

员工对企业现有薪酬体系的了解程度如何？

管理者和员工是否掌握了与薪酬方案有关的准确信息？

员工对企业中的薪酬沟通状况持有怎样的看法？他们认为现在的沟通足够吗？

企业采取的管理实践与它们意欲传达的信息之间存在不符之处吗？是否存在这样的情况：公司宣称只有优秀的绩效才会得到奖励，而事实上所有的员工都得到了5%的加薪？

在薪酬沟通方面，管理者是否掌握了就薪酬和福利进行有效沟通的技能？

如果企业中已有有关薪酬改革的传言，员工对此持何种态度？他们认为这样做是必需的吗？他们的工作方式会因此而改变吗？

在企业的组织文化中，对薪酬公开或保密的有关态度是怎样的？管理者如果想向员工传达信息，需要实施哪些特定步骤？

管理者和员工认为哪些沟通手段对于薪酬沟通来说是最有效的：书面文件、电子文件、小型集会还是大型会议？

上面列举的问题只是应该收集的信息当中的一小部分。鉴于特定的沟通要求，在不同的情况下需要就不同类型的信息进行收集。

其次，从信息收集的方式来看，企业可以采取若干种不同的方式来进行信息的收集工作，主要包括问卷调查法、目标群体调查法、个体访谈法等。

问卷调查法是一种应用广泛的信息收集方式。当需要面对为数众多的对象收集大量信息的时候，这种方式往往最有效。在很多情况下，问卷都会由开放式问题和封闭式问题共同构成。这样既可以就调查对象对关键问题的真实看法进行衡量和比较，又不会遗漏其他观点和意见，从而确保整个调查的全面性和针对性。为了进一步提高调查的效果，采用其他的必要措施来保证调查的信度和效度也是不可缺少的。

所谓目标群体调查法，就是指针对意欲调查的对象整体，即企业的员工和管理者，随机抽取一个小型样本展开调查。这是又一种行之有效的信息收集方式。一般来说，每一个目标群体都要涵盖组织的各个部门，从而保持样本的充分代表性；同时，管理者和员工最好分属不同的目标群体，以避免可能的管理者威胁员工的情况。已有调查显示，当对员工采用合乎规范的目标调查法进行调查时，他们通常会表现得更为开放。

个人访谈法主要是指针对企业薪酬决策层以及首席执行官进行访谈。它的主要功用在于通过了解企业高层对薪酬问题的看法（例如，薪酬体系应该是开放的/封闭的、正式的/非正式的、简单的/复杂的等），给企业的薪酬沟通事先定下基调和风格，从而节约需要花费的时间和精力，并减少管理过程中可能出现的阻碍。采用这种方法时，准确理解组织的管理文化，并使得薪酬沟通的基调、风格与之相匹配，是整个过程中最为关键的问题。

除了上面这些方法，其他方法也有一定的可取之处。例如，利用企业中的非正式组织收集信息；根据员工对薪酬方案提出的疑问来发现问题；通过绩效面谈了解员工和管理者的看法。在不同的情境之下，不同的信息收集方式会发挥不同的作用，满足组织不同的目的。

（三）制定薪酬沟通策略

在收集到有关员工对薪酬方案的态度和心理感受的信息之后，企业可以在既定的目标框架之下制定薪酬沟通的策略。虽然已有研究对组织应该与员工就什么进行沟通、怎样进行沟通并没有明确的限制，但企业中的沟通策略仍可以进行大致分类。具体来说，有些企业采取的是市场策略：与向客户推销商品很相似，目标员工和管理者扮演了客户的角色，而组织的沟通目标在于有效控制客户对薪酬方案的预期和态度，提高客户满意度。因此，相应措施可以包括：就客户对薪酬体系的反应进行调查；准确告知客户现有薪酬制度的优势和不足；对组织最新的薪酬举措进行宣传。

与之相对应，也有一些企业立足于技术策略。这种策略不太重视薪酬政策本身的质量或优缺点，而是着眼于向客户提供尽可能多的技术细节。这些细节可能包括组织的具体薪酬等级、特定薪酬等级的上限和下限、加薪的相关政策等。通过这种做法，可以加深目标员工和管理者对薪酬体系本身的认识和理解，更好地实现沟通目的。

例如，通过客户满意度调查，某企业发现大多数员工对组织如何确定薪酬水平仍感到迷惑不解。他们拿不准为什么这一职位就应该比另一个职位拿更高的薪酬；他们认为管理层，尤其是决策层，对薪酬进行的沟通远远不够。面对这种状况，该企业意识到，它不仅要设计和执行新的薪酬方案，而且要就这一体系与员工进行充分的沟通。因此，它采取的薪酬沟通策略如下。

首先，在薪酬方案开始运作之前，以总裁的名义向员工分发备忘录，具体解释新方案的目的以及将会采取的步骤。其目的在于告知每一个人，企业有信心取得成功，而员工做出的卓越成绩也一定会得到丰厚的回报。

其次，与关键的管理人员进行一系列会谈，就薪酬方案进行沟通，并争取他们的支持。通常情况下，这种会谈有两个目的：强调执行该薪酬方案的重要性以及得到大家支持的重要性，并确定由谁负责具体的薪酬沟通事宜。

最后，与员工保持沟通，确保他们对新的薪酬方案的执行具有一定的参与意识，能够了解到具体的运作环节，并对其执行情况保持关注。

（四）选择沟通媒介

企业确定沟通媒介时，往往面临多种备选方案。它们在技术复杂程度上有所差异，沟通效果也有着显著的不同。具体来说，这些媒介可以划分为四大类：视听媒介、印刷媒介、人际媒介和电子媒介。

1. 视听媒介

视听媒介涵盖的种类很多，包括幻灯片、活动挂图、电影带和远程电子会议。

与其他手段相比，远程电子会议这种视听手段的技术含量较高。借助最新开发的电子沟通技术，它可以在沟通双方之间营造出生动、双向和有问有答的交流气氛，使沟通的效果达到最大化。但是，也有专家建议，为了有效地对沟通全程进行控制，充分发挥双方直接交流的效用，对参与会议的人数加以限制是十分必要的。

此外，几乎在所有的沟通会议中，幻灯片、活动挂图都是经常采用的手段。尤其在记录与会者的讨论信息、突出重点和直观地进行展示方面，它们十分有效。当然，对于组织而言，成本低廉也是其尤为可贵之处。

2. 印刷媒介

在一般情况下，薪酬手册、书信、备忘录、企业内部刊物、薪酬方案摘要和薪酬指南等都属于薪酬沟通时会使用到的印刷媒介。它们尤其适用于在有限时间内需要将特定的信息向大量员工进行传播的情况。正因为如此，当组织选择了录像带、远程电子会议等沟通手段时，通常也会把印刷媒介作为补充物或参考资料。

在传播方式上，印刷媒介传统上采用的主要是书面载体，而随着电子技术的发展，对电子邮件的使用频率也日益提升。这在一定程度上进一步降低了运作成本，从而使其成为最经济的沟通方式之一。

3. 人际媒介

在薪酬沟通的所有媒介中，人际媒介是最为有效的方式之一。薪酬沟通本质上就是一种人际互动的过程。大型或小型的薪酬会议一般都可以给员工和管理者提供面对面交流和互动的难得机会，而一对一的单独面谈则更有助于薪酬管理者发现诸多问题，包括薪酬沟通过程中可能存在的缺陷。

相对来说，人际沟通的规模越小，越有利于双方就共同关注的问题进行深入交流。在企业规模较大的情况下，这意味着更多的财务支出和时间投入。同时，它对管理者的沟通技巧也提出了较高要求。

4. 电子媒介

电子媒介是电子化、以计算机为基础的一种沟通媒介，包括信息中心、电话问答系统、交互式个人电脑程序、电子邮件系统等。在当前的信息社会，它已经成为很多企业很重要的一种沟通手段。以交互式个人电脑程序和电子邮件系统为例，它们几乎渗透到所有的企业当中。借助这种沟通网络，管理者可以随时随地解决员工遇到的薪酬问题，就企业最新推出的薪酬和福利方案提供咨询，并为员工提供在线福利自选服务。有些企业中，员工甚至可以根据自己的经济状况和掌握的信息，直接通过组织内部网络从企业的投资项目中撤出自己的份额。因而，电子技术已经在一定程度上改变了当今企业薪酬沟通的全貌。

在企业的日常经营中，确定沟通媒介时，要综合考虑特定媒介的沟通效果和相应的研发成本。最有效的薪酬沟通手段应该给沟通双方提供大量面对面的互动机会，同时可以传达充分个人化的信息，切实满足单个员工或团队的个别需要。只有这样，才能使组织内部的薪酬沟通最大化地发挥功效。

（五）举行沟通会议

在任何薪酬沟通方案中，最重要的步骤可能都是正式沟通会议的筹办和举行。这种会议一般会安排在薪酬沟通流程的末期，目的在于就整个薪酬方案进行解释和推销工作。在一次典型的薪酬沟通会议上，企业一般会就薪酬方案的各个方面进行解释。这些方面包括职位评价、市场数据调查和分析、薪酬等级的确定、奖金方案的制订、绩效评价体系以及薪酬管理方面的问题。企业的策略不同，不同企业提供信息的详细程度也存在很大差异。同时，员工大多会得到自己的职位说明书和一份详细的薪酬等级分布表，以及组织的团队奖励方案、绩效评价系统和薪酬管理体系等书面说明。

根据会议中所要沟通的信息的性质，可以将之分成流程型信息和政策型信息。流程型信息可能会涉及的问题包括：职位评价是由谁进行的，如何对市场信息进行分析，何时会调整薪酬等级。而政策性信息则是一些涉及政策和制度方面的问题，例如，各薪酬等级的中值处在什么水平上，为什么要对职能管理人员和技术人员执行不同的绩效评价方法，为什么要维持现有的薪酬差额。同时，为了避免管理者对员工产生胁迫效应，在举行薪酬沟通会议时把这两个群体区分开来有时候是很有必要的。

（六）评价沟通结果

薪酬沟通的最后一个步骤是要就整个沟通流程的效果进行评价。当然，从一定程度上说，这种说法是片面的，因为管理者和员工之间的反馈与沟通事实上应该贯穿沟通流程的始终。例如，企业进行评价的维度可以包括：薪酬沟通的目标是否现实；收集到的有关员工态度和心理感受的信息的效度如何，是否足以说明问题；选择的沟通媒介是否有效；举行的薪酬会议是否切题；员工是否已经消化了他们接收到的信息。依赖这些信息，组织对薪酬的整体战略和具体举措加以改进，提高整体效用水平。

对薪酬沟通结果进行评价的最佳时期是举行正式会议之后的4～6个月，而中间的这段时间间隔则为员工消化薪酬信息、适应新的薪酬体系提供了缓冲。我们同样可以采用问卷调查法、目标群体法或面谈的方法来对沟通结果进行评价。而在理想情况下，此处的调查对象和前面收集信息的对象应该是同一群人。根据调查对象在沟通前后对特定问题回答情况的不同，企业可以从中提炼出有关沟通是否有效的丰富信息。

一般来说，评价过程中可能涉及的问题大多会涵盖以下几个方面。

（1）企业内部成员对于薪酬和福利方案的理解达到了怎样的程度。

（2）管理者和员工之间的沟通状况是否让人满意。

（3）决策层传达的信息和他们采取的做法是否一致。

（4）员工是否认为绩效和薪酬体系之间存在着联系。

类似的问题还有很多。借助这些问题，企业可以对沟通前后的具体状况进行比较，从而不仅对本次沟通效果作出中肯评价，还给以后提供诸多有价值的经验和教训。这对企业进一步提高沟通和管理效率也大有裨益。

二、薪酬沟通中的关键措施

为了在薪酬沟通中获得有效的理解和接受，应当重视以下几个关键措施。

（一）反复沟通

即使企业认为沟通已经足够多了，但可能做得仍不够，等到绝大多数员工都说"我真的明白了"，才能从初步沟通转入下一步的持续沟通阶段。持续沟通要让员工明白，要想在新的薪酬方案中取得成功，自己应该怎样做。

（二）管理者培训

加深管理者对新方案的设计和实施工作的理解，帮助他们成为教练、培训者、人员配备者和变化过程中的领导人员。

（三）员工培训

帮助每位员工理解公司的情况和商业环境，让他们看到公司正在追求的经营目标。教给他们在新的薪酬方案下工作所需的技能和能力。分阶段进行，争取员工的接受和支持。

（四）坚守目标

在实现目标的过程中，要进行持续的沟通。就如何达到目标以及怎样纠正失误提供培训，引导员工认识这些目标对于企业和员工自身的重要性。

（五）表扬

通过褒奖和表扬来给薪酬转换工作创造积极的氛围。

三、不同企业文化下的薪酬沟通策略

企业薪酬沟通状况的好坏会受到多种因素直接或间接的影响，企业文化是其中的一个重要因素。与薪酬水平和薪酬结构类似，薪酬沟通在很大程度上取决于企业的主流文化类型。

（一）职能型文化下的薪酬沟通

在传统职能型文化的背景之下，薪酬沟通往往只是一年一度例行公事地告知员工本年度的加薪额度，而不再有其他内容。这种薪酬沟通通常都是正式的，通过一些静态的载体，如备忘录、时事通讯或是大型会议加以传递。同时，它还是方向单一的：企业的高层管理者全权决定沟通的有关事宜，包括员工需要知道什么、他们应该在什么时候知道；在把这些信息传递给员工之后，很少会有基层员工向高层管理人员反馈。因此，在这种文化背景之下，管理者不需要花费很多时间对薪酬方案进行解释，也不用担心会有批评性意见反馈上来。

（二）流程型文化下的薪酬沟通

与职能型文化不同，流程型文化下的薪酬沟通往往没有那么正式，覆盖的范围也相对广一些。在薪酬方面，由于流程型组织强调的是跨职能团队，因此沟通往往发生在团队内部和团队之间；同时，这种沟通也更具有持续性和互动性，通常会强调质量和持续不断的改进。

具体地说，一方面，在团队内部，团队成员应该处于持续的沟通中，同时由于员工的薪酬和绩效水平之间存在直接联系，团队和员工个人必须得到有关本人以及团队绩效的充分信息，并了解团队绩效是如何影响企业总体绩效的。另一方面，还要保证本团队与其他团队之间的沟通畅通，以提升与加强客户满意度和本企业的质量建设。

（三）时间型文化下的薪酬沟通

在时间型组织里，由于项目工作小组是最典型的工作单位，因此内部沟通频率往往较低，沟通的内容也很少直接涉及薪酬，但企业也要确保员工在一定范围内和同事及管理者进行沟通，以保证他们在需要的时候得到准确和充分的信息。例如，开发一个新产品的项目小组可能需要立即获得研发或市场方面的数据，企业必须有稳定和可靠的沟通渠道来满足这一需求。同样，市场部门可能也会需要产品开发部门的一些信息，从而帮助企业制定关系生存和前途的战略性决策。

（四）网络型文化下的薪酬沟通

在网络型组织里，很少有固定的沟通模式。组织成员往往采用他们认为合适的方式进行沟通，只在自己需要的时候收发信息，并借助这些信息来制定决策，取得自身的优良业绩和组织的经营成功。具体到薪酬沟通方面，员工之间的沟通通常都是非正式的和不定期的，同时还会牵涉其他与薪酬有关的问题。员工可能对企业确定的薪酬水平和薪酬结构的细节并不感兴趣，他们只需要知道如何才能使自己的收入最大化。

薪酬方案一经建立，应严格执行，发挥其保障、激励功能。企业薪酬体系在运行一段

时间后，随着企业经营业务的变化而产生的用人政策的变化，往往使得现行的薪酬体系难以适应企业业务运营的需要，这时企业就必须对其现有薪酬体系进行相应的调整。

所谓薪酬沟通，即指组织有计划、有目的地就本企业的薪酬战略、薪酬设计思路、薪酬制度、薪酬政策以及其他员工关心的相关薪酬信息与员工进行公开而坦诚的沟通交流，促使他们正确地理解企业的薪酬体系所要传达的信息以及鼓励的行为、态度和绩效结果，同时提高员工的薪酬满意度。薪酬沟通的重要性之一在于它对员工的公平性有着明显的影响。薪酬管理的目的之一就是激励员工。

薪酬沟通需遵循一定的原则与步骤，并根据企业文化的不同进行相应的匹配。企业文化可以分为职能型文化、流程型文化、时间型文化和网络型文化。不同的文化下的薪酬沟通应有所区别。

1. 薪酬制度应如何实施、调整？
2. 薪酬沟通的意义何在？
3. 应当如何开展薪酬沟通？
4. 开展薪酬沟通时应如何匹配不同的企业文化？

答案解析 扫描此码

员工加薪带来的困惑

2010年11月29日，作为集团IT部负责人的张困惑，一上班就来到公司领导吴书记的办公室，为自己处理不好下属的加薪要求而向领导道歉。

原来是两天前，部门软件开发工程师小陈情绪很不稳定，认为对照公司薪酬方案，自己工资待遇偏低和定级不合理，不但找人力资源部领导要求解决，还上访到了吴书记这里，而且说这次上访也是张困惑的意思。

作为一家国有企业集团，3年前，公司进行了一次薪酬制度改革，以解决多种用工身份及同工不同酬的问题。为此，公司请来了著名的德勤管理咨询公司，为公司重新设计薪酬体系架构，新体系引入带宽工资制，配合绩效考核制度，同时考虑到部分老员工可能面临较大幅度降薪问题，针对性设计了保留工资方案。

改革总体看是平稳的，但人力资源部对技术人员岗位定薪入级时，没有与所在部门一线经理讨论，只是按照学历和技术职称作为岗位等级标准定级。当时看来比较合理，也没有碰到员工的反对意见。

薪酬改革实施一年后，小陈从一家台资企业应聘来到集团IT部，当时对人力资源部给出的薪酬还算满意。两年过去了，小陈已经成为部门的一名技术骨干，在IT部的能力得到了张困惑的认可，但薪酬却原地踏步。

小陈有些不满意了，开始找部门领导反映问题，但张困惑却很为难，加薪的事可不是

第十六章　企业薪酬制度的管理

部门经理就能说了算的。在现有薪酬体系下，只有连续两年绩效考核获得A的员工，才能获得晋升一档，且增长幅度非常有限，而绩效考核是需要严格按照公司制定的360度绩效考核方式进行，张困惑对每一个员工的考核权重只有30%，其余权重分属部门副经理、分管科长和全体员工，小陈两年都得了B的考核成绩，自然没有加薪的份。

小陈过去一直在外资企业工作，从现在岗位所从事的工作来看应确定为4级，但因为没有技术职称资格，按规定在入职时定位3级，但他当时不清楚，也不是很在意。两年过去了，小陈认为工作能力不能简单看学历和获得的职称资格，还应当看工作经验和工作中的表现，部门领导也认同他的看法。

当他向部门领导张困惑提出加薪的要求时，张困惑非常同情、理解他，多次向人力资源部反映，因为张困惑想留住这位技术骨干，眼下开发人员短缺，多个系统需要他管理和维护，公司又不给部门增加人员，现有人员是一个萝卜一个坑，根本没有多余的人员，要从市场上找到小陈这样的人才也不容易，即使找到了也不可能短期内接手。

最近还有一系列的事情搞得张困惑心里很烦。先是公司高层管理岗位竞聘，原先与张困惑同属部门中层的两位部长，一位是人力资源部部长，一位是办公室主任，通过"民主推荐"方式提拔到公司领导岗位，昔日的同事成了今日的领导。

紧随其后的是公司进行科级管理岗位公开竞聘，为部门设置了三个助理业务经理岗位，有三位部门员工竞聘助理经理岗位成功，由此内部工作需要重新调整，张困惑安排小陈接手相应的工作。而三位新聘任的助理业务经理论能力并不比小陈强多少，到部门的工作年限与小陈差不多，竞聘到助理业务经理岗位后工资比小陈又增加了很多，小陈感到很不公平。

一家单位正同小陈联系希望加盟，开出的工资同现在相比也高出不少。小陈现年薪约10万元，但外面这家公司愿意开出的年薪在15万元。但小陈觉得本公司这个部门的工作氛围不错，如果加薪要求能得到合理满足也不想离开。于是小陈又一次找到张困惑提加薪的要求，他非常感谢在入职两年来张困惑对他的栽培，使他学到了很多知识、技能，学到的这些东西比金钱更重要，使他愿意留在企业；但现在他也觉得，具备的能力水平与薪酬不匹配了，尤其与周围的同事相比也似乎不公平，因此希望得到更高的薪酬去匹配自己的价值。

小陈在同张困惑谈到自己的工资问题时，当面出示了那个单位的聘用通知和定薪标准，这个标准同他现在的工资相比的确高出很多。张困惑有些急了，可是，他没有权力给小陈涨薪，即使要求公司特批（这种可能性也不大，公司总是说，为你这个部门特殊后，其他部门怎么考虑和平衡？），也不可能涨薪超过15%，所以，他没有办法留下小陈。但他也非常清楚地知道，如果小陈离职后，再招聘一个类似岗位的人员，至少年薪为13万元。

张困惑不想失去这位技术骨干，于是向小陈建议自己去找人力资源部谈，如果人力资源部不给个说法，就去找吴书记反映。小陈果然按照张困惑的建议写了一份反映要求加薪的报告并要求张困惑签字，拿着这份报告去找人力资源部，随后又找到吴书记的办公室。

小陈从吴书记办公室回来，不但自己的问题没有得到解决，领导还认为张困惑把矛盾上交，是不负责任的表现。张困惑这下感到事情不妙，于是发生了故事开头的一幕。

那位吴书记其实同张困惑私下交情还不错，平时对张的工作也很支持，但对小陈上访的事情很不满意。对张困惑进行了很严肃的批评，认为张困惑作为一个中层管理干部，把矛盾上交，对公司薪酬政策在员工中解释不够，希望张困惑"心胸开阔"一点。

张困惑挨了领导一顿批，回到自己的办公室，一个人关起门来思考这个问题该如何处理，不知不觉中手中的香烟竟烧到了手指。

资料来源：根据找同行网相关素材改编（www.zhaotonghang.net）。

案例思考题：

张困惑应该怎样调整公司的薪酬制度？

第十七章 各类员工群体薪酬管理

◆ **本章学习目标**

通过本章的学习,你应该能够:
- 了解销售工作的特征及其对销售人员薪酬管理的影响
- 熟悉销售人员薪酬方案的主要类型及其特点
- 了解销售人员薪酬方案的设计步骤及要点
- 了解专业技术人员的工作特征及其对专业技术人员薪酬管理的影响
- 了解专业技术人员的成熟曲线与其薪酬决定间的关系
- 了解外派人员的工作特点,以及外派人员的薪酬管理可能遇到的困难及解决方案
- 了解管理人员的工作特征,以及在管理人员的薪酬管理中应当注意的问题
- 了解高层管理人员的薪酬决定及其管理特征、应当注意的问题

◆ **引言**

不同员工群体需要个性化激励

　　薪酬在某种意义上是企业与员工之间的一种经济契约(当然也具有心理契约的含义),它体现了二者之间的某种交换关系。当企业达到了一定的经营绩效时,它通过向员工支付薪酬来为他们对企业经营绩效的贡献以及生产率实现情况提供奖励。每一位员工与其他员工都是存在差异的,每一位员工与企业之间的契约都是个性化的。故而企业向员工支付的薪酬不仅要满足员工对公平的需要,保持薪酬的外部和内部一致性,而且要体现出员工之间的差异。

　　不同员工群体由于工作的性质以及所处的工作环境比较特殊,所面临的压力、冲突以及所需完成的工作任务的特征与其他员工群体之间存在着较大的差异,同时,这些员工群体能否妥善消除与摆脱自己所面临的压力和困境,能否达成既定的绩效水平,对于企业的总体经营绩效又具有非常重要的影响。

　　随着现代企业经营环境中的不确定因素增加,竞争日趋激烈,全球经济一体化程度上升,技术更新的速度不断加快,以及客户变得越来越挑剔,有几种员工群体在企业中的地位和作用变得越来越重要,即企业的高层经营管理人员、基础管理人员、专业技术人员、销售人员。对这些人的薪酬支付妥当与否,在很大程度上会影响企业的竞争地位及其成长。

　　因此,针对特定员工的薪酬制度必须根据企业自身的传统、相关员工群体的特征以及不同职位之间、不同员工群体之间的差别来分别进行设计。特殊员工群体薪酬的独特性既有可能意味着相对于组织里的其他员工群体而言,这些员工的薪酬决定基础不同,也有可能意味着他们的薪酬水平或薪酬构成与其他员工群体的薪酬存在一定差异。

第一节 销售人员的薪酬管理

一、销售工作的特征与销售人员的薪酬管理

(一)销售工作的特征及其对销售人员的薪酬管理的影响

在现代市场经济条件下,对绝大多数企业而言,组织经营成功的关键就在于其吸引和保留客户的能力。而销售队伍作为企业和客户之间联系的纽带,充当了决定企业成长和盈利的核心要素。尤其是在当前这样一个经营环境多变、客户需求日益个性化的市场上,企业能否激励好销售竞争中最活跃的分子——销售人员,培养建设一支方向明确、士气高昂、训练有素、经验丰富的销售人员队伍,激发他们在合适的时间以合适的方式和合适的价格向合适的客户提供合适的产品,对于企业的市场竞争成败来说,无疑是最为重要的挑战之一。

从某种意义来说,销售人员是客户了解企业的一个重要"窗口",他们是客户与企业之间联系的一个最重要的桥梁和媒介。而销售工作的实质则在于通过与客户的互动来说服他们购买企业所提供的产品或服务。虽然也存在企业产品本身就能够吸引客户的可能性,但通常情况下企业仍然需要通过销售工作来实现企业的经营业绩。

与其他工作相比,销售人员的工作主要具有以下四个方面的重要特征。

1. 工作时间和工作方式的灵活度都很高,很难对其工作进行监督

外部市场环境以及客户、竞争对手的情况时刻都在发生变化,因此销售工作本身的灵活度也非常高。销售人员的工作时间和地点以及工作方式往往没有一个定式,管理部门很难对销售人员的行为实施直接的监督和控制。销售人员往往是基于个人的知识、经验、社会关系、销售技巧等开展工作的,他们通常在得不到指导和监督的情况下自己安排工作日程,自己反省自己的工作。因此,想要通过对销售人员的工作态度、行为或者工作时间进行考核来确定他们的薪酬,难度相当大。

此外,即使同样是销售人员,由于所销售的产品和服务本身的差异、销售方式的差异以及销售对象的差异,销售工作本身的差异也是相当大的。有相当一部分销售工作需要销售人员独立进行,而另外一些销售工作则需要整个销售团队通力协作。但无论是哪一种情况,销售工作的灵活性和挑战性都是非常突出的。

2. 销售人员的工作业绩通常可以用非常明确的结果指标来衡量

销售人员的工作时间和工作态度及行为等不便控制,但是其工作结果通常比较容易衡量。这一点与从事日常行政事务工作、职能管理工作甚至技术工作的其他员工存在相当大的差异。销售人员的工作结果通常可以用销售数量、销售额(或新产品销售额等)、市场占

有率、回款率、客户保留率、销售利润率、销售费用以及售后服务等方面的工作结果来衡量。这就使得对销售人员的绩效评价很自然地是以结果为导向，而不是以过程为导向。尽管在某些情况下，企业也会在对销售人员的绩效评价中加入一些过程方面的评价要素。

3. 销售人员工作业绩的风险性

一般情况下，销售人员只有持续不断地付出努力，才能达到开发和保留客户的目的。由于他们所面临的工作环境（如产品、客户以及竞争对手）本身也是瞬息万变的，因此，在销售人员的日常工作中，一个很大的挑战就是要应付风险和不确定性。通常情况下，他们的工作和努力所获得的结果并不具有一致性和持续性。有时，销售人员能够顺利地完成甚至超额完成任务，但也可能在特定的目标上投入大量的时间和精力，却得不到丝毫回报。此外，不能从管理者处得到及时的反馈、只关注结果和产出、对于如何履行职责得不到清晰的指导、无法充分参与组织的决策制定等多方面的因素，都大大增强了销售人员工作中的不确定性。

销售工作本身的风险性和挑战性决定了从事这样工作的员工也是一群特殊的人。麦克莱兰通过对个人的成就动机进行研究发现，高成就动机的员工最有可能出现在组织的销售部门。其他研究也表明，销售人员通常会给自己制订出富有挑战的业绩目标，倾向于得到及时反馈，往往能够在销售和实现目标的过程中获得心理满足。成功的销售人员大多性格外向、敢作敢为、自我驱动且物欲很强，尤其是对金钱有较高的需求。在大多数企业的销售部门，销售人员都极为关注公司的销售人员薪酬计划。销售代表在判断一种销售人员薪酬计划的好坏时，会用一个简单的问题来判断："现在挣的钱是不是比一年前更多了？"销售人员所具有的这种特征，无疑也是在进行销售人员薪酬体系设计时必须顾及的一个因素。

4. 销售人员进入壁垒低，流动性大

岗位进入壁垒就是非岗位人员转换到本岗位从事工作的难易程度。与企业财务人员、技术研发人员、生产人员等岗位相比，销售人员的进入壁垒要低得多。无论员工之前从事何种工作，只要身体健康，年龄适当，能够与人沟通，就可能转到营销岗位上来。较低的岗位进入壁垒，使目前并没有从事营销工作的人员或新生劳动力随时可能转移到营销队伍中，使得营销队伍日益庞大。但要成长为合格的、有成就的销售人员则是比较困难的事情。现有销售人员如果长期难以取得较为理想的成就，或长期难以完成营销目标，就会产生动摇，进而选择离开。这也提高了为销售人员制订合理薪酬激励计划的难度。

尽管销售人员个人知识、能力和销售经验等对销售结果的影响是比较大的，但产品销售的季节性、宏观经济波动的影响、产品本身的性能和质量、竞争对手替代产品的出现等外在因素对销售人员业绩的影响也不容忽视。如果企业单纯根据当期的销售业绩来确定销售人员的薪酬，则销售人员很可能会选择在环境好的时候增加工作量，而在环境不好的时候减少工作量；或者在本企业的销售工作比较难做的时候，流动到其他销售形势比较好的企业中去。因此，在确定销售人员的薪酬时，企业应当力图设计出一种既让销售人员乐于承担风险，又能对他们所承受的风险提供合理回报的薪酬和奖励制度。只有这样，销售工作及其结果的不确定性才能真正从一种具有负效用的因素转化为销售人员工作的动力源泉。

此外，销售人员所从事的工作并非单纯的销售活动。除了获取信息、分析信息、寻找订单、物色客户、服务客户、提供反馈、达成交易等销售行为之外，几乎所有的销售工作都要求员工履行一定的管理职责。例如，提供销售报告、竞争对手的活动情况汇报、客户反馈意见等。同时，也并非所有的销售活动都是由销售人员来完成的，销售活动通常还要求来自组织内各个部门的支持。这些支持中的一部分是事务性的，一部分是管理性的，还有一部分则是技术性的。现代企业的销售工作已经不再单纯是销售部门的责任了，与这一任务有关的部门已经日趋多样化。一般意义上，"销售"可以被理解为员工与客户间的一种互动，通过这种互动来帮助企业获得、保持或扩张收益流的员工都可以被理解为销售人员。销售人员的薪酬管理工作无疑变得更复杂了。

最后，随着科学技术尤其是网络经济的迅速发展以及企业管理水平的不断提高，客户购买商品或服务的方式越来越多样化。例如，网上购物、通过物流商供货、向零售商或直销商购买等。这在一定程度上加大了负责销售人员薪酬管理的专业人员的工作难度，要确定一件商品究竟是由谁售出的已经变得越来越困难。传统的确定员工薪酬尤其是奖金的基础现在可能变得越来越模糊。

（二）销售人员薪酬管理的影响因素

1. 销售人员薪酬政策的战略导向性

在建立销售人员薪酬制度时，应该把薪酬战略有效地融入企业的整体经营战略中。对追求成长战略的企业或追求集中战略的企业，薪酬战略的匹配如表 17-1 所示。

表 17-1 薪酬战略与企业整体战略的匹配

薪酬战略范畴	企业战略	
	集中战略	成长战略
承担的风险（绩效薪酬）	低	高
时间	短期	长期
薪酬水平（短期）	市场水平以上	市场水平以下
薪酬水平（长期）	低于市场水平	高于市场水平
福利水平	高于市场水平	低于市场水平
薪酬决策集中度	集中化	分散化
薪酬的分析单位	工作	技能

一般情况下，成长战略强调创新、承担风险和拓展市场，与之匹配的薪酬战略就是与销售人员共同承担风险，同时也与销售人员分享在未来取得成功时的较高收入。采用集中战略的企业由于市场较为稳定、员工队伍较为稳定，因而在薪酬决策中更强调连续性和规范性。

2. 销售人员薪酬结构的内部一致性

销售人员薪酬结构的内部一致性主要通过以下几个方面表现出来。

（1）销售薪酬结构中的固定部分和浮动部分的比例。在销售人员的薪酬结构中，固定部分是保健性的，而浮动部分则具有激励性。处于初创期和快速成长期的企业通常会加大浮动部分的比例，从而更好地激励营销人员。而处于成熟期的企业，或生产经营相对稳定的大型企业，适当加大固定薪酬部分的比例则能更好地稳定销售团队。

（2）薪酬的组成部分及其比例。销售绩效是制定整个销售薪酬体系的基础，企业要合理制定销售人员总薪酬中各报酬种类及其比例，应做到：销售人员的薪酬与销售绩效及企业绩效紧密相连，同一等级销售岗位之间的薪酬保持公平，不同等级销售职位之间的薪酬具有差异。

（3）物质性报酬与非物质性报酬的比例。物质性报酬并不是企业保留销售人员的唯一原因。随着社会进步，销售人员工作生活质量不断提高，对精神生活和其他非物质性内容的追求越来越重视，其薪酬观念变得更加理性，更强调个人价值的体现与提升，如成长机会、荣誉、晋升、工作生活质量、和谐劳动关系等，都成为销售人员追求的目标。因此，销售薪酬计划的设计要重视物质性报酬与非物质性报酬资源的合理配置。

3. 销售薪酬水平的外部竞争性

销售薪酬水平的外部竞争性，要求企业必须具有比竞争对手更高的薪酬水平，才能吸引到优秀的销售人才。但这并不意味着销售人员的薪酬越高，激励效果越好。销售人员薪酬水平的制定依据存在差异，各国、各地区、各行业、各企业之间很难进行绝对比较，单纯用薪酬高低这一标准难以全面衡量或比较不同企业之间的差异。有竞争性的销售薪酬水平是在能够吸引到足够的优秀销售人员和控制人力成本支出之间达到平衡。销售薪酬的外部竞争性体现为销售人员将本人的薪酬与在其他企业从事同样工作的销售人员所获得的薪酬进行比较。故而，可以借助销售薪酬调查来避免销售人员产生强烈的外部不公平感。

4. 销售人员计酬方式的公平性

为了保证销售人员计酬方式的公平性，企业在进行薪酬设计时应从个人价值、岗位价值和工作绩效三个方面来考虑，即遵循这样三条原则：第一，销售薪酬要反映销售人员的个人价值。应该以人才市场的价格为基础，使销售人员作为单独的个体在个人比较过程中产生公平感。第二，销售薪酬应反映销售人员的岗位价值。依据不同的销售职位所对应的知识、能力、经验等要求，各个销售岗位在企业中的相对重要性和贡献度来确定薪酬，从岗位的复杂性、责任大小、控制范围、所需知识和能力等方面，对岗位的价值进行量化评估。第三，销售薪酬应该反映销售人员的工作绩效。销售薪酬与绩效相结合，往往是充分发挥销售薪酬激励作用的最重要环节，同时也是薪酬分配过程中最容易产生不公平感，从而影响激励效果的环节。

（三）对销售人员薪酬计划有效性的评价

销售人员对于企业的重要性决定了企业在销售人员的薪酬上往往不惜花费大量金钱，许多企业将销售人员的薪酬当成企业达到经营目标的最为有利的工具之一。它们力图通过奖金或者佣金计算公式来向销售人员传递企业最希望达到的那些结果的信息。根据行业不同，销售人员的直接薪酬（基本薪酬加奖金）要占到企业总销售额的3%～10%，这相当于企业销售部门总预算的 50%~70%。那么，企业在销售人员身上所支出的这一大笔薪酬成本能否获得相应的回报呢？企业管理层通常借助以下几个指标来判断销售人员薪酬计划的有效性。

1. 增长指标

增长对于任何一个企业而言，几乎都是最重要的一个指标。在销售领域的增长可以体现在：新市场的开拓、新客户的获取以及通过不断的流程改善留住现有客户。在增长指标中，销售额是最重要的指标之一。因此，在对销售人员薪酬计划的有效性进行评价时，一个很重要的问题是：它是否带来了销售额的增长。

2. 利润指标

绝大多数情况下，企业都希望销售人员将注意力集中在那些能够带来利润的业务上，越来越大的市场竞争压力迫使企业的高层管理者必须关注企业向客户推销的业务的盈利性。从这方面来看，判断销售人员薪酬计划有效性的另一个问题是：它是否导致销售人员向客户提供了恰当的产品或服务组合，从而产生了必要的利润。

3. 客户满意度和忠诚度指标

在激烈的市场竞争中，客户的满意度和忠诚度在企业市场份额的扩张和维持方面起着非常关键的作用，而销售人员无疑要对客户的保留负主要责任。因此，要想知道销售人员的薪酬计划是否有效，企业必须关注：它对销售人员的激励和报酬是否使他们以更为有效的方式去留住客户并为客户提供必要的服务。

4. 销售人才指标

在绝大多数企业中，销售人员薪酬计划都是高层管理者用来吸引和保留优秀销售人员的重要工具。只有拥有优秀的销售人员，企业才能够有效地将自己的产品或服务销售出去，同时确保与客户进行有效沟通，并为之提供必要的服务。因此，一种有效的销售人员薪酬计划必须能够帮助企业吸引和保留优秀的销售人员。

5. 薪酬投资的收益指标

如今大多数企业都将自己的客户看成企业的"资产"，而这种资产是通过对销售人员进行投资形成的。企业对销售人员的投资是企业最为重要的投资之一。因此，企业经常需要对自己在销售人员身上所进行的投资进行审查，以考察企业在销售人员身上所进行的这种投资与上一年相比，是否产生了更多收益。

二、销售人员的薪酬方案类型

在实践中，针对销售人员的薪酬方案是多种多样的，这些薪酬方案的目的都是将销售人员的薪酬与企业的经营目标以及客户的期望联系在一起。在选择薪酬方案时，企业考虑最多的是三个方面的问题：一是薪酬方案给企业带来的总成本；二是销售职能在企业的经营战略中所扮演的角色；三是销售工作自身的特点。总的来说，市场上存在的销售人员的薪酬方案主要有以下四种。

（一）纯佣金制

纯佣金制，即指在销售人员的薪酬中没有基本薪酬部分，其全部薪酬收入都由佣金构成。佣金通常是以销售额的一定百分比来提取，在实践中经常称为销售提成。提成的百分比即为佣金比率，佣金比率的高低取决于产品的价格、销售量以及产品销售的难易度等。

例如，在房地产销售中，销售人员的提成比例一般为1%左右。在佣金比率一定的情况下，每位销售人员的佣金收入高低取决于员工本人的销售业绩好坏。如表17-2所示，销售人员的佣金比率有两个，在没有达到销售定额之前是一个佣金比率，超过销售定额之后是一个更高的佣金比率。该计划的意图在于鼓励销售人员达到更高的销售业绩。

表17-2 销售人员薪酬方案：纯佣金制

薪酬构成	佣金计算方式	
（1）基本薪酬：零 （2）目标佣金：6万元/年，每月根据实际销售业绩浮动计发 （3）目标薪酬：6万元/年，上不封顶	实际完成销售目标的百分比/%	佣金占销售额的百分比/%
	0～100	5
	超过100	8

这种薪酬制度的优点是，它把销售人员的薪酬收入与其工作绩效直接挂钩，激励作用非常明显。佣金的计算也很容易，因而薪酬管理的成本很低。但这种情况下，销售人员的收入往往缺乏稳定性，易受经济环境和其他外部因素的影响而大幅波动。同时，销售人员会受经济利益驱动，过分强调销售额和利润等与佣金直接挂钩的指标，而忽视其他一些尽管对企业非常重要，但是与销售人员的薪酬没有直接联系的非直接销售活动，如客户信息以及竞争对手信息的收集工作。此外，这一制度还有可能造成上下级之间、新旧从业人员之间较大的薪酬差距，不利于培养销售人员对企业的归属感，易形成"雇佣军"的思想。

这种销售人员薪酬方案在产品标准化程度较高，但市场广阔、购买者分散、很难界定销售范围，在推销难度不是很大的行业（如人寿保险、营养品、化妆品行业）中比较常见。例如，安利这样的直销公司，许多推销人员都不是直接受雇于该公司，但他们会根据一定的销售额拿到提成。纯粹的佣金制本身存在的缺点和不足，使得它在属于企业正式员工的销售人员中实施的情况并不常见，更经常地在劳务型销售人员或兼职销售人员中实行。

（二）基本薪酬加佣金制

在这种薪酬制度下，销售人员每月领取一定数额的基本薪酬，然后再按销售业绩领取佣金。它一方面为销售人员提供了最基本的薪酬收入，解决了纯佣金制下销售人员因收入不稳定而可能会出现的生活问题；另一方面又吸收了佣金制的优点，保留了其激励作用。在基本薪酬加佣金的薪酬计划中，佣金部分的计算又可以分成直接佣金以及间接佣金两种不同形式，分别如下。

1. 基本薪酬加直接佣金制

表 17-3 中的销售人员薪酬方案的设计思路是,每位销售人员每年有 3 万元的基本薪酬,同时根据每位销售人员的销售业绩计发佣金,佣金的计算方式是销售额的一定百分比。但不同产品的佣金比率是不同的,且同一产品的佣金比率也会随着销售人员的实际销售业绩达到或超过销售目标的程度而有所差异。这种薪酬设计方式实际上是根据 50∶50 的比例来确定销售人员的基本薪酬和奖励薪酬的。

表 17-3　销售人员薪酬方案:基本薪酬加直接佣金制

薪 酬 构 成	佣金计算方式			
	实际完成销售目标的百分比/%	佣金占销售额的百分比/%		
		产品 A	产品 B	产品 C
1. 基本薪酬:3 万元/年 2. 目标佣金:3 万元/年,每月根据实际销售业绩浮动计发 3. 目标薪酬:6 万元/年,上不封顶	0~100	3	5	8
	超过 100	5	9	12

2. 基本薪酬加间接佣金制

佣金不是以直接的销售额提成的方式来计算,而是将销售业绩转化为一定的点值,再根据点值来计算佣金的数量。如表 17-4 所示,销售人员有 4.2 万元的年基本薪酬,且每个月可以获得佣金。但佣金的计算方式是根据产品销售数量来确定的,销售人员每销售一单位的某种产品,便可以得到一个点值(销售一单位的不同产品所得到的点值是不同的),将这些点值加起来,乘以点值的单价(在这里是 2 元/点),便可以计算出销售人员应得的佣金数量。

表 17-4　销售人员薪酬方案:基本薪酬加间接佣金制

薪 酬 构 成	佣金计算方式	
	产品类型	单位产品的点值(2 元/点)
1. 基本薪酬:4.2 万元/年 2. 目标佣金:2.4 万元/年,每月根据实际销售业绩浮动计发 3. 目标薪酬:6.6 万元/年,上不封顶	A	2
	B	5
	C	8
	D	10
	E	6

(三)基本薪酬加奖金制

这种薪酬制度与基本薪酬加佣金制有些类似,但存在一定区别。这种区别主要体现在:佣金直接由绩效表现决定,而奖金和业绩之间的关系却是间接的。它也根据销售额、利润额、销售目标实现率等指标来衡量员工的业绩,并支付奖金。但销售人员所实现的业绩只有超过了某一销售额,才能获得一定数量的奖金。此外,除了优良的销售业绩外,新客户开拓、货款回收速度、市场调查报告、客户投诉状况、企业规章执行等诸多因素都可以影响到销售人员所得到的奖金数量。

如表17-5中，销售人员每年有4.2万元的基本薪酬（每月3 500元），每月还可以得到奖金，奖金的数量取决于销售人员的销售目标实现度。如果完成了全部销售任务，则销售人员全年的薪酬收入可以达到6.6万元（每月5 500元，其中基本薪酬3 500元，奖励薪酬2 000元）的目标薪酬水平。但如果每位销售人员在一月的销售业绩只达到了预定销售目标的80%，则这位销售人员一月所能够得到的薪酬总额为3 500元+2 000元×50%=4 500元，如果这位销售人员一月的销售额超过了预定目标，完成了目标销售额的120%，则其一月所能够获得的薪酬总额为3 500元+2 000元×140%=6 300元。

表17-5 销售人员薪酬方案：基本薪酬加奖金制（一）

薪酬构成	奖金计算方式	
	实际完成销售目标的百分比/%	每月目标奖金的百分比/%
（1）基本薪酬：4.2万元/年 （2）目标奖金：2.4万元/年，每月根据销售业绩浮动计发 （3）目标薪酬：6.6万元/年，上限封顶，最高不超过8.04万元	70	0
	80	50
	90	75
	100	100
	110	120
	120	140
	130	160

奖励公式本身的规定，使每位销售人员每年所能够获得的奖金的最高金额是有上限的，即在销售人员达到最高销售业绩（每月都完成预定销售目标的130%或以上）的情况下，他们全年的奖金数量最高也不会超过3.84万元（2.4万元×160%，或平均每月3 200元），即全年最高薪酬收入控制在8.04万元以内。或者说，销售人员的最高月薪（基本薪酬加奖金）只能达到6 700元。这种薪酬方案有利于组织有效地控制成本，但销售人员可能会在销售目标上与企业讨价还价。

表17-6中，销售人员的薪酬计划也是由基本薪酬和奖金构成的。不同的是，该公司的奖金是根据季度绩效评价结果来确定的。员工的季度奖金相当于他们个人季度基本薪酬总额的一定百分比。该公司的季度绩效评价指标包括销售额、回款率、销售报告、客户满意度等。

表17-6 销售人员薪酬方案：基本薪酬加奖金制（二）

薪酬构成	奖金计算方式	
	绩效评价等级	奖金比例（相当于季度基本薪酬的百分比/%）
（1）基本薪酬：2.4万元/年 （2）目标奖金：2.4万元/年，每季度根据总体绩效评价等级浮动计发 （3）目标薪酬：4.8万元/年，上限封顶，最高不超过5.76万元	S	140
	A	120
	B	100
	C	50
	D	0

季度绩效评价结果划分为 S、A、B、C、D 五个等级，季度绩效评价结果达到 S 级的销售人员，可得到相当于其个人季度基本薪酬总额 140%的绩效奖励。若某销售人员的年基本薪酬为 2.4 万元（每季度 0.6 万元），此人在第一季度的绩效评价结果为 A 级，则这位销售人员在第一季度的薪酬收入就等于 1.32 万元（0.6 万元+0.6 万元×120%）。在销售人员每个季度的绩效评价都能够达到合格（即 B 级）的情况下，销售人员的目标年薪可达到 4.8 万元，但销售人员的年度最高收入不会超过 5.76 万元。

在表 17-7 中，销售人员的奖金确定主要取决于两个指标：一是销售额指标，二是利润指标。在这两个指标所组成的方格中，确定了销售人员在每个季度可能获得的奖金数量。奖金计算的基础是季度目标奖金的一定百分比。

表 17-7　销售人员薪酬方案：基本薪酬加奖金制（三）

薪酬构成	奖金计算方式				
	销售额水平	相当于季度目标奖金的百分比/%			
（1）基本薪酬：6.4 万元/年 （2）目标奖金：1.6 万元/年，每季度根据销售额和利润完成情况浮动计发 （3）目标薪酬：8 万元/年，上限封顶，最高不超过 9.6 万元		最低利润		目标利润		卓越利润
	卓越销售额	50.0	87.5	125.0	162.5	200.0
		37.5	75.0	112.5	150.0	162.5
	目标销售额	25.8	62.5	100	112.5	125.0
		12.5	37.5	62.5	75.0	87.5
	最低销售额	0	12.5	25.8	37.5	50.0

如果某销售人员的基本年薪为 6.4 万元，目标薪酬为 8 万元，则全年的目标奖金为 1.6 万元，即每季度 4 000 元。假定该公司为销售人员确定的享受季度奖金的最低销售额为 10 万元，目标销售额为 15 万元，卓越销售额为 20 万元；最低利润为 4 万元，目标利润为 6 万元，卓越利润为 8 万元。再假定该销售人员在第二季度的销售额为 18 万元，利润为 6 万元，则该销售人员第二季度的销售奖金应当等于目标季度奖金的 112.5%，即 4 000 元× 112.5% = 4 500 元。该销售人员每季度的最高奖金额不会超过 8 000 元（4 000 元×200%），其全年最高薪酬收入会被控制在 9.6 万元以内。

（四）基本薪酬加佣金加奖金制

这种薪酬制度设计的特殊性在于，它将佣金制和奖金制结合在一起。如表 17-8 中的例子，销售人员除了有每年 4.2 万元的基本薪酬之外，每个月还能获得相当于销售额 6%的佣金。此外，在每个季度，他们还可以根据本人所完成销售额的毛利率情况，获得一个相当

表 17-8　销售人员薪酬方案：基本薪酬加佣金加奖金制

薪酬构成	季度利润奖金	
	毛利率/%	奖金比例（相当于佣金的百分比/%）
（1）基本薪酬：4.2 万元/年 （2）佣金：每月发放，佣金比例为销售额的 6% （3）奖金：季度发放，相当于佣金的百分比 （4）目标薪酬：6 万元/年，上不封顶	15	0
	20	10
	25	25

于本人当季所得佣金的一定百分比的季度奖金。该企业鼓励销售人员实现更高销售额,同时还鼓励他们提高销售毛利率。

一个特定企业,它究竟选择哪种薪酬支付方案取决于多方面的因素,如自身所处的行业、公司产品的生命周期、组织以往的做法等。

以行业因素举例来说,保险行业、营养品行业、化妆品行业对于销售人员的薪酬设计大多是"高提成 + 低固定"的薪酬模式,甚至实行纯佣金制。而在一些产品技术含量很高、专业性很强、市场非常狭窄而销售周期又比较长的销售领域中,企业对销售人员的素质及其稳定性要求都很高。这时,采用"高固定 + 低提成/奖金"的薪酬模式就比较合适。

而就产品的生命周期而言,当公司产品刚刚上市,产品没有知名度或知名度很小时,企业最好采取固定薪酬模式,或采取"高固定+低提成/奖金"的模式。此时,产品销售的风险很高,销售人员的努力很可能得不到足够的市场回报,因而不能让销售人员来承担风险。但如果经过一段时期的努力,产品得到了客户认可,逐渐在市场上打开了销路,销售风险逐渐降低,销售额处于增长期,这时企业就可以适当降低销售人员薪酬中的固定部分,提高浮动部分,以鼓励销售人员更积极地去扩大市场份额,增加销售额。此后,随着产品达到成熟期,产品品牌或公司品牌对消费者购买行为产生的作用比销售人员的说服工作显得更为重要,这时,企业又可以将销售人员的薪酬方案改回到"高固定 + 低浮动"的薪酬模式上去。

三、特殊的营销激励计划

(1)临时销售促进奖励。在一些特殊时期,组织会特别强调某些产品或服务,并通过短期或临时特价销售的方式来实现营销目标。与之对应的销售激励计划是临时的也是短期的,在实现阶段性营销目标后立即被取消。但在一些特殊时期,这种临时的而且非常具有激励性的措施往往对完成短期目标有很大影响。临时激励的价值应该足够大,对营销人员有足够的吸引力,才能真正激发营销人员的销售积极性。但也不能大到使销售人员忽视工作的其他方面或其他工作。

(2)销售荣誉。在营销实践中,荣誉是销售激励计划中的重要因素。尽管组织在物质层面并不需要向销售人员支付多少成本,但组织对他们工作绩效的认可和表扬,往往能够产生巨大的精神激励。《销售与营销管理》(*Sales and Marketing Management*)杂志的一项调查证明,正式的认可计划(荣誉)与销售成功高度相关。成功的荣誉奖励应该包括五个因素:第一,组织必须具备或发展一个长期的、易辨认的认可象征(如公司标识或商标)。第二,组织必须准备一个作为载体的标志性礼物(如证书、流动红旗、其他纪念品等),以流动的形式传达该项荣誉。第三,组织必须以一种正式的方式向个人表示奖励,如颁奖宴会、公司正式文件等公开通告方式。第四,颁奖人的地位必须能够增强员工的荣誉感。第五,组织必须定期检查奖励计划,以确保它所指向的行为适合当前的组织目标,且奖励本身是被员工看重的。

(3)辅助人员的奖励。对于最终的客户满意来说,辅助人员也很关键。例如,为了留住客户,在销售环节之后,公司必须提供出色的售后服务。很多组织正在多方面寻求激励辅助员工的方式。施乐公司给行政人员和高级操作人员建立了服务目标，并将其与整体的客户满意度结合起来。例如，每正确并及时处理一桩生意后，广告部经理就可以得到一定的积分。过去 10 年间，对销售辅助人员的激励增长迅速。最普遍的激励之一就是旅游，用这一方式激励技术人员、办公室文员或电话推销员。

四、销售人员薪酬方案设计的步骤

（一）组建薪酬方案设计团队

有效的销售人员薪酬计划包括四大步骤：评价、设计、执行、再评价。在进入此过程之前，企业必须组建一个由来自各个不同领域的员工组成的设计小组。销售人员薪酬计划的设计或重新设计是一件非常困难的事情，新的销售人员薪酬计划必须能够反映组织在销售、市场、财务、人力资源、信息系统五大方面的目标。通常情况下，设计小组要首先对现有的销售人员薪酬计划进行分析与评价，通过讨论，明确现有计划的优点和不足分别是什么，改进的余地在哪里。

来自不同部门的员工的参与会使新的计划更有利于使销售人员的努力方向与企业的目标保持一致。此外，当由一个设计小组来确定新的薪酬计划的目标、检验各种可选方案、确定某一计划的可行性，并就变革达成一致时，新的薪酬计划的适用性会更高，并且执行起来也更容易。在销售人员薪酬计划设计小组中，来自不同部门的人承担着各自不同的责任。

第一，销售部门。销售人员薪酬计划的最终使用者是销售部门，因此，销售部门应当首先负责将内部目标与外部条件联系在一起。

第二，市场部门。市场部门应当提供有关产品和市场营销目标方面的信息。新产品的投放、利润的改善、在细分市场上的渗透情况以及与竞争对手的相对位置比较等信息，都是市场营销计划的重要构成要素，这些要素必须能够比较现实地反映客户的期望。

第三，财务部门。财务部门必须从业务预测的角度提供关于产量以及利润目标方面的信息，这些信息有助于制定一些定额。此外，财务部门还可以对新计划中的薪酬和绩效之间的关系进行检验，从而估计各种不同的绩效薪酬挂钩方式所可能产生的成本。

第四，人力资源部门。人力资源部门在新的销售人员薪酬计划的设计过程中扮演着至关重要的角色。该部门最适合主持并推进新计划的设计过程。它可以提供销售的组织结构、销售工作描述、薪酬等级、薪酬范围安排以及员工对薪酬计划的态度等方面的信息。此外，该部门还可以提供关于外部市场上销售人员的薪酬水平的数据，并确保新的销售人员薪酬计划与企业的管理实践以及法律的要求保持一致。

第五，信息部门。信息部门可以帮助设计小组处理绩效和薪酬水平的数据。此外，信息部门还可以开发出能够对新的薪酬计划进行追踪和报告的信息系统。

（二）评估现有的薪酬计划

对现有销售人员薪酬计划的评价应当能够判断出该计划的哪些方面仍然是有效的，通过改进哪些方面变得更有利，以改善销售人员的生产率。销售人员的薪酬计划必须能够支持企业战略,如果企业销售产品或服务的方式或者所要销售的产品或服务本身发生了变化,或者客户以及竞争对手的行为发生了变化,那么企业的销售战略甚至销售工作本身也可能发生变化,这时需要对销售人员的薪酬计划作出调整。

从这方面来说,某个特定销售人员薪酬计划的有效性有很大局限性。如果企业不能根据环境的变化及时更新和调整自己的销售人员薪酬计划,则很可能出现这样一些情况:销售目标如销售额指标、产品组合指标以及利润指标等无法完成;销售人员通过流动、抱怨以及士气低落等方式表达自己的不满;销售管理人员感觉到现有的销售人员薪酬计划很难确保销售人员的活动与组织目标保持一致,按照现有的薪酬体系,很难推动销售人员达到预定的销售业绩目标。一旦上述情况出现,企业必须尽快审查自己的销售人员薪酬计划。

在对现有的销售人员薪酬计划进行审查和评价的时候,设计小组要根据实际达成的结果来反思计划本身的内容。必须注意以下三个要素。

1. 对经营战略的支持程度

任何一种销售人员薪酬计划实际上都为销售队伍制订了明确的目标。薪酬计划中的绩效评价指标以及评价办法其实就是对企业所要实现的经营战略,以及期望销售人员完成的目标所做的一种事实上的陈述。因此,设计小组必须通过对高层管理人员的访谈、对销售目标完成情况的分析以及对销售人员的调查来对现有薪酬计划的实施效果进行评价。虽然销售人员薪酬计划的缺陷未必就是造成销售人员未能完成销售目标的唯一原因,但如果不存在其他明显的可以辨认的原因的话,企业就必须考虑是不是销售人员的薪酬计划出了问题。在具体分析的时候,可以就销售人员的薪酬与他们的销售业绩(如销售额)之间的相关关系做回归分析,如果销售人员的业绩和他们的薪酬之间不存在某种稳定联系,那么企业的销售薪酬计划一定出了问题。

2. 是否达到了支出目标

对现有薪酬计划进行评价的第二个方面的判断是,它是否达到了企业预定的支出水平。理想的薪酬支出状态应当是,实际薪酬支付围绕目标薪酬水平呈现出正态分布。如果企业期望 60%～80%的销售人员达到既定的销售目标,从而得到既定的薪酬收入,但实际完成销售目标的销售人员比率只有30%～40%,企业就需要考虑原有的薪酬计划是否出了问题。此外,与外部市场上其他企业销售人员的薪酬水平的比较,也有助于企业判断自己的薪酬水平和薪酬政策是否具有竞争力。总的来说,企业希望销售人员达到的薪酬水平应当与销售人员最终拿到的薪酬水平具有较大程度的一致性。

3. 是否提高了销售人员队伍的有效性

销售人员的薪酬计划还应当有助于销售人员的能力增长,尽管对销售人员的能力增长状况进行判断可能存在一定的困难。销售人员的流失率是销售队伍稳定程度的重要衡量指标。通过对来自一线销售管理人员的报告进行分析,或者员工满意度或客户满意度调查,企业可以判断出自己的销售人员薪酬计划是否有利于销售人员队伍的稳定性及其能力的不断提高。

对现有销售人员薪酬计划进行审查和评价不仅可以为设计小组提供哪些方面可以继续维持、哪些方面需要改进的信息,而且在这一过程中,通过对高层管理人员的访谈所获得的关于企业经营战略方面的信息,设计小组可以清楚地了解管理层为销售队伍所指出的方向是什么。通过这一审查和评价过程,设计小组还可以清楚地判断出,销售工作在本企业中是如何被界定的:哪些活动属于销售工作的范畴,销售工作与其他工作之间的关系是怎样的。如果对销售工作本身的界定不清楚,那么在销售人员薪酬计划中所采用的销售绩效指标就可能会出现失误,销售人员薪酬计划也不可能真正有效。

(三)设计新的薪酬方案

设计新的销售人员薪酬方案时,首先必须明确新计划的目标是什么。显然,新的薪酬计划的最终目标是支持企业的经营战略。这一点看起来理所当然,但在许多企业的销售人员薪酬计划设计过程中,这一问题都不同程度地被忽略了。企业通常只是简单地以"吸引、保留以及激励销售人员"这样一个传统目标作为自己的指南。虽然这一目标仍然很重要,但现代企业销售人员薪酬计划设计的哲学基础已经变得更加具有综合性,并且对企业经营战略支持的特性更加突出。通常情况下,企业的销售人员薪酬计划所要达到的目标包括:服务客户,销售产品或服务,完成销售额和财务目标,激励和管理销售人员队伍的绩效,等等。

确定新的薪酬计划的目标之后,设计小组还必须明确地对本企业的销售工作本身进行分析和界定。不同的行业和企业中,推销产品、与客户接触的战略和具体方式以及销售的产品或服务本身存在很大差异;且电子商务等先进销售工具和技术的发展及其普遍运用,使销售角色本身也在发生非常大的变化。如前所述,销售工作已经超出了销售部门自身的职能范畴,客户服务、电子商务、渠道伙伴、加盟成员等方方面面都参与到销售活动当中来。因此,销售工作所发生的上述种种变化使企业必须重新界定销售人员应当做些什么,销售工作的目标和任务应该是什么。

为了实现全面客户管理,许多企业还必须以销售团队的方式来与客户进行接触和保持联系。这样,销售工作已经超出了吸引和保留客户的一些传统职能的范畴。销售人员必须具有许多非推销类的技能,而销售责任的分担不仅会对销售人员薪酬计划的各个构成要素产生影响,还会对企业如何为销售团队提供报酬产生影响。

销售人员薪酬计划的设计要素包括覆盖范围、目标现金薪酬、薪酬组合、绩效衡量以及奖励公式等。

1. 覆盖范围

在设计新的销售人员薪酬方案时,必须首先确定哪些工作属于销售工作,哪些员工属于销售人员。通常情况下,与销售工作有关的活动包括辨认客户、说服客户以及服务客户三个方面。从广义上来说,从事这三种活动的人都可以被称为销售人员。但通常来说,与客户进行接触以及对客户进行说服的程度,是判断某种工作是否属于销售工作的两大重要因素。销售人员必须是与客户有所接触并承担说服客户购买公司产品或服务的角色的员工。具体来说,重要的销售人员是指同时承担客户搜寻和客户说服工作的员工;普通销售人员是指不需要主动去寻找客户但是需要通过与客户的接触，说服客户与企业达成购买交易的员工。有许多从事客户服务工作的员工，虽然也与客户接触，但其主要目的不是说服客户购买产品或服务。这类员工，通常不是销售人员薪酬计划的实施对象。

2. 目标现金薪酬

目标现金薪酬是指当员工达到组织预期的绩效水平时所能够获得的薪酬。这种现金薪酬是基本薪酬和奖金的总和，即直接薪酬水平。在确定销售职位的目标现金薪酬时，主要的影响因素是外部市场数据、组织内部的公平性要求以及销售成本等。大多数情况下，企业会根据自身所在劳动力市场上的竞争状况，选择一定的参照物（如同行业的销售岗位、本地区其他行业的销售岗位、本国其他地区同行业或不同行业的销售岗位），再根据自己总的薪酬政策来确定销售人员的目标现金薪酬水平。这个水平要保证本公司支付的薪酬对外具有吸引力，同时不会因为薪酬水平支付过高而增加企业的成本负担。除薪酬调查结果之外，能够对销售人员的目标现金薪酬产生影响的还有其他多方面因素：企业经营环境、组织的支付能力、传统和习惯、销售人员在组织中的地位等。每一个企业都要在这些竞争要素之间寻求平衡，以确定一个最有利的目标现金薪酬水平。

3. 薪酬组合

薪酬组合所强调的主要是直接薪酬内部的构成，即基本薪酬和奖励之间的比例。这一比例的大小取决于销售工作在客户的购买决策中所起的作用大小。销售人员在客户的购买决策中所起的作用越大，企业投入奖励部分的钱与投入基本薪酬部分的钱相对就会越多。

一些行业调查表明，销售人员的一般薪酬组合通常是 70∶30，即 70%的基本薪酬加上 30%的奖金或佣金。如果销售人员的薪酬组合是 50∶50，即 50%的基本薪酬加上 50%的奖金或佣金，则说明销售人员的销售技巧对客户是否购买公司的产品或服务的影响力更大（有些行业和企业甚至采用 30∶70 或更低的比例，即销售人员的基本薪酬在目标现金薪酬收入中仅占 30%，其余的 70%都取决于员工的奖金或佣金）。但如果销售人员的销售努力或销售技巧对客户的最终购买决策所能发挥的影响较小，则很可能会采用 90∶10 的比例，即 90%的基本薪酬加上 10%的奖金或佣金。

4. 绩效衡量

销售人员的奖励性薪酬计划中所涉及的绩效衡量问题，包括以下三个方面的内容：选择能够对销售结果进行评价的最合适的绩效指标；制定销售人员绩效标准以明确组织对他们的期望（目标与销售定额）；追踪考察员工的实际绩效完成情况。

挑选绩效衡量指标对于有效的销售人员薪酬计划设计来说是最关键的一步。实践中，许多企业的销售人员绩效评价方案都力图用很多绩效衡量指标来反映销售人员绩效的方方面面。这种做法看似比较全面地反映了企业对销售人员的绩效要求，但可能由于指标过多而导致销售人员找不到明确方向。它实际上反映出公司的管理人员在哪些是销售工作最重要的目标这一问题上缺乏一致的意见或者思考。

通常情况下，对销售工作的绩效衡量主要应当从销售数量、利润、销售生产率和客户满意度四个方面入手。销售数量指标是以绝对或相对的方式从数量方面对销售结果进行的衡量，其代表性指标有销售额、销售量、销售额与目标销售额之比、新产品销售额、新客户销售额等。利润指标主要是指对销售的盈利情况进行的衡量，其典型指标包括毛利、毛利率、价格实现度（实际价格与统一报价之比）等。销售生产率指标是对销售投资的收益改善状况进行衡量的一种指标，其典型指标包括销售收益、第一次订单收益、某客户群体收益等。客户满意度指标是指对客户的保留和忠诚度进行衡量的一个指标，其代表性指标包括客户满意度调查的最终结果、账户或收益的保留情况、账户份额的增长等。

在为某一销售人员薪酬计划确定绩效衡量指标时，一个常规性的原则是：指标的数量最好保持在三个或少于三个的水平上。在这三个指标中，至少有一个是反映产品报酬的销售数量指标，而其他指标则应当是对这一指标的补充，以明确指出哪种形式的数量指标是最好的。例如，更有利可图的销售数量（用毛利或价格实现度来衡量），更平衡的销售数量（比如同一支销售队伍所完成的产品销售组合），来自某些特定客户的销售数量，哪一个更好？

绩效衡量指标的选择直接影响到销售人员奖励计划的公式设计，因此，它在销售人员的薪酬计划设计中是最关键的一步。如果企业没有清晰地界定和设计好自己的销售工作，从而使其与购买者的期望以及组织中的其他销售或服务性工作无法保持良好的匹配，就很可能会选择不恰当或不完善的绩效衡量指标。

5. 奖励公式

销售人员的奖励公式是多种多样的，其操作方面需要考虑以下几个问题。

第一，销售奖金要不要封顶。从原则上来说，销售奖金最好不要封顶，但在有些情况下，奖金封顶有利于企业控制成本，尤其是在出现意外情况或者企业的销售目标制订得不合理的情况下。封顶的方式可以有薪酬总额封顶、奖金的百分比封顶、每份订单或账户的销售额封顶以及销售奖励递减等。

第二，销售奖励的门槛。通常情况下，销售人员都必须达到某一最低销售业绩才能获得奖金。提出最低销售业绩要求，实际上是为了抵销企业所支付的基本薪酬成本（在有基本薪酬的情况下），同时确定一个合理的绩效标准。

第三，绩效衡量以及奖金支付的周期。对销售绩效的衡量可以按周、按月，也可以按季度和年度。在绩效周期短于1年的情况下，销售人员的绩效衡量指标要么是离散型的，要么是连续型的。前者是指销售人员在每个绩效周期中的业绩完成情况是相互独立的，对某个绩效周期中的绩效评价与前面一个或几个绩效周期中的销售业绩没有什么关系。而后者则是指销售人员在每个绩效周期中的绩效完成情况存在相互联系。例如，对某些销售人员的绩效衡量是以季度为周期的，但每个季度的业绩所反映出来的是从年初到当前的绩效完成情况。因此虽然销售人员每个季度都要接受绩效评价并且领取报酬或奖金，但他们要对整个年度的销售目标负责。一般情况下，根据月度、季度和年度对销售人员进行绩效评价的情况较多。在销售周期较短的情况下，基本薪酬可以较低，奖金所占份额可以较大，但同时奖金支付的频率会较高；相反，如果销售周期较长，则基本薪酬就应当高一些，奖金所占份额较低，而奖金支付的频率也较低，通常是按季度或年度支付的。

第四，销售业绩的认定。销售人员的销售业绩在什么情况下可以作为销售报酬的计算依据，要取决于企业自身的簿记、票据、出货以及支付的程序。一般性的原则是：当销售人员不再需要去考虑某一订单的时候，他们的销售业绩就可以被认定，从而作为计算销售奖金的依据。

（四）执行新的薪酬方案

有效的薪酬计划还需要企业在执行方面投入大量的时间和精力，这主要表现在以下三个方面。

1. 计划的发布与沟通

在任何一个新的薪酬计划制订出来以后，企业通常需要以正式文件的形式对计划加以阐述。对销售人员薪酬计划的说明应当能够揭示新的薪酬计划的目的及其涉及的奖金或佣金的计算方法，还要回答员工最有可能提出的一些问题。此外，新的薪酬计划的文本应当确保所有销售人员人手一份。如果企业无法在所有销售人员在场的情况下宣布新的薪酬计划，企业主管销售的高层管理人员还可以以决策层的名义给销售人员写一封短信，对新的薪酬计划做简短说明。

2. 对一线销售管理人员进行相关培训

在新的销售人员薪酬计划实施的时候，对一线销售管理人员进行新的培训在很多时候都是必要的。这一方面是因为销售人员在如何才能完成工作和实现业绩目标方面需要得到自己直接上级的指导，另一方面是因为一线销售管理人员需要对下属销售人员的工作绩效作出评价。此外，一线销售管理人员还必须能够就新的薪酬计划向自己的下属销售人员作出明确的解释。因此，许多企业在实施新的薪酬计划时都要对自己的一线销售管理人员进行培训。

培训的大体内容包括：销售奖金在销售人员的管理和激励方面所发挥的作用；企业来年的销售战略；企业原来的薪酬方案是什么，为什么要对原有的薪酬方案进行改革；销售的绩效目标是什么以及如何将这些目标分解到销售人员身上。

3. 对新的薪酬方案的实施情况进行监控

在新的销售人员薪酬计划执行之后的一段时间，企业还必须对它的执行情况进行追踪和有效监控，以确保销售人员正确理解新的薪酬计划。同时，管理层必须能够确信销售人员真的是在调整自己的行为，并朝着企业所期望的目标努力。达到这一目的的一种简单且有效的做法是：面向销售人员做一份问卷调查。调查结果可以帮助管理人员分析：有多少销售人员理解了新的薪酬计划；哪些地区对新的薪酬计划的理解还存在模糊认识，因而需要进一步沟通；新的薪酬方案中是否忽略了某些操作细节等。

（五）评价新的薪酬方案

新的销售人员薪酬计划执行之后产生的一个很明显的后续问题是：新的销售计划是否达到了预期目的？它是有效的吗？通常情况下，销售主管人员所要看的是新的计划是否促进了销售生产率的提高,其主要内容体现在以下三个方面。

1. 客户

对于销售人员薪酬计划所产生结果的一个经常性衡量指标是:不同类型客户的销售额。如果销售额的增长是企业的一个关键目标,那么对新客户销售额与相对应的奖励性薪酬之间的关系进行相关分析,通过这种分析可以看出到底有多少奖金或佣金用于对新客户销售额的增长提供报酬,当前的状况与企业高层管理人员的期望是否一致。

2. 产品

在销售多种产品的企业中,有些产品所产生的利润率显然要比其他产品高得多。如果企业的产品销售战略已经确定,那么可以看一看到底有多少奖金或者佣金被用来对新产品或企业主推产品的销售进行奖励。

3. 成本与生产率指标

一般情况下,企业销售人员的奖励预算都是基于预期销售额确定的。在一年的年底时,企业可以对实际支付的奖励性薪酬与年初的奖励性薪酬预算加以对比。如果全年的销售目标没有实现,那么,全年的实际奖励性薪酬成本也应当低于年初的奖励性薪酬预算。然而,企业中常常会出现销售目标没有完成,而奖励性薪酬的成本达到或超过预算的情况。如果出现这种情况,就意味着可能需要对这种新的薪酬计划进行修正或重新设计。

第二节 专业技术人员的薪酬管理

专业技术工作通常是指利用既有知识和经验来解决企业经营中所遇到的各种技术或管理问题,帮助企业实现经营目标的工作。这里的知识一般是指通过大学或更高层次的正式学习才可以掌握的知识。专业技术工作以脑力工作为主,需要特定员工在工作过程中充分发挥自己的积极性和主动性,利用已掌握的知识和工作经验作出决策或进行创新。

专业技术类职位大致可划分为三大类:需要在特定领域具有一定造诣的工作职位,如律师;需要有创新精神和创造力的职位,如艺术家和设计人员;需要具备经营知识和市场洞察力的职位,如财务人员。

综上所述,专业技术人员可以定义为具有专门技术知识和经验或者专业技术资格证书的工程师、会计师、律师、科学家、经济学家等。专业技术人员从事的主要是脑力工作,他们或把握企业的整体运行情况,为企业的发展提供咨询建议或谋略支持;或直接从事专业技术研究开发工作,对企业的相对技术竞争优势产生重要影响。

一、专业技术人员及其薪酬管理的特殊性

专业技术人员的特殊性可以归纳为以下几点。

(一)对专业技术的认同度高,对组织的认同感低

专业技术人员往往与事物(如数据、信息、材料、图纸或者机器设备等)打交道较多,

而与人打交道较少。在一些极端情况下，专业技术人员和企业之间甚至可能是相互独立的，企业只是员工为之提供专业知识和技能的客户而已。而专业技术人员在企业中经常遇到的矛盾可能是技术本身的完美与企业对利润等其他目标的追求之间的冲突。

例如，一家制药企业可能希望一种性能还不太稳定的药品尽快上市抢占市场；而药物研制人员却希望药物的稳定性更强一些，应该略晚上市。再如，研发人员可能希望研制一种所代表的技术水平更高但是未来的市场前景并不是很确定的新产品，而企业则对产品所代表的技术水平并不十分感兴趣；相反，它可能更关心新产品能否盈利。

（二）工作专业化程度高，创造性强，工作过程无法监控

企业在对技术人员进行管理时遇到的一个主要困难是，专业技术人员的工作要么是专业化程度很高的工作，要么是创造性很强的工作。因此，对他们的工作活动进行监督，不仅成本很高（尤其是在管理者不具备专业技术人员所具有的那些知识和能力的情况下），而且毫无意义。有时根本没有办法去监控他们的工作过程，而只能对工作结果进行评价。

例如，对于软件开发人员来说，去观察他们的工作过程可能没有什么意义，关键是要看他们开发产品的时效性以及产品的市场销售状况。当然，有时考察专业技术人员的工作过程也是有益的，如评价技术人员在研发过程中与其他技术人员之间的合作性以及知识的开放性，或者技术资料的积累情况等。

（三）决定工作成果的专业技术水平难以准确衡量

在很多情况下，处于同一领域但专业技术水平不同的人所从事的工作内容基本相同，但他们在解决问题时所投入的时间和精力或者所起的作用存在着很大差异。因此，如果仅仅根据他们所从事的工作确定他们的薪酬水平，可能很难反映出不同的专业技术人员对企业所做贡献的差异。在专业技术人员的薪酬决定中，能否有效地区分不同专业技术人员的专业技术水平是一个非常关键的问题。

在我国，过去对专业技术人员的技术水平评定主要采取的是评职称的方式。这种方式虽然在一段时期内起到了合理区分技术水平的作用，但随着时间的延续，职称也逐渐变成了一种资历而不是真正的技术水平的标志。所以，由国家为所有专业技术人员评定职称的做法已经不能适应我国市场经济的发展了。

在市场经济条件下，对专业技术人员的技术水平认定主要有三个渠道：第一，各种社会性的专业技术协会，如电气工程师协会、软件工程师协会、人力资源管理学会等。这些学会或协会可以通过考试以及专业技术认定的方式来确定专业技术人员是否达到了某种专业技术等级。第二，企业。越来越多的企业根据自己的需要为本企业的专业技术人员评定内部"职称"。不同企业对专业技术人员的技术水平要求不同，同时专业技术人员在不同企业中发挥作用的方式也存在很大差异。因此，各企业自己评定专业人员技术资格等级的做法能够有效地满足企业的管理需要，尤其是当企业中的专业技术人员类型比较单一，但技术层次相差很大的时候。第三，外部劳动力市场。专业技术人员通常会通过自己的流动找到一个与自己的技术和能力最为匹配的工作并获得相应的收入。因此，在对专业技术人员的技术资格进行鉴定非常难或者鉴定成本很高的时候，对其过去一段时间在其他企业所

得到的实际薪酬水平进行考察,有助于企业了解和判断某位专业技术人员的实际技术水平与能力。

(四)衡量工作成果的长期性

这些特殊性使专业技术人员的薪酬设计过程面临两大难点:第一,如何提高组织对他们的激励水平,激励他们不断掌握组织需要的新技术,并增强对组织的承诺,尤其是防止职业高原效应带来的职业转换。职业高原被看作个体职业生涯的峰点,是向上运动中工作责任与挑战的相对终止,是个体职业的一个"停滞期",与个体的工作晋升和变动密切相关。第二,如何合理评价专业技术水平和技术成果,体现专业技术人员价值,激励他们不断致力于新技术的创造和转化,使薪酬结构与激励方式能够与其专业技术水平和技术成果相匹配。

专业技术人员通常认为自己的工作比金钱更重要。这一群体对创造和发现有最大的兴趣,该群体成员对组织的责任可能主要基于他们在最好的工作条件下选择做一类工作的能力。如果另一个组织提供更新的设备、更多的自主权,或者是对创造或发现给予更大的认可,他们可能会被吸引而离开现在的组织。一些公司会提供设备激励来挽留这类员工。例如,SRI国际公司将注册资金和专利权税的35%投入技术创新部门。伊士曼柯达公司和3M公司都有被称为"创新银行"(innovation banks)的机构对特定项目进行投资,以体现组织对其研究成果的认可。

企业中的专业技术人员所遇到的一个非常大的挑战,是知识和技术的更新问题。专业技术人员是凭借已经掌握的技术知识和经验来创造性地为企业解决问题的。而当今世界,许多领域中知识更新的速度都非常快,因此,很多专业技术人员除了要完成日常工作之外,还必须抓紧一切时间学习新涌现出来的理论和各种技术知识。由于对自身所掌握的技术知识的先进程度(自己在外部市场上的价值)非常关心,因此,在企业对技术人员提供的薪酬中,除了货币性薪酬之外,能否有机会更新技术知识或企业是否提供学习新的知识和技能的机会,也是对专业技术人员非常有吸引力的一种薪酬。

二、专业技术人员的薪酬设计

(一)专业技术人员的事业成熟曲线及其薪酬决定

企业向专业技术人员支付的薪酬实际上是对他们所接受的若干年专业技术训练以及所积累的专业技术经验的价值的一种认可。因此,专业技术人员的技术水平高低是决定其薪酬水平的一个非常重要的因素。

专业人员的技术水平取决于两个方面的因素:一方面是其接受过的正规教育和训练水平,另一方面是工作经验年限和实际工作能力。在专业技术人员所接受过的专业技术教育和训练水平一定的情况下,工作经验年限的长短是专业技术人员技术水平高低的一个重要决定因素。这是因为很多专业技术知识需要在实践中不断深化,同时专业技术人员会在工作过程中继续学习甚至创造新的知识。因此,根据专业技术人员的事业成熟曲线来确定其薪酬水平，是一种常见做法。

事业成熟曲线，实际是从动态的角度，说明了专业技术人员的技术水平随着工作时间而发生变化的情况，以及它与技术人员的薪酬收入变化之间的关系。事业成熟曲线所依据的数据，来源于对外部劳动力市场的薪酬调查，多数情况下，是从专业技术型员工大学毕业这一时点开始收集的。

某一特定劳动力市场所需要的知识和技术都具有相同或相近的性质，因此，专业技术人员的参照对象可以选定为同一时间段毕业、进入相同或类似劳动力市场的同行。通常情况下，专业技术人员的事业成熟曲线起步很快，在大学毕业之后的5~7年中上升速度是最快的，每年增幅为10%~15%。15~20年之后，随着员工知识的逐渐老化和创造力的减弱，事业成熟曲线变得平缓，增幅降到0~5%，其后便相对稳定在一定的水平上。

一般来说，专业技术人员所积累的专业知识和技术在其刚刚进入劳动力市场时，是非常有优势的。加上工作经验的逐渐丰富，其工作能力提高很快，因而，这一阶段的薪酬增长速度也会很快。但经过一段时间，随着原有专业知识技术的老化，工作经验对于价值创造的作用呈现递减趋势，专业技术人员的工作能力提高速度逐渐减缓直至进入一个事业平台。此时，专业技术人员的薪酬也相对稳定在一定的水平上。

除了工作经验年限因素以外，专业技术人员的实际工作绩效差异也会导致他们的事业成熟曲线不同。在其他条件相同的情况下，工作绩效较高者的事业成熟曲线位置更靠上一些，而绩效较差者的事业成熟曲线所处位置则比绩效处于平均水平者的事业成熟曲线更低一些。

（二）双重职业发展通道

近些年来，在专业技术人员的薪酬设计中提得比较多的是双重职业发展通道。在以职位为基础的传统职能型组织中，决定员工薪酬的一个重要依据是所处职位在企业中行政级别的高低。因此，一大批专业技术人员发展到一定层次后，就将精力转移到了谋取职位晋升上。

尽管很多专业技术人员不喜欢跟人打交道，也不了解如何跟人打交道，或根本不愿意做管理工作，但由于只有做管理工作才能获得职位等级的晋升，因此，许多优秀的专业技术人员最终都以放弃专业技术工作为代价获得职位的晋升，当然还有相应薪酬水平的提高。然而，专业技术人员的这种取向对于企业来说，却未必是有利的，因为一部分不懂管理也不喜欢做管理的优秀技术人员转变角色之后，实际上会给企业带来双重损失。

鉴于上述问题的存在，近些年来，越来越多的企业开始实行专业技术人员的双重职业发展通道（图17-1）。

所谓双重职业发展通道，就是指在薪酬方面专业技术人员可以谋求两种不同的晋升路径：一种路径是走传统道路，即由从事专业技术工作转变到从事管理型工作；另一种路径是继续从事专业技术工作。无论走哪一条道路，专业技术人员都同样具有薪酬增长空间。因此，当专业技术人员达到职业发展生涯一定阶段的时候，就会考虑是按照原有轨迹继续发展下去，借助自身的专业技能为组织作出更大贡献，从而获得更高收入；还是另辟蹊径，

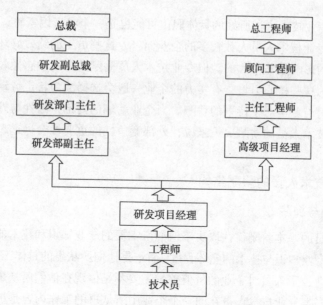

图 17-1 专业技术人员的双重职业发展通道

通过承担越来越多的管理职责来获得更高薪酬。这无疑给专业技术类员工提供了一个更大的发展空间。

(三) 专业技术人员的薪酬水平

专业技术人员所掌握的知识与技能是人力资本投资的结果,这种投资与作为劳动力载体的劳动者在很多时候是无法分离的,很容易跟随劳动者本人转移到其他组织当中去。因此,一方面,专业技术人员对技术的认同性高而对组织的认同性相对较低,流动的可能性比其他类型的员工更大;另一方面,专业技术人员的劳动力特点也决定了他们很容易在不同的组织之间流动而不会导致较大的生产率损失。

实践中,专业技术人员的劳动力市场价格不仅非常清晰,而且受供求影响的波动非常明显。如果其他企业支付的薪酬水平明显较高,而且在知识和技能开发方面也不差,则专业技术人员出现流动的可能性是非常大的。

因此,在确定专业技术人员薪酬水平的时候,通过市场薪酬调查,得到外部劳动力市场上的薪酬水平数据,是非常关键的一个步骤。然而,关于专业技术人员的薪酬调查却并不是一件易事。一方面,尽管获得关于某一特定类型的专业技术人员(如工程师或者会计师)的薪酬数据乍看上去不是很难,但这些数据的可用性有时候却并不是很好,因为专业技术人员在企业中看上去在做同样的事情,而事实上他们的工作内容和工作效果可能相差很大;另一方面,与其他职位类型相比,专业技术类工作的内容在不同企业之间的差异可能会比较大,并且发生变动的可能性也较大。因此,从其他企业获得的专业技术人员的薪酬数据往往并不适用于本企业。

正因为如此,通常情况下,企业一般会以专业技术人员的事业成熟曲线和外部市场上的相应薪酬数据为依据,同时考虑员工个人的知识技能水平以及经验状况来确定他们的薪酬水平。有时，专业技术人员所处的具体职位可能也是一个参考因素。

对于雇用的专业技术人员人数较多的企业而言，这些员工的绩效好坏对企业的经营状况以及竞争能力的影响是非常大的。但专业技术人员薪酬的市场敏感性较高，为了挽留和有效激励组织中的这些核心力量，有实力的企业一般会选择成为特定劳动力市场上的薪酬领导者，至少支付与竞争对手持平的薪酬。当企业薪酬的内部一致性与外部竞争性产生冲突的时候，对于技术人员的薪酬决策来说，外部竞争性的重要性会远远超过内部一致性的重要性。

（四）专业技术人员的薪酬结构

1. 基本薪酬与加薪

专业技术人员的基本薪酬往往取决于他们所掌握的专业知识和技术的广度与深度，以及他们运用这些专业知识与技术的熟练程度，而不是他们所从事的具体工作岗位的重要性。

一方面，专业技术人员对企业的价值差异主要不是体现在他们所从事的具体工作内容上。很多时候，同类专业技术人员在同一个企业中所从事的工作内容是极为相似的，但他们所创造的价值差异极大。另一方面，要对专业技术人员所从事的工作进行评价是一件非常困难的事情。例如在对科研人员、艺术工作者、专业工作者的工作岗位进行评价时，管理者往往需要接触到相当多的专业词汇，并需要与被评价职位的承担者进行大量深入细致的交流。尽管如此，管理人员仍然无法像专业技术人员那样熟练地驾驭专业词汇。因此，对专业技术人员所从事的具体工作岗位进行评价就变得非常困难，尤其是当专业技术人员在企业中所从事的具体工作内容要随外部市场情况的变化而灵活调整的时候。

在基本薪酬一定的情况下，专业技术人员的加薪也主要取决于他们的专业知识和技能的积累程度以及运用这些专业知识和技能的熟练水平的提高。因此，通过接受各种培训及获得相应的学习机会提高自身的知识水平和能力，是专业技术人员获得加薪的一个主要途径。在知识水平一定的情况下，专业技术人员的工作经验是对其生产率的一种很好的预测变量，因此，专业技术人员的薪酬随着工作年限的延长而上升的情况是很常见的。此外，专业技术人员的绩效评价结果对他们的加薪也会有一定的影响。

2. 奖金

一般来说，在专业技术人员的薪酬体系中，奖金的重要性不大，因为专业技术人员主要是靠知识和技能的存量及其运用来获得报酬的。很多时候，他们的技能本身是有明确的市场价值的。因此，专业技术人员通常可能获得较高的基本薪酬，即使有一定的奖金发放，奖金所占的比重通常也较小。但对从事技术或产品研发的专业技术人员，以及研发出为企业带来较多利润的新产品的专业技术人员或专业技术人员团队，企业往往会给予一定金额的一次性奖励，或者让他们分享新产品上市后一段时期所产生的利润。

3. 福利与服务

在福利和服务方面，专业技术人员对一些常规性的福利往往不是很感兴趣，但他们非常看重继续接受教育和培训的机会。因此，在专业技术人员较多的企业中，企业除了尽力为专业技术人员的工作提供各种物质条件上的便利之外，还会尽量为员工提供一些在国内外进修深造的机会，为他们参加各种学术活动（如专业学术讨论会、科技发明认证会等）提供费用和时间上的便利。

这样，一方面满足了员工个人发展的需求，提高其对组织的忠诚度；另一方面使他们有机会吸收新的科技知识，接触本学科的前沿问题，学习其他企业同类人员的科研方法，同时建立企业间的技术合作关系，从而为员工个人和企业的未来发展创造条件。

第三节　管理人员的薪酬管理

一、管理人员及其薪酬制度的特殊性

（一）管理层的构成

从广义上来讲，管理人员既是一种内部角色，又是一种外部角色。在组织内部，管理人员要作为领导来引导和监控整个组织的运行，尽量满足员工个人的合理需要；同时，在组织外部，管理人员还要与各种机构、人员等打交道，以实现组织成员的共同目标。对任何一个组织而言，管理人员都是举足轻重的。

通常情况下，规模达到一定水平的企业都含有若干个管理层级。总的来说，这些层级通常可以简单地划分为以下三个。

1. 高层管理人员

高层管理人员位于组织层级结构的最高层，往往占员工总数的1%不到。他们的主要使命在于密切关注企业的外部经营环境，为确保组织高效运转，制订总体上的战略目标。同时，为组织的成长和发展，获取各种必要的外部资源。高层管理人员需要对组织的整体经营状况、主要部门的日常运作以及其他一些重要职能负责。因此，根据组织整体的可测经营绩效来衡量高层管理人员的工作业绩，是一般企业通常采取的做法。

2. 基层管理人员

基层管理人员，又称为一线管理人员，在组织的层级结构中处于与高层管理人员遥遥相对的另一端。在经营实践中，基层管理人员的工作重心更多地集中于企业内部，尤其是带领一些员工完成某些具体的工作任务。他们主要负责对一线员工的工作进行监督，并为后者提供直接的指导和帮助。从时间取向上来说，基层管理人员的工作更侧重于短期任务，对其绩效考核与评价主要基于一些短期的绩效指标。但基层管理人员往往有着较为广阔的晋升空间。

3. 中层管理人员

中层管理人员在组织中的位置恰好介于高层管理人员和基层管理人员之间，因而在很大程度上扮演了二者之间信息传递者的角色。就其工作内容而言，中层管理人员需要负责的往往是组织中某一特定职能（如销售或人力资源管理职能）的正常运行，并且需要在横

向上与其他部门进行大量的沟通和协调工作。在实践中,由于晋升机会有限,很多中层管理人员成了企业的既得利益者和企业效率低下的源泉。他们既不像高层管理人员,需要考虑企业的战略,忧心企业的未来走向以及外部资源的获取;也不像企业的基层管理人员,承担具体的工作任务,有非常大的工作压力。这些人往往变得无所事事或消极怠工,企业的许多改革和创新都是因为遭到中层管理人员的变相抵制而流产的。因此,在确定中层管理人员的薪酬时,加大绩效管理在薪酬决定中的力度是非常必要的。

(二)管理人员的特殊性

亨利·明茨伯格(Henry Mintzberg)在针对管理人员工作进行的一项经典研究中发现,与通行看法相反,管理人员大都会陷入大量变化的、无一定模式的和短期的活动中,几乎很少有时间静下心来思考,同时半数以上的管理活动持续时间少于9分钟。

在这个研究的基础上,他认为管理人员主要应当扮演三个方面的角色:人际关系营造者、信息传递者和决策制定者。而这三个方面的角色又可以进一步细化为10种不同却又高度相关的角色:挂名首脑、领导者、联络者、监听者、传播者、发言人、企业家、混乱驾驭者、资源分配者和谈判者。

随着管理层级的不同,管理人员扮演的角色也会出现一定的差异。传播者、挂名首脑、谈判者、联络者和发言人的角色对于高层管理人员要比对于基层管理人员更为有效;而领导者角色对于基层管理人员则要比对于中高层管理人员更为重要。事实上,管理层级不同,管理人员所扮演的角色、不同角色所占的时间比重会存在很大差异。

从心理学的角度来说,管理层还会表现出若干相同或相近的心理特征,而它们亦会对组织的薪酬体系设计产生相当大的影响。管理层大多会表现出三个方面的共性:对组织的承诺、行为取向和对权力的需求。对组织的高度承诺使管理层时时刻刻把自己与组织联系在一起,并把大部分时间消耗在为组织工作上,而这种高投入同时也要求组织对其提供很高的回报。行为取向是指管理层倾向于快速采取行动,并根据自己的直觉作出判断,组织则根据管理层的行为表现和结果来向其支付报酬。销售人员一般会具有很强的成就动机,与之相区别,管理层在对权力的需求方面会表现得甚为明显。乐于控制事态发展并对结果产生影响,这种心理上的需求也要求通过组织的薪酬设计加以满足。

(三)管理人员工作的特殊性

基于上面的研究,明茨伯格进一步指出,管理人员的工作活动一般表现出以下三个方面的基本特征:短暂性、变动性及不连续性。通常情况下,管理人员每天都要处理大量事务,有时甚至多达上百件,这就注定了他能够投入每一件具体事情上的时间是相当有限的。同时,这些事务的覆盖范围十分广,彼此之间存在很大差距,因此管理人员的工作也表现出相当明显的变动性和不连续性。

与其他工作不同,管理人员往往不可能在干完了一件工作以后再去干另一件,他们可能会从一种活动直接跨越到另一种活动。此外,不同的管理职位在从事的活动上存在很大区别,它们表现出来的特征也不尽相同。例如,销售和营销方面的管理职位在短暂性和不连续性方面表现得比其他职位更明显。

管理人员工作的这些特征，是组织内部其他职位所不具备的，对任职者提出了非常高的要求，具有很强的特殊性，这就决定了管理人员与一般组织成员有很大差异，这种差异必然要在薪酬制度上体现。

（四）管理人员薪酬制度的特殊性

1. 薪酬差距明显大于其他组织层级

通常，不同职位的高层管理者之间的薪酬差距远远大于组织的其他层级，尤其是组织的最高领导者与其他高层管理人员相比。这种差异可以从两个角度来理解：一方面与决策的重要程度和影响程度相关。高层管理人员决策的重要性和对组织影响的广泛性，需要相应的薪酬给予回报。另一方面是为了提高对高管人员的激励程度。高层管理人员处于组织的领导管理位置，薪酬不仅是对他们付出努力、取得绩效的回报，同时还是个人价值的象征，这使得高管人员的薪酬水平较高，这种不断靠近组织顶端的职业晋升，必然要求薪酬增长相对其现有薪酬水平呈一定比例，同样的比例必然体现在薪酬差距的绝对数字明显大于其他层级。

2. 薪酬水平与组织规模、市场薪酬紧密结合

对组织规模和组织绩效的研究发现，组织规模对CEO总薪酬变动的解释能力几乎是与总薪酬最相关的绩效度量指标的9倍。组织规模的扩大意味着组织根据外部环境和自身资源与能力制定成长战略的难度成倍增加，在组织内部持续进行技术创新和管理创新的难度成倍增加，组织内外的协调工作在范围、冲突类型上难度成倍增加，从而要求组织高层管理人员具有高超的判断能力、决策能力、执行能力和控制能力，这就需要相应的薪酬水平与之匹配。

另外，企业高层管理者薪酬与市场薪酬的结合度相对更为紧密。企业高管人员的薪酬通常是参照并高于当时的市场标准来制定，这里的"市场"往往指的是同行业中具有竞争关系的组织相应职位的薪酬标准，或者是高层管理人员自己曾经获得的薪酬水平。多数情况下，薪酬委员会首先确定市场中的主要竞争对手，然后找出竞争对手相应职位的薪酬标准区间，并在该区间中确定一个组织认为较为恰当的水平作为制定本公司CEO的薪酬水平的基础。

3. 薪酬水平与组织绩效和风险状况紧密关联

根据代理理论，组织高管人员的薪酬主要取决于组织绩效。因此，在确定组织高管人员薪酬时，大部分组织都将组织绩效作为薪酬决策的主要依据之一。年度奖金和长期激励之间的比例逐渐扩大。另一个研究结论是领导者薪酬中的绩效工资水平与风险程度相关，即组织绩效的变动范围加大了代理人（高管人员）承担的风险，这就要求向代理人员提供更高的风险溢价。无数研究成果表明，CEO工资与企业绩效存在相关关系。

二、管理人员的薪酬管理

与其他员工群体相比,管理人员可能是企业进行薪酬管理时需要关注的诸多特殊群体中最重要的一个:管理人员受激励水平的高低会直接作用于组织的经营绩效和员工的工作满意度,进而影响到企业的竞争力。管理人员作为企业的重要组成部分,不仅会直接作用于企业的经营方向和生产营销策略,而且其自身的工作作风和领导风格会对企业的工作氛围、人际关系等产生举足轻重的影响。

同时,管理人员的薪酬管理又是一个甚为敏感的问题。组织里的各种决策,包括薪酬决策,都是由管理层一手作出的,他们必须让员工相信自己没有以权谋私。此外,虽然管理层在数量上只占组织中员工总数的很小一部分,但企业对他们的薪酬支付往往占企业薪酬总额的一个相当大的部分。由于以上种种原因,为管理人员制订合适的薪酬方案成了至关重要的事情。

与其他职位类似,管理人员的薪酬体系主要由基本薪酬、奖金(又可以进一步分为短期奖金和长期奖金)和福利三部分构成。其中,从基本薪酬与奖金之间的比例来看,基本薪酬一般可能会占薪酬总额的 1/3~2/3,具体情况取决于管理人员在组织层级结构中的位置:位置越靠近上层,基本薪酬在薪酬总额中所占比例就越低;而对于基层管理人员,基本薪酬几乎就是其领取的全部薪酬收入。

(一)基本薪酬

在确定管理层基本薪酬水平的时候,组织往往会考虑到多种因素。这些因素包括:企业规模、组织盈利水平、销售状况、所占市场份额、组织的层级结构、其他员工群体的薪酬水平等。不同管理层级侧重的参照因素有所不同:高层管理人员的基本薪酬水平主要会受到组织规模的影响,中层管理人员往往会受到企业层级结构的制约,而基层管理人员的基本薪酬水平则更多地与其所监管的普通员工的人员类型、数量以及他们的薪酬水平有关。通常情况下,基层管理人员与下属员工之间的平均薪酬差距在30%左右。

总体上来说,绝大多数企业都会选择使管理层的基本薪酬超过或至少相当于市场平均水平。选择这种做法是出于多方面的考虑:管理人员的工作对于企业而言至关重要;管理人员往往都有很长的工作年限和丰富的工作经验;管理层相对于员工而言人员甚少;管理人员和外部市场打交道比较多,追求外部公平性的意识较强烈;企业对管理层的要求往往较高,而劳动力市场上的供给又相对较为紧张,因此企业管理人员的薪酬水平需要具有一定的市场竞争力。当然,管理人员个人的薪酬水平在很大程度上还是取决于其实际的管理能力和绩效水平高低。

(二)短期奖金

在一般情况下,企业向管理人员支付短期奖金,为了对其在特定时间段(通常为1年)为组织绩效作出贡献进行奖励。通常意义上的短期奖金,都是以组织的总体经营绩效为基础的。管理人员对于企业总体经营绩效的实现情况,有着比普通员工更大的影响力,因此,管理人员的短期奖金与企业总体经营业绩之间的关系会更为紧密。具体计算方面,管理人员的短期奖金往往以管理人员的基本薪酬为依据,其具体数额取决于管理人员对经营结果的实际贡献大小。当然,上年度企业的利润水平、组织的生产率高低、具体管理行为的成本节约情况、资本和资产的回报率等因素也会对短期奖金的数量产生影响。

在对管理人员的短期绩效进行衡量时,企业既有可能使用总体盈利水平等单一指标,亦有可能使用对于企业成功而言同等重要的多重指标。在后一种情况下,企业必须把握好不同指标的权重。例如,某公司的短期奖金方案中,管理人员的短期奖金取决于四个方面的测量结果:每股收益率(组织的净收入÷已发行的普通股票的平均数量);权益收益率(组织的净收入÷股东权益的平均值——普通股收益+优先股收益+保留收益);资本收益率(组织的净收入÷它的平均资本);资产收益率(组织的净收入÷组织的净资产)。

在这种短期奖金方案中,企业会预先在每个公司绩效维度上设立组织希望达到的预期目标。一旦这些目标得以实现或超过,管理人员就能够得到相当于其基本工资一定比例的短期奖金。在上述例子中,企业希望保持10%的资产收益率。如果企业能够实现这一目标,管理人员就能够得到相当于其基本薪酬20%的奖金,而资产收益率在10%的基础上每增加5%,则管理人员的奖金水平也会随之上升5%。

(三)长期奖金

短期奖金大多是在一年时间到期的时候,以现金的方式向管理人员支付的。而长期奖金则通常是延期支付,它与组织的长期经营绩效紧密联系。长期奖金的主要目的在于通过经济上的利益关系促使管理层和企业的经营目标保持一致,从而激励管理人员关注企业的长期发展以及持续达到更高的绩效水平。

从使用范围上讲,短期奖金比长期奖金的适用范围更大一些。短期奖金适用于各个管理层级,而长期奖金更多的是针对高层管理人员的。这在很大程度上是因为高层管理人员的管理行为与组织的长期绩效之间的联系更为直接和紧密。此外,对高层管理人员的工作进行有效监管和激励的难度也更大。

近些年来,长期奖励方案越来越受欢迎。一方面,高层管理人员的绩效表现对组织经营状况的重要性日益显露,而长期奖金是对其进行有效激励的最佳途径之一;另一方面,长期奖金也给企业提供了一种合理避税的机会,采用这种支付方式,企业可以在收到同样或更好激励效果的同时节约较多的薪酬开支,进一步巩固本企业在劳动力市场上的竞争优势。最后,以各种股票计划为内容的长期奖励制度对于吸引和保留管理人员,尤其是中高层管理人员,所起的作用越来越大,这些中高层管理人员持股计划被很多人称为"金手铐"。

(四)福利与服务

管理人员,尤其是高层管理人员,通常都能得到名目繁多的福利和服务。其中一部分针对企业所有员工,还有一部分则是专门针对管理人员的(后者往往被称为补贴)。企业之所以选择这种做法,很大程度上是因为保留管理人员对于组织而言是至关重要的,而特定内容的福利和服务在吸引和保留这些核心员工方面有着不可低估的功效。

在管理人员能够得到的各种福利中,退休福利通常是数额最大的一种。一方面,管理人员本身的薪酬水平高；另一方面，他们的工作年限也相对较长。在很多企业里，高层管理人员还会与企业事先签署雇佣协议：如果企业拒绝向其提供一定的经济补偿，就无权直接解雇高层管理人员。这种协议无形之中给管理人员提供了甚为坚实的就业保障，所以又有"金色降落伞"的说法。

三、高层管理人员的薪酬管理

（一）高层管理人员的薪酬构成

管理层是企业里很重要的一个特殊群体，高层管理人员更是这一特殊群体中的特殊群体。企业高层管理人员的绩效表现，在相当大的程度上直接决定了企业经营状况的好坏，而向其支付的薪酬数目也在组织的薪酬总额中占据了相当大的比重，其绝对水平是非常高的。据报道，美国2009年《财富》500强企业的CEO的平均年薪为800万美元（其中股票平均收益为240万美元，占总收入的30%）。而这还是在过去20年中第一次出现连续3年减少的情况下的数字（比上一年低了49%），股票平均收益也是2004年以来的最低水平。一般情况下，收入最高的那些CEO的年薪动辄上亿美元。

20世纪90年代中后期，美国等一些国家的企业高层管理人员的薪酬上涨速度过快，引起了广泛的关注甚至责难。因此，监管者和股东都在向企业施加一种更好地将高层管理人员的薪酬和绩效挂起钩来的压力。比如，美国证券交易委员会就要求上市公司必须更清晰地报告高层管理人员的薪酬水平，同时报告本公司相对于竞争对手的业绩水平。这种报告能使公众更容易看到在哪些公司存在尽管公司绩效很差但高层管理人员个人的薪酬水平却很高的现象。为此，美国甚至专门通过法律对高层管理人员享受的奖励性薪酬提供税收方面的优惠，如公司不能将年薪在100万美元以上的那部分高层管理人员的薪酬做税前抵扣，但与公司绩效挂钩的那部分高层管理人员薪酬（其中包括股票期权）即使超过100万美元，仍然可以在税前抵扣。

对企业高层管理人员的薪酬水平产生影响的因素有很多：企业规模的大小、企业所处的经营领域、高层管理人员的工作经验和历史经营业绩、企业的盈利状况以及高层管理人员担负的职责等。但高层管理人员的薪酬水平更多地取决于管理人员自身的绩效表现和他们创造的价值。因此，在最终确定企业的高层管理人员薪酬策略的时候，组织除了要保证它的支付是合理、有效的，可以与组织的文化和价值观相匹配，还必须确认这种薪酬制度能够促使高层管理人员给组织带来实实在在的增值。近些年来，一些企业为了更准确地衡量企业高层管理人员的贡献，采用了基于平衡计分卡的高层管理人员绩效评估与激励计划。通过全面评估高层管理人员在向股东、客户和员工传递价值方面所做贡献来为他们提供报酬，从而削弱他们为了获得奖金而操纵财务数据的不良动机。

总的来说，在高层管理人员的总体薪酬中，基本薪酬所占比重相对较小，短期奖金和长期奖金所占比重往往非常大。例如，20世纪70年代，在企业高层管理人员的薪酬构成中，基本薪酬大约占到60%，短期奖励占到25%，长期奖励占至15%。到了20世纪90年代，基本薪酬的比重已经降到27%，短期奖励上升到43%，长期奖励上升到23%，另外还有 7%是以福利的形式支付的。

首先，企业高层管理人员的基本薪酬，通常是由以董事会主席为首的薪酬委员会来确定的，决策的依据是上一年度的企业总体经营业绩以及对外部市场薪酬调查数据的分析。在实践中，不同行业的高层管理人员的基本薪酬水平相差很大。

其次，以年终奖形式出现的短期奖金在高层管理人员的薪酬当中起着非常重要的作用。年终奖的数量在不同行业中的差异也很大。在金融行业，它可能会比基本薪酬高 2.5 倍，而在公用事业单位，它可能只有基本薪酬的 38%。此外，有些企业基本上完全依靠直接的基本薪酬来支付高层管理人员的报酬。例如，股票所有权受到严格控制的企业、非营利机构以及一些受管制行业中的企业。

再次，长期奖金在高层管理人员的总报酬中所占比重越来越大，主要是各种各样的股票选择权计划，但这种计划也受到了激烈批评。这种批评的一个主要论据是，股票价格的上涨主要是市场本身的作用，而不是高层管理人员的努力所左右的。因此在实践中，一些新的长期奖励计划在开始建立的时候，往往都会要求高层管理人员必须达到某种既定业绩目标才有资格享受。

最后，福利和服务在高层管理人员的薪酬收入中也起着越来越不可忽视的作用。许多高层管理人员的福利都与其收入水平相联系，因此，高层管理人员的福利（如人寿保险、伤残保险、养老金计划）也比大多数其他员工要高。这些福利主要体现在三个方面：第一种福利是企业内部福利，包括豪华办公室、高层管理人员餐厅、特定停车位、免费体检等。第二种福利是一些企业外部福利，包括公司付费的俱乐部会员资格、酒店、度假、公司专机以及汽车等。第三种福利属于个人福利，包括低成本或无息贷款、由公司付费的个人财务或法律咨询、使用公司的财产、车载电话、家庭保安系统、收入所得税的申报帮助等。

假定某公司对企业 CEO 的薪酬做如下设计：基本年薪（50%）+短期奖励（20%）+长期奖励（30%）。假定董事会决定这位 CEO 的年度总报酬在 100 万美元是合理的，这位首席执行官每年可以得到：第一，固定的 50 万美元基本年薪；第二，以 20 万美元为基础的绩效奖励；第三，相当于 30 万美元的公司股票。其中短期奖励的金额会因企业当年的实际业绩不同而发生变化，最终可能会超过 20 万美元，也可能会低于 20 万美元。此外，假定公司当年的股票价格为每股 20 美元，则这位 CEO 可以得到的长期奖励将会是 1.5 万股公司股票。有些企业会根据企业的经营绩效增加对 CEO 的奖励。如果当年经营业绩很好，公司可能会授予 120%的股票，即不是授予 1.5 万股股票，而是授予 1.8 万股股票。但如果业绩较差，也可能仅仅授予 70%的股票，即仅授予 1.05 万股。

（二）高层管理人员的薪酬策略

任何组织在确定它的高层管理人员的薪酬战略时，都必须对以下四个方面进行充分考虑：第一是风险程度，即绩效薪酬方案希望高层管理人员能够承担多大风险，而他们实际承担了怎样的风险。第二是绩效的衡量，即绩效目标的制订和测量方法是否合理，能否激励管理人员实现优良绩效。第三是所有权，即高层管理人员能够持有公司多大份额的股份。第四是全面报酬，即高层管理人员的各种薪酬构成如基本薪酬、可变薪酬、福利以及各种补贴等能否传递恰当的信息,营造出对公司有利的文化。

1. 将高层管理人员的薪酬与经营风险联系在一起

绝大多数企业里,高层管理人员的薪酬和他们的绩效表现挂钩。事实上,美国最大的1 000家企业里,有3/4以上的CEO都是根据自身的绩效表现获得薪酬的。这种做法在一定意义上是有道理的,因为高层管理人员对于企业的经营绩效往往有着不可推卸的责任。

在将高层管理人员的薪酬和业绩风险挂钩时,很多企业采取了利润分享或者短期奖励的方案。这种薪酬战略的缺陷在于,在组织经营取得成功的时候,组织可以通过红利对高层管理人员进行奖励;但在经营状况不尽如人意的时候,高层管理人员却不必为此承担任何风险。这是因为,如果企业经营不利,CEO虽然年终拿到的红利可能并不是很多,但其基本薪酬仍然很高,同时还有丰厚的福利和补贴,其经济收入实际上并不会受到不利的影响。

企业逐渐意识到,只有当高层管理人员的薪酬方案中包含一定的风险因素时,才能给这些人提供最大的激励。因此,越来越多的企业开始选择实施高风险的薪酬方案。一种比较普遍的做法就是在传统薪酬方案的基础上,提高以绩效为依据的直接薪酬在全面薪酬体系中所占的比例。具体的操作程度取决于多种因素。企业所在行业、规模大小、经营状况等不同,不同的薪酬方案在确定薪酬水平与业绩风险之间联系的紧密程度方面会存在一定的差异。一般情况下,高层管理人员的薪酬总额越高,则他们所获得薪酬中与风险相联系的那部分所占比例也应当越高。

2. 确定正确的绩效评价方法

很多企业发现,它们传统上使用的对高层管理人员的绩效衡量方法已无法再与组织的文化和经营战略相匹配。那些单一的绩效评价指标(如投资收益率)往往倾向于强调某一个方面的要素,而无法把握当今企业的经营环境以及管理实践的变化。

不同类型的企业在对高层管理人员的绩效评价方面有着不同需求。具体来说,职能型组织需要确知自身在市场上的可靠性程度;流程型组织通常会根据产品质量和客户满意度来衡量自己的绩效表现;时间型组织强调速度,因此要根据企业开拓新市场的能力和潜力来测量绩效;网络型组织则通常从总体上评判自己事业的成功程度。

为了提高绩效,很多组织选择了更为全面和广泛的经济指标,如经济附加值(EVA)、市场份额和市场占有率等绩效评价指标。这些指标不仅能够更准确地衡量绩效,也能够更好地平衡组织、股东和高层管理人员之间的利益关系,因而代表企业管理领域的新趋势。

3. 实现高层管理人员和股东之间的平衡

高层管理人员与企业所有者的目标可能会存在差异,股东希望实现收益最大化,而高层管理人员则会对巩固自己的当前地位更在意。为使二者之间的目标协调一致,企业通常要求高层管理人员承担更多风险、经历更长决策期,并通过赋予他们一定的所有权以增强其参与意识。

但这种理念很久以来是通过相对简单、没有严格限定的股票选择权来体现的。这种举措有可能赋予高层管理人员以真正的所有权并使他们的薪酬和风险相结合，但效果很有限。很少会有股票方案明确规定管理人员需要持股达到多长期限，因此在短期利益的驱动下，很多管理人员都会尽早出售自己的股票。还有一部分人会在短期绩效实现的时候把股票卖出去。显然，这种激励方法和行为方式对于实现组织的长期发展目标没有益处。

运转失灵的股票选择权方案在相当程度上体现出很多企业意识上的局限：企业业绩表现并非只是一个年度性的问题，而以年度为单位的薪酬方案显然会把高层管理人员引入歧途。因此，在设计薪酬制度的时候，一个关键的问题就是要在企业的年度绩效和长期收益之间实现一种良好平衡。同时，在衡量组织当前使用的长期奖金方案时，也不应仅仅关注它们在市场上的受欢迎程度，更要考虑它们是否支持组织的文化和价值观，能否实现企业的长期经营战略。

4. 更好地支持企业文化

与企业中的其他职位类似，高层管理人员的薪酬也包括以下几个部分：基本薪酬、奖金、福利和补贴等。为了更好地支持企业的经营目标，必须在高层管理人员的各个薪酬组成部分之间实现良好的平衡。大多数企业的薪酬战略都会着眼于企业的经营业绩和管理人员的所有权，并以此来对高层管理人员进行激励。

此外，企业的价值观、经营目标和文化也必然会对组织的高层管理人员薪酬战略产生影响。当一个组织的企业文化发生变化时，改变其高层管理人员的薪酬战略是一件很必要的事情。高层管理人员的薪酬不仅要支持组织的文化变革，而且要在很大程度上引导这种文化变革。高层管理人员不能因为迎合了现有文化和价值观就得到薪酬，他们应该凭借领导了组织变革、给组织确立了新的愿景和经营目标而得到回报。从本质上来说，高层管理人员的任务之一就是要给组织里的其他职位制定新的行为方式和确立新的价值观。

四、外派员工的薪酬管理

（一）外派员工薪酬的定价方式

在确定外派员工的薪酬时，不同企业可能会选择不同做法，以适应企业的特殊环境和特殊需求。其具体做法一般包括谈判法、当地定价法、平衡定价法、一次性支付法、自助餐法等。

1. 谈判法

对于新近涉及国际业务的企业而言，它们所使用的外派员工通常人数较少，因此多半会采取分别谈判的方式来与每一位员工进行单独交涉。在这种薪酬确定方式中，生活费用、居住成本、税率等问题往往并不是双方考虑的重点，最终达成的结果在很大程度上取决于双方的谈判技巧以及员工执行特定任务的愿望。

采用谈判法确定外派人员的薪酬，操作起来较简单，管理成本也相对其他方法较低，因此使用范围较广。但如果公司与处在同样环境的两名外派员工的谈判结果存在很大差距，而这种差距又被他们发现了，就会严重损害公司与员工之间的相互信任关系，挫伤员工的工作积极性和对组织的忠诚度。

2. 当地定价法

所谓当地定价法，是指向处于类似职位的外派员工支付与东道国员工相同数量的薪酬。在特定情况下，如把员工由一个国家永久性地迁移到另一个国家或是该员工将在东道国度过剩下的职业生涯，这种做法的优越之处表现得十分明显。它有利于保证员工对企业内部公平状况的认同感，保持企业员工的稳定性。

当企业把员工由生活水平较低的国家派往生活水平较高的国家时，采取当地定价法的原因不言而喻。如果员工必须缴纳显然比国内水平要高的房租、水电费、交通成本、子女教育费用，企业就必须给予员工足够的补贴，这样才能为外派员工提供基本的工作条件和生活条件。

3. 平衡定价法

与当地定价法相对应，平衡定价法的目的在于通过给员工支付一定数量的薪酬，确保员工在东道国享受到与母国相同或相近的生活水平，并使其薪酬水平、薪酬结构与母国同事始终具有一定的可比性。在这种方法下，员工的经济实力和购买力基本上不会受到什么损失，同时还可以确保员工在企业内部实现最大限度的流动性。

与其他支付方式相比，平衡定价法可以以较低的成本对员工进行有效激励，同时确保员工在企业内部的充分流动性。因此，这种做法为很多企业，尤其是美国、欧洲和日本的众多企业所青睐。其不足之处主要在于操作起来较麻烦，会给企业带来较高的管理成本。

大多数北美、欧洲和日本的跨国公司都综合使用平衡表中的报酬项目来设计外派员工的薪酬体系。平衡表的名称来源于借贷平衡的会计学原理。它基于一个前提，即从事外派工作的员工应该拥有与在本国相同的消费力，因此，本国的生活标准是外派员工报酬的支付标准。平衡表法的目的在于：第一，希望以最有效的成本确保员工承担全球性外派任务的机动性；第二，确保外派员工在财务上的损益平衡；第三，使外派员工及其家属的财务调整最小化。

平衡表法的关键在于，在对照母国工资标准的情况下，按照工资、津贴、福利、税收和保险等不同板块合理补发外派津贴，从而使员工在当地也能维持和国内近似甚至略微优渥的生活水平，以此来保证外派员工的积极性。

4. 一次性支付法

当企业使用一次性支付法时，它会在员工的基本薪酬和各种奖金之外附加一笔额外的补贴。这笔钱通常都是一次性付清的，员工可以随心所欲地支配，而这种选择不会对其既有薪酬造成任何影响。

与平衡定价法相比，一次性支付法的优越之处在于它可以最大限度地重现员工在母国的薪酬环境，因此能够更好地满足外派员工对外派前后生活水平持平的要求。但一次性支付的具体额度的计算，是一个甚为棘手的问题。

5. 自助餐法

所谓自助餐法，顾名思义，就是企业向员工提供各种不同的薪酬组合来供员工选择，即在薪酬总量一定的情况下,外派员工可以选择自己认为最理想的薪酬构成及其相应的薪酬水平。因此,自助餐法与一次性支付法在很大程度上具有共通之处,相比较而言,一次性支付法是一种更为开放的体系,它赋予了员工更多的自主权,因此也就更容易实现有效激励。

从本质上说,这些不同的做法之间并不是相互独立的,针对不同情况的外派员工采用不同的支付方式,对于企业日常经营而言,是一种很常见的现象。同一个企业,企业可能会选择对那些经验尚显不足的员工采用当地定价法,对中等绩效水平的管理者按照平衡定价法的方式来提供报酬,而对高层管理人员则采用自助餐式的薪酬计划。

几种不同的外派人员薪酬定价方法之间的比较,如表17-9所示。

表17-9 几种不同的外派人员薪酬定价方法之间的比较

定价方式	适用对象	优势	劣势
谈判法	1. 特殊情况下。 2. 外派员工较少的组织	比较简单	外派员工人数增加以后,操作难度加大
当地定价法	1. 长期性的外派任务。 2. 初级外派员工	1. 管理简便。 2. 保持和当地员工之间的公平性	1. 外派员工的经济状况和当地员工之间存在较大差异。 2. 需要通过谈判加以补充
平衡定价法	有经验的中高层外派管理员工	1. 保持与国内同事之间的平衡。 2. 便于员工在企业内部流动和重新返回	1. 管理难度较大。 2. 形成一种既得享受资格。 3. 侵蚀外派员工的经济收入
一次性支付法	只执行短期任务(少于3年),并会回国的外派员工	1. 比平衡定价法更有利于保持与国内同事之间的平衡。 2. 不会侵蚀外派员工的经济收入	汇率变动使其无法适用于所有外派员工,只能适用于相当短期的外派任务
自助餐法	1. 高层外派管理人员。 2. 相对基本薪酬来说,总体收入较高的外派员工	更高的成本有效性	很难适应需求各异的传统外派员工的需要

(二)外派员工的薪酬构成

在薪酬管理乃至整个人力资源管理领域中,外派员工的管理及其薪酬支付都是一个难度相当大的问题。而在各种可能的约束条件下,外派员工对公平性的要求是外派员工薪酬管理的一个关键性问题。具体来说,这种公平性包括:外派员工与其国内同事之间的公平,外派员工与东道国同事之间的公平,母国外派员工与第三国外派员工之间的公平,等等。在实际薪酬管理操作过程中,必须考虑以下几个方面的问题。

1. 基本薪酬

外派员工的基本薪酬应该和在国内与其处于相似位置的同事处于同一个薪酬等级上,这可以通过职位评价和薪酬等级评定来确定。但由于本国和东道国的工作环境不同,工作内容往往也缺乏可比性,加上对外派员工的工作进行有效监管的难度很大,因此操作起来会遇到很多障碍。此外,在同一薪酬等级内部,对国内员工和外派员工薪酬水平进行日常调整，也应该在同一个时间段里按照同样的幅度进行。如果组织无法就这一点作出承诺，外派员工很可能会担心自己在该加薪时被遗忘，进而降低自身对组织的承诺水平。

2. 奖金

在对外派员工进行管理的时候，最重要的是要使他们保持与在国内时一样的心态。外派工作往往与一些不利条件联系在一起，比如工作上缺乏必要的监督和指导，要与陌生的文化打交道，要学会使用另一种语言，要改变既有的家庭生活方式，等等。在这样的环境下工作，员工必然要付出更大努力，因此，根据员工的业绩表现向员工支付一定数量的奖金具有一定意义。当员工的工作结果比较容易衡量时，支付奖金的做法能够有效地解决监督不足的问题。

3. 补贴

国内与东道国的工作环境和生活环境之间存在着很大差异，而企业向外派员工支付补贴的目的就在于，对他们的生活成本进行补偿，使他们得以维持在国内的生活水平。在国内的生活成本比国外的生活成本低很多的情况下，补贴的作用不言而喻。一般来说，企业对外派员工所提供的基本补贴会与税收、住房、教育成本、生活费用、利率差异等有一定关系。

4. 福利

鉴于外派员工在企业中的特殊地位，企业在制定福利制度时需要对外派员工的福利作出单独考虑。东道国的医疗保险、房屋费用、交通成本可能都与国内存在着不小差距，这些必须在福利费用中体现出来。此外，外派员工的假期通常也应该更长一些，以保证他们有机会回国与家人团聚。

值得一提的是，随着企业经营全球化和国际化的程度逐步提高，国家与国家之间、企业与企业之间的差异会逐步消失，母国和东道国之间的人员调整会变成一件非常平常的事情。在有些全球化公司中，已经出现了一些"没有母国的员工"，他们只对企业负责，基于自己的流动性及对组织的承诺获取相应的报酬。

本章提要

本章主要讨论销售人员、专业技术人员及中高层管理人员等特殊人员的薪酬设计。

销售人员的工作方式和工作时间大多较灵活，销售工作本身的不确定性较高，其工作结果较容易衡量。但对销售人员的绩效评价不能完全局限于定量指标，也需有一些定性要求。销售人员的工作特征决定了对这些人实行以奖励为主的薪酬制度最为公平合理。针对不同类型的销售人员，应当根据实际情况设计风险高低不同的多种方案。

专业技术人员通常需要利用一定的知识、技能和经验来解决企业中存在的各种专业和技术问题。专业技术人员的薪酬设计中最关键的是，对专业技术水平的认定、薪酬结构的合理设计、双重职业发展通道的建立。

管理人员也是一种特殊人群，他们往往承担着较为重大的责任，且工作具有短暂性、变动性及不连续性的特点。管理人员的薪酬通常包括基本薪酬、短期奖金、长期奖金和福利与服务等内容。其中，短期奖金、长期奖金在高层管理人员的年度总薪酬中所占比重已有较大幅度的提升。

1. 销售工作的特征是什么？这种特征导致销售人员的薪酬应当如何管理？
2. 销售人员的薪酬方案主要有哪些类型？各自的特点是什么？
3. 如何设计和改进销售人员的薪酬方案？
4. 专业技术人员的工作特征是什么？其薪酬方案的设计应当注意哪些因素？
5. 什么是专业技术人员的事业成熟曲线？事业成熟曲线与其薪酬水平存在何种关系？
6. 专业技术人员的双重职业发展通道有何意义？
7. 管理人员的工作特征有哪些？设计、管理其薪酬方案时应注意哪些问题？
8. 高层管理人员的薪酬管理需要重点关注哪些方面的问题？

答案解析　扫描此码

案例与讨论

J公司的激励难题

引言

"怎么又向我要人啊？春节过后不是刚给你们道桥所招了3个设计工程师吗？" J公司副总经理林星以略带责问的语气回应着道桥设计所所长陈阳。陈阳无力地辩解道："林总，我也没办法：进入3月份以来就收到了5份辞职申请，进来3个、走了5个，这还亏着2个呢。本来我们所项目就人手不够，还等着补充兵员呢，结果新兵没训出来，老兵就'被转业'了。"随着业务量的增加，J公司扩张迅速，不到10年就由十来个人的小公司成长为拥有150名员工的大家庭。吃饭的孩子多了，家长的烦恼就不免呈几何倍数增加。锅里的饭怎么分、分多少便成了困扰管理层的问题，建立一套完善的薪酬体系已是迫在眉睫。

一、背景介绍

J公司成立于2003年，地处W市，隶属于某集团下属企业，是建设部批准的甲级设计单位，拥有市政公用行业甲级、排水甲级、建筑工程甲级、风景园林甲级、城市规划乙级、工程咨询甲级等行业重要的资质，主要经营市政道路、桥隧、给排水、园林景观、电力、建筑设计以及城市规划等业务。

公司成立之初，只是个设计工作室的规模，员工仅十来位；好在公司业务一直稳定发展，2009年已增至50余人。2010年起，公司业务迅速发展，人员也随之骤然增加；截止到2013年7月，在册员工人数达到150人，其中具有高级技术职称21人，中级技术职称20人，拥有各类注册人员16名。鉴于建筑规划设计行业工作量大的特点和目前公司管理层多是技术出身的现状，公司在招聘时更青睐做事严谨、工作勤奋、能吃苦耐劳、专业技术素质过硬的候选人，这就保证了员工从心理上和技术上迅速适应公司节奏，尽快找准自己的位置，确保公司业务保质保量地完成。这一点在道桥所体现得格外明显，多名高层管理人员均反映道桥所员工不仅对待工作勤勤恳恳，而且对每个项目都有强烈的责任心，在客户那里赢得了很好的口碑。

然而，公司近几年来的发展迅猛，近一半员工是2012年、2013年入职的应届毕业生，他们与老员工们对工作的态度并不完全一致。况且公司一直没有成立专门的人力资源部，所有与人力资源管理相关的工作，都是由负责人事行政的林总带领一位年轻的人事行政专员来完成的；随着员工人数的大幅度快速增加，公司仍没有建立相对完善的薪酬管理制度，以至于越来越多的员工对公司薪酬及激励制度感到不满了。

对于员工的不满情绪，公司的高管层也有所耳闻。不过，三位创业高管及近年加入的两位副总都是专业设计水平很高的业务骨干，没有专门学习过人力资源管理，同时肩负着开拓市场的重任，也没有精力专门研究这个问题。因此，他们"解决问题"的方法是每年春节放假前一天再将各位员工的年终奖打至各自的账号中，寄希望于利用春节长假使员工"消化"（可能存在的）对薪酬的不满。没想到，2013年春节过后就有五六位员工提出辞职，其中三位是资深技术骨干；这不仅对公司正常业务的开展产生了影响，对设计人员的工作士气影响更为显著，终于引起了公司高管层的高度重视。

二、J公司面临的管理难题

（一）年底的绩效薪酬

2013年2月4日，正逢立春；这天恰好是农历腊月二十四、南方地区的小年。下午四点多了，很多单位都已经让员工提前下班回家过小年了，可J公司的会议室里，2012年终结算会正开得如火如荼呢。会议从中午就开始了，五位高管及十余个所长、副所长几乎悉数到场；为节省时间，行政办公室给订了盒饭，大家匆匆吃完，不到一点就开始讨论了。

杨力是J公司的总经理，也是公司的发起创始人，之前是W市建筑设计院的一名所长；为了实现自己的创业理想，10年前与包括林星在内的几位志同道合的同行一起创建了J公司。林星作为合伙人之一，从公司创立初期就一直兼管公司的人事行政管理事务。虽然员工都尊称自己为"林总"，可林星明白，作为直接行使员工"生杀大权"者，大家在自己身上积累的怨气恐怕已经是乌云滚滚了。

规划所负责人王岩首先对林星开炮了："林总，我们规划所可是100%完成既定任务，客户验收时评价也是'优'。可是昨天去催款，人家就是一副肉头阵，说要年后才能付齐项目款。按照这个结算日期，我们这一年不是白干了嘛！大家都等着拿年终奖金回家过年呢。咱们收钱结账，人家年底也把钱袋子收紧了啊。"

林星正思量如何回答呢，交通所的所长陈建已经附和上了："王所说得对！本来咱们就按项目回款计算产值，结算日期选择这个时间，我们是能理解，可下面的员工都说公司就是看不得他回家过个好年呢。我们当然是能安抚就安抚，能激励就激励。只是方法都用了，没有真正的实惠，现在的年轻人这么现实，我们确实很为难啊！"

"规划所是去年才成立的，交通所也不过才两年，起步总是需要积累的嘛！"看见一言不发的林星，陈阳作为公司最大的设计所——道桥所的所长，自然是要帮着说句话："大家都一样，这个时候大都回不来款，所以才要积累，让项目和项目之间滚动起来：今年做的回不来钱，之前的总有进账的吧，我们这些所长也应该体谅公司的难处。"

其实陈阳知道这里最难的就是他自己！可没办法，牙碎了只能往自己肚子里咽。道桥所作为J公司最早开展的业务，到现在无论是人员还是产值都是公司第一，同时也是问题最多的地方。虽然年产值可以占到公司总产值的30%以上，可是风光的表面下其实暗流涌动。由于公司的奖金分配制度，每年新进入的有生力量在短时间内看不到时效，从而在工作两三年后选择离开，人员离职造成的项目进度拖延是大问题，正是基于这个原因，陈阳每年都要去向林星要招聘名额。

"回款是公司的规定，一时半会儿咱们也解决不了，至少还能按合同要求一分不少地收回来，我这项目全是'折扣'，这谁吃得消啊？"预算所的所长程伟继续发难："林总，他们几个所接的都是大项目，我们所可比不了。本来我们项目款金额就少，员工想多拿奖金就挑肥拣瘦，几万块钱的项目根本没人愿意去做，都是硬分下去的，分到谁头上都不高兴。这还不说，昨天杨总又把北城区的项目给打了八折。本来钱就少，再打折，我怎么回去和大家伙儿交代啊！"抱怨还在继续，杨力、林星继续一言不发。不过，他俩心中却是波澜翻腾："看来，一次彻底改革是势在必行的了！"

（二）年终奖的发放形式

老总和所长们的年终财务总结会紧张进行的同时，办公区内也在悄悄地开着另外一场总结讨论会。"小鲁，今年你们景观所收成不错，你又时不时受到领导表扬，这次能拿不少奖金回家吧过年吧？"水电所的赵波对鲁健平道。"赵哥，你又是在消遣我！项目完成得是还可以，可是究竟能拿到多少，我是一点儿都不知道。再说我是去年才来的，这是第一个年终奖，奖金怎么计算啊？""这你可真是问对人了！小鲁啊，你赵哥对于奖金的知晓程度就和他本人一样，一团糨糊。"水电所的曹亮打趣道。"行啦，曹亮！你还不是一样，一问三不知。不过小鲁啊，不是打击你，期望越高，失望越大啊，唉……"说到这里，赵波叹了口气。

曹亮又接起了话头："咱们的奖金都是所长说了算，也没有一个公开的算法，看着活干得都差不多，可就是人家比你拿得多，你也问不出所以然来；问多了，还倒是显得你斤斤计较。唉，没法说！都说外企是拿女人当男人使，拿男人当牲口使。不过看看人家是什么待遇，咱们也是天天做牛做马，可人家是什么草料，咱们是什么草料，没法比啊！平时工资发得少点儿，年终奖金给个大红包也行。可是呢？辛苦一年，天天加班，一个项目跟下来，又是画图，又是审图；既要去监工，又要伺候甲方，弄得我像项目负责人似的。干活也行，干了这么多活，倒是给我这么多的钱啊，每次遇到这种情况都会有人跟你说：'这是公司在培养你，让你积累经验……'积累了这么多，也没见工资往上涨，还不如中国的股市呢，人家还有往上涨的时候呢，咱们不被人事行政部扣钱就不错了。"

"行啦，曹亮，你就别宣扬你的反动言论了。鲁老弟，有一点得提醒你，奖金一般都是在春节放假前一天打到工资卡上，还是先看看卡上的数字再决定回家都买点儿什么吧。""知道为什么这样不？你曹哥算看明白了，放假前一天发你钱，等发完钱了，公司也放假了，你连向上申诉的地方都没有，就等着憋一个春节的气吧……""不说话你会憋死啊！

第十七章　各类员工群体薪酬管理

行了,快干活吧,晚上还能少加一会儿班。"听着两个人的吵吵闹闹,鲁建平想起昨天晚上看的《人在囧途》里王宝强唱的歌词:"有钱没钱,回家过年……"

(三)技术骨干的薪资提升

电脑显示器右下角时间20:53,不知不觉赵宇已经在工位上加班了3个多小时了,手机的短信铃声把他从线条的组合中拉回到现实世界:"怎么样,前几天跟你说的那个机会考虑得怎么样,哥们可是关键时刻拉你兄弟一把啊!别看公司名气没你们公司响,挣得可比你现在高出一截呢!我可是大力推荐你了啊。"这是赵宇的大学室友张健给赵宇发来的。元旦期间同学聚会,张健说他刚跳槽到一个刚创立不久的建筑设计公司,急需扩充人才,张健便第一时间想到了这个睡在他上铺的兄弟。

作为同济大学水利水电专业2010年应届毕业生,赵宇从大四下学期实习开始算起,入职J公司正好3年了。回顾自己职业生涯的第一个3年,看着自己参与设计的项目一个个落成,不仅是工作之余可以和同学家人夸耀的谈资,自己其实也很享受这种紧张忙碌的生活。然而,时间长了,一颗拼搏奋斗的心已经被无尽的加班和千篇一律的设计图纸消磨殆尽了,当初这份让其自豪的工作,如今在和同学小聚时却因囊中羞涩使得赵宇面上无光。

赵宇所在的水电所是J公司成立较晚的一个所,项目比较单一,工作状态可谓是"时间紧、任务重",加班已是"加"常便饭了。除所长外,大多数员工都是近几年入职的应届生,年轻人在一起,凭着这股子冲劲,两年内使所里的产值翻了一番。公司也很器重这一批年轻人,开会评优时,赵宇的名字每每会如新闻联播的开场白一样,出现在最前面,赵宇也想踏踏实实做好自己的工作,对得起领导的器重。

可看着产值如芝麻开花一样节节攀升,想着进到口袋里的银子也应该随之多起来,却发现事与愿违。公司的薪酬体系是固定工资+项目奖金+津贴,项目奖金目前的评定方式是按照项目回款的15%来计提,可事实是项目落成后回款滞后严重,有时甚至要到几年后才能将项目款收回;也就是说项目做完,相应的奖金往往无法及时拿到,光靠每个月的那点死工资,得什么时候才能付得起房子的首付啊。想到这里,赵宇看看桌上相框里女朋友恬静的笑容,又看了看自己手中的短信,无奈地叹了口气:"我本将心向明月,奈何明月照沟渠啊……"想到这里,赵宇无奈地拿起鼠标,继续投入手头的工作中。

(四)职位评定与级别工资

春节假期结束上班不到一周内,林星先后接到了各个所长转来的五六份辞职信。这一天,路桥所王斌也递交了辞职信!林星终于忍不住到了总经理办公室。

"老杨,目前公司的人事状况不是很理想。我也是搞设计出身的,对人力资源管理是门外汉,一路都是摸着石头过河。开始人少时我还能应付,现在150人了,我这个半路出家的真是招架不住了。最近员工频频辞职,还净是骨干!这样下去怎么行?是不是该找个专业咨询公司给咱们开个标本兼治的方子?""老林啊,我知道你的个性,看来这次真是难住你了,那咱们就找有真才实学的专家来!这事还得你多费心:这方面你在公司内算是最有经验的了。"杨力从事建筑设计多年,公司的管理上一直以营业状况为第一指标,对软性管理相对轻视很多。林星提出的这个建议,杨力原本是不愿意去花这笔"冤枉钱"的,但骨干员工接二连三离职,杨力也意识到公司在人员管理上确实出现了不小的问题。

有了杨总的支持,改革计划很快向前推进了;随着精挑细选的北航咨询团队的到来,问卷调查、员工访谈等调研工作大张旗鼓地开展并完成了，大大小小的会也开了不下十次，咨询项目也进行到了第一个大难关——职位评估。对于这个概念，林星也是一知半解，只知道公司内部是要进行职位结构设计的，但对专家所说的职位评估还是一头雾水；看看手里刚刚由助理送过来的职位评估的相关材料，林星加快脚步走进了会议室。

"这次我们主要是来做职位评估的。职位评估可以说是整个薪酬体系的基础；把每个岗位职级明确后，便可根据职级来制定新的薪酬制度了。我们推荐的是美世国际职位评估系统。今天召集这个会，是希望各位能结合公司的实际情况，评定各个基本岗位和关键岗位的职位等级。"专家细致地讲解操作的注意事项，杨力、林星等人一直安静地听着。可到了评估阶段，争论开始了……

杨力首先表达了不解："项目负责人的职位等级怎么和设计所所长的一样啊？他们要受所长管啊，以后俩人平级，工作怎么开展啊，谁听谁的啊？""这个职位评级只是显示各个职位对于公司的重要性，并不是通常的行政等级，而且对员工也是保密的，并不会影响到日常的管理。"专家认真地说明。"按照职位评级来制定薪酬体系，同样职级的薪资应该是差不多的，项目负责人只是负责甲方与公司内部各部门之间沟通协调，和阿庆嫂差不多，'全凭嘴一张'。而所长则要负责一个所大大小小的事务，两个职位的分量一看就清楚了啊。如果是按照现在的评级结果，我怎么去和下面的所长交代啊。"专家耐心地解释道："杨总的疑问我清楚。我们这个评级系统不是单单按照工作量去评定的，而是考量到该岗位工作内容对公司的重要程度，只针对岗位，不针对在岗就职的个人。刚才在评级过程中您也对项目负责人工作的重要程度给予了很高的评分。这个岗位的工作表现直接影响公司营业收入的：每天和甲方打交道不是件轻松的事情，稍微处理不好，整个项目就可能易手他人。且项目负责人对外公关的同时，还要针对甲方的要求在公司内部各个设计所之间协调，使整个项目顺利进行，虽然表面看来工作只是嘴皮子的功夫，但岗位所要求的沟通协调能力是非常高的，是其他各个职位都不能与之相比的啊。""可是所长也需要每天去沟通手下的人啊，也需要将项目的实际情况向甲方汇报，也需要沟通协调啊。"杨力依然有着些许的不解。

"杨总，这个我们就要从沟通内容细细去分析了。您看刚才的评分表格……"

林星看着杨力认真的样子，不禁想起了两人在公司创立初期为了管理方面的问题进行争论的情景。虽然场面上争论很激烈，杨力步步紧逼地去追问每一个细枝末节，但争论过后，公司就要走出之前因薪酬问题导致的"阴霾"了。

（五）薪酬与激励

2013年的重阳节除了空气比往年糟糕些之外，没有什么其他不同。王斌叹了口气："今天千万不要迟到啊！这该死的雾霾，路都看不清！但愿薪资调整别跟这天气一样，乌烟瘴气的。"

王斌从事路桥设计已经有9年，进入J公司也6年了，在流动率较高的建筑设计咨询类公司，绝对属于老员工了。对于一个成了家的男人来说，挣钱养家是首要任务；当初从市属的设计院跳槽出来，经济问题是主要因素之一。刚进入J公司，这种快节奏的工作方式、充实的业务内容以及不菲的薪资都让王斌觉得生活是如此美好。

然而青春的脚步越走越快，王斌有了孩子；虽然公司的员工换了一批又一批，但是作为一个寻求稳定的人，王斌还是兢兢业业地完成道桥所繁杂的设计工作。所长对他很赏识，王斌也乐在其中。可是对于组织架构相对扁平的 J 公司来说，晋升空间并不大，基础工资自然是和职位等级相对应的。王斌在公司这些年，职级却一直都没提升过，基本工资也一如既往地"稳定"。好在奖金占的份额比较大，级别问题也一直没被王斌重视过。

2013 年元旦后，一位大学同学力邀王斌去他们公司，说可以直接做项目负责人，每个月工资至少能多出 1 000 多元。王斌动心了，春节后提出了辞职申请。不料所长及公司李总分别找他谈了话，很诚恳地告诉他公司近期内会请专业的管理咨询团队来帮助进行薪酬体系调整，请他再认真考虑考虑。王斌其实对做需经常要与客户沟通的项目负责人也缺乏信心，最终决定留下了。

王斌终于赶在开始宣布薪酬调整方案 3 分钟前到达了公司。这次的薪酬调整主要是对每个岗位进行评级，根据每个岗位的职级制定岗位工资。虽然王斌的职级没有太大的调整，岗位工资却有不小的改变：之前的薪酬方案是同岗同酬，也就是说相同职级的职位基本薪酬是相同的，而这次却是同岗不同酬。同一个职位的岗位工资有一个范围，通过每期绩效考核的评定结果，对岗位工资作出相应的上下浮动。看到这里，想起自己之前如"永冻冰山"般的工资收入，王斌觉得工作热情又再度燃起了。

三、尾声

"小刘，今天活儿都干完了？不用加班就是好啊。""啊，今天有点事，先走一会儿。"刘畅应付了一句，便以轻快的脚步走出了公司。公司施行新的薪酬体系之后，刘畅存在于心中的安家计划正式开始实施了。这次薪酬体系调整，人事行政部和财务部等支持性职能部门的薪酬基本维持不变，但像刘畅这种设计人员的薪酬变化却不小。新的绩效评估与个人的薪酬挂钩之后，设计人员的总体薪酬水平平均上调了 10%，固定工资比例由原来的 80% 下调到 70%；按照设计人员薪酬的考核标准，其他 30% 作为绩效工资由个人业绩、即个人完成的项目产值作为评定标准。而且现在的个人业绩不是完全由项目回款组成了，回款只占到 50%，其余 50% 按照项目款来计提。

对于这个改动，可谓一石激起千层浪。刘畅所在的规划所应该是公司平均回款期最长的所了：甲方拖上个一年半载才付款是家常便饭，三年五年后才付款也不是没有先例，大家都把规划所的回款期戏谑为"没有想不到，只有收不到"。新体系实施后，对于刘畅来说，至少每年有一半的辛苦劳动是可以实实在在算作自己的收成了；虽然每个月的固定工资比原来少了点，但是有了这 50% 产值保底，总体算下来要比原来收入多了不少。刘畅心中的安家计划也随着薪酬的改革而加快了脚步。

然而，设计人员收入的约 1/3 还是要仰仗甲方的回款期，而回款期又要受到诸如甲方领导换届、建筑项目延期等"不可抗力"因素的影响，不确定性太大了！设计人员的水平及工作投入情况反而在其中所占比重并不大。想到这里，刘畅轻快的步伐变得有些沉重了，倒是没有坚持加班的心理负担大大减轻了。

资料来源：苏文平，武欣，雷赫扬，等. 薪"语"薪"愿"：J 公司知识型员工薪酬管理改革[EB/OL]. http://www.cmcc-dlut.cn/Cases/Detail/1603.

案例思考题：

J 公司如何加强薪酬制度的管理？

第十八章 各种薪酬体系的实践

◆ **本章学习目标**

通过本章的学习，希望你能够：
- 进一步了解不同企业的薪酬体系
- 更好地掌握薪酬管理的相关理论和方法
- 深入了解和学习优秀企业的薪酬管理制度

◆ **引言**

现代管理理念融合不同国家的情况，造就了多国特色的薪酬管理模式。例如美国以结果为导向的文化，注重物质刺激的薪酬制度和激励体系，灵活的人力资源配置和详细严格的制度化管理，丰富多样的"以人为本"的培养发展计划，等等。又如日本的"终身雇佣制"，注重等级秩序的稳定企业架构，强调建立长期的薪酬体系和管理者的多重成就报酬，通过长期可观的回报增强员工的集体主义精神和企业归属感荣誉感。

凡此种种薪酬管理模式，都以薪酬体系为架构支撑。基于市场行情的薪酬体系意在通过对外部市场薪酬信息的调查，作出相应的薪酬决策，以此形成外部竞争力，形成企业在劳动力、竞争者市场上的竞争能力。职位薪酬体系是一种基于职位内容和价值来决定职位薪酬的基本的、传统的薪酬制度，其最大特点就是什么职位就得到什么薪酬。职位薪酬体系围绕着职位进行薪酬设计，而鲜少考虑"人"的因素。与此对应的是技能/能力薪酬体系与绩效薪酬体系。技能/能力薪酬体系是以员工掌握的技能、知识或是能力作为主要付酬依据的薪酬制度，而绩效薪酬体系则是将员工收入与绩效水平挂钩来激励员工达成良好的绩效成果，以此促进企业良好运转。当然，不同的薪酬体系也各有优缺点及其适用条件。

为了更好地理解各种薪酬体系，本章将以亚马逊、建设银行等4家企业为例，分别介绍基于外部市场的薪酬体系、基于岗位的薪酬体系、基于绩效的薪酬体系、基于技能的薪酬体系。最后，援引华为薪酬管理案例，全面、综合地阐述各种薪酬体系，并且介绍了华为薪酬管理中重要的一环——股权激励的制度设计，以此探寻优秀企业的薪酬管理之道。希望通过这些实用性、针对性强的案例使读者更好地理解本书的内容，起到拓展视野、启发思路的作用。

案例一　亚马逊涨薪背后的人才争夺战

在世界首富手下干活，在全球最顶尖的互联网公司工作，工资一定很高吧！如果你这么想，就大错特错了。

亚马逊创始人及首席执行官杰夫·贝索斯（Jeff Bezos）在 2018 年以 1 120 亿美元的身价坐上世界首富交椅，但他却多次因亚马逊内部收入差距、基层员工工资低而饱受指责。

《华尔街日报》称，虽然亚马逊经常被称作硅谷的科技巨头和 Facebook、苹果、Alphabet（谷歌母公司）齐名，但其 28 446 美元的员工薪资远远低于其他科技公司。

Facebook 的员工在 2017 年的年薪为 240 430 美元，Twitter 为 161 860 美元，eBay 为 122 890 美元。《华尔街日报》援引专家表示，28 446 美元的平均工资约为每小时 13.68 美元，与典型的美国仓库工人的工资相当（图 18-1）。

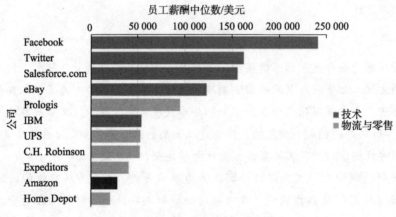

图 18-1　2017 年美国互联网公司员工薪资

资料来源：MyLogIQ。

但亚马逊的发言人表示，这个薪资数据横跨多个国家和职位。贝索斯表示，亚马逊在 2017 年直接创造了超过 13 万个工作岗位，这也意味着亚马逊一年内雇用的人数就超过了 Alphabet 公司的全部员工数。但在标准普尔 500 指数中，亚马逊并不属于科技股，而是零售业板块的一部分。《华尔街日报》根据对 MyLogIQ LLC 提供的企业代理数据的分析表示，亚马逊在零售业员工收入中排列第五，超过家得宝、梅西公司、盖普公司和沃尔玛公司的平均薪酬。

即便如此，在零售业中，亚马逊的薪酬也饱受诟病。

《华盛顿邮报》援引非营利性新闻机构 New Food Economy 的消息称，公共记录显示，数千名的亚马逊员工仍在依靠政府的补助营养援助计划（Supplemental Nutritional Assistance Program）来维持生计。New Food Economy 表示，亚利桑那州多达 1/3 的亚马逊员工，以及宾夕法尼亚州和俄亥俄州 1/10 的亚马逊员工都会收到食品券（Food Stamp）。这种食品券是由美国政府通过"补助营养援助计划"向低收入人群发放的用于换取食物的一种凭证。

"尽管贝索斯是最令人震惊的例子，但沃尔玛的沃尔顿家族和其他许多亿万富翁的盈利公司也在从纳税人的援助中致富，他们支付给工人们的是一份仅达贫困水平的工资"，桑德斯说道。

据美国有线电视新闻网（CNN）2018年10月2日报道，负责业务运营的亚马逊高级副总裁戴夫·克拉克（Dave Clark）站在洛杉矶仓库的梯子上向员工宣布，该公司将为其庞大的蓝领员工团队加薪。当他说到"新的亚马逊最低工资标准是每小时15美元"时，克拉克被长达10多秒的欢呼声和击掌声淹没，此前，联邦最低工资标准是每小时7.25美元。

克拉克在Twitter上发布了此次会议的一段视频，不久后获得了超过40万次的浏览。参议员伯尼·桑德斯（Bernie Sanders）曾多次批评亚马逊对待员工的方式，他赞扬了此次加薪，并分享了这段视频，又为其增加了50万次的浏览量。

该变更于2018年11月1日生效，时薪高于15美元的员工薪资也随之调整。亚马逊表示，加薪计划还涵盖了兼职工人以及通过第三方公司招聘的临时工，共计涉及加薪的在职员工数量高达25万。不仅如此，另在假日期间雇用的多达10万人的季节性雇员同样享受加薪。亚马逊表示，这次加薪使美国超过25万名亚马逊员工，以及在该假日季度在全美国范围内雇用的10万多名季节性员工受益。加薪涵盖亚马逊的所有子公司，如Whole Foods。

按照常见的每天8小时、每月22天工作制，15美元的最低工资等于月薪2 640美元（18 136元人民币）。这推动亚马逊的最低工资高于沃尔玛公司和塔吉特公司的工资。这比美国仓库非管理工人平均水平差3美元。

亚马逊还宣布，英国员工同时涨薪。伦敦地区的最低工资为10.5英镑（约合人民币96元），其余地区为9.5英镑（约合人民币87元），从2018年11月1日开始生效。当时，英国25岁以上的成人平均最低工资是每小时7.83英镑（约合人民币72元）。

"我们听取了批评者的意见，决定引领行业涨薪。我们鼓励竞争对手和其他大公司加入涨薪的行列"。贝索斯在一份声明中说。

但是，亚马逊的"良心发现"绝非心血来潮。

美国彭博社报道称，亚马逊的加薪正值"争取15美元"运动风行全美各地之时。这项运动由工会带头，争取将最低时薪调高至15美元，在当前标准的基础上提高超过一倍。

亚马逊是一家提高员工最低工资的美国公司，但却不是唯一一家公司。尽管美国全国的最低工资仍然为每小时7.25美元，美国大部分大型零售商，如沃尔玛、好市多等员工的薪酬都远远高于此。

据在线求职网站Glassdoor.com的数据，2018年10月，美国收银员的基本年薪中位数跃升至28 237美元，较2017年上涨了5.4%。

除了零售商，酒店、餐饮等服务业的某些公司也提高了最低工资。美国《纽约时报》报道过迪士尼乐园员工的"悲惨生活"：近75%的迪士尼员工无法靠工资负担基本生活开销，1/10的人无家可归，有人甚至只能住在车里。劳工团体数据显示，迪士尼2017年平均薪资为每小时13.36美元（约合人民币93元）。据美国全国广播公司（NBC）报道，9月23日，迪士尼终于同意将加州迪士尼乐园部分员工的最低时薪调高至15美元。

在外界看来，亚马逊涨薪的原因是遭遇议员和多位行业人士的批评。但实际上，和批评声音相比，在美国失业率下降以及市场奇缺零售业员工的"用工荒"背景下打赢劳动力争夺战，这才是零售巨头们给员工涨工资的主要目的。

美国劳工统计局（Bureau of Labor Statistics）发布的月度就业报告显示，2018年9月美国失业率降至3.7%，创48年来新低。与此同时，美国就业岗位空前增多，2018年7月全美有757 000个零售岗位空缺，大约比一年前增加了10万个。岗位面临"用工荒"，加之万圣节、"黑五"、圣诞节等销售高峰即将来临，零售商的招聘压力巨大。

为了填补大量的岗位空缺，这些公司展开了激烈的薪酬福利竞争。有的百货从2018年6月便开始招聘假期工，有的甚至举办起招聘抽奖活动，礼品包价值5 000美元，还将25%的员工购物折扣扩大到季节工，并提供假期和其他奖品来吸引人才。

2018年，各零售商计划招聘70.4万名假期工人，创2014年以来的最高水平，因此美国的商店从2018年夏天就贴上了招聘广告。此外，2018年美国人口的失业率只有3.7%，远低于2014年的6%，这让招聘工作变得更加困难。

仅亚马逊就招聘超过10万名临时工。尽管亚马逊已经试图在其仓库中引入更多的机器人，并且扩展试验开设无人便利店Amazon Go。然而，面对日益增长的用户需求，这家电商巨头仍然对人力有着巨大需求，尤其是面对假期。

如果工资不上涨，亚马逊在劳动力市场上将处于劣势。提高薪酬水平，有利于增强薪酬的外部竞争性，从而在劳动力短缺、竞争激烈的外部市场环境下吸引到更多员工加入或者留住现有的员工不被挖走。当然，这也体现了"政治上的精明"。

从2018年11月1日开始，亚马逊实施涨薪后，全职仓库员工的平均年薪增至31 200美元，这使该公司较其他零售商更有优势（表18-1）。

表18-1　亚马逊与其竞争者最低工资　　　　　　　　　　　　美元

公司名称	最低工资
沃尔玛	11
塔吉特	12
好市多	14
亚马逊	15

宣布涨薪后，亚马逊在发布招聘广告后的48小时内收到了7万多份申请，一周内收到的申请数量超过了整个8月的申请量，同时亚马逊招聘网页的流量也增长了180%。

资料来源：亚马逊涨薪引发的随想 [EB/OL]. (2018-10-17). https://baijiahao.baidu.com/s?id=1614553605393373179&wfr=spider&for=pc.

案例二　中建一局的薪酬体系再设计

一、企业简介

中国建筑一局（集团）有限公司（以下简称"中建一局"）是一家有着60多年历史的建筑施工企业。其拥有30余家全资企业和控股企业，市场范围遍及20多个国家和地区，是中国建筑股份有限公司的重要骨干企业,位居中国500家最大经营规模建筑企业的前列。中建一局具有行业领先的施工能力和设计能力,特别是"水立方"工程项目的成功建设,取得了国家和业界的一致认可,是全国建筑业科技进步与技术创新先进企业。

在项目管理方面,中建一局推行总部服务于项目的管理方式,对项目进行统一的策划,包括施工策划、技术策划等,保证了总部对项目多方位的服务与控制。

近年来,中建一局在市场竞争日益激烈的情况下开始推行大项目部。

大项目部是指各单位施工领域中具有如下特征之一的项目部:①"规模大",即以承接或履约大市场、大业主的大体量工程为主;②"影响大",即经过长期的市场口碑积累,在管理团队中自然形成了一定影响力的代表人物,擅长某些类别工程的施工,在细分市场的竞争中具有品牌优势地位;③"贡献大",即打破了项目部作为一次临时组织的界限,由于具有较强烈的价值观认同,管理团队的核心与关键人员的组成长期相对稳定,同时能够不断裂变出新团队。

与一般项目部相比,大项目部能够在企业的生产力中,通过精细化的周转使用管理,打通资源微循环的通道,达到少投入、多产出的目的。每个大项目部所辖的工程应以距离就近为主,以便做到管理上的快速反应;致力于塑造标志性特征和彰显独特品位,形成细分市场领域内的独到优势。当前,大项目部建设在其他建筑公司中发展迅速,也取得了诸多可以借鉴的经验和成果。但在中建一局内部尚处于起步阶段,在集团部分单位已经取得大项目部发展雏形和示范经验的基础上,发展大项目部建设在中建一局内部已经具备大规模发展的条件。

大项目部项目经理和项目团队所享有的扩大授权和薪酬标准等特殊政策,均以其当期是否在大项目部工作为存在的根本基础。阶段兼职、挂职、临时性辅助人员由大项目部项目经理根据贡献在过程兑现中考虑,一般不分享项目最终兑现成果。为最大限度提高大项目部内部人力资源的利用效率,各项目总工程师、商务经理、机电经理等项目部班子成员以及工程、质量等其他管理人员,可以根据大项目部项目经理的工作要求,在其专职岗位工作满足要求、还富余精力的前提下,采取交叉任职、兼职、挂职锻炼等方式进行内部流动。其对应的个人收益由大项目部项目经理根据实际贡献在过程兑现时综合考虑。

二、大项目部薪酬体系现状

中建一局大项目部的薪酬体系中,薪酬主要由基本岗薪、绩效薪酬、外埠补贴、年功津贴、效益工资、单项奖励等部分组成。

根据公司的指示,大项目部目前实行的是岗位薪酬制度。岗位薪酬制度是以按劳分配为原则,在工作分析的基础上通过岗位测评、按照岗位要求和岗位责任大小确定工资分配关系的工资制度。岗位薪酬制度体系下,着重强调岗位的重要性,突出岗位要素在工资分配中的主导地位,分配过程以岗位评价为基础,以职位说明书和职位责任作为分配的主要依据。岗位评价分值化,以岗位分值作为确定薪酬分配的依据,用劳动报酬体现、区分不同岗位之间、不同员工之间的劳动差别。实行竞聘上岗、以岗定薪、易岗易薪、考核取酬。目前,项目员工的薪资由基本岗薪、项目绩效奖金、工龄工资、其他各项奖励组成（表18-2）。

表 18-2 大项目部岗位体系

职级系列	岗　系	岗　位　名　称
大项目班子	领导班子	项目经理、项目书记、项目执行经理、生产经理、机电经理、商务经理、项目总工
普通员工	专业技术管理	技术部经理、技术员、资料员、经营部经理、造价员、物资部经理、材料员、试验员
	现场施工管理	工程部经理、土建责任师、水电责任师、安全员、质量员
	行政管理	办公室主任、消防保卫、后勤管理等
	事务操作	司机、厨师、门卫、保洁员

1. 基本岗薪

项目部员工实行按照层级薪资就位原则。项目经理就位于一级薪资档位；项目班子成员就位于二级薪资档位，项目部门经理就位于三级薪资档位，普通管理人员就位于四级薪资档位，操作岗员工就位于五级薪资档位。项目部员工进行薪资就位后的薪酬确定为基本岗薪。项目普通员工工龄在3年以下（含3年）的统一执行3 500元的基本岗薪；3年以上的普通员工的工龄工资为 20 元/小时。属地化聘用管理岗执行六级薪资，属地化聘用操作岗执行七级薪资（表18-3）。

表 18-3 项目部薪酬标准

薪资档位	岗　位	基本薪酬/元
一级	项目经理	7 000
二级	项目班子	6 000
三级	项目部门经理	4 500
四级	项目普通管理岗	3 600
五级	操作岗	3 000
六级	属地化聘用管理岗	3 500
七级	属地化聘用操作岗	2 800

2. 项目绩效奖金

绩效奖金包括员工绩效工资，通信费、交通费实行总额核定制，在项目承接之后由成本核算部根据项目定编人员数核定每个项目绩效奖金的总额，成本员根据项目阶段确定绩效奖金发放数额。在项目前伸阶段（项目开始初期），按照成本核算部核定的金额及时间发放，于前伸结束后一次性提取发放。在项目施工阶段，绩效奖金计提数以当季度产值计提数 A 与季度平均计提数 B 二者中较低者提取。

A = 核定绩效奖金总额 ÷ 预计总产值 × 当季度产值

B = 核定绩效奖金总额 ÷ 核定工期

在项目后延阶段，在按产值比计提的基础上适当加上前期剩余的绩效奖金，以保证消费基金在整个施工过程中的均衡。大项目部消费基金实行总额封顶制，将作为项目经理支付项目员工的薪资总额，原则上不再调整。每月项目经理在消费基金总额的预算下，扣除公司代发的基本岗薪，再根据员工工作能力、工作表现、工作业绩等综合评定后给予绩效奖励（根据表 18-4 各岗位薪资系数发放）。各项目的季度考核奖励每季度进行一次，由各项目部根据奖金分配系数制定出明细、报人力资源部审核签字后，由财务部统一发放。

表 18-4　各岗位薪资系数

序号	职　位	薪资系数
1	项目经理	2.0～2.2
2	项目总工	1.8～2.0
3	项目班子成员	1.6～1.7
4	部门经理	1.4～1.5
5	一般管理人员	0.9～1.2
6	操作工人	0.4～0.9

3. 工龄工资

工龄工资是企业为了鼓励员工长时间地为企业服务而设置的，此部分由人力资源部按月发放，不计入绩效奖金总额，但计入项目总成本。

4. 其他各项奖励

各项目获得的质量、安全、创优、效益奖、成本兑现等由各项目部确定分配方案并制订发放明细后上报人力资源部审核签字，由财务部统一发放。

对于项目上外聘的员工，按照劳动合同中商定的薪酬由人力资源部在扣税后统一发放。大项目部员工，有节假日加班的，应进行补休，各项目部要做好补休记录等资料。

三、问题诊断

经过一次薪酬满意度调查，研究者发现，目前项目部薪酬体系亟待改革。职工对该企业现有的福利制度和收入分配制度满意度较低，他们认为收入所得与能力及技能不匹配，不能充分体现岗位价值，工资收入与自己的努力付出不成正比。同时，从调查结果来看，员工对大项目部未来的发展充满了希望，这就为下一步的薪酬体系的重构奠定了基础。

作为一家国有大型企业，中建一局大项目部制实行以来，并没有建立健全薪酬体系，现有的薪酬体系不灵活，存在一定的不公平性。

隶属项目的员工与公司本部员工的薪资等级差距大造成不公平现象。随着建筑施工行业竞争的加剧，市场分工越来越精细化，原有的薪酬体系，使大项目部与公司内部同等级别之间薪酬水平差距逐渐拉大，长期处于一线辛苦工作的员工在薪酬收入上表现出较为明显的心理失衡，薪酬的整体公平性有待全面评估。现有岗位薪酬体系中的薪酬未真正与考核及晋升、淘汰挂钩，仅仅按照每个职位的岗位系数与消费基金的乘积定绩效工资，起不到激励的作用。不公平还体现在与市场的工资水平存在一定的距离，项目内技术岗位的薪酬较市场没有竞争力，略低于市场水平，造成企业外部不公平现象。

并且，目前绩效工资的分配是以岗位工作绩效为基础的薪酬分配，员工的能力和工作中的表现情况不能在绩效工资中表现出来，而现有的绩效单单从员工岗位的薪酬系数出发。这种干好干坏没区别的心理导致员工工作没有责任心，对本职工作不上心，更不用说去考虑战略性、创新性，高效率地将自己的本职工作不断完善并且精益求精。薪酬与员工的绩效关联度不大，而是以基薪为主，与平时的业绩挂钩不大，基薪与绩效薪的比例不能发挥出较好的调节员工积极性的作用。由于绩效薪酬所占比例过低不能发挥薪酬的全部功能，应适当增加绩效薪酬的比例，尤其对于中高层岗位，应建立将短期激励和长期激励相结合的薪酬结构，且浮动薪酬应在高级别的岗位薪酬中占较大比例，目前中建一局大项目薪酬结构中基本工资（也就是固定薪酬）所占比例过大，而绩效工资（也就是浮动薪酬）所占比例过小，不利于激励员工创造高绩效。

此外，大项目部还应该加强非经济性薪酬，强化员工对公司的归属感和主人翁意识，同时加强薪酬管理，拓展晋升和薪酬提升通道。

四、薪酬体系再设计方案

综上，大项目部薪酬体系再设计需要对现有岗位薪酬体系进行优化调整，一是提升外部公平，保持同行业的竞争优势；二是优化内部岗位结构，在此基础上重新调整薪酬结构。大项目部薪酬体系再设计准备步骤如图18-2所示。

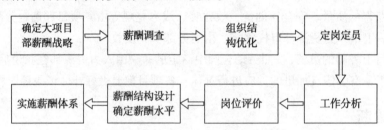

图 18-2 大项目部薪酬体系再设计准备步骤

通过薪酬调查、组织结构优化、定岗定员、工作分析、岗位评价等步骤，对大项目部岗位名称进行系统规范，依据职务及薪资划分，如表18-5所示。

表 18-5 项目岗位归集表

职级系列	岗 位 名 称
项目经理	项目经理
项目班子	项目书记、项目执行经理、生产经理、机电经理、商务经理、项目总工
项目部门经理	技术部经理、商务部经理、工程部经理、物资部经理、质量总监、安全总监、办公室主任、机电部经理、财务部经理
项目普通管理岗	技术员、资料员、造价员、材料员、试验员、土建责任师、水电责任师、安全员、质量员、消防保卫、机械员、测量员
项目操作岗	司机、厨师、门卫、保洁员

目前应用于各企业的薪酬水平主要分为：市场领先薪酬体系，即薪酬略高于其他企业，以处于薪酬竞争的优势地位；市场跟随薪酬体系，即企业的薪酬体系与同行业其他企业薪酬持平，在保持平等竞争能力下，降低企业成本；混合薪酬体系兼顾市场领先薪酬体系和市场跟随薪酬体系的优点，力求以较低的薪酬成本支出获取较大的市场回报。

根据中建一局大项目部薪酬体系再设计的思路和综合以上各个步骤所完成的工作结果，研究人员建议采用以下薪酬基本结构：

岗位工资＋绩效工资＋各项补贴＋专项奖＋工龄工资＋其他奖励

在薪酬模式的选择上，采用混合薪酬体系，对工程类别按重要程度予以分级，设计了不同类别的岗位工资。比如，分级为一类的工程，采用市场领先薪酬，让同等岗位的薪资比行业企业公司高，保持竞争优势。而分级为二类、三类的工程，采用市场跟随薪酬，与行业其他企业保持同等水平薪资，要通过企业综合竞争优势，在人才市场上争取主动权。

在对中建一局大项目部薪酬体系再设计时，综合考虑了行业特点、公司发展战略，以及公司内、外部薪酬情况等因素，在之前的薪资结构的基础上作出了改进。在岗位工资方面，缩减了岗位层级，拉大了层级间的薪资差距，因而增大了岗位工资的弹性。原来的基本岗薪特别是技术核心的岗位已经低于行业的水平，再设计的薪酬体系摒除了按7级岗位工资核定的方式，采用5档、15层的方式，使岗位工资更加宽带化，且各岗位的薪酬标准均有较大的提高，以项目经理岗为例，原来的项目经理岗位工资为7 000元，调整后，一类工程的项目经理会达到8 000元的标准。

绩效工资方面，过去单纯地按成本核算后确定绩效奖金总额与岗位系数的乘积的方式已经起不到激励的作用，再设计的薪酬体系采取按已完工作量计提的方式，多劳多得，有助于增强员工的积极性。另外，在过去的薪酬结构的基础上，增加了专业技术补贴、特殊津贴、专项奖等项目，使中建一局大项目部再设计的薪酬体系更加完善化。下面将重点围绕岗位工资与绩效工资两部分进行说明（图18-3）。

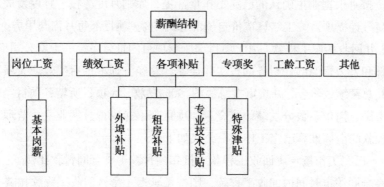

图18-3 大项目部薪酬结构

1. 项目基本岗薪

项目基本岗薪分5档、15个层级。项目部员工实行按照层级薪资就位的原则。项目经理就位于一级薪资档位，项目班子成员就位于二级薪资档位，项目部经理就位于三级薪资档位，项目普通管理人员就位于四级薪资档位，操作岗员工就位于五级薪资档位。项目部员工进行薪资就位后的薪酬确定为基本岗薪；项目员工就位后的薪资为本层级最低基本岗薪，项目部可根据员工本人能力情况经与人力资源部沟通后适当向上进行调整（表18-6）。

表18-6 基本岗薪档级

档级岗位层次	岗 位	档级	档级标准	基本岗薪
一级	项目经理	一档	一类工程	8 000
		二档	二类工程	7 500
		三档	三类工程	7 000
二级	项目班子	一档	一类工程	7 200
		二档	二类工程	6 500
		三档	三类工程	6 000
三级	项目部经理	一档	在本岗位满6年以上	6 100
		二档	在本岗位满4年不满6年	5 000
		三档	在本岗位工作3年及以下	4 500
四级	项目普通管理岗	一档	在本岗位满6年以上	4 500
		二档	在本岗位满4年不满6年	4 000
		三档	在本岗位工作3年及以下	3 800
五级	操作岗	一档	在本岗位满6年以上	3 800
		二档	在本岗位满4年不满6年	3 500
		三档	在本岗位工作3年及以下	3 000

2. 绩效工资

绩效工资按月根据业主确认的已完工作量计提，原则月度考核、月度发放。项目绩效工资总额最高可计提项目竣工结算造价自施部分的5%。项目部每月需与甲方、监理沟通，确定批量单，并回收相应工程款。由大项目部所辖项目的批量单统一上交公司商务管理部，由商务管理部和人力资源部、财务部核实并会签，总经济师审批后生效。大项目部所辖项目单独计算其总额绩效奖金，并按审批总额的90%发放。大项目所辖各项目经理根据自身项目人员的考勤、岗位系数分发绩效奖金。如项目部不能取得月度业主（监理）批量单，则按回收工程款的金额推算已完工作量，公式如下：

已完工作量 =（回收工程款 + 抵扣预付款）÷ 合同付款比例

如不能在合同约定时间内回收工程款，则按每延迟1个月回收工程款扣减10%绩效工资审批；如工程款回收比率达不到合同付款比例，按累计实际回款与累计按合约应收款比例审批绩效工资。

工程竣工结算在竣工后6个月内完成的，按竣工结算造价全额计提绩效工资；如不能在6个月内完成，每延迟1个月完成扣减剩余绩效工资的5%。

3. 其他优化

此外，研究人员还拓展了晋升加薪通道。目前中建一局大项目部的薪酬体系，如果想提升工资水平，只有提高职位这一方式，也就是说只有职位晋升这一渠道。这就造成了员工把注意力放在升职上，不利于员工发展。通过对中建一局薪酬体系的再设计，每个岗位对应特定的薪酬等级分为三个等级，比如说，普通岗位、操作岗的员工晋升到业务骨干级别后，可以有专业岗、管理岗两条晋升通道供选择，其中专业岗的初级工程师对应管理岗的项目部门经理，工程师对应项目班子成员，高级工程师对应项目经理。在这种薪酬晋升通道下，高级工程师的薪酬可以基本与项目经理一致，工程师可以达到项目班子成员的薪酬水平，专业化、技术化的晋升通道与管理化的晋升通道并行，将打破原来为了薪酬提高而走独木桥的局面。

可以看出，薪酬的增加不用通过岗位升职这一途径，而是通过同一等级薪酬纵向变化就能够实现。这次薪酬体系的再设计实现了员工多维晋升通道，能够激发员工工作的积极性和创造性。

资料来源：杨丹梅. 中建一局大项目部薪酬体系再设计[D]. 北京：首都经济贸易大学，2014.

案例三　建行 ZJ 分行的绩效薪酬

一、企业简介

1954 年 10 月 1 日 ZJ 分行正式对外挂牌成立，是中国建设银行所辖一级分行，到 2016 年为止下辖 696 个分支机构，其中 10 个二级分行、409 个支行，65%以上的员工具有大学本科以上学历，作为知识密集型企业，综合能力资源犹如企业存续和发展的引擎，可以有效地激发员工的工作激情与潜力，使其不断成长、不断进步的动力是 ZJ 分行人力资源管理永恒的研究主题。

随着业务的不断扩大，建行 ZJ 分行对人员的需求呈现无计划、无限制的盲目增加，各管理部门只寄希望于员工数量的增加来提高产值，但产值的增加和人员数量的增加明显有失平衡，致使 ZJ 分行人员扩充速度过快，补充人员素质却没有提高，人力成本随之急剧上升，劳动生产率下降。

效率问题已成为 ZJ 分行可持续发展的瓶颈，ZJ 分行已经发展了 60 多年，从当初的发展期到现在的成熟期，员工的工作效率却在不断降低，可持续发展瓶颈日益突出，如何提高员工们的素质，科学的业绩效率管控是重要的一个环节，建行 ZJ 分行人力资源部门管理和控制的所有日常业务开展质量的好与坏都和业绩效率管理与控制存在着非常重要的关系。例如，新录用的职工对于自身工作的胜任情况，需要利用业绩效率的评定来判断工作的质量情况，相同岗位调整的落实对于职工自身能力要求及其对于这个岗位是否合适都有一定的要求，员工的工作职位升级需要对相关员工的各个方面的情况进行考核评定，包含工作业绩、劳动纪律等方面。员工薪酬等级是根据职工的日常业绩效率以及自身创出的利润为基础，培训参照职工的现有能力、素质和潜力为依据等，所有这一切都需要业绩效率管理为其提供翔实的资料和信息，都需要有科学的绩效考核管理体系。

二、ZJ 分行的 KPI 考核背景

1994 年以前，建行内部不存在绩效考核的说法。因为当时建行的单位性质仍然属于我国财政部门，还没有进入竞争的银行市场中去，也就不存在竞争的观念，所以大家都是按部就班、满足于现状，企业职工的收入主要是参照岗位行政等级，以及工龄长短来决定档次，培训、晋升等也总是论资排辈。

1994 年，建行将长期承担代理的财政职能和政策性贷款职能移交给财政部和新成立的国家开发银行。开始按照商业银行的要求对经营管理体制进行全方位的改革。ZJ 分行从而也开始转变成为商业银行。ZJ 分行领导经过多年的研究分析，实行了新的业绩效率评定考核方法。在新的方法中把员工的薪酬分为两个部分：一部分是基础工资，还有一部分属于绩效工资。

首先，基础工资按照岗位等级来划分；其次，绩效工资按照各分、支行年度末完成指标情况来决定，在支行内又按行政级别进行细分，只是在年末的奖金上 ZJ 分行根据各科室及各部门完成任务的情况不同略有差别。此次 ZJ 分行执行的省行绩效工资分配方案实质上是将人力费用在各一级分行间进行了细分，但在 ZJ 分行内部实质上却又走了"平均分配"的老路子。在新落实的方法中，每月的工资数字的高低体现出新机制对于薪酬结构的改进，除此之外，还将员工每年的绩效评定在年末会上划分为三个等级：优、良、差。但是，这种绩效评定在企业中仍然是通过部门领导来决定，这样往往评定出的结果含有一定的水分和不公平，并且，评定的结果与薪酬的高低、岗位职级都不存在关系，所以企业的职工普遍对于年末绩效评定都相当不重视。

2005 年建行成功上市，以往的业绩考核方案已不再适用，开始探索新的绩效考核方法。作为兄弟行的美国银行为建行提供了榜样，先进的绩效考核方法令建行领导层看到了希望，为此，还专门派遣行内中高层骨干"出国深造"，当时美国银行根据建行在中国的行情，提出了 KPI 考核，将美国银行正在使用的绩效指标项目提供给了建行，愿意与建行跨国永久合作，并承诺在今后的合作中将为建行提供绩效考核方案指导。

在新的 KPI 考核模式中，工资被分为基本工资和预发绩效工资两部分。基本工资根据员工的学历、证书数量等自身综合素质配合薪酬系数予以发放，薪酬系数由上一年度、一个省份内，员工的工资总收入、省分行整体运营情况而定，这个数值一般来说，经济发展较好的省份会高于发展一般的省份。预发绩效工资部分，新的绩效考核模式中将开始考核个人，且真正开始考核确切的定量指标，所以这部分工资将完全体现出员工的执行力，弥补了建行绩效考核前两个阶段工资平均的缺点，并且对于不同的部门，设置了不同的考核方案，以此区分各部门的工作性质。同时，设置人性化的考核指标，这些指标也是美国银行的战略性指标，已经被运用多年，具有一定的指导意义。

预发绩效使员工清楚自己做了多少事、可得到多少薪酬，不再是像原先那样做多做少

一个样,更振奋人心的是,这次的预发绩效薪酬是可以被突破的,真正体现出多劳多得的工作环境,所以此绩效考核模式刚推出时,极大地改善了员工的工作积极性,员工们开始变得愿意多做事,而且也希望多做事了。

看到如此有朝气的景象,领导们对 KPI 考核便更为关注,开始花费大量的精力在绩效考核工作上,深挖美国银行的一些财务指标和非财务指标,聘请资深顾问,建立国内外交流大会,不断完善 KPI 的细化工作。

在员工层面,每位员工的预发绩效薪酬开始拉开档次,因为这次绩效改革的预发绩效部分暂时还没运用于行政部门,所以部分一线新员工的工资明显超过了行政部门老员工的工资,从一定意义上来说也是打破了工资发放凭资论辈这条"惯例",开始真正有了商业银行以追求价值最大化为考核理念的气息。这个阶段,员工们所创造的价值远高于以往,建行真正开始成为国内银行转型的领军人物,进入辉煌的新的篇章。

三、ZJ 分行的 KPI 绩效考核内容

ZJ 分行分为三个部门进行 KPI 考核,分别是行政部门、公司业务部门和个人金融部门。

这里先引入一个可变薪酬系数,这个系数由建行各省分行自行确定,根据自身的运营状况而改变,目前 ZJ 分行所属的地区的这个系数为 30,其余的城市如上海为 40,广东为 35,等等,这个系数将直接影响基本工资的拨付,影响基本工资的另一项要素就是员工综合能力得分的总和,员工为硕士研究生、大学本科和大学专科,则分别得 40 分、25 分和 10 分;个人职等最低为十二职等,得分 5 分,每高一个职等加 10 分,每考出一个专业资格证书加 5 分,每考出一个上岗资格证书加 3 分,等等,将这个地区的所有员工的这些得分加总,再乘以地区系数 30,就是建行总行拨给的基本工资费用。

再引入一个预发绩效薪酬参数,这个参数也是直接被确定的,行政序列 4 000 元一个月,柜员序列 2 500 元一个月,客户经理、营销主管等营销序列 3 000 元一个月,这个参数的作用在后文中会提到。

在此基础上,对于这三个不同的部门,设置了不同的考核方案。

1. 行政部门

行政部门的工作因为很难量化,故采用考核工作效率和考核员工综合能力的方案,工作效率指的是能否及时完成行内各项数据的清算和统计,提交各类报表,解决并反馈前台所申报的问题,涉及一切行政职责范围以内的工作,每一项行政工作都需要在规定的时间内完成,如无法完成,则会被扣减相应的预发绩效薪酬每次 100 元。建行的考核机制倾向于营销,即网点部门。行政部门员工的薪酬系数为 25,得到的薪酬为 25×自身综合能力得分之和 + 预发绩效薪酬 − 被扣减的绩效薪酬,如某员工的基本工资组成为 25×(本科 25 + 职等九级 35 + 两个专业资格 10 + 四个上岗资格 12)= 2 050 元,预发绩效薪酬 4 000 元,有一次未能及时反馈前台的问题,造成客户投诉,减扣绩效 100 元,则该员工这个月能得到 2 050 + 4 000 − 100 = 5 950 元工资。

2. 公司业务部门

公司业务部门属于营销部门之一,故薪酬系数为最高的 30,该部门的员工包括客户经

理、营销主管等都能拿到不错的基本工资,但该部门的预发绩效却不像行政部门那么好拿,3 000元每月的预发是建立在能否维护好客户和能否创收两项指标之上的。

考核维护客户的KPI主要有以下两类。

(1)公司存款。公司存款至少占预发绩效的40%,存款包括月末的时点存款和日均存款两类,时点存款占存款预发绩效的40%,日均存款占存款预发绩效的60%。

(2)贷款不良率。众所周知,贷款不良率指的是发生不良的贷款占总贷款的比率,这个指标直接体现了银行所面临的风险,等级占比30%。

考核创收的KPI主要有以下两类。

(1)不良贷款转化率。这个指标是指不良贷款向正常类贷款转化的比率,这个指标越高,说明银行的管理水平越好,安全系数越高,但因为完成这个指标比较困难,故占比10%。

(2)公司类中间业务收入。公司类中间业务收入包括银行承兑汇票手续费、机构信用证手续费、公司综合理财管家等,至少占比20%。

以上两大类综合性指标包含的四小类KPI中,因为考虑到公司客户的规模大小会对考核产生影响,故一般来说每位客户经理和营销主管都能得到资产规模相当的企业数量,为力求考核的公正性,每次基础考核的任务数由上级银行根据维护的公司规模直接分配到个人,对个人进行考核,其中存款类指标和中间业务收入指标采用了"至少"原则,即如果在完成了基础考核任务数的基础上,能够争取到新客户、新的存款和新的业务往来,则额外绩效奖励=2.0×相应的考核绩效薪酬×额外考核数÷基础考核数,2.0为多劳多得的绩效额外补偿系数。

例如,某客户经理的基础考核指标确定为月末完成时点存款1 000万元,日均存款500万元,贷款不良率小于0.03,要求将不良贷款的10%转化为正常贷款,完成银行承兑汇票手续费收入10 000元、机构信用证手续费收入3 000元、综合理财管家收入5 000元等。该客户经理存款、贷款不良率和中间业务收入均已达标,只有不良贷款转化率未达标,但他利用资源额外发展了一个目标客户,使其新增时点存款500万元,那么这位客户经理能够得到总绩效薪酬为3 000×(40%+30%+20%)+3 000×40%×40%×2.0×500÷1 000 = 2 700+480=3 180元,超出预发绩效3 000元的部分为180元,可以理解为真正的额外收入。具体指标分解与预发绩效的说明如表18-7所示。

表18-7 公司业务部KPI与预发绩效计算

指标类别	KPI	指标说明
存款	时点存款	至少预发绩效×40%×40%
	日均存款	至少预发绩效×40%×60%
贷款不良率	贷款不良率	预发绩效×30%
不良贷款转化率	不良贷款转化率	预发绩效×10%
公司中间业务收入	银行承兑、信用证、理财管家等	至少预发绩效×20%

3. 个人金融部门

个人金融部门又称个人综合业务部门,包含所有的个人类业务,个人综合业务部门是建行的一线营销部门,也是各类中间业务收入的重点部门,当然,这个部门的考核机制也更为复杂。

这个部门主要包含:柜员——辅助营销人员,个人客户经理、个人产品经理、个人营销主管等——主力营销人员,这两类人员的预发绩效薪酬分别为2 500元每月和3 000元每月,但都属于营销岗位,所以薪酬系数享受最高的30待遇。这里引入"网点"的概念,一般一个网点由8~12名员工组成,综合性网点由30~50名员工组成,因为ZJ分行所辖网点众多,所以设立综合性网点,即为二级支行,这些二级支行均匀分布在城市各地区,它们会对周围的10~15个网点进行统辖,成为这片区域内的辖区行,以便管理和经营。首先,ZJ分行会设立二级支行级别的KPI,这些指标将应用于各个辖区行所辖网点,称为"网点KPI系数",它主要由三个要素确定,分别为年度日均存款、中间业务收入和业务量,权重占比分别为50%、40%和10%,网点KPI系数=(网点年度日均存款×50%÷辖区行所有网点年度日均存款之和)+(网点年度中间业务收入×40%÷辖区行所有网点年度中间业务收入)+(网点年度业务量×10%÷辖区行所有网点年度业务量)。例如:A网点年度日均存款为6亿元,中间业务收入100万元,业务量5万笔;它所在的辖区行所有网点年度日均存款为50亿元,中间业务收入1 000万元,业务量40万笔,则这个网点的KPI系数为:6×50%÷50+100×40%÷1 000+5×10%÷40=0.06+0.04+0.012 5=0.112 5,A网点所在的辖区行共有营销类员工140名,主要营销人员50名,辅助营销柜员90名,则一个月总预发绩效薪酬为50×3 000+90×2 500=150 000+225 000=375 000,A网点能争取到的一个月基本绩效工资总量为375 000×0.112 5=42 187.5元,这笔绩效工资再根据A网点的员工对网点的贡献度进行二次分配。

员工KPI分为三类,分别为存款贡献度、日常业务量和中间业务创收,权重占比分别为40%、10%和50%,员工KPI按季度考核指标分解和说明详见表18-8。

表18-8 员工KPI分解

指标类别	关键绩效指标	指标说明
存款贡献度40%	新增存款	个人季度新增存款×40%÷网点季度新增存款
日常业务量10%	业务笔数	个人季度业务笔数×10%÷网点季度业务笔数
中间业务创收50%	各项中间业务	个人季度信用卡×50%×30%÷网点季度信用卡
		个人季度两金一险×50%×30%÷网点季度两金一险
		个人季度综合签约×50%×40%÷网点季度综合签约

这里的存款贡献度指的是在一个考核期内,即一个季度,员工所吸收的新增存款占网点所有员工吸收的新增存款占比。中间业务创收主要考核信用卡业务,占比30%;两金一险业务,指黄金、基金和保险,占比30%;借记卡类、电子银行类、理财类和第三方签约等综合签约类,占比40%。

因此个人KPI系数=(个人季度新增存款×40%÷网点季度新增存款)+(个人季度业务笔数×10%÷网点季度业务笔数)+(个人季度信用卡×50%×30%÷网点季度信用卡+个人季度两金一险×50%×30%÷网点季度两金一险+个人季度综合签约×50%×

40%÷网点季度综合签约）。

例如，A 网点某员工 B 在一个考核期内完成新增存款 200 万元，业务笔数 6 000 笔，信用卡 60 张，两金一险 500 万元，综合签约类 80 户；同一考核期内该网点完成新增存款 1 800 万元，业务笔数 55 000 笔，信用卡总数 500 张，两金一险 4 000 万元，综合签约类 600 户，则员工 B 的 KPI 系数为 200×40%÷1 800+6 000×10%÷55 000+60×50%×30%÷500+500×50%×30%÷4 000+80×50%×40%÷600≈0.044 4+0.010 9+0.018+0.018 8+0.026 7≈0.118 8。

结合 A 网点根据网点 KPI 争取到的基本绩效工资 42 187.5 元，可得出这位员工一个月可以得到的实际绩效薪酬大约为 5 012 元，如果员工 B 是主力营销人员，预发绩效为 3 000 元每月，则员工 B 真正的额外收入为 2 012 元；如果员工 B 是辅助营销柜员，预发绩效为 2 500 元每月，则员工 B 真正的额外收入为 2 512 元。

所以无论是主力营销人员还是辅助营销人员，多劳多得的部分是维持基本平衡的，不存在特别的倾向或是偏差，但是，在真正的考核过程中，因为主力营销人员的业务量明显要比辅助营销柜员的少，而中间业务中，两金一险的销售是主力营销人员有优势（低柜），第三方签约类是辅助营销柜员有优势（高柜），信用卡两者持平，所以在中间业务这个考核指标中两方都没有优势，那么主力营销人员为了获取更多的绩效薪酬，只能在存款上下功夫，这也是符合银行最根本的战略目标的。

四、ZJ 分行的 KPI 绩效考核效果与评价

建行 ZJ 分行从实行 KPI 绩效考核到现在已经有 10 多年的历史了，从开始考核到现在，有许多好的思路，也有很多需要注意的地方。

研究人员后续通过问卷调查，发现 KPI 绩效考核虽然将营销部的工作更加具体化和细致化了，对于绩效薪酬也有了比较科学的清算法则，但是对于像是行政部门这样的职能部门的具体考核还是一块空白。

根据调查结果，KPI 绩效考核实施后对员工产生了以下影响。

（1）正面影响。新的业绩评定机制利用对日常工作的剖析，分析工作具体责任后，确定划分把工作带来的效益与对比上述工作带来的效益的业绩效率做比较。与此同时参照评定的内容，制定被选定对象的主要业绩效率标准，不一样的职能部门存在差异化的地方。从而回避了业绩效率标准制定得不详细或者很难用数字来评定的问题。

新的业绩评定机制中，每个工作职位内容更加具体化，业绩效率标准比较详细，能够降低评定者在给被评定者时的主观思想程度，提高评定的公平。新的业绩评定方法从可持续发展的层面来看确定了一些评定的标准，从而更加详细地评定企业职工的工作表现优劣，这样可很好地打破过去评定者受到主观思想的影响去评定的局面，最终评定方法更加使人认可。

（2）负面影响。自实行 KPI 绩效考核以来，个人金融部门的员工工资往往会高于公司业务部和行政部门，有些能力强的个人客户经理和营销主管一个月的工资甚至比行政部门

的领导还高，这使得行政部门人心涣散，认为自己一心一意为一线员工服务，却拿不到一点好处，工作没完成好会有惩罚，完成好了那是应该，没有任何奖励可言，行政部门还为此大闹行长室，要求增加年终奖金。一线员工为了追求绩效薪酬最大化，纷纷提出了换去资源好的网点的要求，因为二级支行是随地域平均划块的，所以有些在高教园区和新兴产业区边上的网点资源自然就好，有些网点地处相对偏远，资源自然就差，资源好的网点不用主动营销就会有存款和中间业务收入上门，而资源差的网点费尽九牛二虎之力都没有什么绩效可言，这使员工之间、网点之间产生了不小的隔阂。

从这些反馈意见来看，单一的 KPI 绩效考核其实并不能完全适应建行现阶段的发展，其主要问题归结于以下几方面。

（1）标准设立得不合理。评定标准主要涵盖了相关企业收益情况、不良资产率清算情况、负债业务的发展情况、资产业务的发展情况等评定指标。针对相关的职能部门，上述的指标都是好指标，然而对于行政部门来说却是根据全建行 ZJ 分行指标达成情况来做自身评定的标准。相关的部门作为后台辅助部门，其在日常经营中的作用是很大的，甚至会影响到建行 ZJ 分行的收入，可是毕竟不是业务部门，所以薪酬系数为 25，而其他部门薪酬系数为 30，这样的评定标准很难展现出行政部门真实的工作状况。

（2）业绩效率评定标准目标的协助作用不显著。其主要表现为建行 ZJ 分行发展目标的达成和业绩效率管控的不同步。建行 ZJ 分行的业绩效率管控还是只关注一些基本的产品指标，各自为战，缺乏职能部门之间的创新方法。

（3）业绩效率评定存在误差。核心工作是企业职工考核评定中最为主要的评定依据，这样的评定主要是按照工作的完成率来确定，因此对于各部门工作初期制订的计划要求非常高。可是相当一部分的职能部门在绩效评定过程中发现因为自己制订计划的误差引发了业绩效率计划变化过大，考核时，业绩效率计划和工作结果不匹配，使得业绩效率评定出现误差，这点在员工考核中尤为突出。

五、ZJ 分行的绩效考核改进

经过研讨，ZJ 分行决定将进一步完善绩效考核体系，将财务方面指标选取的优化、内部风险管控的经营流程优化、员工自身发展的优化建设和客户服务信息反馈优化作为重要战略目标。

于是，建行 ZJ 分行决定引入更为先进的管理工具：平衡计分卡，从财务指标、内部管控、员工成长和客户反馈四个角度来选取 KPI。

这四个角度也是符合建行 ZJ 分行所需要优化的工作目标的，在现在这个信息化社会里，原始的粗放型效益至上的绩效管理方法已经不能满足多元化企业了，而平衡计分卡就能够有效弥补这方面的不足，它更能平衡非财务指标（如部门协作、客户关系以及长期目标）。

因此，可以试着建立一个能满足建行 ZJ 分行现阶段需求的平衡计分卡，将调查报告中涉及的问题作为参考，建立评估指标，使员工所反映的单一 KPI 绩效考核所带来的问题能得到有效的改善。

例如，对于行政部门可以增加内部理论考试指标，并将其 KPI 挂钩 ZJ 分行整体 KPI 来积分；对于公司业务部和个人金融部可以增加业务量指标、技能和理论类考试指标与客户反馈指标，这样就不会一味地向财务指标看齐，而是有机地结合了员工自身素质和市场信息反馈等因素，建立起更加完善的新型考核体系，真正使企业、员工和市场产生可持续的循环。因此，新的绩效考核体系的提出刻不容缓。

建行 ZJ 分行已经开始行动，准备推出改革第一波，首先在个人金融部门的一线柜员试点，准备引入平衡计分卡工具，从业务量、服务质量、业务技能与营销能力四个维度建立评分标准来考核柜员的工作情况。这四个维度分别体现了内部管理的质量和效率、企业内外部对于企业的评价、员工的工作状态和从财务的角度来分析员工工作的经营成果及未来的可上升空间。通过这个方法全方位、有效率地评价员工的工作及评估此绩效考核体系对于企业经营方面的作用情况。

例如，对柜员进行绩效考核策划，通过分析临柜工作对于实现企业战略目标最关键的影响因素，定义和描述评价柜员工作的关键性指标，力求准确评价柜员的工作成果，建立有效的考核机制，实现企业与柜员的良性发展。具体的绩效考核指标如表 18-9 所示。

表 18-9　建行 ZJ 分行柜员绩效考核指标体系

一级指标	二级指标	三级指标
内部管理层面 A1	业务技能 B1	理论知识 C1
		技能考试 C2
		差错率 C3
客户服务层面 A2	服务质量 B2	投诉率 C4
		银行监督检查处罚率 C5
员工工作状态 A3	业务量 B3	三类网点系数 C6
		现金业务 C7
		非现金业务 C8
	学习能力 B4	级别柜员系数 C9
财务角度 A4	营销能力 B5	日均存款增长量 C10
		经销产品销售额 C11
		代销产品销售额 C12

根据平衡计分卡原理，共设置四个柜员与企业经营管理相联系的维度（A1、A2、A3、A4）；根据这四个维度，设置柜员的工作对其产生影响的关键因素，即二级指标（B1~B5），通过二级指标来定性评价 A1~A4 这四个维度的表现；要运用二级指标的精确数据来进行分析的话，我们要继续将这一层面分解，设置第三层级（C1~C12），以 12 个具体的指标来对二级指标做定量分析，并在应用实践中对三级指标设置权重和系数，以得到每个员工的工作成果的确切分数，进行柜员的工作评价。

在经济全球化的背景下，银行面临着日益激烈的市场竞争，其本质是人才和技术的竞争。绩效考核作为人力资源管理的有效手段之一，在企业内部管理中起着重要的作用。企业要开展绩效考核工作，核心问题是使企业的战略目标得以顺利实现，适应不同时期的需求,绩效考核也在于更公平、公正、公开地评价员工的工作,以及引导员工参与学习、提高自身素质的过程,而持续改进的考核体制将为 ZJ 分行提供更为有效的持续发展的动力。

资料来源:张沈雄. 建行 ZJ 分行以 KPI 为核心的绩效考核研究[D]. 杭州:浙江工业大学,2016.

案例四　德迈仕公司的薪酬优化方案

一、企业简介

德迈仕公司是我国最早也是目前最大的一家专业生产精密微型轴的企业,产品包括办公设备用轴、家电用轴、电动工具用轴、汽车用轴,其中汽车用轴销售收入目前约占公司总产品销售收入的 80%。公司的客户包括博世、大陆、电装、HUSCO(赫斯可萱场液压)、德昌电机等世界知名企业。

德迈仕公司的前身是 2001 年从大连大显股份有限公司中独立出来的"大连大显精密轴有限公司",公司于 2016 年在新三板挂牌上市。当前公司产品包括各类汽车轴、精密马达轴、工业零部件等近 20 个系列千余款产品,远销世界各地。公司着眼于发展、创新,每年均投入大量人力和物力进行新产品研发及技术改造,是知识产权兴业强企试点单位,截至 2018 年 8 月,公司获取国家授权发明专利 28 项、实用新型专利 10 项,每年公司发明专利申请量 5~10 项。

德迈仕公司主体为 1 个生产厂、9 个职能部门。生产厂下设 11 个工段和 1 个事业部,事业部内设有 4 个工段。一线操作工有 585 人,约占职工总数的 73.13%,辅助工人约占员工总数的 11.5%,工程技术人员约占员工总数的 5.62%,操作工人与技术人员是公司的主要群体。德迈仕公司组织架构如图 18-4 所示。

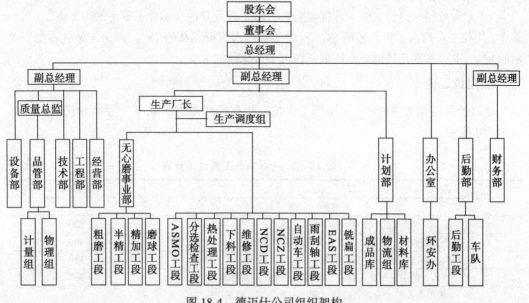

图 18-4　德迈仕公司组织架构

德迈仕公司采取以销定产经营模式,全部产品根据客户订单和图纸加工,销售业绩拓展、新客户开发能力、大客户管理水平直接影响企业的经营效益;企业产品质量、产品交付能力是客户关注的重点,也是公司生产组织管理重点工作,公司工程技术人员主要从事工艺制定与优化、技术培训、专用胎具及量检具设计及制作、生产线自动化改造、现场工艺指导和管理工作。

二、德迈仕公司的薪酬体系

德迈仕公司薪酬体系包括福利与货币工资两大部分。

福利包括五险一金、带薪休假、女工保健、免费体检、在职培训等,经过调查,员工对企业提供的福利满意度较高。

货币工资包括岗位工资与职务工资、工龄工资、加班工资、绩效工资(分为计件奖金与平均奖金两部分)、职称工资与补贴(如高温补贴、交通补贴等)。

对于货币工资部分,根据员工岗位性质,逐步形成四类薪酬模式——中高层管理岗年薪制,一线操作工的计件奖金类薪酬模式,生产辅助工人的企业平均奖金薪酬模式,管理、技术、销售人员的固定薪酬模式。

其中,高管年薪制由企业董事会决定,本文关注其余三类薪酬模式中的操作技术岗位:一线操作工,生产辅助工人,管理、技术、销售人员的薪酬模式。在这三类薪酬模式中,均包括工龄工资、加班工资、其他补贴性工资。

(一)一线操作工的计件奖金类薪酬模式

德迈仕公司一线操作工的计件奖金类薪酬模式是以计件奖金为主,其他工资为辅,注重员工生产效率,按效率付酬的一种高弹性薪酬模式。公司现行薪酬方案中,生产一线操作货币工资构成如下:

工资总额 = 岗位工资 + 计件奖金 + 工龄工资及其他补贴性工资 + 加班工资

其中,岗位工资约占工资总额的8%,计件奖金约占工资总额的78%,加班工资约占工资总额的8%,工龄工资及其他补贴性工资约占工资总额的6%。

1. 岗位工资

德迈仕公司现有33个一线操作工岗位,根据操作难度分成6个等级,岗位工资如表18-10所示。

表18-10 一线操作工岗位工资表 元

岗 位	岗位工资
成型磨	700
切入磨、精磨、NC车、半精出厂	520
精滚、磨长料、半精、双端、磨球、粗滚、粗磨、平磨	400
刻印、热处理、磨扁、高速切断、凸轮车、滚压、外圆磨	380
磨角、铣扁、校直、钻孔、带锯、冲床、外观分选	365
磨甩头、尺寸分选、拧孔、清洗、去毛刺、包装	350

2. 计件奖金

$$计件奖金 = \sum 计件单价 \times 统计期内操作者本人加工合格产品数量$$

每种产品相应工序计件单价由生产厂厂长根据产品加工要素和设备效率确定，统计期内操作者本人加工合格产品数量由生产计票员根据操作者开具的经检查员确认的工作票统计数据确定。

（二）生产辅助工人的企业平均奖金薪酬模式

德迈仕公司生产辅助工人的企业平均奖金薪酬模式是以企业平均奖金为主，其他货币工资为辅，倡导员工关注企业总体效益，员工收入与企业效益息息相关的一种兼具弹性与稳定性的薪酬模式。

该模式下，企业员工货币工资构成如下：

$$工资总额 = 岗位工资 + 平均奖金 + 工龄工资及其他补贴性工资 + 加班工资$$

其中，岗位工资约占工资总额的22%，平均奖金约占工资总额的50%，加班工资约占工资总额的18%，工龄工资及其他补贴性工资约占工资总额的10%。

1. 岗位工资

德迈仕公司现有30多个生产辅助岗位，各岗位工资如表18-11所示。

表18-11　生产辅助岗位的岗位工资　　　　　　　　　　　　　　　　元

岗　　　位	岗位工资
调机员、班长	1 400
司机	1 000
外协统计、材料员、保管员、计量员	950
钳工、电工、铣工、刨工	900
成品管理员、跟单员	850
门岗值班员	800
渗碳热处理工、高频热处理工、叉车工	750
样品统计员、终检检查员、生产计票员	700
废品管理员、现场督检员、工序检查员	650
内勤、录入员、统计员、污水处理员	600
空压机、称重员、搬运工	580
配粉工	550

2. 平均奖金

$$平均奖金 = 平均奖金基数 \times 系数$$

企业平均奖金基数由总经理根据企业经济效益情况确定，每月适当调整；依据岗位价值的不同，不同岗位的奖金系数会稍有不同，一般在1~2。

（三）管理、技术、销售人员的固定薪酬模式

企业改制后，德迈仕公司管理、技术、营销人员货币工资一直沿用老国企固定薪酬模

式，该模式具有高稳定性，无论企业经营效益状况如何，员工工资收入不变，被一线操作工戏称为"吃皇粮，旱涝保收"，薪酬构成如下：

工资总额 = 职务工资 + 工龄工资及其他补贴性工资 + 加班工资 + 职称工资

其中，职务工资约占工资总额的90%，工龄工资及其他补贴性工资约占工资总额的5%，加班工资约占工资总额的4%，职称工资约占工资总额的1%。

1. 职务工资

职务工资标准如表18-12所示。

表18-12 职务工资标准   元

职 务 级 别	职 务 工 资
员级	2 500
主管	3 000
副科长	3 600
科长	4 200
副段长	4 800
段长/调度	5 400
副部长/副主任	6 500
部长/主任	7 800
厂长/总监	9 000

2. 职称工资

职称分为初级、中级、副高级、正高级四种，对应的职称工资由低到高分别为50元、100元、200元以及300元。

三、德迈仕薪酬问题诊断

从外部公平视角来看，研究人员通过调查行业薪资水平，通过对比发现，德迈仕公司整体薪酬水平超过市场中位水准，大多数岗位薪酬超过市场平均数，个别岗位甚至超过或接近市场高位数据，总体上德迈仕公司当前薪酬水平具有一定的竞争性。

从内部公平视角看来，德迈仕的薪酬设计方案带来了一些问题。

（一）一线操作工薪酬方案中存在的问题

德迈仕公司一线操作工585人，约占职工总数的73%，一线操作工薪酬管理在本企业薪酬管理中具有举足轻重的作用。

（1）操作工仅关注产品数量和计件单价，质量意识淡薄，未考虑不合格产品数量带来的成本损失，使得公司产品废品率高、经常被客户投诉。

（2）计件产品数量统计不准确。合格产品数量的核算主要依据员工开具的经检查员确认的工作票，但实际工作中，经常有员工工作票丢失及虚开工作票现象发生，且计票员在统计合格产品数量时，也难免核算错误。

（3）计件单价的确定与调整主要依据厂长、工段长的经验，没有明确的流程和确定的方法，易受主观因素影响，并易增加薪酬中的不满意与矛盾，使得计件单价的确定与调整缺乏客观性、公正性。

（4）师徒制有待完善。师徒间的产品计件奖金没有明确的分配，有些师傅会要求徒弟在学徒期间加工产品的工作票都填写师傅的名字，将奖金据为己有，造成分配不公；有些师傅甚至会为了一己私利故意不教徒弟技能，长期带着一个徒弟，从而赚取额外计件奖金。师傅与徒工之间矛盾冲突较多，企业缺乏传、帮、带的工作氛围，新员工离职率较高。

（5）公司没有明确的制度鼓励员工学习新技能，技能提高这一行为在薪酬方案中没有得到正向强化，导致员工学习新技能热情不高，失去为企业创造更大价值的能力。

（二）辅助工人薪酬方案中存在的问题

该部分员工因工作具有一定的弹性，无法按计件奖金模式计算薪酬，公司为每个岗位设定奖金系数，根据公司经营情况，由总经理每月确定企业平均奖金基数，员工当月应得奖金＝当月企业平均奖金基数×其所在岗位奖金系数。员工当月应得工资＝岗位工资＋奖金＋工龄工资及其他补贴＋加班工资。这种计薪模式相对简单，且工资总额易于控制，但也存在一定问题。

（1）岗位界定过于粗放，将电工、钳工、调机员、班长列为辅助性岗位，没有对技术性辅助工人岗位和非技术性辅助岗位加以区别，采用同一种薪酬模式，从而抹杀了技术工人学习技术的积极性。

（2）平均奖金基数不明确，由总经理每月根据公司经营情况确定，带有一定的主观因素，并增加了员工的不公平感。

（3）员工个人收入与其劳动效果和能力没有直接关系，没有明确的绩效考核指标和完善的考核制度，不能有效激励员工努力工作、不断学习新技能，导致员工学习意识淡薄、安于现状、消极怠工现象严重，也有部分员工积累到一定经验后，由于缺乏知识技能成长空间，选择离开企业。

（三）管理、技术、销售人员薪酬方案中存在的问题

德迈仕公司管理、技术、销售人员共计120余人，薪酬具有高稳定性，在企业初创期或是衰退期，市场经济不景气时，该薪酬模式具有一定的保障性，员工会欣然接受，但在企业发展期，经济条件向好，企业收益持续增长，选择该种薪酬模式，员工分享不到企业发展所带来的成果，就会产生不满情绪，问题主要体现在以下两个方面。

（1）没有明确的绩效考核指标和完善的考核制度，高稳定性的收入与员工工作努力程度、工作能力没有直接关系，没有体现对该部分关键岗位人员的激励作用，不利于激发员工的工作积极性，且论资排辈现象严重，导致员工工作纪律散漫、对企业漠不关心、推卸责任现象严重。

（2）职务与待遇不对等。少数职务级别无法满足多数员工发展要求，从而导致部分员工升职加薪无望而离职。为缓解上述现象，企业往往会根据员工的入职时间及工作表现，给予相应的待遇，从而导致一个部门内，多人享受主管待遇、科长待遇、副部长待遇、享

有相应的薪酬待遇，不履行相应的职责，从而也打乱了职务工资体系，造成薪酬管理的混乱，增加了员工的不满意与不公平感。

四、德迈仕公司薪酬方案优化设计

德迈仕公司的技术岗员工约占职工总数的 80%，因此在薪酬方案优化设计时，应充分体现企业的薪酬支付要素 3P 原则，即为岗位付薪、为个人知识技能付薪、为绩效付薪。

在与公司领导充分沟通之后，研究者对德迈仕公司薪酬方案进行了优化再设计。

德迈仕公司原薪酬体系中仅包括货币工资和福利两大部分，货币性工资中的补贴性工资与薪酬体系中福利部分比较完善，员工满意度相对较高，因而在新的薪酬体系中保留了该部分内容。

原货币工资中没有技能工资，无法体现企业为个人知识技能付薪的原则，因此在优化薪酬体系时增加了技能工资，并且增加了带徒奖金；原薪酬体系中个人绩效工资仅指一线操作工的计件奖金，优化后的薪酬体系货币工资中，个人绩效工资还包含生产辅助工人、技术、管理、销售人员的绩效奖金；此外，优化后的薪酬体系取消了职务工资，技术、管理、销售人员由职务工资制改为岗位工资制。最后，增设非货币报酬，如季度技术标兵、年度发明之星等奖励以提供精神激励。

（一）对一线操作工的技能计件工资薪酬方案设计

对一线操作工，将原本的计件薪酬优化为技能计件薪酬模式。优化后的一线操作工薪酬结构中，比原薪酬结构增加了技能工资和带徒奖金两部分内容。

薪酬结构：

工资总额 = 岗位工资 + 技能工资 + 计件奖金 + 带徒奖金 + 工龄工资及其他补贴性工资 + 加班工资

（1）技能工资：体现员工技能差别，劳动技能等级越高，技能工资越高；反之亦然。员工技能等级认定形式有外部认定和内部认定两种。外部认定是指员工参加劳动保障部门组织的技能等级考核，并取得相应的资质证书。内部认定是企业根据员工对所承担工作掌握的熟练程度和工作能力而组织的评定工作。

根据企业成本核算，通过员工访谈，确定员工技能工资标准起薪 50 元/月，级差 50 元，随着技能等级提升，技能工资标准相应增长（表 18-13）。

表 18-13 技能工资表（一） 元/月

级别	高级工	技师	高级技师
技能工资	50	100	150

员工技能评定方法与标准：将员工每项工作技能用一个四等分的圆来表示，以阴影部分表示员工掌握该项技能的程度：1/4 圆表示为初学者；2/4 圆表示会操作，但有时需要别人帮助；3/4 圆表示有一定的理论知识，并能较熟练操作，能对设备进行简单调整；4/4 圆表示理论与实际操作能充分结合，能熟练调整设备、独立完成作业。公司内部认定员工技

能等级实行动态管理,各工段每月中旬更新员工技能等级表,并报办公室备案。

员工技能认定是有具体规定的,不同的技能水平起始点有不同的认定方式。例如某员工的工作技能准备由阴影部分占 2/4 圆提升到阴影部分占 3/4 圆时,需要经过出徒考试,由技术部、办公室及其所在工段的工段长共同确认,每月末进行一次。并且公司内部认定员工技能等级必须逐级提升,不可越级考核(表18-14)。

表18-14 工段员工技能矩阵表

姓　名	岗位				
	NC车	切入磨	热处理	分选	包装
贾明		●		●	
黄杉					●
何云霞	◔		●		
李大鹏	◑				
…					

技能工资标准:

员工技能达到 3/4 圆时,技能工资为 50 元/月,技能达到一个标准圆时,技能工资为 100 元/月;员工技能工资达到一个标准圆外加一个 3/4 圆时,技能工资为 150 元/月,员工技能达到两个标准圆时,技能工资为 200 元/月,以此类推,随着员工技能提升,技能工资不断提高,在公司内员工最高可申请 5 项技能,如表 18-15 所示。

表18-15 技能工资表(二) 元/月

级别	◔	◔	◑	◕	●	●◔
技能工资	0	0	50	100	100	100
级别	●◑		●◕		●●	●●◔
技能工资	150		200		200	200
级别	●●●		●●●●		●●●●◑	…
技能工资	250		300		300	…

如果一名员工具有高级技师资格,则该员工每月可获得 150 元的技能工资,假设该员工通过公司认定取得 5 项整圆操作技能,则该员工还可获得每月 500 元的技能工资,那么这名员工每月的技能工资可达到 650 元(150 + 500 = 650)。一名新进的一线操作工经过 3~6

个月的学习之后，基本可以通过出徒考试，获得 50 元／月的技能工资。

（2）带徒奖金：带徒奖金是师傅带徒期间享有的额外奖金。

一线操作工带徒期间，其奖金有两个来源：一部分是徒弟在学徒期间加工产品所取得计件费的一定比例，另一部分是企业额外奖励。新的师徒薪酬方案不仅明确了各个岗位的基本学徒期限、再次学徒期限等制度，而且明确了员工在学徒期间在师傅指导和帮助下取得的计件费在师傅与徒弟之间的分配标准，以及各种依据任务完成情况而定的奖惩标准。

（3）计件奖金：改变原有计发模式，将全部产品计件单价信息录入 ERP（企业资源计划）系统，在 ERP 系统中，增加计件费核算模块，通过系统自动核算员工计件奖金。

$$计件奖金 = \sum 计件单价 \times 统计期内员工本人加工合格产品数量 - 工序损耗扣款$$

工序损耗扣款由 ERP 自动核算，工序损耗扣款标准由品管部与厂长共同拟制，并输入 ERP 系统。统计期内员工本人加工合格产品数量可从 ERP 系统中导出，经员工本人签字后生效。

$$计件单价 = （岗位标准工资 - 岗位工资）\div 标准产量$$

其中，岗位标准工资为原薪酬方案中选定岗位上半年员工薪酬平均值（不含加班费）。

岗位工资为本市最低生活保障费的 2 倍，2015 年最低生活保障费 570 元，岗位工资 1 140 元。

标准产量 =（7.2 时/每支产品加工时间）× 22 天，其中 7.2 时为公司规定的每日有效工作时间。

每支产品加工时间：由厂长、技术员共同确定。在现场选取标准设备，具有 3/4 圆以上技能人员加工操作为基准测量。全自动数控机床单支产品加工时间可以根据机床标准作业设定程序，直接取数。

（4）原薪酬结构中的工龄工资及其他补贴性工资、加班工资项目保持不变。

（5）新进一线操作员工工资结构、标准与在职员工一致。

（二）对辅助工人的技能薪酬方案设计

对辅助工人薪酬方案优化设计时，重点要解决公平性和激励性问题，同时将薪酬模式细化，将电工、钳工、调机员、班长的工资从原平均奖金方案中剥离出来，将此类岗位定义为技术支持性岗位，区别于一般辅助岗位，对技术支持性岗位增设技能工资。

优化后的技术支持性辅助工人的薪酬结构：

$$工资总额 = 岗位工资 + 绩效工资 + 技能工资 + 带徒奖金 +$$
$$工龄工资及其他补贴性工 资 + 加班工资$$

优化后的辅助性工人薪酬结构：

$$工资总额 = 岗位工资 + 绩效工资 + 带徒奖金 + 工龄工资及其他补贴性工资 + 加班工资$$

（1）技能工资。可以看出，技术性工人能够比辅助性工人多获得一份技能工资。技能工资共分为 A、B、C、D、E 五等，技能工资标准分别为 900、700、500、300、100 元。同时，建立技术支持性岗位的技能等级评价标准。

以电工为例，其技能等级评价标准如表 18-16 所示。

表 18-16　电工技能等级评价标准

技能等级	评 价 标 准
A	能辨别数控机床系统内、外故障，并迅速解决外部故障，能制定符合本公司不同环境中各种设备维修、维护标准，能提出合理的提高用电可靠性和节能降耗建议
B	掌握全公司设备状况，了解变电所一、二、三级负荷去向和电流变化规律。熟练掌握变频器使用和 PLC（可编程逻辑控制器）应用，能对电气设备进行预防性的检查和维护
C	能解决大部分故障，能设定变频器，了解 PLC，能对设备故障和缺陷提出整改意见，能独立完成机床部分电气功能增减和一般机床电气翻新改造工作
D	掌握部分设备原理，能独立解决一般故障，能分析出故障原因，对各条配出负荷有所了解；熟悉公司内设备电气原理和线路，具备传统设备电气维修能力，了解 10 kV 变电所运行原理及相关安全知识
E	了解公司设备，能解决一般故障；会抄表、计算电量；掌握电器原理及相关电器元件应用知识，具备简单电路图纸识图能力，具备常用电工工具使用能力

技术支持性岗位员工若参加劳动和社会保障部门组织的技能等级考试，取得高级工证书，技能等级可直接晋级为 C 级；取得工人技师证书，技能等级可直接晋级为 B 级；取得高级技师证书，技能等级可直接晋级为 A 级。

员工技能等级由员工自行提交申报材料，办公室组织设备部、维修工段共同评定。

（2）绩效工资。

绩效工资 = 平均奖金基数 × 奖金系数 × 个人系数，德迈仕公司 2014 年下半年平均奖金与经营指标对应表如表 18-17 所示。

表 18-17　德迈仕公司 2014 年下半年平均奖金与经营指标对应表

月　　份	6	7	8	9	10	11	12
销售收入/万元	2 508	2 570	2 384	2 703	2 233	2 410	2 517
利润/万元	59	32	28	394	7	120	311
平均奖金/元		1 000	1 000	800	1 100	850	950

经对以上数据的分析，研究者发现企业利润波动较大，与平均奖金关系不大，平均奖金与企业上月销售收入呈正相关关系，企业平均奖金随销售收入的增加而增加，随销售收入的减少而减少。经测算，给出企业平均奖金基数公式：

平均奖金基数 = 公司上月销售收入 × 40% ÷ 10 000

优化后奖金系数：奖金系数 =（岗位标准工资 − 岗位工资）÷ 1 000

岗位标准工资 = 原岗位工资 + 1 000 × 原奖金系数

2015 年度企业平均奖金基数是 1 000，2015 年度企业销售收入计划 30 000 万元，月均销售收入为 2 500 万元。15 000 000 × 40% ÷ 10 000=600 元。

优化后的奖金系数与原奖金系数对比如表 18-18 所示。

表 18-18　优化后的奖金系数与原奖金系数对比

岗　　位	原奖金系数	优化后奖金系数
调机员、班长	2.2	2.5
司机	1.5	1.4
外协统计、材料员、保管员、计量员	1.8	1.7
钳工、电工、铣工、刨工	2.5	2.3
成品管理员、跟单员	1.8	1.6
门岗值班员	0.7	0.4
渗碳热处理工、高频热处理工、叉车工	1.7	1.4
样品统计员、终检检查员、生产计票员	2.0	1.6
废品管理员、现场督检员、工序检查员	1.8	1.4
内勤、录入员、统计员、污水处理员	1.7	1.2
空压机工、称重员、搬运工	1.7	1.2
配粉工	1.5	1.0

个人系数：个人系数按考核结果确定，考核制度与评分标准由办公室和现场负责人共同拟定，由员工直线领导对员工进行直接考核。考核内容包括出勤情况、工作纪律及工作效率、工作质量、团队协作五项，每项列出 5 项赋分标准，根据标准打分，并对考核结果进行强制分布，按得分高低降序排列，以此划分考核等级。考核结果与个人系数对应表如表 18-19 所示。

表 18-19　考核结果与个人系数对应表

考核等级	A	B	C	D	E
个人系数	1.4	1.2	1.0	0.8	0.6

（三）对技术、管理、销售人员的薪酬方案设计

这部分技术人员与管理、销售人员一样，普遍具有高学历，知识、经验丰富，他们承担着开拓市场、技术研发的职能，是德迈仕技术岗中的精英，是企业人力资本的核心。

原本的固定薪酬制度无法适应现在的环境，造成了很多问题。为此，研究人员重新梳理了岗位价值，由总经理、主管销售和技术工作的副总经理、办公室主任共同组成岗位评价小组，对技术、管理、销售人员岗位进行评价。

根据岗位评价结果，将岗位分成技术、管理、销售三种序列，并将技术类岗位划分为 4 等、21 级，管理类岗位划分为 8 等、46 级，销售类岗位划分为 3 等、17 级。同时，根据企业内外薪酬调查情况，分析各岗位薪酬水平，结合本企业薪酬战略，确定优化后的薪酬水平。

其中，技术类岗位薪等薪级与岗位标准薪资如表 18-20 和表 18-21 所示。

表 18-20 技术类岗位薪等薪级

薪 等	岗 位	薪 级
技 A	高级工程师/专家（内聘）	3
技 B	工程师	7
技 C	助理工程师	6
技 D	技术员	5

表 18-21 技术类岗位标准薪资

薪 等	薪 级		标准工资/元	岗位工资/元	奖金系数
技 A	1		7 500	4 500	3.0
	2		7 000	4 200	2.8
技 B	3	1	6 700	4 020	2.7
		2	6 300	3 780	2.5
		3	5 900	3 540	2.4
		4	5 600	3 360	2.2
		5	5 300	3 180	2.1
		6	5 000	3 000	2.0
技 C	1	7	4 700	2 820	1.9
	2		4 400	2 640	1.8
	3		4 100	2 460	1.6
	4		3 800	2 280	1.5
	5		3 600	2 160	1.4
技 D	6	1	3 400	2 040	1.4
		2	3 200	1 920	1.3
		3	3 000	1 800	1.2
		4	2 800	1 680	1.1
		5	2 600	1 560	1.0

岗位标准工资 = 岗位工资 + 绩效工资

绩效工资 = 奖金系数 × 企业平均奖金 × 个人考核系数

在测算岗位标准工资时，企业平均奖金按 1 000 元测算，个人考核系数按 1 测算。技术、管理类岗位，岗位工资约占标准工资的 60%；销售类岗位，岗位工资约占标准工资的 50%。

另外，本方案中薪等是基于岗位而划分的，同在管理岗位中，总监与部长的薪酬差别主要取决于岗位等级的不同；薪级则是依据工作职责以及员工个人的知识、经验、能力的不同而划分的。

在同一薪等下，技术部长与办公室主任的薪酬差别是由于工作属性、职责范围的不同而形成的，甲、乙两人同样是技术员，同一年大学本科毕业，同年入职，甲学的是金属热处理，乙学的是机械制造，两人的薪酬可能就会不一样。明确薪等、薪级后，还需对薪级给出标准，以便确定每位员工应对应哪个薪级。表 18-22 以技术专家/高级工程师为例，说明薪级划分标准。

表 18-22 技术专家/高级工程师薪级划分标准

薪 级	薪级标准
技 A-1	具备正高级工程师资格且具备 5 项以上职务发明专利，能够主持公司重要工艺革新工作，能够在重大合同谈判中对技术可行性作出准确判断
技 A-2	具备副高级工程师资格且具备 3 项以上职务发明专利，能够带动公司某项技术纵深发展，能够对公司执行合同中的问题提出建设性建议
技 A-3	具备副高级工程师资格且具备 2 项以上发明专利，或具备工程师资格且具备 4 项以上职务发明专利，在某个技术领域里有深入研究、能够创造性地解决技术难题

最终确定的薪酬结构为

工资总额 = 岗位工资 + 绩效工资 + 职称工资 + 工龄工资及其他补贴性工资 + 加班工资

绩效工资 = 企业平均奖金 × 奖金系数 × 个人系数

企业平均奖金 = 企业上月销售收入 × 40% ÷ 1 000

绩效考核由员工自评、同级互评、直线领导评价、公司领导评价四部分组成，权重分别为 20%、20%、30%、30%。每两个月组织一次考核，每年单数月为公司考核核算月。

五、薪酬方案实施效果评估

德迈仕公司自 2015 年 7 月薪酬方案优化工作全面完成并有效运行后，得到了公司领导层、工会的大力支持，也得到了全体员工的认同。薪酬方案优化后，员工师徒关系明显改善，企业再无因师徒矛盾而导致员工离职的现象发生，员工离职率显著降低（表 18-23）。

表 18-23 员工离职率统计表   %

年份	1 月	2 月	3 月	4 月	5 月	6 月	7 月	8 月	9 月	10 月	11 月	12 月
2014	1.8	2.7	6.3	6.8	3.8	3.7	4.9	8.1	6.9	5.6	3.6	4.1
2015	3.3	4.1	2.9	4.2	4.9	4.7	4.5	4.9	2.4	1.6	0.2	1.7
2016	1.2	1										

做知识型员工、自我提升在企业中蔚然成风。薪酬方案优化后，由于在一线员工和技术支持性岗位薪酬中增加了技能工资，且推行员工技能矩阵管理制度，动态管理员工技能，量化公布，员工的关注点不再仅仅局限于加工产品数量，大家开始关注个人知识技能的提升，争做质量标兵、技术标兵、先进工作者、金牌导师、发明之星和进步之星。截至 2016 年 2 月，公司已有 3 人报名参加晋升高级技师考评，9 人报名参加工人技师考评，15%的员工参加高级工考评。通过公司内部技能评定达到 1 项以上技能人员 506 人，如表 18-24 所示。

表 18-24 员工技能统计表

技能级	1 项技能	2 项技能	3 项技能	4 项技能	5 项技能
人数	243	132	70	32	29

此外，公司产品质量、工作效率也得到了进一步提升。2015年下半年，客户投诉率下降了 2%，产品批合格率由 99.6%提升到 99.88%，公司样品试制周期也创下了从投料到发货仅 3 天即完成的记录。

资料来源：孙百芸. 德迈仕公司薪酬方案优化研究[D]. 大连：大连海事大学，2016.

案例五 华为的薪酬管理

一、企业简介

华为成立于 1987 年，是全球领先的 ICT（信息与通信技术）基础设施和智能终端提供商，在通信网络、IT、智能终端和云服务等领域为客户提供有竞争力、安全可信赖的产品、解决方案与服务，截至 2021 年，有 19.5 万员工，业务遍及 170 多个国家和地区。

随着公司业务越来越多元、体量越来越庞大，为了简化管理，华为设立了基于客户、产品和区域三个纬度的组织架构，这个架构由平台及平台之上的主体业务系统构成。平台包括三种性质的机构群：第一种称为治理机构，涵盖战略、财管、关键人管等方面；第二种就是职能机构，如人力资源、财务、公共事务等；第三种被界定为紧密支持业务按需建立的前方平台，也就是紧密围绕客户需求，承担日常业务、流程及经营单元协调等任务的部门。平台之上的主体业务系统则是各个 BG（business group，事业群）（图 18-5）。

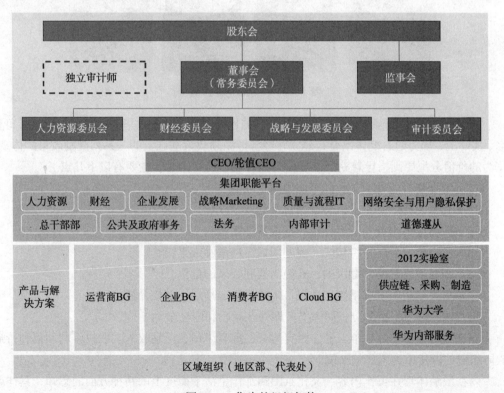

图 18-5 华为的组织架构

第十八章 各种薪酬体系的实践

《华为基本法》中有这样一句话,"华为公司保证在经济景气时期和事业发展良好的阶段,员工的人均收入高于区域行业相应的最高水平"。华为员工的高薪酬在业界极负盛名,尽管华为也有大量人员流动,工作压力之大也人尽皆知,但是华为的核心人才却始终如一,而且保持着强劲的战斗力,这与华为的人力资源管理体系不无关系。华为曾经斥巨资请国际咨询公司为华为打造人力资源管理体系,坚持学习、吸纳先进的管理理念,并且能够将自身的发展情况与企业文化结合,形成独具一格的管理模式。这也使得华为发展至今,不仅在规模、业绩上取得了卓越的成绩,在人力资源管理方面也成为中外企业和学者的研究对象。

二、华为价值分配指导原则

任正非说:"华为可分配的价值,主要为组织权力和经济利益(图 18-6),其分配形式是:机会、职权、工资、奖金、安全退休金、医疗保障、股权、红利,以及其他人事待遇。"

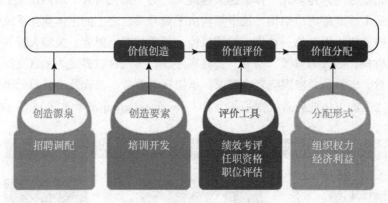

图 18-6　华为的企业价值链

但是提起"价值分配",员工最直接想到的还是薪酬的分配。华为的高薪在业界久负盛名,实际上,华为的薪酬体系就是建立在经济性激励政策基础上的一系列激励政策的体现。华为的价值分配原则指导着薪酬制度设计和管理,其具体内容主要有以下几点。

(1)工资实行能力主义,同等能力同工同酬。
(2)奖金实行效益主义,奖金靠自己的业绩获取。
(3)退休金根据劳动态度评定,形成良性系统。
(4)动态价值分配,将传统"保健因素"向激励因素转化。
(5)福利最终是要养懒汉的,杜绝高福利带来的危机。
(6)巩固基层员工饥饿感、中层员工危机感、高层干部使命感。

相应地,华为将报酬分为两大类,即外在激励和内在激励。

外在激励主要是由基本工资、固定奖金、现金津贴、浮动收入、股权红利和福利待遇共同组成的以货币为形式的薪酬。

内在激励体现在工作内容、文化氛围和工作生活平衡度上的精神方面的感知,具体就是工作内容的挑战、培训发展的机会、文化氛围的和谐、公平透明的机制、同事的互助友爱等一系列非物质方面的因素。

三、华为的薪酬管理

（一）留人用人，华为公司薪酬体系战略

薪酬战略是企业关于薪酬管理的长期、整体的设想和行动方案，企业在不同的发展阶段应该采用不同的薪酬战略。让我们先了解一下华为公司薪酬体系战略的几个发展阶段，看一看华为薪酬体系是怎样建立并发展起来的。

第一个阶段：1988—1996年。此时，华为处于创业初期，非经济性薪酬处于主导地位，公司实行的是内部成长战略，内部资源贫乏，外部环境恶劣，企业发展受到人力、财力、物力的限制，通信人才的急需与无法支付竞争性薪酬也是当时的主要矛盾，这个阶段，华为的薪酬和福利都低于市场平均水平。

此时华为为了吸引优秀人才，薪酬激励主要是靠支付员工非经济性薪酬，只要干出业绩，刚毕业两年的大学生也可以管理一个五六十人的部门。当时，华为出现了19岁的高级工程师，7天成为高级工程师的飞速提升以及虚拟股权激励制度。2002年以前，华为员工年终奖发放的不是现金而是股权。

第二个阶段：1997—2002年。华为在这个时期处于高速发展阶段，1997年以后，华为开始多元化经营，对优秀人才的需求巨大，此时的华为主要采用"压力补助+加班费+奖金"的方式，每个薪酬要素又有自己的特色，基本结构大致为"基本工资+股票+福利"。

此阶段的华为薪酬体系中，包括基础薪酬、岗位薪酬、学历薪酬、职务薪酬、技能薪酬等。举例来说，2000年华为应届本科生起薪4 000元，硕士生起薪5 000元，社会招聘进入公司的员工，3个月左右加一次薪，加薪幅度200～3 000元。当时，华为的薪酬水平已经比深圳一般公司高出了15%～20%，高薪酬作为企业第一推动力开始将华为推上高速发展的轨道。

同时，华为全员持股也逐渐转变为虚拟受限股，从"普惠"走向"重点激励"，华为福利机制不以身份和资历来分配，而是按贡献大小作为利益分配的标准，这也烙上了华为独有的标签。华为人力资源管理将其视为动态分配机制的体现，将奖金发放视为一种艺术，各项补助、加班费都体现出"人本管理"的思想。

第三个阶段：2005年至今。2005年，华为高层进行了多轮激烈讨论，最终决定干部选拔以绩效为准，绩效在前25%的才看关键行为过程，没有进入前25%的，不在提拔之列。这样，华为就从制度层面杜绝了通过拉关系、走后门晋升。2006年，华为进一步推行了薪酬改革，华为薪酬制度开始实行按责任、绩效、贡献付酬，而不是按资历付酬。具有奋斗精神、勇于承担责任、冲锋在前并作出贡献的员工是此次薪酬改革的受益者，安于现状的老员工会被公司从岗位上调整下来。

企业薪酬设计必须与企业发展战略和实际发展情况相匹配，处于初创期的企业，由于受到自身资源的限制，可以像华为一样实行内部成长的战略，整合和利用自身的资源来强化组织优势，通过提供高奖金激励吸引人才，随着企业的不断成长，也应该不断调整自己

的薪酬战略。当然，不同企业都有自己的特色，企业应该在薪酬设计的过程中，根据自己的发展状况、企业文化等因素，设计出一套与自己相匹配的、差异化的薪酬体系，才更有利于抢占竞争的高地。接下来我们将介绍华为薪酬体系中最为亮眼的一笔——虚拟股票机制。

（二）利益分享，华为内部虚拟股票机制

虚拟股票机制在华为的崛起过程中，扮演了重要的角色。

华为从1992年开始实施内部员工持股计划，率先实施内部集资股，之后华为长期激励模式经历了四次重大变革。目前采取的虚拟受限股与TUP（time unit plan，时间单位计划）结合的形式，如图18-7所示。

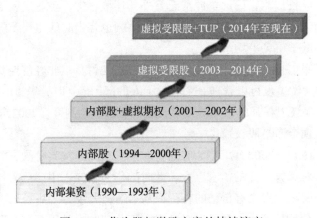

图18-7 华为股权激励方案的持续演变

虚拟股票机制的一些特性和操作方法与股票期权很相似，虽然两种方式很接近，但虚拟股票并不等于股票期权，相对于股票期权而言，虚拟股票并不是实质上认购了公司的股票。从本质上来说，虚拟股票是获取企业未来分红的凭证或权利。虚拟股票享有者可以享受公司分红，但没有所有权和表决权，也不能将其转让和出售，离开公司时，也会自动失效。

TUP，即现金奖励型的递延分配计划，属于中长期激励模式的一种，除了分配额度上参照分红和股本增值确定之外，其他方面与涉及所有权性质的股票没有任何关系，更接近于分期付款：给予员工获取收益的权利，但收益需要在未来N年中逐步兑现。华为采取的基本模式为：假如2014年给员工配了5 000股，当期股票价值为5.42元，规定当年（第一年）没有分红权。

2015年（第二年），可以获取5 000×1/3分红权。

2016年（第三年），可以获取5 000×2/3分红权。

2017年（第四年），可以全额获取5 000股的分红权。

2018年（第五年），在全额获取分红权的同时，还进行股票值结算，如果当年股价升值到6.42元，则第五年员工能获取的回报是：2018年分红 + 5 000×（6.42–5.42）。同时对这5 000股进行权益清零。

可以看出，华为采取的是五年期（$N=5$）的 TUP，前四年递增分红权收益，最后一年除了获得全额分红收益之外，还可能获得 5 年中股本增值的收益。

华为 2014 年采用这种新的形式，是因为原本实行了 2011 年虚拟受限股的波段逐渐增大：第一，随着华为全球化不断发展，现行的模式不能得到所有国家一致的法律认可；第二，随着时间的推移，老员工因为年资，几乎可以"躺在股票收益上混日子"，导致内部分配严重不公，无法激励新的、有干劲的员工。

而 TUP 是一种非常简单的现金递延激励，不存在法律上的障碍，可以直接解决全球不同区域和国籍人员激励模式的同一问题。再者，随着 TUP 实施范围和力度的逐渐扩大与提升，原虚拟受限股收益占总收益的比重就会逐渐下降，这样一来，尸位素餐的老员工的利益受到冲击，再配合提前退休等政策，就能慢慢纠正原本的遗留问题。

在每个财年开始之际，华为各个部门的高层管理人员开始确定新的年度符合认购股票资格的员工名单。确定标准的维度是员工的入职时间、总工作年限、现岗位工作时间、岗位级别、上年度业绩表现、团队合作度和员工总评价，最终会得出确定符合条件的员工可以购买的股票性质以及股权数。

新进员工（需要一定的级别），入职满 1 年的员工即可享有华为的内部职工股权，员工可以根据自己的意愿进行购买、套现或者放弃这几种形式的选择。华为提供内部股的多种购买形式，除了使用手上的现金购买，这种内部股还可以用奖金认购，也可以从公司无息贷款，三者选其一。

对于工作年限比较久并且业绩比较好的员工，奖金和股票分红收入相较一般员工而言会更高。5 年以上干得好的，年终奖（一般第二年年中发）可以达到 10 万元以上，股票收入也能达到 10 万元以上。近几年的分红能达到 30% 左右。

此外，华为还运用股权激励增强员工企业管理的参与感与主人翁意识：每位持股的员工都有权选举和被选举为股东代表。持股员工选出 51 人作为代表，然后从中轮流选出 13 人作为董事会成员，5 人担任监事会成员。

华为内部股的发放配额并非固定不变，而是实时根据"能力、责任心、付出、工作积极主动性、风险担当"等因素做定期动态调整；并且配额实行饱和配股制，即规定员工的配股上限，每个级别的员工达到持股上限后将不再参与新的配股。这一规定使手中持股数量巨大的华为老员工们配股受到了限制，但有利于激励华为公司的新员工。

在华为的虚拟股票机制中，任正非所持公司股份只有 1.4% 左右，其余近 99% 的股份都由员工持股会代表员工持有。员工离职，股票只能由华为控股工会回购。手中持有多少股份，公司就会支付多少现金，即便是几千万元，华为也不会拖欠一分钱。但是，离开华为后，就不能继续持有华为股份。

华为的虚拟股票机制，通过让持有者分享企业剩余索取权，从而达到激励员工及员工长期收益与企业效益挂钩的目的。其充分体现了知识的价值，也兼顾了各方利益，通过利益分享来团结员工，将员工个人利益与公司利益紧密结合在一起，结成员工与公司的命运共同体。任何长期激励的制度设计，都是利弊兼有的阶段性安排。几经改革和创新，虚拟股票机制也逐步趋于成熟与完善，目前华为员工持股基本情况为：30%优秀员工集体控股，

40%骨干员工按比例持股,剩余由新员工和低级员工适当参股。经过 10 多年的连续增发,华为虚拟股的总规模已经达到惊人的 134.5 亿股,在华为公司内部,超过 8 万人持有股票,收益相当丰厚。

(三)人岗匹配,基于能力的职能工资制

人岗匹配是华为薪酬管理的重要体现,人岗匹配解决的问题就是其能力适合什么岗位,能承担什么业务并且作出什么贡献。

华为现有三大业务 BG 员工薪酬标准大致相同,但还是有差别的。例如,不同业务的 18 级规定的年薪范围、奖金基数及配股标准有所差异,如消费者 BG 的 18 级的基本薪资会略低于同级的运营商 BG。总的来说,华为职位与薪酬管理的过程,可以用 16 个字来概括:以岗定级、以级定薪、人岗匹配、易岗易薪。对于每一个级别、每一个岗位工资的确定,既要考虑对外的竞争性,也要考虑内部的可支付能力和公平性,如图 18-8 所示。

图 18-8　华为薪酬管理的十六字方针

1. 以岗定级,建立职位和职级的关系

华为对员工岗位的分配是严格按照岗位说明书进行的,以确保人岗匹配。以岗定级,是通过职位职级表来确定的:每一个职位会确定一个对应的职级,这个职级就是这个岗位对企业贡献的价值评估,包括对组织绩效的评估、对岗位价值的评估和对任职者个人的评估。工资分配采用基于能力的职能工资制,对岗不对人,支付与员工岗位价值相当的薪水。

为建立职位和职级的关系,华为做了两件事情:第一,对于每一类岗位确定岗位序列,如研发岗位序列、市场岗位序列等,其中,研发岗位序列又包含助理工程师、工程师、高级工程师等渐进的职位;第二,对职位序列进行评估,评估的重点在于职位的应负责任是什么、控制的资源是什么、产出是什么,以及这个岗位面对的客户和环境的复杂性程度是怎样的,并参考承担这个岗位的人需要什么样的知识、技能和经验等,这里最主要是通过职位承担的岗位职责和产出来进行衡量,衡量的结果用一个职级的数字来进行描述。做完

了这两步，就建立了一个职位和职级的对应关系。

2. 以级定薪，界定工资范围

以级定薪实际上就是一个职级工资表。华为的薪酬使用的是宽带薪酬体系。由于不同级别之间的薪酬区间存在重叠，员工即使不升级，只要持续贡献，绩效足够好，工资也可以有提升空间，甚至超过上一级别的工资下限，这样有利于引导员工在一个岗位上做实、做深、做久，有助于岗位稳定。所以以级定薪，就是对于每一个级别在公司能拿多少工资进行了一个界定。每一个主管可以根据以岗定级来确定员工的职级，然后对应在级别上，确定员工的工资范围。目前华为设定了13级到23级的职级（23级以上不予公开），每一级设A、B、C三个层次，不同级别的基础工资相差4 000元至5 000元。如应届本科、硕士入职通常是13级，博士是14级，社招需要看工作年限及所需岗位的重要性，普遍在15级至19级，18级起便属于管理层。

以研发岗位序列为例，华为的岗位职级如表18-25所示。

表18-25 华为的岗位职级

任职资格	岗位	职级
和任职资格脱钩	领域专家	20及以上
六级	主任工程师A	19
五级	主任工程师B	18
四级	高级工程师B	17
三级	高级工程师B	16
二级	工程师A	15
一级	工程师B	14
	助理工程师	13

3. 人岗匹配，人与岗位责任的匹配评估

人岗匹配，指的就是员工与岗位所要求的责任之间的匹配，以确定员工的个人职级及符合度。人岗匹配最核心的是看他的绩效是不是达到岗位的要求、行为是不是符合岗位职责的要求，另外，还包括一些基本条件，如知识、技能、素质、经验等。

如果出现岗位调动，一般来说，人岗匹配是按照新的岗位要求来做认证。认证往往在新岗位工作3个月或半年以后才进行，而不是调动之后立即进行。等到人岗匹配完成后，根据新岗位要求的适应情况确定员工的个人职级及符合度，再决定相应的薪酬调整。

4. 易岗易薪，关注职级和绩效

如何在人岗匹配之后确定薪酬的调整，就是易岗易薪要解决的问题了。

易岗易薪是针对岗位变化的情况，一种是晋升，另一种是降级。晋升的情况，如果员工的工资已经达到或超过新职级工资区间的最低值，他的工资可以不变，也可以提升，主要看他的绩效表现；如果尚未达到新职级工资区间的下限，一般至少可以调整到新职级的工资区间的下限，也可以进入区间里面，具体数额也取决于员工的绩效表现。降级的情况，

也是根据员工的绩效情况，在新职级对应的工资区间内确定调整后的工资，如果降级前工资高于降级后的职级工资上限，需要马上降到降级后对应的职级工资上限或者以下。

（四）重视绩效，不为无效辛苦劳动埋单

华为的绩效管理思想可以总结为两句话"以贡献为准绳，向奋斗者倾斜"。任正非提及华为的报酬时谈道，"我们在报酬方面从不羞羞答答，坚决向优秀员工倾斜"，这是华为始终坚持的价值评价原则。在制度层面，华为力求做到系统的内部自洽、条分缕析、论证缜密，构建起职位描述、任职资格、绩效考核、素质模型、劳动态度评估五大子系统。

华为一直将绩效管理作为人力资源工作的基础，在晋升、加薪、培训、评优等方面，都将绩效考评结果作为主要的参考依据。华为薪酬与绩效考核紧密联系，薪酬与绩效挂钩，华为员工的基本工资占总收入的比重小，享有高额的奖金和分红。据悉，入职华为 3 年内大部分靠工资，3 年后奖金逐步可观，5 年后分红逐步可观，以此调动员工的积极性和主动性。

企业激励员工的方式多种多样，奖金无疑是最直接、最有效的手段之一。华为高奖金策略是以一套完整的绩效考核及人力资源管理机制为支撑的。例如，随着与 IBM 的深入合作，华为适时推出了 PBC（personal business commitment），即个人业务承诺。

许多企业在绩效管理目标设定中，都是上级给下属安排任务，但华为的做法恰恰相反，先给员工一个工资包，员工想拿多少工资，就按比例倒推出他的任务。例如，员工想要拿 30 万元的工资，那么他必然会为这 30 万元想尽办法完成绩效。4 个人的活儿两个人干，然后每个人就能拿 3 倍的工资，这就是绩效管理的减人增效。

华为奖金分配政策以绩效为依托，激励奖金的多少要看个人和团队的绩效评估，随时随地都会发奖金。并且华为奖金分配政策不看人、知识、职位，一切用绩效来说话，这就从根本上杜绝了奖金少或者拿不到奖金员工的抱怨。

对于其中工作年限比较久并且绩效好的员工，奖金和股票分红收入会比一般员工高。5 年以上业绩优秀，年终奖可以达到 10 万元，股票收入也能达到 10 万元，近几年的分红也能达到 30%左右。

组织绩效取决于年初设定的目标完成情况以及横向、纵向部门的比较。各个 BG 会根据各自的业务情况设立不同的绩效考核标准，差别也会比较大。例如同为 15 级，同为绩效 B+，无线研发可能税前 15 万元，业软研发可能 5 万元，终端研发可能 20 万元，GTS（全球技术服务）可能 18 万元，海外销售业绩好的代表处销售经理 30 万元，差的可能只有 10 万元。个人绩效评比则显得更加残酷。在华为，绩效考核 10%~15%考评为 A，B+不超过 45%，40%~50%考评为 B，5%~10%考评为 C 或 D。如果个人绩效被评为 C 和 D，3 年内都不能涨工资、配股，当年奖金为零，华为人称之为"一 C 毁三年"。

另外，奖金包也是有弹性的。华为无线产品经理在 2005—2007 年阶段奖金包每年都为零，在那个产品线和其他产品线，每年度发的奖金都会少很多。为什么还有一点奖金发，不给他奖金为零？那是因为华为的 3G 一直在国际没有突破，有一些客观的原因，所以公司可以给他借一点奖金，先借给他发，但是借又不能借多了，所以意思一下，借给你一些奖金发。今后等咱们这部分业绩做好了，你再把这个钱还给公司。所以那几年做无线的兄弟过的日子就艰苦一些，到了2008—2009年，3G一上来，无线产品业绩好了，奖金提高了。所以在不同的年份和不同的业绩里，奖金包也是有弹性的。

华为在国内人力资源管理方面开创了无数的先河，如员工全员持股、轮值CEO等。华为的成功并不是一蹴而就的，它之所以能够成功，归结于企业在处理每一次变革时，都能够从实际出发，制定合理的管理制度，并且在薪酬战略符合实际情况的基础上，逐步搭建、重构、细化薪酬体系，由此形成一个比较完整、规范的薪酬管理制度。

此外，还需要企业文化的加持。华为文化本质上是"蓝血绩效文化"，带有军事化与校园文化的组织文化特征，强调业绩导向与执行效果，将外部竞争压力转为内部竞争力，不断激活沉淀层，从而形成了华为"三高"的文化氛围——高压力、高绩效、高回报。在一手"萝卜"、一手"大棒"的驱动下，华为员工级别越高，责任心一般也越强，因为公司的业绩和团队的绩效跟个人的收入密切相关，华为才打造出这支不断攻城略地的强悍团队。

当然，华为的成功不仅仅因为薪酬管理，更依赖于华为的整体人力资源结构设计。

华为在前期的招聘和录用中，注重人的素质、潜能、品格、学历和经验。按照双向选择的原则，在人才使用、培养与发展上，提供客观且对等的承诺。根据公司在不同时期的战略和目标，确定合理的人才结构。华为公司在招聘、录用过程中，最注重员工的素质、潜能、品格、学历，其次才是经验，所以每年华为公司的培训费用非常大。现在一些外资企业员工涌向华为公司，他们希望得到更多的培训，为实现个人价值，使个人才华得到更大发挥，因为在外资企业不容易进入核心决策层。华为公司待遇标准仅是中国业界最佳的80%，这使那些仅仅为了钱的人不愿来华为公司，而那些为了干一番事业的人就想来华为公司。这也有利于华为人才队伍的建设。重视人的素质、潜能、品格是非常重要的。对人的选拔，品德非常重要。要让千里马跑起来，先给予充分信任，在跑的过程中进行指导、修正。从中层到高层品德是第一位的，从基层到中层才能是第一位的，选拔人的标准是变化的，在选拔人才中重视长远战略性建设。

资料来源：公司治理概述[EB/OL]. https://www.huawei.com/cn/about-huawei/corporate-governance/corporate-governance.

1. 华为怎样通过薪酬战略达到留人用人的目的？
2. 简述华为职能工资制的主要特征。
3. 华为怎样通过绩效薪酬激励优秀员工？

DT 装饰有限公司的三次股权变更

引言

经过5年风风雨雨的磨炼,在总经理郑女士的精心呵护下,DT装饰有限公司(以下简称"DT公司")已经在东莞的装饰界崭露头角。2006年底,郑女士报考了中山大学的EMBA(高级管理人员工商管理硕士),感觉是时候去充充电了,同时也感觉可以放心把公司交给合伙人黄先生打理了。郑女士心想,一拿到入学通知,就约黄先生谈股权变更,计划把大部分股权转让给黄先生。

DT 企业背景

DT公司,是东莞市AB集团有限公司名下的子公司。AB集团有限公司由东莞市某建筑工程公司改制后组建,是国家房屋建筑工程施工承包一级、市政工程总承包一级企业,是东莞50强民营企业之一,是一家以建筑施工及相关产业为基础,以房地产开发、高速公路和环保产业为投资主体的建筑企业。

2001年,AB集团收购了一家国有装修施工企业,承继其经营资质,但当时集团的主营业务在房地产和市政工程方面,装修业务在其整体业务中的比重很小,集团就对其实施了租赁经营的管理策略,即集团收取一定的管理费和保障金,把DT公司的经营权移交给其管理人员之一郑女士进行管理,集团负责经营资质的维护和管理,而不参与具体的经营。

作为AB集团旗下的一个分支机构,DT公司名义上是集团的一部分,但在实际经营过程中,集团只以施工资质的管理方身份出现,并未对该企业进行任何投入,只对DT公司收取管理费,以及要求它达到一定的业绩指标。

第一次股东合作:强强联手,英雄用武之地

在2000年前后,建筑装修业在东莞是一个高速增长而且毛利率很高的行业。在经济高速发展大势的带动下,东莞市场对第三产业的需求十分迫切,这使得酒店和休闲娱乐设施的建筑工程如雨后春笋般遍布城市的每个角落。建筑业的兴旺,自然带动装修装饰设计的需求。而由于在装修设计和施工过程中,存在着大量的信息不对称,业内的毛利率一直保持在30%以上。AB集团内负责市场开拓和内部管理工作的郑女士,在市场上打拼多年,市场嗅觉灵敏。她在收到集团将对其装修装饰业务采取租赁经营的消息后不久,就迅速把握住这个机会,取得集团装修业务的经营资质,希望趁着经济发展的大潮,在装修行业上大展拳脚。

于是,郑女士开始寻找合伙人,很快,AB集团某项工程的设计师李先生进入她的视野。李先生原是香港的设计师,有20年的行业经验。在内地经济腾飞的大形势下,他的很多业务都在珠三角进行,因此,他希望把今后的发展重心转移到内地。相对于香港的成熟市场,当时的内地装修业还不是很成熟,处于刚起步的阶段,业务发展前景十分诱人,面对这样的香饽饽,李先生决定加入DT公司。就这样,两人于2001年3月成立了DT公司,

并招聘了6位行政、业务人员，正式开张营业。

这次合作可谓强强联手，两位股东在各自的领域都有资深的经验和优厚的资源。作为前管理人员之一，郑女士和AB集团具有良好的信任关系，让AB集团能够放心将其装修业务资质交给郑女士所组建的团队使用，并将其内部装修业务给DT公司承接。而且她的市场开拓和内部管理的经验，使她"出得厅堂，入得厨房"——对外部市场，能快速反应，市场嗅觉灵敏；对公司内部，能管理得当。所以，如果说DT公司是AB集团的孩子的话，那么郑女士就是亲手赋予这孩子生命的接生人。另外，李先生原本就有资深的装修设计行业经验，其香港设计师的设计理念和精细化的执行能力在东莞装修业内具有很好的竞争优势，而他为AB集团所做的工程项目，更使他在东莞业内树立了良好的专业口碑。两位股东擅长的领域不同，各司其职，形成优势互补。

就这样，两位股东按照各自擅长的领域分配职权，郑女士负责内部行政管理以及对外的公共关系和市场开拓，李先生负责项目的设计和运营以及与客户的沟通。在股权分配上，郑女士占30%，李先生占70%。在资金方面，由于创业初期，公司以李先生的设计为主，流动资金占用不大，由双方各自按股比投入运营资金。设计后的施工则转包给施工队或其他公司。

公司成立之初，由于李先生之前AB集团的工程项目的设计作品非常成功，很多客户慕名而来，营业额有200多万元。但是由于当时东莞本地的客户对设计价值的认知水平处于早期阶段，很多客户认为一个工程装修要付出几十万元的设计费，简直是狮子开大口。由于设计要价高，有些客户对李先生的设计业务能力不再像以前那样信任。例如，在一次洽谈中，客户提出先让李先生设计一个大厅的一部分，看其效果后再决定是否让他设计整栋楼的各个功能区。但是李先生认为一个设计作品不论其面积是大是小，从形成设计理念到完成作品，其工作量没有大的差异。换句话说，设计大厅一个部分的工作量和设计整栋楼的工作量没有大的差异。而且这种试探性的做法显然是在质疑李先生的设计业务能力，出于对自身能力的自信，李先生自然心生抵触。这样的矛盾在东莞地区的客户中比较普遍，因此当时公司的业务除了集团内部的自营楼盘外，有相当一部分是在外地，如珠海、重庆等地。

由于主要业务不在东莞，再加上本地客户并不接受其设计理念和价值，李先生觉得英雄用武之地受限，这样还不如到深圳发展，那里客户对设计师价值的认同要高于东莞的客户，在深圳也可以接外地客户的业务，而且深圳的设计师人才也比较多。由于李先生平时作风公正透明，例如，当时很多业务都是直接收现金，只有白条的收据，他把每一笔业务收入都会交回公司，郑女士对他既信赖又尊重。当李先生向郑女士提出去深圳发展的意向时，郑女士也非常尊重他的意见。这样，在DT公司成立的5个月后，李先生离开公司，而第一次股东合作也由此结束。

第二次股东合作：道不同，不相为谋

在与李先生的合作结束之后，郑女士对DT公司的资产和人员进行了清算。为重整旗鼓、再次组建公司，郑女士积极寻找合作伙伴，起初她想到了相识的孙先生。孙先生之前是一个装修施工的包工头,具有10多年的施工经验。在第一次股东合作期间,DT公司和他有过业务上的合作:一方面,孙先生承包DT公司的施工项目;另一方面,他有些自己单独接的业务也挂在DT公司名下进行。他本人对DT公司的经营资质资源和AB集团内部的业务量非常看好,因此愿意成为DT公司的股东。

此次合作,由于有具有装修施工经验的孙先生加入,DT公司的业务重点由侧重设计、施工外包,转变为侧重施工、设计外包。由于施工工程需要占用一定量的流动资金,而郑女士和孙先生都难以短期内筹集到这笔资金,这使得DT公司就像一辆性能出众却因为没有汽油而起动不了的汽车。为了解决资金的供应问题,使这汽车能开动并向前疾驰,郑女士找到了林先生,他虽然没有在装修行业经营过,但具有资金运作经验,他同意投入资金但不参与经营。最后,三人协商决定,股比结构为林先生占40%,郑女士和孙先生各占30%。

新股东团队成立后,郑女士提供经营资质和客户资源(AB集团内部装修业务),同时也负责市场开拓。孙先生由于做过10多年的包工头,自然负责技术方面的施工。林先生则提供施工过程中的运营资金,而为了监督资金的使用、管理公司的资金收支,他也有权决定DT公司的出纳人员。由于此时DT公司的业务以施工为主(或者说设计和施工一体化),公司新设立了工程部;在设计方面,DT公司只承担简单的设计,对较复杂的设计则进行外包。当时的装修行业处于起步阶段,具有较高的毛利率,在合作的两年时间里,DT公司的业务规模达到每年1 000万元,每个股东都获得了丰厚的回报。

然而好景不长,这次基于优势互补的合作,跟第一次那样,很快出现了裂痕。与第一次不同的是,这一次的裂痕不是出现在公司和市场之间,而是出现在三位股东之间。

首先,林先生出资义务的履行不够顺畅,以自己的利益为出发点来运作DT公司的资金,只有在公司出现资金缺口时才逐步把自己的资金转到DT公司账户,而一旦资金没被使用,他就把它转回到自己的生意中去。

在孙先生方面,他由于掌管装修施工方面的工作,因而会涉及装修物料的批量采购事宜。然而,孙先生做事不够透明,因为觉得预算很难控制,占用其精力,所以预算工作总是草草了事,导致预算和实际差别很大。例如,孙先生接过一个装修业务,起初他给出的预算不高,客户也接受其报价,而郑女士和林先生都觉得这个业务有可能亏损。但是到最后,可能是由于面积测算方面存在问题,实际成本只是预算的一半,还为公司赚到钱。孙先生不透明的工作作风,让另外两位股东觉得利润率有被他操控的风险,因而多番要求他做好预算工作。但是孙先生不听劝告,一意孤行,认为即使作出预算,另外两位股东也看不懂。终于,在2004年,林先生提出终止本次合作,另外两位股东表示同意,遂对公司进行清算。事后,郑女士坦言,这次股东合作的失败主要是由于没有一个控股股东的存在,大家都不能说服对方。

第三次股东合作:退一步,海阔天空

虽然前两次的股东合作都不成功,但郑女士并没有放弃,个性坚韧执着的她打算再次重建DT公司,誓要在这个男性主导的建筑装修行业中创出属于自己的一片天地。2004年初,在第二次合作失败后不久,她又找到了东莞一家装修设计公司的设计总监黄先生。

黄先生以往也跟DT公司有过合作的经历。在DT公司的一个大型项目中，由于客户需要提供比较详细和合理的工程报价，当时孙先生没有能力完成该项业务，于是把该项目的工程预算业务外包给黄先生所在的公司进行。黄先生性格温和，凡事多能忍让。他学习美术出身，有十几年的行业经验。郑女士之所以选择他作为合作伙伴，一方面是看重了他在设计和施工预算方面的良好专业背景；另一方面是在之前的合作过程中，了解到其对现在公司的某些管理方式不是很满意，如抱怨设计总监也要考勤。

黄先生以专业技术入股DT公司，负责公司的设计和施工业务。他占30%的股权，而这部分入股资金在以后的分红中扣除。郑女士占股70%，主要负责公司的内部管理。这一次，她吸取了以前的合作经验，比较注重公司内部的制度和流程建设，她在各个业务的关键环节都建立了流程化的制度。在新DT公司的吸引下，最初的一些设计师也回到公司。DT公司重新焕发生机。

郑女士由于掌握控股权，并且对装修行业也有丰富的经验，所以在这次合作的过程中显得比较强势。郑女士比较重视合同管理流程。在一次对外合作中，公司和转包方对客户的报价方面使用了一个合同，而公司和转包方的真实合同金额与提交给客户的不一致。在与转包方的合同没有落实的情况下，黄先生就进行了项目投标，后来发生了定金数额的纠纷。由于没有合同为依据，DT公司面临风险。最后，郑女士通过努力签下了与转包方的合同，为公司避免了风险。而这一次的事件，也使黄先生认同了她对制度和流程的观点。

但是，郑女士在一些方面也对黄先生作出了让步。在公司承接项目的过程中，有些环节需要按行规给付定金，而不一定有合同，这时郑女士也不再坚持一定要看到合同才支出现金。而且，虽然郑女士得知黄先生在自己做一些项目而没有算到公司的收入里，但只要公司的业务不受到大的影响，她也睁一只眼闭一只眼。除此之外，郑女士也很注意保护黄先生的权益。例如，郑女士很注重股东之间的信息沟通，每个月的财务报表都会给黄先生看，尽管他没有提出过异议，也没有提出过要求。

在合作期间，两位股东也由于制度和流程方面的观点不同而产生过冲突。例如，郑女士对项目利润率和物料领用等都建立了标准化的流程，并坚持以一定的标准来规范业务的进行。但黄先生对此不太赞同，认为有时候应该以业务为先，应该先把事情做出来再进行流程化。但由于公司经营业绩一直处于上升态势，双方保持了一定的信任和克制，并没有将日常的冲突演变为股东合作关系的结束。而且，在性格方面，黄先生性格温和，郑女士则相对强势。一柔一刚，具有很强的互补性。郑女士依赖黄先生的专业技术和丰富经验以承接各种装修工程，而黄先生则需要郑女士的客户资源和内部管理及经营资质。因此，这一合作关系从2004年一直维持到现在。

近年来，由于金融危机的影响，DT公司的业务有所下滑。郑女士认为DT公司已进入成熟期，进一步发展的潜力不大。在外部，装修行业的高增长时期已经过去，目前的竞争很激烈，毛利率不断下降。郑女士由于负责市场开拓和客户关系维护方面的工作，具有很敏锐的商业投资嗅觉，她希望投资其他行业。另外，DT公司的运作模式已经相对流程化和制度化，郑女士遂逐渐退出公司的运营管理，转而重点维护重要客户关系和AB集团对经营资质的管理,以及在重大事项和危机解决时参与实际管理。黄先生在实际的运营管理中,随着从原来纯粹的设计总监转变为股东而全面负责项目运作,其对公司的运营管理也有了更强的控制力,对行业和市场的把握能力也更强。

此时,郑女士希望把一部分股权转让给黄先生,一方面是自己想把精力放到其他项目的投资上;另一方面是让黄先生具有实际控制权,激励其全身心地挑起DT公司的担子。郑女士心想,股权结构计划变为自己占20%,黄先生占80%,黄先生应该会接受自己的好意吧。

资料来源:邓靖松. 组织行为学案例教程[M]. 北京:中国人民大学出版社,2021.

案例思考题:

1. 第一次合作创业时,为什么强强联手却在市场上失利?创业成功的要素有哪些?
2. 第二次合作创业时,为什么创业团队会产生裂痕?创业团队管理的关键要素是什么?
3. 第三次合作创业时,股权设计中怎样体现了控制权分配的思考?起到了什么作用?

参 考 文 献

[1] 米尔科维奇，纽曼，格哈特. 薪酬管理[M]. 成得礼，译. 11 版. 北京：中国人民大学出版社，2014.
[2] 马尔托奇奥. 战略性薪酬管理[M]. 刘昕，译. 7 版. 北京：中国人民大学出版社，2015.
[3] 刘爱军. 薪酬涵义辨析[J]. 当代财经，2007（4）：81-85.
[4] 曾湘泉. 薪酬管理[M]. 2 版. 北京：中国人民大学出版社，2010.
[5] 刘昕. 薪酬管理[M]. 5 版. 北京：中国人民大学出版社，2017.
[6] 刘昕. 薪酬管理[M]. 3 版. 北京：中国人民大学出版社，2011.
[7] 李军. 现代企业战略性薪酬及其绩效研究[D]. 长沙：中南大学，2009.
[8] 文跃然. 薪酬管理原理[M]. 2 版. 上海：复旦大学出版社，2013.
[9] 德斯勒. 人力资源管理[M]. 吴雯芳，刘昕，译. 9 版. 北京：中国人民大学出版社，2008.
[10] 彭剑锋. 人力资源管理概论[M]. 3 版. 上海：复旦大学出版社，2018.
[11] 冯宪. 薪酬管理[M]. 杭州：浙江大学出版社，2005.
[12] 邓靖松. 组织行为学案例教程[M]. 北京：中国人民大学出版社，2021.
[13] 熊敏鹏. 公司薪酬设计与管理[M]. 北京：机械工业出版社，2006.
[14] 王长城. 薪酬案例诊断与推介[M]. 北京：中国经济出版社，2003.
[15] 孙金利. 薪酬管理[M]. 天津：天津教育出版社，2005.
[16] 何国玉. 人力资源管理案例集[M]. 北京：中国人民大学出版社，2004.
[17] 亨德森. 薪酬管理[M]. 刘洪，韦慧民，编译. 10 版. 北京：北京师范大学出版社，2013.
[18] 李志畴. 薪酬体系设计与管理实务[M]. 2 版. 北京：清华大学出版社，2014.
[19] 刘洪. 薪酬管理[M]. 北京：北京师范大学出版社，2007.
[20] 王凌云，刘洪，张龙. 论企业薪酬战略与经营战略的匹配[J]. 外国经济与管理，2004，26（11）：44-48.
[21] 冷亚楠. 关于构建现代企业薪酬体系的思考[J]. 人力资源管理，2012（12）：143-145.
[22] 吴晋雯. 影响薪酬体系建立的企业内部因素分析[J]. 商场现代化，2008（3）：79.
[23] 方振邦，陈建辉. 不同发展阶段的企业薪酬战略[J]. 中国人力资源开发，2004（1）：56-59.
[24] 王保平. 企业薪酬战略问题研究综述[J]. 经济论坛，2006（2）：88-91.
[25] 陈修德，梁彤缨，雷鹏，等. 高管薪酬激励对企业研发效率的影响效应研究[J]. 科研管理，2015，36（9）：26-35.
[26] 王红芳，杨俊青，李野. 薪酬水平与工作满意度的曲线机制研究[J]. 经济管理，2019(7)：105-120.
[27] 徐斌. 薪酬福利设计与管理[M]. 北京：中国劳动社会保障出版社，2006.
[28] 李中斌，曹大友，章首明. 薪酬管理[M]. 北京：中国社会科学出版社，2007.
[29] 李中斌. 薪酬管理理论与实务[M]. 长沙：湖南师范大学出版社，2007.
[30] 孟庆伟. 人力资源管理通用工具[M]. 北京：清华大学出版社，2007.
[31] 周文，黄宝明，方浩帆. 薪酬福利管理[M]. 长沙：湖南科学技术出版社，2005.

教师服务

感谢您选用清华大学出版社的教材！为了更好地服务教学，我们为授课教师提供本书的教学辅助资源，以及本学科重点教材信息。请您扫码获取。

» **教辅获取**

本书教辅资源，授课教师扫码获取

» **样书赠送**

人力资源类重点教材，教师扫码获取样书

 清华大学出版社

E-mail: tupfuwu@163.com
电话: 010-83470332 / 83470142
地址: 北京市海淀区双清路学研大厦 B 座 509

网址: https://www.tup.com.cn/
传真: 8610-83470107
邮编: 100084